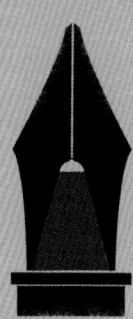

新时代法学教育丛书

NEW ERA LEGAL EDUCATION SERIES

新时代法学教育丛书

莫纪宏 总主编

国际私法学教程

吴 用 主编

当代中国出版社
Contemporary China Publishing House

图书在版编目(CIP)数据

国际私法学教程 / 吴用主编. -- 北京：当代中国出版社, 2025.2. -- (新时代法学教育丛书 / 莫纪宏总主编). -- ISBN 978-7-5154-1459-1

Ⅰ. D997

中国国家版本馆 CIP 数据核字第 2024CX3991 号

出 版 人	蔡继辉
责任编辑	邓颖君　沈秋彤
责任校对	贾云华　康　莹
印刷监制	刘艳平
封面设计	宋　涛　鲁　娟
出版发行	当代中国出版社
地　　址	北京市地安门西大街旌勇里 8 号
网　　址	http://www.ddzg.net
邮政编码	100009
编 辑 部	(010) 66572156
市 场 部	(010) 66572281　66572157
印　　刷	北京润田金辉印刷有限公司
开　　本	787 毫米 × 1092 毫米　1/16
印　　张	33 印张　1 插页　737 千字
版　　次	2025 年 2 月第 1 版
印　　次	2025 年 2 月第 1 次印刷
定　　价	78.00 元

版权所有，翻版必究；如有印装质量问题，请拨打 (010) 66572159 联系出版部调换。

新时代法学教育丛书
编委会

总 主 编 莫纪宏

副总主编 吴 用　张初霞

总 顾 问 崔唯航　张政文　王新清　李 林　陈 甦　孙宪忠
　　　　　　李明德　田 禾　周汉华　邹海林　沈 涓

编委会成员 莫纪宏　吴 用　张初霞　柳华文　谢增毅　李 霞
　　　　　　柳建龙　苗鸣宇　李洪雷　翟国强　廖 凡　贺海仁
　　　　　　张 生　刘小妹　吕艳滨　谢鸿飞　陈 洁　汤洁茵
　　　　　　席月民　管育鹰　薛宁兰　王天玉　刘仁文　徐 卉
　　　　　　董 坤　刘洪岩　周 辉　谢海定　姚 佳　刘敬东
　　　　　　戴瑞君　蒋小红　李庆明　曲相霏　毛晓飞　王帅一
　　　　　　申 洁

总 序

2023年2月底，中共中央办公厅、国务院办公厅联合印发了《关于加强新时代法学教育和法学理论研究的意见》（以下简称《意见》）。《意见》明确指出，要完善法学教材体系。坚持以习近平法治思想为统领，通过抓好核心教材、编好主干教材、开发新形态教材等，构建中国特色法学教材体系。为了有效贯彻落实《意见》对构建中国特色法学教材体系提出的明确要求，中国社会科学院大学法学院组织学院全部师资力量和科研力量，出版了本套能够充分体现中国社会科学院大学"科教融合"成果、面向高等法律院校本科、硕士和博士的通用法学教材。本套教材严格按照《意见》提出的完善法学学科专业体系，构建自主设置与引导设置相结合的学科专业建设要求，立足目前高等法律院校教学体系现状，依托中国社会科学院法学研究所和国际法研究所强大的科研能力，用两年左右的时间编写而成，是一套适应新时代高等法律院校教学特点的"新时代法学教育丛书"。丛书主要面向高等法律院校的法学硕士、法律硕士，同时可以作为提升本科生阅读和理解能力的教学辅导资料，并可以成为夯实法学博士生法学知识基础的参考文献。

此套丛书分两批完成。第一批主要根据中国社会科学院大学法学院2023年6月的教学管理体制改革方案，建立以17个教研室为基础的教学管理单位，负责各门法学核心课程的设计、教材的编写以及法学本科、硕士和博士的培养计划等教学管理工作，围绕《意见》强调的法学主干学科编写各门法学核心课程的教程，包括《法理学教程》《中国法律史学教程》《宪法学教程》《行政法学教程》《刑法学教程（上、下册）》《民法学教程（上、下册）》《商法学教程（上、下册）》《刑事诉讼法学教程》《民事诉讼法学教程》《行政诉讼法学教程》《经济法学教程》《社会法学教程》《环境与资源法学教程》《知识产权法学教程》《国际公法学教程》《国际私法学教程》《国际经济法学教程》《军事法学教程》，同时按照中国社会科学院大学法学院目前各学科教研室设置的布局，与上述核心课程教程一起推出《网络与信息法学教程》《监察法学教程》。每册教程50万字左右，按照教育部规定的高等法律院校专业课程教学的基本要求编写，既有正文讲解，又有引导性、提纲性的内容提示，还有思考题和参考文献。鉴于有些学科知识量较大，将《刑法学教程》《民法学教程》《商法学教程》分为上、下两册编写，给主体为法学硕士、法律硕士的学习群体全面和系统地掌握法学基础知识提供高质量的教学辅导读物。第一批出版20本教程（23册），2024年底出齐。第二批教程预计16本左右，主要为落实《意见》加强新兴学科建设的要求，拟编写的教程包括《立法学教程》《文化法学教程》《教育法学教程》《国家安全法学教程》《区际法学教程》《社会治理法学教程》《科技法学教程》《气候法学教程》《海洋法学教程》《涉外法学教程》《党内法规学教程》《法学论文写作指导教程》《法学方法论教程》《法学文献阅读辅导教程》《法律职业伦理教程》《法学学术规范与学术道德教程》等。第二批教程拟于2025年底出齐。为了加深学习者对教程内容的理解，在第二批教程出版的同时，从每一本教程中抽象出50余个常用的学科名词术语，汇编成《新时代法学教育大辞典》，作为辅导学生学习和理解教材的必备参考。"新时代法学教育丛书"共计30余本，构成了《意见》要求设置的法学教学体系的整体框架和全部内容，可以为全面和系统地培育高等法律院校的本科生、硕士生和博士生提供最富有实效的教学参考资料，形成系统化的法学知识体系，以因应新时代对法学人才之需。本套丛书是全国600多所高等法律院校或法学院率先贯彻落实《意见》对法学教材体系建设要求形成的重要教学科研成果，丛书的出版可以为全国高等法律院校编写同类教材或者直接采用作为教材提供帮助。

为保证按时按质地组织"新时代法学教育丛书"的编写和出版工作，中国社会科学院大学、中国社会科学院法学研究所和国际法研究所举全力支持中国社会科学院大学法学院组织的"新时代法学教育丛书"的编写和出版，这将是2020年9月20日中国社会科学院大学法学院成立后由法学院独立组织出版的充分反映法学院教学能力和科研实力的系列法学教材，是法学院为争创"双一流"建设学科而进行的带有前瞻性、创新性、战略性的重大教学改革和创新举措。

"新时代法学教育丛书"由中国社会科学院大学法学院组织，法学院院长莫纪宏教授任总主编，执行院长吴用教授、党委书记张初霞副教授任副总主编，法学院院务会组成人员、17位教研室主任以及法学研究所、国际法研究所若干研究室主任作为丛书编委会成员，同时聘请中国社会科学院李林、陈甦、孙宪忠学部委员，中国社会科学院大学党委书记崔唯航教授、校长张政文教授、常务副校长王新清教授以及中国社会科学院大学法学院特聘教授李明德、田禾等教授作为丛书总顾问，集中中国社会科学院大学法学院全部在编教学人员编写。

总共两批30余本教程的编写采取两种模式的主编责任制。一是以法学院现有17个教研室为单位，主干和核心课程以教研室主任作为学科教程的主编，教研室全体在编教学人员参加编写；二是由法学院根据具体情况指定特定人员负责教程编写工作。

"新时代法学教育丛书"是面向高等法律院校在读学生的教学参考书，知识点全面覆盖，以问题为导向，带有思考性特点，主要阅读群体是法学硕士和法律硕士，难度中等，适合本科生提升和博士生夯基使用。丛书使用2008年出版的社科法硕教材和中国社会科学院研究生教材编写体例，每本教材的名称统一为《××法学教程》。

中国社会科学院大学法学院是中国社会科学院实行"科教融合"的改革举措，吸收中国社会科学院法学研究所、国际法研究所、研究生院以及原中国青年政治学院法学院四个方面的科研和教学力量汇集起来的科研型教学单位，从2020年9月20日成立至今尚不足4年，是全国600多所高等院校法学院中较年轻的法学院。尽管起步较晚，但法学院可以追溯的历史却源远流长。

我们的法学研究生教育最早可以追溯到1961年。1978年成立了中国社会科学院研究生院法学系，正式开启了中国社会科学院系统的规范化法学教育历程，1981年我们成为新中国首批设立法学一级学科博士点的3家单位之一。我们的法学本科教育也于2009年入选教育部第四批高等学校特色专业建设点，2012年入选教育部、中央政法委首批卓越法律人才教育培养基地（应用型、复合型法律职业人才教育培养基地），当然也都是北京市的特色专业和法律人才教育培养基地。因为有了这样良好的法学教育基础，2019年，中国社会科学院大学法学院入选了国家级一流本科专业建设点。

数十年来，法学院人才培养成效卓著，大量优秀毕业生在法学科研、教育领域以及党政机构、司法和监察部门、律师事务所、大型企业等实务部门就职，为法治中国建设作出了杰出贡献。

"科教融合"以后的法学院现有本科专业学位点、法学一级学科硕士学位点、法律硕士专业学位点、法学一级学科博士学位点，还有博士后流动站，目前在读学生1100余人。

我们希望通过我们自己的努力，将"科教融合"的成果和中国社会科学院大学法学院的办学特色体现到"新时代法学教育丛书"中去，积极探索中共中央办公厅、国务院办公厅联合印发的《关于加强新时代法学教育和法学理论研究的意见》中明确提出的"抓好核心教材、编好主干教材、开发新形态教材等，构建中国特色法学教材体系"各项要求的新路子，力争在不久的将来跻身中国高等法律院校的"名院"行列，为国家培养更多合格的法治人才。

中国社会科学院大学法学院院长
中国社会科学院法学研究所所长
2024年4月于北京沙滩北街15号

目录 CONTENTS

第一编 基础编 ... 001

第一章 国际私法总论 ... 003
- 第一节 国际私法的调整对象与调整方法 ... 003
- 第二节 国际私法的定义、范围与名称 ... 007
- 第三节 国际私法的法律渊源 ... 011
- 第四节 国际私法的性质 ... 015
- 第五节 国际私法发展史 ... 017
- 第六节 中国国际私法之的历史与发展 ... 026

第二编 法律适用编 ... 031

第二章 国际私法关系的主体 ... 033
- 第一节 外国人民事法律地位 ... 033
- 第二节 自然人和法人 ... 035
- 第三节 国家和国际组织的特殊法律地位 ... 046

第三章 法律冲突及其一般问题 ... 053
- 第一节 法律冲突及其解决 ... 054
- 第二节 冲突规范与准据法 ... 057
- 第三节 定性 ... 067

第四节　先决问题　070
第五节　反致　072
第六节　公共秩序保留　074
第七节　法律规避行为及其效力　079
第八节　强制性规定的适用　080
第九节　外国法的查明　083

第四章　权利能力和行为能力　088
第一节　自然人的权利能力和行为能力的法律冲突法　088
第二节　法人的权利能力和行为能力的法律冲突法　097

第五章　法律行为的法律适用　100
第一节　法律行为　101
第二节　代理　108

第六章　物权的法律适用　118
第一节　涉外不动产物权之法律适用　118
第二节　涉外动产物权之法律适用　123
第三节　我国关于物权法律适用的规定　130

第七章　知识产权的法律适用　136
第一节　涉外知识产权法律冲突　137
第二节　涉外知识产权的法律适用　140

第八章　涉外合同的法律适用　153
第一节　绪论　153
第二节　涉外合同法律适用的一般规则　156
第三节　中国关于涉外合同法律适用的规定　175
第四节　几种主要国际商事合同的法律适用　183

第九章　非合同之债的法律适用　197
第一节　涉外侵权的法律适用　198
第二节　不当得利的法律适用　221
第三节　无因管理的法律适用　223

第十章　国际商事的法律适用　226

第一节	国际信托的法律适用	226
第二节	国际破产的法律适用	234
第三节	国际票据的法律适用	239
第四节	国际海事的法律适用	242

第十一章 婚姻家庭的法律适用 255

第一节	结婚	256
第二节	离婚	265
第三节	夫妻关系	269
第四节	父母子女关系	272
第五节	涉外收养的法律适用	276
第六节	扶养	284
第七节	监护	286

第十二章 国际继承的法律适用 291

第一节	法定继承	292
第二节	遗嘱继承	297
第三节	无人继承财产	302
第四节	遗产管理	303

第三编
国际民商事争议解决编 307

第十三章 国际民事诉讼法概述 309

第一节	国际民事诉讼法的定义	310
第二节	国际民事诉讼法的渊源	313
第三节	程序问题的法律适用	316

第十四章 国际民商事管辖权 346

第一节	国际民商事管辖权概况	347
第二节	国际社会关于国际民商事管辖权方面的主要成果	350
第三节	我国国际民商事管辖权规则之新发展	359
第四节	我国关于国家及其财产管辖豁免规则之新发展	373

第十五章　国际民商事司法协助 387
- 第一节　国际民事诉讼中的域外送达 388
- 第二节　国际民事诉讼中的域外取证 402
- 第三节　国际民商事判决相互承认与执行 413

第十六章　国际商事仲裁 420
- 第一节　国际商事仲裁概论 420
- 第二节　国际商事仲裁协议 425
- 第三节　国际商事仲裁的法律适用 430
- 第四节　国际商事仲裁裁决的撤销 439
- 第五节　国际商事仲裁裁决的承认与执行 445

第四编　区际私法编 455

第十七章　区际法律冲突及区际私法 455
- 第一节　区际法律冲突 456
- 第二节　区际私法 463

第十八章　我国区际法律冲突及我国区际私法 470
- 第一节　我国区际法律冲突 471
- 第二节　我国区际私法立法状况 477
- 第三节　我国调整区际法律冲突、解决区际民商事纠纷的实践 485

缩略语表 512

后记 513

第一编

基础编

第一章　国际私法总论

【内容提示】

随着民事主体的跨国民商事交往，国际私法应运而生，有着较为悠久的发展历史。根据现代学者的考古发现，在古埃及、古希腊时期便有人员跨国流动、交往的记录，万民法更是犹如古代法的活化石，记录了古代罗马人与其他部族人员之间民商事关系的类型及调整方式。公元7世纪前后，中国进入了唐朝，伴随着中国经济文化的迅速发展，陆上丝绸之路在国际民商事交往中发挥着日益重要的作用。《唐律疏议》中出现了"诸化外人，同类自相犯者，各依本俗法"的法律适用原则性规定。与此同时，欧洲则在西罗马帝国灭亡后，进入了蛮族统治时代，在处理涉外民商事纠纷时，经历了由属人主义向属地主义的转变。公元13世纪时，意大利的注释法学派以博洛尼亚大学为中心，对古罗马皇帝查士丁尼下令编纂的《国法大全》进行注释、说明。注释法学派的重要成果之一是产生了"法则区别说"。作为国际私法的理论萌芽，该学说以法则解释为起点，回答了关于法则效力的两个基础问题，由此为域外法则的域内适用奠定了理论基础，这标志着国际私法进入了理论化、体系化的时代。巴托鲁斯（1314-1357）之后，"法则区别说"北上，其发展中心从意大利移至法国，后又转至荷兰。在此过程中，一些对后世发生重大影响的学说、理论出现，诸如意思自治原则、胡伯三原则等。19世纪之后，国际私法的发展辗转到了德国，具有划时代性意义的萨维尼的法律关系本座说颠覆了"法则区别说"看待、解决法律冲突的视角。此后，国际私法学的理论发展进入了快车道，层出不穷的法律选择与适用理论令人应接不暇。与此相伴，国际私法法律实践也蓬勃发展起来。自1756年《巴伐利亚民法典》以来，各国国际私法立法的立法与司法活动迅速展开。如今，国际私法早已成为一个独立的、重要的法律部门，综合运用国内冲突规范、国际统一实体法、国际统一冲突规范、国际惯例等手段调整着国际民商事关系，在我国涉外法治事业的建设中发挥着极其重要的作用。

第一节　国际私法的调整对象与调整方法

一、调整对象

国际私法有其独特的调整对象。因此，要认识什么是国际私法，就要从认识它的调整对象开始。一般认为，国际私法的调整对象就是含有涉外因素的民商事法律关系，人们通常称为国际民商事法律关系、跨国民商事法律关系或含有涉外因素的民商事法律关系。对国际私法调整对象的理解，需要抓住以下两个方面。

其一，国际私法调整的是广义上的民商事法律关系，因此不能将之直接等同于"民事法律关系"。持"民商分立"观点的民法学者一般认为，民法的调整对象是平等主体相互之间的人身关系与财产关系，债权法、物权法、亲属法和继承法，构成整个民法的体系。从这个意义上说，国际私法的调整的对象其实要广于传统的民法，因为除了含有涉外因素的"平等主体之间的财产关系与人身关系"，涉外公司法关系、涉外票据法关系、涉外海商法关系、涉外保险法关系、涉外破产法关系、涉外劳动关系等也属于国际私法的调整范畴。[1]

其二，国际私法调整的是含有涉外因素的民商事法律关系。从哪些方面判断一个民商事关系是否含有"涉外因素"呢？从学理上说，可以抓住民商事法律关系构成"三要素"，即主体、客体与内容（权利与义务），只要三者中的任何一者含有涉外因素，我们就认为此法律关系是"含有涉外因素的民商事法律关系"。接下来，分别结合主体、客体和内容来阐释什么叫作"含有涉外因素"。（1）以主体论，如果两个中国人签订买卖合同，在此法律关系中，主体便不含有涉外因素；但是，如果一个中国人和一个美国人签订买卖合同，那么这就是典型的主体涉外，因为构成此法律关系的主体来自不同的国家，或者说"法域"。因此，所谓主体涉外，是指主体一方或双方当事人外国自然人或法人，具体包括国籍、住所、惯常居所或主营业所在国外。（2）就法律关系的客体而言，如果两个法人签订买卖合同，标的是位于国外的一批钢材，那么无论这两个法人是否皆为中国法人，此法律关系都含有涉外因素，原因就在于客体涉外。（3）就内容涉外而论，主要是指"产生、变更或者消灭民事关系的法律事实发生在中华人民共和国领域外"。还是以合同关系为例，如果合同的签订、变更、履行行为等，其中任何一项发生在境外，就可以认为含有涉外因素。此外，我国最高人民法院《关于适用〈中华人民共和国涉外民事关系法律适用法〉若干问题的解释（一）》第1条第5项还为司法自由裁量留下了一定的空间，允许人民法院在判断某一案件是否"涉外"时考虑"可以认定为涉外民事关系的其他情形"。总之，涉外因素的多寡与国际民商事法律关系是否具有涉外性质没有关系；只要法律关系的主体、客体、内容中有一个因素与外国有联系，就可以构成含有涉外因素的民商事法律关系。

近年来，关于国际私法的调整对象也有一些不同的观点，例如有学者认为，法律选择规则的内容是指明涉外民商事法律关系应适用的实体法，并不确定当事人权利义务，即法律选择规则不具有调整涉外民商事法律关系的内容和功能，因此，"认为国际私法的调整对象是国际或涉外民商事法律关系是国际私法学中的最大误解"。[2]可见，关于国际私法的调整对象虽然是一个老问题，但是仍有不断讨论、探究的余地和空间。

---

[1] 参见韩德培主编:《国际私法》(第二版)，北京大学出版社2007年版。
[2] 沈涓:《国际私法调整对象及相关问题再探讨》，载《环球法律评论》2022年第5期。

二、调整方法

任何法律部门都有其独特的调整方法，国际私法也不例外。可以说，国际私法与其他法律部门的区别，一方面在于它调整的对象，另一方面与其独特的调整方法密不可分。一般来说，国际民商事法律关系的法律调整方法可以分为间接调整方法和直接调整方法。

（一）间接调整方法

国际私法的间接调整方法又称"冲突法的方法"，是指通过"冲突规范"（conflict rules）规定某类国际民商事法律关系受何种法律调整或支配的方法。间接的调整方法并不直接规定国际民商事法律关系当事人之间的权利与义务关系。所谓"冲突规范"，是一类国际私法的特有规范，专门指明某种国际民商事关系应适用何种法律；用冲突规范调整国际民商事法律关系，就是国际私法所特有的间接调整方法。《涉外民事关系法律适用法》第 11 条，即"自然人的民事权利能力，适用经常居所地法律"，就是一条典型的冲突规范，它仅指明在涉外民商事关系中，关于自然人是否有资格享有民事权利、承担民事义务，应由自然人的经常居所地法律决定；而没有直接规定在什么情况下自然人具有或不具有民事权利能力。不过，也正是因为有了《涉外民事关系法律适用法》第 11 条的规定，我们才能够按图索骥地找到应该适用的法律，并根据该法律的内容对自然人是否具有民事权利能力加以判断。除各国自行制定冲突法规则外，国际社会也会制定冲突法公约。例如 2007 年海牙《扶养义务法律适用议定书》（Protocol on the Law Applicable to Maintenance Obligations），就属此例。其第 3 条规定，扶养义务适用被扶养人惯常居所地法（the law of the State of the habitual residence），[1]但特别规定除外。[2]可见，冲突规范虽然不能直接调整法律关系，却可以指明法律关系应该适用的实体法，以便最终合法有据地对法律关系加以适当的调整。

（二）直接调整方法

通过直接规定当事人的权利与义务的方式来调整国际民商事关系中当事人之间的权利与义务关系，被称为国际私法中的直接调整方法。与间接调整方法通常表现为冲突规范不同，直接调整方法通常表现为实体规范。这种实体规范在国内法、国际条约和国际惯例中均存在。例如，1980 年《联合国国际货物销售合同公约》（CISG）第 31 条规定："如果卖方没有义务要在任何其它特定地点交付货物，他的交货义务如下：（a）如果销售合同涉及到货物的运输，卖方应把货物移交给第一承运人，以运交给买方；（b）在不属于上一款规定的情况下，如果合同指的是特定货物或从特定存货中提取的或尚待制造或生产的未经特定化的货物，而双方当事人在订立合同时已知道这些货物是在某一特定地点，或将在某一特定地点制造或生产，卖方应在该地点把货物交给买方处置；（c）在

---

[1] 关于此议定书下"habitual residence"的最新解释，参见杜涛、朱德沛、叶子雯：《国际私法国际前沿年度报告（2021—2022）》，载《国际法研究》2023 年第 5 期。

[2] Protocol on the Law Applicable to Maintenance Obligations（Concluded 23 November 2007），Art. 3 & 4，具体内容可参见海牙国际私法会议官网，https://www.hcch.net/en/instruments/conventions/full-text/?cid=133。

其它情况下,卖方应在他于订立合同时的营业地把货物交给买方处置。"这条规定便是调整国际货物销售合同关系的实体规范,它规定了卖方的交货义务,当事人可以此为据处理这方面的问题,法院等有权机关也可据此判断当事人是否履行了合同义务,并做出相应的处理。

（三）间接调整方法与直接调整方法之间的关系

无论是间接调整方法还是直接调整方法,都是国际私法调整国际民商事法律关系所必需的手段,二者将长期依存、互为补充,不能彼此取代。只需简单回溯国际私法的发展史,就可以论证上述观点。为了调整涉外民商事法律关系,最早的办法是通过间接调整方法,即冲突规范来进行法律选择,从而解决不同国家（更准确地说是"法域"）之间的法律适用上的冲突。从这个意义上说,间接调整方法是国际私法最常见也最具特色的调整方法。这种调整方法的优点在于历史悠久,且为各国和国际社会所广泛接受,但也并非十全十美。首先,冲突规范毕竟是一种间接的调整手段,并不直接规定当事人的实体权利和义务,当事人最多只能预判案件可能适用的法律,而难以进一步直接预见到法律行为的后果。其次,各国的冲突法体系规范中常常规定有公共秩序保留、禁止法律规避、反致甚至转致等一系列制度；并随着实现"实质正义"、增加法律选择灵活性等诉求的日益强烈,各国也逐步给予法院更多的选法上的自由裁量空间,种种因素叠加导致冲突规范对实体法律规则的指向更加扑朔迷离。再次,冲突规范只能通过法律管辖权的分配,解决具体国际民商事法律关系中的法律冲突,不可能从根本上避免和消除法律冲突,因此其作用有限。最后,各国冲突规范不尽相同,冲突规范之间的冲突与挑选法院现象和管辖权之争纠缠在一起,大大地增加了国际民商事争议的复杂性。

如果说间接调整方法主要是各国寻求法律冲突解决之道的努力,那么直接调整方法则更多地体现了国际社会的通力合作。从19世纪末开始,国际社会开始积极寻求各种途径,制定直接适用于国际民商事法律关系的统一实体私法规范,包括知识产权的国际保护、国际货物买卖、海商、航空运输、国际金融与国际投资等各个领域。此外,国际商事惯例也在国家间频繁的商事交流中逐渐形成。以上种种尝试,最终形成了解决国际民商事法律冲突的新途径——直接调整方法。直接调整方法通过直接规定当事人之间权利义务关系的方式调整国际民商事关系,可以从根本上解决甚至避免在国际民商事交往中可能发生的法律冲突,在很大程度上克服了间接调整方法的缺陷,因而得到迅速发展。但是我们也应该承认,各国价值观与法律文化的差异还是现存的客观事实,法律冲突仍将在很长一段时间内继续存在,因此直接调整方法还不可能完全取代间接调整方法,原因如下。首先,直接调整方法的调整对象有限。结合目前情况来看,直接调整方法多在国际货物贸易、海商海事、知识产权、国际金融等经济领域发生作用；而在其他一些与自然人人身权利以及与之密切相关的财产关系领域,诸如婚姻、扶养、监护、继承等关系中,各国伦理观念冲突难以消弭,目前尚无法制定出统一的国际条约。其次,即使在出现了统一实体私法规范的法律领域,条约的缔约国往往也是有限,几乎没有所有国家批准加入同一公约的情况。例如在国际知识产权保护领域最负盛名的《伯尔尼保护文学和艺术作品公约》（以下简称《伯尔尼公约》）,截至2024年1月1日,缔约国为181个；国际货物贸易领域广为接受的CISG的缔约国也只有97个。即便同为某一公约的缔约国，各国也常常对公约的某些规定声明保留。例如CISG的缔约国就常常会就公约中个别条款的适用声明保留，例如中国、美国等声明不受第1条第1款第b项的约束；丹麦、芬兰、冰岛、挪威和瑞典声明，公约不适用于营业地点设在丹麦、芬兰、冰岛、挪威或瑞典的当事方的销售合同及合同的订立；德国政府则在批准公约时声明，对于已经声明不适用第1条第1款第b项的任何国家，德国也不适用第1条第1款第b项。对于发生在缔约国声明保留范围内的国际民商事纠纷，就无法通过条约予以解决。最后，公约自身的调整范围也有一定的限制。例如CISG第2条就规定："本公约不适用于以下的销售：（a）购供私人、家人或家庭使用的货物的销售，除非卖方在订立合同前任何时候或订立合同时不知道而且没有理由知道这些货物是购供任何这种使用；（b）经由拍卖的销售；（c）根据法律执行令状或其它令状的销售；（d）公债、股票、投资证券、流通票据或货币的销售；（e）船舶、船只、气垫船或飞机的销售；（f）电力的销售。"

综上可见，间接调整方法虽不完美，但在立法方面具有简单、易行的优点；反之，直接调整方法虽能"一揽子"解决纠纷，制定起来却殊为不易，处处掣肘。正因如此，间接调整方法和直接调整方法将在很长一段时间内同时并存、互为补充。如何合理利用这两种方法调整国际民商事法律关系，是现代国际私法必须面对的课题。

第二节 国际私法的定义、范围与名称

一、定义

"国际私法"是一个抽象、复杂的概念，会因研究者观察视角的不同而呈现不同面相。正因如此，学者们给国际私法所下的定义也各不相同，归纳起来主要有以下几种类型。

类型一：有的学者从划分不同国家法制适用范围的角度，把国际私法定义为"在世界各国民法和商法互相歧义的情况下，对含有涉外因素的民法关系解决应当适用哪国法律的法律"。[1]此类定义方式突出了国际私法解决法律冲突的功能，对传统的国际私法较为切合，但已不能反映现代国际私法的总体特征。

类型二：切希尔（Cheshire）和诺斯（North）在其所著的《国际私法》一书指出，英国法所理解的国际私法是在处理含有涉外因素的案件时判定：第一，法院在什么条件下对案件有管辖权；第二，不同种类的案件应适用哪一国法律来确定当事人的权利与义务关系；第三，在什么条件下可以承认外国的判决以及在什么条件下外国判决赋予的

---

[1]《中国大百科全书·法学》，中国大百科全书出版社1984年版，第228页。

权利可以在英国执行。[1]我国也有国际私法学者试图通过这种方式来给国际私法下定义，例如有学者把国际私法定义为"在国际民事交往过程中形成的，体现一国或者国际协调意志的，用来调整具有法律冲突和法律适用的国际民事关系的产生、变更、终止和处理争议的，规定在国内法、一些国家的判例法、国际条约和国际惯例中的，关于外国人民事法律地位规范、冲突规范、国际民事诉讼和国际商事仲裁程序规则的总称"。[2]这是通过列举国际私法的内容、范围或规范给国际私法下定义。但是，由于学者们对国际私法的范围并不能达成一致，列举的内容常常发生出入，因此也就无法在"国际私法是什么"这个问题上达成共识。

类型三：英国国际私法学者沃尔夫（Wolff）认为，国际私法是决定几种同时有效的法律制度中的哪一种可以适用于一组特定的事实的法律。[3]中国法学家李浩培教授给国际私法下的定义也是这样的，他指出："国际私法是指在世界各国民法和商法互相歧异的情况下，对含有涉外因素的民法关系，解决应当适用哪国法律的法律。"[4]这种定义方式侧重于准据法的选择，无法涵盖国际私法直接调整方式所包括的国际民商事纠纷的处理方法。

上述种种定义均从特定的角度反映了国际私法某一方面的特性，综合各家之所见，我们提出以下定义：国际私法是综合运用直接规范和间接规范调整平等主体之间的国际民商法律关系的法律部门，具体包括外国主体的民事法律地位规范、冲突规范、国际统一实体规范、国际民事诉讼程序与国际商事仲裁规范等内容。

二、范围

所谓国际私法的范围，从某种程度上讲，也指国际私法是什么的问题。学界关于这个问题的观点，根据法系的不同，可以分为以下两种。

其一，普通法系的学者大多认为"国际私法"可以和"冲突法"画等号。例如比尔（Joseph H. Beale）在给国际私法学下定义时便指出，冲突法（conflict of laws）作为法律的一个分支，解决的主要是法律在空间上的适用。凡对某一司法情况适用一国或另一国的法律提出问题时，所提出的问题必须根据冲突法原则予以解决。[5]学界较负盛名的《切希尔和诺斯的国际私法》一书就提出，国际私法只解决以下三个问题：第一，法院为什么对一个涉外案件有管辖权；第二，法院在确定自己有管辖权之后，应适用什么法律；第三，基于什么理由承认和执行外国法院的判决或外国仲裁裁决。可见，该著作认

---

[1] Peter North & J.J. Fawcett, *Cheshire and North's Private International Law*(*13th ed.*), Oxford University Press, 1999, pp. 3–4.
[2] 章尚锦、杜焕芳主编：《国际私法》（第六版），中国人民大学出版社2019年版，第6—7页。
[3] [英]马丁·沃尔夫：《国际私法》，李浩培、汤宗舜译，法律出版社1988年版，第22页。
[4] 《中国大百科全书·法学》，中国大百科全书出版社1984年版，第228页。
[5] Joseph H. Beale, *A Treatise on the Conflict of Laws*(*Vol. 1*), Cambridge Harvard University Press, 1916, p.1.

为，国际私法的范围就是管辖权、冲突规范以及判决的承认与执行。[1]

多数大陆法系学者观念中的国际私法范围较之英美法系学者要更广泛一些，例如法国学者认为，除冲突规范外，国际私法还包括如国籍规范、外国人的民事法律地位规范等。此外，涉外民商事案件的管辖权规范也在国际私法所包含的范围之内。[2]东欧各国国际私法学界的主流观点认为国际私法至少应包括外国人的民事地位规范、冲突规范、国际统一实体规范和国际民事诉讼程序与国际商事仲裁规范。[3]

从上述不同主张中可以看出：首先，冲突规范是国际私法的核心规范，无论哪一种观点都将之列入国际私法的范围，由此可见，冲突规范是国际私法最基础、最根本的规范；其次，即便有些观点将"国际私法"和"冲突法"等同起来，也承认除冲突规范以外，国际私法还应该包括与解决法律冲突关系密切的其他规范，例如民事管辖权规范、判决（仲裁裁决）的承认与执行等。

讨论国际私法的范围，应该采用发展的眼光，防止思维僵化。国际私法的核心固然是冲突规范，而且应当承认，只要世界各国的价值观、民事法律制度及具体的规定还存在差异，冲突规范就仍然有其存在的基础。因此，有学者提出，"没有冲突法就没有国际私法"。[4]但是，与此同时，我们也必须承认，当代国际私法调整对象的复杂性已远非"法则区别说"甚至"法律关系本座说"时代可比。所以，我们也应该与时俱进，不能再固守国际私法就是冲突法的传统观念。

关于国际私法的范围问题，著名法学家韩德培教授的论述十分经典。他指出："国际私法就如同一架飞机一样，其内涵是飞机的机身，其外延是飞机的两翼。具体在国际私法上，这内涵包括冲突法，也包括统一实体法，甚至还包括国家直接适用于涉外民事关系的法律。而两翼之一则是国籍及外国人法律地位问题，这是处理涉外民事关系的前提；另一翼则是在发生纠纷时，解决纠纷的国际民事诉讼及仲裁程序，这包括管辖权、司法协助、外国判决和仲裁裁决的承认与执行。"[5]由此可见，国际私法应包括外国人的民商事法律地位规范、冲突规范、国际统一实体私法规范和国际民商事争议解决规范（主要指国际民事诉讼程序与国际商事仲裁规范）。

（一）外国主体的民事法律地位规范

外国主体的民事法律地位规范的主要作用是确定外国自然人、法人、特定情况下的外国国家以及国际组织在内国民商事领域享有的权利及其应承担的义务。关于外国人民事法律地位的立法形式非常灵活，可能出现在国内宪法、民法、商法等法律中，既可能作为专门法出现，也可能由双边或多边国际条约规定。总之，现代各国一般都在一定范围、条件内承认外国人的国际民事主体资格，因为只有这样，才能使其享有权利并承担相应的义

---

[1] Peter North & J.J. Fawcett, *Cheshire and North's Private International Law* (13th ed.), Oxford University Press, 1999, pp.7–9.
[2] 李双元、欧福永主编：《国际私法》（第五版），北京大学出版社2018年版，第67页。
[3] 沈涓主编：《国际私法》，社会科学文献出版社2006年版，第7—8页。
[4] 韩德培主编：《中国冲突法研究》，武汉大学出版社1993年版，第184页。
[5] 韩德培主编：《国际私法》，高等教育出版社2000年版，第7页。

务;唯其如此,跨国民商事交往方能顺利进行。综上,外国人的民事法律地位规范属于国际私法的范畴,因为它是国际私法问题得以产生并在法律框架下获得解决的前提。

(二)冲突规范

冲突规范(conflict rule),是指处理涉外民事关系时,在有两个或两个以上的国家的民法根据有关的联结因素都可能或竞相适用于该民事关系(或均对该民事关系主张"立法管辖权")的情况下,指定应该适用其中哪一国法律作为准据法的规范。[1]我国《涉外民事关系法律适用法》第2条规定涉外民事关系适用的法律,依照本法确定。因此,冲突规范也称法律适用规范(rules of application of law)、法律选择规范(choice of law rules)。冲突规范是国际私法的基本组成部分,也是国际私法特有的规范类型。

(三)国际统一实体私法规范

国际统一实体规范(或称"国际民商事统一实体规范"),它具体规定国际民商事关系当事人的实体权利与义务的规范,一般出现在国际条约、区际条约或国际惯例中。国际统一实体规范产生的时间较冲突规范更晚;但是,它是一种可以直接调整国际民商事关系的实体规范,具有冲突规范无法比拟的优越性,正在保障国际经济秩序顺畅运行的过程中发挥着越来越重要的作用。

(四)国际民事诉讼规则

国际民事诉讼规则,是指司法机关在审理国际民商事案件时专门适用的程序规范,一般出现在各国民事诉讼法、国际私法或国际公约、区际公约中。从性质上说,它是程序性规范,但与冲突规范和其他国际私法的规范有着密切的关系,其内容包括国际民事诉讼管辖权(管辖权的获得、平行诉讼的解决等),外国自然人、法人及外国国家的诉讼权利,国家之间关于调查取证、财产保全、文书送达等的司法协助,反诉与禁诉,外国判决的承认和执行等。国际民事诉讼规则是调整国际民商事关系以及解决涉外民商事争议不可缺少的法律规范。

(五)国际商事仲裁规范

国际商事仲裁规范,是指仲裁机构、仲裁当事人以及仲裁参与人对发生在各种国际商事交易中的争议进行仲裁解决时所遵行的规范。国际商事仲裁主要包括国际或涉外经济贸易仲裁和国际或涉外海事仲裁。国际商事仲裁以带有涉外因素的经济领域争议为主要调整对象,既不同于解决国家间公法上的争端的国际仲裁,也不同于一国范围内的企业和私人间的国内仲裁。此外,在当代国际经济交往中,国家与企业私人间订立国际合同已占有相当可观的比例。在此类合同关系中,当事人之间也常常选择通过仲裁解决争议。因此,广义的国际商事仲裁既包括解决私人之间的商事争议的仲裁,也包括涉及国家与企业或私人实体间商事争议的仲裁。[2]

由此可见,国际私法的范围包括外国人的民事法律地位规范、冲突规范、国际统一实体规范、国际民事诉讼程序与国际商事仲裁规范。

---

[1] 李双元、欧福永主编:《国际私法》(第五版),北京大学出版社2018年版,第79页。

[2] 韩德培主编:《国际私法》,高等教育出版社2000年版,第8页。

三、名称

围绕国际私法这一学科的名称，学界向来存在不同的意见。该法律学科或法律部门较广为人知的名称，自古至今至少包括如下这些：私国际法（Private International Law）、国际私法（International Private Law）、法律冲突法（Law of Conflicts）、冲突法（The Conflict of Laws）等。就国际私法法规的名称而论，德国将国际私法法规称为"民法施行法"，日本称为"法例"，瑞士称为"国际私法"，美国法学会主持的重述系列则将之称为"冲突法"。总体上看，"国际私法"和"冲突法"在国际社会接受度较高。

中国学界普遍比较接受"国际私法"的名称，其合理性在于：首先，国际私法的调整对象是跨法域的或者说"涉外的"民商事法律关系，因此，"国际"一词可以凸显它的这一特点；其次，国际私法调整的不是公法意义上的国家间关系，而是发生在平等主体之间的民商事法律关系，私法性质明显。基于上述两个原因，我们通常将调整国际民商事法律关系的法律部门称为国际私法。这样既可以与其他具有国际性的法律部门如国际公法区别来，又可以与国内民法区别。

第三节 国际私法的法律渊源

法律的渊源，是指法律规范的创制及其表现形式。[1]由此定义可以推出，国际私法的渊源即是指国际私法规范的创制及具体表现形式。相对于其他法律部门而言，国际私法的渊源较为复杂多样，既有国内法渊源，如国内冲突法法规、司法判例等；又有国际法渊源，如国际条约、国际惯例等。

一、国内法渊源

（一）国内冲突法规则

国内立法是国际私法规范最为常见的渊源之一，其历史也最为悠久。1756年《巴伐利亚法典》是最早规定国际私法规范的国内立法；[2]在其后的二百多年间，国内立法逐渐发展为国际私法最主要的法律渊源，大致包括以下几种模式。

一是分散式立法，即将冲突规范分散规定在民法典的有关章节中。1804年《法国民法典》是这一模式的代表。意大利、西班牙、葡萄牙、希腊、荷兰等国也都曾采用这一立法模式。[3]

二是专篇（专章）式立法，即在民法典或其他法典中另辟篇章。这种方式使得国际

---

[1]《中国大百科全书·法学》，中国大百科全书出版社1984年版，第232页。
[2] 韩德培主编：《国际私法》，高等教育出版社2000年版，第21页。
[3] 沈涓主编：《国际私法》，社会科学文献出版社2006年版，第13页。

私法立法可以相对集中、独立冲突规范散落各处的分散式立法，显得更加方便、合理。一些国家，如意大利等在修订民法典时，主动以专篇式取代过去的分散式立法。我国《民法通则》[1]也曾采取专章式立法，设有"涉外民事关系的法律适用"一章。不过这种立法模式已被2011年生效的《涉外民事关系法律适用法》取代。

三是单行法式立法，这种立法方式以法典或单行法规的形式制定冲突规范。1896年颁布的《德国民法典施行法》最早采取这种做法。我国2011年生效的《涉外民事关系法律适用法》同样采取了此方式，为冲突规范专门制定了一部单行法。从近年新颁布的一些国家的单行法来看，在形式上已有总则、分则之分，法典结构日趋合理，内容更加全面。相较于分散式立法，专章专篇式立法更加合理；相较于后者，单行立法式又更显成熟。

当代国际私法国内立法水平的提高，不仅表现为日趋成熟的立法模式，还体现在法规的内容上，这主要体现为以下两点。

其一，随着国际民商事交往的日益深入，国际私法的调整对象也不断扩大，冲突规则愈发精细化。现代各国国际私法的内容已突破"人"、合同、一般侵权、物权、婚姻、家庭、继承等传统领域，扩展至国际知识产权、国际劳动关系、国际代理、国际特殊侵权关系、国际投资、海商、国际信托、国际保险、国际金融、国际商事仲裁等。

其二，选法手段日趋多样。僵化的连结点逐渐被弹性连结因素取代。这主要表现在三个方面。首先，晚近国际私法立法大量采用选择性冲突规范，以增强法律适用的灵活性。其次，最密切联系原则、当事人意思自治在各国最新国际私法立法中得到突破性的广泛运用。最后，结果选择的方法在法律选择中受到重视。这主要体现为：一是加大对家庭关系中弱者权益的保护力度，如在亲子关系、监护、收养等关系中适用对儿童最为有利的法律；二是注重对经济关系中弱者的特殊保护，如在涉外消费关系、产品责任关系、劳动者关系的法律选择中，有的国家分别从保护消费者、被侵权人劳动者权益的角度制定冲突规范。

过去，我国没有专门的国际私法单行法规，有关的国际私法规范分散于不同的法律、法规中，例如《民法通则》中的第八章"涉外民事关系的法律适用"，其中包含从合同、侵权到婚姻家庭、继承等的9条冲突规范；此外还有《继承法》第36条、《合同法》第126条、《中外合资经营企业法实施条例》（已失效）第15条、《海商法》第268—275条、《民用航空法》第185—188条、《票据法》第95、97、98、100—102条等。2011年4月1日起，《涉外民事关系法律适用法》在我国生效，该法分八章，包括一般规定、民事主体、婚姻家庭、继承、物权、债权、知识产权以及附则，共计52个条文。该法不仅结构较为合理，基本覆盖了国际民商事交往的方方面面，符合新时代涉外法治建设的基本需要；而且综合采用了设置选择性冲突规范、尊重当事人意思自治、以最密切联系为选法原则及结果选择规则等多种手段，这说明我国国际私法立法技术正逐渐走向成熟。关于国际民事诉讼和国际商事仲裁的国内立法，我国主要规定在《民事诉讼

---

[1] 我国《民法典》自2021年1月1日起施行，《婚姻法》《继承法》《民法通则》《收养法》《担保法》《合同法》《物权法》《侵权责任法》《民法总则》同时废止。后文涉及相关法律规定的不再赘述。

法》第四编、《仲裁法》和《外国国家豁免法》等法律中。

（二）国内判例

学界有观点认为，判例虽然对具体案件的解决起到一定的指导作用，但并非法院处理案件的直接法律依据。[1] 不过，这个问题不宜一概而论。事实上，根据判例本身的情况，我们可以将人民法院作出的判决分为两类，即指导性案例与非指导性案例。根据2010年最高人民法院《关于案例指导工作的规定》的规定，符合以下条件的案例属于"指导性案例"，即"社会广泛关注的""法律规定比较原则的""具有典型性的""疑难复杂或者新类型的"以及"其他具有指导作用的案例"。这类案例由最高人民法院下设的案例指导工作办公室，负责遴选、审查并报请院长或者主管副院长提交最高人民法院审判委员会讨论决定。经过最高人民法院审判委员会讨论决定的指导性案例，将统一在《最高人民法院公报》、最高人民法院网站、《人民法院报》上以公告的形式发布。对于最高人民法院发布的指导性案例，各级人民法院审判类似案例时应当参照。

至于非指导性案例，对司法实践不具强制性指导意义，但我们认为也可以在审判工作中适当参考，因为判例往往针对具体的问题，具有一般性立法无法取代的特殊优势，应该允许法院予以援引，这不仅有助于指导法院的审判实务工作，而且可在实践中积累经验，再将经验规则化，从而推动我国国际私法立法进程。

二、国际法渊源

国际私法的国际法渊源主要包括国际条约和国际惯例两种形式。

（一）国际条约

国际条约是由两个或两个以上国际法主体缔结的、以调整相互间的权利义务关系为目标的一种特殊的协议。作为国际私法渊源的国际条约，则专指以民商事关系为内容或涉及民商事关系的条约，统一冲突法公约和统一实体法公约是其常见形式；此外国际民事诉讼程序条约和国际商事仲裁条约也是国际私法的国际法渊源。根据公约的参与国家数量，国际条约可以分为双边条约和多边条约两种；根据公约的开放程度，可以分为普遍性的条约和区域性的条约。无论是双边、多边条约，还是普遍性、区域性条约，只要满足特定的条件就可以成为国际私法的国际法渊源。国际私法条约原则上只对缔约国具有约束力。作为国际私法渊源的国际条约数量很多，根据其目的大致可分为规定外国人民事法律地位的国际条约、统一冲突法的国际条约、统一实体法的国际条约和协调国际民事诉讼程序与国际商事仲裁程序的国际条约。[2]

在作为国际私法渊源的国际条约的形成过程中，国际组织起着重要作用。这些国际组织主要包括联合国（尤其是其下设的国际经济贸易法委员会）、海牙国际私法会议、美洲国家组织、国际统一私法协会、欧洲联盟等。其中，联合国国际贸易法委员会（UNCITRAL）致力于制定有关商业交易的公平而协调统一的现代规则，制定并推广世界

---

[1] 黄进主编：《国际私法学》，高等教育出版社2023年版，第57页。
[2] 参见韩德培主编：《国际私法》，高等教育出版社2000年版，第25—29页。

各国可接受的公约、示范法和规则，提供具有巨大实际价值的法律和立法指南与建议，公布判例法和统一商法法规的最新资料等。涉及的范围包括国际货物销售、国际货物运输、国际商事仲裁、投资人与国家间争端解决等多个领域。此外，海牙国际私法会议也在国际私法的国际法渊源形成过程中功不可没。它是目前最主要的统一国际私法的常设政府间国际组织。自1893年第一届海牙国际私法会议以来，海牙国际私法会议已通过了三十多部涉及国际经济贸易、婚姻、家庭、继承、扶养、国际民事诉讼程序等领域的国际公约，其中以冲突法公约为主。

我国向来积极参与国际事务，参加和缔结了大量的国际私法条约。从内容上看，这些条约涉及相互赋予对方公民和法人民商事法律地位、协调国际民事诉讼与国际商事仲裁程序、统一国际货物买卖等实体规范、保护国际知识产权等内容。

（二）国际惯例

国际惯例是在国际交往中逐渐形成的不成文的法律规范，只有经过国家认可它才能具有约束力。"国际惯例"不同于"国际习惯"，应作明确区分。根据《国际法院规约》第38条第1款的规定，国际习惯（international custom）是"作为通例（general practice）之证明而经接受为法律者"。可见，一项规则要成为国际习惯必须具备两个条件：一是在长期实践中重复类似行为而形成普遍的习惯做法，即确有某种习惯已客观产生；二是这种做法被国家和当事人认可并具有法律效力，这可以视为习惯产生的主观要素。[1] 在国际私法领域，满足上述主客观双重要求的国际习惯事实上并不太多，大量存在的是不具有强制性和普遍法律约束力的"常例"或"通例"；在国际经济贸易领域更是如此。例如我们常见的所谓商事惯例就是如此。它们是在商事实务中逐渐形成的，后又经过某些组织或学会等加以统一编纂和解释，例如国际统一私法协会商事通则就是较为知名的国际商事惯例汇编，它由独立的政府间组织"国际统一私法协会"（UNIDORIT）制定，内容涵盖了国际商事合同的绝大部分主要问题。

2023年我国最高人民法院发布了最高人民法院《关于审理涉外民商事案件适用国际条约和国际惯例若干问题的解释》（法释〔2023〕15号），解释第5条明确规定："涉外民商事合同当事人明示选择适用国际惯例，当事人主张根据国际惯例确定合同当事人之间的权利义务的，人民法院应予支持。"此外，该解释的第6条授权人民法院主动适用国际惯例：中华人民共和国法律和中华人民共和国缔结或者参加的国际条约没有规定的，人民法院可以适用国际惯例。当事人仅以未明示选择为由主张排除适用国际惯例的，人民法院不予支持。不过，国际惯例的适用不能损害中华人民共和国主权、安全和社会公共利益。有关于此，解释的第7条给出了明确的限制。这说明，我国司法实践正致力于"确保国际通行规则得到有效遵守和实施"，以"有力彰显我国坚持改革开放和多边主义的国际形象，为全球治理体系改革和建设贡献中国法治智慧和力量"。[2]

---

[1] 韩德培主编：《国际私法》，高等教育出版社2000年版，第30—32页。

[2] 王丽丽：《最高人民法院发布涉外民商事案件适用国际条约和国际惯例司法解释及典型案例》，载《人民法院报》2023年12月29日。

三、其他

法理和学说是否可以作为法律渊源，是一个存在一定争议的话题。从历史与各国实践上看，法理和学者学说似乎可以成为法律渊源。例如古罗马皇帝优士丁尼编撰《国法大全》时就将盖尤斯、乌尔比安等著名学者的观点编入《学说汇纂》和《法学阶梯》，以为学者和司法实践者提供指南。当代，美国、英国等国的法院判决时也常明确地以学者理论、观点为裁判的依据，当然，这与该国自身的法律传统有一定的联系。另外也有一些国家，比如泰国，就明确地在本国国际私法中规定，本法及其他泰国法未规定的法律冲突，依国际私法的一般原理。可见，法理和学说也并非全无用武之地。事实上，国际私法本就是从学说发展起来的。从巴托鲁斯到萨维尼，在漫长的四五百年历程中国际私法都表现为一种学说或学理状态，直到18世纪中后期，国际私法才进入"制定法"阶段，因此我们仍应重视法理和学说对国际私法法律实务的推动作用，而不该全盘否定其指导价值。

第四节 国际私法的性质

长期以来，各国学者对国际私法性质问题的争论从未停止过。争论的焦点一般围绕以下三个问题：国际私法是国际法还是国内法；国际私法是程序法还是实体法；国际私法是公法还是私法；本书认为，对于上述三个问题的思考与解答，既应契合当今国际私法的实际情况，也应结合该学科的未来发展趋势。

一、国内法还是国际法

关于国际私法是国内法还是国际法的问题，可以将学者观点归纳为国内法学派、国际法学派和综合论学派三种。

（一）国内法学派（民族主义学派）

法国的巴丹（Bartin）、尼波耶（J.P.Niboyet）、巴迪福（H.Batiffol），德国的沃尔夫（M.Wolff）和卡恩（F.Kahn），英国的戴西、莫里斯、戚希尔、诺斯（P.M.North），美国的斯托里、比尔、库克、里斯学者等主张：国际私法是国内法的一个学科。[1]持上述主张的理由如下。（1）虽然都有"国际"二字，但国际私法与国际法（主要指国际公法）的主体、对象等明显不同，因而国际私法不是国际法。（2）主要法律渊源不同。国际私法的主要渊源是国内法，例如中国、德国、瑞士、日本、韩国的都有自己的国际私法立法或判例法等，这些本质上都是国内法，而非国际法；而国际法的法律渊源是国际条约和国际习惯法。（3）法律的制定程序不同。与上述国际私法的国内法性质一致的，各国的

---

[1] 韩德培主编：《国际私法》（第二版），北京大学出版社2007年版，第10页。

国际私法都是由各国自行制定的，独立地决定采取什么立法体例，并自主对具体的法律适用问题加以规制。

（二）国际法学派（或称世界主义学派）

德国的萨维尼（Savigny）、巴尔（L.von Bar）、弗兰肯斯坦（Frankenstein），意大利的孟西尼，法国的魏斯（A. Weiss）、毕叶（Pillet）等主张：国际私法是国际法的一个部门法。[1]认为国际私法属于国际法的主要理由包括：（1）国际私法调整的对象具有国际性，并不局限于某个特定法域的范围之内，明显有别于国内民商事关系；（2）国际私法本质上与国家主权有关，起到界定国家间立法和司法主权范围的关键作用，因此具有国际性；（3）国际条约和国际惯例是国际私法的法律渊源的重要组成部分；等等。

（三）综合论学派（二元论的观点）

与前述两种观点不同，还有一派学者认为国际私法是一个独立的法律部门，既非典型国内法，也非传统公法意义上的国际法，而是同时兼具国内法和国际法的双重性质。德国学者齐特尔曼（E.Zitlemann）是此观点的代表。此观点的主要理由包括：（1）国际私法的调整对象是涉外民商事关系，既非国内民商事关系，也非国家间权利义务关系，而是兼具国内性和涉外性；（2）国际私法的渊源具有"二重性"，既有国内冲突法或国际民事诉讼法的相关规定，也有国际条约、惯例等。

我们认为，三家之说皆有一定的道理与可取之处，对于国际私法是国际法还是国内法的判断应该结合该学科的自身性质作出综合认定。不可否认的是，随着国际交往的日益深入，国际私法学的内涵与外延获得了很大的扩展，有学者称之为宏观国际私法学，[2]即认为国际私法是一个体系，而不仅仅是一个部门法。[3]如果从这个角度理解国际私法，就不难发现国际私法其实既有国内法的成分，也有国际法的因素。例如各国冲突法、国际民事诉讼法就是明显的国内法，而国际条约，无论是冲突法条约还是实体法条约都是国际法。总之，国际私法兼具国内法与国际法的性质。

二、实体法还是程序法

在这个问题上，同样可以分出三大理论派别，即程序法学派、实体法学派和综合论学派。主张国际私法是程序法的学者认为，国际私法并不直接调整当事人之间的权利义务关系，而只是从司法管辖权的划定和立法管辖权的分配角度指示法院如何解决这种民事关系，因此应该属于程序性规则。还有学者认为，冲突规范（法律适用规范）与管辖权、司法协助等都属于程序性的，都是关于一个国家诉讼程序的规定，由此可以认为，"国际私法实际上是民事诉讼法中关于处理涉外民商事案件的特别规定"，属于程序法的范畴。[4]

认为国际私法为实体法的这一派则主张，国际私法看似并不直接调整国际民商事关系中当事人之间的权利义务关系，但不可否认的是，它的最终目的仍然调整实体法律关系，

---

[1] 韩德培主编：《国际私法》（第二版），北京大学出版社2007年版，第9页。
[2] 黄进：《宏观国际法学论》，载《法学评论》1984年第2期。
[3] 黄进主编：《国际私法学》，高等教育出版社2023年版，第68页。
[4] 费宗祎：《对中国国际私法的重新认识》，载《人民法院报》2018年1月24日，第007版。

且当法院确定了某一国际民商事的案件的管辖权和法律适用问题之后,它的司法任务并不到此为止,而是要继续依据该准据法去解决涉外民事关系当事人具体的权利义务纠纷。

本书认为,结合国际私法既包括冲突法规范、解决涉外民事争议的程序法规范,也包括外国人民商事法律地位法、国际统一实体规范的现实来看,"综合论学派"的观点较为可取,即国际私法是管辖权规范、冲突法规范和实体法规范的综合运用,兼具国内法和国际法的性质,[1] 不同性质的法律共同构成国际私法的组成部分,从而使国际民商事争议的解决得以解决。

三、公法还是私法

对该问题的回答同样存在三种不同的观点,即私法、公法以及既非私法也非公法。认为国际私法属于私法的观点主要侧重于从该学科的调整对象进行考察,即认为国际私法调整的是民商事关系,而民商事关系无疑是私法关系,虽然含有涉外因素,但本质上仍然是私法关系。因此,国际私法是私法。而认为国际私法是公法的学者则认为,国际私法是划分国家间司法和立法管辖权的学科,故应认定其具有公法的性质。也有学者提出,法律选择规则的本质是规定法官选择法律的标准、方法和条件,属于程序性规则,也属于公法范畴的规则。[2] 至于第三种观点,则主要由德国学者科恩提出,他认为国际私法自成一派,无法归入公法或私法之中。[3]

本书认为,国际私法兼具公法和私法的性质。这主要是根据国际私法的内容得出的判断。该学科中既包括确定国际民商事管辖权的规范,也包括划定法律管辖权的冲突规范,这些无疑具有公法的性质;但同时,我们也不能忽视国际私法中的统一实体规范,诸如 CISG 等法律直接规定当事人之间实体法上的权利义务关系,此类实体法虽然具有国际性质,但仍是私法规则。因此,可以认为,国际私法兼具公法和私法的性质。

第五节 国际私法发展史

一、国际私法的萌芽期

（一）前国际私法时代

关于国际私法的萌芽,是一个颇有争议的话题。有学者认为,国际私法最早产生于古希腊。公元前 8 世纪甚至更早,随着古希腊各城邦航海事业的发展,它们在地中海沿岸建立殖民地,并开始了早期的国际贸易,国际私法随之应运而生。不过,也有学者认

---

[1] 沈涓:《国际私法调整对象及相关问题再探讨》,载《环球法律评论》2022 年第 5 期。
[2] 沈涓:《国际私法调整对象及相关问题再探讨》,载《环球法律评论》2022 年第 5 期。
[3] 李双元、欧福永主编:《国际私法》(第五版),北京大学出版社 2018 年版,第 28 页。

为，即便古希腊已经参与到了国际民商事交往中，但彼时并未出现有据可考的冲突规范，因此不能认为国际私法已经产生。

古罗马时代，随着罗马政治、军事、经济实力的不断扩张，国际民商事交往空前密切。公元前242年，罗马设置特别裁判官，专门处理罗马人与非罗马人以及非罗马人之间发生民商事纠纷，逐渐形成了一套规则，被古罗马法学家称为"万民法"（ius gentium）。盖尤斯的《法学阶梯》认为万民法是"根据自然原因在一切人当中制定的法为所有的民众共同体共同遵守。"[1]万民法是解决涉及不同部族间纠纷的规则，有学者视之为国际私法的开端。不过，也有一些学者对此观点表示怀疑，一是因为万民法不过是古罗马的国内实体法，并非现代意义下的国际私法；二是因为自公元212年《安东尼努斯敕令》（又名《卡拉卡拉敕令》）颁布后，帝国境内所有居民均被授予罗马公民身份，随着部族边界的模糊，万民法的功能也随之大打折扣。[2]可见，在古罗马时代是否产生国际私法的问题上，学界并无统一意见。

公元476年，西罗马帝国灭亡之后，欧洲进入"种族法时代"或称"人法时代"。拉丁民族依旧按照罗马法行事，日耳曼各部族则遵守自己的习惯法，只受本部族法律的支配。当时，"法随人走"已是常态。公元817年，里昂总主教阿格巴尔（Agobar）在给路易一世（Louis the Pious）的信中写道："五人行坐，看起来并没有什么不同，可他们每个人却受制于不同的法律。这样的事，我已习以为常。"[3]这正是对此情况的形象写照。这段时期的种族法与现代国际私法的属人法显然有着本质的区别，后者是以解决法律冲突为目的的选法原则，前者则是各族人皆遵守本族法的实践原则。不过，也有学者认为，种族法的法律实践中隐含了国际私法的思想火花。例如沃尔夫认为，在当时的司法审判中，如果有关当事人都不否认他们同属于某一个种族，就可适用该种族的法律。这可以视为对当事人意思自治原则的承认。[4]

公元10世纪前后，众多王国割据欧洲大陆。这一时期的跨国民商事司法实践似乎以属地为法律适用的原则，即一国内居住的居民，无论其是拉丁人、希腊人还是日耳曼人等，均须服从王国的法律与习惯。与原来的"五人行坐、法各不同"形成鲜明对比的是，这一时期的法律适用可以概括为"五马之内，连换五法"，即如果一个商人骑马从家乡出发，去往外地做生意，一匹马走累了换一匹马，换了几次马就经过了几个小诸侯国，因此也就换了几种法律。这种法律适用上的不稳定性显然会对跨地区贸易的发展造成不利的影响。于此时代背景之下，意大利作为商业最为发达也最需要改变现状的地区之一，开启了自身在国际私法理论建树上的传奇时代。

---

[1] [古罗马] 盖尤斯：《盖尤斯法学阶梯》，黄风译，中国政法大学出版社2008年版，第2页。

[2] Yntema, *The Historic Bases of Private International Law*, 2 American Journal of Comparative Law 297, 301 (1953).

[3] Juenger Friedrich K., *Choice of Law and Multistate Justice*, Martinus Nijhoff Publishers, 1993, p.10.

[4] M. Wolff, *Private International Law (2nd ed.)*, Oxford：At the Clarendon Press, 1950, p. 559.

（二）萌芽与发展

1. 意大利法则区别说

意大利地处亚非欧中间，为地中海所环绕，在国际贸易方面有着得天独厚的地理位置。公元 11 世纪后，逐渐发展为东西方货物交易的中心，拥有米兰、威尼斯、热那亚、佛罗伦萨等诸多大型商业城市，它们皆是独立的城邦国家。当时的欧洲大陆，罗马法和教会法是普通法，意大利也不例外，但是各个城邦又有各自的城邦法，被称为"法则"（Statuta）。各城邦的法则或是在本地法律实践中产生，或因本地需要而创设，内容并不相同。如果城邦法和普通法或教会法发生冲突，应该以何为准？如果各城邦的法律发生冲突，又该以何为准？关于后一个问题，如果还根据原来的属地主义来解决法律冲突，就可能导致在米兰境内签订的合同，一旦到佛罗伦萨便会完全失去效力。这显然会严重阻碍跨城邦的商贸发展。

意大利注释法学派关注到了此类问题，并从注释罗马法入手，尝试给出全新的解决方案。注释法学派的集大成者巴托鲁斯在前人研究的基础上，提出了法律冲突的两个根本问题：一是本城邦的法则能否约束本邦境内的异邦人；二是本城邦的法则能否适用于本城邦之外，这也是国际私法学的两个基本问题。为回答上述问题，巴托鲁斯对法律关系进行了分类，分别讨论契约、侵权行为、遗嘱、物权这四类规则的管辖范围。以契约为例，巴托鲁斯回答了这样一个问题：如果异邦人在本城邦内缔结契约，随后因契约问题发生争议并在本城邦起诉，那么本城邦的法律是否能约束这些异邦人的契约行为？巴托鲁斯分别从契约的形式和契约的履行两个角度回答上述问题。关于契约的形式，巴托鲁斯认为应该受契约缔结地法支配，因此在上述情况下，作为契约缔结地的本城邦的法律可以约束异邦人的行为。至于契约的履行，则需要分别讨论本城邦法则能否管辖契约的履行方式以及契约履行的实质问题。关于履行的方式，巴托鲁斯认为，应该由法院地法支配，即本城邦法律在此问题上可以适用于异邦人。至于契约履行的实质性问题，诸如契约履行过程中发生的过失或延迟履行等，则由约定的履行地习惯法管辖，如果没有约定履行地则适用诉讼发生地法。也就是说，在这类问题上，首先考虑的是履行地法；如果没有约定履行地，则本城邦的法律可以适用。[1]

意大利法则区别说是国际私法发展史上最早的学说，它一改绝对属地主义法律适用原则的弊端，促进了国际贸易的发展，更对国际私法理论体系的形成产生了重大影响；它发展出了许多具体的法律适用原则，诸如"场所支配行为""不动产适用不动产所在地法""动产附骨"等直到现在还有一定的影响力。

2. 法国法则区别说

16 世纪以后，法国在国际商事贸易活动中的地位逐渐重要。这一时期的法国国王虽然在形式上统治全国，但其实控的领地并不大，法国各地区实际上处于诸侯割据状态，北部的习惯法与南部的成文法差距极大。这种格局阻碍了工商业的发展。恰在这一时

---

[1] *Bartolus on the Conflict of Laws*, translated into English by Joseph Henry Beale, Cambridge Havard University Press, London: Humphrey Milford Oxford University Press, 1914, pp.17-22.

期,意大利冲突法学说传入法国。法国的学者表现了对法则区别说的极大兴趣,并以自己的聪明才智继续为法则区别说的发展添砖加瓦。

法国法则区别说的代表人物是杜穆林(Dumoulin)和达让特雷(D'Argentré),他们分别生活在法国的南方和北方,二人的理论与主张也天差地别。杜穆林从罗马法注释入手,既继承了巴托鲁斯的学说,又有自己的建树。他的最大贡献在于明确提出了意思自治(autonomie de la volonté)原则。他主张,应适用当事人选择的法律;如果当事人未做明示选择,则应适用当事人默示选择的法律,而所谓"当事人的默示选择"可以由法院从字里行间或行为中推断。杜穆林的主张提出的意思自治原则符合16世纪前后新兴资本主义追求自由贸易的需要,是意思自治原则在涉外合同等领域法律选择问题上的重要体现,后来这一原则成了国际私法中重要的选法原则之一。

达让特雷是法国布列塔尼省的贵族,与杜穆林生活于同一时代。他旗帜鲜明地反对契约意思自治,并提出"法则三分说",即法则可分为人法、物法和"混合法则"三类。他主张扩大物法的适用范围,缩小人法的适用范围,认为混合法则(同时涉及人与物的法则)应当从属于物法。[1] 达让特雷的思想明显透露着浓厚的属地主义色彩。该学说在当时和现代的影响都较为有限,但对17、18世纪的荷兰法则区别说学者产生了一定的影响。

3. 荷兰法则区别说

荷兰位于欧洲大陆的西北部,原为西班牙的殖民地。1581年北部7省成立尼德兰联省共和国。1648年《威斯特伐利亚和约》签署后,西班牙正式承认荷兰独立。此后,荷兰经济迅速发展起来,但英国、西班牙、葡萄牙、法国等对手也虎视眈眈,因此摆在它面前的头号难题是怎样维护国家主权。此外,荷兰共和国内部也矛盾重重,基于历史原因,各省传统势力盘踞,法律冲突严重。服从于现实需要,荷兰知识分子对如何维护国家主权、解决法律冲突尤为感兴趣,法国面对的封建势力割据难题似乎与荷兰较为相似,于是荷兰学者开始重视、研究达让特雷的理论。

荷兰学派中最为人所知的代表人物是优利克·胡伯(Ulicus Huber)。胡伯从维护国家主权的基本立场出发,提出一国没有义务承认外国法律的域内效力,只是出于对等的"国际礼让"考虑,才会作为原则的例外适用外国法,且这必须以不损害本国主权和利益为前提。在《论罗马法与现行法》一书的第二编,胡伯提出了著名的"胡伯三原则":(1)任何主权者的法律在其境内有效,但在境外无效;(2)凡居住在其境内的人,不管是常住的还是临时的,都应受其法律的约束;(3)根据礼让,已在本国领域内实施的外国法律可以在另一主权者境内保持其效力,只要这样做不致损害该主权者的权力或利益。

三原则中的原则(1)和原则(2)是对属地原则的承认,由此可见胡伯学术思想与达让特雷学说之间的继承关系,但其中的原则(3)是对属地原则的重要突破,它明确提出在本国境内可以适用外国法,并提出适用外国法的理由是基于礼让。这是胡伯学说

---

[1] Juenger Friedrich K., *Choice of Law and Multistate Justice*, Martinus Nijhoff Publishers, 1993, p. 17.

中最具特色的一点，也正因此，胡伯三原则又被称为"国际礼让说"（Comitas Gentium）。该学说后为美国学者斯托里（Story）所接受和发展。

二、近代国际私法

19世纪中叶，国际贸易随着资本主义的进一步发展而日益深入，私人间的跨国交往也更加频繁，国际私法理论必须迅速发展、成熟，才能满足国际社会的现实需求。这一时期，在普通法系和大陆法系都出现了几个颇有特色的国际私法学派。

（一）普通法系的国际私法学派

1707年联合法令将英格兰与苏格兰合并为大不列颠王国，随后的1800年联合法令又合并了大不列颠王国和爱尔兰王国。英格兰、苏格兰、爱尔兰各自保留自己的法律。作为多法域国家，英国国内的法律冲突随之而来。为提供应对方案，同时为了解决英国在经济势力扩张中面对的法律问题，英国学者开始关注冲突法问题，并获得建树。

牛津大学法学教授戴西（Dicey）是英国冲突法理论中的标志性人物。在1896年出版的《冲突法》一书中，他提出"既得权说"（the Theory of Vested Rights），对后世产生了较大影响。既得权说的主张可概括为以下五个要点：（1）解决国际民事纠纷，首先应确定英国的法院是否有管辖权；（2）凡依据他国法律有效取得的任何权利一般都应得到英国的法院承认与执行，而非有效取得的权利英国法院则不予承认与执行；（3）如承认与执行这种依外国法合法取得的权利与英国成文法的规定、英国的公共政策和道德原则以及国家主权相抵触，则可作为例外，而不承认与执行；（4）判定某种既得权利的性质，只应依据产生此种权利的该外国的法律；（5）依据"意思自治原则"，当事人协议选择的法律具有决定他们之间的法律关系的效力。

"既得权说"的本质是解决内国法院为什么要适用外国法的问题。根据戴西的理论，内国法院并不需要适用外国法，它所做的只是保护当事人根据外国法或外国判决已取得的权利。这样就绕开了困扰英国法学界的外国法在内国的效力之争。不过，也有观点认为戴西的学说并未彻底解决外国法的域内适用与国家主权之间的矛盾，因为权利是依据法律创设的，保护某一权利，本质上就是承认了法权背后的外国法的域内效力。当然，无论如何也不能抹杀"既得权说"的理论贡献，事实上，《美国第一次冲突法重述》就建立在该学说的基础之上。

美国是联邦制国家，各州的法律并不统一，跨州法律冲突问题因而日显严重。此外，移民的不断涌入也加剧了法律冲突的问题。现实需要的刺激之下，美国冲突法快速发展起来。为该国冲突法学说奠定基础的是哈佛大学教授斯托里，其代表作为1834年出版的《冲突法评述》（Commentaries on the Conflict of Laws）。该书以胡伯的国际礼让说为基础，但也结合美国的司法实践，创立了自己的礼让说。斯托里学说的独到之处在于扎根普通法系传统，他的论著中收集并分析了大量的判例，并在判例分析的基础上提出法律适用的原则，一改此前国际私法学说从学者学说和理论建构出发的研究路径，无愧于一种全新的尝试。

（二）大陆法系的国际私法学派

19世纪中叶以后，在普鲁士强力推动之下，德国逐渐完成了统一大业。国家实力的增强、对外经济交流的频繁，为国际私法的发展创造了条件。德国学派的代表人物是历史法学派的集大成者卡尔·冯·萨维尼。1849年，其传世之作《现代罗马法体系》的第8卷，即《法律冲突与法律规则的地域和时间范围》问世。在该书中，萨维尼提出了"法律关系本座说"。借助深厚的民法理论功底，萨维尼将"法律关系"分为人、物、债、行为、程序等几大类，并提出根据特定法律关系自身的性质确定其"本座"，再适用"本座"的法律以解决法律冲突。该学说中的核心概念"本座"，其实指的是涉外法律关系的事实归属地。萨维尼认为，人的身份能力以住所为本座；物权以物之所在地为本座；债的本座原则上是债的履行地；行为方式则以行为地为其本座；程序问题以法院地为本座。

首先，萨维尼的学说一改法则区别说从法则内容入手确定法则适用范围的传统方法，从法律关系的性质入手解决法律冲突，实现了方法论上根本性的变革，正因如此，法律关系本座说被誉为国际私法发展史上的"哥白尼革命"。其次，法律关系本座说反对荷兰国际礼让说作为立论根基的国家主义，主张尊重外国的法律及其背后的价值，在涉外民商事审判中给予内外域法平等的适用机会，从而使国际私法在新的基础上回复到普遍主义的立场上。最后，萨维尼的学说深刻影响了19世纪欧洲国际私法成文立法的发展，并对国际私法的统一化进程起到了积极的促进作用。今时今日，无论是国际私法立法采用的法律关系中心的立法模式，还是对最密切联系原则地位的肯定，都是萨维尼理论的延续与发展。

除德国之外，意大利也因该国学者孟西尼的贡献而在现代国际私法理论发展中占有一席之地。中世纪的意大利一直处于城邦林立的状态，随着资本主义的发展，意大利的统一思潮日益高涨。与此同时，随着新大陆的发现，意大利还出现了移民浪潮，需要制定法律以维护移民与意大利本国的利益。以孟西尼（Mancini）为代表的意大利学派应运而生。1851年，孟西尼发表了题为"国籍乃国际法的基础"的著名演讲，主要涉及以下三个方面。

一是国籍原则。一个人应服从其本国的法律的支配，因此，法院审理涉外民事案件时，如果涉及自然人的身份能力、亲属关系、继承关系，就应适用当事人的本国法。

二是意思自治。按照该原则，合同应适用当事人自主选择的法律。

三是公共秩序。如果外国法违反本国的公共秩序，就不予适用，应适用法院地法。

孟西尼的学说以国籍为解决法律冲突的主要基准，反映了意大利建立统一国家的愿望，同时契合了保护本国海外移民的需要，故而能够在19世纪的意大利国际私法学界占据统治地位。孟西尼的学说的影响力并不止于其国内，即使在当代国际社会，当事人的国籍仍然是确定属人法的重要依据。

三、当代国际私法

（一）英美国家

英国学者莫里斯（Morris）突破了此前学者们从国家间的礼让或保护当事人的既得权利的角度思考法律冲突的窠臼，将外域法适用的合理性基础建立在当事人之间维护公平、保护私人利益的考虑之上，并提出了"自体法"（Proper Law）理论，主要将之运用于涉外合同与侵权领域。莫里斯认为，在任何特定情况下适用的法律都应该是"适当的法律"，它与案件的事实应具有最密切、最真实的联系。可见，"自体法"理论实质上是最密切联系原则的英国式表达。

与英国相比，20世纪中期左右的美国冲突法学界则显得活跃得多，美国学者对《美国第一次冲突法重述》表现了强烈的批判精神，并在此基础上提出了多种不同的理论主张。这一时期的美国批判运动被称为"美国冲突法革命"，其中较有影响力的理论包括以下几种。

1. 本地法说（Local Law Theory）

该学说由美国学者库克（Cook）提出。库克对传统的国际私法理论进行了彻底的否定，采取了更为保守和彻底的属地主义，他认为："法院面对涉外案件时，总是适用本地的法律，但在这一过程将与另一个州或国家的法律相同或高度相似的规则当作本地法来适用，前提是一些或所有的涉外因素都与该外国相联系。如此选择的规则是在正常情况下特定外国或国家将适用的裁决规则，即它并非目前法院审理的这组事实，而是适用于类似但纯粹是国内的一组事实，对外国法院来说不涉及外国因素。这样的被纳入法院地法律体系的外国国内规则可以为方便起见被称为外国的'国内法'。法院因此执行的不是外国权利而是根据本地法创设的权利。"[1]

库克的本地法说直接反对的是《美国第一次冲突法重述》的理论基础——"既得权说"，在他看来，后者是建立在逻辑推理基础上的学院派的理论，脱离了司法实践的真实考虑，并不可取。通过提出"本地法说"，库克实际上提出了一种全新的视角，即通过法律的纳入，将外国实体法拟制为本地法，因此法院理论上说，是适用本地法对涉外案件作出的裁判。很显然，库克还是将外域法的适用视为与国家主权相冲突的需要，因此在为冲突的解决寻求除"既得权说"外的合理解释。

2. 政府利益分析说（Governmental Interests Analysis）

该学说由美国学者柯里（Currie）提出。柯里认为法律冲突的本质是国家与国家之间的利益冲突，因为任何国家的实体法律规范的背后都是政府利益，所以，解决法律冲突的方法应是对涉及国家的有关法律所体现的"政府利益"进行分析，再判定有关国家在将其法律适用于某一具体案件时是否有利益。[2]

柯里在其发表于1959年的论文《冲突法的目的与方法提要》中系统地阐述了自己

---

[1] Cook, *The Logical and Legal Bases of the Conflict of Laws,* (1924) 33 YALE. L. J. 457, p. 469.

[2] Brainerd Currie, *Selected Essays on the Conflict of Laws*, Duke University Press, 1963, pp. 183–189.

在法律选择方面的学术思想。(1) 即使处理包含涉外因素的案件，法院也应该当然地适用法院地法，这是解决涉外民商事案件的首要原则。(2) 如果当事人提出要适用外域法，法院便需要首先分析法院地法背后的政府政策，并考虑法院地与案件之间的事实联系是否为实现该政策提供了合法的基础。(3) 若是必要，法院还应该确定外域法背后的当地政策，以及外法域在实现该政策方面是否存在利益。(4) 如果法院发现法院地在实现本地政策方面不具有任何利益，但是外法域在实现该地政策方面存在利益，那便可以适用外域法。(5) 如果法院地在实现政策方面存在利益，即便外法域在实现其相反的政策上也存在利益，那么法院也还是应该适用法院地法；如果外法域在实现其政策方面未显示任何利益，则无论适用法院地法能否实现法院地政策，法院地法都当然应该得到适用。[1]

柯里的学说中的"法院地法偏好"倾向极为明显，无须多说。值得注意的倒是该学说的其他一些元素，例如对法域与案件之间事实联系的关注。根据上述"政府利益分析说"的第二点，在当事人提出适用外域法要求时，法院将基于两点因素判断是否听从当事人的意见。这两个因素分别是：法院地法背后的政策利益以及法院地与案件之间的联系是否为实现该政策提供了合法的基础。后一个因素便是一个基于法域与案件事实之间联系的考虑。这说明即便柯里的学说带有明显的单边主义特质，但也并非单纯通过法条解读来确定其自身适用范围，而是同时吸收了多边主义方法惯用的"事实联系"这一法律选择的考量因素。

3. 较好的法律说（the Better Law Theory）

该学说由美国学者拉弗拉尔提出。根据他的观察，《美国第一次冲突法重述》建立的法域选择规则体系过于刻板，不能贴合司法的需要。在其发表于1966年的文章《冲突法中影响法律选择的考虑》中，拉弗拉尔系统地提出了选择准据法时应该注意考虑的因素，其实也是法官一直在用但没有言明的真实的选法理由。根据拉弗拉尔的主张，法官选法时应该考虑以下方面：(1) 判决结果的可预见性；(2) 维护州际和国际秩序的需要；(3) 减轻司法负担；(4) 实现法院地的政府利益；(5) 适用较好的法律。[2] 拉弗拉尔提出的影响法律选择的五点考虑因素中，最具有个人特色的当属最后一点"适用较好的法律"，因此拉弗拉尔的学说被称为"较好法律说"。

4. 最密切联系说（Doctrine of the Most Significant Relationship）

该学说为哥伦比亚大学教授威利斯·里斯（Willis Reese）所提倡。里斯利用《美国第二次冲突法重述》的便利，将最密切联系说作为这次重述的"原点"，以此来辐射整个重述。《美国第二次冲突法重述》第6条第2款要求法院适用与争议有最密切联系的法律。具体来说，法院在选择准据法时应该考虑七点因素：(1) 州际和国际体系的需要；(2) 法院地的相关政策；(3) 其他州的政策及其在特定争议解决上的相关利益；(4) 对

---

[1] Brainerd Currie, *Notes on Methods and Objectives in the Conflict of Laws*, Duke Law Journal, No. 2 (1959), p. 178.

[2] Robert A. Leflar, *Choice-Influencing Considerations in Conflicts Law*, 41 N.Y.U. L. Rev. 267 (1966), p.282.

于正当期望的保护;(5)特定法律领域的基本政策;(6)判决结果的确定性、可预见性和一致性;(7)法律选择和适用的便捷。[1]重述认为,在这七点因素指引下选择的准据法与争议有着最密切的联系,应该得到适用。

根据官方解释,"州际和国际体系的需要",是指促进州际和谐关系,便利商事交往。这一点可说是冲突法的根本价值之一。"判决结果的确定性、可预见性和一致性"与萨维尼提出的冲突法价值如出一辙。这两点体现了对传统冲突法价值的尊重。"法院地的相关政策"和"其他州的政策及其在特定争议解决上的相关利益"则体现了对柯里"政府利益分析说"的吸纳。"对于正当期望的保护"和"特定法律领域的基本政策"则直接体现了对法律内容的考量与选择。

(二)欧洲大陆国家

20世纪欧洲出现的最有特点的国际私法学说是德国法学家拉贝尔(Rabel)提出的"比较法学说"(Doctrine of Comparative private International Law)。拉贝尔认为,各国国际私法存在较大差异,这既不利于国际贸易的发展,也阻碍了民事主体之间的自由往来。针对此现状,应采用比较法的研究方法,在各国国际私法之间比较异同、理性分析,再通过制定国际条约的方式统一各国国际私法。

20世纪60年代以后,美国"冲突法革命"引起了欧洲大陆国际私法学者的关注,他们对于美国的学说给予积极回应的同时,也开始审视、改革传统的国际私法理论。在欧洲大陆学者提出的学说中,有影响的主要有以下几种。

(1)1958年,希腊学者弗朗西斯卡基斯(Francescakis)在《反致理论与国际私法的体系》中首次提出了"直接适用的法"(lois d'application immdeiate)的概念。弗朗西斯卡基斯认为,现代国家为加强对经济活动的干预,制定了一系列法律法规以捍卫其在特定领域的经济利益。这些法律规范具有强制效力,在调整涉外民事关系时可以无须冲突规范的指引而直接得到适用,这就是"直接适用的法"。弗朗西斯卡基斯这一理论的提出,引起了许多学者的关注,也在当代一些国家的国际私法立法实践中得到了采纳。本书的下面章节中将进一步介绍此学说。

(2)l964年,德国国际私法学者格哈德·克格尔在海牙国际法学院(Hague Academy of International Law)发表了题为"冲突法的危机"的演讲。讲演中,克格尔教授着重对当代国际私法学界兴起的单边主义倾向(以柯里和艾因茨威格的学说为代表)进行了批判性分析,并站在普遍主义的立场上回应了上述学说的所谓颠覆性主张,论证了从国家主权和利益角度看待并解决私人之间争议的不合理之处,并由此出发指出传统冲突法方法的优越性,如其可以实现商事利益、秩序利益等。此外,克格尔还关注并澄清了当时出现的实体法论者的一些观点。

---

[1] Willis Reese, *The American Law Institued. Restatement of the Law Second: Conflict of Laws*, St Paul: American Law, Institute Publishers, 1969.

第六节　中国国际私法之的历史与发展

一、中国古代的区际私法

在政治社会的形成过程中，中国逐渐形成了以中原文化为主，夷、蛮、戎、狄居边的"夷夏"观。周朝对要服、荒服的蛮夷戎狄，综合采用武力征伐和文教安抚的两种手段；秦曾与"郡阆中夷人"盟，规定了"秦犯夷，输黄龙一双；夷犯秦，输清酒一钟。夷人安之"（《后汉书·南蛮列传》）；汉代对民族地区的治理"不用天子法度"（《汉书·严助传》），皆是不同朝代根据自身状况和需要在处理与外族关系方面的政策，大体不外"天下一统"与"因俗而治"的基本原则。这一原则也一直延续到了后世。

唐代是多民族统一的强大帝国，如何处理与蕃夷之间的关系，是唐代需要面对的一个重要问题。《唐律疏议·名例律》对此作出了原则性的规定，"诸化外人，同类自相犯者，各依本俗法。异类相犯者，以法律论"。根据这一法律规定，来自相同地域的"化外人"间发生争议，适用同类"化外人"的"本俗法"；来自不同地域的"化外人"之间的争议，则统一适用唐律。以今天的眼光来看，这是一种因事制宜地综合运用属人法与法院地法的做法。

宋律中"化外人相犯"的规定承袭了《唐律疏议》的内容。宋代的《刑统释文》指出，"同类相犯，此谓蕃夷之国，同其风俗，习性一类，若是相犯，即从他俗之法断之；异类相犯，此谓东夷之人与西戎之人相犯，两种之人，习俗既异，戎夷之法，各又不等，不可以其一种之法断罪，遂以中华之政决之"。[1]这段文字是对为何对同类相犯依其本俗、对异类相犯依照"中华之政决之"的解释。

明代法律也有关于"化外人"的法律适用的规定。《大明律·名例律》："凡化外人犯罪者，并依律拟断。"在法律适用的问题上，大明律的规定明显与唐、宋不同，前者规定所有的化外人犯罪一律按照明朝的法律拟断。对于这种变化，清末著名律学家沈家本评论说："此条本《唐律》。唯唐律有同类、异类之分，明删之，则同类相犯亦以法律论矣。"[2]1646年颁布的《大清律例·名例律》在"化外"之后加上了"来降"二字，"凡化外来降人犯罪者，并依律拟断"。表面上看，清朝和明朝一样，对"化外来降人"适用清律，但事实并非如此。根据学者考证，清政府根据风俗习惯，为不同的民族专门制定了法令、规章，如针对蒙古族制定的《蒙古律例》，针对青海等地藏族制定的《番例》，针对信仰伊斯兰的民族制定的《回疆则例》等，并制定了管理蒙、回、藏等地区民族事务的通例——《理藩院则例》。[3]这些单行的"例"，实际上承认了少数民族"俗法"在某些情况下是可以适用的。

---

[1] 陈鹏生主编：《中国古代法律三百题》，上海古典出版社1991年版，第242页。
[2] （清）沈家本：《历代刑法考》，中华书局1985年版，第1806页。
[3] 沈涓主编：《国际私法学的新发展》，中国社会科学出版社2011年版，第28页。

二、中国近代的国际私法

近代中国对国际私法的了解是从翻译西方的国际法论著开始的，时称"交涉私法"。1902 年由上海江南制造局翻译馆翻译的《各国交涉便法论》是根据英国人傅兰雅根据其本国人费利摩巴德的著作翻译的，这是近代以来输入的第一部国际私法著作，全书共 6 卷，直接地展示了当时西方国际私法的基础理论框架。专门以解决国际民商事交往中的法律选择为题，并为此构建一套理论体系，这种尝试就中国而言是前所未有的。

中国人自己的国际私法著作直到 20 世纪 30 年代才出现，先后出版的国际私法著作有二十余种，例如于能模所著的《国际私法大纲》于 1931 年在上海商务印书馆出版；唐纪翔所著的《中国国际私法论》于 1934 年在上海商务印书馆出版。当时学者的研究主要集中在较为基本的问题上，诸如国际私法的名称、性质、是否及为何需要适用外国法等。就最后一个问题而论，学者们往往承袭西方国际私法理论与学说，提出自己的感悟。如于能模提道："吾人研究各派学说之结果，知欲解决法律之冲突，不可不认定下列之三原则：一、有时应适用外国法律，非任意的，实为必要的，因为其所以适用之故，乃为互相尊重主权。二、凡法律，不宜强归之为人物两类，宜注重事实，不限数目，有几类，即分为几类。三、法律适用之范围，当以其原来社会目的为标准。"[1]

伴随着国际私法理论在中国的引进与发展，中国第一部成文国际私法法规也产生了，即 1918 年 8 月 5 日公布的《法律适用条例》。该条例深受德国、日本国际私法法规的影响，共 27 条，体系较为完整，基本覆盖了当时较为突出的国际私法问题。在冲突规范的制定上基本采纳了最新的理论，也体现了一定的本地法倾向。例如，在人之能力准据法的问题上，"依其人之本国法"；在婚姻成立之要件准据法的问题上，依婚姻当事人各依其本国法；在监护关系上，依被监护人之本国法；在继承关系上，依被继承人之本国法。在对人身权利采取属人主义原则的同时，条例也肯定了债权领域的意思自治原则。条例规定，法律行为发生债权者，其成立要件及效力，依当事人意思定其法律。当事人意思不明时，同国籍者，依其本国法；不同国籍者，依行为地法。

三、中国当代的国际私法

1949 年后，我国以苏联法律和法学为模式，着手创建社会主义的法律体系和法律科学。我国翻译、出版了一批苏联学者的国际私法论著，例如人民出版社于 1951 年出版的隆茨所著的《国际私法》、中国人民大学出版社于 1956 年出版的乌·姆·柯列茨基所著的《英美国际私法的理论和实践概论》、世界知识出版社于 1959 年出版的隆茨等所著的《国际私法论文集》等。我国国际私法研究从学习苏联的论著起步，开始了探索的过程。

党的十一届三中全会制定了对外开放的政策，并且将其确定为一项长期不变的基本国策。以此为标准，我国的对外交往日益活跃，大量的涉外民商事法律关系随之产生。这就客观上要求中国要为解决涉外民商事争议做好理论和实践的双重准备。在随后的时

---

[1] 于能模：《国际私法大纲》，上海商务印书馆 1931 年版。

间内，得益于学界和实务界的共同努力，我国国际私法无论是在立法还是在理论研究上，都取得了举世瞩目的成绩。

20世纪80年代前后，中国国际私法的立法工作取得了较大的进展。中国陆续颁布了《宪法》（1982年）、《民事诉讼法（试行）》（1982年）、《中外合资经营企业法实施条例》（1983年）、《涉外经济合同法》（1985年）、《继承法》（1985年）、《技术引进合同管理条例》（1985年）、《民法通则》（1986年）、《民事诉讼法》（1991年）、《收养法》（1991年）、《海商法》（1992年）、《仲裁法》（1994年）、《票据法》（1995年）、《民用航空法》（1995年）和《合同法》（1999年）等法律，其中的多数法都含有国际私法的规定。尤其值得一提的是《民法通则》第八章"涉外民事关系的法律适用"，共有9个条款，涉及自然人民事行为能力、不动产所有权、合同、侵权、婚姻、继承、扶养等多类法律关系，是新中国成立以来第一次比较系统地制定国际私法的冲突规范。

立法实践的发展与学术研究的进步相辅相成。1981年，姚壮和任继圣合著的《国际私法基础》由中国社会科学出版社出版，这是新中国国际私法的拓荒之作。1983年武汉大学出版社出版新中国第一部《国际私法》统编教材，[1]我国法学家韩德培教授担任主编。此后，中国国际私法的理论研究工作也不断取得丰硕的成果，国际私法专著、教材、译著和参考资料犹如雨后春笋般问世。随着中国国际私法的教学和研究工作的深入，中国的全国性的国际私法学术活动也进入蓬勃发展的时期。1985年8月，武汉大学国际法研究所发起并和贵州大学法律系联合在贵阳花溪主持召开了首届全国国际私法学术讨论会，这是我国国际私法界的一次空前盛会。在这次会议上，与会代表即开始酝酿成立全国性的国际私法学术团体。1987年10月，在国家教委和司法部的大力支持下，武汉大学国际法研究所发起并在武汉大学主持召开了全国国际私法教学研讨会，它是中国国际私法界继贵阳会议后的又一次盛会。在这次会议上，经与会代表民主协商，成立了全国性的国际私法民间学术团体——"中国国际私法研究会"（现为"中国国际私法学会"）。中国国际私法学会历次年会对国际私法理论和实践中的一些重要问题进行了深入的探讨，大大促进了中国国际私法界的学术交流和理论工作者与实际部门的沟通，提高了中国国际私法研究水平，进一步推动了国际私法为中国司法实际部门所掌握和运用。

中国国际私法学会组织中国国际私法研究者历经数年制定了《中国国际私法示范法》，[2]以期成为制定中国未来国际私法的样板法。《中国国际私法示范法》体系完备，共分总则、管辖权、法律适用、司法协助和附则等五章，计166条。《中国国际私法示范法》的起草者在总结我国已有实践的基础上，借鉴外国前沿理论与立法经验，在示范法的体例和内容方面取得了较大的创新。2008年至2010年3月，中国国际私法研究会又在《中国国际私法示范法》的基础上草拟了《中华人民共和国涉外民事关系法律适用法

---

[1] 参编者为刘丁、陈力新、李双元、韩德培、朱学山、余先予、任继圣、姚壮、姚兆辉、张仲伯、钱骅、宓超群。制订该教材过程中围绕相关学术问题的讨论，也有助于奠定之后的中国国际私法的教学研究的理论框架。

[2] 在1993年深圳国际私法年会上，成立了以韩德培教授为召集人的《中华人民共和国国际私法示范法》起草小组。经过数年的努力，特别是经过几次学术年会多次反复讨论和六次修订，该示范法在2000年由法律出版社出版，并先后以英文、日文在海外出版刊行。

建议稿及说明》，供全国人大常委会法制工作委员会参考。

2010 年《涉外民事关系法律适用法》的生效标志着我国国际私法立法进入了一个新的高度。该法是我国第一部关于涉外民商事关系法律适用的专门法。《涉外民事关系法律适用法》共分八章，包括一般规定、民事主体、婚姻家庭、继承、物权、债权、知识产权以及附则，合计 52 个条文。《涉外民事关系法律适用法》不仅较为系统、全面地规定了涉外民商事关系法律适用的各个方面，在父母子女关系、夫妻财产制、遗嘱继承、知识产权、消费合同、产品责任等领域填补了原先的立法空白，而且结合我国司法实践的现实需要，确立了当事人意思自治、最密切联系、弱者保护在法律适用方面的重要地位。

在 2017 年 10 月召开的党的十九大上，习近平新时代中国特色社会主义思想被确立为党必须长期坚持的指导思想，并载入党章；2018 年 3 月党的十三届全国人大一次会议通过的《宪法修正案》，将习近平新时代中国特色社会主义思想载入宪法。习近平新时代中国特色社会主义思想蕴含着丰富的全球治理与国际法治思想。2020 年 11 月召开的党中央全面依法治国工作会议进一步明确了习近平法治思想在全面依法治国中的指导地位，强调坚持统筹推进国内法治和涉外法治，加快涉外法治工作战略布局，协调推进国内治理和国际治理，更好地维护国家主权、安全、发展利益。会议还特别强调要坚定维护以联合国为核心的国际体系，坚定维护以国际法为基础的国际秩序，坚定维护以联合国宪章宗旨和原则为基础的国际法基本原则和国际关系基本准则。2022 年 10 月召开的党的二十大开辟了马克思主义中国化时代化新境界，确立新时代新征程中国共产党的中心任务是团结带领全国各族人民全面建成社会主义现代化强国、实现第二个百年奋斗目标，以中国式现代化全面推进中华民族伟大复兴。党的二十大报告专章论述"坚持全面依法治国，推进法治中国建设"，要求坚持中国特色社会主义法治道路，全面推进国家各方面工作法治化，在法治轨道上全面建设社会主义现代化国家；强调加强涉外领域立法，统筹推进国内法治和涉外法治；重申坚持对外开放基本国策，推进高水平对外开放，积极参与全球治理体系改革和建设，坚守维护以国际法为基础的国际秩序，致力于推动构建人类命运共同体。

中国国际私法学界积极研究和诠释习近平法治思想的全球治理与国际法治观，通过召开研讨会、修订教材、发表研究成果等方式寻求应对世界百年未有之大变局的具体方案，力图在习近平法治思想的指导下构建具有中国特色、中国风格、中国气派的国际私法理论体系，积极参与全球治理，力求推进全球国际私法共同体建设。

重要名词术语

国际私法、冲突规范、统一实体法、法则区别说、法律关系本座说、美国"冲突法革命"、统筹推进国内法治和涉外法治、全球治理、人类命运共同体

思考题

1. 国际私法与国际公法、国内民法之间的联系与区别？
2. 能否列举几种国际私法的理论，解释它们赖以产生的社会历史背景以及这些理论对立法的影响？

典型案例分析

中国居民周某与A旅行公司于2019年签订一份旅游合同，购买了6人前往迪拜的旅行套餐，旅行时间为7天，自2020年2月2日起至2月8日止。合同中约定，"本合同的订立、变更、解除、解释、履行、争议的解决均受中华人民共和国法律的管辖"。签订之后，周某向A旅行公司支付服务费15万余元。A旅行公司系中华人民共和国法人，接到此单后遂与迪拜当地B公司联系，签订《地接协议》，并支付对方一定费用，协议未约定准据法。B公司系营业地在迪拜的法人。2020年1月24日，中国文化和旅游部办公厅发布紧急通知，载明：为全力做好文化和旅游系统新型冠状病毒感染的肺炎疫情防控工作，有效切断病毒传播途径，坚决遏制疫情蔓延势头，确保人民群众生命安全和身体健康，现暂停旅游企业经营活动有关事项紧急通知如下：（1）即日起，全国旅行社及在线旅游企业暂停经营团队旅游及"机票＋酒店"旅游产品；（2）已出行的旅游团队，可按合同约定继续完成行程。行程中，密切关注游客身体状况，做好健康防护。获悉此通知后，周某要求取消行程，并要求A旅行社全额返还已支付服务费15万余元，A旅行社同意取消行程，但主张自己仅能返还部分费用，已支付B公司的费用应向B公司索要。B公司则主张作为《地接协议》的履行方，自己已实际履行了行程安排、酒店预订、车辆预订、导游安排、司机安排等事项，不应承担退款责任。

请问：此案是否含有涉外因素？作出判断的理由是什么？

第二编

法律适用编

第二章 国际私法关系的主体

【内容提示】

国际私法关系的主体,是指在国际民商事法律关系中享有权利和承担义务的法律人格者,包括自然人、法人、国家和国际组织。一国承认外国人在内国享有相应的民商事法律地位,是外国人作为国际民商事法律主体参与国际民商事活动、成立国际民商事关系的重要前提。因此,有关外国人民商事法律地位的制度,是国际私法的重要组成部分。各国均越来越基于平等原则和互惠原则确立本国的外国人民事法律地位制度。

在国际民商事交往中,需要运用属人法解决有关身份、能力等涉外民事关系的主体方面的冲突。各国根据自身政治体制、历史传统、宗教、文化等的情况,在属人法上综合确定国籍(nationality)、住所(domicile)、惯常居所(habitual residence)等作为连结点,我国主要以经常居所地作为属人法的连结点。

国家和国际组织作为国际私法的特色主体,享有一定的特权与豁免。我国已构建了外国国家豁免制度,规定了外国国家享有的管辖豁免及其例外、司法强制措施豁免及其例外,并规定了国家豁免民事诉讼的有关制度。我国虽未制定国际组织特权与豁免立法,但根据已参加的国际条约和习惯国际法,国际组织在我国享有特权与豁免。

第一节 外国人民事法律地位

一、外国人民事法律地位的概念

一国用以调整外国人在内国法律地位的法律一般称为外国人法(alines law)。就内容而言,外国人法包括私法上的地位和公法上的地位。在国际私法上,外国人民事法律地位,是指外国自然人和法人在内国可以享有民事权利、承担民事义务的范围。[1]

二、外国人待遇的基本原则

外国人民事法律地位,在不同时代、不同国家并不一致,但各国均越来越基于平等

---

[1] 郭玉军、向在胜:《国际私法》,中国人民大学出版社2023年版,第48页。

原则和互惠原则确立本国的外国人民事法律地位制度。

（一）平等原则

所谓平等原则，是指内国给予外国人国民待遇（national treatment），外国人享有的民事权利范围与本国国民享有的民事权利范围相同。

中国历来对国民待遇原则持肯定态度，从宪法到部门法均明确规定保护外国人的合法权益。首先，在宪法层面，我国宪法规定外国自然人和法人的合法权利和利益受我国法律保护。[1]其次，在实体法方面，《民法典》等部门法有大量的条款规定外国人的人身权、财产权、知识产权、投资经营权、劳动权等各种权利。最后，在程序法方面，外国人在我国境内诉讼、仲裁也享有国民待遇，与我国国民享有同等的权利。例如，《民事诉讼法》第5条第1款规定："外国人、无国籍人、外国企业和组织在人民法院起诉、应诉，同中华人民共和国公民、法人和其他组织有同等的诉讼权利义务。"

当然，国民待遇并非意味着外国人与我国国民在每一个领域都有同等的权利，毕竟各国为了国家安全等需要，也在具体领域区分对待本国人和外国人。例如，《外商投资法》第28条第3款规定："外商投资准入负面清单以外的领域，按照内外资一致的原则实施管理。"也就是说，虽然我国对于外国投资者给予国民待遇，但存在外商投资准入负面清单规定禁止投资、限制投资的领域，外国投资者不能以国民待遇原则要求与中国国民一样，自由进入外商投资准入负面清单领域。

（二）互惠原则

互惠原则，也称互惠待遇（reciprocal treatment），是指一国赋予外国人某种优惠待遇时，要求其国民能在外国人所属的国家享受同等的优惠。互惠既可通过国内法加以规定，也可以通过国际条约加以规定。

互惠分为形式上的互惠和实质上的互惠两种。前者是两国相互给予对方国民以国民待遇，并不要求两国国民在彼此国家内所享有的具体权利范围完全相同；后者是两国相互给予对方国民某种特定范围内的完全相同的权利。由于各国经济实力和社会发展的差异，在实行过程中仍会产生实质上的不对等。

从正面的原则来看，是互惠；从反面来看，则是对等。我国法律和参加的民事司法协助协定既规定了互惠，也规定了对等。例如，《中华人民共和国和法兰西共和国关于民事、商事司法协助的协定》第1条第2款规定："缔约一方的法院对于另一方国民，不得因为他们是外国人而令其提供诉讼费用保证金。"《民事诉讼法》第5条第2款规定："外国法院对中华人民共和国公民、法人和其他组织的民事诉讼权利加以限制的，中华人民共和国人民法院对该国公民、企业和组织的民事诉讼权利，实行对等原则。"据此，我国给予外国国民互惠待遇，但如外国限制我国国民有关权利，我国则采取对等措施。

---

[1]《宪法》第18条规定："中华人民共和国允许外国的企业和其他经济组织或者个人依照中华人民共和国法律的规定在中国投资，同中国的企业或者其他经济组织进行各种形式的经济合作。在中国境内的外国企业和其他外国经济组织以及中外合资经营的企业，都必须遵守中华人民共和国的法律。它们的合法的权利和利益受中华人民共和国法律的保护。"第32条第1款规定："中华人民共和国保护在中国境内的外国人的合法权利和利益，在中国境内的外国人必须遵守中华人民共和国的法律。"

（三）其他优惠待遇

其他优惠待遇，其实更主要适用于国际公法和国际经济法领域，这里仅简单介绍如下。

1. 最惠国待遇（most-favoured-nation treatment，MFN）

最惠国待遇，是指授予国给予受惠国的待遇不低于已经给予或将来给予第三国（最惠国）的国民。最惠国待遇可分为互惠的最惠国待遇和不互惠的最惠国待遇、有条件的最惠国待遇和无条件的最惠国待遇。最惠国待遇与国民待遇最显著的不同点在于，前者是保证在内国的外国人之间的民事权利地位平等，而后者是保证在内国的外国人和内国人之间的民事权利地位平等。

国民待遇的适用范围一般是概括性的，而最惠国待遇通常适用于以下方面：（1）国家之间的商品、支付和服务往来；（2）国家之间交通工具的通过；（3）彼此的国民在对方定居、个人的法律地位和营业上的活动；（4）彼此的外交代表团、领事代表团、商务代表团的特权和豁免权；（5）著作权、专利权和商标权的保护。

最惠国待遇不适用于如下例外情形：（1）一国给予邻国的特权与优惠；（2）边境贸易和运输方面的特权与优惠；（3）有特殊的历史、政治、经济关系的国家间形成的特定地区的特权与优惠；（4）经济集团内部各成员国互相给予对方的特权与优惠。如欧盟成员国之间互相享有的特权和优惠。

2. 优惠待遇（preferential treatment）

优惠待遇，是指一国基于某种目的给予另一国及其自然人和法人以特定的优惠的一种待遇。例如，我国给予某些国家国民以免签待遇。

3. 非歧视待遇或无差别待遇（non-discrimination treatment）

非歧视待遇，亦称无差别待遇，是指国家之间相互约定，缔约国一方不把低于内国或其他外国自然人和法人的权利地位适用于缔约国另一方的自然人和法人。

4. 普遍优惠待遇（generalized system of preference，GSP）

普遍优惠待遇，是发达国家给予发展中国家出口制成品和半制成品（包括某些初级产品）一种普遍的、非歧视的和非互惠的关税优惠制度。

第二节 自然人和法人

在国际民商事交往中，需要运用属人法解决有关身份、能力等涉外民事关系的主体方面的冲突。各国根据自身政治体制、历史传统、宗教、文化等的情况，在属人法上综合确定国籍（nationality）、住所（domicile）、惯常居所（habitual residence）等作为连结点。我国主要以经常居所地作为连结点。

一、自然人的国籍

在国际私法的很多领域，都需要确定民事主体的国籍，并根据国籍确定有关的民事权利义务和责任。

（一）自然人国籍及其冲突

1. 国籍在国际私法中的意义

在国际私法中，国籍既是判断一个法律关系是否构成涉外关系的重要依据，也是适用属人法的一个重要连结点，还是国家行使管辖权的一种依据。国籍，是指一个人属于某一特定国家的成员而与该国之间发生和存续的一种特别而稳定的法律联系，实质上是个人隶属于某一特定国家从而取得和享有的一种公民或国民资格。[1] 国籍的取得有所谓的出生地主义、血统主义等原则。我国在赋予原始国籍上采用血统主义和出生地主义相结合原则。《国籍法》第4条规定："父母双方或一方为中国公民，本人出生在中国，具有中国国籍。"第5条规定："父母双方或一方为中国公民，本人出生在外国，具有中国国籍；但父母双方或一方为中国公民并定居在外国，本人出生时即具有外国国籍的，不具有中国国籍。"第4条和第5条采取的是血统主义。第6条规定："父母无国籍或国籍不明，定居在中国，本人出生在中国，具有中国国籍。"第6条采取的是出生地主义。《国籍法》还规定了国籍的加入、丧失、恢复等问题。

2. 国籍的积极冲突和消极冲突

由于各国对国籍的取得和丧失采用的原则并不相同，难免产生国籍冲突。国籍冲突分为积极冲突和消极冲突。国籍的积极冲突是一个人同时具有两个以上国籍的情况；国籍的消极冲突是一个人不具有任何一个国籍。

（二）自然人国籍冲突的解决

国际公法上解决国籍冲突主要是消除多重国籍现象和无国籍现象，一般不承认双重国籍，并授予无国籍人以国籍。例如，《国籍法》第3条规定："中华人民共和国不承认中国公民具有双重国籍。"第8条规定："申请加入中国国籍获得批准的，即取得中国国籍；被批准加入中国国籍的，不得再保留外国国籍。"第9条规定："定居外国的中国公民，自愿加入或取得外国国籍的，即自动丧失中国国籍。"

国际私法上解决国籍冲突主要是确定应适用的当事人的本国法。

1. 国籍积极冲突的解决

（1）自然人同时具有外国国籍和内国国籍时，内国法院可主张以内国国籍优先，以内国法为该人的本国法。例如，1987年《瑞士国际私法》第23条第1款规定："一人除瑞士国籍外海具有其他国籍的，就确定原籍地法院的管辖权而言，仅以瑞士国籍为主。"[2] 1978年《奥地利国际私法》第9条第1款规定："自然人的属人法，为该人的国籍所属国法律。如一人除具有外国国籍外，又具有奥地利国籍的，则以奥地利国籍为

---

[1] 薛波主编：《元照英美法词典》，法律出版社2003年版，第946页。

[2] 邹国勇译注：《外国单行国际私法立法选译》，武汉大学出版社2022年版，第4页。

准。"[1]我国不承认双重国籍，不存在这个问题，只在确定该自然人国籍时，适用其国籍国法。

（2）在当事人具有的两个或两个以上的国籍均为外国国籍时，一般以当事人住所或惯常居所所在地国国籍优先，或者以与当事人有最密切联系的国籍优先。例如，1987年《瑞士国际私法》第23条第2款规定："一人具有多个国籍时，除本法另有规定外，在确定应适用的法律方面，应以与该人有最密切联系的国家的国籍为准。"[2]《涉外民事关系法律适用法》第19条中规定："依照本法适用国籍国法律，自然人具有两个以上国籍的，适用有经常居所的国籍国法律；在所有国籍国均无经常居所的，适用与其有最密切联系的国籍国法律。"

2. 国籍消极冲突的解决

对于国籍消极冲突，一般主张以当事人住所所在地国籍的法律为其本国法；如当事人无住所或住所不能确定的，则以其居住地国籍的法律为其本国法。例如，1987年《瑞士国际私法》第24条第3款规定："本法适用于无国籍人或者难民时，应以住所取代国籍。"[3]《涉外民事关系法律适用法》第19条规定："自然人无国籍或者国籍不明的，适用其经常居所地法律。"

二、自然人的住所

与国籍一样，住所既是判断一个法律关系是否构成涉外关系的重要依据，也是适用属人法的一个重要连结点，还是国家行使管辖权的一种依据，在国际私法中占有重要的地位。

（一）住所的概念和种类

住所，是一个人保有其真正的、固定的、永久的家及主要住宅的住处，并且虽然该人目前不在该地居住，但其仍有返回该住处的打算。构成"住所"通常须同时符合两个要件：一是客观要件，即客观上居住于该地（physical presence）；二是主观要件，即当事人主观上有将该地作为家而居住的意图。[4]

住所虽然在技术上是一个事实性连结点，指自然人的永久的"家"，但作为一个法律概念，主要是由英国法院在19世纪开始不断发展的。英国国际私法区分原始住所（domicile of origin）、选择住所（domicile of choice）、从属住所（domicile of dependency）。原始住所，是指自然人因出生而取得的住所，故又称"生来住所"，该住所将持续至该人在异地取得新的住所为止。选择住所，也称"意定住所"，是指自然人因自主选择而取得的住所。从属住所，又称法定住所，是指不依赖本人的意愿和选择，而由法律认定为某人的住所，一般包括不具独立行为能力的人（dependent person，多指未成年人、精

---

[1] 邹国勇译注：《外国单行国际私法立法选译》，武汉大学出版社2022年版，第68页。
[2] 邹国勇译注：《外国单行国际私法立法选译》，武汉大学出版社2022年版，第68页。
[3] 邹国勇译注：《外国单行国际私法立法选译》，武汉大学出版社2022年版，第68页。
[4] 薛波主编：《元照英美法词典》，法律出版社2003年版，第433页。

神失常的成年人）和已婚妇女以及军人依据法律规定取得的住所。[1]

美国是联邦制国家，存在区际冲突法问题，无法如意大利等单一制国家一样采用国籍作为连结点，一直以住所地法为属人法。英国法上的住所制度特别强调自然人与母国的稳定性，显然不适合美国这样的移民社会，故英美两国虽然都将住所作为属人法，但美国法上的住所不同于英国法上的住所，更强调选择住所。在美国法上，"住所"与"家"通常被视为同义词，"家"构成"住所"的基础，而"住所"则表现为"家"的法律意义，但"家"侧重于某人或其与家人居住之处所，而"住所"更能反映某人与某一特定地点的法律联系。[2]

住所并非普通法系国家的特有概念，也为大陆法系国家所用。不过大陆法系国家采用的"住所"一词更接近于"惯常居所"，甚至允许多个住所。例如，《德国民法典》并未给住所下法定定义，但按照一般的理解，自然人的住所是指自然人全部生活关系的空间上的重心（或中心）。《德国民法典》第7条规定在一地永久居住的人，即在该地设定其住所，而且住所可以同时存在于两个以上地方，居住被以抛弃的意思停止的，住所即被取消。[3] 自然人之住所为任意住所，其设定应有久住之事实及设定住所之意思；法定住所系指其住所依法律规定的住所，例如军人、未成年子女的住所。[4] 当然，1987年《瑞士国际私法》第20条则认为自然人住所位于其以定居的意思所居留的国家内，经常居所位于其生活了一段较长时间的国家内，任何人不得同时在多个地方拥有住所，如果一个人没有任何住所，则代之以经常居所。[5]

"住所"与"居所"（residence）虽然在大多数情形下指的是同一地点，但在法律意义上二者有明显区别：某人可以同时拥有两个以上的居所，却只能拥有一个住所；"居所"是指居民暂时居住的某一处所，不要求居民有久住的意思，只要有一定居住时间的客观事实即可，而"住所"必须同时具备主客观两国要件。与惯常居所相对的临时居所，则不强调主观居住意图，而只是考察客观上的居住期限。

（二）经常居住地与经常居所地

我国实体法、程序法和冲突法对住所界定存在一些差异。《民法典》第25条规定："自然人以户籍登记或者其他有效身份登记记载的居所为住所；经常居所与住所不一致的，经常居所视为住所。"最高人民法院《关于适用〈中华人民共和国民事诉讼法〉的解释》第3条第1款规定："公民的住所地是指公民的户籍所在地，法人或者其他组织的住所地是指法人或者其他组织的主要办事机构所在地。"第4条规定："公民的经常居住地是指公民离开住所地至起诉时已连续居住一年以上的地方，但公民住院就医的地方

---

[1] See Anatol Dutta, "Domicile, habitual residence and establishment", in Jürgen Basedow, Giesela Rühl, Franco Ferrari and Pedro de Miguel Asensio (eds.), *Encyclopedia of Private International Law* (volume 1) (Cheltenham: Edward Elgar Publishing, 2017), pp. 555-556.
[2] 薛波主编：《元照英美法词典》，法律出版社2003年版，第434页。
[3] 陈卫佐译注：《德国民法典》（第5版），法律出版社2020年版，第6页。
[4] 台湾大学法律学院、台大法学基金会编译：《德国民法典》，北京大学出版社2017年版，第8页。
[5] 邹国勇译注：《外国单行国际私法立法选译》，武汉大学出版社2022年版，第67—68页。

除外。"我国《民法典》和《民事诉讼法》关于住所和经常居所的规定更侧重于客观居住事实，在规定以公民的户籍所在地作为住所地时，又规定公民离开住所地至起诉时已连续居住1年以上的地方作为经常居住地，而且在诉讼中以经常居住地取代住所。

我国冲突法立法和司法解释已将经常居所地作为最重要的连结点。《涉外民事关系法律适用法》总共52个条文。涉及法律适用的冲突规范有40个条文，采用经常居所地作为连结点的冲突规范有22个条文。最高人民法院《关于适用〈中华人民共和国涉外民事关系法律适用法〉若干问题的解释（一）》第13条规定："自然人在涉外民事关系产生或者变更、终止时已经连续居住一年以上且作为其生活中心的地方，人民法院可以认定为涉外民事关系法律适用法规定的自然人的经常居所地，但就医、劳务派遣、公务等情形除外。"我国冲突法的这一规定不但强调连续居住1年以上的客观事实，而且要求将该居住地作为生活中心的地方的主观意图。因此，在冲突法领域，应适用《涉外民事关系法律适用法》及其司法解释上经常居所地的概念，不能与我国实体法、程序法上关于住所、经常居所、经常居住地的界定混淆。

（三）自然人住所冲突的解决

1. 住所积极冲突的解决

各国一般都依照内国的住所概念去认定当事人的住所究竟在何处，但由于各国有关住所的法律规定不同、事实认定不同，实践中就难免发生一个自然人按照不同国家的法律而存在两个或两个以上的住所，就产生住所的积极冲突。在国际私法中，欧洲大陆国家所允许的复数住所制度是使人感到为难的，[1] 就更容易与其他国家产生住所的积极冲突。

发生内国住所与外国住所间的冲突时，以内国住所优先，而不管他们取得的先后。发生外国住所之间的冲突时，如果它们是异时取得的，一般以最后取得的住所优先；如果是同时取得的，一般以设有居所或与当事人有最密切联系的那个国家的住所为住所。

此外，还可以通过统一国际私法消除积极冲突。例如，欧盟在立法中也更多使用"惯常居所"一词，以避免各国对"住所"一词的界定标准不同引发更多的冲突。[2]

2. 住所消极冲突的解决

以当事人的居所代替住所；如果无居所或居所不明时，一般把当事人的现在所在地视为住所。《涉外民事关系法律适用法》第20条规定："依照本法适用经常居所地法律，自然人经常居所地不明的，适用其现在居所地法律。"因此，在发生住所消极冲突时，我国将当事人现在居所地作为经常居所地，适用当事人现在居所地法律。

三、法人的国籍及确定标准

《民法典》第一编总则将民事主体划分为自然人、法人和非法人组织。第57条规定：

---

[1] [德] 马丁·沃尔夫《国际私法》（第二版），李浩培、汤宗舜译，北京大学出版社2009年版，第125页。

[2] Regulation (EC) No 593/2008 of the European Parliament and of the Council of 17 June 2008 on the law applicable to contractual obligations (Rome I), OJ L 177, 4.7.2008, pp. 6–16. 有学者将欧盟议会及理事会2008年6月17日《合同之债法律适用条例》（以下简称《罗马条例Ⅰ》）第4—6条中提及的"惯常居所"（habitual residence）翻译为"经常居所地"。邹国勇译注：《外国单行国际私法立法选译》，武汉大学出版社2022年版，第435—437页。

"法人是具有民事权利能力和民事行为能力，依法独立享有民事权利和承担民事义务的组织。"第102条规定："非法人组织是不具有法人资格，但是能够依法以自己的名义从事民事活动的组织。非法人组织包括个人独资企业、合伙企业、不具有法人资格的专业服务机构等。"国际私法上的法人范围实际上可以不同于民法上的法人范围。由于各国对法人的定义、范围、成立要求、法人由哪国或依据什么法律赋予其人格以及用什么标准区分内国法人与外国法人等的规定都不完全一致，也没办法给"法人"下一个统一的定义，只能大致将法人理解成是依法设立，有独立的财产，能以自己名义享有民事权利、承担民事义务的实体。在确立法人的国籍后，当一国成立的法人进入外国以法人的名义从事民事活动时，还涉及外国法人资格的承认。

（一）法人国籍的重要意义

与区分内国自然人和外国自然人的标准是国籍一样，区分内国法人和外国法人的标准也是国籍，法人的国籍代表了它与某一国家的固定的法律联系。

这种联系的意义：（1）享有相应法律地位的依据；（2）是确定国际民事管辖权时的重要依据；（3）是法人寻求外交保护的法律纽带；（4）是决定法人属人法的基本标准。

（二）确定法人国籍的不同学说

由于国际经济活动范围的日益扩大，某一公司为甲国人集资所组成，但其登记注册地在乙国，董事会或管理中心设于丙国，而实际经营的业务在丁国的情况屡见不鲜。特别是跨国公司的出现，更给确定法人的国籍造成了极大的困难，并因此而提出了种种不同的学说。

一是"法人登记地说"，又称"设立地说"，即以法人的注册登记地确定法人的国籍，凡在内国设立的法人即为内国法人，凡在外国设立的法人即为外国法人。这一主张的理由是：一方面，国家的批准和登记创造了法人，因而法人应具有设立国国籍；另一方面，法人的登记地容易确定、分辨。《公司法》第2条规定："本法所称公司，是指依照本法在中华人民共和国境内设立的有限责任公司和股份有限公司。"第243条规定："本法所称外国公司，是指依照外国法律在中华人民共和国境外设立的公司。"第247条第1款规定："外国公司在中华人民共和国境内设立的分支机构不具有中国法人资格。"我国实体法上采用设立地作为区分本国公司和外国公司的标准，也作为区分本国法人和外国法人国籍的标准。当然，我国的做法也有一定的"法人设立准据法说"因素，因为前述立法也强调依照不同的法律设立的法人作为区分内外国法人的标准。同时，我国立法还要求外国公司在我国设立分支机构时应当得到我国主管机关批准，并且该分支机构不具有中国法人资格。[1]

二是"法人所在地说"，即依据法人的所在地（住所、主要管理中心地或主营业地）决定法人的国籍。德国法上以法人所在地作为法人成立国，社团法人和财团法人的所在

---

[1]《公司法》第244条第1款规定："外国公司在中华人民共和国境内设立分支机构，应当向中国主管机关提出申请，并提交其公司章程、所属国的公司登记证书等有关文件，经批准后，向公司登记机关依法办理登记，领取营业执照。"第247条规定："外国公司在中华人民共和国境内设立的分支机构不具有中国法人资格。外国公司对其分支机构在中华人民共和国境内进行经营活动承担民事责任。"

地是跟自然人的住所相对的法律概念，所在地通常适用于法人。《德国民法典》第 24 条规定："不另有规定的，管理被执行的地方视为社团所在地。"第 83 条规定："不另有规定的，管理被执行的地方视为财团所在地。"[1]有的国家也承认法人有多个所在地。例如，2011 年 2 月 4 日《波兰国际私法》第 19 条第 1 款规定："法人自其营业所迁移至另一国境内之时，适用该另一国法律。有关各国法律有规定时，在以前营业所所在地国取得的法律人格仍予保留。在欧洲经济区内进行的营业所迁移，并不导致法律人格的丧失。"第 2 款规定："在不同国家均有住所的法人，其合并需满足这些国家法律所规定的要求。"[2]我国原则上以法人设立地所在国作为法人的国籍，但在涉外民事诉讼中，允许外国法人在主营业地国办理公证、认证或其他手续。[3]

三是"法人成员国籍说"，又称"资本控制主义"，即依据法人的成员或董事会董事的国籍决定法人的国籍。这种主张在实践中没办法执行，因为控制资本的股东不断变化，而且在有多个股东且股东国籍不同时，更难以认定法人的国籍。

四是"实际控制说"，即以法人的实际控制人的国籍决定法人的国籍。这一主张并未得到国际社会公认。在国际法院审理的比利时诉西班牙巴塞罗那电车、电灯及电力有限公司案中，国际法院否定了"拥有或控制标准"，认为比利时无权提出外交保护请求，理由是巴塞罗那电车、电灯及电力有限公司的股东虽然有比利时自然人和法人，但该公司是在加拿大设立的公司。[4]当然，"实际控制说"在制裁领域仍然适用。

五是"法人设立准据法说"，即以法人设立时所依据的准据法为标准确定法人的国籍。其理由是任何法人都是依据一定国家法律的规定而设立的，如法人不在成立地国主营业，而在另一国主营业，并且按照另一国的法律具有该另一国的国籍，则应将该法人作为另一国的法人。[5]

六是"复合标准说"，即综合运用上述标准决定法人的国籍。《外商投资法》第 2 条第 3 款规定："本法所称外商投资企业，是指全部或者部分由外国投资者投资，依照中国法律在中国境内经登记注册设立的企业。"该条规定就是利用复合标准认定法人的国籍。首先，该条采用了"成员国籍说"，强调"全部或者部分由外国投资者投资"；其次，该条采用了"法人设立准据法说"，强调"依照中国法律"；最后，该条采用了"法

---

[1] 陈卫佐译注：《德国民法典》（第 5 版），法律出版社 2020 年版，第 12、29 页。

[2] 邹国勇译注：《外国单行国际私法立法选译》，武汉大学出版社 2022 年版，第 43 页。

[3] 最高人民法院《关于适用〈中华人民共和国民事诉讼法〉的解释》第 521 条规定如下：外国人参加诉讼，应当向人民法院提交护照等用以证明自己身份的证件。外国企业或者组织参加诉讼，向人民法院提交的身份证明文件，应当经所在国公证机关公证，并经中华人民共和国驻该国使领馆认证，或者履行中华人民共和国与该所在国订立的有关条约中规定的证明手续。代表外国企业或者组织参加诉讼的人，应当向人民法院提交其有权作为代表人参加诉讼的证明，该证明应当经所在国公证机关公证，并经中华人民共和国驻该国使领馆认证，或者履行中华人民共和国与该所在国订立的有关条约中规定的证明手续。本条所称的"所在国"，是指外国企业或者组织的设立登记地国，也可以是办理了营业登记手续的第三国。

[4] *Barcelona Traction, Light and Power Company, Ltd.（Belg. v. Spain）*, Judgment of 5 February 1970, I.C.J. Reports 1970, p. 3.

[5] 有学者将"法人成立地标准"与"法人设立准据法标准"合二为一，认为都是指以法人依照何国法律成立而确定其国籍。杜涛主编：《国际私法学》，法律出版社 2023 年版，第 185 页。

人登记地说",强调"在中国境内经登记注册设立"。世界贸易组织《服务贸易总协定》对于"法人"和"外国法人"也采取复合标准说,同时考虑"准据法说"和"所在地说"以及"实际控制说"。[1]

实践中,基于不同目的,可能会采用不同标准确定法人的国籍。近年来,随着税收征管制度、制裁与反制裁、外商投资负面清单、外商投资安全审查制度、政府采购制度的发展,各国也越来越重视法人的国籍问题,并根据实际情况在不同领域采用不同的标准。例如,《企业所得税法》第2条第1款将企业分为居民企业和非居民企业;第2款界定了居民企业,是指依法在中国境内成立,或者依照外国(地区)法律成立但实际管理机构在中国境内的企业;第3款界定了非居民企业,是指依照外国(地区)法律成立且实际管理机构不在中国境内,但在中国境内设立机构、场所的,或者在中国境内未设立机构、场所,但有来源于中国境内所得的企业。

四、法人的住所

如前所述,以德国为代表的许多大陆法系国家不承认法人具有自然人意义上的住所或居所,而只是关注法人的所在地。通常,法人的所在地就是法人的管理中心或主要办事机构所在地。而英美国家认为,法人与自然人一样有其住所。关于法人的住所的确定标准,主要有管理中心所在地说、营业中心所在地说等理论。

(一)管理中心所在地说

管理中心所在地说,又称主事务所所在地说。这种主张认为,法人的管理中心是法人的首脑机构,故法人的住所应该是其管理中心或主事务所所在地。奥地利和阿尔巴尼亚是采纳此说的典型国家。1978年《奥地利国际私法》第10条规定:"法人或者其他能够享受权利并承担义务的社团或者财团,其属人法为该权利义务承担者的主要管理中心实际所在地法律。"[2] 阿尔巴尼亚共和国2011年6月2日《关于国际私法的第10428号法律》第17条第1款规定:"本法所称的法人、无法人资格的社团和机构的经常居所地,是指其'管理中心'所在地。"[3]

不过采此说确定法人的住所,容易导致规避内国法律的现象。例如,法人在内国从事经营活动,但将其管理中心或主事务所设在国外,取得外国住所。在税法中,为避免这种规避内国法律的现象,会将登记注册地在境外、实际管理机构所在地在内国的企业

---

[1]《服务贸易总协定》第28条规定,(l)"法人"指根据适用法律适当组建或组织的任何法人实体,无论是否以盈利为目的,无论属私营所有还是政府所有,包括任何公司、基金、合伙企业、合资企业、独资企业或协会;(m)"另一成员的法人"指:(i)根据该另一成员的法律组建或组织的、并在该另一成员或任何其他成员领土内从事实质性业务活动的法人;或(ii)对于通过商业存在提供服务的情况:1.由该成员的自然人拥有或控制的法人;或2. 由(i)项确认的该另一成员的法人拥有或控制的法人;(n)法人:(i)由一成员的个人所"拥有",如该成员的人实际拥有的股本超过50%;(ii)由一成员的个人所"控制",如此类人拥有任命其大多数董事或以其他方式合法指导其活动的权力;(iii)与另一成员具有"附属"关系,如该法人控制该另一人,或为该另一人所控制;或该法人和该另一人为同一人所控制。

[2] 邹国勇译注:《外国单行国际私法立法选译》,武汉大学出版社2022年版,第4页。

[3] 邹国勇译注:《外国单行国际私法立法选译》,武汉大学出版社2022年版,第223页。

的实际管理机构所在地作为纳税地点。[1]在国际私法中，也有国家将主要活动在内国的外国法人属人法确立为内国法。例如，爱沙尼亚共和国 2002 年 3 月 27 日《国际私法法令》第 14 条第 1 款规定："法人由其成立地国的法律调整。"第 2 款规定："如果法人实际在爱沙尼亚受到管辖或者其主要活动在爱沙尼亚开展，则该法人应由爱沙尼亚法律调整。"[2]

（二）营业中心所在地说

营业中心所在地说，即以法人运用自己的资本从事经营活动的所在地作为法人住所，理由是该地是该法人以实现其经营目的之所在，与法人的生存有着重要联系。然后，有的法人往往有几个中心营业点，如从事保险业、运输业或银行业的法人，其营业范围常常跨越数国，更难确定其营业中心地所在。

（三）主要办事机构所在地说

主要办事机构所在地说，即以法人的主要办事机构所在地为法人的住所。这是兼采管理中心所在地说与营业中心所在地说的一种主张，因为主要办事机构所在地既可能是管理中心所在地，也可能是营业中心所在地。

我国实体法也认可主要办事机构所在地说。《民法典》第 63 条规定："法人以其主要办事机构所在地为住所。依法需要办理法人登记的，应当将主要办事机构所在地登记为住所。"《公司法》第 8 条规定："公司以其主要办事机构所在地为住所。"最高人民法院《关于适用〈中华人民共和国民事诉讼法〉的解释》第 3 条规定，法人或者其他组织的住所地是指法人或者其他组织的主要办事机构所在地。法人或者其他组织的主要办事机构所在地不能确定的，法人或者其他组织的注册地或者登记地为住所地。因此，法人应以其主要办事机构所在地作为住所，只有在主要办事机构所在地不能确定时，才将注册地或者登记地作为住所地。

我国还要求一个法人只能有一个住所。《市场主体登记管理条例》第 11 条第 1 款规定："市场主体只能登记一个住所或者主要经营场所。"据此，一个法人只能设立一个住所或者主要经营场所，不能设立多处住所或者主要经营场所。

在国际私法领域，我国也认可法人的主营业地作为法人的住所。《涉外民事关系法律适用法》第 14 条第 2 款规定："法人的主营业地与登记地不一致的，可以适用主营业地法律。法人的经常居所地，为其主营业地。"最高人民法院《关于适用〈中华人民共和国涉外民事关系法律适用法〉若干问题的解释（一）》第 14 条规定："人民法院应当将法人的设立登记地认定为涉外民事关系法律适用法规定的法人的登记地。"据此，在涉及法人的属人法时，可以适用登记地法，而且主营业地与登记地不一致的，可以适用主营业地法律，并将法人的经常居所地作为其主营业地。

---

[1]《企业所得税法》第 50 条第 1 款规定："除税收法律、行政法规另有规定外，居民企业以企业登记注册地为纳税地点；但登记注册地在境外的，以实际管理机构所在地为纳税地点。"

[2] 邹国勇译注：《外国单行国际私法立法选译》，武汉大学出版社 2022 年版，第 25 页。

（四）法人住所依其章程之规定说

法人住所依其章程之规定说认为，法人的住所，依据法人章程的规定确定，只有在章程未指定时，才以其他标准如主事务所来确定法人的住所。瑞士、克罗地亚等国采取这种做法。例如，1987年《瑞士国际私法》第21条第1款规定："公司及第149a条所指的信托以其总部所在地为住所。"第2款规定："公司章程或者组建公司的合同所指定的地点为公司的总部所在地。如果无此种指定，则以公司的实际管理地为其总部所在地。"[1]克罗地亚共和国2017年《关于国际私法的法律》第6条规定，法人的"所在地"，系指其章程或者其他类似文件所载明的场所。如果所在地不能通过这种方式确定，则视为位于该法人管理机构所在地。[2]

（五）成立地说

法人的住所类推于自然人的原始住所，即法人的住所，在其成立地。英国、美国和巴西、秘鲁、古巴等国即采此说。这种理论起源于古代的概念，这种观念认为，对于非生物赐予法律人格好像是一种非常的恩典，并且是由赐予人格的国家以法律加于法人，使之据以"生存"。[3]

五、对外国法人的认许

传统国际私法专门研究外国法人的承认，认为外国法人的存在都需要经过承认。承认外国的法人，并不使它转变为本国的法人。承认的意义是承认该法人在承认国内享有人格。[4]如前所述，目前大多数国家都给予外国人以国民待遇，外国法人也就依据其本国法自然得到承认，至于外国法人是否能在内国作为法人活动，则取决于法人的种类、活动等具体情况，更接近于外国法人的认许。外国法人的认许，涉及是否允许外国法人在内国设立营业机构从事经营活动。有学者也因此认为外国法人承认制度与法人属人法制度已经融为一体，无特别研究之必要。[5]

实际上，我国对外国法人实施分类管理，存在相关的认许制度。对来中国进行货物买卖的外国法人，无须政府审批程序，采用一般认可程序。

对于一般的外国企业，我国也采取一般认可程序，即凡依外国法已有效成立的法人，不问其属于何国，只需根据内国法规定，办理必要的登记或注册手续，即可取得在内国活动的权利。《公司法》第248条规定："经批准设立的外国公司分支机构，在中华人民共和国境内从事业务活动，应当遵守中国的法律，不得损害中国的社会公共利益，其合法权益受中国法律保护。"《外国（地区）企业在中国境内从事生产经营活动登记管理办法》第2条规定："根据国家有关法律、法规的规定，经国务院及国务院授权的主管机关（以下简称审批机关）批准，在中国境内从事生产经营活动的外国企业，应向省

---

[1] 邹国勇译注：《外国单行国际私法立法选译》，武汉大学出版社2022年版，第68页。
[2] 邹国勇译注：《外国单行国际私法立法选译》，武汉大学出版社2022年版，第350页。
[3] [德] 马丁·沃尔夫《国际私法》（第二版），李浩培、汤宗舜译，北京大学出版社2009年版，第332页。
[4] [德] 马丁·沃尔夫《国际私法》（第二版），李浩培、汤宗舜译，北京大学出版社2009年版，第334页。
[5] 杜涛主编：《国际私法学》，法律出版社2023年版，第196页。

级市场监督管理部门（以下简称登记主管机关）申请登记注册。外国企业经登记主管机关核准登记注册，领取营业执照后，方可开展生产经营活动。未经审批机关批准和登记主管机关核准登记注册，外国企业不得在中国境内从事生产经营活动。"第3条还特别规定了外国企业在从事生产经营活动时应办理登记注册的行业。也就是说，外国企业在我国从事生产经营活动，应在我国申请登记注册，尤其是从事特定领域、行业的生产经营活动时更是如此。当然，除了特定领域、行业，外国企业未经登记在我国境内从事生产经营活动，并不必然导致合同无效。

外国企业在我国境内设立常驻代表机构的，我国实施特别认许制度，要求该常驻代表机构应在我国办理登记，并且不得从事营利性活动。《外国企业常驻代表机构登记管理条例》第13条第1款规定："代表机构不得从事营利性活动。"第14条规定："代表机构可以从事与外国企业业务有关的下列活动：（一）与外国企业产品或者服务有关的市场调查、展示、宣传活动；（二）与外国企业产品销售、服务提供、境内采购、境内投资有关的联络活动。法律、行政法规或者国务院规定代表机构从事前款规定的业务活动须经批准的，应当取得批准。"也就是说，外国企业常驻代表机构职能从事前述特定的活动。

对于作为外国法人的境外非政府组织，我国执行更为严格的认许制度。《境外非政府组织境内活动管理法》第2条第2款规定："本法所称境外非政府组织，是指在境外合法成立的基金会、社会团体、智库机构等非营利、非政府的社会组织。"第3条规定："境外非政府组织依照本法可以在经济、教育、科技、文化、卫生、体育、环保等领域和济困、救灾等方面开展有利于公益事业发展的活动。"第9条第1款规定："境外非政府组织在中国境内开展活动，应当依法登记设立代表机构；未登记设立代表机构需要在中国境内开展临时活动的，应当依法备案。"境外非政府组织也可能是外国法人，如在我国从事有关经济等领域的有利于公益事业发展的活动，需要依法登记设立代表机构、依法备案。

对于外商法人在我国投资，我国实行准入前国民待遇加负面清单管理制度，并在特定外商投资领域实行特别认许。《外商投资法》第4条第1款规定："国家对外商投资实行准入前国民待遇加负面清单管理制度。"第4条第2款规定："前款所称准入前国民待遇，是指在投资准入阶段给予外国投资者及其投资不低于本国投资者及其投资的待遇；所称负面清单，是指国家规定在特定领域对外商投资实施的准入特别管理措施。国家对负面清单之外的外商投资，给予国民待遇。"《外商投资准入特别管理措施（负面清单）》（2021年版）第1条规定，负面清单之外的领域，按照内外资一致原则实施管理，境内外投资者统一适用《市场准入负面清单》的有关规定。据此，对于在负面清单之外的外商投资，均无须特别认许。当然，在特殊情况下，我国也对特定外商投资实行特别认许制度。《外商投资准入特别管理措施（负面清单）》（2021年版）第5条规定，经国务院有关主管部门审核并报国务院批准，特定外商投资可以不适用负面清单中相关领域的规定。据此，经我国商务部审核并报国务院批准，特定外商投资可以在我国从事特定投资。

在特定区域，我国还实行更为宽松的外国法人认许制度。《跨境服务贸易特别管理措施（负面清单）》（2024年版）和《自由贸易试验区跨境服务贸易特别管理措施（负面清单）》（2024年版）对于跨境服务贸易尤其是自由贸易试验区跨境服务贸易规定了特别的管理措施，给予外国法人诸多服务贸易自由。

第三节 国家和国际组织的特殊法律地位

国家和国际组织（仅指政府间国际组织）既是国际公法上的主体，行使公权力，又是国际私法上的主体，参与国际民事交往，享有民事权利、履行民事义务、承担民事责任。国家和国际组织的特殊法律地位，主要在于国家和国际组织的豁免。

一、国家豁免

（一）国家豁免理论

一般认为，国家参与民事活动的场合和范围十分有限，是国际私法关系的特殊主体。国家作为主权者，参与民事活动的场合和范围，取决于其国内宪法、宪法性法律的规定。随着国家在履行政府监管职能之外又通过经济手段介入市场，并且为履行职能而必然参与发行国债、政府采购、投资设立国有企业等各种民事活动，国家参与民事活动的场合和范围其实在不断增加。国家固然是主权者，但参与了民事活动，就要遵守民事法律，其主权和豁免相应受到限制。国家豁免，也就经历了从绝对豁免主流化到限制豁免主流化的过程。

国家豁免（state immunity），又称外国主权豁免，是指在国际交往中一国及其财产非经该国同意，免受其他国家的管辖与执行。[1] 国家豁免一般分为司法管辖豁免和执行豁免。司法管辖豁免，是指不得将外国国家及其财产列为被告、第三人。执行豁免，又称司法强制措施豁免，是指不得对外国国家财产采取保全、强制执行等措施。至于诉讼程序豁免，是指外国国家免予出庭作证、提供证据等诉讼程序，实际上是司法管辖豁免或司法强制措施豁免的一部分和应有之义，一般不专门论述。

关于国家豁免，主要是绝对豁免与限制豁免之争。所谓的绝对豁免原则，是指除非经过外国国家同意，否则一国法院不管辖以外国国家及其财产为被告的案件，也不对外国国家及其财产采取司法强制措施。所谓限制豁免原则，就是根据国家行为的性质，将外国国家行为区分为"主权行为"和"非主权行为"，相应地将外国国家财产区分为"主权财产"和"商业财产"，据此明确对外国国家的主权行为和主权财产给予管辖豁免，

---

[1] 参见龚刃韧：《国家豁免问题的比较研究——当代国际公法、国际私法和国际经济法的一个共同课题》，北京大学出版社2005年版，第1页；黄进：《国家及其财产管辖豁免问题研究》，中国政法大学出版社1987年版，第1页。

对非主权行为和国家商业财产不再给予管辖豁免。此外，尚有不曾得到国家实践支持的废除豁免论、平等豁免论，此处不再赘述。

（二）我国的国家豁免立场与实践

国家豁免既是一个涉及管辖权与豁免权的法律问题，又是直接关系到一国与外国国家的关系和该国对外关系和利益的对外政策问题。虽然说国际关系中存在一个从武力到外交，再从外交到法律的文明进步过程，[1]但在外国国家豁免这种兼具政治与法律、外交与司法的领域，在司法机关处理案件时，外交部门及外交政策仍然发挥着重大作用。《外国国家豁免法》将外国国家是否享有豁免的政治和政策问题转化为法律问题，将负责部门由外交部转换为法院，但外交部仍然在外国国家豁免案中依法发挥积极作用。[2]《外国国家豁免法》第19条明确规定外交部在外国国家豁免案件中的重要作用，第20条规定的外交特权与豁免及第21条规定的对等原则虽未明确外交部的作用，但外交部实际上均可以且也应该发挥重大作用。[3]简言之，外交部门在国家豁免案件中的外国国家认定、外交送达等国家行为的事实问题上发挥决定性作用，在其他涉及重大国家利益的事项上发挥重要作用。

根据《香港特别行政区基本法》第13条、第18条和《澳门特别行政区基本法》第13条、第18条，中央人民政府负责管理与香港特别行政区、澳门特别行政区有关的外交事务。《全国人民代表大会常务委员会关于〈中华人民共和国香港特别行政区基本法〉第十三条第一款和第十九条的解释》明确规定国家豁免规则或政策属于国家对外事务中的外交事务范畴。据此，《外国国家豁免法》施行后，香港特别行政区、澳门特别行政区应当随中央人民政府转向《外国国家豁免法》所体现的国家豁免规则和政策。根据《香港特别行政区基本法》第19条第3款和《澳门特别行政区基本法》第19条第3款，在遇到涉及《外国国家豁免法》第19条规定的国家行为的事实问题时，香港特别行政区、澳门特别行政区的法院应取得行政长官就该等问题发出的证明文件，上述文件对法院有约束力。行政长官在发出证明文件前，须取得中央人民政府的证明书。

《外国国家豁免法》第21条也规定了对等原则，即"外国给予中华人民共和国国家及其财产的豁免待遇低于本法规定的，中华人民共和国实行对等原则"。对等原则与反措施也存在联系，实践中有的国家将限制、剥夺外国国家豁免作为对外国国家采取反措施的一种措施，而被限制、剥夺豁免的国家又利用对等原则采取反制措施。在一定程度上，近年来国家豁免作为外交政策工具的趋势值得关注。

《外国国家豁免法》规定了对涉及外国国家及其财产民事案件的司法管辖问题，参见本教材相关章节，此处不再赘述。

《外国国家豁免法》同时对法院有关文书送达、缺席判决等诉讼程序作出特别规定。国家豁免法既是国际法又是国内法，但国内法院在塑造和适用豁免法上发挥着更多的作

---

[1] Louis Henkin, *How Nations Behave: Law and Foreign Policy* (Columbia University Press, 2nd edn, 1979) , p. 1.

[2] 《对外关系法》第14条第1款规定："中华人民共和国外交部依法办理外交事务……"

[3] 关于外交部介入外国国家豁免诉讼的问题，参见王卿：《国家豁免权的正当程序保障问题研究》，法律出版社2016年版，第197—217页。

用。外国国家依据国际法享有国家豁免，但由于其被私人主体在另一国法院起诉，这必然涉及另一国国内法尤其是程序法的解释与适用。程序问题适用法院地法，中国也不例外。在国家豁免民事诉讼中，中国法院将适用《外国国家豁免法》和《民事诉讼法》等法律的规定。《民事诉讼法》第305条规定："涉及外国国家的民事诉讼，适用中华人民共和国有关外国国家豁免的法律规定；有关法律没有规定的，适用本法。"《外国国家豁免法》第16条规定："对于外国国家及其财产民事案件的审判和执行程序，本法没有规定的，适用中华人民共和国的民事诉讼法律以及其他相关法律的规定。"因此，对于国家豁免案件，首先适用《外国国家豁免法》的规定，《外国国家豁免法》没有规定的，适用《民事诉讼法》等法律的规定。

《外国国家豁免法》第20条规定外交使团及相关人员、外国国家元首、政府首脑、外交部长及其他具有同等身份官员享有的特权与豁免不受影响。中国民事诉讼立法起初并未规定外国国家及其财产豁免，仅原则性规定外国人、外国组织或者国际组织的特权与豁免。[1]《外交特权与豁免条例》和《领事特权与豁免条例》规定了外交使团及人员的特权与豁免。可能为了与《外交特权与豁免条例》和《领事特权与豁免条例》强调"外交特权与豁免"的措辞一致，1991年4月9日第七届全国人民代表大会第四次会议通过《民事诉讼法》修改了相应措辞，将"司法豁免权"调整为"外交特权与豁免"。在《民事诉讼法》2007年、2012年、2017年、2021年、2023年修正时，该条的内容并未变动，仅是条文序号有所变化。

"条约必须信守。"中国一直善意履行国际条约，并在《对外关系法》第30条第1款规定："国家依照宪法和法律缔结或者参加条约和协定，善意履行有关条约和协定规定的义务。"《外国国家豁免法》第22条又明确规定："中华人民共和国缔结或者参加的国际条约同本法有不同规定的，适用该国际条约的规定，但中华人民共和国声明保留的条款除外。"因此，如《外国国家豁免法》与对中国有效的条约规定不同的，适用该条约规定。

在执行豁免问题上，与《外国中央银行财产司法强制措施豁免法》的用词保持一致，《外国国家豁免法》第13条至第14条使用"司法强制措施豁免"一词。《外国国家豁免法》第13条第1款规定："外国国家的财产在中华人民共和国的法院享有司法强制措施豁免。"第2款规定："外国国家接受中华人民共和国的法院管辖，不视为放弃司法强制措施豁免。"该条对外国国家的财产提供了保护，既强调了外国国家的财产享有司法强制措施豁免，又进一步区分管辖豁免与司法强制措施豁免，明确放弃管辖豁免不得视为放弃司法强制措施豁免。

依据《外国国家豁免法》第14条，有下列情形之一的，外国国家的财产不享有司法强制措施豁免：（1）外国国家以国际条约、书面协议或者向中华人民共和国的法院提

---

[1]《民事诉讼法（试行）》(1982年)第188条规定："对享有司法豁免权的外国人、外国组织或者国际组织提起的民事诉讼，人民法院根据中华人民共和国法律和我国缔结或者参加的国际条约的规定办理。"《民事诉讼法》(1991年)第239条规定："对享有外交特权与豁免的外国人、外国组织或者国际组织提起的民事诉讼，应当依照中华人民共和国有关法律和中华人民共和国缔结或者参加的国际条约的规定办理。"

交书面文件等方式明示放弃司法强制措施豁免；（2）外国国家已经拨出或者专门指定财产用于司法强制措施执行；（3）为执行中华人民共和国的法院的生效判决、裁定，外国国家的财产位于中华人民共和国领域内、用于商业活动且与诉讼有联系。上述规定的第一种情形实际上是外国国家放弃司法强制措施豁免，第二种情形是外国国家主动指定财产履行法院生效文书确定的义务，第三种情形是商业活动例外。如要构成第三种商业活动例外，还要求同时满足如下三个要件：第一，外国国家的财产要位于中国领域内，即对位于中国领域外的财产不能采取司法强制措施；第二，外国国家的财产用于商业活动，如何判断构成商业活动，需要结合《外国国家豁免法》第7条进行解释；第三，外国国家的财产与诉讼有联系，即财产要与原告（申请人）获得的胜诉判决案件直接相关，例如不能在获得劳动或劳务例外的胜诉判决后要求就外国国家在中国采购获得的口罩采取司法强制措施。

为了支持香港特别行政区维护其国际金融中心地位，给予外国央行财产在港绝对执行管辖豁免，香港特别行政区法院不对其采取强制措施。[1] 2005年10月25日第十届全国人民代表大会常务委员会第十八次会议通过《外国中央银行财产司法强制措施豁免法》，并决定将之列入香港和澳门两特别行政区基本法附件三以适用，赋予了外国中央银行财产豁免权。《外国国家豁免法》实施后，《外国中央银行财产司法强制措施豁免法》继续有效，但二者不一致的，应从《外国国家豁免法》为准。

《外国国家豁免法》第15条在继续赋予外国中央银行财产的豁免权基础上，结合各国通常做法，规定外国国家享有司法强制措施豁免的特定财产。特定财产的范围非常广泛，包括外交代表机构、领事机构、特别使团、驻国际组织代表团或者派往国际会议的代表团用于以及意图用于公务的财产，包括银行账户款项；属于军事性质的财产，或者用于以及意图用于军事的财产；外国和区域经济一体化组织的中央银行或者履行中央银行职能的金融管理机构的财产，包括现金、票据、银行存款、有价证券、外汇储备、黄金储备以及该中央银行或者该履行中央银行职能的金融管理机构的不动产和其他财产；构成该国文化遗产或者档案的一部分，且非供出售或者意图出售的财产；用于展览的具有科学、文化、历史价值的物品，且非供出售或者意图出售的财产；中华人民共和国的法院认为不视为用于商业活动的其他财产。

二、国际组织的特权与豁免

（一）国际组织特权与豁免的理论

当代国际法的一个重要特点是国际社会的组织化趋势越来越明显，[2] 国际组织在国际关系和国际民事交往中发挥着重要作用。与国家一样，国际组织也是国际私法关系的特殊主体。国际组织作为主权者，参与民事活动的场合和范围，取决于其组织章程的规

---

[1] 参见武大伟：《关于提请审议对在华外国中央银行财产给予司法强制措施豁免的议案的说明——2005年8月23日在第十届全国人民代表大会常务委员会第十七次会议上》，载《中华人民共和国全国人民代表大会常务委员会公报》2005年第7号。

[2] 参见梁西：《梁西论国际法与国际组织五讲（节选集）》，武汉大学出版社2019年版，第221—224页。

定。[1]国际组织参与民事活动也要遵守民事法律,其主权和豁免相应受到限制。

国际组织豁免与国家豁免和外交豁免的理论依据各异。职能必要理论是国际组织享有豁免的主要理论依据,同时国际组织豁免存在的其他理由是对职能必要理论的补充。[2]职能必要理论认为,国际组织为完成其组织章程规定的宗旨和任务,为更好地履行职能,故而授予国际组织享有特权与豁免。例如,《联合国宪章》第105条规定:"一、本组织于每一会员国之领土内,应享受于达成其宗旨所必需之特权及豁免。二、联合国会员国之代表及本组织之职员,亦应同样享受于其独立行使关于本组织之职务所必需之特权及豁免。三、为明定本条第一项及第二项之施行细则起见,大会得作成建议,或为此目的向联合国会员国提议协约。"该条是国际组织为执行其职务和实现其宗旨所需要而享有特权与豁免的典型例子。

随着人权主流化,尤其是欧洲人权法院在实践中将《欧洲人权公约》第6条第1款诉诸法院之权利作为审查国际组织特权与豁免的手段,[3]国际组织的特权与豁免也受到越来越多的限制。在国际组织管辖豁免例外上,内国法院也不断借鉴国家管辖豁免例外制度,限制国际组织主张管辖豁免。

(二)我国的国际组织特权与豁免制度

我国并未制定专门的国际组织豁免立法,但加入了《联合国特权与豁免公约》以及《联合国专门机构特权与豁免公约》等国际条约,应履行有关条约规定的授予有关国际组织特权与豁免义务。《民事诉讼法》第272条规定:"对享有外交特权与豁免的外国人、外国组织或者国际组织提起的民事诉讼,应当依照中华人民共和国有关法律和中华人民共和国缔结或者参加的国际条约的规定办理。"同时,即使我国未参加有关条约,但我国根据习惯国际法也不应侵犯国际组织依据习惯国际法所享有的特权与豁免。据此,我国法院不得受理以国际组织为被告或第三人的案件,也不得执行其财产,除非有关国际组织放弃豁免或存在其他豁免例外情形。

2007年5月22日,最高人民法院发布《关于人民法院受理涉及特权与豁免的民事案件有关问题的通知》(法〔2007〕69号)对人民法院受理的涉及特权与豁免的案件建立报告制度,凡以在中国享有特权与豁免的外国国家等主体为被告、第三人向人民法院起诉的民事案件,人民法院应在决定受理之前,报请本辖区高级人民法院审查;高级人民法院同意受理的,应当将其审查意见报最高人民法院,在最高人民法院答复前,一律

---

[1]《联合国宪章》第104条规定:"本组织于每一会员国之领土内,应享受于执行其职务及达成其宗旨所必需之法律行为能力。"如1946年《联合国特权及豁免公约》和1947年《联合国专门机构特权及豁免公约》等都确定了联合国及其专门机构的法律人格,规定它们有"缔结契约""取得并处置动产和不动产""从事法律诉讼"的法律行为能力。

[2] 关于国际组织的豁免问题,有学者曾专门研究,参见李赞:《国际组织的司法管辖豁免研究》,中国社会科学出版社2013年版。

[3] 参见李庆明:《国家豁免与诉诸法院之权利——以欧洲人权法院的实践为中心》,载《环球法律评论》2012年第6期。

暂不受理。[1] 按照该通知确立的原则，下级法院在受理国际组织豁免案件之前也应向最高人民法院报告，但国际组织已放弃豁免的除外。

在朱某因劳动争议纠纷上诉案中，北京市朝阳区人民法院以红十字国际委员会有司法豁免权为由作出（2014）朝民初字第16538号不予受理民事裁定书，朱某上诉至北京市第三中级人民法院时，北京市第三中级人民法院书面询问红十字国际委员会对该案是否坚持法律程序豁免，红十字国际委员会书面回函，对该案放弃其司法管辖豁免的权利。北京市第三中级人民法院（2014）三中民终字第06823号民事裁定书认定红十字国际委员会有司法豁免权，但红十字国际委员已书面明确放弃该案司法豁免权，故裁定撤销北京市朝阳区人民法院（2014）朝民初字第16538号不予受理民事裁定书，该案由北京市朝阳区人民法院立案受理。

国际组织放弃豁免必须是明示的，不能是推定的。中国公民李某波因与红十字国际委员会东亚地区代表处（以下简称东亚地区代表处）就房屋租赁合同产生纠纷，以东亚地区代表处为被告向北京市朝阳区人民法院提起诉讼，东亚地区代表处向人民法院提出豁免申请。《中华人民共和国政府和红十字国际委员会协议》第4条第1款规定，红十字国际委员会及其财产和资产享有法律程序豁免，包括免受搜查、征用、没收、征收。在特殊情况下，经红十字国际委员会明示放弃其豁免时，不在此限。东亚地区代表处作为红十字国际委员会在我国境内设立的代表机构，享有该条规定的法律程序豁免。双方当事人在租赁合同第10条中的约定系对准据法的约定，并不构成东亚地区代表处对豁免权的放弃，也没有其他证据证实该会愿意接受我国法院的管辖。[2] 因此，合同条款约定准据法不等于放弃司法豁免。

> **重要名词术语**

国民待遇、互惠待遇、自然人的国籍、自然人的住所、惯常居所、经常居所地、外国公司、国家豁免、国际组织的特权与豁免

> **思考题**

1.《涉外民事关系法律适用法》采用经常居所作为自然人属人法连结点，与国籍和

---

[1] 最高人民法院《关于人民法院受理涉及特权与豁免的民事案件有关问题的通知》列举的享有特权与豁免的主体包括：（1）外国国家；（2）外国驻中国使馆和使馆人员；（3）外国驻中国领馆和领馆成员；（4）途经中国的外国驻第三国的外交代表和与其共同生活的配偶及未成年子女；（5）途经中国的外国驻第三国的领事官员和与其共同生活的配偶及未成年子女；（6）持有中国外交签证或者持有外交护照（仅限互免签证的国家）来中国的外国官员；（7）持有中国外交签证或者持有与中国互免签证国家外交护照的领事官员；（8）来中国访问的外国国家元首、政府首脑、外交部部长及其他具有同等身份的官员；（9）来中国参加联合国及其专门机构召开的国际会议的外国代表；（10）临时来中国的联合国及其专门机构的官员和专家；（11）联合国系统组织驻中国的代表机构和人员；（12）其他在中国享有特权与豁免的主体。

[2] 最高人民法院《关于李晓波诉红十字国际委员会东亚地区代表处房屋租赁合同纠纷一案豁免问题的请示的复函》（〔2009〕民四他字第25号）。

住所相比，其有哪些优点？

2. 如何更好地确定外国法人的国籍与住所？

3. 中国关于国家豁免的立法和司法实践有哪些？

典型案例分析

新加坡 A 环保公司与 B 公司股东出资纠纷案，最高人民法院（2014）民四终字第 20 号民事裁定书[1]

B 公司是新加坡 A 环保公司在中国设立的外商独资企业，2008 年 6 月 30 日，B 公司经批准注册资本增至 3.8 亿元。B 公司于 2012 年 4 月 27 日以新加坡 A 环保公司未足额缴纳出资为由提起诉讼，请求判令新加坡 A 环保公司履行股东出资义务，缴付增资款 4500 万元。福建省高级人民法院一审认为，新加坡 A 环保公司未履行股东足额缴纳出资的法定义务，侵害了 B 公司的法人财产权，B 公司有权要求新加坡 A 环保公司履行出资义务，补足出资。据此，判令新加坡 A 环保公司向 B 公司缴纳出资款 4500 万元。新加坡 A 环保公司向最高人民法院提出上诉。

2014 年 6 月 11 日，最高人民法院公开开庭审理该案并作出当庭宣判。最高人民法院二审审理认为，按照《涉外民事关系法律适用法》第 14 条第 1 款的规定，我国外商投资企业与其外国投资者之间的出资义务等事项，应当适用我国法律；外国投资者的司法管理人和清盘人的民事权利能力及民事行为能力等事项，应当适用该外国投资者登记地的法律。根据新加坡公司法的规定，在司法管理期间，公司董事基于公司法及公司章程而获得的权力及职责均由司法管理人行使及履行。因此新加坡 A 环保公司司法管理人作出的变更 B 公司董事及法定代表人的任免决议有效。由于 B 公司董事会未执行唯一股东环保公司的决议，造成了工商登记的法定代表人与股东任命的法定代表人不一致的情形，进而引发了争议。根据《公司法》的规定，工商登记的法定代表人对外具有公示效力，如涉及公司以外的第三人因公司代表权而产生的外部争议，应以工商登记为准；而对于公司与股东之间因法定代表人任免产生的内部争议，则应以有效的股东会任免决议为准，并在公司内部产生法定代表人变更的法律效果。本案起诉不能代表 B 公司的真实意思，裁定撤销原判，驳回 B 公司的起诉。

该案对于平等保护中外投资者合法权益、保障股东选择管理者的权利、优化外商投资法治环境具有重要意义，被评为最高人民法院建院 65 周年重大案例之一。该案明确了外国公司的司法管理人及清盘人在中国境内民事权利能力和行为能力的认定规则，清晰界定了公司代表权争议的区分规则，增强了外商投资中国的信心。同时，该案是最高人民法院首次邀请外国驻华使节和境外媒体旁听庭审并当庭作出宣判的案件，彰显了我国公正高效的司法形象。

---

[1] 该案为 2015 年最高人民法院为"一带一路"建设提供司法服务和保障的八大典型案例之案例之一。

第三章　法律冲突及其一般问题

【内容提示】

从国际私法的角度观察，不难发现当今国际社会是由法域组成，每个法域都制定了法律法规，以调整自身管辖范围内的民商事关系。但是，如果某一法律关系超出了单一法域的边界，即它与不止一个法域存在事实联系，而各相关法域关于此法律关系的规定又不尽相同，这时就会发生一个至关重要的问题，即到底哪个法域的法律有权管辖此法律关系，或者说哪些法域应该接受安排，放弃管辖该法律关系。这个问题的实质就是"法律冲突"，而解决法律冲突便是国际私法核心任务。目前各国主要通过制定冲突规范解决法律冲突。所谓冲突规范，是指由国内法或国际条约所规定的，指明某一涉外民商事法律关系应适用何种法律的规范。它又被称为法律适用规范或法律选择规范，是国际私法中最古老、最核心的法律规范。因作用特殊，冲突规范在结构、功能等方面都有不同于一般的民商事法律规范的独特之处，需要仔细辨析。在运用冲突规范解决法律冲突的过程中，还有一些相关问题有必要交代。例如"定性"就是一个具有非常重要理论与现实意义的问题。它是指依据一定的法律观念，对有关的事实构成作出定性（qualification）或分类（classification），将其归入一定的法律范畴，以便确定法律冲突的解决应该遵循什么冲突规范的过程。如果定性发生错误，就会导致适用错误冲突规范，进而根据错误的冲突规范选择错误的准据法的情况，即所谓"失之毫厘，谬以千里"，因此不能掉以轻心。又如解决涉外民商事争议时可能出现的"先决问题"也同样重要，它是作为解决争讼问题的前提的问题。就当代国际私法学而言，先决问题的法律适用是一个相对独立的问题，但学界关于如何为先决问题选择准据法尚有颇多争论，有待后来者研究、甄别。此外，反致、强制性规定、法律规避、外国法的查明、公共秩序保留等问题都具有极高的理论研究意义与实用价值。总之，解决法律冲突是一个系统化的工程，常常需要数个理论与规则的配合，唯其如此，才能在当代冲突规则体系下准确地选择涉外民商事案件应该适用的准据法，从而顺利解决它。

第一节　法律冲突及其解决

一、法律冲突

广义上说，法律冲突可以发生在不同的法律领域，既可以发生在公法领域，也可以发生在私法领域。发生在宪法、行政法、刑法、诉讼法等公法领域的法律冲突被称为公法冲突，而发生在民法、商法等私法领域的法律冲突被称为私法冲突。国际私法研究的主要研究对象是私法上的冲突。可以说，法律冲突是国际私法的核心问题之一，这一点从国际私法又被称为"冲突法"上也可窥见端倪。那什么是法律冲突，这种冲突包括几种形式，它为什么会产生又如何解决呢？

（一）法律冲突的概念

从国际私法的角度来看国际社会，它是由不同的法域组成，每个法域都为调整自身管辖范围内的民商事关系制定了法律法规。但是，当某种法律关系超出了单一法域的边界，或者说此法律关系与不止一个法域存在密切的事实联系，而各相关法域关于此项利益关系的规定又不尽相同，那么到底哪个法域的法律有权管辖此法律关系，即哪些法域的法律应该接受不去管辖此法律关系的安排呢？这个问题的实质就是"法律冲突"。可以认为，两个或两个以上法域的法律对同一项法律关系具有合理的法律管辖效力并可能产生不同调整结果的现象，也就是"法律冲突"。可见，法律冲突是指法律内容和效力的双重冲突[1]，即如果多数个法域的民商事法律对某项民商事关系的规定不同，却又皆有理由主张对该项民商事关系行使法律管辖权，以致发生法律适用上的争抢或抵触，这便构成国际私法中的法律冲突。举例而言，一起涉外货物买卖合同关系发生在德国公司和中国公司之间，合同的标的是一批位于法国马赛港的丝织品。合同履行过程中，双方就货物质量与合同约定是否相符的问题发生争议。很显然，此纠纷与德国、中国、法国都存在一定的事实关联，而上述三个国家的相关法律规定又不尽相同，此时便会发生法律冲突，即德国法、中国法、法国法竞相适用于同一争议。

（二）国际民商法律冲突的产生条件

国际民商事法律冲突的产生需要满足一定的条件。其一，各国民商事法律制度存在差异。因为文化传统、行为方式、社会制度不尽相同，因此各国的法律制度也必然千差万别。那么当一项民商事法律关系涉及两个或两个以上国家时，适用不同国家的法律就可能得到截然不同的结果。例如日本法律规定，年满18周岁可以缔结婚姻；中国法律则要求男年满22周岁、女年满20周岁才可结婚。那么如果一位19周岁的中国男性公民和一位19周岁的日本女性公民结合，根据日本法两人都达到了法定婚龄，但根据中国法则会得出相反的结果，并因此导致婚姻无效。

---

[1]　沈涓：《中国区际冲突法研究》，中国政法大学出版社1999年版，第1页。

其二，各国之间存在平等主体间的民商事往来。如果各国之间各在一方、不相往来，就不会有交互关系存在，也不会有冲突发生。因此，各国之间存在民商事往来是国际民商事法律冲突产生的客观条件。此外，这种涉外民商事交往应该在平等主体间进行，而这就要求国家间彼此承认外国人的民商事法律地位。如果一个国家不赋予外国人一定的民商事法律地位，外国人就无法在该国进行正常的民商事法律交往，也就不会产生民商事法律冲突。因此，所谓平等主体之间的涉外民商事交往，其背后是国家间的互相平等。

其三，国家间彼此承认外国法律在域内的效力。倘若一国不承认外国法律在本国的适用可能性，只以本国实体法处理涉外案件，那么也不会产生法律冲突；唯有各国彼此承认外国法在本国有可能得到适用，才存在通过法律选择解决法律冲突的必要。因此，正如有学者指出的，法律冲突实际上就是"外国法律的域外效力与内国法律的域内效力，或内国法律的域外效力与外国法律的域内效力之间的冲突"。[1]国家间彼此承认外国法律的域内效力，这是不同法域法律适用于同一争议的前提，由此才可能产生法律冲突。

二、法律冲突的解决

随着通信、交通手段的不断提升，现代国际社会国际民商事交往极为频繁，这就为民商事法律冲突的产生提供了现实基础。在此时代背景下，合理地解决民商事法律冲突、适当地调整国际民商事法律关系，是维系、推动各国间正常的民商事交往的需要。根据调整方式的不同，国际民商法律冲突的解决方法可以分为冲突法方法与实体法方法两种。

（一）冲突法方法

冲突法解决方法，也称间接调整方法，即通过"冲突规范"来解决法律冲突。这种方法通常表现为在各国自行规定某类涉外民商事法律关系应受何国法律的支配，或者缔结有关法律适用的国际条约，以为法律冲突的解决提供方案。前面已经提到，冲突法方法并不直接规定当事人的权利义务关系，而是利用冲突规范来解决法律冲突，它是国际私法特有的、基本的法律冲突解决方法。在涉外民商事法律关系中，管辖同一争议的法域并不唯一，这是法律冲突法产生的原因之一。就解决国际民商事法律冲突而言，冲突规范需能指向最终得以管辖争议的法域，因此，此类规则在法律适用的层面上通常应具有一定程度的排他性，即在指定某法域法律得以适用的同时，排除其他相关法域的法律的适用可能性。

根据冲突规范的制定主体、方式等的不同，冲突法方法可分为国内冲突规范和国际冲突规范两种。国内冲突规范，是指各国自行制定法律适用规范来解决国际民商事领域的法律冲突，这种由各国自行制定的冲突规范属于国内法的组成部分，但它也具有涉外性质。由国内冲突规范解决法律冲突，在国际私法的立法史上有着相对悠久的历史，也

---

[1] 参见姚壮、任继圣：《国际私法基础》，中国社会科学出版社1981年版，第23页。

广受国际社会的认可。不过，它也因为自身的特性而存在一些难以克服的缺点。其中最为人所诟病的一点在于，各国制定的冲突规范不尽相同，因此各国的冲突规范之间也会产生冲突，即所谓"冲突规范的冲突"。如果一个涉外民商事案件涉及 A 国和 B 国，而 A、B 两国的冲突规范又不一致，此时在 A 国审理，就可能得出和 B 国完全不同的选法结果，并进而导致判决结果的不一致；如果在 B 国审理也是一样，结果可能与在 A 国审理大相径庭。如此便大大增加了涉外民商事案件的不可预见性，也可能引发了当事人"挑选法院"（forum shopping）现象，即原告为占据法律适用上的先机，完全可能在不同国家的法院中挑选对自己最有利的法院进行起诉。

与国内冲突规范不同的另外一种冲突法解决方法是制定国际冲突法条约，即通过订立国际公约的方式制定统一冲突法规范。制定统一冲突法公约的目的在于消除缔约国之间冲突法规范上的冲突。例如海牙国际私法会议就致力于制定此方面的公约。以 1961 年海牙《遗嘱处分方式法律冲突公约》（Convention on the Conflicts of Laws Relating to the Form of Testamentary Dispositions）为例。该公约的第 1 条第 1 款规定，凡遗嘱处分在方式上符合下列各国国内法之一的，应为有效：（1）立遗嘱人立遗嘱时所在地；（2）立遗嘱人作出处分或死亡时的国籍国；（3）立遗嘱人作出处分或死亡时的惯常居所地；（4）立遗嘱人作出处分或死亡时的惯常居所地；（5）在涉及不动产时，不动产所在地。这是一条典型的以公约形成出现的冲突规范，该公约的缔约国都将根据该条款的规定解决涉外遗嘱形式方面的法律冲突。通过统一冲突规范来解决国际民商事法律冲突，虽可在缔约国之间避免各国冲突规范之间的冲突，却并不能调和缔约国和非缔约国之间冲突规范的冲突，因此其效力仍有一定的局限性。

无论是国内立法还是制定国际条约，冲突法解决方法都能充分借助各国现有民商事实体法的规定解决跨国纠纷，这也是其长盛不衰的主要原因。不过，它也有自身的局限性。例如，冲突规范只能指定案件应该适用的准据法，法院或当事人还需要在冲突规范的指引下再去具体查明某国家的实体法规定。如果中选的法律是本国法，那还相对轻松；如果中选的是外国法，可能会要求大陆法系国家的当事人去查明英美法系的具体规定，如果与本国法规定相反，那就可能非常困难。因此，以冲突规范的方式解决法律冲突，存在准据法查明方面的困难，也会使当事人难以精准预见其法律行为的后果。

（二）实体法方法

实体法解决方法被称为直接调整方法，是指根据国际条约或国际惯例中的统一实体法规范，直接确定国际民商事法律冲突中当事人的权利义务关系。实体法方法的优势在于，可以避免或消除法律冲突，并有助于当事人较为准确地预见法律行为的后果和诉讼的结果。但是，采用实体法的解决方法也有其局限性，这主要表现为以下四点。首先，今时今日它的适用领域仍然相当有限。国际社会中现有的统一实体法规范一般限于国际经济领域，而在婚姻、家庭、继承等方面的统一实体法则非常少见，这是因为各国文化传统、宗教信仰或风俗习惯的冲突较大，因而较难取得普遍的共识。其次，统一实体法规范往往也只能适用于某个特定法律关系的某些具体方面，很难全面覆盖某个法律关系全体，归根结底，还是因为各国很难就某类关系完全达成意见上的一致。例如 CISG 第

2条就明确表示，本公约不适用于以下的销售：(1)购供私人、家人或家庭使用的货物的销售，除非卖方在订立合同前任何时候或订立合同时不知道而且没有理由知道这些货物是购供任何这种使用；(2)经由拍卖的销售；(3)根据法律执行令状或其他令状的销售；(4)公债、股票、投资证券、流通票据或货币的销售；(5)船舶、船只、气垫船或飞机的销售；(6)电力的销售。对于这些不受统一实体法公约管辖的国际货物销售，还是只能通过冲突法的方法予以裁定。再次，条约的缔约国有限。统一实体法主要表现为国际条约的形式，国际条约原则上只对条约的缔约国具有法律上的约束力，因此，如果涉外民商事法律关系的一方当事人不是条约缔约国的法人、自然人等，那么该统一实体法规范未必能够适用于调整这一涉外民商事法律关系。最后，不少统一实体法公约也允许当事人排除公约的适用，如果发生这种情况，即便国际民商事争议属于公约的调整范围，也无法适用公约。

综上，统一实体法虽然具有自身独特的优势，但是受制于内容与缔约主体的有限性，因此还无法在当今国际社会成为主流的法律冲突解决方法。相反，尽管冲突法方法有其自身的间接性、局限性，但由于其方便好用，且在国际组织的推动下存在较大的自我调整、改进空间，因此仍将在很长一段时期内发挥其解决法律冲突的主导作用。

第二节　冲突规范与准据法

一、冲突规范

（一）冲突规范的概念

冲突规范，是指由国内法或国际条约所规定的，指明某一涉外民商事法律关系应适用何种法律的规范。它又被称为法律适用规范或法律选择规范，是国际私法中最古老、最核心的法律规范，为国际私法学科所特有。上述法律冲突的主要解决方法之一"冲突法方法"就通过冲突规范得以实现，因此，冲突规范的设计目的就在于解决国际民商事争议中的法律冲突，而解决的方式则是从若干可供选择的法律中指定最终适用于涉外民商事法律关系的实体法。冲突规范在结构、功能等方面都有独特之处，不同于一般的民商事法律规范。本节主要讲述有关冲突规范的一些基本问题。

（二）冲突规范的特点

《涉外民事关系法律适用法》第32条规定："遗嘱方式，符合遗嘱人立遗嘱时或者死亡时经常居所地法律、国籍国法律或者遗嘱行为地法律的，遗嘱均为成立。"这就是一条冲突规范。显然，它明显不同于一般的民商事法律规范，后者通常会明确规定当事人的权利义务，例如就遗嘱方式而言，它会指明以什么样的方式订立的遗嘱有效。然而，冲突规范仅仅指出了应该依据什么标准选择并适用与法律关系有何种联系的法域的法律。仅根据冲突规范，我们无法直接解决法律争议。由此我们可以得出冲突规范的一些基本特征。

首先，从本质上看，冲突规范是一种间接规范。如上文举例所示，冲突规范只能指引涉外民商事案件应该适用的实体法，因此如果要最终确定当事人之间的权利义务关系，就还需要结合冲突规范所指引的实体规范的具体内容，才能作出判断。因此冲突规范不能作为判定当事人之间的实体权利义务关系的直接依据，而只能通过指向准据法的方法间接地解决涉外民商事争议。间接性是冲突规范的特点，也因此会带来一些不便，例如其难以顾及实体判决结果的公平、公正就是常常受人诟病之处。传统冲突规范从法律关系与地域的事实联系出发指定准据法，准据法既可能是内国法也可能是外国法。如果是后者中选，那么除非该法的适用结果与本国公共秩序或社会重大利益存在严重抵触，否则法院便应适用该外国法处理涉外纠纷。有学者认为，如此判决不能照顾到判决结果的公平、公正。举例而言，如果法院地法给予产品责任的被侵权人较为充分的保护，而被冲突规范指定为准据法的外国法则更多地从发展工商业的角度考虑，未给予被侵权人较多的保护，那么在此情况下，适用外国法是否会造成不公平的判决结果，就值得讨论了。也正因如此，当代各国立法更加注重冲突规则的结果导向，以期公正、合理地解决涉外民商事法律争议。举例而言，《涉外民事关系法律适用法》第 25 条规定："父母子女人身、财产关系，适用共同经常居所地法律；没有共同经常居所地的，适用一方当事人经常居所地法律或者国籍国法律中有利于保护弱者权益的法律。"这条规则的后半段就带有结果导向的特征，即以实现特定的结果为法律选择的标准。

其次，从形式上看，冲突规范有其自身独特的构造。一般的法律规范包括三个部分：适用的条件、概括的行为模式和法律后果。"适用的条件"，是指规范中指明适用法律规范的条件或情况的部分；"概括的行为模式"，也称"处理"或"指示"，是法律规范所规定的行为规则；"法律后果"，则指法律规范中规定的、人们在做出符合或者违反规范的行为时，会带来什么样的法律后果。但是，法律规定的一般构成模式并不适用于冲突规范，后者作为一种特殊的法律规范，并不会将规范适用的条件和行为模式明确分开，也没有明确规定行为的法律后果。关于冲突规范的独特结构，下文有更为具体的分析。

（三）冲突规范的结构

冲突规范由范围、系属、连结点三个要素构成。所谓"范围"，是指冲突规范所要调整的民商事法律关系或所要解决的法律问题。它告诉我们，该规范可适用来解决哪一类民商事法律关系。例如《涉外民事关系法律适用法》第 30 条规定，监护，适用一方当事人经常居所地法律或者国籍国法律中有利于保护被监护人权益的法律。该条中的"监护"二字就是规则的"范围"。它告诉法官，在处理有关涉外监护纠纷时，无论是监护权的确认、分配还是解除等，都应该根据本条的规定选择准据法。

"系属"的作用在于为"范围"匹配准据法，它告诉法院在处理涉外民商事案件时具体应该适用什么法域的法律。其结构通常表现为"适用……法律"或"依……法律"。[1] 例如《涉外民事关系法律适用法》第 30 条的规定中，适用"有利于保护被监护人权益的法律"就是该条规范中的系属。

冲突规范中的第三个构成要素是"连结点"，也称"连结因素"，它是冲突规范为某一法律关系指定准据法的根据。举例而言，《涉外民事关系法律适用法》第 35 条规定："无人继承遗产的归属，适用被继承人死亡时遗产所在地法律。"连结点是"被继承人死亡时遗产所在地"。不过，一条冲突规范未必只包括一个连结点。例如《涉外民事关系法律适用法》第 33 条规定："遗嘱效力，适用遗嘱人立遗嘱时或者死亡时经常居所地法律或者国籍国法律。"在这条冲突规范中，连结点就有四个之多，分别是"遗嘱人立遗嘱时经常居所地""遗嘱人立遗嘱时国籍国""遗嘱人死亡时经常居所地""遗嘱人死亡时国籍国"。在个案中具体适用哪个连结点指向法域的法律，还需要司法者根据案件情况进行综合判断。

我们可以基于上述分析概括连结点的一些特征。从形式上看，它是一种纽带或媒介，将冲突规范中的"范围"与一定的法域联系在一起；从实质上看，这种建立在"范围"与法域之间的联系反映了"范围"所包含民商事关系与特定法域之间的内在联系，表明因为这种内在的联系，该法律关系就应该受到此法域的法律的约束或调整。正因如此，有学者认为，"连结点"或"连结因素"，是指能够在法院需要处理的事实情况和某一特定法域之间建立起"自然联系"的明显事实。[2]

我们可以将连结点作"静态"与"动态"之分。所谓静态连结点，是指将已经一次性发生的事实设置为连结点，如婚姻缔结地、合同缔结地、遗嘱订立地、侵权行为地等。由于结婚、缔结合同、订立遗嘱、侵权等行为已经在某个场所发生，所以它们是不会发生改变的，据此来确定涉外民商事法律关系所应适用的法律，也就随之获得了某种程度上的稳定性与确定性。动态连结点，是指可变的连结点，最为典型的就是自然人的国籍或经常居所地，此类连结因素会伴随法律主体的活动而发生变化。动态连结因素可以赋予冲突规范以灵活性，但同时增加了法律适用的不确定性。因此，在制定冲突规则时，需要同时提供动态连结因素的确定标准。例如最高人民法院《关于适用〈中华人民共和国涉外民事关系法律适用法〉若干问题的解释（一）》第 13 条便规定，自然人在涉外民事关系产生或者变更、终止时已经连续居住 1 年以上且作为其生活中心的地方，人民法院可以认定为涉外民事关系法律适用法规定的自然人的经常居所地，但就医、劳务派遣、公务等情形除外。

连结点的决定绝非任意的，它必须以"范围"所涉法律关系的性质为依据，以公平地分配法律管辖权、公正地解决涉外民商事法律冲突为宗旨，指引准据法的选择。立法机关在为特定冲突规范确定连结点时，通常要仔细斟酌冲突规范的"范围"，所选择的连结点必须与"范围"中的法律关系存在密切的、本质的联系；但又必须为司法裁量留下一定的空间，避免因连结点过于单一而可能造成的选法僵化。例如我国《涉外民事关

---

[1] 黄进主编：《国际私法学》，高等教育出版社 2023 年版，第 133 页。
[2] 参见韩德培主编：《国际私法新论》，武汉大学出版社 2003 年版，第 104 页。

系法律适用法》第 32 条规定："遗嘱方式，符合遗嘱人立遗嘱时或者死亡时经常居所地法律、国籍国法律或者遗嘱行为地法律的，遗嘱均为成立。"该条冲突规范中就出现了多个连结点，包括遗嘱人立遗嘱时经常居所地、遗嘱人死亡时经常居所地、遗嘱人立遗嘱时经常居所地法、遗嘱人死亡时经常居所地以及遗嘱行为地。这些连结点与遗嘱方式界存在较为密切的联系，具体适用哪个法域的法律，则可以由法官在尽量促成遗嘱形式有效的前提下，根据个案情况自行裁量。

此外，在制定冲突规范时还应考虑不同连结点的含义和作用，有时需要立法者在多个相关连结因素之间进行仔细取舍。例如合同关系便不只存在一个连结点，诸如合同订立地、卖方或买方经常居所地或主营业地、标的物所在地、合同履行地等，都与合同关系有一定的联系。此时，就需要立法者结合合同关系的性质，考虑上述诸连结点的含义与作用，从中找出与合同关系联系最为密切的连结点。例如我国《涉外民事关系法律适用法》第 41 条就规定："当事人可以协议选择合同适用的法律。当事人没有选择的，适用履行义务最能体现该合同特征的一方当事人经常居所地法律或者其他与该合同有最密切联系的法律。"可见，我国认为在合同关系中，最重要的是当事人商定的连结点。如果当事人没有能够选择的合同适用的法律，才考虑合同的特征性履行地。其他的诸如合同订立地等在内的连结点，虽然也与合同有联系，但联系的密切程度通常不及特征性履行地；不过，也不排除在特定案件中，后者因为与合同有更密切的联系，而取代特征性履行地。总之，无论是立法还是司法，连结点的确定都是一项复杂的工作，必须深思熟虑。

随着国际私法的不断发展，连结因素的选择与确定也经历了一个变化的过程。传统的连结点确定方式相对较为简单，通常为了追求法律选择的确定性只给一类法律关系规定一个连结点，例如"当事人没有约定准据法时，合同适用合同履行地法"或者是"侵权行为适用侵权行为地法"等。现在，随着国际社会经济的蓬勃发展，国际民商事往来的增多，法律关系也变得越来越复杂多样。因此，国际上出现了对连结点进行分类灵活处理的趋势。灵活处理的方式很多，意思自治原则是其中最为常见的一种。以我国《涉外民事关系法律适用法》为例，意思自治原则已经遍及代理（第 16 条）、信托（第 17 条）、仲裁协议（第 18 条）、夫妻财产关系（第 24 条）、协议离婚（第 26 条）、动产物权（第 37 条）、运输中动产物权的变更（第 38 条）、合同（第 41 条）、侵权（第 44 条）、不当得利或无因管理（第 47 条）、知识产权转让和许可使用（第 49 条）、知识产权的侵权责任（第 50 条）等领域。此外，为了给弱者提供更多的保护，《涉外民事关系法律适用法》还为消费合同（第 42 条）和产品责任（第 45 条）设置了由消费者和产品责任的被侵权人单方选法的规则。

继当事人意思自治之后，最密切联系原则作为另一个被软化的连结点，也对冲突法产生了巨大的影响。例如在侵权领域，英国学者比照合同自体法的理论，提出了"侵权行为自体法"的主张；1978 年颁布的《奥地利国际私法》还将最密切联系上升至原则性的高度,将其作为了整个国际私法立法的基础。[1]我国《涉外民事关系法律适用法》也非常善于利用最密切联系原则软化连结点。该法在第2条第2款中原则性地规定,本法和其他法律对涉外民事关系法律适用没有规定的,适用与该涉外民事关系有最密切联系的法律;在第6条将最密切联系原则运用于解决适用多法域国家法律时准据法确定上的区际冲突;该法第19条则运用该原则解决多国籍且在国籍国无经常居所地自然人的国籍国确定问题。另外,《涉外民事关系法律适用法》还在针对具体法律关系的冲突规则中运用最密切联系原则软化连结点,有价证券(第39条)和合同(第41条)都是这方面的体现。

(四)冲突规范的种类

冲突规范可以分为单边冲突规范和双边冲突规范两种,本书简单介绍如下。

1. 单边冲突规范(unilateral conflict rules)

这是指在系属中直接规定应适用某国法律的冲突规范。根据其所指向的法域不同,单边冲突规范可包括以下几种形式:

其一,明确指出应适用内国法。例如我国《民法典》第467条第2款规定"在中华人民共和国境内履行的中外合资经营企业合同、中外合作经营企业合同、中外合作勘探开发自然资源合同,适用中华人民共和国法律"。

其二,明确指出应适用外国法。例如我国《民法通则》第143条规定:"中华人民共和国居民定居国外的,他的民事行为能力可以适用定居国法律。"又如《苏俄婚姻家庭及监护法典》第162条第4款规定"外国人在苏联境外按照有关国家的法律结婚,在苏联承认有效"。

其三,明确规定应适用某一特定国家的法律。例如,《苏联和比利时、卢森堡经济同盟临时贸易专约》第13条规定:"关于苏联驻比利时商务代表处订立或担保的贸易合同的一切争议,如在该合同内设有关于司法管辖或仲裁的专门条款,应受比利时法院的司法管辖,并依比利时法解决。"

单边冲突规范的主要特点是它明确指定适用内国法或外国法。单边冲突规范在当代国际私法体系中数量较少,但这并不表明这类规范已经失去了其存在的价值,在一些关乎国家重大社会、经济利益的问题上,还是可以合理地利用此类规范控制准据法的选择及判决的结果。

2. 双边冲突规范(bilateral conflict rules)

双边冲突规范只规定一个可推定的系属,由法院根据此系属并结合涉外民商事案件的实际情况,决定应适用的法律;中选的准据法可以是外国法也可以是内国法。例如《涉外民事关系法律适用法》第15条就是一条双边冲突规范,它规定:"人格权的内容,适用权利人经常居所地法律。"其中的"适用权利人经常居所地法律"就是一个需要推定的系属。如果权利人经常居所地在中国,那就适用中国法;反之,如果人格权权利人的经常居所地在外国,则适用外国法。可见,双边冲突规范平等地对待内、外国法律,

---

[1] 参见肖永平:《冲突规范中连结点的发展方向》,载《法学》1993年第9期。

给予二者公平的适用机会。双边冲突规范是现代各国国际私法立法中最主要的一种立法形式。我国《涉外民事关系法律适用法》中的绝大部分规则都属于双边冲突规范。

双边冲突规范中有两类较为特殊的冲突规范。一是选择性冲突规范（choice rules for regulating the conflict of laws）。选择性冲突规范的系属包含有至少两个连结点，要求法院依自由裁量选择其中之一所指引的准据法来调整具体的争议。根据选择有无具体的标准，选择适用的冲突规范又可分为两种类型："任择性规范"和"有条件的选择规范"。任择性规范，是指根据此类冲突规范，法院可以任意选择系属所含数个连结点中的一个，以确定准据法。例如，我国《涉外民事关系法律适用法》第17条规定："当事人可以协议选择信托适用的法律。当事人没有选择的，适用信托财产所在地法律或者信托关系发生地法律。"该条的后半段就是一条典型的任意选择性规范，即如果当事人没有就涉外信托关系的法律适用达成合意，便由法院在"信托财产所在地法律"和"信托关系发生地法律"中任意择一适用。有条件的选择规范，是指只允许有条件地选择系属中出现的连结点之一来确定准据法。我国《涉外民事关系法律适用法》中有不少这一类型的冲突规范。例如《涉外民事关系法律适用法》第22条规定："结婚手续，符合婚姻缔结地法律、一方当事人经常居所地法律或者国籍国法律的，均为有效。"该条的系属中设置了多个可供选择的连结点，分别是婚姻缔结地、一方当事人经常居所地、一方当事人国籍国。法院应该在这些连结点指向的法律中，选择承认婚姻手续有效的法律。换言之，法院在这些连结点指向的法律中进行选择是有一定条件的，哪个法域的法律承认婚姻手续有效，哪个法域的法律就可能成为准据法，反之则不能。

双边冲突规范中的另外一个特例是重叠性冲突规范（double rules for regulating the conflict of laws）。此类规范的特点是，系属中含有两个或两个以上的连结点，规范所调整的法律关系的性质需由这些连结点所指引的准据法同时调整。例如1902年海牙《离婚及分居法律冲突与管辖冲突公约》第2条规定：离婚之请求，非依夫妇之本国法及法院地法均有离婚之原因者，不得为之。这一规定表明，如果根据上述海牙公约为离婚选择准据法，则必须同时适用夫妇本国法和法院地法的规定，只有二者均认为存在应该解除婚姻关系的理由时，才准许当事人离婚。由于条件严苛，重叠规范在当代国际私法立法活动中出现的比例并不太高。

无论是单边冲突规范还是双边冲突规范，都有其特殊的作用。各国在制定国际私法法规时，一般会综合采用上述两种类型的冲突规范，以服务于发展国际民商事交往的实际需要。但总体而言，在平等对待内外国法律早已成为主流观点的今天，单边冲突规范不宜多用。

（五）系属公式

系属公式（formula of attribution），是指将一些为国际公认或得到大多数国家所采用的解决法律冲突的规则固定化、公式化，用以解决同类性质法律冲突问题的原则。系属公式是对冲突规范的凝练与提纯，它本身并不是冲突规范，只有与冲突规范中的范围部分结合起来，才能发挥其解决法律冲突的作用。[1]迄今为止，常见的系属公式有以下几种。

1. 当事人合意选择的法（lex voluntatis）

当事人合意选择的法，是指由当事人协商，共同确定某个法域的法律作为案件的准据法。当事人合意选择法律是当事人意思自治（party's autonomy）在法律适用过程中的具体体现，因此也被称为意思自治原则。这一系属公式最早在涉外合同关系中出现，现在已经推广到诸如代理、信托、仲裁协议、夫妻财产关系、协议离婚、动产物权、运输中动产物权的变更、侵权、知识产权的许可与转让等多个法律领域，并有进一步向其他领域扩展的趋势。

2. 最密切联系地法（law of the most closely connected place）

最密切联系地法，是指要求法院适用与法律关系有最密切联系的国家的法律。这一系属公式的理论基础是萨维尼的"法律关系本座说"，如今早已得到了多数国家立法的广泛的接受，例如我国《涉外民事关系法律适用法》不仅将之作为"兜底条款"，规定"本法和其他法律对涉外民事关系法律适用没有规定的，适用与该涉外民事关系有最密切联系的法律"；还在有价证券的物权、合同纠纷、区际冲突的解决中运用该原则。需要注意的是，得到大陆法系国家广泛使用的"最密切联系地法"的英文表述是"law of the most closely connected place"，它与美国学者里斯提出的"最密切联系理论"（the most significant relationship theory）有本质的区别。后者是包括"州际和国际体系的需要""法院地的相关政策""其他州的政策及其在特定争议解决上的相关利益"等在内的七点法律选择的考虑因素。

3. 属人法（lex personalis）

属人法，是指以当事人的国籍、住所、惯常居所、经常居所为连结点的系属公式，它主要用来解决与"人"相关的法律冲突。关于"属人法"的理解和具体运用，大陆法系一般主张自然人的属人法应该是其国籍国的法律，因此在关于自然人的身份、能力、婚姻、亲属、继承等问题上，应该适用自然人的国籍国法；而英美法系国家则通常认为，自然人的属人法是指其住所地法。这就是所谓的"本国法主义"与"住所地法主义"之争。

两大法系观念上对立的背后有历史的因素。随着新大陆的"发现"，欧洲逐渐成为主要的移民输出国，它们往往主张"法随人走"，即便本国人离开了祖国，与其人身联系密切的法律关系仍应适用其本国法。采用本国法主义，也就在事实上扩大了本国法的管辖范围。反之，美国、澳大利亚、加拿大等英美法系国家多为移民的涌入地，移民迁入之后会立刻定居，但不一定马上变更国家，因此同样为了扩大本国法的适用机会，英美法系国家多主张在属人法问题上采用住所地法主义。

---

[1] 沈涓主编：《国际私法》，社会科学文献出版社2006年版，第79页。

这种属人法上的对立是长期以来阻碍国际私法统一化的重大障碍。[1]从现实的角度来讲，住所地主义逐渐由占据上风的趋势。例如 1955 年海牙《关于解决本国法与住所地法冲突的公约》第 1 条即规定："如果当事人的住所地国规定适用当事人本国法，而其本国规定适用住所地法，凡缔约国均应适用住所地国的国内法规定。"[2]这一条款体现了住所地法优先的立场。这是因为在实现生活中，随着人口移居现象的增多，很多人已经在外国建立了生活中心地，并持续居住一段时间，其工作、人际关系甚至婚姻家庭关系都已在住所地得到确立。相形之下，其与国籍国的联系已经较为薄弱。因此，就该类自然人参与的民商事法律关系而言，住所与之的联系显然更为现实而密切，因此将住所作为属人法的连结点，也会指向一个更为合理的准据法。不过，也有一些公约表现出本国主义和住所地主义兼收并蓄的态度。例如 1961 年海牙《遗嘱处分方式法律冲突公约》第 1 条第 1 款规定："凡遗嘱处分在方式上符合下列各国国内法之一的，应为有效：（一）立遗嘱人立遗嘱时所在地；（二）立遗嘱人作出处分或死亡时的国籍国；（三）立遗嘱人作出处分或死亡时的惯常居所地；（四）立遗嘱人作出处分或死亡时的惯常居所地（五）在涉及不动产时，不动产所在地。"然而，整体发展趋势还是倾向于灵活的住所地法主义。时至今日，一些大陆法系国家也放弃了本国法主义。例如 1987 年《瑞士国际私法》第 35 条第 1 款便规定："自然人的行为能力，适用自然人住所地法律。"[3]值得一提的是，我国《涉外民事关系法律适用法》在属人法的问题上，采取了经常居所地法优先、国籍国法随后的立法模式。

4. 物之所在地法

物之所在地法，是指对与"物"相关的法律关系，适用该物体空间上所处之法域的法律。该系属公式用于解决有关物权，特别是不动产物权的法律冲突问题。不过，随着现代社会的发展，"物"的内涵与范围也经历了较为显著的扩张，诸如有价证券、权利质权、知识产权等无形物层出不穷。关于此类难以确定其处所的"物"，一般并不适用"物之所在地法"。

5. 行为地法（lex loci actus）

"行为地法"，是指法律行为适用其发生地所属法域的法律。这一系属公式源于"场所支配行为"（Locus regit actum）的古老法谚，它主要用来解决与法律行为方式相关的法律冲突。"法律行为"是一个抽象的法律概念，具体可能包括合同、侵权、结婚、遗嘱订立等，因此，根据具体法律关系的不同，"行为地法"这一母公式也衍生了许多"子公式"，例如合同的订立适用缔结地法（lex loci contractus）、合同的履行适用特征性履行地法（lex loci solutionis）、侵权适用侵权行为地法（lex loci delicti）、婚姻的手续适用婚姻举行地法（lex loci celebrationis）等，这些都由"行为地法"衍生而来。

---

[1] 韩德培、杜涛：《晚近国际私法立法的新发展》，载韩德培主编：《中国国际私法与比较法年刊》（第三卷），法律出版社 2000 年版，第 18 页。

[2] 徐冬根、单海玲、刘晓红等编：《国际公约与惯例》（国际私法卷），法律出版社 1998 年版，第 78 页。

[3] 徐冬根、单海玲、刘晓红等编：《国际公约与惯例》（国际私法卷），法律出版社 1998 年版，第 593 页。

6. 法院地法（lex fori）

法院地法，是指以审理涉外民商事法律案件的法院所在地为连结点的系属公式。一些与法院地公序良俗联系较为紧密的法律争议，或者出于方便原告方的考虑，可以适用法院地法。例如我国《涉外民事关系法律适用法》第 27 条规定，诉讼离婚，适用法院地法律。此外，在定性、外国法的查明以及以公共秩序保留排除外国法后适用何种法律的问题，法院地法也可能得以适用。

系属公式是冲突法理论与实践的智慧凝结，能够反映国际社会在分配法律管辖权方面的一些重要共识，其主要作用在于支持学术观点和指导立法实践（包括国内立法和冲突法国际公约的制定），但它一般并不能作为司法的直接依据。

二、准据法

（一）何谓准据法

1. 概念

准据法（lex causae），是指经冲突规范指引，用以确定涉外民商事法律关系当事人具体权利义务的实体性规范。它本身属于各国国内或国际统一实体法，只不过当其成为涉外民商事案件的判决依据时，它就又获得了另外一重身份，即"准据法"。举例而言，我国《涉外民事关系法律适用法》第 23 条规定："夫妻人身关系，适用共同经常居所地法律；没有共同经常居所地的，适用共同国籍国法律。"根据该条的规定，在处理夫妻人身关系时，如果夫妻二人有共同经常居所地，那么法院就应该援引该地的法律作为案件审理的依据，因此"共同经常居所地法律"就是准据法。如果夫妻二人没有共同经常居所地，那么再考虑适用共同国籍国法，此时，"共同国籍国法"就成了案件的准据法。总之，最终依据什么法律判定当事人之间的实体权利义务关系，什么法律就是准据法。

2. 特点

要把握准据法的内涵，应该注意它的如下几个特点。

一是准据法必须与一项具体的涉外民商事关系相结合才能最终得以确定。例如，在"不动产物权，适用不动产所在地法律"这样一条冲突规范中，"适用不动产所在地法律"是系属，为了确定某一涉外不动产物权的准据法，法院需要将该系属中的连结点"不动产所在地"与具体案件中的实际情况结合起来考虑。如果不动产位于中国境内，那么中国法就是规范该不动产物权的准据法；如果不动产位于其他国家，例如德国，那么德国相关实体法就是准据法。总之，必须把冲突规范结构中的系属与某一具体涉外民商事关系相结合，才能最终确定准据法。与"系属"不同，"准据法"是具体的、特定的，而"系属"是抽象的、泛指的。

二是准据法只能是实体法，能够直接确定当事人的权利义务关系。准据法一般是某个特定国家的实体法，当然，国际统一实体法有时也可成为准据法。只要经过冲突规范的指引，被适用来解决涉外民商事争议，它就成了准据法；反之，即便经过冲突规范的指引，但并不是能够用来确定当事人实体权利义务关系的实体法，那么这样的法律便不是准据法。例如，在反致或转致的情况下，经内国冲突规范指引而援用的外国冲突规范就不是准据法。

三是准据法只能是经冲突规范指引的实体法。从国际私法的角度来看,不经冲突规范的指引的实体法,无论是作为统一实体法的国际公约、国际惯例,还是直接适用于国际民商事法律关系的国内实体法,都不是准据法。

（二）准据法的确定

1. 概述

如果某项民商事法律关系完全在单一法域内进行或发生,所涉当事人也均为该国的居民,就不会发生准据法的选择问题,该国法院只会适用本国法律对案件进行判决。但是,如果一项民商事法律关系含有涉外因素,就会产生准据法的选择问题。如何在相互冲突的民商事法律中进行选择,以确定适用于涉外民商事关系的准据法,这是国际私法上一个非常重要的问题,有着丰富的理论讨论空间与实践意义。

2. 确定准据法的方法

当代国际私准据法的选择方法主要有以下几种。

（1）依法律关系的性质确定准据法。根据法律关系自身的特性确定准据法,是由德国法学家萨维尼奠基的方法。萨维尼在《法律冲突与法律规则的地域和时间范围》一书中系统地提出了"法律关系本座说"。根据该理论,准据法的选择应该即从分析法律关系的性质入手,寻找适合该特定法律关系的准据法。例如合同关系中债务人的履约行为最能体现合同的性质,因此涉外合同纠纷原则上就应该适用合同履行地法。这种方法摆脱了法则区别说在方法论上的束缚,被誉为冲突法领域内的"哥白尼式革命"。现在各国制定的冲突规范,大都是依这种方法制定的。

（2）依最密切联系原则确定准据法。根据最密切联系原则确定准据法,是指适用与涉外民商事法律关系有最密切联系的法域的法律。这种方法可以视为法律关系本座说的继承和发展,因为它强调应综合考虑各种因素来确定与案件有最密切联系的法律。但与此同时,它又从某种意义上突破了法律关系本座说,因为依法律关系本座说理论,一种法律关系通常只能有一个"本座",而最密切联系原则主张结合个案的具体情况,找出与该法律关系有最密切联系的法域,这个有"最密切联系"的法域,即便在同一法律关系中,由于个案的具体情况不同,也可能发生变化。以最密切联系原则为据确定准据法,将较多的自由裁量权交给了司法者,一方面是实践发展的必需,值得肯定；另一方面应注意防止以最密切联系原则为名的自由裁量权的滥用。

（3）依当事人的意思自治确定准据法。允许当事人自行选择法律关系适用的法律,这是当事人意思自治原则在国际私法领域的重要体现。尊重当事人在法律选择方面的意思自治,既是当代国际私法中极为重要的法律选择方法,也是相当常见的准据法确定模式。它产生于合同领域,经过数百年的理论与实践发展,早已成为选择合同准据法的首要原则,现在意思自治原则还扩展到了侵权、婚姻、继承等众多领域。我国《涉外民事关系法律适用法》第3条规定："当事人依照法律规定可以明示选择涉外民事关系适用的法律。"此条的主要目的之一在于明确意思自治是我国法院确定涉外民商事案件准据法的基本原则。

（4）依公正判决结果确定准据法。这种方法也被称为"结果选择方法"（result-oriented rules），是由美国学者卡弗斯（Cavers）提出的。卡弗斯认为传统的法律选择方法是一种"管辖权选择方法"（jurisdiction-selecting rules），即只指定一个具有法律管辖权的法域，无论该法域相关法律的具体内容如何、适用到个案中将会造成什么样的结果，原则上都适用该法域的法律。他认为，这样将无法控制裁判的结果，可能导致不公正判决的发生。因此，他主张用"结果选择方法"取而代之，即直接就有关国家的实体法规则进行比较，选择能导向公正判决结果的实体法作为准据法。

（5）依政府利益分析确定准据法。这一方法由美国学者柯里提出。这种方法认为，法律冲突的背后是各国政府间利益上的冲突，因此法院应该通过分析实体法规则，尤其是法院地实体法规则，去探索法律背后的政府利益需求，然后根据利益冲突的情况来确定准据法。用政府利益分析方法来选择法律，实质是对传统选法视角的根本颠覆。传统冲突规范通过空间联系确定准据法，政府利益分析方法则以实现政府利益法律为法律选择的标准。政府利益分析法在一定程度上反映了冲突法的本质，但是该方法的缺陷也很明显，那就是法院往往会认为本地的利益最为优先，因此便会扩大法院地法的适用范围。[1]

除上述方法外，准据法的选择方法还包括从有利于判决在国外的承认和执行的角度确定准据法、依比较损害方法确定准据法、依功能分析法确定法律的选择，等等。[2]总之，随着国际民商事法律关系日趋复杂和多样化，任何一种单一的法律选择方法都不可能解决所有的准据法选择问题。因此，综合考虑多种选择准据法的方法，已经成为大势所趋。[3]

第三节 定性

一、概念

定性，又称识别，是指依据一定的法律观念，对有关的事实构成作出定性（qualification）或分类（classification），将其归入一定的法律范畴，以便确定法律冲突的解决应该遵循什么冲突规范的过程。定性作为一个准据法选择过程中相对独立的问题，是在19世纪晚期逐渐在司法实践中显露，[4]并被德国学者康恩（Kahn）与法国学者巴丹（Bartin）首先关注。后来，经过劳伦森（Lorenzen）与贝克特（Beckett）等人的发展，这一"隐性的法律冲突"逐渐引起各国国际私法学者的关注，并最终发展为国际私法的基本理论问题之一。

---

[1] 李双元：《国际私法》（冲突法篇），武汉大学出版社2001年版，第320—321页。
[2] 韩德培主编：《国际私法新论》，武汉大学出版社2003年版，第115—117页。
[3] 参见黄进：《中国国际私法与比较法年刊》，法律出版社1998年版，第102页。
[4] 定性问题最先出现在著名的Maltese Marriage Case一案中。Cour d'Appel d'Alger 24 Dec. 1889；1891 Clunet 1171.

法院审理一个具有涉外因素的民商事案件时，需要解决法律冲突的问题；要解决法律冲突，就需要先确定该案件所适用的准据法；但准据法的选择不是任意的，需要依一定的冲突规范来指引；但是法院怎么知道应该依照此冲突规范解决法律冲突，而非彼冲突规范呢？这时就要需要解决定性的问题。因此，"定性"解决的是冲突规范的选择问题。例如，甲诉至法院，称其与乙订立了房屋买卖合同，甲已按照合同规定支付了价款，但乙迟迟不履行过户登记手续。假设此案含有涉外因素，乙是美国国籍。那么法院在解决此案纠纷之前，就首先要确定本案的性质。这是一起合同纠纷还是不动产物权纠纷？如果将其定性为合同纠纷，那么在我国《涉外民事关系法律适用法》的冲突规范体系下，就应该根据第41条有关涉外合同的冲突规范去选择准据法，优先适用当事人协议选择的法律；倘若没有选法合意，则适用特征性履行地法。如果将其定性为不动产物权纠纷，那就应该根据《涉外民事关系法律适用法》第36条选择准据法，适用不动产所在地法。总之，准据法需要援引一定的冲突规范来确定，而适用哪一条冲突规范，首先需要将案件纠纷归类于一定的法律范畴；定性上的认识差异，会导致选择不同的冲突规范，进而影响准据法的选择。

二、定性冲突及其产生原因

识别是人类思维活动的一个普遍现象。人们常常要凭借一定的分类标准，对现象或事实加以鉴别，以便将其归入一定的概念范畴，[1] 从而获得深入的理性认识。事实上，定性是处理任何争议都不可或缺的理性认识过程，即便法院面对的是纯粹的国内案件，也离不开定性。只不过在面对国内案件时，法官只需结合案件事实依据本国国内的法律概念与规则进行定性，无须面对定性上的冲突。但就国际私法案件而言，具体的事实争议依照不同国家的法律观念，可能发生定性上的不一致，进而导致适用不同的冲突规范，而不同的冲突规范又极可能导向准据法。所谓"差之毫厘，谬以千里"，正是基于这个原因，定性成为国际私法的一个重要问题。定性冲突产生的原因大致包括以下几点。

第一，不同国家的法律将同一事实归入不同的法律关系。以英国法院在1911年审理的"霍尔斯案"为例。该案中，一个住所在加拿大安大略省的英国人未立遗嘱而死亡，留下一张涉及位于澳大利亚维多利亚省土地的抵押利益契约。英国法（被继承人死亡时国籍国法）和加拿大安大略省的法律（被继承人死亡时住所地法）认为这张契约的性质属于不动产物权，而澳大利亚维多利亚省的法律（不动产遗产所在地法）认为它属于动产物权。如果认定为不动产物权，则不动产适用不动产所在地法，即应适用澳大利亚维多利亚省的法律；而如果认定为动产，则还是应适用被继承人死亡时的住所地法。

第二，不同国家的法律将同一法律问题分配至不同的法律部门。1908年英国"奥格登案"就是一个典型例子。一名住所在法国的19岁法国男子，未经父母同意，去英国与一英国女子结婚，后来该法国男子以自己结婚未经父母同意，因而不具备结婚能力为由，在法国一法院起诉并获得宣告婚姻无效的判决，其依据是根据法国法的规定"未满

---

[1] 沈涓主编：《国际私法》，社会科学文献出版社2006年版，第100页。

25 岁的子女未经父母同意不得结婚"。而后该英国女子在英国与一个住所在英国的英国男子结婚。后与该女子结婚的英国男子（原告）却以他与该英国女子结婚时她还存在合法婚姻为由，请求英国法院宣告他们的婚姻无效。对于"须经父母同意的要件"应该识别为婚姻的形式要件还是婚姻的实质要件，是存在分歧的。英国法院根据英国法的观点将法国法中"须经父母同意的要件"识别为"婚姻形式要件"，从而援引"婚姻形式依婚姻举行地法"这一冲突规范，确定英国法为准据法来解决是否需要父母同意的问题，而英国法中并没有法国法中的上述限制性规定，因此该英国女子与法国男子的婚姻是有效的。于是，英国法院否定了法国法院作出的宣告婚姻无效的判决，并且满足了英国男子的请求。

第三，各国对同一法律概念的使用和理解也可能不尽相同。例如，各国法律都主张"不动产依不动产所在地法"，但各国对什么是不动产、什么是动产有不同理解。举例而言，荷兰法认为蜂房属于不动产，奥地利法认为森林中的野生动物是不动产等。[1]可见，各国可能都使用看似相同的法律名词或术语，但由于社会制度以及法律文化传统的差异，同一名词或概念的内涵与外延并不一定相同。

三、定性冲突的解决

关于定性冲突如何解决的问题，各国学者主要提出了如下几种观点。

（一）法院地法说

这种观点主张以法院地的实体法作为识别的标准。该说目前得到了较多国家的采纳。例如我国《涉外民事关系法律适用法》第 8 条就明确规定："涉外民事关系的定性，适用法院地法律。"采取这种做法的理由主要包括以下几点。（1）法官熟悉法院地法，对外国法则很难有深入的了解，因此运用法院地实体法进行定性，可以较大程度避免在定性问题上发生错误。（2）从法律适用的程序上说，定性是适用冲突规范的前提，在没有解决定性问题之前，应该适用什么冲突规范都不知道，更谈不上确知应该适用哪国的法律作为准据法，因此，也没有办法根据未来准据法所属的法律体系完成前置的定性问题。也有学者反对法院地法说。反对的理由主要在于，如果定性时只有法院地法这一个标准，那么当法院地法没有关于被识别对象的法律制度时，就会出现无法定性的窘境。为了克服上述弊端，有学者提出了"自由法院地法"（liberal *lex fori*）或"开明法院地法"（enlightened *lex fori*）的观点，即认为法院在定性涉外民商事案件时，不必拘泥于本国法的规则与概念，而应以国际的视角解释本国法。这种方法确实能够在一定程度上克服严格依据法院地法定性的不便之处，[2]但也有可能引发定性上的混乱，因此到底如何使用，还有待进一步观察与讨论。

---

〔1〕 赵光裕：《涉外经济合同法初探》，载《法学研究》1986 年第 2 期。
〔2〕 [法] 亨利·巴蒂福尔、保罗·拉加德：《国际私法总论》，陈洪武等译，中国对外翻译出版公司 1989 年版，第 405—406 页；柯泽东：《国际私法》，中国政法大学出版社 2003 年版，第 79 页。

（二）准据法说

准据法说（lex causae）认为，应该根据争议的准据法识别争议问题的性质。理由主要在于：首先，准据法是与案件事实有密切联系的法律，以与案件事实联系最为密切的准据法来定性案件争议，最为合理；其次，准据法本就是支配具体法律关系的法律，如不依它进行定性，那么这种准据法的适用显然是断章取义的。准据法说能够将法律争议的解决从头到尾置于一个法律体系之下，看似较为合理。不过，这种做法也有其无法破解的逻辑怪圈，即定性必然发生在准据法确定之前，因为只有完成了定性才能找到合适的冲突规范，并最终确定准据法；而准据法说主张依准据法进行识别，这就意味着要先行确定准据法，再寻找冲突规范，如此便陷入逻辑上的循环。因其无法自圆其说，故而支持这一学说的学者并不多。

（三）比较法与分析法学说

此种主张认为，基于国际民商事案件本身的国际性质，在对其进行定性时不应局限于一国的法律，而在对各国民法进行比较研究的基础上获得国际社会普遍适用的共同原则、共同概念，寻找出某种各国都能接受的"普遍性概念"或"一般法律原则"，并依此进行定性。这种主张看似颇为合理，也极具普遍主义精神，但事实上采用这种方法的国家并不多见。原因在于，要从各国内容不一的实体法中提炼出普遍适用的一般法律原则，绝非易事。因此，在实践中采用此学说定性的例子并不多。

上述三种学说可谓各有所长，但亦各有所短。一方面，国际私法所调整的对象具有跨国的特性，但真正运用法律规则处理国际民商事纷争的是生长在本国法律环境中的各国法院；另一方面，现代国际私法体系以平等适用内外国法为主流，但对外国法的适用又往往必须经过内国冲突规范的指引。双重矛盾的拉锯之下，定性问题也变得异常复杂。究竟应依什么法律进行定性，其实不能一概而论。一般来说，依法院地法完成定性是较为普遍的做法，不过在依法院地法进行识别时，必要时也可考虑采用其他国家的法律或国际条约的规定完成定性。例如如果法院地法没有关于特定争议的法律概念，就可以采用与案件有密切联系的外国法律制度来定性；又如有关冲突规范是由本国缔结的条约规定的，那么就可以该条约的相关规定作为识别的依据；等等。总之，定性依法院地法是原则性规定，但可以在综合考虑国际民事交往秩序、当事人合法权益的维护以及司法操作的便利等因素的前提下，允许一定例外情况的存在。

第四节 先决问题

一、概念

先决问题（preliminary question），也称附带问题或附随问题，是指当前争讼问题的解决须以解决另一问题为前提时，争讼问题为"主要问题"，作为解决争讼问题之前提的问题即为"先决问题"。"先决问题"一词由德国法学家梅尔基奥尔（Melchior）和温格勒（Wengler）首先提出。国际私法上的先决问题种类多样，可能发生在不同的法律领域。例如，要解决子女是否为婚生的法律问题，需要先行解决婚姻本身是否有效；要解决妻子能否继承亡夫财产的问题，也需要先解决婚姻是否有效的问题；要解决合同是否有效的问题，则需要先解决合同主体是否具有缔约能力的问题等。

事实上，法院在审理国内案件时，也经常碰到先决问题。不过，纯粹的国内案件无论是先决问题还是主要问题，都统一依照法院地法解决，不会涉及法律适用的冲突。但是在国际私法案件中，先决问题的准据法就是一个会涉及法律冲突和选择的问题，并且适用哪个国家的法律解决先决问题，甚至会对主要问题的裁定产生极其重要的影响。例如澳大利亚多地承认监礼人婚姻制度，即由注册婚姻监礼人登门举行婚礼，以此方式缔结的婚姻被认为合法有效。如果两名中国人在澳大利亚依照当地制度举行了婚礼。回到中国后，一方提出诉讼离婚的请求，那么此时中国法院就需要先判断二人之间的婚姻是否有效。如果根据二人国籍国法律即中国法律，该婚姻缔结方式无效，那么法院无须对离婚请求作出裁定；但如果根据婚姻缔结地法即澳大利亚法，该婚姻方式为有效，则法院需判断是否准予离婚。可见，适用不同法律裁定先决问题，可能对主要问题的解决产生实质的影响。不过，值得注意的是，并非所有在主要问题之前需要先行解决的问题都属于先决问题。一般来说，先决问题本身应该具有相对的独立性，可以作为一个单独的争议向法院提起诉讼，且有自己的冲突规范可供援用。

二、先决问题准据法的确定

先决问题应该依据什么法律解决？对此并无定论。大致说来，有以下两种意见。以英国学者沃尔夫（Wolf）为代表的一部分学者主张依主要问题所属国冲突规则来选择先决问题的准据法。[1] 主要理由在于：其一，先决问题是附随问题，依附于主要问题，故此应依主要问题所属国的冲突规则来解决先决问题；其二，一般而言，案件准据法所属国与本案事实有密切且实际的联系，否则该国法律就不能成为准据法，那么用与争议有密切且实质联系的国家的法律来解决先决问题，也合情合理。

另一派学者则主张先决问题应依法院地的冲突规则来解决。这一派观点的主要理由在于：其一，先决问题并不是附从问题，而是一个自身独立的问题，既然主要问题依法院地冲突规则选择准据法，那么先决问题也应如此解决，即将之视为一个独立的问题，为其单独选择冲突规范，再由该规范的指引适用准据法；其二，先决问题所包含的婚姻、离婚及其他自然人的身份问题具有很强的道德性或伦理性，在一些案件中，先决问题与法院地公共秩序的关系甚至超过主要问题，故由法院地冲突规范决定其准据法，以便充分照顾法院地保护本国公共秩序的需求。[2] 我国就采取了这一种做法，即原则上根据法院地冲突规则确定先决问题的准据法。最高人民法院院《关于适用〈中华人民共和国涉外民事关系法

---

[1] Wolff, *Private International Law*, Oxford University Press, 1945, pp. 196–200.
[2] 详见黄进、何其生、萧凯编：《国际私法：案例与资料》，法律出版社2004年版，第278—280页。

律适用法〉若干问题的解释（一）》第10条规定："涉外民事争议的解决须以另一涉外民事关系的确认为前提时，人民法院应当根据该先决问题自身的性质确定其应当适用的法律。"这一解释明确了先决问题应由人民法院依据法院地冲突规范加以确定。

第五节　反致

一、概念与类型

国际私法上的反致现象有广义和狭义之分。广义的反致现象主要包括狭义的反致（remission）、转致（transmission）和间接反致（indirect remission）。

1. 狭义的反致

狭义的反致，又称直接反致，是指对于某一国际民商事案件，甲国法院按照自己的冲突规范本应适用乙国法，但乙国法中的冲突规范却指定适用甲国法，甲国法院最终适用了甲国实体法的过程。法国学者称这种反致现象为"一级反致"（renvoi au premier degré）历史上较为有名的法国的"福尔果案"就是直接反致现象的代表。福尔果是1801年出生于巴伐利亚的非婚生子，5岁时随母亲去了法国，并一直在法国生活，在法国有事实上的住所，但并未取得法国国籍。1869年，福尔果在法国去世，未留下遗嘱，其母亲、妻子也先于他死亡，他没有子女，现在法国留有一笔动产遗产。在福尔果母亲的巴伐利亚的旁系亲属得知后，希望继承福尔果的遗产，并为此在法国法院提起诉讼。根据法国冲突法，动产继承应当适用被继承人的本国法，故此案应适用巴伐利亚法；而根据巴伐利亚的继承法，旁系亲属有继承权，因此原告本可继承福尔果的遗产。但法国法院提出，所谓的适用巴伐利亚法，也可以指适用该国的国际私法；而依巴伐利亚法国际私法，动产继承依被继承人死亡时事实上的住所地法，即法国法。而根据《法国民法典》，非婚生子旁系亲属无继承权，财产应归属国库。据此，法国法院最终判定福果的旁系亲属没有继承权，其遗产遂因无人继承而收归法国国库。

2. 转致

转致又称为"二级反致"（renvoi au second degré），是指对于某一国际民商事案件，甲国法院按照自己的冲突规范本应适用乙国法，而乙国的冲突规范指向适用丙国法，甲国法院最终适用丙国法的过程。英国法院在1887年判决的"特鲁福特案"就是一个典型的转致案例。特鲁福特是瑞士籍公民，在法国有住所，1878年在法国去世。特鲁福特生前留有一份遗嘱。按照该遗嘱，他的全部遗产（包括在英国境内的遗产）都归其教子继承。死者的独生子据此在瑞士苏黎世法院就该遗嘱处理办法提起诉讼，要求取得他的应继份。瑞士法规定，被继承人的子女享有全部遗产9/10的应继份。苏黎世法院满足了他的请求。由于被继承人在英国有财产，故他的独生子设法在英国执行瑞士法院的判决，英国法院重新审理了该案。按英国冲突法的规定，遗产继承依死者死亡时住所地法，即法国法；但法国的冲突规范又规定，遗产继承应依被继承人本国法，即瑞士法。最后，英国法院适用了瑞士的法律判决此案，特鲁福特独生子的继承要求得到了满足。

3. 间接反致

间接反致，是指对于某一国际民商事案件，甲国法院依自己的冲突规范应适用乙国法，依乙国的冲突规范又应适用丙国法，而依丙国的冲突规范却应适用甲国法，最终甲国法院适用了甲国实体法的过程。例如，阿根廷国公民住所地在英国并在英国死亡，但在日本留有不动产，后因该不动产继承纠纷在日本发生诉讼。根据《日本法例》第32条的规定，应依当事人本国法，而按该国法律应依日本法时，则依日本的法律。此时应该看向阿根廷的国际私法，而该国国际私法规定，继承适用被继承人最后住所地法，即英国法；但依据英国国际私法，不动产继承应适用不动产所在地法，即日本法。于是日本法院据此适用了日本继承法来判决此案。这个复杂的法律适用过程就构成了间接反致。

二、有关反致制度的理论分歧

对于反致现象，学界存在激烈的讨论，有的学者赞成，有的学者反对。赞成派主张，首先，除转致以外，反致和间接反致的结果都是内国法得以适用，因此承认反致可以扩大内国法的适用，维护内国的公共秩序。其次，反致也可以保证外国法律的完整性。依一国冲突规范指引至某外国法时，从逻辑上说，该外国法不仅指该国的实体法，而且应包括其冲突法在内，二者皆是外国法的重要构成，不可分割。最后，反致制度能够在一定程度上促进判决一致，例如此案在 A 国起诉与在 B 国起诉，本来适用的冲突规范是不一致的，会导向不同的判决结果。但是假如 A 国承认反致，并因此而指向了 B 国的冲突法，那么在 A 国法院作出的判决就和 B 国法院的判决一致了。

反对反致的理由则主要包括以下几点。其一，如果所有国家都接受反致，就会出现相互指定、循环不已的现象，这样就会陷入怪圈，使准据法无法确定。其二，加重司法的负担，使一国法官不仅必须查明外国的冲突法，还要研究该国包括识别和公共秩序在内的一系列法律制度，这在实际上会造成诸多不便。其三，准许反致有损内国主权。内国冲突规范所指引的准据法，从理论上来说应该是本国主权和立法意志的体现，如果通过反致引入外国冲突规范，再根据外国冲突规范的指引适用准据法，就是对内国主权的损害。其四，一些允许反致的国家规定，如果外国冲突规范指向本国实体法，则采用之，即只接受狭义的反致，这从本质上来说不过是扩大本国法适用范围的手段。

三、相关立法实践

理论上分歧的态度也体现在各国的立法实践中。总体上看，有的国家对反致持肯定态度，有的国家则基本持否定态度。而且即使是持肯定的态度，不同国家的立法与实践也不尽相同。下面介绍一些主要国家的实践。

德国采取狭义的反致。1986 年修订的《德国民法典施行法》第 4 条第 1 款规定："若适用某外国法，应适用该国的冲突法，除非适用此冲突法违反适用该外国法的意图。如果该外国法反致德国法，适用德国实体法。"但是，在合同之债上，德国不采用反致。[1]英国只在有限的问题上接受反致和转致现象，最常见的是关于遗嘱的形式及实质要件以及无遗嘱继承的情况。在合同、侵权、保险、动产买卖、财产的生前赠与、抵押、票据、企业、合伙、外国公司的解散等领域，英国不接受反致现象。[2] 1942 年《意大利民法典》规定，意大利不接受任何反致现象；但是，1995 年《意大利国际私法制度改革法》第 13 条已对此作出重大调整，转而对反致现象采取有限的支持态度。[3] 在立法上明确拒绝反致现象的国家主要有希腊、巴西、秘鲁、叙利亚、荷兰、埃及等。

除国内法外，国际条约对反致制度的态度也不统一。既有采纳反致制度的，如 1902 年海牙《婚姻法律冲突公约》第 1 条允许反致、1989 年海牙《死者遗产继承的准据法公约》第 4 条接受转致；也有排除反致的，如 1996 年海牙《关于父母责任和保护儿童措施的管辖权法律适用、承认、执行和合作公约》第 20 条和 2000 年海牙《成年人国际保护公约》第 19 条等。

我国在《民法通则》起草的过程中，关于反致曾产生了很大争议，有学者支持接受反致现象，另一些学者则以反致现象不符合冲突法的宗旨为由，坚决反对。由于两派争执不下，《民法通则》对反致问题没有作出明文规定。1988 年，最高人民法院发布了最高人民法院《关于贯彻执行〈中华人民共和国民法通则〉若干问题的意见》，其中第 178 条第 2 款规定："人民法院在审理涉外民事关系的案件时，应当按照民法通则第八章的规定来确定应适用的实体法。"这基本表明我国在司法实践中排除反致。这一立场在《涉外民事关系法律适用法》中得以明确，该法第 9 条明确规定："涉外民事关系适用的外国法律，不包括该国的法律适用法。"

第六节　公共秩序保留

一、概念

公共秩序保留（the reservation of public order），是指一国法院依其冲突规范本应适用外国法，但由于该外国法的适用会与法院地国的重大利益、基本政策、道德的基本观念或法律的基本原则发生严重抵触，因而排除外国法的适用。国际私法中的公共秩序保留一般适用于下列三种情况。

其一，依据内国冲突规范本应适用某外国法，但如适用该外国法会与内国公共秩序相抵触，例如与关于道德、社会、经济、文化或意识形态的基本准则之间的严重冲突，

---

[1] 参见 1986 年《德国民法典施行法》第 35 条。
[2] Peter North & J.J. Fawcett, *Cheshire and North's Private International Law*（13th ed.），Oxford University Press, 1999, pp.64–66.
[3] 参见 1942 年《意大利民法典》第 30 条；1995 年《意大利国际私法制度改革法》第 13 条。

或者与内国的公平、正义观念或根本的法律制度发生的抵触。此时，便可援引公共秩序保留制度排除该外国法的适用。这种情况下，这一制度起着保护内国公共秩序的"安全阀"作用，通过防范或否定某些外国法的适用，以排除适用外国可能造成的消极结果。

其二，一国实体法中的部分规则属于公共秩序法的范畴，在该国有绝对效力，从而排除外国法适用。例如德国民法中关于订约过程中一方有胁迫或欺诈情形时，另一方可以撤销所订的契约的规定。德国法院认为这是有关公共秩序的规定，所以在此问题上必须适用德国法的规定，而无论合同准据法是否承认这一撤销原因。又如法国民法中规定，分娩行为是母亲与子女间亲子关系建立的依据，并以此为基点推定分娩妇女的合法丈夫为子女的父亲，因此为维护本国公共秩序之目的，意定父母子女关系的代孕协议无效。这一立场导致法国以有悖于本国公共秩序为由，拒绝在"蒙森案"等涉及跨境代孕的争议中考虑外国法的适用。

其三，按照内国冲突规则应适用某外国法，但如果予以适用，将违反国际法的强行规则、国际社会一般承认的价值观，又或者将与内国所负担的条约义务相悖，例如基本人权的保护、国际环境的维护等，此时也可以适用该外国法将违反国际公共秩序为由，而不适用外国法。

除此之外，公共秩序保留制度在国际民事诉讼法、国际商事仲裁法中也有广泛的运用空间，由于并不属于法律适用的问题，故不在此处多作说明。总之，公共秩序保留作为国际私法上的一项重要制度，能够在国际民商事案件的审理过程中起到很好的制衡作用，既承认外国法的内国适用机会，又保护内国的社会重要利益，因此得到了各国理论和实践的普遍肯定。

二、相关理论研究

公共秩序保留的概念，可溯源至中世纪意大利的"法则区别说"。巴托鲁斯主张，一个城邦国家对另一城邦国家的所谓的"令人厌恶的法则"（statuta odiosa），可拒绝适用。但对公共秩序保留理论的系统阐述，则主要归功于现代学者的贡献。"国际礼让说"的倡导者胡伯认为，一国出于礼让，可以承认外国法在内国的域外效力，但前提是该外国法的适用不得损害国家主权和内国臣民的利益。这是公共秩序保留思想的直接体现。意大利法学家孟西尼主张，解决法律选择问题时应以国籍原则为依据，即法律是为个人制定的，根据国籍原则应适用于该国所有国民，无论其身处国内还是国外；但是，就那些为公共利益而制定的法律而言，则必须依公共秩序原则适用于本国境内的一切人，不论其是本国国民还是外国人。

瑞士法学家布鲁赫在此前学者的研究基础上，进一步将公共秩序分为两类，即国内公共秩序（lois d'order public interne）和国际公共秩序（lois d'order public international）。所谓国内公共秩序，即纯属一国范围之内的公共秩序。国内公共秩序仅在调整国内民事法律关系时具有绝对效力，但在涉外民事争议中则不一定具有绝对效力，有时要让位于外国法。所谓国际公共秩序，则指国际私法意义上的公共秩序。在涉外民事法律争议的解决过程中，对国际公共秩序的维护仍具有绝对排除适用外国法的效力。例如，禁止人口买卖、禁止直系亲属通婚等国际公共秩序，无论是对国内婚姻关系还是对涉外婚姻关系，均有绝对适用的效力，能完全排除外国法的适用。

英美学者多将公共秩序称为"公共政策"（public policy）、"法律政策"（legal policy）、"特殊政策"（distinctive policy）或"法律秩序"（legal order）。美国国际私法奠基人斯托里从"国际礼让"的观点出发，认为一旦外国法的适用将给自己国家和公民的利益带来损害，或使主权与平等受到破坏与威胁，公共秩序保留应及时出手消除"礼让"带来的负面作用。英国学者戴西则从"既得权"理论出发，认为对英国来说，有三种依外国法取得的权利不在保护之列：与英国成文法相抵触的权利、与英国法律政策相抵触的权利和与英国主权利益相抵触的权利。

三、判断标准与立法方式

1. 判断标准

对于如何判断适用外国法是否违背法院地公共秩序，归纳起来主要有两种不同的主张。

第一，主观说。该说认为，法院地依自己的冲突规范本应适用某一外国法，如该外国法的内容与法院国的公共秩序相抵触，即可排除该外国法的适用，而不问具体案件适用外国法的结果如何。因此，它侧重于对外国法内容本身的价值判断。

第二，客观说。此说不重视外国法本身是否不妥，而只关注外国法的个案适用结果是否违反法院地的公共秩序。它又可分为两说：（1）结果说，主张在援用公共秩序保留时，应主要看外国法适用的结果是否违反法院地的公共秩序；（2）联系说，即是否应援用公共秩序保留制度，不仅要看本国法的适用结果，而且要看法院地与案件联系的密切程度。如果有密切联系，则应排除外国法的适用；否则无须启动公共秩序保留机制。

当代国际私法的发展趋势是出于平等互利和推动国际民商事交往的考虑，缩限公共秩序保留制度的适用，因此上述学说中的"客观说"既能维护法院地的公共秩序，有利于个案的公正合理解决，又不至于过多地排挤外国法的域内适用机会，故为各国实践所普遍采用。

2. 立法方式

各国规定公共秩序保留的立法方式分为三种。

（1）直接排除外国法的适用。这种规定方式以规则形式明确指出，外国法的适用不得违背内国公共秩序，否则便不得适用。如1896年《德国民法典施行法》第28条即为此例。该条规定："外国法的适用，如违背善良风俗或德国法的目的，则不予适用。"这种立法方式给予法官较大的自由裁量空间，完全由司法者根据个案判断外国法的适用是否以及如何违背法院地的善良风俗或法律目的，因而有利于法院或法官根据案件的实际情况作出适当的裁决。当然，缺点则在于弹性过大，有可能造成对外国法适用的不当排除。

（2）间接排除外国法的适用。这种规定方式只指出内国某些法律具有绝对强行性，或者是必须直接适用的，从而当然排除了外国法适用的可能性。例如1804年《法国民法典》第3条第1款规定："有关警察与公共治安的法律，对于居住在法国境内的居民均有强行力。"又如1900年《德国民法典》第123条规定："凡因诈欺或胁迫而为的意思表示应为无效。"经有权机关解释后，这一条也可被用以处理涉外民商事纠纷。这种立法方式的特点在于，对外国法的适用可能性一般予以否定，而特别保留或强制性地将内国法作为案件准据法予以适用。因此，德国学者通常称这类条款为积极的保留条款。但实践中，采取这种积极保留条款的国家并不多见；此类国内法上的规则也往往以强制性规定或"直接适用的法"的形式出现。

（3）合并排除外国法的适用。这是指在同一法典中兼采直接限制与间接限制两种方式。例如，1978年《意大利民法典》第28条规定："刑法、警察法和公共安全法，对在意大利领土上的一切人均有强行力。"第31条接着规定："在任何情况下，外国的法律和法规，一个组织或法人的章程和规定，以及私人间的规定和协议，如果违反公共秩序或善良风俗，在意大利领土上无效。"

我国采取第一种立法方式，即立法明确指出，外国法的适用不得违背内国公共秩序。《涉外民事关系法律适用法》第5条规定："外国法律的适用将损害中华人民共和国社会公共利益的，适用中华人民共和国法律。"这一规定还表明，在确定违反公共秩序的标准方面，我国采取"结果说"，即并不因为外国法的内容不符合中国的道德观念或法律基本原则就排除其适用，唯有该外国的适用造成的个案结果有悖于中国的社会公共利益时，才会排除该外国法的适用。此外，该条还明确了外国法被排除适用后的处理方式，即以中国法为涉外民商事案件的准据法。

四、公共秩序保留制度的实践原则

公共秩序保留制度是法律适用过程中的"安全阀"，起到了保护法院地公共秩序的重要作用。但由于立法者不可能预见所有的适用外国法但有悖于法院地公序良俗的情况并将之一一列举，因此公共秩序保留制度也必然带有极大的灵活性，需要法官根据本国利益的需要，随机应变地决定是否适用、如何适用。这就要求把握一些司法实践中运用公共秩序保留制度的基本原则，这样才能扬其所长、避其所短。

第一，应严格区别国际私法上的公共秩序与国内民法上的公共秩序。国内民法中也有公共秩序，或称"公序良俗"，它通常作为一般条款，规定在民法法律法规中。例如我国《民法典》第8条就规定，民事主体从事民事活动，不得违反法律，不得违背公序良俗。国内民法上的公共秩序与国际私法上的公共秩序，虽然基本精神一致，但二者的范围与具体内容存在明显区别。一般而论，国际私法上的公共秩序的构成条件更为严格，相应地其所覆盖的内容也远为狭窄；只有重大的国内公共秩序，才能构成国际私法上公共秩序。在实践中，应注意不可将二者混为一谈，否则就可能不当挤占外国法的适用空间，以致破坏国际私法法律适用体系的公平性。例如，一国法律中关于婚姻形式的规定往往体现了本国的公序良俗，在内国也都是强制适用的，但在涉外婚姻中，内国法院就不应该以公共秩序保留为理由，否定外国法中有关婚姻形式规定的域内效力。

第二，不应将公共秩序保留制度政治化，以之为对抗他国主权行为的手段。一些西方国家的法院在实践中援用公共秩序保留制度拒绝承认其他国家的国有化法令的域外效力，这是不当扩大公共秩序保留制度适用范围的错误做法，也与国际礼让原则相悖。因为任何国家在其领土范围内的主权行为只要不违背国际法，他国就无权干涉。

第三，是否可以援用公共秩序保留限制国际私法条约中统一冲突规范的效力？这是一个颇有争议的问题。过去较为普遍的观点是，对于国际条约中的冲突规范，除非条约成员方在缔结或参加条约时声明保留，否则一般不能在条约生效后又援引国内公共秩序保留条款来限制其效力。不过，如今大多数国际私法公约本身都含有公共秩序保留条款，允许缔约国以维护本国公共秩序为由排除根据条约中规定应适用的某外国法。这样做可以推动各国较快达成协议，解决各国参加或缔结公约的后顾之忧。因此，只要条约中含有公共秩序保留条款，缔约国就可援用它限制外国法的适用。

第四，排除本应适用的外国法后是否应一律取代以法院地法？关于排除外国法适用以后应如何处理法律适用的问题，学者的主张和各国时间皆颇不一致，大致分为以下几种。一是无条件地以法院地法的相应规定取代被排除的外国法。这种做法使用较为简便，且能保证法院地公共利益的实现。立法上采纳这一主张的国家包括匈牙利、秘鲁、塞内加尔、德国、突尼斯、罗马尼亚、朝鲜、白俄罗斯、哈萨克斯坦、吉尔吉斯斯坦等，我国也采取这种做法。二是必要时以法院地法取代被排除适用的外国法。如 2007 年《土耳其关于国际私法和国际民事诉讼程序法的第 5718 号法律》第 5 条规定："应适用外国法时，如果外国法的规定明显违反土耳其的公共秩序，则不适用该外国法的规定。必要时适用土耳其法律。"三是不应一概以法院地法取而代之，而应根据具体情况具体分析。采取这一观点的学者往往采取分割论的方法，仅排除适用外国法中适用结果会与内国公共秩序相抵触的部分，而对该外国法的其他有关规定仍然予以适用。四是适用符合特定条件的其他外国法，并以法院地法兜底。根据公共秩序保留排除外国法的适用之后，选择适用与被排除适用的外国法"最为相近的法律"，或者与案件具有较密切联系的其他国家的法律等；如果没有符合上述条件的法律，再适用法院地。目前有意大利、阿根廷、比利时、土耳其、俄罗斯、奥地利、葡萄牙、瑞士、列支敦士登、巴拉圭等国家采取上述做法。

我国国际私法向来认可公共秩序保留制度的积极作用。1986 年颁布的《民法通则》第 150 条规定："依照本章规定适用外国法律或者国际惯例的，不得违背中华人民共和国的社会公共利益。"现行有效的 2010 年《涉外民事关系法律适用法》第 5 条则规定，外国法律的适用将损害中华人民共和国社会公共利益的，适用中华人民共和国法律。2023 年 12 月 5 日最高人民法院审判委员会第 1908 次会议通过的最高人民法院《关于审理涉外民商事案件适用国际条约和国际惯例若干问题的解释》第 7 条规定，适用国际条约和国际惯例损害中华人民共和国主权、安全和社会公共利益的，人民法院不予适用。这说明我国不仅拒绝适用与我国社会公共利益可能发生严重冲突的外国法律、国际惯例或国际条约，而且进一步明确了，在排除上述法律法规的适用之后，应该适用我国法律作为准据法。

第七节 法律规避行为及其效力

一、概念与构成要件

1. 法律规避的概念

法律规避（evasion of law），是指国际民商事法律关系的当事人为利用某一冲突规范，故意制造某种连结点，回避本应对其适用的法律，而使对自己较为有利的法律得以适用的行为。以1878年法国最高法院审理的"鲍富莱蒙案"为例。鲍富莱蒙为法国王子，娶一比利时女子为妻。该比利时女子取得法国国籍，成为鲍富莱蒙的王妃。此后，王妃因同罗马尼亚比贝斯柯王子相恋，要与鲍富莱蒙王子离婚。但当时的法国法律只允许别居，而不准许离婚；而德国法律则允许离婚。为达与鲍富莱蒙王子离婚的目的，王妃在获得法国法院的分居判决后，只身迁居到德国，并因归化取得了德国国籍。王妃取得德国国籍后，即在德国法院提出了与鲍富莱蒙王子离婚的诉讼，并获得了德国法院的离婚判决。王妃在获得离婚判决后，即在德国与比贝斯柯王子结婚，并以德国公民身份又回到了法国。鲍富莱蒙王子向法国法院起诉，要求宣告德国法院的离婚判决和王妃的再婚行为无效。法国最高法院认为，王妃迁居德国并取得德国国籍的动机，显然是为了规避法国关于禁止离婚的规定，她在德国离婚和再婚，是通过这种法律规避手段取得的。因而，法国最高法院判决王妃在德国的离婚和再婚均属无效。至于其加入德国籍问题，法国法院无权审理。

2. 法律规避的构成要件

因为当事人的生活需要，变更国籍、经常居所地等，以致连结点发生改变是很常见的，并非任何改变连结因素以致应适用的法律发生改变的行为，都属于法律规避。一般要满足以下几个条件，才会构成法律规避。其一，当事人有意识地制造或改变连结点的构成事实，以达到规避法律的目的。例如，一般来说，结婚的实质要件都会优先考虑当事人本国法的规定，因此当事人可能会为了逃避本国禁止结婚的某些强制性规定，故意更改自己的国籍或经常居所地。其二，被规避的法律必须是依冲突规范本应适用的强制性或禁止性法律。但在被规避的法律是法院地法还是外国法方面，各国的做法并不一致。有的国家认为，只有本国法遭到规避，才构成法律规避；而有的国家则认为，只要应该适用的法律遭到了规避，无论该法是内国法还是外国法，均构成法律规避。其三，当事人的规避行为已经完成，如果按照现有的冲突规则选择准据法，就要适用当事人新创设的连结点指向的法域的法律，使其因该行为而不当获利。

二、法律规避的效力

关于法律规避行为的效力，各国在立法、理论和司法实践方面存在较大分歧。有的学者认为，法律规避也是当事人凭借自己的智慧取得有利于自己的结果，只要其行为不是通过直接的违法行为损害他人合法权益，便可以承认其行为的有效性。但是，这种观点的支持者并不太多。反对者认为,如果允许法律规避行为,不仅将造成法律关系的不稳定,影响整个社会秩序的安定,而且会有损法律的庄严。

第二种观点与上述观点截然相反,即认为法律规避应该归于无效,理由主要是基于一句著名的法谚:"欺诈使一切归于无效"(Fraus Omnia Corrumpit),任何人都不能因欺诈的方法而获利。一些国家在立法时就采取了上述立场,如《阿根廷民法典》第1207条规定:"在国外缔结的规避阿根廷法律的契约是毫无意义的,虽然这个契约依缔结地法是有效的。"该法第1208条接着规定:"在阿根廷缔结的规避外国法的契约是无效的。"

还有一种相对变通的观点则认为,法律规避相对无效。此观点的学者主张,应该对法律规避作具体分析。例如20世纪中期前后,包括意大利在内的一些基督教影响力大的国家的法律只许别居、不准许离婚。有一对意大利夫妇,希望离婚却不能在本国得以实现。于是二人商定由妻子归化为法国人,再向法国法院提出离婚请求。法国法院于1922年受理此案,也发现了夫妇俩规避意大利法、试图使法国法得以适用的意图,但法国法院还是依法国冲突规范适用了女方自己创造的"本国法"即法国法,作出了准予离婚的判决。从法国法院的这一判决以崇尚婚姻自由的现代的眼光看来似乎也确实无可厚非。

我国向来否认规避我国强制性规定的行为的效力。最高人民法院《关于贯彻执行〈中华人民共和国民法通则〉若干问题的意见(试行)》第194条规定:"当事人规避我国强制性或者禁止性法律规范的行为,不发生适用外国法律的效力。"最高人民法院《关于适用〈中华人民共和国涉外民事关系法律适用法〉若干问题的解释(一)》延续了之前的做法,该解释第9条规定,一方当事人故意制造涉外民事关系的连结点,规避中华人民共和国法律、行政法规的强制性规定的,人民法院应认定为不发生适用外国法律的效力。那么如果当事人故意制造连结点,规避外国强行法的行为是否有效呢?我国法律对此则没有明确的规定。

第八节　强制性规定的适用

一、概念与范围

国际私法上的强制性规定,是指国家为实现重大社会和经济利益而制定的直接适用于涉外民商事法律关系的具有强制力的实体性法律规范。[1]一般认为,强制性规定的理论渊源可以追溯到希腊学者弗朗西斯卡基斯提出的"直接适用的法"理论。弗朗西斯卡基斯在考察法国司法实践的过程中发现,如果涉及国家重大社会和经济利益,诸如国际保险、国际金融、反不正当竞争等,法国法院常常会排除冲突法的适用,而直接适用法

---

[1] 黄进主编:《国际私法学》,高等教育出版社2023年版,第163页。

国具有强制性效力的实体法。在此基础上，弗朗西斯卡基斯将那些无须援引冲突法而直接适用的强行法或实体法，称为"直接适用的法"。

从根本上说，直接适用强制性规定是对传统国际私法法律适用模式的突破。因此，实有必要明确"强制性规定"的内涵与外延，以免不当地扩大其适用范围，破坏由冲突规范构成的国际私法法律选择体系。首先要注意的是，国际私法所指的"强制性规定"，并不是国内法中一般的强制性规定，而是仅限于涉及一国社会、经济领域中极其重大利益的法律。但具体应包括哪些法律，目前远未达成一致。理论及实践上有以下两种截然不同认识和做法。

其一，"强制性规定"仅指法院地的强制性规定。例如弗朗西斯卡基斯在提出其理论主张时便将"直接适用的法"限于法院地的强制性规定。这也是国际社会的主流做法，如《意大利国际私法制度改革法》第17条、2007年《马其顿共和国关于国际私法的法律》第14条、我国《涉外民事关系法律适用法》第4条等，均规定法院地强制性规定具有优先效力。

其二，"强制性规定"不仅指包括法院地国家的强制性规定，还包括与案件有实质、密切联系的相关外国的强制性规定。例如切希尔和诺斯就认为，"直接适用的法"是指一国的特定国内法，在特定情况下也有可能是外国的"直接适用的法"，而不仅限于法院地的"直接适用的法"。[1] 这里所涉及的外国的强制性规定，既包括冲突规范所援引的外国准据法所属国的强制性规定，也包括法院地国和准据法所属国之外的第三国的强制性规定。[2]

我国《涉外民事关系法律适用法》明确采取上述第一种立场，并对我国法院应直接适用的强制性规定的内容与范围进行了枚举。最高人民法院《关于适用〈中华人民共和国涉外民事关系法律适用法〉若干问题的解释（一）》第8条规定："有下列情形之一，涉及中华人民共和国社会公共利益、当事人不能通过约定排除适用、无需通过冲突规范指引而直接适用于涉外民事关系的法律、行政法规的规定，人民法院应当认定为涉外民事关系法律适用法第四条规定的强制性规定：（一）涉及劳动者权益保护的；（二）涉及食品或公共卫生安全的；（三）涉及环境安全的；（四）涉及外汇管制等金融安全的；（五）涉及反垄断、反倾销的；（六）应当认定为强制性规定的其他情形。"以上规定可以为司法实践的展开提供较为清晰的指引。

二、强制性规定的适用

从既有实践看，各国均规定强制性规定具有直接适用的效力。但应明确的是，强制性规定的直接适用效力，与前述国际私法中的"直接调整方法"是不同的。虽然二者在确定当事人权利义务方面，都具有直接性和明确性，但适用的条件显然是不同的。直接

---

[1] Cheshire, North & Fawcett, *Private International Law*（14th edition）, Oxford University Press, 2008, p.151.
[2] 黄进主编：《国际私法学》，高等教育出版社2023年版，第166页。

适用强制性规定是指无须通过冲突规范指引而直接适用于涉外民事关系的国内法，[1] 直接调整方式则是指依据国际统一实体法（国际条约、国际惯例等）直接确定国际民商事法律关系当事人之间的具体权利义务；统一实体法的适用，既可以基于冲突规范的指引，也可以基于缔约国在条约法上的义务。此外，二者在使用目的上也不一样。直接适用强制性规定是为了维护一国的重大社会公共利益，而采取直接调整方式则是为了推动国际民商事交往的顺利进行，保护当事人私法上的权益。那么强制性规定的适用应该满足哪些具体的条件呢？

就认为"强制性规定"仅限于法院地强制性规定的观点而言，各国可以根据本国现实情况确定强制性规定的适用条件，具体包括以下三种常见的做法。其一，立法中一般不对强制性规定作明确界定或者列举，所以，确定法院地国家的某一法律是否属于强制性规定，主要依靠法院的自由裁量。其二，一些国家会在实体法中直接表达某具体的实体法规范应得到直接适用的立法意向。如1926年《法国海上劳动法典》第5条第1项规定："本法适用于任何在法国船舶上履行之劳动雇佣合同，不适用于在法国境内订立而在外国船舶上履行之劳动雇佣合同。"这一规定说明，无论是否为涉外案件，只要劳动雇佣合同在法国船舶上履行，《法国海上劳动法典》就应直接适用。其三，随着当代国际私法的立法实践向精细化发展，一些国家会在国际私法法规中明确规定法院应该如何判断何时直接适用强制性规定，但也会给司法的自由裁量保留一定的空间。如我国最高人民法院《关于适用〈中华人民共和国涉外民事关系法律适用法〉若干问题的解释（一）》第8条的规定就是这方面的代表。该条明确要求直接适用的强制性规定，必须是人民法院应当认定为"涉及中华人民共和国社会公共利益"的强制性规定，主要包括涉及劳动者权益保护、涉及食品或公共卫生安全、涉及环境安全、涉及外汇管制等金融安全、涉及反垄断与反倾销的以及应当认定为强制性规定的其他情形。一旦法院认定为属于应该直接适用强制性规定处理的，则当事人不能通过约定排除适用，也无须通过冲突规范的指引。总之，为避免在司法实践中出现"法院地法至上"倾向，实践中应以严格控制直接适用法院地强制性规定的情形为宜。

至于直接适用与案件有实质联系的外国强制性规定的，各国通常会对此规定较为严格的适用条件。通常包括：（1）外国"直接适用的法"与案件有密切联系；（2）分析外国"直接适用的法"本身的性质、目的及其适用结果；（3）直接适用外国的强制性规定不能与法院地的法律观念相抵触等。[2]

---

[1] 对此，也有学者持不同的观点。例如有学者认为，"强行性规定无须法律选择规则援引便可直接适用于涉外关系是一种误解"，因为强行性规定也需要单边法律选择规则的指引才得以适用于涉外民商事关系，参见沈涓：《强行性规定适用制度再认识》，载《国际法研究》2020年第6期。

[2] 刘仁山：《"直接适用的法"在我国的适用——兼评〈涉外民事关系法律适用法〉解释（一）第10条》，载《法商研究》2013年第3期。

第九节 外国法的查明

在具体的国际民商事案件中,冲突规则可能指向外国法,此时就涉及外国法内容的查明,这是适用外国法解决涉外民商事争议的必经之路。因此,下文将介绍外国法的查明。

一、概念与性质

1. 概念

外国法的查明(the ascertainment of foreign law),又称外国法的证明(proof of foreign law)或外国法内容的确定,是指一国法院根据本国冲突规范的指定确定某一涉外民商事案件应适用某一外国法时,确定该外国法是否存在及其内容的行为。外国法的查明是法院适用外国法的必经程序。

外国法的查明首先应该明确查明义务的分配问题,即是应该由当事人举证,还是由法院依职权查明。在此问题上存在两种截然不同的理论与实践。一般而言,英美法系国家认为外国法的查明属当事人举证或证明的范畴,应该由当事人承担举证责任;而大陆法系国家则根据"法庭知法"(curia iura novit)的法谚,认为外国法的查明属法官履行职责的范畴,应由法官依职权主动查明。而这种观点分歧的背后,其实是对"外国法"自身性质的不同理解。

2. 外国法的性质

在审理涉外民商事案件时,如果依内国的冲突规范应适用某一外国实体法,那么,对于该外国法的性质该做如何认定?在此问题上,大致有三种主张。其一,"事实说"。这种观点认为,依本国冲突规范而适用的外国法相对于内国而言,只是一个单纯的事实,而非法律。过去英国、美国等国多采用此说。这种观点与这些国家的国际私法理论不愿意承认外国法的域内效力有一定的内在联系,由英国学者戴西提出、在英美有较大影响力的"既得权理论"就是这种立场的体现。这一观点延续到外国法查明问题上,就是不承认外国法也是法,而是将其看作一个特殊类型的事实。其二,"法律说"。这种观点将内、外国法律放在同等的地位上,认为依冲突规范指引的外国法对法官来说也是法律。法国、意大利等大陆法系国家多持这种观点。其三,"折中说"。这种观点主要是为了调和事实说与法律说的矛盾,它主张外国法既非单纯的事实,也非绝对的法律,而是依本国冲突规范的指引应适用的外国法律。所以,证明外国法也必须采取有别于确定事实的程序,又不同于确定法律的程序。德国、日本和东欧一些国家采取这种做法。[1]

二、外国法查明方法

由于大陆法系国家和英美法系国家对外国法的性质的认识存在上述分歧,外国法的查明方法也有所不同,大致有"当事人举证""法官依职权查明""折中主义"三种。

---

[1] 韩德培主编:《国际私法》,高等教育出版社2000年版,第152页。

"当事人举证"与上述"事实说"相对应，主要为英、美等普通法系国家所采取。在英、美等国法庭，一般采用"对抗式"审判方式，事实由当事人举证，法官处于相对被动的地位，通常不会主动查明事实。由于在这些国家，外国法被视为"事实"而非法律，因此外国法的具体内容须由当事人举证证明，法官无依职权查明的义务。如果双方当事人对所应适用的外国法理解一致，可共同向法院提出一项声明，法官将就据此确定该外国法的内容，不必再用其他方式证明。

法官依职权查明的做法与将外国法视为"法律"的观点密切相关。在一些大陆法系国家，由于冲突规范所指引的外国法通常被承认为法律，则根据"法官知法"（*jura novit curia*）的古老原则，与有责任查明本国法一样，法官同样负有查明外国法的内容的职责。例如，1978年《奥地利国际私法》第4条第1款规定："外国法应由法官依职权查明。可以允许的辅助方法有：有关的人的参加、联邦司法部提供的资料以及专家的意见。"

除以上两种做法外，还有一种折中主义的做法，即认为查明外国法，既不同于查明内国法的程序，也不同于"事实"发现过程，原则上应由法官负责调查，当事人也应负协助义务。这种做法实质上承认法官调查在外国法查明中的主导地位，法官对当事人提供的证据既可以确认，也可以拒绝或加以限制。

我国在外国法查明方面更倾向于上述折中主义的做法。《涉外民事关系法律适用法》第10条规定："涉外民事关系适用的外国法律，由人民法院、仲裁机构或者行政机关查明。当事人选择适用外国法律的，应当提供该国法律。不能查明外国法律或者该国法律没有规定的，适用中华人民共和国法律。"根据这一规定，当事人选择适用外国法律的，应当提供该国法律；当事人未选择适用外国法律的，由人民法院查明该国法律。这一规定表明我国在外国法查明问题上，采取以争议解决机构依职权查明为主、当事人证明为辅的制度。

三、外国法查明的方法

一般而言，外国法查明的方法包括法官或当事人直接负责外国法查明，通过专家证人、习惯证明书查明，通过外交或领事途径查明以及通过专家意见甚至互联网的方式查明等。[1] 普通法系国家还在实践中发展出了一些较具特色的方法，诸如当事人之间的协议（agreement）或者承认（admission）、法院的司法认知（judicial notice）、外国政府批准的法律文件、专家证据（expert evidence）及"法庭之友"（amicus curiae）等。由于法律传统不同，各国往往侧重于采取上述方法中的一种或几种。此外，国家间还可依据国际条约或者通过双边或多边条约，以司法协助的方式查明外国法。

外国法的查明是涉外民商事争议解决过程中的重要一环，外国法查明的水平直接影响司法裁判的质量。例如"维生素C反垄断案"涉及美国法院应该如何理解中国法律有关规定的问题。诉讼过程中，中方当事人向美国法院出具了中国商务部作为"法庭之友"提交的声明，指出中国法律确对中国维生素C生产企业出口产品的价格和数量有强

---

[1] 黄进主编：《国际私法学》，高等教育出版社2023年版，第178页。

制性要求。上诉法院认可了中国商务部的声明，并据此认定中国法的相关规定，但美国联邦最高法院否定了上诉法院的以上观点，认为中国商务部的声明并非认定中国法内容的唯一决定性证据，以致此案的裁定横生枝节、一拖再拖。[1]

为提升我国涉外民商事审判质效，服务高水平对外开放，保障高质量共建"一带一路"，营造市场化法治化国际化一流营商环境，提升我国司法的国际公信力和影响力，我国最高人民法院发布了最高人民法院《关于适用〈中华人民共和国涉外民事关系法律适用法〉若干问题的解释（二）》，专门对外国法查明的途径、程序、认定外国法的标准等问题作出了详细的司法解释。根据该解释的规定，人民法院可以通过下列途径查明外国法律：（1）由当事人提供；（2）通过司法协助渠道由对方的中央机关或者主管机关提供；（3）通过最高人民法院请求我国驻该国使领馆或者该国驻我国使领馆提供；（4）由最高人民法院建立或者参与的法律查明合作机制参与方提供；（5）由最高人民法院国际商事专家委员会专家提供；（6）由法律查明服务机构或者中外法律专家提供；（7）其他适当途径。

该解释还就上述七种外国法查明途径具体如何操作给出了具体的指引。例如就由当事人提供外国法而言，该解释第3条规定，当事人应提交该国法律的具体规定并说明获得途径、效力情况、与案件争议的关联性等；外国法律为判例法的，应当提交判例全文。又如就"由法律查明服务机构或者中外法律专家提供"外国法的途径而言，第7条规定，人民法院认为有必要的，可以通知提供外国法律的法律查明服务机构或者法律专家出庭接受询问；当事人申请法律查明服务机构或者法律专家出庭，人民法院认为有必要的，可以准许。法律查明服务机构或者法律专家现场出庭确有困难的，可以在线接受询问，但法律查明服务机构或者法律专家所在国法律对跨国在线参与庭审有禁止性规定的除外。

总之，该解释大大拓宽了外国法律查明的途径，不仅增强了查明途径的可操作性，而且开放式规定其他适当途径均可利用。此举有助于建立统一规范、科学完善的查明规则，推进高水平对外开放、统筹推进国内法治和涉外法治。

四、外国法无法查明的处理方法

如果穷尽一切可能的办法仍不能查明外国法，应该如何处理？各国立法和司法实践有以下几种解决不同的方法。

第一，直接适用法院地法。采取这种方法的国家较多。例如，1978年《奥地利国际私法》第4条第2款规定："如经充分努力，在适当时期内外国法仍不能查明，应适用奥地利法。"《波兰国际私法》第7条规定，无法认定外国法的内容时，适用波兰法。

第二，类推适用法院地法。如英国法院，在当事人无法提供关于外国法内容的证据，或经举证、抗辩后，法院认为该项证据不充分，就可以推定该外国法与英国法内容相同，从而适用英国法。即使外国法的内容与英国法明显不一致或不可能一致，也是如

---

[1] 甘勇：《维生素C反垄断案中的外国法查明问题及对中国的启示》，载《国际法研究》2019年第4期。

此。美国法院也采取类似方法,当事人不能证明外国法时,推定外国法与美国法相同,但这种推定仅限于普通法系国家的法律,诸如英国、加拿大、澳大利亚等国家的法律。

第三,驳回当事人的诉讼请求或抗辩。采取这种做法的主要理由在于,适用外国法是由内国冲突规范指定的,如果冲突规范要求适用特定外国的法律,就没有理由适用其他法律来代替。另外,就采取"事实说"的国家而言,外国法的内容无从知悉,就如同当事人不能证明其请求原因、事实或其抗辩事实的情形一样,法院得认为原告的诉讼请求或被告的抗辩无根据,而予以驳回。美国曾有在当事人无法举证外国法时驳回诉讼的判例。例如在"沃顿诉阿拉伯美国石油公司案"（Walton v. Arabian American Oil Co）中,原告由于没有提供有关法律的证明而被驳回诉讼。[1]

除此之外,还有国家允许法院在外国法无法查明时自己选择适用相对较适宜的法律,如《葡萄牙民法典》第 23 条第 2 款规定:"在外国法无法查明时,适用相对较适宜的法律。"也有国家主张在外国法无法查明时,根据一般法理裁判,如日本的学说和判例大多采取这种主张。总之,各国的司法实践关于外国法无法查明时的解决方法是多种多样的。

我国采取第一种处理方法,即直接适用法院地法。《涉外民事关系法律适用法》第 10 条第 2 款规定,不能查明外国法律或者该国法律没有规定的,适用中华人民共和国法律。此外,为避免法院怠于查明外国法、不当扩大适用法院地法,最高人民法院《关于适用〈中华人民共和国涉外民事关系法律适用法〉若干问题的解释（二）》第 10 条还特别要求如认定外国法律不能查明的,人民法院应当在裁判文书中载明不能查明的理由。

▎重要名词术语

法律冲突、冲突规范、准据法、定性、先决问题、反致、强制性规定、法律规避、外国法查明、公共秩序保留

▎思考题

1. 简述国际私法上的法律冲突。
2. 简述定性上的冲突及其解决方式。
3. 广义上的反致现象有哪些类型？反致制度有哪些利与弊？
4. 什么是国际私法上的公共秩序保留？
5. 根据我国的法律规定,外国法有哪些查明方式？

---

[1] 沈涓主编:《国际私法学的新发展》,中国社会科学出版社 2011 年版,第 94 页。

典型案例分析

张某遗产继承案

被继承人张某（中国居民）于2017年在一起交通事故中死亡。肇事方赔偿了50万元，某市社会保障局亦批准给予其16万元左右的死亡抚恤金。因张某已经死亡，上述赔偿款和抚恤金应作为其遗产处理。可能的继承人包括张某1（中国居民）和林某（在美国定居但并未加入美国国籍）。张某1是张某第一段婚姻中生育的儿子，林某则是张某死亡前仍存续的第三段婚姻的配偶。法院经调查确认，林某与张某是表兄妹。二人在美国登记结婚。婚后，张某仍然以中国为经常居所地，但不时前往美国探望林某。

问题：本案中是否存在先决问题？请对此进行简要分析并说明先决问题的解决方式。

第四章　权利能力和行为能力

【内容提示】

　　自然人民事权利能力和行为能力是民事立法中的重要问题，其概念起源于罗马法。民事权利能力自公民出生时拥有，与人的生存和发展有着密切关联，是自然人在伦理及法律上的主体性地位的体现。而民事行为能力则与公民的年龄和智力状况直接相关，只有达到一定年龄、智力状态正常的公民才能够具有完全民事行为能力。

　　自然人权利能力"始于出生，终于死亡"。各国对于"出生"和"死亡"的定义不同，导致了自然人权利能力的法律冲突；各国关于"推定存活"制度的不同规定也导致了自然人权利能力的冲突。自然人权利能力是应适用所涉及的具体法律关系的准据法所属国法律，还是法院地法，抑或适用当事人的属人法，各国有着不同的实践。

　　自然人的行为能力的取得应同时具备成年的年龄及健全的智力，从而能够承担自己行为的后果。由于各国对于自然人完全行为能力、无行为能力和限制行为能力的规定的差异导致了自然人行为能力的法律适用冲突。国际上普遍认为自然人的行为能力应适用该自然人的属人法，只是对属人法的理解有所不同。

　　法人的权利能力，是指法人作为民事权利主体，享受民事权利并承担民事义务的资格。法人的行为能力，是指法人以自己的意思独立进行民事活动，取得民事权利和承担民事义务的资格。由于各国立法上对法人权利能力和行为能力的认定标准规定不同，从而造成了法律冲突。对法人权利能力和行为能力的法律冲突，国际上通行的做法是依法人的属人法解决。

　　我国《涉外民事关系法律适用法》对于自然人和法人的民事能力的法律适用已有明确的规定，需要重点掌握并学习在实践中运用相关规则解决实际问题。

第一节　自然人的权利能力和行为能力的法律冲突法

　　自然人权利能力与行为能力问题，往往是各国民事立法必须规定的。各国对自然人权利能力和行为能力的法律规定不同，就会产生自然人权利能力与行为能力的法律冲突问题。而自然人权利能力和行为能力的确定，往往与自然人的国籍、住所与经常居所密切相关。本节主要探讨自然人国籍、住所和经常居所的确定，以及自然人权利能力与行为能力的法律适用问题。

一、自然人的权利能力

（一）自然人权利能力的法律冲突

自然人的权利能力，是指能够依法享有民事权利和承担民事义务的资格。权利能力是依附于公民人身的，具有与公民人身不可分离的性质。各国立法都承认自然人权利能力"始于出生，终于死亡"，但由于各国对于"出生"和"死亡"的理解不同，导致了自然人权利能力的法律冲突。

1. 权利能力的开始：关于"出生"的不同规定

关于"出生"，各国法律主要有以下不同规定。一是"出生完成说"，权利能力始于婴儿脱离母体完成出生之时；二是"存活说"，即婴儿出生后必须存活才能取得权利能力；三是"露出说"，即婴儿从母体露头时具有权利能力；四是"独立呼吸说"，即婴儿脱离母体后，开始独立呼吸时获得权利能力；等等。我国《民法典》第16条规定："涉及遗产继承、接受赠与等胎儿利益保护的，胎儿视为具有民事权利能力。但是，胎儿娩出时为死体的，其民事权利能力自始不存在。"依据该条规定，胎儿不是民事主体，但其利益仍然受到法律保护。

2. 权利能力的终止：关于"死亡"的不同规定

死亡分为两种，即生理死亡和宣告死亡。生理死亡，即自然死亡情况下，法律冲突不多，一般主张死亡发生于心脏停止跳动之时或脑死亡之时。如何具体确定生理死亡的时间，需要有一定的证据证明。我国《民法典》第15条对生理死亡时间的证明规则作出了规定："自然人的出生时间和死亡时间，以出生证明、死亡证明记载的时间为准；没有出生证明、死亡证明的，以户籍登记或者其他有效身份登记记载的时间为准。有其他证据足以推翻以上记载时间的，以该证据证明的时间为准。"

但各国在宣告失踪（declaration of absence）或宣告死亡（declaration of death）方面的立法规定差别较大，因而常常导致法律冲突的发生。宣告失踪，是指一个自然人下落不明达到一定的法定期限时，经与该自然人有利害关系人的申请，由一个国家的有关部门宣告其失踪，从而在法律上解除或确定与其有关的法律关系。宣告死亡又称推定死亡，与宣告失踪的目的一样，只是一般情况下需要等待更长的法定时间，二者的区别如下。（1）在宣告失踪或死亡的时间上，各国有不同的规定。日本规定下落不明需满7年，法国规定需停止在其住所或居所出现并无法联系满4年。我国《民法典》第40条规定："自然人下落不明满二年的，利害关系人可以向人民法院申请宣告该自然人为失踪人。"其第46条规定，自然人有下列情形之一的，利害关系人可以向人民法院申请宣告该自然人死亡：一是下落不明满4年；二是因意外事件，下落不明满2年。因意外事件下落不明，经有关机关证明该自然人不可能生存的，申请宣告死亡不受2年时间的限制。（2）宣告失踪或死亡发生效力的日期规定有所不同。一些国家主张以法律规定的失踪期间届满之日起便发生效力，一些国家主张以宣告认定的死亡之日发生效力，还有一些国家主张以宣告之日起发生效力。（3）宣告失踪或死亡发生的实体法上的效力各国的规定也不尽相同。有的国家在宣告失踪的情况下，法院为失踪人的财产设立监护，只有在宣告死亡时才转移财产所有权；而另一些国家，在宣告失踪的情况下，失踪人的财产由其继承人预占有，一旦宣告死亡，才完全按照继承处理。我国《民法典》第42条规定："失踪人的财产由其配偶、成年子女、父母或者其他愿意担任财产代管人的人代管。代管有争议，没有前款规定的人，或者前款规定的人无代管能力的，由人民法院指定的人代管。"如果失踪人被宣告死亡，则与他有关的法律关系即行结束，失踪人的财产按继承处理。

此外，各国关于"推定存活"（presumption of life）制度的不同规定也导致了自然人权利能力的冲突。推定存活，是指数个相互有继承权的自然人同时死亡且依照事实不能确定死亡先后顺序的情况下，法律规定的推定死亡先后顺序的制度。1804年《法国民法典》第720—722条规定如既有15周岁以下的又有60周岁以上互有继承权的自然人死亡，推定最年少者后死；且如年龄相等或相差不过1周岁，而且其中既有男性也有女性时，推定男性者后死。1925年《英国财产法》在第184条规定，如年龄不同者同时死亡时，推定年幼者后死。《德国民法典》第20条规定："数人因共同遇难而死亡者推定同时死亡。"

（二）自然人权利能力的法律适用

1. 适用该涉外民事法律关系的准据法

权利能力是特定的人在特定的涉外民事法律关系中能否享有权利和承担义务的能力，因此，依照权利能力所涉及的具体法律关系的准据法来判定自然人的权利能力有其合理性。例如，如果权利能力涉及合同关系，则适用合同的准据法；如果权利能力涉及侵权关系，则适用侵权关系的准据法。1987年《瑞士国际私法》第34条规定："自然人民事权利能力的开始和中止，适用以民事权利能力为先决条件的法律关系的准据法。"

2. 适用法院地法

一些国家认为，由于自然人的权利能力关系到法院地国家的重大公共利益，因此应由法院地法来决定。

3. 适用当事人的属人法

这一做法为绝大多数国家所采纳。因为权利能力是自然人的基本属性，特定的人的这种属性是由一国社会、经济、政治、伦理、历史等方面的条件来判定的，因而应适用他的属人法尤其是本国法来判定。在大陆法系国家，属人法一般指国籍国法，而英美法系则是指住所地法。《匈牙利国际私法》第10条第1款规定："人的权利能力……依其属人法决定。"《奥地利国际私法》第12条规定："人的权利能力和行为能力，依其属人法。"2004年《比利时国际私法典》第34条第1款规定："除非本法另有规定，自然人的身份和能力适用其本国法。"相较于住所地法，国籍国法的适用使自然人权利能力的确定具有一定的明确性和稳定性，但对于拥有多国籍的自然人，无法有效阻止其利用国籍这一连结点进行法律规避。此外，对我国这样一个多法域国家，适用国籍国法不能确定最终的准据法，因此我国主张适用的是自然人的经常居所地法律。

我国《涉外民事关系法律适用法》第11条规定："自然人的民事权利能力，适用经常居所地法律。"从属人法的发展趋势看，自然人的权利能力适用其属人法，特别是住所地法或经常居所地法是合理的选择。采用住所作为连结点主要是因为住所相对于国籍来说与自然人的联系更为紧密，而且体现了本国人与外国人之间的平等，对当事人的意愿也是一种尊重。同时，在司法实践中适用住所地法，可以使法院减轻对当事人国籍国法律进行查明的负担。由于适用住所地法，在认定住所时要考虑当事人的主观意愿，而在某些案件中当事人的主观意愿很难断定，近年来，各国立法均采用惯常居所即经常居所地作为连结点以替代住所地。适用经常居所地法，不用考虑当事人的主观意愿，认定简便、易于操作，能够适应现代社会自然人流动加速的需要，因此我国《涉外民事关系法律适用法》第11条的规定反映了国际上关于自然人民事能力法律适用最新的立法趋势。

（三）宣告失踪和宣告死亡的管辖权及法律适用

关于宣告失踪和宣告死亡的准据法，各国在立法和实践中一般适用当事人属人法。

1. 失踪宣告和死亡宣告的管辖权

对于法院对涉外失踪和死亡宣告案件管辖权的问题，基本有以下三种主张。

（1）主张由失踪人或被宣告死亡人的国籍国的法院管辖。因为个人权利能力的开始和中止，是由他国的国籍国法律来决定的。但是我们也应注意到，如果该自然人已离开国籍，并在国外设立了住所且发生了诸多法律关系，而该外国无权宣告失踪或死亡时，将造成该自然人的诸多法律关系处于不确定的状态。

（2）认为应由失踪人或被宣告死亡人的住所地国法院管辖。这也是失踪人住所地国的公共秩序和经济利益的需要。但是，如果此时失踪人或被宣告死亡人同时于其国籍国或第三国生活，也会给这些国家带来不便，因此出现了第三种混合做法。

（3）失踪和死亡宣告的管辖权，原则上由本国法院管辖，但在一定条件和一定范围内，也可以由其住所地国或其居所地国管辖。实践中，许多国家采用了这种做法。例如，1964年《捷克斯洛伐克国际私法及国际民事诉讼法》第43条规定："捷克斯洛伐克公民的死亡宣告为捷克斯洛伐克法院专属管辖，但对已经长期居住在捷克斯洛伐克境内并且适用法律的后果及于捷克斯洛伐克境内的有财产的外国人，捷克斯洛伐克也可以行使管辖权。"1939年《德国关于失踪、死亡宣告及确定死亡时间法》第12条规定："收到失踪者最后消息时为德国人时，应由德国作死亡宣告；如收到该失踪人最后消息时已成为外国国籍人时，德国法院仅仅对其依照德国法成立的法律关系和在德国的财产有作出死亡宣告的管辖权。"1987年《瑞士国际私法》第42条规定："在外国作出的失踪或死亡宣告，如果是在失踪人最后为人所知的住所地国家或其本国作出的，在瑞士予以承认。"

此外，第二次世界大战后，为妥善处理因战乱而失踪人的死亡宣告问题，联合国1950年通过了《关于失踪人死亡宣告的公约》。该公约对管辖权的规定是，凡失踪人的最后住所或居所地、本国财产所在地、死亡地，以及一定的亲属申请人的住所或居所地，都可以行使这些人的死亡宣告管辖权。而且一经宣告，则有关死亡及死亡日期等，各缔约国均应承认。[1]

2. 宣告失踪和宣告死亡的法律适用

在宣告失踪与宣告死亡的制度规定上，许多国家同时存在宣告失踪和宣告死亡制度，如苏联和中国；有些国家只有宣告失踪而无宣告死亡制度，如法国和日本；也有一些国家只存在宣告死亡，不存在宣告失踪制度。

宣告死亡或失踪的法律适用，许多国家原则上规定应适用属人法。例如2017年《德国民法典施行法》规定，宣告死亡、推定存活和死亡适用失踪人在最后有消息获知其尚存活之时的国籍国法。但出于对本国利益的考虑，失踪人国籍、住所、财产情况的不同，各国也有补充规定。各国规定主要有四种主张。一是适用失踪人的本国法，例如2004年《比利时国际私法典》第41条规定："失踪适用自然人失踪时的本国法。"二是适用失踪人的住所地法。例如《秘鲁民法典》第2069条规定，失踪宣告，依失踪人最后住所地法，失踪宣告对失踪财产的后果亦依照该法。1950年联合国《关于失踪人死亡宣告的公约》也采用了这种做法。三是原则上适用失踪人本国法，但若一国法院对失踪或死亡宣告有管辖权时适用法院地法。例如1979年《匈牙利国际私法》第16条规定，失踪人的最后属人法为宣告死亡、证明死亡和失踪的准据法。如果匈牙利法院为国内的法律利益宣告外国人死亡、失踪或决定该人死亡的证明，应适用匈牙利法。四是原则上适用失踪人本国法，但失踪外国人在法院地国有财产及应依照法院地国法的规定应适用法院地国法时，适用法院地国法。例如1982年《土耳其国际私法和国际诉讼程序法》第10条规定："失踪和死亡宣告适用当事人的本国法律。如果被宣告失踪和死亡的当事人在土耳其拥有财产，其配偶或其中一位继承人具有土耳其国际的，可以适用土耳其法律。"

关于宣告死亡人的婚姻，若被宣告死亡人的妻子已经再婚，那么如何对待其第二次婚姻的效力？对此，各国规定不同。《德国民法典》规定，失踪人必须承认其过去的婚姻因其妻的第二次婚姻而解除。西班牙、葡萄牙、意大利的法律则倾向于保护前一段婚姻。瑞士则规定，如果失踪人的配偶在第二次结婚前请求法院判决解除其以前的婚姻，则这个婚姻即已确定解除；如果未经法院明确解除，则失踪人重新出现时，失踪人与其前配偶的婚姻关系可以恢复。我国《民法典》第51条规定："被宣告死亡的人的婚姻关系，自死亡宣告之日起消除。死亡宣告被撤销的，婚姻关系自撤销死亡宣告之日起自行恢复。但是，其配偶再婚或者向婚姻登记机关书面声明不愿意恢复的除外。"

在我国，《民事诉讼法》第十五章"特别程序"虽专设了第三节"宣告失踪、宣告死亡案件"，但尚无此类涉外案件管辖权的规定。但本书认为，就失踪和死亡宣告的管辖权来看，应原则上属于当事人本国法院，住所国只能就被宣告者在当地的法律关系和财产为宣告，且只应在其本国不愿处理的情况下才能行使此种权利。《涉外民事关系法律适用法》第13条规定："宣告失踪或者宣告死亡，适用自然人经常居所地法律。"对管辖权问题，《民事诉讼法》第183条及第184条规定，宣告失踪和宣告死亡的案件，

---

[1] 李双元、欧福永主编：《国际私法》，北京大学出版社2022年版，第170页。

由被宣告失踪人和宣告死亡人住所地的基层人民法院管辖。

在失踪宣告与死亡宣告问题上，管辖权和法律适用间的关系紧密相连，应该结合起来确定连结点。选择经常居所地而不是国籍作为连结点是有一定道理的。宣告失踪或死亡，主要是影响被宣告人的民事法律关系，而被宣告人经常居所地国和国籍国分离的现象已经很普遍，因此，经常居所地法适用于这些民事法律关系就更为合理。对中国来说，由于我国存在区际法律冲突，采用经常居所地法更具有实际意义。也有学者建议，为保护我国公共利益以及第三人利益，对于失踪宣告与死亡宣告的法律适用，可作进一步补充规定，例如若自然人在中国境内有财产，或者该法律关系应属中国法律支配，就可以适用中国的法律。

二、自然人的行为能力

（一）自然人行为能力的法律冲突

自然人的民事行为能力，是指自然人能够以自己的行为行使民事权利和设定民事义务，并且能够对自己的违法行为承担民事责任。[1] 根据各国的立法，行为能力的取得应同时具备两个条件，即成年的年龄及健全的智力，从而能够承担自己行为的后果。

各国关于自然人完全行为能力、无行为能力和限制行为能力的规定的差异导致自然人行为能力的法律适用冲突。

1. 有关成年年龄的规定各不相同

伊朗、也门等国家规定为 15 周岁，德国、法国、英国及我国等大部分国家规定为 18 周岁，韩国规定为 19 周岁，日本、新西兰规定为 20 周岁，泰国、埃及规定为 21 周岁，最高规定为 25 周岁（如智利）等。这种有关成年年龄的不同规定，会导致在一国有完全行为能力的人，在另外一个国家则可能成为限制行为能力的人。

2. 有关认知能力的规定也不尽相同

在认知能力和效力的问题上，比如精神病患者的定义，具体情况下的精神病患者是否承担相应法律责任以及酗酒和迷幻等状态的自然人是否承担相应法律责任的规定，各国也有所不同。

3. 禁治产人（interdiction）制度规定的不同

禁治产人制度，是指禁止为财产方面的法律行为。禁治产人制度是各国为了保护虽然已经达到成年年龄，但基于维护先天或后天原因心智不健全人的利益而禁止其经营自己的财产的制度。但这些国家关于宣告禁治产的理由和法律效力的不同规定，将导致自然人行为能力法律适用的冲突。

（二）自然人行为能力的法律适用

自然人行为能力的法律冲突，原则是依当事人的属人法解决，即适用当事人的本国法或者住所地法。原因是自然人的行为能力同他的身份地位有着直接的关系。

该原则最早出自 14 世纪巴托鲁斯的"法则区别说"，其后各国的立法与实践纷纷倾

---

[1] 王利明：《民法总则新论》，法律出版社 2023 年版，第 200 页。

向于自然人的行为能力依其属人法。一部分国家规定依照当事人的本国法来判断自然人行为能力。如 1804 年《法国民法典》第 3 条规定："关于个人身份和法律上的能力的法律，适用于全体法国人，即使其居住于国外时亦同。"此后，大部分大陆法系国家纷纷开始效仿，如波兰、日本、奥地利等国。另一部分国家规定依照当事人的住所地法判断自然人的行为能力。这主要被英美法系国家和丹麦、挪威、冰岛以及拉丁美洲的部分国家采用。如 1984 年《秘鲁民法典》第 2070 条规定："自然人的身份和能力，依其住所地法。"此外，有些国家采用民事行为能力以当事人的本国法为主、以当事人的住所地法为辅的做法。

随着全球经济贸易的发展，国际民商事交往日益频繁，国际民商事关系更加复杂多变。在世界经济全球化的大背景下，如果仅以属人法作为当事人民事行为能力的准据法，会使得交易安全和民商事关系的稳定遭到挑战。其原因在于，如果缔结法律关系需要当事人在作出行为前明确对方或第三方的国籍或住所，并查明本国法或住所地法的内容后才能确定对方是否有行为能力，这将使交易困难重重。因此各国在原则上尊重行为能力依照其属人法判断的同时，规定了一些例外和限制。

（1）如依属人法无行为能力而依行为地法有行为能力的自然人，视为其有行为能力。如 1896 年《德国民法典施行法》第 7 条第 3 款就明确规定："外国人依其本国法为无能力或限制能力的人，而依德国法为有能力者，就其在德国所为之法律行为视为有能力。"此外，瑞士、日本、葡萄牙、希腊、意大利、波兰、泰国、埃及、奥地利、秘鲁等国家的法律中都有类似规定。这一做法也被国际条约采纳，例如 1930 年在日内瓦签订的《解决汇票和本票若干法律冲突公约》也有此规定。

（2）对不动产的行为能力和侵权行为的责任能力，分别适用不动产所在地法和侵权行为地法。例如，《德国民法典施行法》第 7 条也作了类似规定。英美等国在审判实践中，对不动产的行为能力，适用不动产所在地法，当事人本国法对人的行为能力有限制的则按其规定。

关于自然人的行为能力的法律适用，我国的相关规定也处于一个不断革新的过程中。1986 年《民法通则》第 143 条规定："中华人民共和国公民定居国外的，他的民事行为能力可以适用定居国法律。"该条立法规定有三点不足之处。第一，在主体方面，只规定了中华人民共和国公民在国外的民事行为能力的法律适用，而未规定外国人在我国境内民事行为能力的法律适用。第二，语句不完整，在法律条文中，"可以"不是必须，它还包含其他选择。在该条中，完整的表述应为：中华人民共和国公民定居国外的，其民事行为能力可以适用中华人民共和国的法律，也可以适用定居国法律。第三，对该条中的"定居"一词理解上易产生歧义，既可以将其理解为在国外有长期居留权，也可以理解为住所地国，那么既没有在国外有长期居留权，也未拥有法律上住所的我国公民（如留学生），其民事行为能力应适用何国法律呢？在此很难找到明确的答案。

由于上述《民法通则》的规定过于简单，缺乏操作性，1988 年最高人民法院《关于适用〈中华人民共和国民法通则〉的意见（试行）》又对此作了三条补充说明。一是定居国外的中国公民的民事行为能力，如其行为是在中国境内所为，适用中国法律；在定居国所为，可以适用其定居国法律。二是外国人在中国领域内进行民事活动，如依其本国法律该外国人无民事行为能力，而依中国法律有民事行为能力，应当认定其有民事行为能力。三是无国籍人的民事行为能力，一般适用其定居国法律，如未定居，适用其住所地国法律。该补充说明仍存在很多问题，主要表现为以下三个方面。一是规定较为繁杂、逻辑混乱，缺乏基本的立法原则，没有规律可循。二是法律概念不清，仍然沿用"定居"和"住所地"的概念。住所地，在我国是指公民的户籍所在地，但对于非我国公民的住所地的确定未有明确规定。三是仍缺乏可操作性。例如，如何界定无国籍人的"定居地""住所地"等，也没有明确规定，将导致实践中法院无法可依的情况出现。

1995年通过、2004年修订的《票据法》第96条规定："票据债务人的民事行为能力，适用其本国法律。票据债务人的民事行为能力，依照其本国法律为无民事行为能力或者为限制民事行为能力而依照行为地法律为完全民事行为能力的，适用行为地法律。"该条规定基本上反映了国际上关于民事行为能力准据法方面的最新发展趋势，即在商业交往中，一个人依照行为地法有行为能力，就不能根据其本国法或住所地法而主张其无行为能力。虽然上述司法解释和有关立法对自然人行为能力的规定进行了细化和完善，但整体看来还很混乱，没有规律可循，而且有遗漏之处。

2010年10月28日通过的《涉外民事关系法律适用法》第12条对此更新了规定："自然人的民事行为能力，适用经常居所地法律。自然人从事民事活动，依照经常居所地法律为无民事行为能力，依照行为地法律为有民事行为能力的，适用行为地法律，但涉及婚姻家庭、继承的除外。"

国际上普遍认为自然人的行为能力应适用该自然人的属人法，只是对属人法的理解有所不同。《涉外民事关系法律适用法》的规定遵循了关于自然人行为能力法律适用的一般原则，并以经常居所地作为属人法的连结点，符合世界上最新的立法趋势。随着国际经济贸易关系的进一步发展和扩大，内外国人杂居和相互交往日增，为了保护相对人或第三人不致因不明他人的属人法的规定而蒙受损失，保护本国商业活动的稳定和安全，在某种情况下，也需要采用行为地法判定自然人的行为能力。我国1988年最高人民法院《关于适用〈中华人民共和国民法通则〉若干问题的意见（试行）》中"外国人在我国领域内进行民事活动，如依其本国法律为无民事行为能力，而依我国法律为有民事行为能力，应当认为有民事行为能力"的规定并不全面，因为只涉及外国人在我国境内进行民事活动的法律适用情况，没有对相反情况作出规定。而《涉外民事关系法律适用法》第12条的规定弥补了这一不足，应该说是比较全面的规定。

（三）涉外禁治产宣告的管辖权与法律适用

禁治产人的法律地位与未成年人类似，其所享有的民事权利和承担的民事义务，由法定代理人承担。禁治产人制度，始于1782年的《撒克逊监护条例》。随着经济和社会的发展，该制度相继被法国、德国、日本、瑞士、奥地利、意大利等国民法典承续。由于当代国际人权理论的发展，大部分国家和地区已废止该制度。自20世纪60年代以来，精神残疾、智力残疾和身体残疾等残疾人的人权状况备受国际社会关注，联合国和有关组织相继通过了一系列保障残疾人权利的人权公约。[1]残疾人有权同正常一样平等地参与社会活动并共享社会发展成果。禁治产宣告制度严格限制了被宣告人，即精神病人，所有的法律行为，剥夺了被宣告人的行为能力，使其丧失了基本的私生活自主自决权力，与国际社会保障人权的理念背道而驰。目前仍有部分国家及地区保留了禁治产人制度，包括意大利、埃塞俄比亚、瑞士及我国澳门地区。

大部分国家和地区已利用其他更加灵活的制度替代禁治产制度。例如，在日本，2000年开始实施了《有关成年人监护的法律》，该法废止了一个多世纪的禁治产人制度，代之以新的成年监护制度。法国于1968年废除了《法国民法典》的禁治产与准禁治产宣告制度，不再通过禁治产制度剥夺或限制精神病人、精神不正常者的行为能力，转而进行个案审查，通过实际衡量其精神正常与否，确定其有无行为能力。

各国所规定的禁治产人制度，除在法律概念或分类上稍有不同外，其差异主要体现在禁治产宣告的管辖权、准据法及禁治产宣告效力三个方面。

（1）禁治产宣告的管辖权。一些国家规定，禁治产宣告应由被宣告人所属国法院管辖。但被宣告人不在其国籍国时，其所属国法院将有诸多不便。因此多数国家在立法中，为了兼顾住所地或行为地的交易安全，除承认本国法管辖外，也把居住地国管辖作为补充。1905年海牙《关于禁治产类似保护措施公约》也采纳了这个方式。

（2）禁治产宣告原因及效力的准据法。一般来说，精神失常不能处理自己的事务是各国宣告禁治产的主要原因。首先，关于禁治产宣告原因，一些国家的立法中规定，禁治产宣告原因的准据法为禁治产人的本国法，另一部分国家则规定，无论被宣告人本国法如何，均采用宣告地国家的法律。其次，关于禁治产宣告效力的准据法，同样有依照禁治产人的本国法及宣告地国家的法律两种做法。从禁治产制度设立的宗旨来看，我们认为依宣告地国法——禁治产人居住地国法更有利于实现保护禁治产人的权益及维护交易安全及社会秩序的稳定。1905年海牙《关于禁治产及类似保护处分公约》第2条、第3条和第6条规定：第一，宣告某人为禁治产者的管辖权属于他的国籍国，并且不管他的住所或居所，其宣告禁治产的条件，该依他的本国法决定；第二，但依其所在地的国家，为保护其人身和财产，在依其本国法已具备宣告条件时，可以采取一些必要的临时措施，并及时通知其本国有关方面，一旦其本国采取充分措施如宣告为禁治产后，这种临时措施即行终止；第三，只有在其本国表示不愿管辖，或于6个月内不作答复者，居住国才可作正式的禁治产宣告。

（3）禁治产宣告的效力。对此，有两种不同的主张。多数国家主张被宣告为禁治产者，其法律行为无效。即使宣告其为禁治产人的原因已消失，只要其本人或与其有利害关系的人未申请法院撤销其禁治产宣告，则其法律行为始终无效。[2]还有部分国家主张，被宣告禁治产或准禁治产的，法律行为只是可撤销行为，并不当然无效。因此，宣告禁

---

[1] 例如，1971年《智力残疾者权利宣言》、1989年《卢克索尔人权宣言——为患精神疾病的人而发布》、1991年《保护精神病患者和改善精神保健的原则》、2007年《残疾人权利宣言》等。

[2] 《德国民法典》便持该种主张。

治产原因消失后，即便法院未取消对他的禁治产宣告，只要其本人或与其有利害关系的人不要求撤销其法律行为，则这种行为就应该被认为是有效。

我国并未承认禁治产概念，但是《民法典》和《民事诉讼法》中有关于民事法律行为的能力受到一定的限制的自然人的规定与禁治产制度有类似之处。《民法典》第17—21条规定，18周岁以上的自然人为成年人。不满18周岁的自然人为未成年人；16周岁以上的未成年人，以自己的劳动收入为主要生活来源的，视为完全民事行为能力人；8周岁以上的未成年人为限制民事行为能力人；不满8周岁的未成年人和不能辨认自己行为的成年人为无民事行为能力人。第22条规定："不能完全辨认自己行为的成年人为限制民事行为能力人，实施民事法律行为由其法定代理人代理或者经其法定代理人同意、追认；但是，可以独立实施纯获利益的民事法律行为或者与其智力、精神健康状况相适应的民事法律行为。"第24条第1款规定，"不能辨认或者不能完全辨认自己行为的成年人，其利害关系人或者有关组织，可以向人民法院申请认定该成年人为无民事行为能力人或者限制民事行为能力人"。《民事诉讼法》第187—190条涉及认定公民无民事行为能力、限制民事行为能力案件的相关程序性规定。可以看出，我国使用的是"限制民事行为能力人"，在用词上更为谨慎、客观，制度设计上考虑的也更为全面和灵活。

第二节　法人的权利能力和行为能力的法律冲突法

一、法人的权利能力和行为能力的法律冲突

法人的权利能力，是指法人作为民事权利主体，享受民事权利并承担民事义务的资格。法人的行为能力，是指法人以自己的意思独立进行民事活动，取得民事权利和承担民事义务的资格。我国《民法典》第59条规定："法人的民事权利能力和民事行为能力，从法人成立时产生，到法人终止时消灭。"

法人的权利能力和行为能力同自然人的权利能力和行为能力是有区别的，主要表现在以下几点。第一，法人的权利能力和其行为能力在产生和延续的时间上是一致的。法人的民事权利能力和民事行为能力始于法人成立，终于法人消灭。所以，对法人来说，有民事权利能力必然有民事行为能力；而公民的民事行为能力受年龄、健康等因素的影响，公民有权利能力不一定有行为能力。第二，法人的民事行为能力和其民事权利能力在范围上是一致的。法人的民事权利能力要受到其性质、法律和行政命令以及法人核准登记的经营范围的限制，法人的民事行为能力同样要受到这些因素的限制。第三，法人的民事行为能力是以其不同于单个自然人意思的团体意思为前提的。法人的团体意思不同于个人的意思，而是一种意思的综合，因而法人实现自己民事行为能力的方式不同于公民实现自己民事行为能力的方式。法人的民事行为能力是通过法人的机关来实现

的。[1] 综上可以看出，法人权利能力的法律冲突和法律适用同其行为能力的法律冲突和法律适用是完全一致的。

关于法人的权利能力和行为能力，各国民事立法的规定不同。例如，在法人的认定上，法国法对于任何民事的或商事的合伙都赋予人格，即都承认其是法人，意大利法只承认商事合伙是法人，而英国法、德国法、瑞士法则拒绝把合伙作为法人实体看待。在法人的成立要件上，德国法认为登记是公司的成立要件，而日本法则认为登记仅为对抗第三人的要件。在法人活动是否受其章程限制方面，英国法规定公司的权利受其组织章程的限制，超出其章程规定的权利范围的行为无效，而德国法无此限制。

二、法人的权利能力和行为能力的法律适用

对法人权利能力和行为能力的法律冲突，国际上通行的做法是依法人的属人法解决。如《奥地利国际私法》第 10 条规定："法人或其他任何承受权利或负担义务的社团或财团，其属人法应是法人实体设有主事务所的国家的法律。"《匈牙利国际私法》第 18 条第 1 款规定："法人的法律能力、从事经济活动的资格、人格权和成员之间的法律关系，适用属人法。"《土耳其国际私法和国际诉讼程序法》第 8 条第 4 款规定："法人或团体的民事权利能力和行为能力适用其规章规定的管理中心所在地的法律，如果管理的实际中心在土耳其，则适用土耳其的法律。"但是，由于各国对法人国籍、住所地确定的标准不同，各国在适用属人法来确定法人的权利能力和行为能力时仍会存在差异。

三、我国关于法人权利能力和行为能力法律适用的规定

法人的权利能力和行为能力依其属人法确定是国际上通行的做法。但是对属人法的理解差异很大，国际上主要有两派对立的观点：法人住所地（主事务所所在地）和法人国籍地（成立地）标准。两种标准所体现的价值取向是不同的，主事务所所在地理论通过适用规则的设计强调公司设立的唯一性，以此达到对所有设立公司的平等对待和有效的法律监管，同时保证了交易的安全；而公司成立地理论显然赋予了发起人选择公司设立地的自由，鼓励了投资。相较而言，成立地这一连结点比主事务所所在地更具有确定性。

《涉外民事关系法律适用法》对法人的权利能力与行为能力作了较为全面的规定。该法第 14 条规定："法人及其分支机构的民事权利能力、民事行为能力、组织机构、股东权利义务等事项，适用登记地法律。法人的主营业地与登记地不一致的，可以适用主营业地法律。法人的经常居所地，为其主营业地。"

> **重要名词术语**

自然人、法人、涉外民事权利能力、涉外民事行为能力、禁治产制度、推定死亡、宣告失踪、宣告死亡、经常居所地、法人主营业地、法人登记地

---

[1] 王利明：《民法总则新论》，法律出版社 2023 年版，第 275 页。

思考题

1. 自然人民事权利能力的法律适用国际上有几种做法？我国是如何规定的？
2. 宣告失踪和宣告死亡的管辖权和法律适用应如何确定？我国是如何规定的？
3. 确认自然人民事行为能力时，在尊重自然人的属人法基础上，国际上有何例外和限制规定？
4. 我国关于自然人民事行为能力的立法是如何发展的？
5. 法人民事权利能力和行为能力的法律适用按照法人住所地标准和法人国籍地标准各有何优劣？

典型案例分析

某环保公司与某拇指公司股东出资纠纷案，最高人民法院（2012）民申字第35号民事裁定书[1]

某拇指公司系在中国注册的外商独资企业，属于中国法人，某环保公司为某拇指公司的唯一股东。某环保公司于2001年在新加坡注册成立，公司类别为有限股份上市公司。2008年6月30日，某拇指公司经批准注册资本增至3.8亿元。某拇指公司于2012年4月27日以某环保公司未足额缴纳出资为由提起诉讼，请求判令某环保公司履行股东出资义务，缴付增资款4500万元，而某环保公司请求撤诉。

福建省高级人民法院一审认为，某环保公司未履行股东足额缴纳出资的法定义务，侵害了某拇指公司的法人财产权，某拇指公司有权要求某环保公司履行出资义务，补足出资。据此，判令某环保公司向某拇指公司缴纳出资款4500万元。某环保公司向最高人民法院提出上诉。

本案为涉外股东出资纠纷，根据《涉外民事关系法律适用法》第14条第1款"法人及其分支机构的民事权利能力、民事行为能力、组织机构、股东权利义务等事项，适用登记地法律"的规定，某环保公司的司法管理人和清盘人的民事权利能力及民事行为能力等事项，应当适用某环保公司的登记地法即新加坡法律；某拇指公司提起本案诉讼的意思表示是否真实以及股东出资义务等事项，应当适用中国法律。

该案对于平等保护中外投资者合法权益、保障股东选择管理者的权利、优化外商投资法治环境具有重要意义，被评为最高人民法院建院65周年重大案例之一。该案明确了外国公司的司法管理人及清盘人在中国境内民事权利能力和行为能力的认定规则，清晰界定了公司代表权争议的区分规则，增强了外商投资中国的信心。同时，该案是最高人民法院首次邀请外国驻华使节和境外媒体旁听庭审并当庭作出宣判的案件，彰显了我国公正高效的司法形象。

---

[1] 本案为2015年最高人民法院为"一带一路"建设提供司法服务和保障的八大典型案例之一。

第五章　法律行为的法律适用

【内容提示】

法律行为是私法中的重要制度，所涵盖的法律问题非常多。在实践中，我们有为法律行为确定准据法的必要。

当事人借助法律行为实现特定法律效果，法律行为与法律效果属于手段与目的之关系，原则上法律行为的准据法应与其所确定的法律效果之准据法（以下简称效果准据法，Wirkungsstatut）保持统一，这一原则又被称为准据法统一原则。适用准据法统一原则的问题有不少，意思表示的绝大多数事项都适用准据法统一原则，这类问题又被笼统地称为法律行为的实质问题。从域外实践来看，法律行为的形式问题是准据法统一原则的例外，形式问题可以任择性适用法律行为地法或效果准据法，允许法官从二者之间选择适用对形式要求较为宽松者作为行为问题的准据法，从而尽可能地简化法律行为的形式要求，便利当事人的法律交往。也因此，形式问题与实质问题的识别尤为关键。此外，在合意是否达成事项上，为避免当事人无法合理预见自己的沉默或其他特定行为在法律行为成立问题上的意义，一些法域还为此创设了另一类例外，允许当事人主张适用其经常居所地法。中国目前仅在婚姻缔结形式以及遗嘱订立形式等事项上创设了例外，而未对现实中最为常见的合同的形式问题制定特别冲突规则，立法有较大缺陷。

代理制度也是法律行为制度的重要组成部分。在国际私法上，为法定代理、机关代理和意定代理确定准据法时所考量的利益有所不同，应对三类代理加以区分并分别确定准据法。法定代理权应适用基础关系准据法，而机关代理权应适用法人或团体的属人法，为保护善意第三人，可例外地适用行为地法。在为意定代理权制定准据法时，应考虑到代理关系中三方法律适用利益的平衡，不能适用基础关系准据法或外部关系（通常为合同关系）准据法。原则上，可由三方协议确定意定代理权准据法，或在代理人与第三人知悉的情况下由被代理人单方确定意定代理权准据法。如相关当事人未行使意思自治，可适用代理行为地法。由于代理情形极为复杂多样，我们还应运用类型化的方法，确定代理行为地。《涉外民事关系法律适用法》第16条对代理类型、连结对象与连结点的界定均不清晰。在立法不作修改的情况下，应尽可能通过解释论来改造第16条。从原理上来说，第16条的连结对象只为意定代理权，为此，第1款前段的"代理"应进一步限缩解释为意定代理权，但书未来宜完全删除。在依第16条规定的主、客观连结点确定准据法时，还应对实体类型作精细化的利益衡量，妥当运用该条冲突规则中的主观连结点和客观连结点（"代理行为地"）。

第一节 法律行为

　　法律行为制度是民法总则的核心制度，法典化国家的民法典在总则中通常会制定法律行为的相关规则。总则中抽象的法律行为规则可以统摄分则之中合同行为、债权转让、所有权转移、婚姻缔结、遗嘱设立等具体法律行为。正因为法律行为制度在民法典中占有重要地位，一些将国际私法附属地规定于民法典之中的国家，也会专门为法律行为设置冲突规则。[1]但这仅是其中一种立法例。还有一种立法例以《涉外民事关系法律适用法》为代表。该法并未概括地针对法律行为拟定冲突规则，而是在具体的法律关系之中，针对特定的法律行为的某些方面拟定特别冲突规则，例如该法第32条是专门针对遗嘱形式的冲突规则。[2]

　　应承认的是，法律行为制度所涵盖的实体规范众多，在具体的涉外民事法律关系之中，也往往会有关于法律行为的具体争议产生，针对此类问题应如何适用法律，法院无法回避。无论采用何种立法例，国际私法都在一定程度上承认针对法律行为的某些问题存在特别的法律选择问题。本节将系统介绍法律行为的法律选择问题。

一、准据法统一原则

　　通常，法律行为是在具体法律关系之中展开，以意思表示为核心，旨在产生、变更或终止特定法律关系，实现特定法律效果，以此贯彻私法自治。正因为特定法律行为与具体法律关系存在这种手段和目的上的关联，原则上，法律行为的相关问题应附属地适用该法律行为所产生或变更的特定法律关系的准据法，即法律行为所产生的法律效果发生在哪一法律关系之中，特定法律行为就适用效果准据法。[3]例如，物权法上的法律行为适用物权关系准据法，债法上的法律行为适用具体的债法关系准据法，婚姻家庭法上的法律行为适用具体的婚姻家庭关系的准据法，等等。一些德国学者将此原则称为准据法统一原则（Prinzip der Statutseinheit）。[4]

　　依据准据法统一原则确定准据法的事项很多，大致上包括了法律行为的成立要件与生效要件的多数内容。具体而言，意思表示的绝大多数事项都适用准据法统一原则，例如，意思表示的作出、到达、撤回、解释；要约与承诺；意思表示瑕疵的情形与后果等。法律行为内容是否适法通常也依该原则确定准据法，例如通过法律行为缔结的合同是否违背公序良俗。[5]

---

〔1〕 典型如德国，在《德国民法典施行法》第11条中专门针对法律行为的形式问题规定了冲突规则，第8条则是关于意定代理权的冲突规则。

〔2〕《涉外民事关系法律适用法》第32条规定："遗嘱方式，符合遗嘱人立遗嘱时或者死亡时经常居所地法律、国籍国法律或者遗嘱行为地法律的，遗嘱均为成立。"

〔3〕 Vgl. Abbo Junker, Internationales Privatrecht, 5. Aufl. 2022, S. 246.

〔4〕 Vgl. Abbo Junker, Internationales Privatrecht, 5. Aufl. 2022, S. 246.

〔5〕 举一个具体例子，赌博属于射幸行为，其是否被法律禁止，应该根据该协议准据法而定。

但并非所有的成立要件与生效要件均依据准据法统一原则确定准据法,对此应注意如下几点。

其一,因国际私法早已将一些事项作为特别问题予以处理,并拟定了特别的冲突规则,对这些问题应适用其自身固有的冲突规则确定准据法。比较明确的是,法律行为作出人具有何种行为能力,应根据行为能力冲突规则确定准据法。在中国,《涉外民事关系法律适用法》第12条规定了法律行为能力的冲突规则。当法律行为通过代理行为作出之时,涉及代理权的事项也应根据代理权冲突规则确定准据法。[1]

其二,虽然法律行为内容是否适法,原则上应根据准据法统一原则确定准据法,但应特别注意的是,有关事项的法律适用结果违背法院地国际私法上的公共秩序,或者法院地有关规则为直接适用的法,准据法统一原则最终都可被突破。

其三,在特定事项上,立法者因有特别的利益考量,通常将这些事项作为国际私法部分问题予以处理。前已述及,准据法统一原则旨在将法律行为作为法律关系变动的工具,实现二者之间的有机联系。但法律行为成立与否,事实上直接决定了法律效果是否发生,为促成法律行为的有效性或者是减轻当事人在未知准据法情况下的交往义务等目的,法律行为中的一些事项具有突破准据法统一原则而拟定特别冲突规则的必要。本节将着重介绍这种例外情形。

二、准据法统一原则的例外

不少域外立法对准据法统一原则的例外都有较为丰富且具体的规定。但是,中国对准据法统一原则有哪些例外并未有系统和清晰的认识,当前立法只有零星的规定。结合域外立法实践以及一般学理认知,我们大致认为准据法统一原则的例外存在于以下一些情形。

(一)关于合意是否达成的特别事项

当事人之间形成合意,是合同成立的基本要件。在双方意思表示均以明示的方式作出时,因意思作出的方式相对明确,我们对于当事人是否存在合意通常较无争议,法律适用问题也不大可能产生。但是,在一方作出要约之后,另一方却未明确作出意思表示,那么沉默或者特定行动是否能视为对对方要约的承诺,针对这一问题的法律适用常有争议。对此,《罗马条例I》第10条第1款首先规定了准据法统一原则,而在第10条第2款紧接着规定:"尽管如此,如果从情势来看,当事人无法合理地根据第1款确定的准据法判断其行为的效果,其可以根据经常住所地法主张其并未同意。"

例如,在布鲁塞尔展销会上,比利时公司B向德国制造商D购买了一艘气垫船。在展销会后,D通过传真确认此前口头订立的合同,并声明同样通过传真发送的格式条款应予以适用。格式条款中包含了该行业常用的一些条款。后来,发生争议时,B反对将格式条款的内容纳入合同关系中,因为根据比利时法,沉默并不视为同意。依《罗马条例I》第10条第1款,合同和合同条款的成立问题(如对相对方的意思表示的沉默在

---

[1] 关于代理问题的法律适用,详见本章第二节。

法律上的意义）适用合同准据法。根据德国法，传真符合商业确认函的要求，在口头讨论的基础上增加一般条款是商业交易中的惯例，因此 D 可以期待 B 已经对此予以承诺。但是，《罗马条例 I》第 10 条第 2 款规定了准据法统一原则的例外，故 B 在证明适用德国法出乎其意料的基础上，可以援引比利时法进行抗辩，因为根据比利时法，对于相对方的意思表示的沉默，不足以使得格式条款被并入合同之中。[1]

立法者之所以在合意事项上作此规定，是为了避免当事人的行为被不合理地根据准据法判定为对要约的接受。特别是自然人对于国际商事合同的订立并无充分的经验和知识背景，在这种情况下，自然人显属交易中的弱者，通常无法预计到合同准据法中的规定，故而立法者允许其援引经常居所地法进行抗辩。这一规定可以体现对弱者利益的保护。当然，《罗马条例 I》第 10 条第 2 款并未排除从事商事活动的商业实体援引该条款的可能性，至于商业实体能否"合理地"预计合同准据法中关于合意问题的规定，并了解自己的行为在意思表示上的意义，这需要法官根据具体情势进行裁量判断。[2]

（二）法律行为的形式问题

1. 原则：任择性适用法律行为地法或效果准据法

在国际私法上，法律行为的形式问题向来是需要予以特别处理，原则上可以任择性适用法律行为地法或效果准据法中的形式规则。为何法律行为可以任择性适用行为地法或效果准据法中的形式规则？"场所支配行为"这一原则无法很好地提供背后的理论依据，因为场所支配行为虽然说明了法律行为的形式问题需适用行为地法，但是无法说明为何是任择性适用行为地法或效果准据法。

从利益分析的角度进行说明，更有说服力。其一，对当事人来说，在效果准据法并不明确的情况下，行为地法因为标准相对客观，相对更容易确定，而且通常当事人对行为地法也更为熟悉。此外，考虑到要式行为的作出有时需要行为地的公证员或政府职能部门协助完成（如公证或登记），这些人员也往往较习惯于适用行为地法。所以，就便利当事人及法律交往的角度来看，应允许当事人根据行为地法确定法律行为的形式。当然，如果当事人愿意一开始就根据准据法统一原则适用效果准据法中的形式规则，这也是不排斥的。因为，统一适用一国法可简化法律适用的过程。其二，从实际效果来说，在准据法统一原则之外，增加行为地法适用的可能性，实质上就是允许法官从二者之间选择对形式要求较为宽松者作为形式问题的准据法，从而尽可能地简化法律行为的形式要求。这有时会被认为是规避了效果准据法国内的某些强行性规定，但很明显地传达出了立法者希望尽可能促成法律行为有效的目的宗旨，避免当事人之间因为形式上的障碍无法实现特定法律效果。

2. 形式问题的识别

在国际私法上，何为"形式问题"是需要特别予以对待的识别问题。一方面，"形

----

[1] Vgl. Abbo Junker, Internationales Privatrecht, 5. Aufl. 2022, S. 245, 248 ff.

[2] See Ulrich Magnus, Peter Mankowski (eds.), *European Commentaries on Private International Law Commentary* (*Rome I Regulation*), Verlag Dr. Otto Schmidt, 2016, p. 670. 通常而言，商事实体应更有能力预见到准据法中关于形式的规定，《罗马条例 I》第 10 条第 2 款的规定较难得到适用。

式问题"需要与相对的"实质问题"相区别,因为实质问题只应适用效果准据法;另一方面,"形式问题"又需要与相近的"证明问题"相区别,后者应根据程序问题适用法院地法原则确定所应适用的规则。不过,这几个概念都非实证法上有明确定义的概念,有时这三类问题的识别很困难。例如,不少国家的立法都存在限制证明方式的规则,原《法国民法典》第1341条(现《法国民法典》第1359条)、《意大利民法典》第2721条第1款、《比利时民法典》第1341条、《美国统一商法典》(UCC)第2-201条[1]等都属于此类规则。百年来这些规则的定性及法律适用问题恼人不休,观点又层出不穷。[2]

比如,《法国民法典》第1359条前两款规定超过一定标的金额(现为1500欧元)的合同内容只能由公证的文书或双方亲笔签名的私文书才能证明,而不准许通过证人的证言来证明。对这类规则的定性总体而言存在两种观点[3]:一种观点认为这就是关于证明方法的规则,如何更好地证明事实应属于"证明问题",本质上为程序问题;另一种观点认为这种限制证明方式的规则会对实体法律效果产生影响,不属于程序问题,而应属于实体问题。不过,学者对于这究竟属于实体问题中的哪一类问题又有分歧。其中一种观点认为这类规则本质上关涉法律行为的形式要件。因为在司法的认知中,不能证明法律行为的内容和法律行为不存在实际上是同一回事,从功能上说这类规则就是要求当事人要以合乎法律的文书形式缔结合同,否则权利义务关系有可能被视为不存在而无法获得法院的执行。[4]另一种观点认为限制证明方法的规则和形式要件规则在效果和功能上有些差别。形式要件如果不满足,合同就不生效,但限制证明规则并不否定合同在达成合意的时候就已经生效,只是因为受制于证明的可能性,合同的约束力相应地会受到一定的减损,所以这是关于合同效力的实质问题,而非形式要件问题。[5]

根据本书立场,我们认为"形式问题"应该属于与"程序问题"相对的"实体问题","实体问题"应该包括民商事权利义务关系的产生、变更、阻却和消灭等问题。[6]前述限制证明的规定显然影响权利义务关系是否产生或存在,故应为"实体问题"。至于这类问题究竟为"形式问题"还是"实质问题",域外学者认为,法律规定就意思表示的生效而言所必须满足的行为人的外部行为属于"形式",这些形式规则通常起到一定的提醒、公示或指导等功能,关于意思表示的载体、书面形式、签名、手书、公证或官方认证等要求或免于这些要求的规定都属于形式规则。[7]前述限制证明的规定虽然是针对法庭中的证明而拟定,但是这类规则实际上属于形式规则,旨在提醒当事人考虑到证明问题,建议其慎重地采用法律规定的特别形式订立合同。值得注意的是,任何形式规则实

---

[1] 例如带有示范法性质但取得巨大影响力的《美国统一商法典》中的第2-201条。普通法国家制定的欺诈法(Statute of Fraud)中都有类似规则。

[2] Vgl. Haimo Schack, Internationales Verfahrensrecht, 7. Aufl. 2019, Rn. 764 ff.

[3] Vgl. Haimo Schack, Internationales Verfahrensrecht, 7. Aufl. 2019, Rn. 764.

[4] Vgl. Spellenberg, in: Münchener Kommentar BGB, Band 12, 8. Aufl. 2020, EGBGB Art. 11 Rn. 44.

[5] Vgl. Dagmar Coester-Waltjen, Internationales Beweisrecht, 1. Aufl. 1983, Rn. 470 ff.

[6] 参见本书第十三章。

[7] Vgl. Christian v. Bar, Peter Mankowski, Internationales Privatrecht, Band II, Besonderer Teil, 2 Aufl. 2019, S. 210.

质上都会影响法律行为的效力，不宜从规则所产生的法律效果上去界定此类规则究竟属于形式规则还是实质规则。当然，如果特定案件可以直接适用CISG，我们也就无须考虑这类规则的定性和法律适用问题了，因为CISG有针对此问题的统一规则，其第11条第2款规定了销售合同无须以书面订立或书面证明，可以用包括人证在内的任何方式证明。

综上，我们认为，凡是旨在实现提醒、公示或指导等目的，并且属于意思表示的外部行为要求的规则，均属于形式问题的规定。

3. 法律行为地的界定

如果法律行为的作出地和到达地均位于同一法域，法律行为地的认定自然不成为难题。但在现实中，法律行为有可能是跨法域作出的，因此需注意以下几个问题。

其一，如果法律行为是代理人作出的，恰巧代理人与被代理人不在同一法域，这时法律行为地是在何处？对此，有一种观点认为，依照民法上代理的一般原理，应认为代理人能代表被代理人，故代理人在作出法律行为时所在地即为法律行为地。对此，德国自有的国际私法法规《德国民法典施行法》第11条第3款有明确规定。[1]还有一种观点认为，代理人或被代理人在作出法律行为时所在地均为法律行为地，甚至被代理人的经常居所地也都可以算作法律行为地，比如《罗马条例I》第11条第2款。第二种界定方法显然意在尽可能广地界定法律行为地，但被代理人如果未实际参与法律行为的实施，很难说代理人作为实际行为人对适用被代理人所在地法或被代理人经常居所地法具有何种利益。这种立法例不过是给予法院和当事人更多的法律适用可能，尽可能减少法律上的形式要求。

其二，如果单方法律行为需要受领，那么法律行为地究竟是意思表示的作出地还是意思表示的到达地？适用意思表示作出地法可能更符合意思表示人的利益，因为其更熟悉该地的规则，但适用意思表示到达地法也具有一定的道理，因为意思表示人对意思表示到达地具有预见可能性。所以一些观点认为，就有利于法律行为成立的角度而言，无论是意思表示的作出地还是意思表示的到达地均为法律行为地。[2]

其三，合同是典型的双方法律行为，如果合同双方当事人位于不同法域，就合同而言，法律行为地应如何确定？第一种观点是，合同订立地才是最终法律行为地，从意思表示的角度来考察就应该是承诺的到达地。但实际上，合同缔结过程中，意思表示交互发出，要约方与承诺方往往身份交互更替，合同双方当事人需要多个来回方最终达成合意。因此，就合同内容而言，承诺到达地究竟在何处有时也不那么容易确定。这种界定方式不仅使得法律适用变得复杂，而且界定的结果带有一定的偶然性。第二种观点是，合同既然是双方法律行为，那么双方所在地均是法律行为地。因为，笼统来看，任何一方的意思表示就合同缔结而言均是不可或缺的，而一方所在地就是另一方意思表示的到

---

[1]《德国民法典施行法》第11条第3款规定：如果一份合同系通过代理人订立，则在适用第1款和第2款时应以代理人所在国为准。

[2] Vgl. Jan Kropholler, Internationales Privatrecht, 6. Aufl. 2006, S. 313.

达地，也就是意思表示的生效地。但是从实际的立法来看，关于合同的形式规则大多数是针对合同整体制定的，这种拆解分析也未必具有意义。而且一旦将双方所在地均认为法律行为地，难道是必须同时符合两地的形式规则才算是符合法律行为地的规定？这可能与有利于法律行为生效的立法目的不符。从有利于减轻当事人的注意义务、保障双方对法律适用结果的可预期性、促进法律行为有效的角度出发，第三种观点认为合同双方当事人所在地或其经常居所地均可作为法律行为地，并且只要满足任何一地法律的形式规则，即为符合法律行为地法。这种界定方案无疑更具有正当性。[1]

4. 任择性适用的具体内涵

对法律行为的形式问题任择性地适用法律行为地法或效果准据法，对此通常可以理解为，特定法律行为只要满足法律行为地法或效果准据法中的形式规则即满足了形式有效性的要求。但是要注意两种特别情况。

第一种情况是，效果准据法规定了某种法律行为的形式规则，而法律行为地法并无对应的法律行为的种类，以至于立法根本就无该种法律行为形式的具体规定，这时候任择性地适用法律行为地法或效果准据法应作何理解？似乎我们可以从法律行为地法没有法律行为形式的规定中得出，当事人缔结此类法律行为时可以不受法律上形式要求的规定，即形式自由。但是德国通说认为，在这种情况下宜认为只适用效果准据法。因为任择性适用旨在对比两种法律中对于特定法律行为的形式规定，并且适用对形式要求较为宽松的法律。既然法律行为地根本无特定法律行为的规定，就没有比较的可能和必要，此时只能适用效果准据法。例如，德国夫妻之间可以签订关于养老金补偿（Versorgungsausgleich）的协议[2]。如果一对德国夫妻在某国签订了养老金补偿的协议，该协议的准据法为德国法，在签订地国，法律上并没有此类养老金补偿的实践，并且法律也未对此有形式方面的规则，那么这对德国夫妻不得主张法律行为地无此类合同的形式规则，而依形式自由原则订立合同，以规避德国法上的形式规定。[3]德国通说观点值得肯定，因为法律行为地本就无相关法律实践，当事人就应该无适用法律行为地法的期待可能性和值得保护的信赖利益可言，因此不能据此主张形式自由。

第二种情况是，法律行为地法和效果准据法对于未满足特定形式的法律效果有不同规定，当特定法律行为均未满足两地关于形式的法律规定时，应如何任择性地适用法律行为地法或效果准据法？对此我们认为，为了有利于法律行为成立，应任择性适用二者之中产生相对较轻的法律后果的法律。例如，行为地法直接认定违反形式规则的法律行

---

[1] Vgl. Abbo Junker, Internationales Privatrecht, 5. Aufl. 2022, S. 254.《罗马条例I》第11条第2款甚至更进一步地规定：只要任择性地满足了当事人一方或其代理人缔结合同时的居留地法（schlichten aufenthaltsorte），或者一方当事人在缔结合同时的经常居所地法（《罗马条例I》第11条第2款）中的形式要求，那么该合同在形式上就是有效的。

[2] 养老金补偿协议，是指对配偶双方之间就婚姻关系存续期间所获养老金的期待权或请求权订立的协议。对于养老金补偿制度，可参见[德]迪特尔·施瓦布：《德国家庭法》，王葆莳译，法律出版社2022年版，第263—276页。

[3] Vgl. Abbo Junker, Internationales Privatrecht, 5. Aufl. 2022, S. 254.

为无效，效果准据法规定违反形式规则的法律行为可有其他补救可能，不直接被认定为无效。那么，法官可以通过任择性适用效果准据法或法律行为地法认定，法律行为虽违反要式的规则，但可以通过补救措施生效。

5. 几类具体的法律行为的形式问题

（1）物权法上的法律行为

对于旨在创设或处分物权的法律行为，一些国家规定应适用效果准据法中的形式规则。例如，《德国民法典施行法》第 11 条第 4 款规定："成立物权或处分物权的法律行为，只有在满足作为该法律行为标的之法律关系的准据法所规定的形式要求时，方在形式上有效。"通常情况下，效果准据法即物之所在地法。物权变动及行使就经济生活而言意义重大，物之所在地法对于调整这类行为具有明显的利益，故应将其同一般的法律行为的形式问题区别开来，并特别处理。特别是一些关于公示的要求（如登记），需要物之所在地的官署介入，适用物之所在地法更为合适。

此外，在采用抽象原则或分离原则的国家，物权法上的处分行为和债法上的原因行为相区分，对于债法上以动产或不动产为标的的合同的形式问题，原则上仍可任择性地适用法律行为地法或效果准据法。不过，考虑到一些国家在物权变动上采用合意主义，而物之所在地法有可能在此类合同上规定了一些强行性规则，如这些规则构成国际私法上直接适用的法，则一般须直接予以适用。例如，《罗马条例 I》第 11 条第 5 款规定，对于债法上动产或不动产合同，原则上可以适用任择性原则尽可能有利于合同成立，不过如果物之所在地法的某些形式规则可以被视为直接适用的法，则应适用物之所在地的这些形式规则。

（2）消费合同

考虑到法律上的形式规则有时旨在保护弱者，所以一些立法对消费合同的形式问题作出单独规定。比如《罗马条例 I》第 11 条第 4 款规定，消费合同的形式适用消费者的经常居所地法。之所以严格适用消费者的经常居所地法，一方面是因为消费者对该地的形式规则最为熟悉；另一方面是关于消费合同的形式规定往往也具有实体法上的保护之目的，不宜完全按照一般形式问题来处理。[1]

（3）婚姻缔结与遗嘱订立

为了有利于认定婚姻有效，在婚姻缔结的形式问题上，《涉外民事关系法律适用法》第 22 条规定："结婚手续，符合婚姻缔结地法律、一方当事人经常居所地法律或者国籍国法律的，均为有效。"类似地，在遗嘱订立事项上，为尽可能认定遗嘱有效，减少遗嘱订立的形式要求，《涉外民事关系法律适用法》第 32 条规定："遗嘱方式，符合遗嘱人立遗嘱时或者死亡时经常居所地法律、国籍国法律或者遗嘱行为地法律的，遗嘱均为成立。"与前述提到的任择性适用法律行为地法和效果准据法相比，这两条冲突规则所允许选择的连结点范围更为宽泛，目的就是尽可能地促进这类法律关系的成立。

---

[1] Vgl. Abbo Junker, Internationales Privatrecht, 5. Aufl. 2022, S. 256.

三、中国法评析

中国法并无针对法律行为的一般冲突规则。目前，立法者仅在《涉外民事关系法律适用法》第 22 条与第 32 条中规定了婚姻缔结和遗嘱订立的形式问题的准据法，而对实践中最经常遇到的合同订立中的法律行为形式问题和成立的特别事项并无具体规定。因而，本节所阐述的内容目前还仅停留在学理层面，多数内容无法在中国实证法中找到依据。或许，未来有待通过法律修改、司法解释或司法实践，将前述关于法律行为法律适用的一般原理转化为具体的法律规则并付诸实践。

第二节 代理

依照民法学说，代理可以进一步区分为法定代理、意定代理与机关代理。这三类代理在实体法上所实现的功能和目的不尽一致，国际私法应为这三类代理关系分别确定准据法。[1]

一、意定代理

意定代理[2]的代理权来自当事人的意志，即被代理人通过授权行为授予代理人意定代理权。通常，代理中的法律关系被笼统地分为内外两个部分予以考察。内部关系是代理人与被代理人之间的关系，又分为授权关系以及基础关系两层。外部关系之中，被代理人与第三人为契约双方当事人，或者单方法律行为中的行为人与相对人。不过，在国际私法上，最好宜将意定代理关系区分为三个部分分别确定准据法，这三个部分是：代理人与被代理人之间代理内部基础关系、被代理人与第三人的外部法律关系、意定代理权的有关问题。

（一）被代理人与代理人内部基础关系

虽然授权行为可以独立于基础法律关系存在，但是若代理人享有代理权而不承担义务，这种"孤立代理权"对授权人极为不利，所以事实上，代理人与被代理人之间内部通常存在某种基础关系（或称原因法律关系），例如委托、劳动、承揽等合同关系。因为被代理人与代理人内部基础关系复杂多样且差异较大，立法者很难针对内部基础关系制定一条独立的冲突规则。

需要注意的是，海牙国际私法会议 1978 年 3 月 14 日通过的《关于代理准据法的公约》第二章针对被代理人与代理人内部关系制定了冲突规则，但制定者考虑到代理的内部关系不局限于委托合同，还有其他合同类型，所以该公约只针对主要或唯一目的在于

---

[1] 对此可参见林强：《涉外代理关系准据法的确定》，载《法学研究》2020 年第 6 期。

[2] 我国学者又称此为"委托代理"。不过，意定代理的称谓更科学准确，本书采用"意定代理"之表述。

创设代理关系的合同或者可从整个基础关系中分离出来的具有代理合同性质的那部分关系制定冲突规则（公约第 7 条）。在效果上，公约第二章相当于主要针对委托合同确定准据法，其他内部关系如适用第二章则不可避免地导致"分割"。而劳动合同因与劳动法和公共政策紧密相连，第二章对其不适用（公约第 10 条）。[1]

在法典化的国家，代理冲突规则只需提及被代理人与代理人的内部基础关系根据各自法律关系的冲突规则确定准据法即可。被代理人与代理人内部基础关系如果为委托关系，则可以根据合同冲突规则确定准据法；如果处于委托合同中的代理人和被代理人因主体地位的差异表现为消费合同关系，二者之间的内部关系甚至可以根据消费合同冲突规则确定准据法；如果被代理人与代理人内部基础关系为劳动关系，则可以根据劳动合同冲突规则确定准据法。

（二）代理外部法律关系

本书狭义地界定代理外部法律关系，即代理外部关系主要是指代理行为有效成立后，代理的效果归属被代理人，由此在被代理人与第三人之间成立的法律关系；或者是代理行为是单方法律行为时，单方法律行为引起的特定法律关系的成立、变更或终止等。

对于外部法律关系的适用，有如下几点需要注意。第一，代理行为有效成立后，被代理人与第三人之间成立的法律关系应依该法律关系的冲突规则确定准据法。如果代理行为仅是单方法律行为，原则上该单方法律行为的效力认定等问题应适用效果准据法。第二，在为代理人在代理权限范围内所从事的法律行为的形式问题确定准据法时，可以代理人作出法律行为时的所在地为法律行为地。除此之外，有一些立法为尽可能促成法律行为的形式有效性，也将被代理人在作出法律行为时的所在地视为法律行为地，甚至还适用被代理人的经常居所地法。[2]

（三）意定代理权

意定代理权的授予及其行使等问题，直接涉及代理关系中的三方的利益，比如，在特定纠纷之中，被代理人主张代理人逾越代理权，代理行为无效，而第三人主张构成表见代理，代理行为有效。对于意定代理权的授予与行使等相关事宜，宜统一确定准据法，不宜分割成代理人与被代理人、被代理人与第三人以及代理人与第三人之间的关系分别依照不同的连结点确定准据法。对于意定代理权的冲突规则的设置可以从以下几个方面予以把握。

1. 为何采取独立连结理论

针对意定代理权单独确定准据法，不仅是民法思维的惯性使然，而且有其深层次的冲突法上的考量。各国针对代理权的授予、权限及消灭事由的规定常有差异，以明确且合理的方式确定代理权问题的准据法，对代理关系中的三方当事人来说均十分必要。第

---

[1] See I.G.F. Karsten, *Explanatory Report on the 1978 Hague Agency Convention*, in: Act. Doc. La Haye 13. Sess. 1976, para. 56.

[2] 参见《罗马条例Ⅰ》第 11 条第 2 款。

一，被代理人需要知道代理权准据法，以知悉如何有效地授予、撤回代理权限，避免因无法知悉的形式被判定授予他人代理权，最终承受不想要的合同之约束。同时被代理人还具有的利益是，避免在确定准据法的过程中，代理人与第三人合谋操纵连结点，适用自己无法知悉的代理准据法。第二，第三人在与代理人订立合同之前，需要确认对方是否有代理权限，才能避免花费成本订立了合同却没能与被代理人成功缔结合同。第三人还具有的诉求是，希望自己对代理外观的合理信任能够最终得到保护。第三，代理人需要知悉代理权准据法，以判断自己的代理权限、有效地行使代理权，避免因无法预见的法律适用而被判定为无权代理，进而对被代理人或第三人承担责任。

但是，依基础关系准据法抑或主合同准据法均不能较好地实现代理三方当事人利益的平衡。适用基础关系准据法有利于被代理人与代理人，因为他们可以自行磋商确定代理准据法，但对第三人的利益保护不足，原因如下。其一，被代理人和代理人可以在任何时候就内部合同关系的法律适用达成协议，第三人未必知悉他们选择了准据法；即使第三人知悉，当事人通常选择的是双方都熟知的法律，第三人却未必熟悉，把查明法律的成本施加在第三人身上，难免利益失衡。其二，如果内部关系当事人在主合同缔结之后才选定准据法，第三人就根本丧失了知悉代理准据法的可能。如果依照内部的法律选择不影响第三人利益的原理，在前述情况下，应适用特征履行方经常居所地法。在复杂的双务合同关系（如代理分销合同）中，确定特征履行方不是一件容易的事情，第三人为查明代理准据法未免需花费过多的交易成本。甚至极端地说，因为最密切联系原则的可能适用，或者是因法院地未确定，相应合同冲突规则也无法知悉，代理三方当事人事前可能根本无从查明内部准据法。

适用主合同准据法也不合理。主合同是否有效缔结本身就取决于代理权行使是否有效，依主合同准据法确定代理权准据法逻辑上未免难以自洽。即使能依照主合同确定准据法，又进一步地衍生出类似前述的逻辑问题，例如在确定特征履行方时可否将被代理人视为合同当事人？代理人与第三人选择的准据法是否有效？如有效，就不排除第三人与代理人串通选择有利于代理行为有效的法律，从而损害被代理人的利益。再者，少数情形下代理人的行为不以缔结合同为目的，例如代理人被委托申请专利，这时并不存在所谓的主合同准据法。从根本上说，在主合同缔结之后才能确定代理权的准据法，对各方当事人来说已经没有太大意义，因为在缔结主合同前各方知悉代理权的准据法，才有可能明确权利义务、规避法律风险，否则代理关系的展开将完全陷入法律的不确定性中。

2. 客观连结点：代理行为地

拉贝尔在 20 世纪中叶指出，"代理行为地"的正当性基础在于第三人能够较为便捷地查明准据法，同时各方当事人的意向也增强了其正当性。因为被代理人明确地表达了代理应当在何处展开，并且第三方知悉被代理人的意愿。适用代理行为地法确定准据法对各方当事人来说既客观又便捷。[1]在交通和通信尚不发达的20世纪早期，该观点有一定的说服力，因为代理关系中的各方在国际贸易中均不会冒失地选择代理行为地，代理行为地也多与代理中的一方或者双方住所地保持一致，甚至代理行为地法还是基础关系或主合同的准据法。

不过，在当代因为通信与交通日益便捷，"代理行为地"的界定常常有困难，需要根据类型化的方法予以分析。

（1）持续性代理中的"代理行为地"

"代理行为地"事前确定不能的情形多发生在商事代理中，代理行为属于代理人的日常经营活动之一，被代理人的授权也往往是持续性的。如依事后个案来判定"代理行为地"，双方之间的代理关系亦需依个案作不同判断，对被代理人与代理人均不便利。加之，个案中的"代理行为地"也有事后确定不能的情况，第三人也会面临着无法知悉准据法的风险。所以，当代立法多以代理人的营业所所在地作为"代理行为地"的替代连结点，例如《瑞士国际私法》第126条第2款、《德国民法典施行法》第8条第2款、《代理法律适用公约》第11条。代理人营业所事前可确定且不易操纵更改，并且是代理关系展开的枢纽，以其作为连结点，三方当事人希望准据法明晰的法律适用利益都可得到兼顾。当代理行为为代理人的日常经营活动时，在法律上可以构想并推定代理人的营业所所在地是总括的代理权行使地。个案中代理人没有营业所或者第三人客观上无法知悉该营业所在哪时，为保护第三人利益，则推翻既有推定，适用实际代理行为地法。

雇员为商事主体从事代理活动的情形也类似，可以考虑推定商事主体的营业所为代理行为地。第三人客观无法知悉营业所时，适用实际代理行为地法。从公司治理来看，无论是高级雇员还是普通雇员，其代理行为都统一适用营业所所在地法（通常是公司属人法），可以尽可能地实现治理的便利。

（2）拍卖、证券交易、不动产买卖中的"代理行为地"

当代理行为涉及拍卖、证券交易以及不动产买卖时，可以考虑将拍卖所、证券交易所以及不动产所在地拟制为"代理行为地"。事前各方都知悉这些地点，因此可提前明确准据法。另外，证券交易所、拍卖所及不动产所在地作为代理行为的"重心"所在地，[2]针对代理权限往往设置有特别的管制性交易规则，依这些场所地确定意定代理权准据法，可以尽可能地保证交易的便捷顺畅。[3]

（3）约定与实际"代理行为地"不一时的选择规则

代理人在意定"代理行为地"之外行为，如第三人知悉或应知悉被代理人指定的"代理行为地"，优先适用约定代理行为地之法律。一方面，这一规则使三方都能确定准据法；另一方面，第三人知悉情况仍与代理人交易，自身行为具有可非难性，丧失了特

---

[1] See Ernst Rabel, *The Conflict of Laws: A Comparative Study*, 2nd ed., Vol. 3., The University of Michigan Press, 1964, pp. 155-156.

[2] Vgl. Jan Kropholler, Internationales Privatrecht, 6. Aufl. 2006, S. 307.

[3] Vgl. Simon Schwarz, Das Internationale Stellvertretungsrecht im Spiegel nationaler und supranationaler Kodifikationen, RabelsZ 71(2007), S. 770.

别保护的前提。第三人如果不知道此种约定，则在被代理人与第三人之间应优先考虑保护后者，适用实际代理行为地法。《德国民法典施行法》第 8 条第 5 款第 2 句就贯彻了此种立场。

（4）"代理行为地"客观上确定不能的情形

无法确定"代理行为地"的可能性已经通过前述"代理行为地"的推定规则与拟制规则大大降低，但仍会存在。《德国民法典施行法》第 8 条第 5 款第 3 句规定，此种情况下应适用被代理人的经常住所地法，法律适用的风险完全转嫁到了第三人身上。从法政策上看，这是错误的。适用代理人营业所或者经常居所地法也不当，因为此种情况是在依推定规则第三人无法知悉代理人营业所或经常居所地时才产生的。本书认为，为贯彻保护善意第三人的立场，此情况应适用第三人的经常居所地法。

3. 主观连结点

运用客观连结点确定准据法有难以克服的缺陷，主观连结点的引入有利于规避客观连结点运用过程中可能出现的不确定风险。[1]自《代理法律适用公约》首次引入了主观连结点之后，多国立法都对意思自治原则予以了肯定，但在实现方式上存在分歧。比较法上有三种法律选择可能：三方选择、被代理人单方选择、被代理人与第三人双方选择。[2]以下简要介绍并评析这三种行使意思自治的方法。

（1）三方协议确定准据法

基于三方意愿确定的准据法具有较强的正当性，无论是事前还是事后选择均可。但在实际情形中，三方协议确定意定代理权的情形可能不多，也很少有国家规定三方协议确定准据法的情形。其中的理由有如下几点。

第一，代理制度的要义就在于通过代理人代劳，被代理人可以避免事必躬亲地与第三人进行磋商接触。如要求准据法需三方合意才能确定，实质上是要求被代理人积极地介入到还未开始或者已经开始的交易中，这从根本上与代理制度的初衷相悖。第二，从理论上来说，多加入一方当事人就意味着多一重分歧的可能，事前三方合意确定准据法的难度可能不比单次小型交易的合意容易达成，被代理人不太可能费心劳力地积极进行准据法的选择。如果是长期代理，被代理人每次都参与到准据法确定过程中的可能更是微乎其微。第三，事后发生纠纷时，准据法的选择往往关乎各方切身利益，三方达成法律选择协议的希望更加渺茫。因此，径直依文义作解释，《涉外民事关系法律适用法》第 16 条第 2 款可能无法有效地实现立法者引入意思自治的初衷，比较法中如此局限地运用主观连结点的做法也属罕见。

（2）被代理人单方选择意定代理权准据法

从实体法的角度来说，被代理人单方确定意定代理权准据法有一定的依据：如承认

---

[1] Vgl. Jan von Hein, Beschluss der Zweiten Kommission des Deutschen Rats für Internationales Privatrecht zu dem auf die Vollmacht anwendbaren Recht, IPRax 2015, S. 579.

[2] 例如德国同时承认了三方选择以及被代理人单方选择；《代理法律适用公约》与瑞士承认被代理人与第三人双方选择；奥地利、韩国则允许被代理人单方选择。Vgl. Simon Schwarz, Das Internationale Stellvertretungsrecht im Spiegel nationaler und supranationaler Kodifikationen, RabelsZ 71 (2007), S. 774 ff.

授权行为具有独立性，代理权的授予便属于被代理人的自由，授权行为本身不给他人创设何种权利与义务，被代理人在授予代理权时也无须与第三人协商。由此立场推出冲突法中被代理人享有单方确定意定代理权准据法的权利，并不困难。[1] 或许有人会表示反对，在罗马法系与普通法系国家，代理人的任命大多需以合同或合意为基础，不存在单方确定代理权一说，但这不足以成为强有力的反对理由。被代理人对外行使单方选择权时，不可能对内部合意不加理会，如内部双方已就准据法选择达成一定的意向基础，被代理人对外行使单方选择权反而更不容易受到代理人的抵制。从冲突法的立场出发，被代理人单方确定意定代理权也有实际意义。在持续性授权中，被代理人可以统一地确定意定代理权准据法，对代理的内部双方来说均属利好，顺应了商事实践的需求。三方或者双方合意确定准据法均无法实现此种效果。

在涉外代理中，意定代理权的授予加上意定代理权准据法的确定构成了完整的涉外意定代理权的内容，对此，代理人和第三人应当知悉，这样才能安全地进行交易。但是，为了保护代理人和第三人的利益，应注意被代理人单方选择权的生效需具备两个要件：一是时间需在代理权行使之前；二是需代理人与第三人知悉。如第三人对于准据法的选择不满，可以选择拒绝交易、请求被代理人更改准据法或者直接与被代理人交易。同理，代理人也可在知情后，与被代理人磋商另选准据法或放弃代理的方式避免可能产生的不利后果。代理人与第三人知悉准据法后，仍推进交易并最终缔结合同，即可以认为各方均默认了被代理人的选择结果，也可以认定各方实质上达成了准据法选择的合意。

（3）被代理人与第三人双方确定意定代理权的准据法

比较法上，尚有被代理人与第三人合意确定准据法的做法。典型如《代理法律适用公约》第14条，该条规定，被代理人或第三人书面选择的法律，经另一方明确接受，可以成为准据法。

虽然如此，本书认为被代理人与第三人确定准据法的方案未必妥当。理由有如下几点。

第一，同三方选择准据法的情形类似，在持续性的商事代理中，要求被代理人事前与第三人对准据法的选择达成合意，不具有可行性。实践中的替代做法可能是，被代理人在授权书上载明了法律选择的意向，而后留待第三人同意，但结果上需依个案认定双方是否达成了准据法选择的合意。这并不能很好地满足被代理人与代理人希望明确意定代理权准据法的预期，其效用并不比三方共同选择的方案强多少。

第二，在个别的外部授权中，存在被代理人与第三人达成选择准据法合意的可能，代理人如不知情，仍依客观连结点确定的准据法行事，可能承担无权代理的责任。因此，需保证代理人的知悉权。如代理人知情后不同意，代理行为就无法展开，双方就可能需另选定准据法直到代理人同意为止，实质仍相当于三方选择准据法。

---

[1] Vgl. Andreas Spickhoff, Kodifikation des Internationalen Privatrechts der Stellvertretung, RabelsZ 80 (2016), S. 501.

第三，为克服前述弊端，也为了避免被代理人无法每次均积极介入到法律选择中，有学者主张可以允许被代理人授权代理人同第三人选择准据法。为避免代理人与第三人合谋选取不利的准据法，被代理人可以考虑在授权时限定只能选择被代理人经常居所地法或者代理人经常居所地法等。[1]但是这种方案也存在弊端，如代理人在限定的可选择的实体法范围之外另选准据法，超越选择准据法的代理权限这一问题又应依照哪个实体法予以判断？因此该方案同样带有不确定的因素。

第四，公约并没有限制双方事后选择准据法，代理人原本根据客观连结点确定的准据法行事，但是依被代理人与第三人之间事后选定的准据法，可能最后被判定为无权代理，这种做法的正当性值得怀疑。[2]为此，瑞士采取的方案是，双方选择的准据法不得影响代理人的权利。[3]这样，即使是事后双方选择了准据法，为保护代理人，意思自治也未必能得到实现。

第五，最为根本的是，如果肯定了被代理人单方选择权，任何理性的被代理人都不会舍近求远地寻求与第三人达成双方法律选择的合意。两个制度没有共同存在的必要。鉴于被代理人与第三人双方选择准据法弊端重重，还是不要认可这种选法方式为好。

4.适用意定代理权准据法的事项

适用意定代理权的事项有如下几方面。第一，影响意定代理权是否存在的因素，具体包括意定代理权的授予、撤销、消灭等。[4]其中，德国学者认为代理权的授予作为法律行为，应当如其他法律行为一样，在形式上放宽要求，符合行为地法或者效果准据法（即意定代理权准据法）的形式要求即可。[5]第二，意定代理权的范围与行使方式，涉及是否可以转代理、多方代理中的代理权如何行使等问题。[6]第三，表见代理与无权代理。有权代理、表见代理与无权代理在判断上相互牵连，适用相同的准据法进行裁判，可避免产生矛盾裁判。[7]

不过，对于特定问题究竟是应当适用主合同准据法还是代理权准据法裁判，学者间常有分歧，如代理效果的归属是否以显名为必要条件、特定交易或行为是否容许代理（常与可否自我代理、一般授权的权限等问题交织在一起）、追认的效力等，[8]有待于今后的研究进一步加以澄清。

---

[1] Vgl. Christoph Reithmann, Dieter Martiny, Internationales Vertragsrecht, 8. Aufl. 2015, 7. Teil: Vertretungsmacht und Verfügungsbefugnis, Rn. 7.381.

[2] See Jürgen Basedow, *The Law of Open Societies: Private Ordering and Public Regulation in the Conflict of Laws*, Brill, 2015, p. 159.

[3] Vgl. Frank Vischer *et al.*, Internationales Vertragsrecht, 2. Aufl. 2000, Rn. 1025.

[4] Vgl. Keller/Girsberger, Zürcher Kommentar zum IPRG, 2. Aufl. 2004, Art. 126, Rn.26, 31.

[5] Vgl. Abbo Junker, Internationales Privatrecht, 3. Aufl. 2019, § 14 Rn. 51.

[6] Vgl. Keller/Girsberger, Zürcher Kommentar zum IPRG, 2. Aufl. 2004, Art. 126, Rn. 29.

[7] Vgl. Jan Kropholler, Internationales Privatrecht, 6. Aufl. 2006, S. 308 ff.

[8] Vgl. Spellenberg, in: Münchener Kommentar zum BGB, Bd. XI, 7. Aufl. 2018, Art. 8 EGBGB, Rn. 150 ff; Keller/Girsberger, Zürcher Kommentar zum IPRG, 2. Aufl. 2004, Art. 126, Rn. 25 ff; Frank Vischer *et al.*, Internationales Vertragsrecht, 2. Aufl. 2000, S.476 ff.

二、法定代理权

法定代理是依法律规定而产生的，主要存在于家庭法领域。如父母对于未成年子女的代理权，夫妻之间的家事代理权等。在通常的法定代理之中，基础关系与主合同均可以根据各自冲突规则确定准据法。法定代理权直接派生自父母子女关系或监护等基础关系，只有适用基础关系准据法来判定代理的内部关系，才不至于割裂法定代理与基础关系的有机联系。如父母对子女的法定代理权适用《涉外民事关系法律适用法》第25条父母子女人身关系的冲突规则，因监护产生的法定代理权适用《涉外民事关系法律适用法》第30条关于监护的冲突规则等。

在针对无行为能力人或限制行为能力人设定的法定代理中，法定代理人不允许积极地对外进行经济交往活动，[1] 当出现法定代理人与第三人进行交易的特别情形时，第三人应当负有充分的注意义务去查实交易相对人的身份与代理权限。但是应该要注意的是，善意第三人的利益应予以保护。如果第三人和法定代理人在缔结法律行为时身处同一法域，第三人不知也不可能根据内部关系准据法判定法定代理人的权限，而善意地根据法定代理人的行为地法认为其有代理权，为保护善意第三人的交易安全，在这种情形下，法定代理人不得援引内部关系准据法主张自己无代理权，而应例外地适用行为地法。

三、机关代理

公司为法律上拟制的"人"，必须借助自然人为特定行为，机关代理的首要功能就在于由法定代表人实际上代表法人，使法人能够参与法律交往。[2] 换言之，法人的诸种行为是由法定代表人作出的，法定代表人的代理权限原则上应根据公司属人法来确定。

当法定代表人对外履行职能、与第三人发生交易时，则又涉及交易安全的保护。德国学者认为，当代表人依照公司属人法不具有代理权限，第三人对此不知或不应知悉，而依据行为地法善意地认为其有代表公司的权限，为了保护第三人的交易安全，类推适用《德国民法典施行法》第12条第1句（或《罗马条例I》第13条）之规定，[3] 此时准据法应为合同缔结地法，机关代理人不得援引公司属人法的规定主张自己无代表权限。

四、中国法评析

《涉外民事关系法律适用法》第16条为中国法上的代理冲突规则。不过，该条文对所涉及的代理类型、连结对象与连结点界定得均不清晰。在前述阐释的学理基础上，本书建议对《涉外民事关系法律适用法》第16条作如下理解。

---

[1] 对此可见《民法典》第35条。
[2] Vgl. Helmut Köhler, BGB Allgemeiner Teil, 43. Aufl. 2019, S. 156.
[3] Vgl. Kindler, in: Münchener Kommentar zum BGB, Band 12. Teil X: Internationales Handels- und Gesellschaftsrecht [Kaufleute, Juristische Personen und Gesellschaften], 7. Aufl. 2018, Rn. 562.《德国民法典施行法》第12条之条文，参见邹国勇：《外国国际私法立法选译》，武汉大学出版社2017年版，第113页。

第一，第 1 款中的"代理"不能径直依民法来解释，宜将法定代理与机关代理排除在外，第 16 条只涉及意定代理。

第二，无论是从实体法还是从冲突法的立场出发，我国都应采纳德国意定代理权独立连结理论。代理内部基础关系与外部法律行为均可在第 16 条之外找到对应的冲突规则，第 16 条的连结对象只为意定代理权。在立法不作修改的情况下，第 1 款前段的"代理"应进一步限缩解释为意定代理权，但书未来宜完全删除。

第三，在依第 16 条规定的主、客观连结点确定准据法时，应依实体类型做精细的利益衡量。未来有必要制定司法解释，明确若干典型情形中的代理行为地如何确定，并且明确除允许三方协议确定意定代理权准据法之外，还可允许被代理人在代理人与第三人知悉的情况下单方确定意定代理权准据法。

重要名词术语

准据法统一原则、效果准据法、形式问题、独立连结理论、代理行为地

思考题

1. 准据法统一原则的例外有哪些？
2. 在国际私法上，如何区分法律行为的形式问题与实质问题？
3. 中国有无必要拟定专门针对法律行为的冲突规则？
4. 在为法定代理、机关代理与意定代理确定准据法时，所考量的利益有何差别？三种代理类型有无可能通过一条统一的冲突规则确定准据法？
5. 单独为意定代理权确定准据法（独立连结理论）有无合理性？
6. 如何确定《涉外民事关系法律适用法》第 16 条的代理行为地？
7. 当事人如何协议选择确定意定代理权的准据法？

典型案例分析

B 公司与陈某榆股权转让案

1992 年，台商投资经营企业 A 公司在湖北省武汉市经批准成立。2000 年 7 月，中国台湾地区企业 B 公司通过受让的方式取得 A 公司 100% 股份，成为 A 公司唯一股东，A 公司企业类型亦由台资合资经营企业变更为台商独资经营企业，丁某智任 A 公司董事长，陈某榆任公司董事，两人均为中国台湾地区居民。2009 年 2 月 14 日，丁某智与陈某榆在大陆签订《股权转让协议》一份。协议明确约定：转让方（甲方）为 B 公司，法人代表人为丁某智，受让方（乙方）为陈某榆，根据 B 公司全体股东会议，甲方愿将 A 公司 100% 股权出资转让给乙方，乙方愿意接受上述股权出资并已支付。根据 B 公司章程第 14 条，董事会由董事组织之，由 2/3 以上董事出席及出席董事过半数之同意互推

董事长一人，董事长对外代表公司。2011年4月14日，B公司股东丁某文出具声明书，明确其作为公司股东在此前从未参与股东会讨论将公司持有的A公司股权转让给他人，也不同意丁某智将该股权转让给陈某榆。同年5月31日，B公司股东黄某胜、詹某惠也签署了与以上内容相同的声明书。同日，黄某胜（持有B公司股份1000股占总股本的20%）、詹某惠（持有B公司股份1000股占总股本的20%）、丁某智（持有B公司股份1550股占总股本的31%）在台湾地区参加了B公司股东会并一致同意通过以下股东会决议：公司股东会从未授权丁某智将公司所持有的A公司股权转让给任何人；公司股东会不同意丁某智将上述股权转让给陈某榆，并不认可丁某智与陈某榆所签订的一切相关协议，上述股权转让协议均无效。

问题：丁某智是否有权代表B公司对外签订转让股权协议这一问题在国际私法上如何定性？陈某榆能否以转让股权协议在中国大陆签订为由主张适用中国大陆法？

第六章　物权的法律适用

【内容提示】

物权是权利人依法对特定的物享有直接支配和排他的权利，包括所有权、用益物权和担保物权。[1]"物权"和"财产权"分别是大陆法系和英美法系国家民法中的概念，虽然二者不能完全等同，但是在各国的立法和实践中可以互换理解。物权是民事法律关系中两大基本财产权之一，有着十分重要的地位。物权法直接调整国家经济关系，维护国家的基本经济制度，有着浓厚的"本土色彩"。由于含有涉外因素，国际私法上的物权与国内民法上的物权不同。国际私法中的物权是涉外物权，它是民法中的物权在国际范围的延伸。各国物权法与其本国的社会制度、经济制度、历史传统、发展程度等紧密联系，受地理环境、经济结构乃至意识形态的影响，具有较强的国家性、民族性、地域性和法定性。物权固有的法定性导致各国物权法之间往往有明显的差异，致使涉外物权领域充斥法律冲突，需要适用冲突规范加以解决。

物之所在地法原则是调整涉外物权关系的主要法律适用原则。经过漫长的历史发展，物之所在地法原则已经成为物权领域运用最多的冲突规则。对于一些特殊类型和状态的物，其涉外物权关系有物之所在地法之外的冲突规范进行调整。我国主要按照物权客体区分动产和不动产不同的法律适用规定，并主要采取物之所在地法和意思自治两类规则对涉外物权关系进行法律适用的调整。

第一节　涉外不动产物权之法律适用

一、涉外物权

物权是民事主体对物直接控制和支配并排除他人干涉的权利，在性质上是一种支配权。我国《民法典》物权编第 205 条规定："本编调整因物的归属和利用产生的民事关系。"物权法除确认和调整物的支配和归属关系外，还规定了物的流转和物权变动的有关规则，并保障作为财产的物的交易的安全。显然，物权法的社会意义和作用十分

---

[1] 参见《民法典》第 114 条第 2 款。

重要。

根据物权法定原则，物权的种类和内容只能由法律统一规定，不得由当事人任意创设。根据物权在其设立、变更、消灭等效力方面的不同，将物权分为不动产物权与动产物权。大陆法系的大多数国家认为物权是有体物，而英美法系国家和法国则认为物权或财产权的客体既包括有体物也包括无体物，无体物包括如债权、著作权、信誉等在内的各种权利。作为物权客体的权利在一些国家直接被视为动产或不动产的范围，准用动产或不动产的规则。我国《民法典》第115条规定："物包括不动产和动产。法律规定权利作为物权客体的，依照其规定。"

随着社会经济的发展，现代社会的物权客体越来越多样化，因此物权客体的界定和分类比以往更复杂和精细。各个国家对于不动产和动产的范围和认定标准并不完全一致。法国将不动产的使用收益权、不动产的返还请求权和土地使用权均视为不动产，德国和日本仅将土地及固定在土地上的物视为不动产。我国2019年《不动产登记暂行条例》第2条第2款规定："本条例所称不动产，是指土地、海域以及房屋、林木等定着物。"此外，目前对于对网络虚拟财产的性质也存在广泛讨论，世界各国和地区无论是在立法上还是判例上都有不同的做法，有的即使在同一国家内，法律也有不同的规定。在美国，加州高等法院的法官把公司离职员工的电子邮箱和邮件系统作为保护对象颁布禁令，也就是把网络系统认定为财产，侵入网络系统则构成了非法侵入财产。但是类似的案例在洛杉矶高等法院审理时，法官把电子邮箱及该电子邮箱的系统视为私人领地来保护。韩国相关法律的规定则是把网络虚拟财产等同于电子货币进行规制和保护。对物权的取得、变更或消灭，各国的规定也不同。《法国民法典》第1583条规定："当事人双方就标的物及其价金互相同意时，即使标的物尚未交付、价金尚未交付，买卖即成立。"我国《民法典》第224条规定："动产物权的设立和转让，自交付时发生效力，但是法律另有规定的除外。"

涉外物权关系是含有涉外因素的物权关系。国内民法中的物权制度是国际私法中的物权制度的基础，而国际私法中的物权制度同也是国内制度的延伸和发展。由于在物权领域各国规定差异较大，在国际交往和交流中将会因此导致频繁的法律适用上的冲突，需要国际私法对其加以调整。目前，以物之所在地法（lex loci rei sitae, lex rei sitae, lex situs）作为涉外物权关系的准据法，成为当今各国解决物权法律冲突普遍采用的基本原则，其适用的范围及例外在各国已渐趋一致。在涉外物权关系中，动产和不动产的区分也有十分重要的意义。比如在法院管辖方面，许多国家将与本国境内不动产有关的诉讼划入其专属管辖的范围；在法律适用方面，支配动产物权与不动产物权的准据法在某些情况下有可能不同，而支配动产继承与不动产继承的准据法在许多国家一直按不同规则分开确定，即实行继承准据法的所谓"分割制"。

二、物之所在地法原则

（一）物之所在地法规则的产生和发展

物之所在地法是物权关系所在地的法律。物之所在地法是起源于13—14世纪意大利的古老法律适用原则。意大利"法则区别说"的创始人巴托鲁斯主张将城邦国家的法律区分为"物法"和"人法"两大类，用于解决意大利北部不同城邦国家之间的法律冲突所引起的法律适用问题。根据这一学说，位于某城邦国家境内的不动产由该国的"物法"支配，即不动产物权适用不动产所在地法律。这就是物之所在地法原则的由来。此外，"人法"除用于解决有关人的身份、能力等问题以外，还用于调整动产物权关系，即动产物权适用当事人的住所所在城邦国家的法律。"法则区别说"中的物之所在地法原则对于各国解决涉外物权法律适用问题产生了深远的影响。自"法则区别说"产生后，不动产物权适用物之所在地法相继被大陆法系国家和普通法系国家的立法或司法实践沿用。

在动产物权方面，由于14世纪到19世纪末，商品经济尚不发达，涉外民事关系相对简单，动产的种类有限并且价值不高，在社会经济生活中的地位低于不动产，尚不足以引起国家的重视，并且动产可以随当事人的迁徙而改变所在地，因此国家在当时的立法和实践中倾向于用当事人的属人法调整动产相关的法律关系。于是在"法则区别说"的影响下，各国发展出"动产随人"（mobilia personam sequuntur, mobilia sequuntur personam）、"动产附骨"（mobilia ossibus inhaerent）或"动产无场所"（personality has no locality）规则。随着全球经济和国际民事交往的迅猛发展，与动产物权有关的涉外民事关系日益复杂，动产的资本价值增大，在经济生活中的比重越来越高，动产所有人的住所地更加多变和复杂，动产所在地可能由于其所有人的移动位于多个国家，动产随人规则不再能适应调整动产物权关系的实际需要，各个国家渐渐普遍认为其本国法律有必要支配位于本国境内的动产之物权关系。若不将位于本国境内的动产物权关系置于本国的法律管辖之下，不仅动产物权难以确定，本国的经济利益也会受到影响。有鉴于此，自19世纪末开始，许多国家逐渐在立法或实践中相继抛弃动产随人的传统规则，转而支持动产物权与不动产物权皆依物之所在地法的原则。例如，1898年的《日本法例》第10条第1款规定："关于动产与不动产物权以及其他应登记的物权，依其标的物所在地法律。"1928年《布斯塔曼特国际私法典》第105条明定："一切财产，不论其种类如何，均依其所在地法律。"英国卡梅尔诉韦尔货物所有权纠纷案（Cammell v. Sewell）[1]就是适用物之所在地法解决动产物权法律冲突的经典案例。

从当代各国的国际私法立法或实践来看，物之所在地法作为解决涉外物权中不动产物权和动产物权法律冲突的一般规则，得到各国的普遍接纳和适用。

（二）物之所在地法的适用范围

从世界各国的立法及司法实践来看，物之所在地法主要用于解决有关物权的下列法律冲突问题。

1. 对动产与不动产的识别

按照物能否移动的物理属性，物可以分类为动产和不动产。具体来说，可以自由移动而不改变其结构的物是动产，而不可移动的是不动产。《日本民法典》第86条规定，

---

[1] Cammell v. Sewell, Court of Exchequer Chamber, 5 Hurl. & N. 728 (1860).

土地及其定着物为不动产，此外的物皆是动产。各国法律因对动产和不动产的认定标准不同而产生物的识别上的冲突。例如，《法国民法典》第517条规定，或依照其性质，或依照其用途，或依照其附着的客体，可以把财产认定为不动产。因此，按照《法国民法典》的规定，为不动产便利使用而设置的物，如种子、农业用具、耕用家畜、池沼中的鱼类、巢中的蜜蜂、制造场中的器具、房屋内的设置、土地上尚未收割的庄稼、树上的果实等，它们也都属于不动产。而根据《德国民法典》的规定，种子、农具、牲畜等一类为土地的经济目的而使用的物，不能算土地的构成部分，只能视为土地的从物，故均属动产。《俄罗斯联邦民法典》第130条规定，不动产不仅包括土地、矿床、独立水体和所有与土地牢固地吸附在一起的物，还包括应进行国家登记的航空器和海洋船舶、内核航运船舶、航天器等。由此可见，俄罗斯对动产和不动产的划分在物理标准的基础上还采取登记标准。

虽然各国的国际私法一般规定识别问题适用法院地法，但是在动产和不动产的识别上都无例外地适用物之所在地法。《奥地利国际私法》第31条第2款规定："物的识别以及有形物的物权内容，依照物之所在地国家的法律。"将物之所在地法作为动产和不动产的识别依据这一普遍规定，主要是考虑到判决的承认和执行的可行性和便利性。如果某物按其所在地法律属于不动产，但法院依据法院地法律或其他法律将其作为动产对待，从而导致动产和不动产的识别不能适用物之所在地国家的法律，则法院的判决往往得不到或者很难得到物之所在地国家的承认与执行。

2. 物权客体的范围

物权的客体是"物"或"财产"。一般来说，存在于人身之外，并能被人力控制且满足某种需要的"物"都可以成为物权的客体。但是对于物权客体的范围，各国的法律规定有所不同，比如无体物能否成为物权客体等。在发生此类法律冲突时，通常按照物之所在地法解决。例如，1998年《委内瑞拉国际私法》第27条规定："财产权的设立、内容及范围，依照财产所在地法。"

3. 物权的种类、内容和权利的行使

物权的种类、内容和权利的行使依照各国民法的规定不尽相同。大陆法系和普通法系在物权制度上具有根本性差别，同一法系内的各国在法定物权之外的物权法律规定也各不相同。

因此，当事人对某物能取得何种类型的物权、所取得的物权的具体内容以及能够怎样行使物权等都可以因为各国具体规定的不同而发生法律冲突。例如，我国《民法典》第114条第2款规定："物权是权利人依法对特定的物享有直接支配和排他的权利，包括所有权、用益物权和担保物权。"法国则根据物权能否独立存在，分为主物权、从物权和占有。又如，许多国家的民法规定质权有动产质权与权利质权，而法国和日本等少数国家的民法除这两种质权以外还规定了不动产质权。此外，在物权的内容方面，各个国家和地区的法律规定也有所不同。例如，所有权的权能，法国和日本的民法规定为"使用、收益和处分"，我国《民法典》的规定则为"占有、使用、收益和处分"。以上关于物权的种类、内容和权利行使方面的法律冲突，一般应依照物之所在地法解决。

4. 物权取得、转移、变更和消灭

物权的取得、转移、变更和消灭，可统称为物权的变动。物权的变动一般是由于法律行为或事实的发生而导致。其中，事实行为包括无主物的先占、遗失物的拾得等；法律行为包括物权变动的登记、遗嘱等。引起物权变动的还有法律行为以外的其他原因，如继承、时效、先占、添附等。各个国家和地区法律在物权变动方面的规定多有不同。按照一些国家的民法规定，引起物权变动的合同是一种债权行为，而德国的民法则提出了独立于债权行为的物权行为（物权契约或物权合意）概念。根据法国和日本等国民法的规定，物权的变动在当事人的意思表示一致时即可发生效力，但未经登记或交付者不得对抗第三人；按照德国和瑞士等国民法的规定，当事人的意思表示达成一致并经登记或交付，物权变动才发生效力。在法律行为以外的其他原因导致物权变动方面，各国的法律规定也有所不同。如时效制度，各国在时效对物权的适用范围、时效期间、时效的条件和具体效力等方面都有不同规定。因此，物权的取得、转移、变更和消灭存在较多法律冲突。通常情况下，此类法律冲突一般适用物之所在地法。例如，1978年《奥地利国际私法》第31条第1款规定："对有体物物权的取得与丧失，包括占有在内，依此种取得或丧失所依据的事实完成时物之所在地国家的法律。"

5. 物权的保护

物权人在其权利受到侵害时，可以依法寻求对其物权的保护。物权请求权是享有物权者为了使其物权恢复到圆满状态，请求妨害人为或者不为一定行为的权利。保护物权的方法有消除危险、停止侵害、排除妨碍、恢复原状、返还原物、赔偿损失等不同形式。但各国所承认和采用的物权保护方法有所不同。

一般来说，当发生物权保护方法上的法律冲突时，涉外物权关系的有关当事人在何种情况下可以提出何种请求或通过何种方式获得物权保护，均应依物之所在地法律决定。

三、涉外不动产物权之法律适用

对于涉外不动产物权适用物之所在地法，各国学者提出不同的论证观点。德国学者汉斯·尤里斯·沃尔夫（Hans Julius Wolff）认为由于不动产是一国领土的一部分，与不动产所在地国有着永久和密切的联系，因此有关该不动产的权利侧重点也就存在于该国家。如果有关不动产的法律随所有权的变化而变化，则会造成权利人的权利的不稳定性。

各国在近代时期的立法普遍地接受了不动产物权相关法律关系适用物之所在地的法律。其立法模式主要有两种，其中第一种绝对物之所在地模式。具体来说，不对物作动产或不动产、有体或无体财产的区分，排除"动产随人"原则，主张所有的物均适用物之所在地法，该模式的主要代表是1756年《巴伐利亚法典》。1978年《意大利民法典》第22条也规定："占有权、所有权与其他动产及不动产财产权利，均适用动产及不动产所在地的法律。"第二种是区分模式，也就是在区分动产和不动产的基础之上，分别规定动产和不动产不同的法律适用规则。例如《法国民法典》第3条第2款规定："即使

是外国人所有的不动产仍然适用法国法律。"2021年《瑞士国际私法》第99条第1款规定："不动产物权适用不动产所在地国家的法律。"

作为国家意志体现的国际条约，延续了各国的实践，其中关于不动产物权法律适用也基本采用上述两种模式，即绝对物之所在地模式和区分模式。例如，1940年签订于蒙得维亚的《关于国际民法的公约》就是采取的绝对物之所在地模式。该公约第26条规定："财产，不论其种类，凡有关质量、占有、绝对或相对的不可转让性，以及一切法律关系的物权性质问题，都专属由财产所在地的法律支配。"1951年签订的《荷兰、比利时、卢森堡关于国际私法统一法的公约》采取的是区分模式。该公约第16条规定："有体财产上的物权按此项财产所在地国家的法律规定，此项财产的不动产或动产的性质也按照该法规定。"

涉外不动产适用不动产所在地法这一规则在立法中也有例外。一些国家，特别是大陆法系的国家认为夫妻离婚财产中的不动产分割不能直接适用不动产所在地的法律。因为夫妻财产关系是基于身份关系的财产关系，因此夫妻双方间的不动产，在不涉及第三人的时候，不适用财产法，而是由亲属法调整。

第二节　涉外动产物权之法律适用

一、涉外动产物权法律适用之发展概况

（一）动产物权法律适用的理论发展

动产物权的法律适用与不动产物权的法律适用理论根源相同，但由于不动产和动产不同的法律特性，不动产物权一直适用不动产所在地法律，而动产物权从12世纪末到19世纪适用上文提到的"动产随人"理论，发展到19世纪末到20世纪下叶，由于全球经济发展和民事活动的频繁化及民事法律关系的复杂化，动产所在地已不再仅限于动产所有人的住所地，而是位于多个国家。动产所在地国家对内国法律支配位于其境内的动产物权关系有着强烈的需求，动产物权开始适用物之所在地法。

关于涉外物权关系的调整为何要适用物之所在地法律，学者们提出不同的学说。第一，主权说。法国学者梅林（Merlin）认为，各国都有自己的主权，而主权是不可分割的，所以物权关系依物之所在地法是主权在物权关系法律适用上的体现。由于主权的不可分割性，任何国家都不愿意看到将外国法律适用于位于本国境内的物。第二，自愿受制说。德国学者萨维尼（Savigny）从法律关系本座说出发，认为物权关系之所以适用物之所在地法，是因为物权关系的"本座"是标的物的所在地。第三，实在需要说。德国学者冯·巴尔（Von Bar）认为，法律是为了集体利益而制定，物权关系适用物之所在地法律是"集体利益"和"全人类利益"的需要。如果动产物权和不动产物权不受物之所在地支配，那么物权将处于一个不确定的状态，不利于对物权的取得和行使。第四，便

利说。英国法学家戴西（Dicey）和莫里斯（Morris）认为，财产权尤其是不动产财产权关系，适用物之所在地法律更加便利，也是物之所在地国家对该物进行控制的结果。

我国学者认为，物权关系适用物之所在地法是物权关系本身的性质和特点的要求。首先，从国内法的角度看，物权关系是人和物之间的关系；从国际私法的角度看，各国从维护本国利益的角度出发，更倾向于用本国的法律来调整和规范本国境内的物权关系。其次，物权关系的标的是物，把物置于其所在地的法律支配之下，更有利于物权的有效保护。最后，对于处于一国的物适用另一国的法律，技术上和空间上的困难会导致物权关系变得更为复杂，不利于国际物权关系的稳定性。

总的来说，涉外物权关系适用物之所在地法，有利于有效保护权利人实现其对物的利用和支配权利，保证物权关系的稳定和商品流转的安全，维护对外民事交往和涉外物权关系的稳定性，保护国家主权和经济秩序，并推动国际民事交流活动的发展和繁荣。

20世纪下叶，随着经济全球化的加强、新技术的普及、权利交换方式的变化以及新的物权形态的出现，涉外动产物权关系更加复杂，涉外动产物权法律适用发生了革命性的变化。尽管原则上很多国家在诸多领域依然适用物之所在地法原则调整动产物权关系，但是目前，关于动产的法律适用方式呈现一个多元化的状态。

（二）物之所在地的确定

动产物权所在地的法律适用需要首先确定该物的所在地。由于不同的物具有不同的特征，因此确认不同物的所在地的难易程度也有所不同。有体物动产所在地的确定相对简单，但当动产处于运动或无体状态时，其所在地的确定就相对困难。学者对于如何确定无体动产或权利的所在地也有不少讨论和阐述，其中英国的戴西和莫里斯在其所著的《论冲突法》一书中就结合英国的实践，对权利财产的所在地如何确定作了概括说明。他们指出，权利作为财产，其所在地总体上通常被视为该财产能得到追索或执行的地方；债（指非判决之债）的所在地为债务人住所地；盖印契约之债的所在地为该契约本身所在地；判决之债的所在地为判决存档地；票据、债券以及其他通过交付而转让的证券，其所在地为该票据、债券或其他证券的现实所在地；公司股票的所在地为依公司成立地法律能对股票做有效处分的所在地，如股票转让登记地（须经登记才可有效转让时）或股票通常所在地（股票通过交付即可转让时）；根据契约或侵权行为产生的诉讼求偿权，其所在地为可提起该诉讼的地方；对死者财产的权益，其所在地为遗产管理人居所地，在不实行遗产管理制度的情况下为死者住所地；信托权益的所在地为信托财产所在地或受托人居所地；合伙份额的所在地为合伙业务经营地，在多个国家经营合伙业务时则为合伙组织的总部所在地；商誉的所在地为享有该商誉的商店所在地；专利权和商标权的所在地为依该权利据以产生的法律能对其进行有效转让的地方。

各国对于处于运动状态的物之所在地一般有特别的安排或规定。在承认无体物为物权或准物权客体的国家，则是规定无体物的物权关系适用物之所在地法或另有单独规定。关于有体动产的所在地，对于未处于移动状态中的有体动产，其法律适用规则一般从时间上限定动产所在地。例如，1948年《埃及民法典》第18条规定："占有、所有以及其他物权，不动产适用不动产所在地法，动产适用导致取得或丧失占有、所有或其他物权的原因发生时的该动产所在地法。"对于处在移动状态中的有体动产，大部分国家鉴于其特性立法直接规定了它们的所在地。例如，1984年《秘鲁民法典》第2089条规定："运送中的有体动产以运送的最后目的地为该物之所在地。"2014年《俄罗斯联邦民法典》第1206条第2款规定："所有物权和其他物权根据法律行为产生和中止。如果该法律行为是对正在运输途中的财产实施的，则依照该财产起运地国的法律确定，但法律有不同规定的除外。"关于无体动产所在地，一般将物权状态改变的重要地点规定为无体动产所在地。例如，1928年《布斯塔曼特国际私法典》在第107—109条直接规定了某些无形财产的所在地，即"债权的所在地决定于清偿地，未规定清偿地者决定于债务人住所地"；"工业产权、著作权以及法律所授予并准许进行某种活动的一切其他经济性的类似权利，均以其正式登记地为其所在地"；"特许权以其依法取得地为其所在地"。由于各国对于无体动产保护的侧重性不同，因此相关立法差异较大，确定无体动产所在地的难度相较于有体动产也更大。

（三）物之所在地法适用的例外

物之所在地法并不能解决一切物权关系的法律适用问题。由于某些涉外物权关系具有特殊性或者处于特殊的状态，可能造成适用物之所在地法的不合理性或困难性。因此，在涉外物权关系广泛适用物之所在地的基础上，对于特殊的物权关系，各国都有一些例外的安排，以排除物之所在地规则的适用。综合各国立法及司法实践，物之所在地法适用的例外情况主要包括：（1）运送途中货物的物权关系；（2）船舶、飞行器等交通运输工具的物权关系；（3）法人消灭之后的财产归属；（4）与身份关系密切的财产关系；（5）位于无主地或无主共建之物的物权关系；（6）文化财产。其中，法人消灭之后的财产归属以及与身份关系密切的财产关系，各国大多规定适用属人法。

法人基于自行终止、被其所属国解散、被宣告破产等原因而消灭，其财产归属适用该法人的属人法。但是，如果该法人的国籍国将该外国法人取缔，与该外国法人的财产有关的某些问题也有可能适用内国法。需要指出的是，如果一国将在其境内活动的外国法人取缔，意味着该外国法人的能力在该国终止或不再被认可，但这并不等于该外国法人本身的消灭。

在与身份关系密切的财产关系方面，对死者遗产继承和夫妻财产关系，各国一般规定适用属人法。还有一些国家规定区分动产和不动产，与身份关系密切的动产适用属人法，不动产适用物之所在地法。例如，《日本法例》第26条规定："继承依被继承人本国法。"另外，在夫妻财产关系方面，许多国家也并不或者不完全适用物之所在地法律。一些国家采用"意思自治"原则处理夫妻财产关系问题。例如，1978年《奥地利国际私法》第19条规定："夫妻财产，依当事人明示选择的法律，无此种协议选择的法律时，依结婚时支配婚姻的人身法律效力的法律。"有一些国家则排除"意思自治"，只规定适用属人法。例如，1978年《意大利民法典》第19条规定："……夫妻之间的财产关系，适用婚姻缔结时丈夫的本国法，夫妻国籍的改变不影响他们的财产关系，但夫妻双方依据新的共同本国法作出的其他安排不在此列。"有的国家仅规定对夫妻间动产关系不适用物之所在地法律。例如，1939年《泰国国际私法》第22条规定："夫妻财产关系，婚前无契约时依本国法；夫妻国籍不同则依丈夫本国法；但不动产依物之所在地法。"

在位于无主土地或无主空间之物的物权关系方面，例如某物如果位于南极、公海、月球、外层空间等一类地方，因为位于无主土地或无主空间之物不属于任何国家的法律管辖范围，一般认为有国际条约就依条约处理该物的物权关系，没有条约则可以适用占有人或先占者的属人法。

最后一个需要说明的是文化财产（cultural property）。文化财产，系指基于宗教或者世俗的原因，具有考古、史前史、历史、文学、艺术或者科学方面重要性，受到法律保护的有形标的。[1]文物是文化财产的重要内容之一，基于战争原因而损害和流失他国的文物数量庞大。自19世纪中叶开始，中国的文物基于战争抢劫、移民懈怠、非法走私等原因大量流失海外。随着文化主权意识和民族意识的增强，追索海外流失文物的呼声日益高涨。传统上，各国大多适用物之所在地法解决包括文化财产在内的涉外物权纠纷。但是由于文物在历史、艺术和社会等方面具有非常高和独特的价值，并且对民族和国家有着重要意义，一些国家的法律趋向于保护善意购买人的利益从而将文物保留在本国境内，这就使得涉及文化财产物权关系的法律冲突尤为明显。将物之所在地法作为决定文物所有权归属的冲突规则，会使窃贼以及精于算计的文物交易商与买家选择到法律对其有利的国家进行相关交易，尽量使有关交易得到法律认可，从而出现所谓的"文物漂洗"现象，不利于文物的保护，因此适用物之所在地法解决文化财产的跨国归属纠纷引起了越来越多的批评。有鉴于此，有学者提议，在涉及文化财产归属的国际民事诉讼中，法院应适用"文物被盗地法"（lex furti）或"文物原属国法"（lex originis）解决涉外文物纠纷。[2]各国立法和实践中，少数国家专门为文物制定了特别冲突规范，对于涉外文物纠纷有区别一般物的特殊考量。例如，2005年《保加利亚共和国关于国际私法的法典》第70条规定："如果列入一国文化财产的物品非法出境，该国要求返还该物的请求权适用该国的法律，除非该国已经选择适用在提出返还请求时该物所在国的法律。"

其他适用物之所在地的例外，如运送途中货物的物权关系，船舶、飞行器等交通运输工具的物权关系等，将在下文详细讨论。

二、变动中动产的法律适用

运送途中之物（res in transitu）处于经常变换所在地的状态之中。当物和地点仅有瞬间或者偶尔的联系时，很难确定用哪一所在地的法律来调整在途物的物权关系，特别是当货物在公海或者公海上空的时候更是如此。因此，各国一般对于运输途中物的物权有专门的法律适用安排，作为物之所在地原则的例外。各国采用的冲突原则主要有以下几种。

（1）适用货物目的地法。这个方式被大部分国家和国际公约采用。如1987年《瑞

---

[1] 参见《关于禁止和防止非法进出口文化财产和非法转让其所有权的方法的公约》第1条。

[2] Georges A.L.Droz, *The International Protection of Cultural Property of Cultural Property from the Standpoint of Pivate In. temational Law*, in Council of Europe ed., International Legal Protection of Cultural Property; Proceedings of the Thirs teenth Colloquy on European Law, Brnssels, Stationery Office Books, 1983, pp.114–116.

士国际私法》第 101 条规定，运输中的货物，其物权的取得与丧失适用货物送达地国家的法律。2005 年《保加利亚共和国关于国际私法的法典》第 67 条第 1 款规定，运输中物品的物权的取得和终止，依照目的地国法。2008 年《荷兰王国物权冲突法》第 8 条第 1 款规定，处于运输途中的国际货物运输合同之标的物，其物权关系适用目的国法。

（2）适用货物发送地法。例如，2012 年《波兰国际私法》第 43 条规定，运输中的货物的物权适用始发地国法律，若情况表明该权利与其他国家有更密切联系，则适用该其他国家法律。2001 年《俄罗斯联邦民法典》第 1206 条第 2 款规定，因法律行为引起的所有权和其他物权的产生和消灭，如该法律行为系针对运输途中的财产而实施，则依发运地国法确定，但法律另有规定的除外。

（3）适用货物所有人的属人法。例如，1939 年《泰国国际私法》第 16 条第 2 款规定，把动产运出国外时，依起运时（货物）所有人的本国法。

（4）适用当事人选择适用的法律。如 2001 年《哈萨克斯坦共和国冲突法与国际民事诉讼法》第 1110 条规定，因法律行为而处于运输途中的动产的物权，适用当事人协议选择适用的法律，当事人未选择时，适用发运国法律。

需要注意的是，当运输中的货物长期滞留于途中某地或者在仓库中储存时，在此期间发生的对货物的占有、抵押、留置、处分等行为及货物所有权相关的问题，应仍适用物之所在地法。此外，当运输中的货物被某国境内当局因第三人的权利主张而扣押，对扣押之后的处置行为都适用物之所在地法。最后，当运输货物的权利被证券化，成为提单交易的方式，该物权变动应适用交易所登记地法。

三、有价证券、权利质权的法律适用

无形财产渊源于古罗马法。公元 2 世纪罗马法学家盖尤斯（Gaius）在其所著《法学阶梯》里将物划分为"有体物"（也称有形物）和"无体物"（也称无形物）。他认为，有体物（corporales）是可以触摸的物品，如土地、衣服、金银；无体物（incorporales）则是不能触摸的物品，它们体现为某种权利，如继承权、债权和用益权等。[1] 无形财产的界定在理论和实践中有两种方式，一个是区分物理状态的有形和无形，另一个是从权利性质的角度区分。第二种界定形式中的无形财产表现为在法律上特定的权利利益。也就是说，无形财产不直接表现为对有形物的所有权，而是表现为主体在法律范围内为一定行为的范围。这种利益只有通过立法者的意志和法律的力量上升为法律上的利益，才能成为主体实际享有的利益。第二种界定方式中，无形财产具有广阔的内涵，即大陆法系民事权利体系内，所有权以外的权利（如他物权、债权、知识产权等）均可称为无形财产。目前，在理论和实践中，各国对于无形财产的界定和范围都存在一定分歧。但是大部分国家都对无体物拟制了特殊的规定，因为当无体物作为客体被物权法规制时，鉴于无体物的特殊性，不能一概适用物之所在地调整其法律适用。

---

[1]［古罗马］盖尤斯：《法学阶梯》，黄风译，中国政法大学出版社 2007 年版，第 80 页。

（一）有价证券的法律适用

有价证券（valuable security）是无形财产的表现形式之一，一般是指证券发行、制定主体或证券持有人对某一特殊财产具有物权、债权关系，并标有一定票面金额的书面凭证。有价证券的概念最早由德国学者提出，随后一些大陆法系国家在其民商事立法中相继采用"有价证券"这一概念。有价证券依其所表现的财产权利的不同可分为商品证券、货币证券、资本证券及衍生品证券。商品证券包括提货单、提单、运货单、仓库栈单等；货币证券包括各种汇票、支票和本票等；资本证券包括股票、债券等；衍生品证券包括基金证券、可转换证券等。有价证券的主要形式是资本证券，狭义的有价证券仅指资本证券。实践中，直接将资本证券称为有价证券或者证券。

无论是广义还是狭义，有价证券都具有收益性、流通性和独立性。证券的收益性，是指持有证券本身可以获得一定数额的收益，这是投资者转让资本所有权或使用权的回报；流通性，是指有价证券可以合法在市场上流通，证券持有人可以在市场上任意地合法地使用、交易和转让；独立性，是指有价证券具有独立性，证券权利无关证券持有人的身份，而是取决于对证券的实际占有。区别于其他动产，作为无体物的有价证券背后有双层权利：一层是持票人对证券本身的所有权，称为"对证券的权利"；另一层是持票人依照证券上记载的内容而享有或行使的权利，称为"证券所表彰的权利"。证券本身的所有权、占有权等物权，应当适用证券的物权准据法，一般为证券所在地法；证券内容所体现的权利，一般适用证券权利准据法，即支配相关的证券法律关系的准据法。证券权利准据法决定某一书面凭证是不是有价证券、是何种有价证券以及如何实现有价证券的权利。例如，根据1987年《瑞士国际私法》第105、106条的规定，票据或其他权利的抵押适用当事人选择的法律，当事人没有选择则适用抵押人习惯居所地国家的法律；商业证券适用该证券指定适用的法律，没有指定适用的法律则适用证券签发人的营业机构所在地法律；证券涉及的动产物权适用调整证券的法律。

具体来说，各国对于有价证券的发行、转移、丧失和变更的法律适用作了不同的法律规定。（1）发行地法或营业机构所在地法。1928年《布斯塔曼特国际私法典》第250条规定，关于股票和债券在缔约一国内的发行、公告的方式、保证、各代理处或分处经理人对第三人的责任，均依属地法。有价证券持有方式有直接持有和多层中介名义持有两种方式。直接持有，是指投资者直接与发行人发生法律关系，持有人以自己名义直接占有不记名证券或是被记录于证券持有人名册中；多层中介名义持有，是指发行人和投资人没有直接的关系，由一个或多个中介机构居间，实际投资者间接持有证券。2002年海牙国际私法会议通过的《关于经由中间人持有的证券的某些权利的法律适用公约》规定，在没有证券当事人意思自治的前提下，证券的间接持有应适用中间人营业机构所在地法律。（2）证券所在地法。2001年《韩国国际私法》第21条规定，涉及无记名证券的权利的取得、丧失和变更，适用作为其原因的行为或事实完成当时该无记名证券所在地的法律。（3）证券交易所所在地法。1996年《列支敦士登国际私法》第43条规定，交易所业务及在市场缔结的合同适用交易所或市场所在地国法律。（4）证券交易地法。我国《涉外民事关系法律适用法》第39条对有价证券的法律适用作了规定："有价证券，适用有价证券权利实现地法律或者其他与该有价证券有最密切联系的法律。"据此，法官可以选择适用有价证券权利实现地法或者最密切联系地的法律。

（二）权利质权的法律适用

权利质权，是指以依法可转让的权利为标的物而设立的质权。例如，以股权等权利设立质押。一般认为，权利质权是在依法可以质押并且可以转让的权利之上设立的质押。动产所有权、不动产所有权、用益物权以外的可以让与的财产权，因具有交换价值，都可以作为权利质押的标的。

作为质权标的的权利，包括以下特点。（1）必须是财产权。财产权以外的人身权因不具有确定的财产价值，并且不能与人身完全分立，不能依法转让，不能成为质押的标的。（2）必须是可以转让的财产权。包括《日本民法典》第343条在内的许多国家都规定质权的标的必须具有可转让性。如果以不可以转让的财产权出质，那么质权人就有在出质人不能履行债务时，无法实现质权的风险存在。（3）必须是所有权和用益物权以外的其他财产权。我国《民法典》第440条规定，可以质押的权利范围非常广泛，但是这些权利不包括对有形财产所享有的所有权。当事人如果用有形财产的所有权设立担保，则只能设立不不动产抵押、动产抵押或者动产质押。如果当事人以用益物权设立担保，只能设立权利抵押，而不能设立权利质押。（4）必须是可以公示的权利。权利质权的设定也应该以适当的方式公示，例如企业技术秘密、客户资源等因无法公示而不能成为权利质押的客体。（5）必须是法律、行政法规规定可以出质的权利。

对于权利质权，一些国家将其视为一种特殊的无形财产，没有单独规定权利质权的法律适用，而是统一规定包括权利质权和有价证券在内的无形财产的法律适用。2005年《阿尔及利亚民法典》第17a条第1款规定，无形财产，依其取得，或者丧失占有、所有权或者其他物权的事件发生时该财产的所在地法。我国的法律对于权利质权作了专门规定。《涉外民事关系法律适用法》第40条规定，权利质权，适用质权设立地法律。

四、船舶、航空器的法律适用

船舶、航空器是特殊的动产。同在途货物一样，其经常处于运动的状态，因此船舶和航空器的物权问题的法律适用是物之所在地法规则的例外。

此类动产的物权变动不完全适用交付转移所有权的规则，法律上一般要求其物权变动适用登记对抗主义规则。例如，我国《民法典》第225条规定："船舶、航空器和机动车等的物权的设立、变更、转让和消灭，未经登记，不得对抗善意第三人。"

一般来说，考虑到船舶和航空器的特性，有关的物权关系适用登记注册地法、旗国法或者标志国法。例如，1979年《匈牙利国际私法》第23条第1款规定："已经登记的船舶、飞机，其财产权的成立、保持和终止，适用其旗帜或标志国法律。"此外，物之所在地法在船舶和航空器被留置或被依法扣押等情况下仍应适用，这同在途货物的相关实践类似。例如，《奥地利国际私法》第33条第2款和第31条规定，对运输工具依法设立或法律上强制设立的留置权，适用该权利取得、丧失或占有该物所依据的事实完成时的物之所在地国家的法律。

第三节　我国关于物权法律适用的规定

《民法典》物权编是我国物权法基本的组成部分。《民法典》第 115 条规定："物包括不动产和动产。法律规定权利作为物权客体的，依照其规定。"因此，不动产和动产、有形动产和无形动产都是我国民法典规范的物权客体。

《民法典》第 11 条规定："其他法律对民事关系有特别规定的，依照其规定。"因此，如果对物权纠纷有特别法律规定的，可以依据单行法规处理。我国《涉外民事关系法律适用法》物权编第 36—40 条较为全面地规定了物权相关的法律适用，《海商法》《民用航空法》等对于我国特殊物权的法律适用规范进行了补充。

一、不动产物权

我国没有立法对于动产和不动产进行明确的区分界定，但是对于不动产的范围在法律里面有描述和列举式的规定。《民法典》第 260 条规定，集体所有的不动产和动产包括：（1）法律规定属于集体所有的土地和森林、山岭、草原、荒地、滩涂；（2）集体所有的建筑物、生产设施、农田水利设施；（3）集体所有的教育、科学、文化、卫生、体育等设施；（4）集体所有的其他不动产和动产。我国《担保法》第 92 条规定："本法所称不动产是指土地以及房屋、林木等地上定着物。本法所称动产是指不动产以外的物。"另外，1988 年最高人民法院《关于贯彻执行〈中华人民共和国民法通则〉若干问题的意见（试行）》规定："土地、附着于土地的建筑物及其他定着物、建筑物的固定附属设备为不动产。"这意味着，在我国，土地、附着于土地的建筑物及其他定着物、建筑物的固定附属设备为不动产，其余的物皆为动产。

在动产和不动产的识别问题上，我国一般依照国际普遍遵循的原则，适用物之所在地法。因此，上述规定仅用于识别位于我国境内的标的物，对于位于外国境内的标的物，我国法院依据该外国法。

《涉外民事关系法律适用法》第 36 条规定："不动产物权，适用不动产所在地法律。"该规定适用于以不动产为客体的包括自物权和他物权在内的各种物权关系。根据我国《宪法》《民法典》《土地管理法》等法律的规定，矿藏、水流、森林、山岭、草原、荒地、滩涂等自然资源属于国家所有，其中，矿藏、水流、森林、山岭、草原、荒地、滩涂也可以依法属于集体所有。因此，我国境内的土地属于我国国家或集体所有，外国自然人和法人不得对我国境内的土地享有所有权。外国人可以享有的中国境内的不动产权利仅包括对土地的使用权以及附着于土地的建筑物及其他定着物、建筑物的固定设备的所有权和其他相关物权。

在实践中，我国涉外不动产法律纠纷主要有两类：一类是涉外不动产物权纠纷，该纠纷的核心是涉及所有权的物权问题；另一类是涉外不动产合同纠纷，以不动产买卖合同、租赁合同纠纷数量为最，涉及的是合同问题。具体来说，第一类涉及不动产的物权在变更过程中的成立要件、效力、对第三人权利的影响；第二类是为转移或设立物权为目的而达成协议的内容、履行和违约责任等。虽然实践中这两类纠纷往往产生于同一个法律行为，但是我们需要对它们进行区分。对于不动产的合同纠纷，首先尊重当事人的意思自治，如果当事人没有选择适用的法律，那么依照最密切联系原则确定应该适用的法律。对于不动产物权的纠纷依照"不动产物权，适用不动产所在地法律"规定，没有当事人根据意思自治原则选择适用法律的余地。

二、动产物权

（一）普通动产物权的法律适用

《涉外民事关系法律适用法》在第五章物权编中，不但规定了普通动产物权的法律适用，而且对于如运输中的动产物权、有价证券等特殊物权的法律适用也作了规定。

《涉外民事关系法律适用法》第 37 条对动产物权的法律适用作出了原则性规定："当事人可以协议选择动产物权适用的法律。当事人没有选择的，适用法律事实发生时动产所在地法律。"根据第 37 条，对于普通的动产物权关系，我国允许当事人意思自治，并且将意思自治作为确定动产物权的首要原则。只有在当事人未选择法律的情况下，才适用物之所在地法。因此，我国的动产物权法律适用是当事人意思自治和物之所在地法相结合的方式。对于选择适用的法律，我国法律没有作出限制，当事人可以协议选择与标的物没有关联的国家的法律。

立法者将意思自治引入动产物权的法律适用领域，主要考虑到动产的种类广泛，可移动性较强，因此动产的情况更为复杂，物之所在地法可能无法适应各种动产物权的需要。此外，动产物权的变动通常是通过合同实现，物权和债权相互影响，动产物权在流转中越来越多地体现债权的特征。如果将动产物权的法律适用限于物之所在地，则过于僵化，无法达成当事人的预期，适应动产多元化的趋势。

本书认为，把无限制的意思自治引入物权法律适用领域有待商榷。首先，《民法典》第 116 条规定了物权法定原则，物权的种类和内容均由法律规定。物权内容和种类的法定性都要求物权法律关系受物之所在地法支配，而不能由当事人任意约定。其次，虽然"物权债权化"和"债权物权化"是社会商品流转的趋势，但是债权同物权有着本质上的区别。债权是对人权，不能对抗第三人，涉及的是特定的当事人间的权利义务关系，因此法律适用上允许当事人意思自治是合理的。物权具有排他性，是对世权，可以对抗除权利人之外的一切人。因此除权利人外，其他被排除在权利之外的受到物权影响的人范围广且不特定，不能确定《涉外民事关系法律适用法》第 37 条中"当事人"的范围。再次，如果当事人可以任意选择物权的准据法，那么会将物权的内容置于一个不确定的状态下，不利于保障交易的安全性和稳定性，有可能对不知情的第三人的利益产生不利影响。最后，物权适用物之所在地法为世界各国通行的做法。各国法律规定下的物权变动模式不同，当事人选择法律的同时选择了物权变动的方式。这就使得当事人可以通过选择法律从而任意影响动产物权变动的条件，当事人可能借此规避一国的动产物权变动的强制性规定。这会助长当事人挑选法院的倾向，造成物权法律适用的冲突，不利于促成一致的判决结果。因此，有必要对《涉外民事关系法律适用法》第 37 条中规定的当事人意思自治进行必要的限制。受 2023 年修订的《民事诉讼法》物权编的启示，本书建议限制当事人就动产物权选择的法律应与当事人或标的物有实质性联系或其他合理因素，并不得损害第三人利益。例如，《瑞士国际私法》第 100 条和第 104 条规定，关于动产物权当事人选择的法律，仅限于发送国法律、目的国法律或支配基础法律行为的法律，且当事人选择的法律不得对抗第三人。

（二）变动中的动产物权的法律适用

《涉外民事关系法律适用法》第 38 条规定："当事人可以协议选择运输中动产物权发生变更适用的法律。当事人没有选择的，适用运输目的地法律。"该条的适用范围仅限于运输途中物权发生变动的情况，不包括该在途动产的其他物权关系。

运输中的动产处于不断的移动中，通常有三个可供选择的连结点，即始发地、目的地和过境地。由于过境地一般和动产关系不具有实质性的联系，各国一般规定始发地法律或目的地法律为在途动产适用的法律。我国规定的是适用运输目的地的法律，更有利于买方利益。对于变动中的动产，第 38 条同第 37 条一样引入了意思自治，且没有作任何限制。此外，该条的适用范围仅限于运输途中物权发生变动的情况，包括动产物权取得、转移和消灭等事项，不包括该在途动产的静态的占有关系。并且第 38 条的"运输中"意指动产应该处于不断的移动之中，因被依法扣押、留置或者其他原因长期处于静止状态的物权关系不适用本条所规定的动产物权。

（三）有价证券的法律适用

《涉外民事关系法律适用法》第 39 条规定："有价证券，适用有价证券权利实现地法律或者其他与该有价证券有最密切联系的法律。"该条没有对有价证券进行界定，应从广义角度理解有价证券的含义，因此本条适用于所有的有价证券。由于《票据法》在第五章中专门规定了"涉外票据的法律适用"，因此应优先适用《票据法》的规定，没有规定时，适用《涉外民事关系法律适用法》第 39 条的规定。

如上文所述，有价证券背后具有双层权利：一层是持票人对证券本身的所有权，称为"对证券的权利"；另一层是持票人依照证券上记载的内容而享有或行使的权利，称为"证券所表彰的权利"。《涉外民事关系法律适用法》第 39 条只涉及持票人依照证券上记载的内容而享有或行使的权利，而不包括证券本身的所有权的法律适用。对于证券本身的所有权、抵押权等物权，应当适用证券的物权准据法，也就是证券所在地法，或者说是证券一般能够被发现国家的法律。具体来说，证券本身的物权内容包括对证券的所有权、担保权，证券转让的条件、效力，证券所有人与第三人间的关系等。

《涉外民事关系法律适用法》第 39 条使用了选择性冲突规范。允许法官在有价证券权利实现地法或者其他与该有价证券有最密切联系的法律之间择一适用。该条所规定的连结点是"有价证券权利实现地"和"最密切联系"，前者是后者的具象化体现之一。

此外，本条只适用于证券的直接持有，而不包括多层中介名义的间接持有。随着证券市场的发展，证券的间接持有模式不断获得推广。如上文所述，海牙国际私法会议 2002 年 12 月 13 日通过的《关于经由中间人持有证券的某些权利的法律适用公约》中规定了多层中介名义的间接持有。在证券持有模式上，我国目前采用的是直接持有和间接持有相结合的双轨模式。但是《涉外民事关系法律适用法》并没有规定间接持有模式的法律适用问题，未来可以考虑加入该公约以弥补国内立法空白。

（四）权利质权的法律适用

《民法典》第 115 条规定："物包括不动产和动产。法律规定权利作为物权客体的，依照其规定。"因此我国是允许以权利作为物权的客体，并可以由单行法专门规范。依据《民法典》第 440 条，债务人或者第三人有权处分的下列权利可以出质：（1）汇票、本票、支票；（2）债券、存款单；（3）仓单、提单；（4）可以转让的基金份额、股权；（5）可以转让的注册商标专用权、专利权、著作权等知识产权中的财产权；（6）现有的以及将有的应收账款；（7）法律、行政法规规定可以出质的其他财产权利。由此可见，能够设质的权利多种多样。质权可分为动产质权与权利质权。前者是指以动产为标的物的质权，后者是指以债权或者其他财产权利为标的物的质权。权利质权准用动产物权的规定，因此不能以不动产物权设定权利质权。动产所有权只能设定动产抵押，不能设定权利质权。另外《公司法》第 162 条第 5 款规定，公司不得接受本公司的股份作为质权的标的。因此，在我国，能够设立权利质权的权利主要有有价证券、知识产权等权利。

权利质权法律适用方面，《涉外民事关系法律适用法》第 40 条规定适用质权设立地法律。确定权利质权的准据法需要确认质权设立地。《民法典》第 441 条规定："以汇票、本票、支票、债券、存款单、仓单、提单出质的，质权自权利凭证交付质权人时设立；没有权利凭证的，质权自办理出质登记时设立。法律另有规定的，依照其规定。"因此，需要办理出质登记的，质权设立地是指权利登记地。不需要办理出质登记的，质权设立地是指权利成立地，权利凭证交付时即可设立。如质押合同订立地、设质权利之证书交付地等。此外，由于该条与上述第 39 条可能同时适用于有价债券，依据"特别法优于普通法"（*lex specialis derogat generalis*）的基本原则，涉及有价证券的纠纷一般适用第 39 条，但如涉及有价证券权利的质押纠纷，则应适用本条。[1]

（五）船舶和航空器的法律适用

《海商法》第 270 条规定："船舶所有权的取得、转让和消灭，适用船旗国法律。"第 271 条规定："船舶抵押权适用船旗国法律。船舶在光船租赁以前或者光船租赁期间，设立船舶抵押权的，适用原船舶登记国的法律。"第 272 条规定："船舶优先权，适用受理案件的法院所在地法律。"关于"船舶所有权""船舶抵押权"和"船舶优先权"《海商法》中有专门规定。该法第 7 条规定："船舶所有权，是指船舶所有人依法对其船舶享有占有、使用、收益和处分的权利。"第 11 条规定："船舶抵押权，是指抵押权人对于抵押人提供的作为债务担保的船舶，在抵押人不履行债务时，可以依法拍卖，从卖得的价款中优先受偿的权利。"第 21 条规定："船舶优先权，是指海事请求人依照本法第二十二条的规定，向船舶所有人、光船承租人、船舶经营人提出海事请求，对产生该海事请求的船舶具有优先受偿的权利。"

船舶的所有权适用船旗国法律同世界各国普遍做法一致。由于船舶的位置经常处于

---

[1] 霍政欣：《国际私法》（英文版），对外经贸大学出版社 2015 年版，第 323 页。

变动中，可能位于公海，适用船舶国旗国的法律比适用物之所在地法更为合理。在船舶的抵押权方面，由于光船租赁期间承租人往往会选择其更为熟悉或者对其有利的船旗而更改船旗国，规定了船舶在光船租赁以前或者光船租赁期间设立船舶抵押权的适用原船舶登记国的法律这一例外。船舶优先权是特殊的担保物权。对其性质是物权还是程序性权利学界尚有争议。

《民用航空法》第 185 条规定："民用航空器所有权的取得、转让和消灭，适用民用航空器国籍登记国法律。"第 186 条规定："民用航空器抵押权适用民用航空器国籍登记国法律。"第 187 条规定："民用航空器优先权适用受理案件的法院所在地法律。"

《涉外民事关系法律适用法》第 2 条第 1 款规定："……其他法律对涉外民事关系法律适用另有特别规定的，依照其规定。"《海商法》和《民用航空法》在《涉外民事关系法律适用法》颁布之前已有船舶和航空器法律适用的相关规定。因此，《海商法》和《民用航空法》关于法律适用的规定现在仍可适用。

重要名词术语

物权、物之所在地法原则、涉外不动产物权、涉外动产物权、在途货物、有价证券、权利质权、船舶、航空器、法律适用

思考题

1. 物之所在地法原则是如何产生和发展的？
2. 简述物之所在地法原则的适用例外。
3. 物之所在地法原则可以解决哪些法律冲突问题？
4. 动产物权法律适用理论是如何发展的？我国有哪些规定？
5. 物之所在地如何确定？
6. 我国关于自然人民事行为能力的立法是如何发展的？
7. 有价证券包含哪两种权利？这两种权利分别应适用什么法律？
8. 我国对船舶和航空器的法律适用规定是什么？

典型案例分析

案例一　英国卡梅尔诉西韦尔货物所有权纠纷案（Cammell v. Sewell）

1860 年英国法院审理了卡梅尔诉西韦尔案。英国人卡梅尔委托一个在英国有住所的俄国人为其代理人，在俄国港口将一批货物装上一艘德国船，运往英国交给其本人。船在行至挪威海岸附近失事，但所运货物被打捞上岸。船长本可将打捞上来的货物转船运往英国，但他将货物在挪威公开拍卖，卖给了一个善意第三者。该第三者又在挪威将货物卖给了被告西韦尔。其后，货物由西韦尔运到英国。卡梅尔获知后，便在英国法院起诉，主张对这批货物行使所有权，并要求补偿货物被非法占有所受到的损失。根据挪威

法律，船长在本案发生的情况下，有权将货物以适当的方式出卖，并将所有权有效地转让给一个善意的买主；但是，英国法律规定，在同样的情况下，船长无权转让上述货物，货物的所有权仍应归卡梅尔所有。这样，该案依据英国法律和挪威法律处理，会得到截然相反的结果，由此而产生物权上的法律冲突。

该批货物所有权的转移和被告取得所有权的地点均在挪威，故而应适用挪威法律。根据挪威法律的规定，船长在本案所发生的额情况下，有权出卖货物，善意第三人可以合法取得货物的所有权，故西韦尔可以获得货物的合法所有权。

该案件属于货物所有权取得是否合法的问题，应属于物之所在地法的适用范围。一般认为，如动产已经依照原所在地A国法的条件作了处分后其所在地变成B国，即使此前处分未满足B国法律规定的条件，也应认为该处分有效。反之，如果在A国的处分不符合A国法律规定的条件而转至B国后，即使该处分满足了B国法律规定的条件，也不应认为所有权已有效转移。因此上述案例中，被告取得该批货物的所有权不因其后被转移到英国而被剥夺。

案例二　李某昇诉邹某租赁合同纠纷案，广东省广州市中级人民法院（2020）粤01民终15059号民事判决书

李某昇为中国台湾地区居民，本案涉及房屋租赁合同成立、解除、违约赔偿金等一系列问题。上诉人邹某因与被上诉人李某昇等人租赁合同纠纷一案，不服一审判决后上诉至二审法院。

一审法院认为，双方未约定适用的法律，根据《涉外民事关系法律适用法》第41条的规定，当事人可以协议选择合同适用的法律，当事人没有选择的，适用履行义务最能体现该合同特征的一方当事人经常居所地法律或者其他与该合同有密切联系的法律。本案的房屋租赁履行地以及被告所在地均是在我国大陆，故本案适用我国大陆法律作为处理实体争议的准据法。

二审法院认为，因李某昇是台湾地区居民，故本案是涉台民事纠纷案件应参照涉外民事纠纷案件处理。根据《涉外民事关系法律适用法》第36条的规定，不动产物权，适用不动产所在地法律。本案系租赁合同纠纷，属不动产纠纷案件，涉案不动产所在地位于广东省广州市，故一审法院适用我国大陆法律作为解决本案争议的准据法正确。

二审法院肯定一审法院适用法律的正确性，但理由是《涉外民事关系法律适用法》第36条的规定，对合同法律关系适用了物权的冲突规则，属于适用法律的错误。

本案中，在不动产租赁合同履行过程中因一方当事人违约而引起的纠纷并不属于需由物之所在地法解决的"物权问题"，而是属于"合同争议"，应与一般合同的法律适用问题相同，即在当事人没有选择法律的情况下适用与合同有最密切联系国家的法律。

第七章　知识产权的法律适用

【内容提示】

知识产权，又称智慧财产权，通常是指人们依法对其智力成果享有的专有权利，主要包括著作权、商标权和专利权等，目前国际社会对知识产权的范围并不一致。

知识产权的地域性，是理解涉外知识产权法律冲突和涉外知识产权法律适用的起点，通常指一国法律赋予的知识产权的空间效力范围只及于该国领土范围。知识产权地域性不同于一般法律的属地性。由于知识产权的地域性和知识产权保护的独立性，涉外知识产权纠纷中的知识产权法律冲突在所难免。目前国际上知识产权法律冲突的解决，主要依据知识产权保护的国际公约、区域性条约、双边协定以及各国知识产权冲突法的规定。

我国目前已经先后加入了一些重要的知识产权保护方面的国际公约。在涉外知识产权冲突法领域，结合知识产权的地域性以及涉外知识产权法律冲突的特殊性，我国2010年《涉外民事关系法律适用法》第七章第48条至第50条分别规定了知识产权的归属与内容（知识产权确权）、知识产权转让和许可使用合同纠纷、知识产权侵权纠纷的法律适用规则，体系完备程度一跃超过了世界上许多国家的国际私法单行立法。具体如下：（1）知识产权的归属和内容，适用被请求保护地法律。首先，结合内在逻辑进行体系解释，《涉外民事关系法律适用法》第48条所调整的法律关系应涵盖除知识产权"转让与许可使用"和"侵权"以外的一切涉外知识产权法律关系，包括知识产权的取得、效力、范围、期限、终止等问题。其次，所谓"被请求保护地法"，是指保护该知识产权所需要适用的国家的法律，即该知识产权保护地的国家的法律。非自动产生权利的知识产权，被请求保护地指注册地或者登记地；关于自动产生权利的知识产权，被请求保护地指被请求保护的权利地。（2）知识产权转让和许可使用方面，第49条第1句采用意思自治原则，第2句指向适用合同冲突法第41条的规定。由于知识产权保护的公共政策性强，涉外知识产权转让和许可使用合同可能会更频繁地适用"强制性规定"。（3）知识产权侵权责任。第50条采取了"被请求保护地法律"与"有限意思自治"相结合的模式。一方面，在大部分情况下，被请求保护地法所属国就是侵权行为地。但在一些情况下，例如被请求保护地法采取效果原则适用于境外的知识产权侵权行为，被请求保护地法所属国可能就不是侵权行为地。另一方面，基于效率、便利等因素的考量，我国立法虽然允许当事人协议选择法律，但仅可以选择适用法院地法，仅可以在侵权行为发生后、一审庭审辩论终结前作出选择。

第一节 涉外知识产权法律冲突

知识产权，又称智慧财产权，通常是指人们依法对其智力成果享有的专有权利，主要包括著作权、商标权和专利权等。在人类历史上，钻木取火、印刷术、指南针等技术成为推动人类社会进步的巨大力量，文学作品的创作一直与人类文明历史相伴。但人类社会对技术发明、文学作品等智力成果赋予知识产权进行保护的历史并不久远。世界上第一部专利法于1474年诞生于威尼斯；第一部保护作者权益的著作权法，即《安娜女王法》，于1709年诞生于英国。[1]可见，当人类文明发展到了一定阶段，人类智力成果在社会生活中的重要性提升到一定水准，知识产权这一权利才应运而生，国内层面与国际层面的知识产权保护才呼之欲出。

国际社会对知识产权的范围并不统一。各国对知识产权范围的立法和理论并不一致，甚至在有关知识产权保护的国际条约中也不尽相同。如1967年《建立世界知识产权组织公约》第2条第8项通过列举与"兜底条款"的立法方式界定了"知识产权"，其涵盖：文学、艺术和科学著作或作品；表演艺术家的演出、唱片或录音片和广播；人类经过努力在各个领域的发明；科学发现；工业品外观设计；商标、服务标志和商号名称及标识；以及所有其他在工业、科学、文学或艺术领域中的智能活动产生的产权。1994年《与贸易有关的知识产权协定》（以下简称《TRIPs协定》）涉及的知识产权则共八个方面，包括著作权及其相关权利、商标、地理标记、工业品外观设计、专利、集成电路布图设计、对未披露信息的保护和对许可合同中限制竞争行为的控制。我国2021年起施行的《民法典》第123条规定，民事主体依法享有知识产权。知识产权是权利人依法就下列客体享有的专有的权利：（1）作品；（2）发明、实用新型、外观设计；（3）商标；（4）地理标志；（5）商业秘密；（6）集成电路布图设计；（7）植物新品种；（8）法律规定的其他客体。从宏观发展趋势来看，知识产权范围有扩大的趋势，这是当代科学技术发展和国际贸易变化的结果。

一、知识产权的地域性

地域性是知识产权的基本属性，也是理解涉外知识产权法律冲突的起点。知识产权的国际私法问题在欧美国家曾被长期忽视。如欧洲权威国际私法学者马丁·沃尔夫（Martin Wolf）在其1950年出版的名著《国际私法》中宣称："关于专利权、版权等的问题，任何国家都不适用外国的法律，也不承认根据外国的法律所产生的这一类权利。"[2]我国国际私法学界也在很长一段时间认为，知识产权的地域性特征从根源上消除了该领

---

[1] 参见王迁：《知识产权法教程》，中国人民大学出版社2021年版，第52—53、339页。
[2] [德] 马丁·沃尔夫：《国际私法（上）》（第二版），李浩培、汤宗舜译，北京大学出版社2009年版，第600页。

域的国际私法问题，导致该领域并不存在法律冲突。[1]直至20世纪90年代，国际社会才开始反思与重新审视知识产权的地域性问题。

知识产权的地域性，是指一国法律赋予的知识产权的空间效力范围只及于该国领土范围。地域性直接带来的法律后果是，对于同一知识产品，例如同一文学作品或同一发明，得到一国赋权后，若希望同时得到外国知识产权法的保护，则需要外国知识产权法重新赋权，而且各国知识产权法保护的内容和保护方式不尽相同，各自平行展开。例如，甲国所授予的专利权，仅在甲国有效，而在乙国则不被认可；若使该专利权想在乙国获得保护，则需要乙国依据乙国法授予专利权。

知识产权地域性不同于一般法律的属地性。法律的属地性，是指一国颁布的法律只在其领土范围内有效，而在外国则无效。[2]这里所指的法律包括主权国家颁布的所有法律，涵盖了公法性质的法律和私法性质的法律。这是对法律属地性的狭义理解，仅从一国法院适用其法律于纯国内案件的视角进行解释，忽略了一国法院在涉外民事案件的审理中可以依据其本国冲突规范适用外国法等情形。知识产权法作为一国国内法的一部分，当然也具有上述狭义的法律属地性，但知识产权的地域性必然不同于一般法律的属地性。

从本质上来看，各国知识产权法不同于一般私法。在一般私法领域，权利客体上只存在一个权利，比如一个物权、一个监护权、一个合同权利，其权利将依据国际私法规则，在某个特定的国内法体系中最终予以确定。但在知识产权领域，对于同一个权利客体或知识产品，世界上有多少个国家或法域，在其上就可以存在多少个并行的知识产权。知识产权不同于物权，物权奉行一物一权原则，承认外国物权法的域外效力，必定限制本国物权法的域内效力；而知识产权，同一知识产品上依法存在多个知识产权，承认外国知识产权法的域外效力，不要求限制本国知识产权法的域内效力。[3]这是知识产权法和一般私法的本质不同之处，正因为此，一般私法在涉外案件中已经消解了法律的属地性问题，而知识产权法仍在强调地域性原理。

二、知识产权法律冲突及其解决途径

知识产权法律冲突的产生，通常需要四个方面的条件。（1）国际经贸往来中涉及知识产权的交易愈益增多，引发跨国知识产权法律关系，涉外知识产权合同或侵权等纠纷日益增多。（2）各国的知识产权立法存在差异，包括知识产权的范围、取得、行使、保护标准和保护期限等方面的立法各不相同。受国际条约拘束的成员国在国际公约规定的最低保护标准之上自行立法规定保护标准和措施，在诸多方面仍存在差异。（3）知识产

---

[1] 例如，我国20世纪90年代的权威国际私法教材就否定了知识产权法律冲突的存在："尽管各国的立法互不相同，但由于这类立法是以知识产权的地域性和权利独立原则为基础制定的，如果各国不签订条约，彼此承认和保护依对方国家法律所获得的知识产权，那么，在严格地域性限制的条件下，就不可能产生知识产权的法律冲突。"韩德培主编：《国际私法新论》，武汉大学出版社1997年版，第402页。

[2] 参见宋晓：《重思知识产权的地域性》，载《武大国际法评论》2022年第3期。

[3] 徐祥：《论知识产权的地域性》，载《武汉大学学报（哲学社会科学版）》2005年第5期。

权国际公约普遍采用国民待遇原则，外国人和法人与内国人可在知识产权保护上享有同等地位。（4）外国知识产权法在国内具有一定的法律效力。长期以来，知识产权地域性之"地域"通常为一国管辖之区域。但是，在知识产权保护国际化趋势下的严格的"地域"逐渐突破一国的范围。例如，依据订立于 1973 年的《欧洲专利公约》，一项技术发明可经申请获得欧洲专利保护，最多可在四十多个国家有效。[1] 正因为知识产权严格地域性的突破为知识产权法律冲突的产生和发展提供了新的契机，知识产权的全球性保护也日益得到国际社会的重视。

目前保护知识产权的国际组织主要是世界知识产权组织（WIPO）和世界贸易组织（WTO），其各自管理和协调众多国际公约的实施。世界知识产权组织目前负责包括《建立世界知识产权组织公约》在内的 26 部国际公约的实施，既包含《保护工业产权巴黎公约》（以下简称《巴黎公约》）、《保护文学和艺术作品伯尔尼公约》（以下简称《伯尔尼公约》）、《世界知识产权组织版权条约》《关于集成电路的知识产权条约》（以下简称《华盛顿条约》）、《保护表演者、录音制品制作者和广播组织罗马公约》（以下简称《罗马公约》）等实体性公约，也涵盖了《专利合作条约》《商标国际注册马德里协定》等便于知识产权在多国获得保护的程序性条约，还有针对知识产权分类的《国际专利分类斯特拉斯堡协定》《商标注册用品和服务国际分类尼斯协定》等技术性公约。[2] 而世界贸易组织于 1986 年的乌拉圭回合谈判中缔结了《TRIPs 协定》，使世界贸易组织成为与世界知识产权组织并驾齐驱的保护知识产权国际组织。《TRIPs 协定》将《巴黎公约》《伯尔尼公约》《华盛顿条约》《罗马公约》纳入其中并从严予以修改，从而适用于专利、商标、著作权、地理标志、工业品设计、集成电路布图设计、未披露信息等众多智力成果。相对于之前的规定，《TRIPs 协定》对知识产权的保护标准更高，纳入了最惠国待遇原则，引入世界贸易组织争端解决机制，从而使知识产权保护更趋严格和更具实效性。除上述国际立法之外，知识产权的国际保护也体现在区域性多边国际条约中，如 1973 年《欧洲专利公约》、1975 年《欧洲共同体专利公约》和 1977 年非洲国家签订的《班吉协定》等。

尽管存在上述一系列知识产权保护的国际公约，但全球知识产权保护尚未实现规则的真正"统一"。各缔约国在最低标准之上制定各具特色的国内法，知识产权的地域性依然存在。[3] 各国知识产权保护具有独立性，涉外知识产权纠纷必然面临法律冲突及其解决问题，冲突规范在涉外知识产权法律适用中仍发挥重要作用。其中，最具代表性和影响力的相关立法包括：2008 年欧盟《非合同之债法律适用条例》（以下简称为《罗马条例Ⅱ》）关于知识产权侵权法律选择的规则、2008 年美国法学会推出的《知识产权：跨国纠纷管辖权、法律选择和判决原则》（以下简称 ALI 原则）、德国马克斯·普朗克研究所完成的《知识产权冲突法原则》、韩国和日本国际私法协会成员起草的 2010 年《知识产权国际私法原则联合案》以及 2020 年国际法协会知识产权国际法委员会在日本京

---

[1] 参见欧洲专利局官网，https://www.epo.org/about-us/at-a-glance.html，2023 年 5 月 2 日访问。
[2] 参见世界知识产权组织官网，https://www.wipo.int/treaties/en/index.html，2023 年 5 月 3 日访问。
[3] 参见宋晓：《重思知识产权的地域性》，载《武大国际法评论》2022 年第 3 期。

都会议上通过的《关于知识产权与国际私法的指南》（以下简称《京都指南》）等。其中《京都指南》共 4 章、35 条，包括一般规定、管辖权、法律适用和判决的承认与执行，在知识产权法律适用上坚持被请求保护地法原则。另外，世界知识产权组织也开始重视国际私法问题，联合海牙国际私法会议于 2019 年推出了《当国际私法遇上知识产权法——法官指南》，其选取国际、区域性文书以及国内法具体加以阐明国际私法在知识产权事务中的运作情况，旨在为全球法官和律师提供一份解决跨境知识产权纠纷的操作指南。

第二节 涉外知识产权的法律适用

我国目前已经先后加入了一些重要的知识产权保护方面的国际公约，其包括：1980 年加入《建立世界知识产权组织公约》；1984 年加入《巴黎公约》；1989 年加入《商标国际注册马德里协定》并加入其议定书；1992 年加入《伯尔尼公约》《世界版权公约》；1993 年加入《保护录音制品制作者防止未经许可复制其录音制品公约》《专利合作公约》；2001 年加入《TRIPs 协定》；2006 年加入《世界知识产权组织版权条约》和《世界知识产权组织表演与录音制品条约》等。此外，我国还和很多国家签订了涉及知识产权内容的双边协定。这些知识产权国际条约在我国的适用，具有一定特殊性，须注意如下几点。第一，基于知识产权的地域性和知识产权保护的独立性，即使我国加入了某些知识产权国际条约，我国仍可在知识产权国际条约规定的最低保护标准的基础上结合本国国情制定具有中国特色的知识产权保护立法，因此，知识产权国际条约在我国的适用通常需要经过转化立法。第二，知识产权国际条约在我国适用的法律依据，主要体现在 2023 年《对外关系法》第 30 条和第 31 条中，国家依照宪法和法律缔结或者参加条约和协定，善意履行有关条约和协定规定的义务；国家采取适当措施实施和适用条约和协定，条约和协定的实施和适用不得损害国家主权、安全和社会公共利益。2013 年实施的最高人民法院《关于适用〈中华人民共和国涉外民事关系法律适用法〉若干问题的解释（一）》第 4 条曾规定，涉外民事关系的法律适用涉及适用国际条约的，人民法院应当根据《民法通则》第 142 条第 2 款、《票据法》第 95 条第 1 款、《海商法》第 268 条第 1 款、《民用航空法》第 184 条第 1 款等法律规定予以适用，但知识产权领域的国际条约已经转化或者需要转化为国内法律的除外。可见，该司法解释区分了知识产权国际条约和非知识产权的国际私法条约的适用问题。但该司法解释经 2020 年修正，删除了原有的第 4 条，上述规定已经作废。而在 2024 年 1 月 1 日施行的最高人民法院《关于审理涉外民商事案件适用国际条约和国际惯例若干问题的解释》并未明确规定知识产权国际条约在中国的适用问题，在解决涉外知识产权纠纷时可否依据其第 1 条第 2 款"人民法院审理上述法律调整范围之外的其他涉外民商事案件，涉及适用国际条约的，参照上述法律的规定"的规定，2024 年司法解释第 7 条公共秩序保留条款是否也适用于知识产权国际条约在中国的适用等，这些问题均存在争议，有待我国理论与司法实践的进一步发展与澄清。第三，解释一致原则。依据 2021 年 12 月 31 日《全国法院涉外商事海事审判工作座谈会会议纪要》第 20 条的规定，我国人民法院审理涉外商事案件所适用的中华人民共和国法律、行政法规的规定存在两种以上合理解释的，人民法院应当选择与中华人民共和国缔结或者参加的国际条约相一致的解释，但中华人民共和国声明保留的条款除外。

在涉外知识产权冲突法领域，结合知识产权的地域性以及涉外知识产权法律冲突的特殊性，我国 2010 年《涉外民事关系法律适用法》第七章第 48 条至第 50 条分别规定了知识产权的归属与内容（知识产权确权）、知识产权转让和许可使用合同纠纷、知识产权侵权纠纷的法律适用规则，体系完备程度一跃超过了世界上许多国家的国际私法单行立法。其中，知识产权确权问题最为基础和重要。在实践中，该问题既可能作为独立争议存在，也可能作为其他两类争议问题的先决问题。除上述专门的涉外知识产权冲突规范之外，在我国司法实践中，曾出现过依据《涉外民事关系法律适用法》第 2 条第 2 款中的最密切联系原则适用我国《著作权法》解决涉外著作权纠纷的案例，如《小猪佩奇》著作权侵权案。

一、知识产权确权与效力的法律适用

知识产权确权与效力，是指有权机关根据法律的规定确认知识产权权利的存在及其效力。它既包括对权利的审查与授予，也包括授予之后对权利效力的再次确认，如权利授予之后的撤销或宣告无效等。从广义的角度来看，完整的知识产权确权与效力体系，除确认权利的存在及其效力外，还应确认知识产权的权利归属。"权利的存在及其效力"是"权利归属"的前提，只有在权利存在且有效的情况下，讨论权利归属才具有实际意义。知识产权的确权，按确权机关划分，又可以分为行政确权和司法确权两类。司法实践中常见的涉外知识产权确权是司法确权之诉，即法院通过行使司法权作出的知识产权确权与效力。

（一）主要立法例

国际上采取的涉外知识产权确权与效力的冲突规范主要包括如下几种立法例。

1. 权利原始取得地法

1928 年《布斯塔曼特国际私法典》第 115 条规定，"著作权和工业产权应受现行有效的或将来缔结的特别国际公约的规定支配。如无上述国际公约，则此项权利的取得、登记和享有均应依授予此项权利的当地法"。1992 年《罗马尼亚关于调整国际私法法律关系的第一百零五号法》第 60 条曾规定："知识产品著作权的成立、内容和消灭适用作品以出版、演出、展览、广播或其他方式首次公开发表的国家的法律。" 2005 年《保加利亚共和国关于国际私法的法典》第 71 条规定，著作权以及与著作权相关的权利的产生、内容、转让和终止，依授予著作权保护的国家的法律。知识产权标的物上的权利的产生、内容、转让和终止，依授予专利权或者注册地或者提出授予专利权或注册的申报所在地国家的法律。此类立法例背后的法理在于将知识产权视为自然权利，当该权利在一国取得后，其应得到其他国家承认，基于此，知识产权确权与效力应适用权利原始取得地法。但是，由于大部分国家都坚持知识产权地域性与知识产权保护的独立性，除非受国际条约拘束，一般并不愿意采"权利原始取得地法"。

2. 被请求保护地法

基于知识产权的地域性，该立法例为不少国内立法和《伯尔尼公约》《世界版权公约》等所采用。例如，2004 年《比利时国际私法典》第 93 条将属地性原则作为确定知识产权准据法的首要原则，其第 1 款规定，"知识产权，适用被请求保护地法"。2007 年《土耳其国际私法和国际民事诉讼程序法》第 23 条规定，"知识产权，依照据以提出保护请求的国家的法律"。2017 年《匈牙利关于国际私法的第 28 号法律》第 48 条也规定："著作权的成立、内容、终止和行使，依被请求保护所在地国的法律。"其 49 条规定，"工业产权的成立、内容、终止和实施，适用工业产权的保护被授予和申请地国"。

3. 行为地法

2017 年《奥地利国际私法》第 34 条第 1 款规定："无形财产权的创立、内容和消灭，依使用行为或侵权行为发生地国家的法律。"其 2 款对劳动者在其劳动关系范围内的职业活动相关的知识产权作了例外规定，劳动者的这类知识产权应适用劳动关系准据法。

4. 综合适用两个或两个以上国家的法律

1984 年《秘鲁民法典》第 2309 条规定，对知识产权的存在和效力，若不能适用国际条约或特别法的规定，应适用权利登记地法律；承认和实施这些权利的条件，由当地法确定。而"当地法"既可能是被请求保护国的法律，也可能是使用行为地或侵权行为地的法律。这种立法例主要考虑到知识产权法律关系的复杂性，而采用"分割方法"来解决复杂的知识产权法律关系中的法律适用问题。

（二）知识产权地域性与被请求保护地法

一般认为，知识产权适用被请求保护地法，可追溯至《伯尔尼公约》第 5 条第 2 款第 2 句中的"the law of the country for which protection is claimed"（拉丁文 *lex loci protectionis*）。这一短语含义较为模糊，既可能是指提起保护请求的国家（如法院地），也可能是指被请求给予保护的国家（如侵权行为地、权利登记地或注册地）。国际上占主导地位的观点是，将其理解为"country for which protection is claim"（被请求保护地国），而不是提起保护请求的法院地国。依据《伯尔尼公约》第 5 条第 2 款的规定，各缔约国应对产生于缔约国范围内的作品自动提供保护，但鉴于各国著作权法的地域性限定，具体保护内容和方式由各国著作权法独立规定，因而权利人主张依据何国著作权法提供保护的，就应适用该国著作权法（被请求保护地法）。

被请求保护地法规则尽管有不确定性之缺陷，但还是获得了各国国际私法的普遍认可，成为涉外知识产权法律适用的基础规则。一方面，被请求保护地法规则在形式上是双边冲突规则，表明一国法院在涉外知识产权案件中有可能适用外国法。另一方面，被请求保护地法规则又是非常特殊的双边冲突规范，它以承认知识产权法的地域性原理为逻辑起点，其适用离不开地域性原理的辅助和指引。1987 年《瑞士国际私法》第 110 条、2004 年《比利时国际私法典》第 93 条、2007 年《土耳其国际私法和国际民事诉讼程序法》第 23 条等均采用了"被请求保护地法"规则。欧洲马克斯普朗克知识产权冲突法研究团队 2011 年编撰的《知识产权冲突法通则》第 3：102 条也规定，对于知识产权之存在、有效性、登记、范围、存续期间及任何与该权利有关之事项，适用被请求提供保护的国家的法律。《罗马条例Ⅱ》第 8 条第 1 款规定，因侵犯知识产权产生之非合同之债，适用被请求保护的国家的法律。为明晰"被请求保护地"，英国司法部针对该条例发布了一项指南，指出被请求保护的国家，是指请求人寻求获得保护所依据的实体法所属的国家。由此可知，对于自动产生的权利，如版权等无须登记或注册的权利，被请求保护地法律是指该被请求保护的权利地法律；而对于非自动产生的权利，如专利权和商标权等需要登记或注册的权利，被请求保护地是指该权利的注册地或登记地法律。

基于知识产权的地域性和相关公约采用的独立保护原则，一个人对其智力成果可在甲国、乙国、丙国等多国享有不同保护程度和救济权利的 A、B、C 等知识产权。如果权利人对于其在乙国的 B 知识产权提起确权之诉或侵权之诉，则应依据乙国法主张其相应权益，乙国法便为被请求保护地法。值得注意的是，被请求保护地不一定是法院地，有可能是侵权行为地、权利登记地或注册地，特别是在一国法院保护的不是法院地国的知识产权的时候。例如，如果来源于日本的知识产权在中国遭到未经授权的使用，但权利人在被告住所地美国提起诉讼，美国法院如果适用被请求保护国法律，则只能适用中国法律来确定侵权是否成立，但中国既不是权利来源国，也不是法院地国，而是被请求保护地国。

（三）我国相关立法

《涉外民事关系法律适用法》第 48 条规定："知识产权的归属和内容，适用被请求保护地法律。"该条的主要内容如下。

1. 适用范围

该条适用于解决知识产权的归属和内容问题。其中，知识产权的归属，特指知识产权归谁所有；而知识产权的内容，应结合上下文的内在逻辑进行体系解释，即第 48 条为一般法条，第 49 条"知识产权转让和许可使用"和第 50 条"知识产权侵权"为特别法条，则第 48 条所调整的法律关系应涵盖除知识产权"转让与许可使用"和"侵权"以外的一切涉外知识产权法律关系，包括知识产权的取得、效力、范围、期限、终止等问题。

2. "被请求保护地法"

所谓"被请求保护地法"，是指保护该知识产权所需要适用的国家的法律，即该知识产权保护地的国家的法律。

（1）非自动产生权利的知识产权

对于非自动产生权利的知识产权，被请求保护地指注册地或者登记地，其主要涉及两种权利。①专利权。知识产权的地域性在专利权中表现得最为明显。专利权申请人，无论其国籍和住所为何，其专利申请都须符合该专利申请注册地国法律，获准的专利权旨在授予国范围内有效。一项发明创造是否符合申请专利注册的法定条件，能否获授予专利，职能依据是专利权注册地法律确定。专利权的内容主要包括：独占权、许可权、转让权、标记权和放弃权等,而其中独占权包括制造、使用、销售、进口专利产品等权利。专利权的效力,包括专利权有效和专利权无效两个方面。基于专利权的这些特征,涉外专利权的归属、内容、效力等,适用专利注册地法,是符合国际立法趋势和专利权本身特征、有利于保障涉外专利权纠纷当事人的合法权益的。②商标权。商标权一般是指注册商标的专有权,其成立须按照各国法定条件和程序申请注册登记,经主管机关审批后获得授权。当前世界上,包括我国在内的绝大多数国家都实行注册制度。商标权内容包括专有使用权以及由此派生的禁用权、续展权、转让许可权、许可使用权等。商标权的效力主要涉及法定的保护期限和有效期终止等问题。商标权的地域性体现在,在一国注册获准的商标,只在该国范围内具有法律效力,且其行使和效力等问题均须符合该国的法定条件和程序。

（2）自动产生权利的知识产权

对于自动产生权利的知识产权,被请求保护地指被请求保护的权利地。如著作权,是文学、艺术和科学作品的作者依法享有的人身权利和财产权利。作品传播者对其在传播作品过程中付出的创造性劳动依法享有的权利亦属著作权。著作权与工业产权的成立有很大的差异,一是在绝大多数情况下,并不需要向主管行政机关申请办理登记或注册手续并由其核准;二是自作品完成之日或首次出版之时起自动产生。各国知识产权保护具有独立性,各国在著作权保护的内容和期限等方面的规定差异较大。基于著作权法的这些独特性,著作权归属和内容适用"被请求保护的权利地法",符合国际立法趋势,也有利于保障著作权权利人的合法权益。例如,某小说的著作权人甲某分别在《伯尔尼公约》的成员国 A、B、C 国享有各该国给予的权利保护,其在各国的著作权权利内容分别由 A、B、C 国依据各自的法律予以确定和赋予。权利人因其在 A 国、B 国和 C 国的著作权所引发了涉外著作权纠纷。中国某地法院受理了权利人甲某因其在 A、B、C 国的著作权引发的知识产权纠纷案件,原则上应分别适用 A 国法、B 国法、C 国法。这一做法可以最大限度保障知识产权地域性和知识产权保护的独立性。

二、知识产权转让与许可使用

知识产权的利用主要体现在"知识产权转让"与"知识产权许可使用"这两个方面。"知识产权转让",是指知识产权的出让主体根据有关法律规定将权利出让给受让主体的法律行为。一经转让,知识产权项下的财产权部分,就只为受让主体所享有。如同动产买卖,所有权将随买卖而发生根本性的转移。"知识产权许可使用",是指合法拥有知识产权者（许可人）,将其知识产权许可给他人（被许可人）实施、使用的行为,包括独占许可、排他许可和普通许可等模式。涉外"知识产权转让"与"知识产权许可使用"因涉及合同法律关系,且往往涉及敏感技术的监管,因而,涉外知识产权转让与许可使用的法律适用有一定的特殊性。

（一）主要立法例

国际上采取的涉外知识产权转让与许可使用的冲突规范主要包括如下几种立法例。

第一,直接适用的法。有的国家为了严格监管技术的进出口,其法律直接规定本国知识产权转让与许可使用应直接适用特定的法律。例如，《墨西哥关于技术转让与使用专利权与商标权的法律》规定："凡在墨西哥领土内产生效果的国际技术转让合同，应适用墨西哥法律和墨西哥参加的国际条约。"

第二，合同准据法。例如1987年《瑞士国际私法》第110条第3款规定，知识产权合同准据法，依据该法关于合同准据法的规定予以确定。更多国家立法例则对合同准据法中的当事人意思自治原则在知识产权合同中的适用进行了限制性规定，即附条件地允许当事人意思自治。就知识产权领域纯粹的合同关系，如合同成立、合同义务、合同解释、支付方式、争议解决等事宜，一国立法通常允许当事人意思自治，如瑞士、列支敦士登、突尼斯、匈牙利和白俄罗斯等国的立法。又如欧洲2011年《知识产权冲突法通则》第3：103条规定，有关知识产权之转让、许可协议和其他合同，各方通过签订合同创设或转让知识产权担保权时双方的权利和义务，应适用合同当事人所选择的法律。但对于权利许可使用和转让合同当事人的意思自治通常会受到一定限制，例如阿根廷禁止技术引进合同当事人选择适用外国法，又如《美国知识产权许可反垄断》对知识产权许可协议的当事人意思自治附加了竞争法上的限制。

第三，最密切联系原则。2004年《比利时国际私法典》第93条第2款就最初权利人的确定规定了特别规则，"知识产权最初权利人的确定，适用与知识活动有最密切联系的国家的法。知识活动在合同关系范围内进行的，除有相反证明外，推定有最密切联系的国家是合同关系准据法所属国家"。

（二）我国相关立法

中国《涉外民事关系法律适用法》第49条规定："当事人可以协议选择知识产权转让和许可使用适用的法律。当事人没有选择的，适用本法对合同的有关规定。"第49条第1句采用意思自治原则，第2句指向适用合同冲突法第41条的规定，即"当事人可以协议选择合同适用的法律。当事人没有选择的，适用履行义务最能体现该合同特征的一方当事人经常居所地法律或者其他与该合同有最密切联系的法律"。这意味着，即便没有第49条的规定，涉外知识产权转让和许可适用第41条一般合同冲突规范的结果并无不同，均采意思自治原则和最密切联系原则。在适用最密切联系原则确定准据法时，鉴于知识产权转让与许可使用自身的复杂性，如专利交叉许可的情形下，运用特征履行方法确定最密切联系地并非易事，故需要作个案判断。

值得注意的是，由于知识产权保护的公共政策性强，相对于普通合同，涉外知识产权转让和许可使用合同可能会更频繁地适用"强制性规定"，主要如下。第一，关于知识产权的可转让性的强制性规定。如《对外贸易法》第16条规定，国家基于下列原因，可以限制或者禁止有关货物、技术的进口或者出口：（1）为维护国家安全、社会公共利益或者公共道德，需要限制或者禁止进口或者出口的；（2）为保护人的健康或者安全，保护动物、植物的生命或者健康，保护环境，需要限制或者禁止进口或者出口的；（3）为实施与黄金或者白银进出口有关的措施，需要限制或者禁止进口或者出口的；（4）国内供应短缺或者为有效保护可能用竭的自然资源，需要限制或者禁止出口的；（5）输往国家或者地区的市场容量有限，需要限制出口的；（6）出口经营秩序出现严重混乱，需要限制出口的；（7）为建立或者加快建立国内特定产业，需要限制进口的；（8）对任何形式的农业、牧业、渔业产品有必要限制进口的；（9）为保障国家国际金融地位和国际收支平衡，需要限制进口的；（10）依照法律、行政法规的规定，其他需要限制或者禁止进口或者出口的；（11）根据我国缔结或者参加的国际条约、协定的规定，其他需要限制或者禁止进口或者出口的。此外，《技术进出口管理条例》第 8 条、第 9 条、第 10 条、第 32 条、第 33 条、第 34 条等也有类似限制性规定。第二，关于知识产权合同形式及效力的强制性规定。例如 1992 年《专利法》第 10 条规定，专利申请权和专利权可以转让。全民所有制单位转让专利申请权或者专利权的，必须经上级主管机关批准。中国单位或者个人向外国人转让专利申请权或者专利权的，必须经国务院有关主管部门批准。转让专利申请权或者专利权的，当事人必须订立书面合同，经专利局登记和公告后生效。又如《商标法》第 42 条规定，转让注册商标的，转让人和受让人应当签订转让协议，并共同向商标局提出申请。受让人应当保证使用该注册商标的商品质量。转让注册商标的，商标注册人对其在同一种商品上注册的近似的商标，或者在类似商品上注册的相同或者近似的商标，应当一并转让。对容易导致混淆或者有其他不良影响的转让，商标局不予核准，书面通知申请人并说明理由。转让注册商标经核准后，予以公告。受让人自公告之日起享有商标专用权。此外，2010 年《著作权法》第 26 条规定，以著作权出质的，由出质人和质权人向国务院著作权行政管理部门办理出质登记。

三、知识产权侵权的法律适用

知识产权侵权，是指非法侵害他人知识产权的行为，包括著作权侵权、专利权侵权、商标权侵权等类型。从知识产权法律关系的角度来看，知识产权侵权与知识产权的确权与效力联系紧密，只有确认知识产权存在，明确知识产权归属，才可以判断侵权与否。由于各国知识产权侵权法律体系仍存在较大差异，如知识产权侵权的客体、构成要件、阻却事由、责任认定、损害赔偿金额等均存在差异，涉外知识产权侵权中的法律冲突在所难免，在此背景下，涉外知识产权侵权冲突法得以发展。

（一）主要立法例

国际上采取的涉外知识产权侵权的冲突规范主要包括如下几种立法例。

1. 侵权行为地法

如 2017 年《奥地利国际私法》第 34 条规定："无形财产权的创立、内容和消灭，依使用行为或侵权行为发生地国家的法律。"该立法例主要受到一般侵权法律适用的影响。侵权行为地法是场所支配行为原则的具体化，自 13 世纪的法则区别说以来，即为欧洲各国所普遍采用。鉴于知识产权侵权与一般侵权存在交集，因此侵权行为地法同样具有可适用性。但知识产权载体的跨境使得知识产权侵权行为地呈现不稳定的状态。由于广义的知识产权侵权行为地既包括侵权行为发生地，也包括侵权结果发生地，因此该连结点可能导致多地的法律适用。尤其随着互联网的发展，网络知识产权侵权让侵权行为地的确定更为困难。

2. 当事人意思自治原则

（1）一种立法例支持当事人意思自治原则在涉外知识产权侵权法律适用中的适用。例如 1987 年《瑞士国际私法》第 110 条第 2 款规定，因侵权知识产权而产生的请求（claims arising out of the infringement of intellectual property rights），当事人可在损失发生后，选择适用法院地法。可见瑞士立法接受了有限的当事人意思自治，仅允许当事人协议选择法院地法。又如 2011 年《知识产权冲突法通则》第 3：103 条规定，对于知识产权侵权纠纷，知识产权侵权纠纷的当事人可以在争议发生前或发生后达成协议，选择侵权赔偿责任所适用的法律。（2）也有另一种立法例否定当事人意思自治原则在涉外知识产权侵权法律适用中的适用。其认为，哪些行为构成侵权、侵权应当承担何种责任，在本质上都体现了一国特定的政策考量，一旦允许当事人意思自治，就可能背离原有特定的政策考量。例如，原本在侵权行为地不作侵权认定的，却可能通过当事人意思自治而改变该结论。而纵使侵权人与知识产权权利人协议选择法律，由于二者处于不平等地位，所协议选择的法律可能也会不利于弱势一方当事人。《罗马条例Ⅱ》第 8 条第 3 款采纳了这个意见，明确禁止当事人在知识产权侵权领域协议选择法律。

3. 被请求保护地法

涉外知识产权侵权通常适用被请求保护地法。如《罗马条例Ⅱ》第 8 条第 1 款规定，因侵犯知识产权产生之非合同之债，适用被请求保护的国家的法律。被请求保护地法规则得到公认后不久，网络知识产权侵权对被请求保护地法规则带来了全新的挑战，尤其在网络著作权侵权案件中，一个通过网络方式的单个侵权实施行为，损害发生地可能位于数国，甚至成为无处不在的全球性侵权。尽管从理论上说，同时适用多个被请求保护地法并无不可，但这毕竟会加重外国法查明的技术困境，以及增加同时解释和适用多国法律的困难。多国法律甚至相互冲突，不同的保护内容和保护标准叠加在一起，从实体结果上也无法保证个案公正。国际社会于此尤为着力，ALI 原则第 321 节、《知识产权冲突法通则》第 3：603 条和《京都指南》第 26 条都作出了有益探索，尽管各自的具体规则不尽相同，但它们的方向是一致的，都追求在网络知识产权侵权问题上突破知识产权的地域性限制，寻求一个合理的法律统一适用于全球知识产权侵权。[1]

（二）我国相关立法

《涉外民事关系法律适用法》第 50 条规定："知识产权的侵权责任，适用被请求保护地法律，当事人也可以在侵权行为发生后协议选择适用法院地法律。"可见，中国立法采取了"被请求保护地法律"与"有限意思自治"相结合的模式。

1. 被请求保护地法

依据第 50 条前半句，涉外知识产权侵权通常适用"被请求保护地法"，而非侵权行为地法。这种法律适用规定相对合理，一方面是基于智力成果的无形性导致侵权行为地不易确定，另一方面是考虑到知识产权侵权的认定与知识产权的确权息息相关，二者适用一种法律，可使此类案件的法律适用更加简易。在大部分情况下，其实被请求保护地

---

[1] 参见宋晓：《重思知识产权的地域性》，载《武大国际法评论》2022 年第 3 期。

法所属国就是侵权行为地。但在一些情况下，例如被请求保护地法采取效果原则适用于境外的知识产权侵权行为，被请求保护地法所属国可能就不是侵权行为地。

被请求保护地法并不能理解成原告单方选择的法律。法官在进行个案判断时，应结合当事人的诉讼请求、知识产权法地域性原理和域外效力规则作出整体判断。然而，当下并没有比被保护请求地法更好的概念，用来满足上述个案判断的要求。而且，被请求保护地法规则还隐含了一个实体价值判断，那就是促使法官去逐个考察法院地法、注册登记地法和侵权行为地法，其中哪个法律在满足知识产权地域性原理的同时能同步实现知识产权保护，那么这个法律就应该被当事人和法官认定为被请求保护地法。

2. 有限的当事人意思自治原则

依据第 50 条后半句话，我国采"有限意思自治"。基于效率、便利等因素的考量，我国立法虽然允许当事人协议选择法律，但仅可以选择适用法院地法，仅可以在侵权行为发生后、一审庭审辩论终结前作出选择。

3. 第 50 条与第 44 条的关系

《涉外民事关系法律适用法》第 44 条为一般涉外侵权的冲突规范，其规定，"侵权责任，适用侵权行为地法律，但当事人有共同经常居所地的，适用共同经常居所地法律。侵权行为发生后，当事人协议选择适用法律的，按照其协议"。《涉外民事关系法律适用法》第 50 条为涉外知识产权的特别规定，依据特别优先于一般的原则，应优先适用第 50 条处理涉外知识产权的侵权责任问题。而侵权责任的认定和侵权损害赔偿数额等问题的法律适用，是否有必要采分割方法进一步对现有规则进行细化，仍待我国理论与司法实践的进一步厘清。

重要名词术语

知识产权的地域性、被请求保护地法、知识产权的确权与效力、知识产权转让和许可使用、知识产权侵权

思考题

1. 如何理解知识产权的地域性？
2. 何为被请求保护地法？其与法院地法存在什么区别？
3. 简述当事人意思自治原则在我国知识产权冲突规范中的地位和作用。
4. 简述我国知识产权冲突法的完善和发展。

> 典型案例分析

案例一　A公司与B公司等侵害计算机软件著作权纠纷案，最高人民法院（2020）最高法知民终396号民事判决书

A公司和B公司共同开发完成了《传奇2》游戏并共同拥有相关著作权。《传奇2》游戏软件于2000年9月1日创作完成，并于同年11月10日在韩国进行著作权登记，著作权人为B公司和A公司。2003年8月18日，该游戏软件在中国完成著作权登记，著作权人为B公司和A公司。《传奇2》游戏在运营中会有《MirⅡ》《Mir 2》《Legend of Mir 2》《传奇2》《传奇Ⅱ》《热血传奇》《传奇》等不同名称或表述，但均指同一游戏。B公司擅自授权C公司、D公司利用《传奇2》游戏研发《最传奇》游戏，侵犯了A公司对《传奇2》游戏计算机软件享有的复制权、改编权和信息网络传播权，该行为属于著作权侵权。

A公司向上海知识产权法院提起诉讼，请求判令B公司的对外授权合同无效，B公司、C公司、D公司停止侵权，刊登声明、消除影响，共同赔偿经济损失500万元。上海知识产权法院于2018年1月2日立案受理，并于2019年12月20日作出（2018）沪73民初2号民事判决，驳回了A公司的全部诉讼请求。

A公司不服一审判决，向最高人民法院提起上诉。其上诉请求包括：（1）撤销上海知识产权法院（2018）沪73民初2号民事判决（以下简称原审判决）；（2）改判支持A公司的全部诉讼请求。

上海知识产权法院认为，根据《著作权法》第2条第2款的规定，中国和韩国均为《伯尔尼公约》的缔约国，A公司作为韩国公司，其依照国际条约享有的著作权受中国著作权法的保护。上海知识产权法院根据《著作权法》第2条第2款，《计算机软件保护条例》第2条、第3条第1款第1项、第2项，《著作权法实施条例》第9条，《合同法》第52条，《民事诉讼法》第64条第1款，最高人民法院《关于民事诉讼证据的若干规定》第2条之规定判决驳回A公司的全部诉讼请求。

我国最高人民法院认为，本案当事人B公司、A公司为外国主体，诉争作品的原始著作权依据韩国法律产生，本案法律关系具有涉外因素，属于涉外民事关系。《涉外民事关系法律适用法》第48条规定：知识产权的归属和内容，适用被请求保护地法律。该法第50条规定：知识产权的侵权责任，适用被请求保护地法律，当事人也可以在侵权行为发生后协议选择适用法院地法律。本案案由为侵害计算机软件著作权纠纷，被诉侵权行为发生在中国境内，本案应适用中华人民共和国法律；同时相应被诉侵权行为发生时间为2010年4月1日以后、2021年6月1日前，应适用当时施行的法律法规之规定。2010年修正的《著作权法》第2条第2款规定：外国人、无国籍人的作品根据其作者所属国或者经常居住地国同中国签订的协议或者共同参加的国际条约享有的著作权，受本法保护。中国和韩国均为《伯尔尼公约》的成员国，A公司的著作权依照国际条约受中国著作权法的保护。本案侵权行为地在中国，A公司在中国法院起诉寻求法律救济，该案被请求保护地法为中国法，应适用我国当时施行的《合同法》、2010 年修正的《著作权法》。

最高人民法院依照《涉外民事关系法律适用法》第 48 条、第 50 条，《著作权法》（2010 年）第 2 条第 2 款，《著作权法实施条例》第 9 条，《计算机软件保护条例》第 10 条，《民事诉讼法》第 64 条第 1 款、第 170 条第 1 款第 2 项之规定，作出如下判决：（1）撤销上海知识产权法院（2018）沪 73 民初 2 号民事判决；（2）B 公司于本判决生效后 30 日内在《中国知识产权报》公开发表声明以消除影响（声明内容须经上海知识产权法院审核）；（3）驳回 A 公司的其他诉讼请求。

案例二 《小猪佩奇》著作权侵权纠纷案，北京互联网法院（2018）京 0491 民初 1045 号民事判决书

A 公司、B 公司（以下合称原告）为英国公司，被告 C 公司为一家中国公司。原告制作了《小猪佩奇》系列动画片，并取得了美国版权局出具的登记证书。该证书显示，原告为《小猪佩奇》美术作品的作者，作品首次出版地为英国。涉案的美术作品 Peppa Pig, George Pig, Daddy pig, Mommy pig 创作完成投放市场后，深受欢迎。经两公司十余年的持续努力，该动画片及包括基于该动画片相关角色形象开发的玩具、卡通书在内的一系列周边产品受到包括中国在内的世界各国、各年龄段人群的普遍喜爱，已成为一种文化现象，具有极高的知名度和商业价值。2014 年 6 月 4 日，原告就美术作品 Peppa Pig, George Pig, Daddy Pig, Mommy Pig 在中国国家版权局进行了版权登记，原告依法享有与小猪佩奇形象相关的美术作品的著作权。截至 2018 年 4 月 9 日，央视网、芒果 TV、爱奇艺等国内网络播放平台累计播放已经超过 905.2 亿次。《小猪佩奇》系列图书在亚马逊和当当网平台的销售非常强劲，在国家广电总局关于配套书籍的畅销排行榜中名次也非常靠前。Peppa's paintbox 移动手机应用程序亦深受用户欢迎。可以说，小猪佩奇的相关角色形象已享有非常高的知名度和美誉度。

原告发现，2018 年 4 月 25 日至 5 月 4 日，2018 年（第十五届）北京国际汽车展览会举行期间，被告未经原告许可，擅自将小猪佩奇形象张贴在其运营的共享汽车上，且在其微博和微信上同步进行宣传，宣传中使用了含有小猪佩奇形象的共享汽车照片和《小猪佩奇》动画片中相关画面。原告在中国北京互联网法院起诉，主张上述行为侵害了其小猪佩奇形象的复制权、小猪佩奇等 4 个形象及《小猪佩奇》动画片的信息网络传播权。

对于《小猪佩奇》著作权的归属，有两种不同观点。一种观点为，著作权的归属应区分原始权利归属和后续权利归属，前者适用作品起源国法律，在本案中为英国法；另一种观点为，著作权的归属一概适用被请求保护地法，在本案中即为中国法。

请问，依据我国《涉外民事关系法律适用法》，对于《小猪佩奇》著作权的归属，我国法院应如何确定适用的法律？

北京互联网法院认为，鉴于本案原告均为外国法人，且原告主张著作权的涉案动画片、涉案动漫形象创作完成于外国，故本案为涉外知识产权民事纠纷案件。《涉外民事关系法律适用法》第2条规定：涉外民事关系适用的法律，依照本法确定。其他法律对涉外民事关系法律适用另有特别规定的，依照其规定。《著作权法》第2条第2款规定：外国人、无国籍人的作品根据其作者所属国或者经常居住地国同中国签订的协议或者共同参加的国际条约享有的著作权，受本法保护。本案中，中国和英国同为《伯尔尼公约》的成员国，依据自动保护原则，英国主体的著作权在我国自动受到我国著作权法的保护，即在我国无须履行登记注册手续，其作品自创作完成即产生著作权，其著作权的权利归属（原始权利归属除外）、权利内容和侵权责任等问题适用我国法律进行评判。为确保著作权权利归属问题的确定性，应当明确作品的原始权利归属适用作品起源国的法律调整。按照作品起源国法律确定原始权利归属既是明确的，也是稳定的，不会因为其他国家的法律有不同规定而发生变化，这样有利于激励创作者创作的积极性，有明确的权利人亦便于作品使用者寻求许可和支付报酬，有利于作品在不同国家的传播。

就原告是否为《小猪佩奇》动画片权利人，法院分两个问题进行讨论。

（1）原告是否为《小猪佩奇》动画片的权利人

根据《著作权法》第11条的规定，著作权属于作者，如无相反证明，在作品上署名的公民、法人或者其他组织为作者。根据《著作权法》第15条的规定，以类似摄制电影的方法创作的作品的著作权由制片者享有。本案中，根据《小猪佩奇》动画片片尾的署名，在没有相反证明的情形下，本案原告均为该动画片的制片者，依法享有该动画片的著作权。

（2）原告是否为涉案小猪佩奇等4个形象的著作权人

本案中，原告主张被告将小猪佩奇形象张贴在车辆上，并通过网络进行传播。虽然原告是涉案动画片的权利人，但是动画片的权利人并不必然是动画片中形象的权利人。角色形象与运用该角色形象推动情节发展的动画片在客观表现形态上可产生分离，可能单独构成作品。本案中，涉案小猪佩奇形象是美术作品，原告主张被告单独使用该作品，应当举证证明其为该美术作品的权利人。

美国版权局出具的登记证书载明，小猪佩奇形象是雇用工作成果，权利人为A公司和B公司，首次出版国家为英国。

美国版权登记证书，不能当然地证明《小猪佩奇》美术作品的权利归属。根据该证书的记载，该美术作品的起源国为英国。如前述分析，《小猪佩奇》美术作品的原始权利归属应适用该美术作品起源国的法律调整，即英国法。

英国1988年《著作权、外观设计和专利法》第11条版权所有权第2项规定：除非雇用合同有相反规定，由雇员在受雇期间创作之文学、戏剧、音乐或艺术作品，其雇主为首位版权所有人。本案中，美术作品《小猪佩奇》在英国创作，该美术作品是为了《小猪佩奇》动画片而创作的雇佣工作成果，《小猪佩奇》动画片的制片者是雇主，故原告享有《小猪佩奇》美术作品的著作权。原告提交的我国版权局出具的作品登记证书显示，《小猪佩奇》等4幅美术作品的著作权由原告享有，与美国版权局出具的证书相互印证，据此可以认定原告是涉案《小猪佩奇》等4幅美术作品的著作权人。

案例三 A 超市、B 公司著作权权属、侵权纠纷上诉案，辽宁省沈阳市中级人民法院（2020）辽 01 民终 7063 号民事判决书

保罗公司向国家版权局申请了名称为"大嘴猴"（Julius）的美术作品自愿登记，并出具授权书，确认原告 B 公司是其在中国大陆、澳门特别行政区以及香港特别行政区的独占被许可方，有效期为 2015 年 1 月 1 日至 2030 年 2 月 28 日，并且 B 公司经授权经营网上零售店、咖啡店、餐厅和实体零售店。此外 B 公司经授权可以将所获权利授权给第三方。授权书附件为保罗公司在我国境内登记注册的商标和著作权清单，其中包括涉案作品登记证书中的"大嘴猴"形象。2016 年 12 月 1 日，保罗公司发现被告 A 超市销售的商品印有被诉侵权作品。

B 公司为此向沈阳高新技术产业开发区人民法院提起诉讼，请求判令 A 超市停止侵犯原告许可使用的大嘴猴著作权的侵权行为，并赔偿相关损失。辽宁省沈阳高新技术产业开发区人民法院作出（2019）辽 0192 民初 756 号民事判决。A 超市不服一审判决，向沈阳市中级人民法院提起上诉。二审法院认为一审法院的判决并无不当。驳回上诉，维持原判。

原告 B 公司为在我国香港特别行政区注册的法人，其主张民事权益受到侵害，故本案为涉港民事纠纷，审理程序应当参照涉外民事审判程序。本案被控侵权行为发生在中华人民共和国辽宁省沈阳市，B 公司选择我国境内作为保护地，根据《涉外民事关系法律适用法》第 48 条、第 50 条规定，知识产权的归属、内容和侵权责任，适用被请求保护地法律。故本案应适用中华人民共和国的法律规定。我国《著作权法》所称作品，是指文学、艺术和科学领域内具有独创性并能以某种有形形式复制的智力成果。美术作品，是指绘画、书法、雕塑等以线条、色彩或者其他方式构成的有审美意义的平面或者立体的造型艺术作品。保罗公司的"大嘴猴"形象，在动物猴子形象的基础上，以线条、色彩的组合方式，采用卡通的创作手法，夸张的大嘴巴，对猴头作出富有美感的创作，符合我国《著作权法》关于作品的规定，受到我国法律的保护。B 公司经授权，可以以独占的方式使用涉案作品，其合法权利应当受到保护，有权以自己的名义提起诉讼。被诉侵权作品亦属于卡通猴头的形象，作品猴头的形象、神态与涉案作品均基本相同，且都采用了大嘴巴的创作元素。因此，被诉侵权作品构成对涉案作品的抄袭，被告销售带有该图案的垫子，侵害涉案作品的发行权，应当承担停止侵权、赔偿损失的民事责任。

我国法院依据中国法律判定，"大嘴猴"形象符合我国《著作权法》关于作品的规定，被告应当承担停止侵权、赔偿损失的民事责任。综合考虑各因素后，确定被告赔偿原告经济损失及原告为制止侵权支出的合理费用共计 1.1 万元。

第八章 涉外合同的法律适用

【内容提示】

涉外合同，是指具有涉外因素的合同，或者说是指与超过一个以上的国家具有联系的合同。涉外合同的法律适用，在理论上一直存在"同一论"和"分割论"、"主观论"和"客观论"之争。

目前在涉外合同法律适用的问题上，绝大多数国家都采用了当事人意思自治原则优先，无意思自治则适用最密切联系原则的方法。当事人意思自治原则在涉外合同法律适用上获得普遍承认并非自始如此，有其发展的历史进程。

意思自治原则在涉外合同法律适用中的具体运用方面存在多个维度，包括：选择的方式是明示还是也允许默示；纯国内合同是否允许当事人选择外国法；选择的法律是否需要与涉外合同存在合理联系；选择的法律是否可以分别支配不同的合同事项；是否允许选择非国家法律体系为准据法；复合法律选择如何认定；法律选择协议的准据法如何确定；在格式条款之争中法律选择协议如何确定；意思自治与 CISG 的适用问题；意思自治与国际商事惯例的适用问题；意思自治原则运用的限制范围。

在涉外合同法律适用中如何确定最密切联系原则？特征履行学说和最密切联系原则的关系如何？涉外合同的准据法的适用范围具体如何？

中国当前关于涉外合同法律适用的立法及司法实践如何？对于国际货物买卖合同、国际海上货物运输合同、国际航空运输合同、国际信用证纠纷、独立保函等主要国际商事合同应如何确定其法律适用？

第一节 绪论

一、涉外合同

（一）涉外合同的定义

债是特定当事人之间请求为特定行为的法律关系。合同，又称契约，是债权法律行为之典型，是指双方当事人依意思表示设立、变更或消灭某种权利义务关系而签订的协议。涉外合同，又称国际合同，是指具有涉外因素的合同，或者说是指与超过一个以上的国家具有联系的合同。

(二) 如何确定涉外性

如何确定合同的涉外性 (foreign-related) 或者说如何判定合同具有国际性 (internationality),不同的国家和不同的国际文件中具有不同的标准。

国际统一私法协会制定的《国际商事合同通则》(PICC) 在前言中对国际性作出说明,"一份合同的国际性可以用诸多不同标准认定。在国内立法和国际立法中有的以当事人的营业地或惯常居所地在不同国家为标准,而有的则采用'与一个以上国家具有重要联系','涉及不同国家之间的法律选择'或是'影响国际贸易的利益'等标准"。这显然是一个非常广泛的定义,因为此处在判断"国际性"时,不仅要看合同法律关系诸要素中是否存在外国因素,而且"约定外国法的适用"甚至"影响国际贸易利益"均会被作为判断的因素。

1980 年《联合国国际货物销售合同公约》则显然对于公约项下的国际性采取了非常狭义的标准,仅以当事人的营业地为判定的标准,当事人的国籍及其他合同因素均在所不论。

海牙国际私法协会 2015 年《国际商事合同法律选择原则》(Principles of choice of law in international commercial contracts) 则并未对"国际性"作出肯定性定义,而是采取了否定性界定,即只有当某一合同的当事人的营业地均位于同一国家,且当事人之间的所有关系以及合同的全部要素均只与该国有联系时,该合同将被视为欠缺"国际性",此种情形下当事人选择外国法这一要素不被视为具有"国际性"。这种定义的方式与海牙国际私法会议 2005 年《选择法院协议公约》是一致的。

海牙国际私法常设局在对《国际商事合同法律选择原则》的"国际性"进行解释时,认为合同是否具有国际性,应该进行个案认定。其举例认为,住所位于同一国家的当事人如果买卖位于另一国的不动产,满足国际性的要求;但是如果住所位于同一国家的当事人就在国外生产的动产订立买卖合同,则不具备国际性。同样,如果仅有缔约前谈判发生在国外,或合同使用外语缔结,而没有其他因素与外国有关,这类合同也不具备国际性。[1]

我国最高人民法院《关于适用〈中华人民共和国涉外民事关系法律适用法〉若干问题的解释(一)》则采取要素说,只要合同的主体、客体、法律事实中有一项位于中国境外,则会被视为具有涉外因素,此外司法解释还采用了"可以认定为涉外民事关系的其它情形"这一兜底性的表述。

二、涉外合同法律适用的理论与方法

合同法律适用,又称合同法律选择,是指与合同有联系的两个或两个以上的国家的法律发生冲突时,依据冲突规则的指引,确定应当适用哪一国的法律为准据法。在合同的法律适用上,存在"同一论"和"分割论"、"客观论"和"主观论"的理论之争。

---

[1] Hague Conference on Private International Law Permanent Bureau, Principles on choice of law in international commercial contracts, pp.33.

（一）同一论与分割论

所谓同一论，又称整体论，是指将所有与合同有关的事项均交由同一法律支配。所谓分割论，包括纵向分割和横向分割两种。纵向分割，是指允许对于合同中的有关问题适当区分其性质而分别确定其应适用的法律，例如对当事人的缔约能力、合同的形式要件、合同的成立和效力、合同的履行、合同的解释分别适用不同的法律予以支配。横向分割，是指对于不同种类或不同性质的合同主张采用不同的法律适用标准。

关于合同法律适用的是单一论还是分割论的问题，应当注意如下两个方面。

其一，分割论是目前的主流做法。分割论作为法律适用的一种重要方法，并非仅仅局限于合同领域，作为一种法律选择方法存在于所有民商事关系的法律适用领域。分割论的合理之处在于，它应对了同一法律关系中不同问题的不同类别和性质，因此更具有针对性，也更符合"本座说"或最密切联系的要求。事实上，在合同领域中采用分割方法由来已久。早在法则区别说时期，巴托鲁斯就主张对于合同缔约能力应适用当事人的属人法，合同的成立及合同当事人预期的效力应适用缔约地法律，而对非预期的违约等事项则适用合同履行地。萨维尼指出合同的"本座地"不是缔约地而是履行地，但他也认为合同双方当事人的缔约能力、合同的形式以及合同的解释可以不适用履行地法律。

其二，尽管分割论有其存在的合理性，但是主张让合同的大多数方面的争议受同一法律支配仍然是必要的，这不仅符合一般当事人的正当预期，而且符合经济原则。英国的学者戴西和莫里斯指出："除了某些例外，合同的成立和效力，以及它的解释和解除受同一法律的支配。"没有一个权威判例认为，对于某一特定合同，只能有一个准据法。但无可辩驳的事实是，一个国家的法律，如果没有恰当的理由，就不会将一个合同分解。的确，对当事人来说，缔结一个合同往往具有内部的整体性和系统性，除非当事人明确约定不同问题适用不同准据法，否则人为地将合同的不同方面过于细碎地分割，不仅与当事人正当预期不符，而且可能产生法律适用过程中的内部不和谐。

目前，主流的观点是对于合同当事人的缔约能力、合同的形式与合同的内容应当予以分割适用。至于合同内容中的不同问题是否还需要进行分割适用法律，则原则上应由一个法律适用于合同的主要方面，除非当事人另有明确的约定。无论是欧盟的罗马条例，还是《国际商事合同法律选择原则》均明确规定，当事人意思自治选择的法律可适用于合同的全部事项，也可仅适用于合同的部分事项。

（二）客观论与主观论

客观论主张以某种固定的场所因素作为合同法律适用的连结因素，并据此客观存在的连结因素来确定合同的准据法。在法则区别说时期，巴托鲁斯最早主张适用合同缔结地法；而萨维尼则认为合同债务关系的本座是履行地，因而要适用合同的履行地法律。主观论则主张根据当事人双方的意思自治来选择合同的准据法。自19世纪中叶以后，主观论逐渐取得了合同法律适用的主导地位，成为合同法律适用的首要原则。

单纯适用客观论或主观论，已经成为历史。现在理论上的主流观点是融合主观论和客观论，以当事人意思自治为合同法律适用的首要原则，以最密切联系原则作为辅助原则，有机结合确立合同的准据法。英国学者戴西和莫里斯提出"合同自体法"理论

(proper law of the contract),目前合同自体法理论包含三个规则:第一规则,适用当事人明示选择的法律;第二规则,若无明示选择,适用当事人默示选择合同的准据法;第三规则,若既无明示,也没有从合同中表现的默示意图,则适用与合同有最密切联系的法律为合同准据法。

合同自体法概念,反映了这是合同法律关系内在要求适用的法律这一特点,又被译为合同适当法。合同自体法这一概念反映了合同准据法的一种应然状态或固有状态。

第二节 涉外合同法律适用的一般规则

一、当事人意思自治原则

(一)当事人意思自治理论的发展

涉外合同法律适用上的当事人意思自治,是指依合同当事人的自主意思决定合同所适用的法律。目前,当事人意思自治原则是合同法律适用领域被广为接受的基本原则,除拉丁美洲少数国家,已成为世界各国立法和国际条约之通行做法。[1]

但是,这样一个现在看来似乎是合同法律适用领域中不言而喻的原则,其实远远并非自始如此。关于法律适用中的当事人意思自治,在理论上经历了一个漫长发展的过程,而其最早被英国司法实践接受则更是迟至19世纪中叶之后的事情,直至20世纪中叶才为各国司法实践所普遍确认。

一般认为,法国学者杜摩兰是国际私法中意思自治原则的奠基人。当然,作为一种思想的萌芽,其产生可以追溯至更早的意大利法则区别说时期。例如,15世纪意大利后期注释法学派的代表柯蒂乌斯在解释对合同关系适用缔约地法的理由时指出:之所以适用缔约地法,是因为当事人默示地同意适用该法。杜摩兰的贡献在于在柯蒂乌斯"当事人默示同意"的思想基础上,提出了"当事人意思自治"的理论。

1525年,在回答有关加内夫妇的婚姻财产关系的咨询时,杜摩兰指出:可对全部婚姻财产关系适用夫妻共同住所地法律,即巴黎的习惯法,而不适用夫妻各自财产所在地法律。其理由在于,应该把婚姻财产关系看作一种默示的合同关系;加内夫妇将其最初的婚姻住所订在巴黎,因而默示地表达了将巴黎习惯法适用于其婚姻财产的愿望。杜摩兰通过对适用缔约地法进行解释得出了一种逻辑结论:既然适用缔约地法是因为当事人意图适用该法,当事人也可以意图适用其他法律。这样,杜摩兰就通过解释的逻辑推演,提出了当事人意思自治理论。

19世纪,自由资本主义发展到鼎盛时期,涉外合同法律适用中的当事人意思自治理论由于与实体法上的"契约自由"思想相吻合,得到了包括意大利法学家曼西尼、德国

---

[1] P. Nygh, *Autonomy in International contracts*, Clarendon Press, Oxford 1999. p.8

法学家萨维尼、美国法学家斯托雷的支持。

但是，很长一段时间内，合同法律适用中允许当事人意思自治受到了较多的反对。其中主要的反对理由如下。

第一，承认当事人合同领域的选法自由实际上是将本专属于立法机构的立法权让渡给了作为私主体的当事人，从而变成了一种私人立法。实体法领域内"契约自由"允许当事人自由决定是否缔约、与谁缔约，缔约内容的自由不同于冲突法领域允许当事人以意思自治自主选择合同的准据法。后者从本质来说，是确定合同应受哪一国家法律的支配的问题，因而这是一个只有国家立法机关才能行使的立法权问题。如果允许当事人自由选择支配其合同的法律的权利，就是使当事人双方成为立法机构。这一反对的观点具有相当的逻辑自洽性，构成了对法律选择领域中采纳当事人意思自治原则的最主要的反对理由。

第二，承认法律适用领域中当事人意思自治，为当事人规避法律提供了便利。如果允许当事人自主选择支配合同的法律，就意味着当事人可以通过选择相关国家的法律，而规避与合同具有重要实质联系国家的强制性规则，从而促成有利于自己的结果。

尽管存在上述的反对理由，但是并未阻碍当事人意思自治理论的传播，并且随着资本主义的发展、全球化理论以及私人自治理论的出现，人们越来越清楚地认识到承认当事人意思自治原则的合理性。支持在合同法律适用领域适用当事人意思自治的理由主要如下。

第一，当事人意思自治是契约自由在合同法律适用领域中的扩展。基于契约自由原则，各国合同法之规定多为任意性规定，这些任意性立法规则可为当事人合意所修改。其主要作用在于为当事人提供一个合同权利义务关系的缺省规则（default rules），即当事人在合同中无具体约定时可以据此确定当事人的权利义务。因此，与其他法律关系立法多属强行法性质不同，合同法作为交易法规则，其绝大部分规则允许当事人通过合意修改，因此允许当事人选择不同国家的合同法律，不过是当事人契约自由在合同法律适用的自然扩展，在绝大部分情形下，不过是当事人选择了不同的缺省规则而已。

第二，各国合同立法尽管有差异，但一般而言，允许当事人合意选择合同的准据法并不会违反一国的重大立法政策，且在国际私法上还存在直接适用的法律（overriding mandatory rule）和公共秩序保留原则的规定，足以限制当事人意思自治合意选择法律适用可能有害内国公共秩序之弊端。

第三，尊重当事人法律选择的自由，符合对当事人正当预期利益的保护。涉外合同当事人对可能发生的与合同有关的纠纷明确约定依据何国法律来支配，由此可以事前预知判断彼此权利义务的标准，并由此形成正当的预期利益。此种当事人正当预期利益之保护，也是各国采取当事人意思自治原则的一个重要原因。

第四，承认当事人意思自治原则，就法律适用而言，具有司法适用的简便性之利；而对当事人来说，也符合选法公平之意旨。

(二)当事人意思自治原则的具体运用

1. 当事人选择法律的方式

当事人选择法律的方式包括明示和默示两种。明示方式,是指当事人明确表达选择法律的意思的方式。明示方式一般是通过书面陈述的方式体现,但也并不排除口头方式。明示方式的特点就是当事人选择法律的意思表示清楚、明确,针对性强。默示方式,是指通过合同的条款、性质或者通过合同的所有情况可以推定当事人的选法意思(implied intention)。事实上,意思自治中的默示方式在司法实践中一直是令人费解的,但是在大部分国家的立法和国际文件中均承认了默示方式,只有少数国家的立法中明确不承认默示选择方式。

关于当事人默示的意思表示,理论上认为这仍然是当事人真实的确实存在的意思,而不是当事人根本不存在的意思,对于后者,则要通过最密切联系原则来确定合同的准据法。但是,如何确定当事人之间存在一个真实的确实存在的默示意思?这种方法和通过对客观因素进行综合判定的最密切联系原则又有什么区别?

一般而言,在承认默示选法方式国家的司法实践中,主张对于当事人是否存在默示选法意思应当采取个案确认的方式。根据现有的司法实践,对于默示选法意思一般应予重点考虑的因素包括如下几种情形。

第一,合同中存在法院选择协议条款。合同中如果存在一个排他性选择某个国家法院的法院选择协议条款,能否就直接认定双方当事人就有选择该国法律为准据法的选法默示意思呢?通常的司法观点是仅有法院协议选择条款,其自身并不必然构成当事人选择法律的意思。也就是说,法院协议选择条款和法律选择条款是相互分立的条款。但是,存在法院协议选择条款,尤其是排他性法院协议选择条款,则被协议选择的管辖权法院所在地的法律会被作为一个可被推翻的初步推定,即法院会倾向于认为此种情形下,当事人有选择适用该国法律的初步意愿,是法院判定当事人默示选法意思的具有重要作用的要素。

第二,合同中存在仲裁选择条款。如果一个涉外合同中存在一个仲裁协议,协议约定了仲裁地,那么此时仲裁地法律能否被认为是当事人解决实体争议的默示选择的法律呢?仲裁地的确定,更多被视为对仲裁程序有着决定的意义,而与实体争议的准据法选择无关。何况,与法院选择协议不同的是,被选择法院地的法官可能对于本国法非常熟悉,而仲裁员则并不见得就一定熟悉仲裁地国家的实体法律。

第三,合同以某一标准格式合同方式缔结,如果此种标准格式合同一贯地受某个特定国家的支配,则对于此类标准格式合同的选择,会被视为对特定国家法律的默示选择,比如,当事人在保险合同中选择《劳氏海难救助协议标准格式》缔结合同,就会被视为有选择英国法的默示意思。

第四,合同中明确援引了某个国家法律的一项特别法律条款,或者合同中援用了某个国家的特定法律术语。此种情况下,法院法官也会倾向于认为当事人有选择该国法律的默示意思表示。

第五,在当事人之间存在系列连续合同,如果此前合同中存在明示法律选择条款,而争议的合同没有明示法律选择。此种情况下，除非有证据证明当事人故意变更了合同中的法律选择条款，否则法院一般会认为当事人之间存在默示选择法律的意图。

2. 当事人选择法律的时间

关于合同当事人选择法律的时间，一般认为无须作出限制，既可以在合同缔结时作出，也可以在合同缔结后作出。在理论上，当事人在缔结合同后选择法律或者变更其此前选择的法律，均不得使原本有效的合同归于无效，也不得损害第三人的利益。

3. 当事人选择法律是否要有"实际联系"的要求

当事人是否可以选择任何一个国家的法律作为合同的准据法，而不必去考虑被选择国家的法律是否与合同存在某种实际联系？如前文所述，意思自治最初的萌芽是被用来解释合同究竟应适用合同履行地还是合同缔结地法律。因此，毫无疑问，在早期，当事人选择法律必然要与争议的合同存在客观联系。随着当事人意思自治地位的不断增强，这个问题在各国有比较大的争议，包括美国在内的一些国家仍然强调当事人选择的法律需要与争议的合同存在某种客观的连结。但是目前来看，更多的国家在立法和司法实践中并不要求被协议选择的法律与争议本身是否存在客观联系。

4. 当事人选择的法律是否包括冲突规则

在合同法律适用中，当事人所选择的法律只包括一国的实体法，而不包括该国的冲突法规则，这为多数国家的立法和相关国际公约所确认。换句话说，在合同法律适用领域，当事人意思原则排除反致。这样的结论当然是符合当事人意思自治的意旨的。允许当事人自由选择合同的准据法，最重要的理由是保护当事人对于合同权利义务的预见性和确定性，从而使当事人的正当预期利益得到实现。如果允许在合同法律适用中采纳反致制度，无疑会对这一目标的实现构成障碍。

5. 复合法律选择

一般情形下，当事人在一份合同中只会选择一个国家的法律作为合同的准据法。但是，在特别情形下，如果当事人在同一份合同中选择了两个或两个以上的国家法律，则此种情况被称为复合法律选择。对于复合法律选择，根据不同的情形，其法律效力会有所不同。

第一，分割选择。此种情况是指当事人在一份合同中选择了两个或两个以上的法律，并明确规定不同的法律支配不同的合同部分，即当事人采取了分割适用的方法，对合同的不同部分约定了不同的准据法。合同法律适用中的分割方法为各国司法实践所普遍认可，因此此种情形下，当事人的分割选择适用是有效的。

第二，重叠选择。此种情况是指当事人在合同中约定两个以上的国家的法律均支配合同。例如，合同约定本合同适用 A 国法律和 B 国法律。尽管理论上并不禁止当事人约定重叠适用 A 国法和 B 国法，但是重叠适用会导致合同关系变得极不稳定。因此，在司法实践中，法院很可能会以当事人选择的法律无法执行为由，不认可此种重叠选择条款的效力。

第三，任意选择。此种情况是指当事人在合同中约定合同争议适用 A 国法或 B 国法，这种选择又被称为浮动选择（floating proper law），此种情形下，一般不宜直接认定当事人的选择无效，而应向当事人进行法律选择的释明，由当事人在两个法律中确定选择其中一个国家的法律作为准据法。如果当事人事后无法确定，则认为当事人的选法意图仍然是明确的，当事人并非未达成选法一致，而是授权可在 A 国法或 B 国法中进行任意选择，法官可根据案情在其中选择一个国家的法律为准据法。

第四，矛盾选择。此种情况是指当事人在合同的甲条款中约定适用 A 国法，而在同一合同的 B 条款中又约定适用 B 国法，从而构成法律选择的直接冲突。此种情形下，可事后征询当事人的真实选法意图，如事后无法达成一致，则应认定当事人的选择无效。

6. 格式条款之争中法律选择协议条款的确立

在国际商事交易实践中，交易的双方当事人往往均各自采用自己的标准格式条款来进行合同的磋商和缔结。格式条款之争（battle of the forms），亦称格式之争或格式之战，是指双方以附合缔约方式订立商事合同时，一方以己方格式条款修改、新增对方格式条款所引发的合同是否成立以及合同内容如何确定的两类争议。特别值得指出的是，在我国的司法实践中，往往以当事人之间合意之达成与否来判定合同是否成立。而在国际商事交易中，当事人鲜少阅读对比格式条款，双方常常将关注的重要问题以非格式条款写入合同。在非格式条款达成一致合意的前提下，即便双方格式条款上存在冲突，双方通常也会在合同成立的前提下履约。因此，在国际商事合同中最常见的格式条款之争，是在合同成立的基础上确定合同具体内容之争。

具体到国际私法上，在发生格式条款之争时，往往意味着合同双方当事人在各自的格式条款中存在相互冲突的法律适用条款，此时就存在如何确立当事人之间是否达成选法协议合意的判定问题。在国际商事交易中，法律选择条款的冲突往往是引发格式之战的导火索。国际商事争议的解决有赖于准据法的确定，准据法的确定不仅直接影响格式之战的解决，其本身往往也是格式之战的争议点。

各国目前解决格式之战的主流学说包括"第一枪理论""最后一枪理论""相互击倒理论"三种。在立法例上，有些国家采纳某一理论的单一模式立法例，有些国家则兼采多种理论的混合模式立法例。

针对此问题，《国际商事合同法律选择原则》中作了创新性的突破。其第 6 条规定了格式之战的冲突规则，即当法律选择条款冲突时，结合实体规则区分虚假冲突与真实冲突进行分别解决。其中，第 6 条第 1 款引入了冲突规则指向的准据法对格式之战的具体理论来进行判断。在传统国际私法理论上，原则上不考虑冲突规则所指向的准据法具体规定，因此该原则在法律选择条款冲突问题上是一个创新性的突破。具体而言，又包括如下几种情况。

例一：要约人 A，以格式条款发出要约，其中指定 X 国法为合同准据法。受要约人 B，明确接受要约，并在其格式条款中指定 Y 国法为合同准据法。X 国和 Y 国的合同法均采用"最后一枪理论"解决格式条款之争。

这种情形被称为虚假冲突，因为无论是依据 X 国法律，还是依据 Y 国法律，都采用"最后一枪理论"，也就是认定受要约人 B 发出的格式条款具有优先性。此时，本案中选择 Y 国法的法律选择条款将被视为有效。

例二：要约人 A，以格式条款发出要约，其中指定 X 国法为合同准据法。受要约人 B，在其格式条款中指定 Y 国法为合同准据法。其中一个国家采用"第一枪理论"，另一个国家采用"最后一枪理论"；或者其中有任何一个国家采取了"相互击倒理论"。

这种情形被称为真实冲突，此种情形下，认为双方未能就法律选择条款达成一致，双方格式条款中的法律选择条款均不能被列入合同内容。此时，就应当依据法院地的冲突规则来确定案件的准据法。

例三：要约人 A，以格式条款发出要约，其中指定 X 国法为合同准据法，X 国是 CISG 的缔约国。受要约人 B，在其格式条款中指定 Y 国法为合同准据法，Y 国也是 CISG 的缔约国，但 B 的法律选择协议条款中明确排除 CISG 对合同的适用。Y 国合同法上采取了"相互击倒理论"来处理格式条款之争。案件在 Y 国法院提起诉讼。

在这种情形下，与例二相似，应视为双方当事人各自在格式条款中列入的法律选择条款被相互击倒，不能作为合同的内容，也就是不存在当事人选法的合意。此时，由于 Y 国是 CISG 的缔约国，B 的法律选择条款不被认可为合同的一部分，因此，其意图排除 CISG 适用的意思不能成立，CISG 将自动适用于本案。

7. 当事人意思自治与非国家法的选择

非国家法（non-state law，rules of law），是指不是经由一国立法机关通过立法程序而制定的规则，但其范围目前并无一个统一的正面的定义。对其内涵，著名的比较法学者兰多教授概括了非国家法律体系的八个方面，即国际法、统一示范法、一般法律原则、国际组织的规则、不成文习惯或惯例、国际组织汇编的成文习惯或惯例、格式合同以及仲裁裁决报告。事实上，除这些列举的情形，非国家法律体系还应该包含宗教法，比如伊斯兰法和犹太教法。而且，此种分类也有其值得商榷之处，不同类别之间存在交叉重叠，例如国际法就包含了国际条约、一般法律原则、国际习惯和国际组织规则。

当事人能否通过意思自治选择一个非国家法律体系作为案件的准据法，这个问题在国际私法理论和实践中均存在较大的争议。在实践中，一国司法机关极少承认当事人可以选择非国家法作为案件的准据法；而在国际商事仲裁中，仲裁机构则普遍认同当事人选择非国家法的行为。

（1）当事人选择非国家法作为合同准据法的理论之争

在国际私法传统上，当事人意思自治选择准据法的对象仅局限为一国的立法，并不包括非国家法体系。概括而言，否定的理由包括如下几个方面。

首先，非国家法律被认为具有不确定性和模糊性。当事人所选择的准据法应当能为当事人提供明确和可预测的指引。而很多非国家法律规范都较为模糊和不确定，尤其是不成文的非国家法律，如不成文的国际商事惯例等。

其次，非国家法调整的法律关系领域较为狭窄，很难形成完整的囊括全部法律问题的法律体系。选择非国家法律体系，可能使合同落入"法律的真空"的危险。

再次，非国家法律不是传统意义上的"法"。非国家法律体系与国家法之间很重要的区别在于，非国家法的制定没有经过民主程序，不是传统实证主义法学理论中认可的具有拘束力的法律。非国家法律不是通过主权国家的立法机关或其他法律认定机关制定的法律。

最后，非国家法律的"质量"良莠不齐。一些非国家法律体系如宗教法没有获得国际社会的普遍认可，被认为具备较低的立法水平。

尽管如此，是否允许当事人在国际商事合同中选择非国家法律体系仍然得到广泛的关注。一方面，在国际商事交往中，商人们在国际商事合同中常常选择非国家法律体系作为准据法；另一方面，包括海牙国际会议、罗马统一私法协会、欧盟、美洲国际组织等国际机构则一直尝试在相关国际法律文件中对此予以突破，并在学界引起了广泛的关注。

事实上，目前也有不少学者对于当事人选择适用非国家法律体系持支持态度，其基本理由可概括如下。

首先，非国家法律体系是中立的。非国家法律体系不属于国际商事合同当事人中任何一方的国内法律，其中立性使得适用非国家法律体系成为实现公平的最好的方法。在当事人无法决定适用某一国家的法律时，适用非国家法律体系可能是一个不错的选择，尤其当某一国的法律并不具备先进、合适的法律体系时。

其次，非国家法律体系已经在国际商事仲裁中得到了极为广泛的适用。允许非国家法律体系的选择适用是出于国际商事交往的现实需求。非国家法律体系中关于国际贸易的规范占据了很大比重，而且这些规范随着国际交往的增多而得到了持续的发展。国际商事交往的参与人也会根据国际商事活动中被普遍接受的规则来规范自己的行为。因此，对国际商事交往适用非国家法律体系可以满足各方的需求。且当国际商事合同中的一方当事人为主权国家或者国有公司时，非国家法律体系的选择适用就可能显得更为恰当。在这种情况下，适用任何一方的国内法都会对另一方不公平。一方面，如果适用主权国家或者国有公司以外的另一方当事人的国内法，就会使得主权国家或国有公司受另一国的国内法管辖，这种情况下可能还会导致国际法上的豁免问题；另一方面，如果适用作为一方当事人的主权国家或国有公司的国内法，则另一方当事人明显会有很强的疑虑，担心自己的权利不能得到有效的保障而遭受损失。

再次，非国家法律体系并非都存在模糊性和不确定性。国际条约作为主权国家之间协议的产物对缔约国具有法律拘束力，许多国际条约虽然在内容上不全面和周延，但是其明确性已得到很好的解决，尽管可能存在缔约国对于条文的不同解释，但此种情形在国内法中也同样存在。而国际商事惯例或者国际示范法则经历了从自发阶段向自觉阶段的过渡，因此摆脱了一般非国家规范的模糊性和不确定性，甚至某些国际示范法在某种程度上较之国内法反而更容易证明、更加确定、更加受到普遍的赞同。

最后，分割方法的运用使非国家法律体系的选择适用具有合理性和可能性。在国际私法中，分割方法是一种非常重要的法律适用方法，在国际商事合同的法律适用中，允许当事人选择不同的国家的法律支配合同的不同部分，整个合同的准据法不再是某一个特定国家的法律体系，而可能是不同的多个国家法律体系。既然允许当事人通过私自分割的方式就合同的不同部分适用不同主权国家的法律，那么就不能否定当事人可以选择非主权国家制定的非国家法律体系。

（2）当事人选择非国家法的国内实践

在国际商事仲裁领域，对当事人选择"非国家法"持极其开放的态度。缘由在于，意思自治是国际商事仲裁的基石，当事人通过协商一致可以决定仲裁的诸多事项。不仅包括程序事项，而且包括约定实质问题适用的法律。仲裁的依据完全来自当事人的授权，这与诉讼不同，诉讼是国家公权力参与其中并确保判决得以执行的司法程序，那么当事人的意思自治必然会受到公权力的限制，只有在公权力允许的范围内当事人才得自由选择准据法。此外，仲裁中的当事人可以授权仲裁庭依据公平、善良的原则作出裁决，可以不依据任何国家法。

从仲裁规则的文本来看，当事人约定的法律的范围并未局限于国家法。例如，1985年制定且2006年修订的《联合国国际贸易法委员会国际商事仲裁示范法》（以下简称《国际商事仲裁示范法》）第28条第1款规定："仲裁庭应当依照当事人选择的适用于争议实体的法律规则（rules of law）对争议作出决定。"UNCITRAL对此款特别强调，当事人所选择的是"法律规则"（rules of law）而不是一般意义上的"法律"（law）。除此之外，一些知名国际仲裁机构所指定的仲裁规则也肯定了当事人对"非国家法"的选择。如国际商会仲裁院2021年新修订的《仲裁规则》继续保持此前版本关于当事人选择法律的规定，其第21条第1款规定："当事人有权自由约定仲裁庭处理案件实体问题所应适用的法律规则（rules of law）。当事人对此没有约定的，仲裁庭将决定适用其认为适当的法律规则。"[1]

在司法诉讼领域，绝大多数国家对当事人选择"非国家法"仍然普遍持否定的态度或者观望的态度，目前仅有巴拉圭和乌拉圭在国内立法中明确肯定当事人可以选择非国家法支配合同。[2]

（3）国际文件的规定

在早期，国际性立法尤其是国际统一冲突公约对"非国家法"的约定适用并不积极。例如1955年《国际有体动产买卖法律适用公约》（Convention on the law applicable to international sales of goods）、1986年《国际货物买卖合同法律适用公约》（Convention on the Law Applicable to Contracts for the International Sale of Goods）以及1978年《代理法律适用公约》（Convention on the Law Applicable to Agency）虽皆规定当事人意思自治，但仅限于选择某一国家的国内法。区域性立法中，欧盟在1980年《关于合同债务的法律适用公约》的基础上而通过的2008年《罗马条例Ⅰ》的第3条允许当事人选择某一国家的法律作为合同准据法，不允许各国法院承认当事人选择的诸如《国际商事合同通则》

---

[1] 作出类似规定的还包括世界知识产权（WIPO）、荷兰仲裁协会、美洲商事仲裁和调解中心（CAMCA）、米兰国际商会国际仲裁院、斯德哥尔摩国际商会仲裁院、美国仲裁协会（AAA）、德国仲裁协会、日本商事仲裁协会、不列颠哥伦比亚国际商事仲裁中心（BCICAS）、意大利商事仲裁协会、国际商事仲裁调解中心（CNICA）、突尼斯调解和仲裁中心、科特迪瓦仲裁院、喀麦隆企业家联合会商业仲裁中心、墨西哥仲裁中心。

[2] Inspired by the HCCH Principles, in Paraguay and Uruguay, national law expressly allows parties to choose non-State law to govern their contracts (Paraguay, Law No. 5393 on the Law Applicable to International Contracts of 15 January 2015; and Uruguay, Law No. 19.920 on the General Law of Private International Law of 27 November 2020).

等非国家法作为合同准据法，但也不禁止当事人把这些规则并入合同条款，但不得违反合同准据法中的强制性规定。

《美洲国家间国际合同法律适用公约》（以下简称《墨西哥公约》）则在合同法律适用上采取了更加灵活开放的态度，该公约第 10 条规定："除了上述条款规定之外，在个案中出于公平和正义的需要，应该适用指南、习惯和国际商法原则以及普遍接受的商业术语和惯例。"不过值得注意的是，该条规定主要是针对合同纠纷裁断人可自由裁量选择适用"非国家法"，并未直接规定当事人可选择适用"非国家法"。不过，这可以看作区域性统一冲突公约关于适用"非国家法"的较早规定。

海牙国际私法会议于 2015 年通过的《国际商事合同法律选择原则》是第一个明确规定当事人选择"非国家法"的国际文件。其第 3 条规定："当事人选择的法律可以是国际、超国家和区域范围内广为接受的一套中立、衡平的一套法律规则，除非法院地法作出相反规定。"根据此规定，当事人可自主选择"非国家法"（rules of law）作为合同准据法，但是最终是否能得到法院地国家的承认，还是由各国自行决定。《国际商事合同法律选择原则》本身并非具有约束力的公约，仅仅是一项软法，供各成员国参考使用。值得注意的是，该原则对可被当事人协议选择适用的"非国家法"作了限制。其基本要素包括规则必须是中立和平衡的；规则应广为接受；只承认国际、超国家和区域性国际规则，不承认一国内或行业性的规则。当然即使如此，仍然可以看到其用词的抽象性，有待具体解释。

由此可见，关于当事人是否可以选择"非国家法"作为准据法，无论是理论上还是实践中，均是一个充满分歧的问题。但是从趋势上看，对当事人选择"非国家法"作为准据法会逐渐呈现越来越开放的趋势。因为随着国际商事交往的发展，原来反对的理由在如今的国际环境下已然产生了以下变化。首先，对于非国家法律体系的不确定性和模糊性在一定程度上是成立的。但非国家法律体系在近几十年的发展不再停留在完全"自发的"阶段了，而是进入了"自觉的"发展阶段，这种自觉不是主权者的自觉，而是国际范围内的商人、民间机构和学术团体共同的自觉和努力。在某种程度上，非国家法律体系比国内法更加确定、更加容易证明、更加受到普遍的赞同。其次，对于非国家法律体系范围相对狭窄的问题可以通过允许当事人选择部分或全部适用的方法解决，并不能构成非国家法律体系的选择适用不被允许的原因。最后，诚然一些非国家法律体系并不十分先进和适宜，但可以如《国际商事合同法律选择原则》第 3 条所示，在适用非国家法律体系时规定一系列限制条件，这样就可以排除一些不合适的非国家法律体系的适用。

8. 区分合同准据法和合同并入条款

在实践中，与当事人选择合同准据法密切相关但又必须区分的是合同并入（incorporation into the contract）。当事人在国际商事合同中常常将某个国家的某一法律条款或者某一"非国家法"包含在合同中，这种做法往往是合同缔约中的一种简便操作，其法律效果在于将相关国家的立法或"非国家法"的内容作为合同一部分予以纳入。这当然是当事人意思自治的结果，但并不是当事人意思自治选择合同准据法。合同准据法是支配合同的法律，而合同并入则只是将相关法律的内容并入到合同中成为合同的一部分，最终受合同准据法的支配。合同并入对于当事人的拘束力来源于合同本身。

但这并非否认这两个概念具有关联性，而且在实践中二者也并不总是有明确的区别界限。例如，通过引用某一特定法律秩序中的术语的当事方可能已经意识到，这些术语的解释和应用将与该秩序中的惯例相一致。因此，将法定条款作为合同的一部分是法院判定当事人是否存在默示法律选择协议的有利因素。但值得注意的是，二者之间的联系是证据性的，而不是逻辑性的。也就是说，合同中当事人援用某个国家（或非国家）法律秩序的法定条款，并不一定意味着选择该法律体系来支配该合同。当事人在合同中另外明确选择不同的法律也没有冲突，或者法院也可能根据案件的全部情形认定在这种情况下无法确定当事人默示选择法律的意图。

在国际海事运输中，承运人所签发的提单中往往将 1924 年《关于统一提单若干法律规定的国际公约》（以下简称 1924 年《海牙规则》）或 1936 年《美国海上货物运输法》载入提单的背面条款中的首要条款（paramount clause），同时提单背面条款中又存在另外一条法律选择条款。例如，中远提单第 26 条第 1 款规定，本提单受中华人民共和国法律管辖。本提单项下或与本提单有关的一切争议，均应根据中华人民共和国法律加以裁定。第 26 条第 2 款规定，关于运往美国或从美国运出的货物，尽管本提单有其它条款，本提单应从属于《美国海上货物运输法》的规定，该法应被视为并入本提单。由此可见，该提单的准据法应当是中国法，但《美国海上货物运输法》的内容被并入提单的背面条款中。此外，对于当事人选择"非国家法"，《罗马条例 I》就规定，不作为合同的准据法，但可视为当事人将其并入合同，但不得违反准据法的强制性规定。

9. 当事人意思自治与国际条约的适用

（1）当事人选择国际条约为合同准据法

当事人能否选择国际条约作为合同的准据法，这一问题不能一概而论。一般而言，某一国际条约的适用，有其自身的适用条件，如果符合该条约的适用条件，则此时条约在国内法的适用是根据各国国内法上有关条约适用的模式予以适用，并不涉及当事人选择条约为准据法的问题。条约根据其不同性质，既可能在国内法上采取纳入这一直接适用的模式，也可能采取转化而适用的模式。

例如，对于 CISG，如果双方当事人营业地均位于公约的缔约国，则除非当事人排除 CISG 的适用，否则公约就会自动适用于合同，而并不需要当事人选择适用。但如果某一合同并不符合 CISG 的适用条件，而当事人在合同中直接约定合同受 CISG 的支配，此时，公约的适用就是当事人意思自治选择的结果，这种情况又被称为"opt in"。按照 UNICITRAL 对于 CISG 的案例指南的解释，此种情形下，公约可以被当事人选择而成为合同的准据法。当然，由于该指南本身并无法律拘束力，因此是否接受当事人将本不属于公约适用范围的情形通过意思自治的方式而使公约得以适用，应由各国自行决定。而对于像 WTO 项下的各项协议，当事人就不能任意通过意思自治的方式予以选择适用。

（2）当事人通过意思自治排除国际条约的适用

国际民商事性质的条约虽然以国家作为缔约主体，但其调整的事项主要涉及民事主体的权利义务,且有一些条约明确规定条约具有任意性,允许当事人通过意思自治的方式整体排除条约的适用,或者部分变更条约条款的适用。此种情形下,可根据条约的自身规定,尊重当事人的意思自治对本属于条约适用范围的情形予以排除,这种情况又被称为"opt out"。

(3) 当事人选择本国未参加的国际条约为准据法

此外,对于一个国家没有加入或批准的国际条约,是否允许当事人通过意思自治的方式予以选择适用呢？例如,我国并不是1924年《海牙规则》的成员国,根据该公约的规定,该公约仅适用于在缔约国签发的提单。但我国很多承运人签发的提单背面均载有适用海牙规则的规定。根据2023年最高人民法院《关于审理涉外民商事案件适用国际条约和国际惯例若干问题的解释》第4条的规定:"当事人在合同中援引尚未对中华人民共和国生效的国际条约的,人民法院可以根据该国际条约的内容确定当事人之间的权利义务,但违反中华人民共和国法律、行政法规强制性规定或者损害中华人民共和国主权、安全和社会公共利益的除外。"由此可见,当事人在合同中援引尚未对我国生效的国际条约时,该条约不能作为合同准据法,而只能视为当事人之间的合同条款。

10. 当事人选择国际惯例为准据法

国际惯例(international usage),是指在国际商事交易领域存在的通行做法,且为相关当事人所知晓并被经常遵循的国际规则,一般不具备法律拘束力。这些国际惯例与各种贸易术语、交货条件、标准合同、格式条款、示范法等一起构成了一个相对独立的"商人法"体系。其既不同于国际法,也不同于国内法,被视为具有软法的性质,属于任意性规范。国际惯例不同于国际习惯(international customs),国际习惯是作为通例之证明而被接受为法律者,因此国际习惯是具有法律拘束力的。

国际惯例原则上不具备普遍的法律拘束力,但是在如下三种情形中,可以产生一般法律拘束力。

第一种情形,当事人明示选择适用。根据2023年最高人民法院《关于审理涉外民商事案件适用国际条约和国际惯例若干问题的解释》第5条的规定,涉外民商事合同当事人明示选择适用国际惯例,当事人主张根据国际惯例确定合同当事人之间的权利义务的,人民法院应予支持。当然,对于这一条规定仍然存在一个理解上的问题。从条文的前半段文义来看,此时当事人是有通过明示选择将国际惯例作为合同准据法的意图,而并非通过援引国际惯例将其并入合同。条文后半段说法院支持根据国际惯例确定当事人之间的权利义务,也并没有附加"不得违反准据法国家的强制性规定"的条件,因此可以理解为我国承认在此种情形下国际惯例因当事人的选择适用而获得准据法的地位。

如前文所述,当前各国对于当事人选择"非国家法"作为准据法,在诉讼解决模式下,一般持否定或观望态度,一般是将国际惯例作为合同并入条款来对待,允许以此确定当事人的权利义务,但不得违反准据法国家的强制性规定。我国目前的这一司法解释对此似乎承认了当事人选择国际惯例作为准据法。如果是将当事人选择的国际惯例作为准据法来对待,那么此时国际惯例一旦与法院地国的一般强制性规定(并非国际私法中的直接适用的法律)相抵触,则国际惯例作为准据法应该优先适用。

值得注意的是，在实践中除了当事人在合同明示选择国际惯例支配合同这种情形，还有一种情况是当事人只是援引了国际惯例，并未明确约定国际惯例作为准据法。此种情形中，我们倾向于认为此时是合同并入条款，国际惯例对当事人产生拘束力，但此种拘束力的来源只是合同之间的法锁效力，就必须受准据法国家一般强制法规定的约束。在实践中，应当注意当事人在合同中使用的用语。一般而言，如果当事人在合同中约定"本合同应受某国法律或某国际惯例的拘束或支配"，则可以理解为当事人意图将该国法律或国际惯例作为准据法；如果当事人约定合同中的某一个问题依照"某国法律中的某一条款或某国际惯例"予以执行，则此时可理解为当事人仅将该国法律的某条款或国际惯例并入合同条款。

第二种情形，法院地加入的某一国际条约明确规定了特定领域的国际惯例具有普遍拘束力。例如，根据 CISG 第9条第2款的规定，"除非当事人有相反约定，当事人默示其合同及合同的成立受国际惯例的支配，如果该惯例为当事人已知或应知，且在类似的国际贸易中被广为知晓且经常被遵循"。由于中国是公约的缔约国，且未对此条款作出保留，因此，对于国际货物销售合同领域的相关贸易惯例，根据公约的规定，对当事人具有普遍拘束力，除非当事人特别表示反对。

第三种情形，国际惯例作为补充性的法律渊源予以适用。根据2023年最高人民法院《关于审理涉外民商事案件适用国际条约和国际惯例若干问题的解释》第6条的规定，中华人民共和国法律和中华人民共和国缔结或者参加的国际条约没有规定的，人民法院可以适用国际惯例。当事人仅以未明示选择为由主张排除适用国际惯例的，人民法院不予支持。此种情况是指，在当事人未明示选择国际惯例且我国法律和我国参加的国际条约均没有规定的情形下，国际惯例可被作为补充性法律渊源予以适用。这就意味着此时有关国际惯例在适用上仅作为补充性法律渊源，而且从逻辑上说，如果此时国际惯例与国内法和国际条约发生抵触，其效力位阶也不得抵触国际条约和国内法。

11. 当事人所选择的合同准据法发生改变

每一个国家都有权根据情势的需要而修改原有立法颁布新的立法，此时准据法就会发生改变，从而产生新旧法律之间的适用问题，而在国际私法上就会产生准据法的时际冲突。国家在制定新法或修改旧法时，一般会考虑"法不溯及既往"和"既得权保护"的一般原则，在新法中明确规定新法是否具有溯及力，以及其溯及力的范围及条件等问题。这样的处理方式蕴含了两个基本判断。其一，国家立法会以"法不溯及既往"为基本原则，以保证民事权利义务的安定性和稳定性，并保护既得权；其二，国家仍然有权就新法的适用时间效力作出特别安排。在此种情形下，一般应该尊重每个国家的立法主权。

但是在涉及当事人意思自治选择合同准据法时，如果新法规定其具有溯及力，则会涉及对当事人正当期望保护的特别考虑，对此有不同的观点。一种观点主张，此种情形下，不应当适用新法。这种观点认为，允许当事人通过意思自治方式选择适用准据法，其中一个最重要的理由在于可以增强当事人对合同权利义务的明确性，从而实现当事人的正当预期利益。当事人在缔约时通过意思自治选择了某一国的法律，事实上是将选择当时的准据法作为合同缔结的一项具体条件，因此即使准据法发生了变化，也不应适用新法，否则就等于改变了合同的权利义务关系，成立了新合同。另外一种观点，则支持适用新法。其理由在于，既然当事人选择了某国法为准据法，就应当理解为他们已经同意把整个合同的命运托付给该国的法律，如果在合同缔结到合同履约期间，准据法发生变化，合同应当随之受新法的支配。

两种观点各有道理，不过其偏重的价值立场不同。第一种观点偏向于保护当事人的正当预期利益和既得权，其意图在于维护当事人权利义务的安定性；第二种观点则偏向于主权国家的立法主权利益，同时并非完全不考虑当事人的既得权利和正当利益。只不过，这种观点认为对当事人既得权利和正当利益的保护是准据法国家立法者的一个考虑因素，但不是不可变更的绝对因素，如果准据法国家的立法者有明确规定，那么当事人应当服从这种立法主权。第二种观点彰显了立法者立法主权利益优先这一价值判断，不过其论证逻辑暗含了当事人对准据法的选择包含了对准据法事后变化的可预见，因此适用新法不违反当事人的正当预期。

资本输出国和东道国之间对此问题的态度存在尖锐的对立。资本输出国为了本国对外投资者的利益，主张适用旧法；而资本输入国则极力主张将外国投资置于本国法律的控制下，坚持本国法律的改变对合同有约束力。在国际投资合同实践中还出现了一种"稳定条款"，即在投资合同中明确规定东道国的法律变更不得影响合同缔约时当事人的权利和义务。这种稳定条款尤其适用于规避东道国的国有化和征收的法律。事实上，这种"稳定条款"仍然只是一个合同条款，尽管其本质在于希望通过合同的约定来冻结东道国法律变化产生的不利效果，但这种条款本身的效力其实最终还是一个需要解释的问题。此种稳定条款当然无法冻结一国立法的变动及其适用，但它可能在合同中为东道国当事人创设了一项义务，这种合同义务既可能因为不符合东道国的公共秩序而被排除，也可能得到国际仲裁机构的认可。

对此问题，不宜概而论之。如果某个商事合同允许当事人进行意思自治选择准据法，也许当事人在法律选择时直接约定准据法的时际因素，例如明确约定适用合同订立时的法律，将会是一个更好的解决模式。既然当事人可以选择任何地方的法律为准据法，那么明确约定适用具体时间点的法律则也应该被认同。

如果当事人未做准据法的时际选择，或者如果某种合同不允许当事人意思自治选择法律，例如我国立法明确规定中外合资投资合同只能适用中国法，此时自然也就不存在当事人约定适用何时的中国法，此种情形下，尊重准据法国家在其立法中所明确表示的立法意图则是一个基本判断，如果修改后的准据法对此没有明确规定，则"法不溯及既往"的原则应被司法机关尊重。

我国原《涉外经济合同法》第40条规定，在中华人民共和国境内履行的中外合资经营企业合同、中外合作经营企业合同、中外合作勘探开发自然资源合同，在我国法律有新的规定时，仍然可以按照合同原来的规定执行，而不受新法的影响。该法第41条也规定，该法施行之日前成立的合同，经当事人协商同意，也可以适用新法。这种立法规定当然反映了我国立法者为吸引外资而进行的特别安排，这一方面体现了对当事人预期利益的关照，另一方面体现了协商解决问题的思路。然而，从法理学的角度来看，前法对于后法适用的限制是否真的具有拘束力？如果立法者后来修改立法，在立法中专门取消了前法中的这项自我稳定法律适用的条文，从立法法的规定及法理原理来看，恐怕前法的规定仍然不能继续适用。

（三）对当事人意思自治的限制

目前，合同领域中的当事人意思自治原则已为世界各国所普遍接受，然而各国国际私法对于这一原则的运用都规定了一定程度的限制。除前文中探讨的当事人选择的准据法是否必须与合同存在客观联系以及少数个别国家整体上否定当事人选法的自由之外，对于合同领域中当事人意思自治还存在如下的一些限制。

1. 公共秩序限制

公共秩序保留是对法律选择的一道安全网，这并不局限于对当事人意思自治选择法律进行限制。这一原则不仅为各国所通用，而且几乎为所有国际统一冲突法公约所认可。例如，根据1979年《蒙特维迪亚公约》第5条的规定，成员国可在本国领土范围内拒绝公约冲突法规则所指定准据法的适用，如果该准据法的适用明显地与本国的公共秩序相抵触；类似的规定在1994年《墨西哥公约》第8条、《罗马条例Ⅰ》第21条、《罗马条例Ⅱ》第26条中都有体现。

这里有几个问题值得注意。

第一，公共秩序保留排除的并不是当事人协议选择法律的权利，而是对当事人意思自治选择法律后的法律效果的限制，也就是往往并不是根本上否定当事人选择的准据法，而是部分否定与法院地公共秩序相抵触的准据法的法律效果。

第二，法院地国际私法上的公共秩序不同于法院地国内合同法意义上的公共秩序。例如，某些类型的合同在一国国内法上被认为是违反公序良俗的，例如，为赌博而签订的借贷协议。然而，在国际私法上，则并不必然认为其违反国际私法上的公共秩序而不予承认与执行。一方面，法院地公共秩序保留的运用往往是相对较为严格解释的；另一方面，在运用公共秩序保留排除当事人选择法律的效果时，往往会考虑"近因原则"（the doctrine of proximity），也就是会考虑案件相关情形与法院地的实际联系因素。比如，在 Saxby v. Fulton[1] 一案中，当事人在蒙特卡诺签订了一份赌债借款协议，赌博行为也发生在蒙特卡诺，英国法院最终承认了该项贷款协议在英国可被执行，尽管当时根据英国国内合同法，为赌博而签署的借贷协议违反英国的合同法上的公共政策。其中一个很重要的原因也是该项协议在国外签订，同时赌博行为也发生在境外，当事人选择的境外法律承认此种协议之效力，因此其与法院地的实际联系因素并不足以使英国法院认为有必要适用公共秩序保留来排除外国法的适用。

2. 强制性规则（overriding mandatory rules）的限制

国际私法上的强制性规则，又被称为"直接适用的法律"，是指国家为实现重大的社会和经济利益而制定的，直接适用于涉外民商事法律关系的具有优先强制适用的实体

---

[1] L.R.1909, ii K.B.208.

性法律规范。国际私法上的强制性规则的适用不以冲突规则的指引为适用条件。因此，国际私法上的强制性规则，当然不同于普通国内法意义上的强制性规则，后者是指国内法上不允许当事人通过协议减损其效力的法律规范。《罗马条例Ⅰ》在序言中对此作了明确的区分。

与前文所述公共秩序一样，国际私法上的强制性规则并非只针对当事人的选法意思自治进行限制，而是针对一切冲突法选法规则的限制。同时，其也并非限制当事人的选法自由，而是要求优先保证特定实体性法律规范得以适用。这种适用既有可能需要和当事人选择的准据法同时适用，也有可能在和准据法规定有冲突时要求优先予以适用。关于国际私法上的强制性规则，其渊源既包括法院地的"直接适用的法律"，也包括与案件有实际联系的其他国家的"直接适用的法律"，比如准据法国家的"直接适用的法律"以及法院地和准据法所属国之外的第三国的"直接适用的法律"。对此，目前各国并未达成共识。《国际商事合同法律选择原则》也仅仅规定："法院地法院何时适用或是否必须考虑法院地之外国家的强制性规则应由法院地法律自行决定。"

3. 纯国内合同是否允许当事人意思自治选择法律

一种观点认为，如果某一合同关系完全只与某个单一法律体系有联系，此种情形下，就根本没有必要适用法律冲突规则，更不用说让当事人自由选择支配合同的准据法；另一种观点则认为，如果国际私法上的当事人意思自治原则允许当事人可依据对自己的适当性来选择法律，从而鼓励产生不同国家立法上的监管竞争，或者认为当事人的选法意思自治是来源于当事人的固有权利，那么就没有理由仅仅因为某一合同关系仅仅与某一国家有联系就排除当事人的选法自由。

这一问题其实也和此前讨论过的当事人选择的法律是否必须与合同有客观联系相关，如果对此问题持肯定回答，则毫无疑问，从逻辑上也会认为对于纯国内合同不允许当事人进行法律选择。

目前，关于这一问题，各国立法及国际文件的规定均有所不同。比如，根据《美国第二次冲突法重述》第187条的[1]规定："本小节的规则仅适用于两个或多个州对特定问题有利害关系的情况。当所有的联系均只与一个州相关，且因此只有一个利益关联的州时，本规则不适用。"中国立法上也不允许纯国内合同当事人有选择法律的自由。

《罗马条例Ⅰ》第3条第3款规定，如果合同的所有其他要素都位于被选择法律国以外的国家，则当事人对准据法的选择不应损害该国家法律中不能通过当事人协议予以减损的强制性规定的适用。这一规定，就支持了纯国内合同中当事人选择准据法的自由，但附加了一个限制性条件，即此时与案件具有全部客观联系的国家的国内强制性规则不应当被当事人的法律选择所规避。

4. 特殊合同对当事人意思自治的限制

允许当事人进行合同法律选择的意思自治是建立在当事人具有平等的、理性的协商地位的基础之上，对于某些特定性质的合同，基于当事人之间的经济地位和议价能力的

---

[1] Second Restatement of Conflict of Laws, s.187, comment(d).

差别，考虑到弱者利益的特别保护，对这类合同当事人意思自治选法的自由进行了限制。这类合同最常见的是消费合同和劳动合同。当然，在另外一些合同，例如保险合同、旅客运输合同中，某些立法体例也存在对当事人意思自治的限制。

二、最密切联系原则（the doctrine of the most significant relationship）

涉外合同当事人如无依当事人的意思自治选择法律，则依最密切联系原则来确定合同的准据法。最密切联系原则主张合同准据法应为与合同关系本质上有重大联系、利害关系最密切的国家的法律。

早在20世纪二三十年代，英国学者就提出了应以与合同有密切联系的国家的法律作为合同的准据法。与此提法相近似的，还有"法律关系重心地说""连结因素聚集地说"等。在美国纽约上诉法院1954年审理的"奥汀诉奥汀案"[1]（Auten v. Auten）中，虽然合同缔结地和履行地均在纽约，但是富德（Fuld）法官认为这项由两个英国公民订立的合同的"重力中心"是在英国，因此适用了英国法。

最密切联系在各国国际私法中的功能有所不同，有将其作为一般法律原则统率整个法律适用法的，例如1978年《奥地利国际私法》第1条；有将其作为补充性原则起到拾遗补阙作用的，例如中国《涉外民事关系法律关系适用法》第2条；有将其作为一个弹性连结点（soft connecting factor）而具体规定于某个冲突规范之中的，例如1971年《美国第二次冲突法重述》第188条规定："当事人与合同的某个问题有关的权利义务，依在该问题上，按照第六条规定的原则，与该交易及当事人有重要联系的那个州的本地法。"在合同的法律适用方面，最密切联系原则已作为意思自治原则的补充原则，在世界各国均得到广泛的运用。

在涉外合同法律适用的冲突规范中，最密切联系作为一个不同于传统硬性连结点的连结因素，具有相当的灵活性，有赖于法官在具体案件中综合考虑各种主客观因素以最终予以确定。这种方法是对萨维尼法律关系本座说的扬弃，不是仅仅考虑传统缔约地或者履行地这样的硬性连结因素，从而摆脱单一连结点可能带来的适用法律的僵化弊端，有利于追求个案法律适用的妥当性。但毋庸讳言，最密切联系连结点在保证了柔性和灵活性的同时，由于其确定标准不定，也必然带来不同法院或不同法官可能针对同一案件认定不一，从而减损法律适用的确定性。

在普通法国家法律传统中，法官素来有较大的自由裁量权，在最密切联系原则的运用时往往采用要素分析方法；而在大陆法系国家法律传统中，法官更倾向于立法者作出相对较为明确的规定，更强调法律适用的确定性和统一性。因此，大陆法系国家国际私法立法中在采用了最密切联系方法之后，往往辅之以特征履行学说予以补充。

（一）合同要素分析法

合同要素分析法是美国在1971年《美国第二次冲突法重述》中采纳的对最密切联系原则的具体运用，是指法官通过对合同各种要素进行"质"与"量"的综合分析来确

---

[1] Auten v. Auten（1954），308N. Y. 155.

定与合同的最密切联系地,并最终确定合同的准据法。1971年《美国第二次冲突法重述》第188条第2款规定,法院在依最密切联系原则确定准据法时,应考虑的因素包括合同缔结地、合同谈判地、合同履行地、合同标的物所在地、当事人住所地、营业地,对这些因素将按照其对该特定问题的重要程度加以衡量。具体而言,美国法官在判定合同的最密切联系地时,先要从"量"的角度判断,即与合同有关的众多要素集中于何地?但最关键要从"质"的角度把握对于解决特定问题有着重要意义的因素处于何地,并将不同连结因素按照对特定问题的重要程度进行综合权衡以最终决定合同的最密切联系地。这一方法,尽管列明了应当予以考虑的相关连结因素,但是其仍然留给法官以较大的自由裁量权。

(二)特征履行学说

相对于普通法系国家以判例法作为重要法源、更重视法官造法作用而言,大陆法系国家则更倾向于由立法机关在立法中作出明确立法规定,尽管也不可避免存在法官运用法律解释的方法来行使个案的自由裁量。在大陆法系国家,对于最密切联系原则的运用则往往采用特征履行学说(The doctrine of characteristic performance)。

法律行为所生之债,是指债务人依债的本旨应为之给付,就合同之债而言,特征性履行(characteristic performance)是指某一特定合同关系中,客观上可作为该合同之债的特征性给付,或者说是该合同之债的重心(center of gravity)。由于合同的类型众多,因此对于不同类型的合同,应依其性质分别予以确定。例如,在双务合同中,双方均应向对方履行义务,其中一方当事人的义务主要为交付物品、提供劳务等,而另一方当事人的义务则通常是支付金钱,此时,交付货物、提供劳务的行为就是体现该类合同本质的特征性履行,正是此种行为才使买卖合同、劳务合同区别于其他类型的合同。在确定特征履行之后,规范合同之债的准据法通常与负担特征性履行的债务人关系密切,因此一般将担负特征性履行之债的当事人行为时的经常居所地法律,推定为与合同有最密切联系的法律。值得指出的是,特征履行学说从理论上来说是为对抽象的最密切联系原则予以具象化的方法,因此特征履行债务人的经常居所地仅仅是被推定为符合最密切联系原则,根据案件整体情况,此种推定是可以被最密切联系原则予以纠正的。

例如,《罗马条例Ⅰ》第4条就"未选择时之准据法"作出规定,其第1款就各类合同推定准据法的情况规定如下:未依第3条规定选择合同准据法时,除第5条至第8条另有规定外,该合同之准据法依下列各款决定:(a)货物买卖合同,依卖方之经常居所地的法律;(b)服务合同,依服务提供者之经常居所地法律;(c)不动产买卖合同或不动产租赁合同,依不动产所在地法律;(d)不动产租赁合同,若为自然人私人用途且租赁期间少于6个月的,承租人与出租人具有共同经常居所地的,适用出租人的经常居所地法律;(e)特许协议,依被许可人经常居所地法律;(f)经销协议,依经销人的经常居所地法律;(g)拍卖合同,依拍卖行为地法律;(h)对于欧盟金融工具市场指令所规定的金融单据集中交易之行为,依强制性单一法律支配者,依该法律为准据法。第4条第2款则明确规定,对于第1款不能涵盖的合同,适用特征履行一方当事人的经常居所地;第3款规定了最密切联系原则可以作为对特征履行学说的纠偏,即如果案件明显地与另一国家有更密切的联系，则适用该最密切联系地国家的法律；第 4 款则规定了最密切联系原则的补充性作用，即如果根据前款的规定无法确定准据法的，适用与案件有最密切地国家的法律。

三、合同准据法的适用范围

依冲突法确定的合同准据法调整合同当事人的权利义务，但由于合同牵涉问题繁多，类型也多，该等问题是否均在合同准据法的适用范围之内，还是应当另依其他法律予以调整，在实务上最为关键。各国冲突规范往往在冲突规范的"范围"部分仅仅简略规定"涉外合同"或"合同的成立要件及效力"，如何解释该冲突规范的"范围"中具体包含的事项就是此处所需要讨论的合同准据法的适用范围问题。

（一）合同的民商事性质

各国国际私法中关于涉外合同法律适用的冲突法仅调整民商事性质的合同义务，即明确排除税收、海关或行政事项的行政合同。

（二）一般予以排除的事项

（1）涉及自然人地位或者法律行为能力的问题。关于合同当事人的缔约主体资格及其行为能力，当然是合同法律关系中的重要因素，但如前文所述，根据分割理论，关于人的权利能力及行为能力问题应当单独适用相应冲突规范。

（2）家事法领域中涉及的有关契约关系。例如，在亲属法领域中产生的抚养义务合同，婚姻夫妻财产合同，在继承领域中产生的遗嘱、遗赠等权利义务均被排除在外。

（3）汇票、支票、本票和其他票据项下产生的义务。

（4）仲裁协议和选择法院协议。

（5）公司和其他法人或非法人团体的内部事项，尽管以章程或合同形式缔结，也被排除在合同准据法的适用范围之外。

（6）代理的外部关系。

（7）信托的法律关系。

（三）一般予以包含的适用范围

（1）合同的成立要件。有关要约的要件、效力、撤回、撤销；承诺的要件、效力、迟到、撤回等问题。

（2）合同的有效性（validity of contract），包括合同意思表示的真实性、意思表示错误、真意保留、虚伪表示、欺诈、胁迫等成立要件及其效果问题；合同标的之合法性。如某一合同依合同准据法为无效时，则债权人自不得依该合同而为权利之主张，即使依法院地法该合同有效。如依合同缔结地或履行地法，该合同为不法；而依合同准据法为有效时，也应当解释为对合同之成立和有效性不产生影响。至于债务人违反合同履行地的强行法规，对合同本身产生何种影响，则属于合同效力（effcet）问题，自宜由合同准据法支配为妥。

（3）合同效力（效果）。涉外合同依合同准据法有效成立以后，则当事人在该合同项下其权利义务关系就属于合同效力问题，也就是应由合同准据法决定合同条款下当事人为履行契约之行为的效果。例如，债权人得否请求特定债务人为特定之给付义务，债务人履行不能、履行拒绝、不完全履行、履行迟延等情形下产生的违约救济类型及方式，合同解除权、合同的终止、同时履行抗辩、不安抗辩、实际履行、合同免责事由等问题均应由合同准据法予以支配。

（4）合同的解释。合同的成立、有效性及效力既适用合同的准据法，则关于该合同条文之解释自应依据合同准据法所属国所确立的法律解释方法予以探求。

（5）债的消灭。关于债的消灭的原因、各种债消灭原因之要件以及其效力等问题，应由合同准据法确定。我国《民法典》规定清偿、抵销、提存、免除、混同等五种债消灭的原因，同时规定合同解除等法律规定或当事人约定的其他债的消灭的其他情形。值得注意的是，关于债务履行的方法，如清偿的时间、度量衡之单位等问题，通常由合同履行地法律决定，而不是由合同准据法确定。但至于清偿能否产生债的消灭的效果，应当由合同的准据法决定。例如，当事人协议约定适用中国法为合同准据法，并规定债务人应于到期日之通常营业时间于巴黎交付货物，则关于何谓营业时间，应由合同的履行地法国法支配，但是应由中国法律决定债务人之履行是否产生债的消灭的效果。

（6）债的保全。债的保全是指法律为防止因债务人的责任财产不当减少给债权人的债权带来损害，允许债权人代债务人向第三人行使债务人的权利，或者请求法院撤销债务人与第三人的法律行为的制度。债的保全包括代位权和撤销权。对于代位权的准据法有不同的观点。第一种观点认为代位权的行使属于强制执行之预备程序，具有诉讼法上的性质，因此依法院地法，这种观点不符合代位权的性质，因为代位权本质上是实体法上的权利，其以保全债务人财产为目的，不同于强制执行以直接受满足之清偿为目的。第二种观点认为应当适用合同准据法，此种观点主张代位权属于实体法上的权利，且为债的效力的一部分，因此，其行使要件、效力应以合同的准据法判断。第三种观点认为，代位权虽由债权人之债权而产生，应适用原合同之准据法，但代位权行使之客体为债务人对第三人之债权，因此为兼顾第三人之权利，须得代位权也为规范债务人和次债务人（第三人）权利义务关系之准据法所许可，始得予以认可。也就是主张对于代位权的准据法应重叠适用原合同准据法和债务人权利准据法。与此类似，关于撤销权之准据法亦有上述三种观点，为保护第三人之利益，采第三种观点更为妥当。

（7）债的转移。债的转移是指债的关系仍保持同一，仅变更债的主体的法律行为，包括债权让与和债的承担。通说认为债权让与的准据法依被让与之债的准据法，债的承担的准据法依原债务准据法。例如，如A国国民甲对B国国民乙有一债权，双方约定准据法为B国法，甲在A国先将该债权让与丙，但未通知乙，随后又让与给丁，并通知了乙。经查，A国法规定债权让与无须通知债务人，但B国法则规定债权让与应通知债务人。此时，乙清偿债务的对象，应依B国法决定，以免其因债权人之变更，而受法律上之不利益。

第三节　中国关于涉外合同法律适用的规定

我国关于涉外合同法律适用目前主要集中由2010年《涉外民事关系法律适用法》第41—43条规定，2012年制定、2020年修正的最高人民法院《关于适用〈中华人民共和国涉外民事关系法律适用法〉若干问题的解释（一）》对涉外合同的法律适用问题作出了具体的解释。此外，在1992年《海商法》（第268条、第269条、第276条）、1995年《民用航空法》（第184条、第188条、第190条）和2020年《民法典》第467条中也有关于涉外合同法律适用的规定。

从历史上看，1983年《中外合资经营企业法实施条例》第15条率先规定中外合资经营企业合同必须适用中国法。1986年《民法通则》第145条和1999年《合同法》第126条对此作了规定。1987年制定了最高人民法院《关于适用〈中华人民共和国涉外经济合同法〉若干问题的解答（试行）》。2007年制定的最高人民法院《关于审理涉外民事或商事合同纠纷案件法律适用若干问题的规定》尽管已失效，但其与《涉外民事关系法律适用法》不抵触的规定仍对司法实践具有参考价值。此外，2005年最高人民法院制定了《第二次全国涉外商事海事审判工作会议纪要》，该纪要并无法律拘束力，但对司法实践仍有一定参考价值。

一、涉外合同的含义

在中国，涉外合同是指合同关系中含有外国因素的合同。根据2020年最高人民法院《关于适用〈中华人民共和国涉外民事关系法律适用法〉若干问题的解释（一）》第1条规定，涉外民事关系是指一方或者双方当事人是外国人、无国籍人、外国法人的；民事关系的标的物在外国领域内的；产生、变更或者消灭民事权利义务关系的法律事实发生在外国的民事关系。因此，我国涉外合同是指在合同关系的主体、客体或者内容这三个因素中至少有一个因素与外国有关的合同。此外该司法解释还采用了"可以认定为涉外民事关系的其它情形"这一兜底性的表述。

但值得注意的是，在我国的司法实践中，对于此种"非典型涉外因素"认定仍缺乏统一的清晰标准。在"某公司申请承认与执行外国仲裁裁决案"中，上海市第一中级人民法院裁定案件具有国际性。其理由包括两个：其一，当事人虽均为中国法人，但注册地均在上海自贸区内，且其性质均为外商独资企业，与境外投资者关联密切；其二，合同的履行具有涉外因素，认为涉案设备从中国境外运至自贸区进行保税监管，再根据合同履行情况办理完税手续，从自贸区区内运至区外，因此货物流转过程也具有一定的涉外性。但是，在"某讯通信公司诉某软科技公司案"中，涉案协议当事人均系中外合资企业，且当事人之一在上海自贸区注册，涉案协议约定适用美国法，但一审杭州市中级人民法院以及二审最高人民法院知识产权庭均采取了严格审查标准，认定不具备涉外因素因而约定境外仲裁条款无效。

二、意思自治原则

《涉外民事关系法律适用法》第 41 条的规定，当事人可以协议选择合同适用的法律。因此，与世界大部分国家一样，我国也将当事人意思自治原则作为合同法律适用的首要原则。但对于意思自治原则的具体运用，中国有自己的特点。

（一）法律选择的方式

2010 年《涉外民事关系法律适用法》第 3 条规定：当事人依照法律规定可以明示选择涉外民事关系的法律。2020 年最高人民法院《关于适用〈中华人民共和国涉外民事关系法律适用法〉若干问题的解释（一）》第 6 条第 2 款规定，各方当事人援引相同国家的法律且未提出法律适用异议的，人民法院可以认定当事人已经就涉外民事关系适用的法律做出了选择。从第 3 条的文义来看，我国对于法律选择的方式，仅允许进行明示选择而排除了默示选择。司法解释中的规定，一般认为是当事人事后以行为的方式作出的明示选择。如前文所述，这一做法和相关国际文件及大部分国家立法承认默示选择有所差异。而且，对于司法解释中所规定的特殊情形，是否可理解为明示选择，也有商榷的空间。明示，一般而言是以明确的陈述方式表达当事人选择法律的意思，包括书面陈述和口头陈述，而行为一般并不被视为明示的方式之一。而且，根据 2023 年《民事诉讼法》第 277 条规定书面协议选择法院、第 278 条规定默示推定选择法院的区分来看，行为方式视为默示选择的类型。当然，如果将司法解释中的规定解释为默示，会存在司法解释与第 3 条立法上的冲突。那么，第 3 条是否有解释的空间呢？从文义上看，"可以明示选择"也可以解释为可以"明示选择"，由此并不排除默示选择。

（二）法律选择的时间和范围

根据 2020 年最高人民法院修正的《关于适用〈中华人民共和国涉外民事关系法律适用法〉若干问题的解释（一）》第 6 条第 1 款规定，当事人在一审法庭辩论终结前协议选择或者变更选择适用的法律的，人民法院应予准许。其第 5 条规定，一方当事人以双方协议选择的法律与系争的涉外民事关系没有实际联系为由主张选择无效的，人民法院不予支持。由此可见，我国对于一般涉外合同，对当事人意思自治选择的范围并无限制。

（三）只能选择外国实体法

2010 年《涉外民事关系法律适用法》第 9 条规定，涉外民事关系适用的外国法律，不包括该国的法律适用法。由此可知，我国从立法上直接排除了反致。

（四）对中国未加入的国际条约的选择

根据 2020 年最高人民法院《关于适用〈中华人民共和国涉外民事关系法律适用法〉若干问题的解释（一）》第 7 条规定，当事人在合同中援引尚未对中华人民共和国生效的国际条约的，人民法院可以根据该国际条约的内容确定当事人之间的权利义务，但违反中华人民共和国社会公共利益或中华人民共和国法律、行政法规强制性规定的除外。由此可见，在我国司法解释中，对于当事人选择中国尚未加入的国际条约，不将其作为准据法对待，而是将其采用并入的方式，纳入合同中，作为合同的条款。

（五）国际条约与意思自治的关系

根据 2023 年《关于审理涉外民商事案件适用国际条约和国际惯例若干问题的解释》第 3 条的规定，国际条约规定当事人可以约定排除或部分排除国际条约的适用，当事人主张依据其约定排除或部分排除国际条约适用的，人民法院予以支持。国际条约限制当事人排除或部分排除国际条约的适用，当事人主张依据其约定排除或部分排除国际条约适用的，人民法院不予支持。由此可见，对于任意性质的国际条约，我国允许当事人通过约定排除或部分排除国际条约的适用。

在国际条约本身不能自动适用情形下，当事人可否以意思自治的方式直接选择适用国际条约？例如，一个营业地在英国的当事人 A 与一个营业地在中国的当事人 B 签订一个国际货物销售合同，根据 CISG 第 1 条第 1 款第 a 项的规定，同时由于我国对第 1 条第 1 款第 b 项作出了保留，因此可知该合同不符合公约的适用范围，CISG 不能自动适用。但是如果当事人在合同中明确约定"本合同及本合同项下的争议适用 CISG"，此时，我国法院能否认为 CISG 可以被作为该合同的准据法呢？从目前的立法及司法解释中，我国对此没有明确规定。根据 UNICITRAL 对 CISG 的解释性说明，尽管 1980 年公约未明文规定当事人可以选择公约未准据法，1964 年海牙《国际货物买卖合同成立统一法公约》第 4 条对此肯定了当事人可选择适用公约，但从公约的立法历史可以看出，之所以未作类似规定，只是因为代表们认为当事人的意思自治原则足以支持当事人选择公约为合同的准据法。

值得注意的是，2022 年最高人民法院《关于支持和保障全面深化前海深港现代服务业合作区改革开放的意见》第 7 条规定，支持前海法院申请授权试点探索域外法适用机制，在不违反我国法律基本原则或者不损害国家主权、安全和社会公共利益的前提下，允许在前海合作区注册的港资、澳资、台资及外商投资企业协议选择域外法解决合同纠纷，或者适用国际条约、国际惯例和国际商事规则化解纠纷。

（六）当事人选择国际惯例

2023 年最高人民法院《关于审理涉外民商事案件适用国际条约和国际惯例若干问题的解释》第 5 条规定："涉外民商事合同当事人明示选择适用国际惯例，当事人主张根据国际惯例确定当事人之间权利义务的，人民法院应予支持。"这一规定在措辞上和最高人民法院《关于适用〈中华人民共和国涉外民事关系法律适用法〉若干问题的解释（一）》对于当事人选择对中国未生效的国际公约的区别在于后者明确规定不得违背我国的法律、行政法规的强制性规定。因此，对于未生效的国际条约只能被并入合同中，而当事人选择国际惯例，我国司法解释是承认当事人直接选择作为合同准据法的。当然，根据 2023 年最高人民法院《关于审理涉外民商事案件适用国际条约和国际惯例若干问题的解释》第 7 条的规定，适用国际惯例不得损害我国的主权、安全和社会公共利益。

（七）不适用意思自治的例外

根据我国《民法典》第 467 条第 2 款规定，在中华人民共和国境内履行的中外合资经营企业合同、中外合作经营企业合同、中外合作勘探开发自然资源合同，适用中华人民共和国法律。

《涉外民事关系法律适用法》第 42 条规定，消费者合同，适用消费者经常居所地法律；消费者选择适用商品、服务提供地法律或者经营者在消费者经常居所地没有从事相关经营活动的，适用商品、服务提供地法律。第 43 条规定，劳动合同，适用劳动者工作地法律；难以确定劳动者工作地的，适用用人单位主营业地法律。劳务派遣，可以适用劳务派出地法律。对于消费者合同和劳动合同，立法中考虑到存在一方当事人处于弱势的地位，因此立法上并没有规定双方当事人的意思自治选择法律的自由。对于消费者合同，给了弱势一方当事人在有限范围内单方选择的权利，即消费者可选择适用商品、服务提供地法律。

（八）意思自治的形式问题

《民法典》第 469 条规定，当事人订立合同，可以采用书面形式、口头形式或者其他形式。我国加入的 1980 年 CISG 第 11 条规定，销售合同无须以书面订立或书面证明，在形式方面也不受任何其他条件的限制，可以用包括人证在内的任何方法证明（中国已经于 2013 年 8 月 1 日有效撤回对 CISG 所作的书面形式保留声明）。我国《涉外民事关系法律适用法》没有对涉外合同形式的法律适用作出规定。一般而言，合同的形式问题可以适用合同缔结地法律或当事人选择的合同准据法，可采取尽量使合同有效成立的原则。

（九）缔约能力

我国《涉外民事关系法律适用法》第 12 条的规定，作为自然人的涉外合同当事人的缔约能力原则上应适用当事人经常居所地法律，但行为地法认为有行为能力的也应认为有行为能力。第 14 条规定，法人及其分支机构的民事权利能力、民事行为能力、组织机构、股东权利义务等事项，适用登记地法律。法人的主营业地与登记地不一致的，可以适用主营业地法律。

（十）当事人选择的法律能否排除我国强制性规范的规定

如前文所述，当事人的意思自治普遍受到公共秩序保留和直接适用的法律（国际私法上的强制适用的法律）的限制。但是，当事人选择的法律是否可以排除我国国内的强制性规范在理论上存在争议。最高人民法院最早在最高人民法院《关于贯彻执行〈中华人民共和国民法通则〉若干问题的意见（试行）》第 194 条中规定："当事人规避我国强制性或者禁止性法律规范的行为，不发生适用外国法律的效力。"2010 年《涉外民事关系法律适用法》未明确规定对法律规避行为的禁止。2020 年最高人民法院《关于适用〈中华人民共和国涉外民事关系法律适用法〉若干问题的解释（一）》第 9 条又沿袭了最高人民法院《关于贯彻执行〈中华人民共和国民法通则〉若干问题的意见（试行）》的规定，规定"一方当事人故意制造涉外民事关系的连结点，规避中华人民共和国法律、行政法规的强制性规定的，人民法院应认定为不发生适用外国法律的效力"。上述司法解释虽然针对的是一般法律规避问题，但也可能被司法机关用来否定当事人选择的法律，认为当事人所选择的法律不能排除我国立法中的强制性或禁止性的规定。这在中国早期的司法实践中屡有体现。

例如，在 A 公司与 B 公司、广东省江门市财政局借款合同纠纷案中，[1] A 公司与 B 公司签订《贷款协议书》。合同约定：A 公司借款港币 1000 万给 B 公司，广东省江门市财政局作为贷款协议担保人。江门市财政局向 A 公司出具了《不可撤销担保书》，约定本担保书适用我国香港特别行政区法律。后 B 公司无力偿还借款和利息，江门市财政局也拒不履行担保还款义务。

A 公司遂于 2000 年 8 月 25 日向江门市中级人民法院起诉 B 公司偿还本金和利息，江门市财政局承担连带责任。A 公司向法院提供了香港特别行政区法律的有关规定，认为本案所涉的《贷款协议书》和《不可撤销担保书》根据香港特别行政区法律为合法有效的合同；香港特别行政区法律并没有就国内政府部门提供对外担保作出任何限制。故由江门市财政局向 A 公司出具的担保为合法有效担保；江门市财政局有义务清偿贷款。

江门市中级人民法院认为，根据香港特别行政区法律的规定，A 公司与 B 公司签订的《贷款协议书》合法有效，A 公司偿还贷款的请求予以支持。对于《不可撤销担保书》中注明"本担保书适用香港法律"，该条款规避了我国法律的强制性、禁止性规定，依照《涉外经济合同法》第 9 条的规定，应认定为无效，本案应适用内地法律调整 A 公司与江门市财政局之间的担保关系。因内地法律、法规都明确规定国家机关不得作担保人，因此，该担保应确认为无效。A 公司不服原审判决，向广东省高级人民法院提出上诉，广东省高级人民法院作出同样的判决，认为当事人的约定明显是规避内地禁止性法律的规定，所以无效。本案担保关系应适用内地法律来处理。

有学者提出法律规避制度在要件构成理论上存在逻辑悖论，在具体适用上存在制度性瑕疵，当事人的主观恶意缺乏实体法和程序法的基础无法证成，在现有"直接适用的法"和"公共秩序保留"制度体系下，法律规避制度无所适从。[2] 当事人协议选择法律的理由是法律行为的动机，法律本不应对私法自治的动机进行探索，法律应关注的是当事人的外部行为。出于对私法自治的高度保护与法律边界的高度恪守，英美各国对法律规避进行了深刻的批判。从最高人民法院《关于适用〈中华人民共和国涉外民事关系法律适用法〉若干问题的解释（一）》第 9 条的文义看，是"一方当事人故意制造连结点"，那么双方当事人的协议选择似乎并不在这一范围之内，"故意"意在强调当事人的主观恶性，然而当事人意思自治选择法律当然是当事人故意的行为，此故意是否等于彼故意呢？如果我们将所有当事人选择法律违反了中国法律和行政法规中的强制性或禁止性规定均列入法律规避的范畴，就意味着中国国内的这些强制性、禁止性规定获得了自动强制适用的结果，这将和涉外合同领域允许当事人进行法律选择的本质发生根本性的冲突。因此，在已经存在"直接适用的法律"和公共秩序保留制度的保障下，并无必要再将当事人选择的法律违背中国的强制性和禁止性规定列入"法律规避"制度的范畴。

---

[1] 吕伯涛主编：《涉外商事案例精选精析》，法律出版社 2004 年版，第 29 页。
[2] 王一栋：《论"禁止法律规避"制度的废除——兼论我国国际私法法典相关制度的重构》，载《政治与法律》2023 年第 4 期。

三、最密切联系原则

2010年《涉外民事关系法律适用法》第41条规定，当事人可以协议选择合同适用的法律。当事人没有选择的，适用履行义务最能体现该合同特征的一方当事人经常居所地法律或者其他与该合同有最密切联系的法律。此前《合同法》第126条和《民法通则》第145条都规定，当事人没有选择的，适用与合同有最密切联系的国家的法律。在我国，最密切联系原则是作为意思自治原则的补充而适用的。

最密切联系地是一个富有弹性的连结点，在如何确定最密切联系地的问题上，与大陆法系国家相同，我国也采用了特征性履行原则。2007年最高人民法院《关于审理涉外民事或商事合同纠纷案件法律适用若干问题的规定》第5条规定，人民法院根据最密切联系原则确定合同争议应适用的法律时，应根据合同的特殊性质以及某一方当事人履行的义务最能体现合同的本质特性等因素，确定与合同有最密切联系的国家或者地区的法律作为合同的准据法。

（1）买卖合同，适用合同订立时卖方住所地法；如果合同是在买方住所地谈判并订立的，或者合同明确规定卖方须在买方住所地履行交货义务的，适用买方住所地法。

（2）来料加工、来件装配以及其他各种加工承揽合同，适用加工承揽人住所地法。

（3）成套设备供应合同，适用设备安装地法。

（4）不动产买卖、租赁或者抵押合同，适用不动产所在地法。

（5）动产租赁合同，适用出租人住所地法。

（6）动产质押合同，适用质权人住所地法。

（7）借款合同，适用贷款人住所地法。

（8）保险合同，适用保险人住所地法。

（9）融资租赁合同，适用承租人住所地法。

（10）建设工程合同，适用建设工程所在地法。

（11）仓储、保管合同，适用仓储、保管人住所地法。

（12）保证合同，适用保证人住所地法。

（13）委托合同，适用受托人住所地法。

（14）债券的发行、销售和转让合同，分别适用债券发行地法、债券销售地法和债券转让地法。

（15）拍卖合同，适用拍卖举行地法。

（16）行纪合同，适用行纪人住所地法。

（17）居间合同，适用居间人住所地法。

如果上述合同明显与另一国家或者地区有更密切联系的，则适用该另一国家或者地区的法律。

尽管上述规定目前已被废止，但对于特征履行方的确认仍有参考意义。

另外，在适用当事人营业所所在地法时，如果当事人有一个以上的营业所的，应以与合同有最密切联系的营业所为准。当事人没有营业所的，以其住所或者居所为准。按照最密切联系原则确定的法律，也指的是现行的实体法，而不包括冲突法和程序法，即排除反致制度。

2019年最高人民法院《关于人民法院进一步为"一带一路"建设提供司法服务和保障的意见》第13条提出，在涉及项目建设、运营、采购、招投标等涉外民商事案件中，如相关国家的法律对合同效力规定不一致，应适用确认合同有效的法律。第15条提出，在适用最密切联系原则确定准据法时，应立足于请求权基础的识别、冲突规范和连结点的确定，充分说明确定准据法的理由，加强确定准据法的说理。

在司法实践中，如果当事人在合同中选择了某国的法律，但后来发生争议后，法院经过查明，发现外国法对有关争议事项根本没有相关规定，此时如何处理？在实践中，我国法院把这种情况视为当事人没有对准据法进行选择，适用最密切联系原则来确定准据法。例如江苏省某进出口集团股份有限公司诉江苏某国际货运有限公司、美国某国际有限公司海上货物运输合同纠纷案。[1]

1998年7月至12月，江苏省某进出口集团股份有限公司（以下简称江苏某工）为履行其与美国M/S公司的销售合同，委托江苏某国际货运有限公司（以下简称江苏某球）向美国某国际有限公司（以下简称美国某联）托运价值15万美元的货物，价格条件为FOB中国。江苏某球接受委托办理了货物的订舱、报关、向承运人交付货物等事务，并代表美国某联向江苏某工签发了4套正本记名提单。提单注明卸货港为美国迈阿密，被面条款载明经美国港口运输的货物的提单适用1936年《美国海上货物运输法》。美国M/S公司提货时称未收到正本提单，向美国某联出具保函，付清运费后提取了货物。1999年7月，江苏某工因未收到货款，以无正本提单交货起诉江苏某球和美国某联至武汉海事法院，要求两被告连带赔偿其货款损失。

本案双方主要争议焦点为处理无正本提单放货引起的纠纷应适用的法律。原告江苏某工认为，本案提单是一个中国法人在中国境内向另一中国法人签发，因而在当事人选择的1936年《美国海上货物运输法》不足以解决双方争议时，应适用中国法律。承运人依提单交货时应做到确认收货人和凭正本提单交付。被告美国某联认为，依据提单的被面条款约定，处理本案应适用1936年《美国海上货物运输法》，但该法没有明确规定记名提单如何交付货物问题，本案与美国有最密切联系，应适用美国的其他法律。根据美国法律，记名提单为不可转让提单，承运人将货物交付给记名提单注明的收货人，即完成交货义务，无须收货人出示正本提单。请求法院依法驳回原告的诉讼请求。武汉海事法院经审理认为，本案所涉及的承运人能否不凭正本提单向记名收货人交付货物的问题，1936年《美国海上货物运输法》未作出明确规定，视为当事人选择的法律只调整合同当事人部分权利义务关系，而对该项合同争议的处理没有选择适用法律，应依照最密切联系原则确定其所适用的法律。双方的争议是承运人在美国港口交货中产生，而非在提单签发地或运输始发地，因承运人在运输目的地交货行为直接受交货行为地法律的约束，与交货行为地美国法律的联系比其与合同签订地或运输始发地中国法律的联系更

---

[1] 万鄂湘主编：《中国涉外商事海事审判指导与研究》（2002年第2卷），人民法院出版社2002年版，第226页。

为真实具体，存在实质性联系，交货行为地法律是事实上支配该项争议最密切联系的法律。鉴于该案运输目的地、标的物所在地、承运人营业所所在地等连结因素均在美国，法院认为应适用相关的美国法律为准据法，依照《美国统一商法典》的有关规定，判决驳回原告的诉讼请求。

四、涉外消费合同和劳动合同的法律适用

涉外消费合同与劳动合同和一般合同不同，双方当事人往往存在信息不对称以及议价能力的巨大差异，在法律适用中需要特别考虑对于弱势一方当事人的特别保护。

（一）中国立法关于涉外消费合同法律适用的规定

《涉外民事关系法律适用法》第42条规定："消费者合同，适用消费者经常居所地法律；消费者选择适用商品、服务提供地法律或者经营者在消费者经常居所地没有从事相关经营活动的，适用商品、服务提供地法律。"

（1）消费合同法律适用中的当事人意思自治。依据该条款，对于消费合同，双方当事人不能以意思自治的方式选择准据法。其立法理由是基于消费合同中双方当事人地位不均衡，为避免出现强势地位一方当事人利用其经济优势地位在合同中以意思自治之名损害消费者的合法权益以及为保护弱者利益，故而不允许当事人意思自治选择消费合同的准据法。但是值得注意的是，立法禁止的是双方当事人选择法律，但允许消费者，也就是弱势一方当事人单方从消费者经常居所地法律和商品、服务提供地法律中进行选择。

（2）消费者经常居所地作为消费合同法律适用的基本连结因素。

（3）在立法优先考虑对消费者保护的立场下，为平衡消费者和经营者的利益，对于经营者在消费者经常居所地没有从事相关经营活动时，不适用消费者经常居所地法律，而是适用商品、服务提供地法律，其立法理由当然是要维护经营者的正当预期，不至于强加给经营者过重的负担以影响经营者的经营利益。

（二）中国立法关于涉外劳动合同的法律适用

《涉外民事关系法律适用法》第43条规定："劳动合同，适用劳动者工作地法律；难以确定劳动者工作地的，适用用人单位主营业地法律。劳务派遣，可以适用劳务派出地法律。"

（1）劳动合同法律适用排除了当事人的意思自治选择准据法。立法理由与消费合同相同，旨在保护劳动者作为弱势一方的特殊利益。不过，应当注意的是，本规定并未区分一般劳动合同和集体劳动合同，一概排除当事人意思自治原则在集体合同中的适用，值得商榷。因为在集体合同中，特别是由于工会的强势介入，雇主和雇员之间的磋商能力已处于相对平衡状态，此时绝对排除意思自治的适用并无特别的立法基础。

（2）劳动合同法律适用中以劳动者工作地作为基本连结因素，此种单一连结因素是否最有利于保护劳动者的权利也不无疑问。如果对于一般劳动合同，考虑对于劳动者作为弱者利益的最佳保护，更好的方式应该如消费合同法律适用一样，可赋予劳动者单方法律选择的权利。

（3）无法确定劳动者工作地的，适用用人单位主营业地法律。

（4）劳务派遣合同不同于一般劳动合同，其是劳务输出的一种主要方式，劳动者并不直接与用人单位签订合同，而是由派遣机构与劳动者签订劳动合同，派遣机构与用人单位签订劳务派遣合同。按照本条的规定，此时既可以适用劳动者工作地，也可以适用劳务派出地法律。

（5）第43条规定与《劳动合同法》第2条规定的关系。《劳动合同法》第2条第1款规定："中华人民共和国境内的企业、个体经济组织、民办非企业单位等组织（以下称用人单位）与劳动者建立劳动关系，订立、履行、变更、解除或者终止劳动合同，适用本法。"从该条款的文字上来看，似乎意味着位于中国境内的一切用人单位，包括不具备中国国籍在内的外国公司，以及中国法人或非法人组织与外国劳动者之间的劳动合同，均要适用《劳动合同法》。如果采用此种解释，则会导致中国境内的涉外劳动合同法律适用变成了一条单边冲突规范，从而使《涉外民事关系法律适用法》第43条无法适用。显然，此种解释并不合理。应当注意的是，《劳动合同法》第2条的规定应被视为一条纯粹的法律地域范围条款，其本质在于宣告《劳动合同法》在中国领土范围内适用的地域效力，而不是在于调整涉外劳动合同的准据法，对于涉外劳动合同的法律适用，应当适用《涉外民事关系法律适用法》第43条的规定来确定其准据法。

第四节　几种主要国际商事合同的法律适用

一、国际货物买卖合同

国际货物买卖合同，是指营业地在不同国家的当事人之间就货物的买卖所达成的协议。联合国国际贸易法委员1980年通过的CISG是当前调整国际货物买卖的最重要的统一实体法公约，目前共有缔约国97个，几乎涵盖了世界主要经济体。[1]

（一）CISG的适用范围

第一，根据公约第1条的规定，公约仅适用于营业地在不同国家的当事人之间订立的货物销售合同。包括两种情况：其一，双方当事人的营业地均位于缔约国境内（第1条第1款第a项）；其二，根据国际私法规则导致适用某一缔约国的法律（第1条第1款第b项）。据此规定，如果货物销售合同的当事人一方或双方的营业地在一个非缔约国境内，而根据该国的国际私法规则，合同应适用某一缔约国的法律，那么该合同也应受公约的支配。显然，这一规定旨在扩大公约的适用范围，使之具有更加广泛的国际性。但公约允许缔约国在批准或加入公约时，可就此项规定声明保留。包括中国、美国、新

---

[1] 参见联合国国际贸易法委员会官网，https://uncitral.un.org/zh/texts/salegoods/conventions/sale_of_goods/cisg/status，2024年1月30日访问。

加坡等几个国家对此作了保留。此外，德国在批准公约时也明确声明，对于第1条第1款第b项作出保留的国家，德国也不适用。

在公约项下，国际货物销售合同的国际性以营业地为唯一标准确定的，当事人的国籍不在考虑之列。如果当事人有一个以上的营业地，则以与合同及合同的履行关系最密切的营业地为准；如果当事人没有营业地，则以其惯常居住地为准。

第二，公约第2条明确规定不适用于以下的销售：（1）供私人、家人或家庭使用的货物的销售，除非卖方在订立合同前任何时候或订立合同时不知道，并且没有理由知道这些货物的购买是供这种使用的；（2）经由拍卖的销售；（3）根据法律执行令状或其他令状的销售；（4）公债、股票、投资证券、流通票据或货币的销售；（5）船舶、气垫船或飞机的销售；（6）电力的销售。

此外，公约第3条还规定，公约不适用于供应货物一方的绝大部分义务在于供应劳力或其他服务的合同，这就把来料加工合同、来件装配合同和劳务合同明确地排除在公约的适用范围之外。同时，公约也不适用于卖方对于货物对任何人所造成的死亡或伤害的责任即产品责任。

值得注意的是，对于不属于公约调整范围的合同，应当按照各国国际私法去确定应当适用的法律。如果某国际货物销售合同不属于公约的调整范围，但是当事人直接选择适用公约，此种情形大多发生在国际仲裁案件中，也为仲裁实务所广泛接受。在法院诉讼中，则并不多见。如前文所述，按照UNICITRAL对于CISG的案例指南的解释，此种情形下，公约可以被当事人选择而成为合同的准据法。当然，由于该指南本身并无法律拘束力，因此是否接受当事人将本不属于公约适用范围的情形通过意思自治的方式而使公约得以适用，应由各国自行决定。但无论如何不能违反本国公共政策和直接适用的法律。

（二）CISG适用的任意性

根据公约第6条的规定，公约具有任意性，对合同当事人不具有强制性。合同双方当事人可以约定不适用公约，或在不减损第12条规定的条件下（关于合同的形式），可约定部分不适用公约的任何规定或改变其效力。

1. 公约能否被默示排除

对于当事人的约定排除公约适用的形式，公约文本中并未明确规定可以默示排除，但也未明确禁止默示排除。各国对此的司法实践有所不同。从公约的起草历史来看，曾经有代表团提出仅允许当事人以明示方式排除公约的适用，但此建议文本被大部分代表否定。[1]公约文本中之所以并未明确规定公约可被当事人默示予以排除，是担心明确作出此种规定可能会鼓励法院在没有充分的理由的情况就整体排除公约的适用。有不少法院判决和仲裁裁决承认公约可被默示排除，但也有一些国家的法院和仲裁庭只承认明示排除的方式。

---

[1] Official Records of the United Nations Conference on Contracts for the International Sale of Goods, Vienna, 10 March–11 April 1980 (United Nations publication, Sales No. E.81.IV.3), pp. 85–86.

2. 默示排除的具体情形

（1）当事人选择一个非缔约国的法律为合同准据法。此种情形下，被普遍认为构成对于公约的默示排除。

（2）当事人协议选择一个缔约国的法律为合同准据法。此种情形更为复杂，一种观点认为既然当事人对合同准据法作出了明确的选择，就意味着当事人默示整体排除了公约的适用，否则当事人的法律选择就变得没有意义；另一种观点认为，此种情形下公约仍然应该得到适用，当事人对缔约国法律的选择仅作为公约适用的补缺，当事人选择的缔约国法律本身就包含缔约国加入的国际公约。当然，如果当事人在合同中的法律选择条款中明确约定适用缔约国的具体某个国内法，则应视为对公约的默示排除。

（3）当事人在合同中存在法院选择协议。此种情形下，一般并不认为构成对公约适用的排除，但如果有充分证据证明当事人意在适用被协议选择管辖权法院的国内法，则公约也有可能被默示排除。

（4）当事人在诉讼中仅依据某一个国家的国内法起诉和答辩。此种情形下，是否意味着当事人默示排除公约的适用存在不同的司法实践。通常而言，对于采用"法官知法"（jura novit curia）原则的法域，会认为法院有准确适用法律的义务，公约不能被当事人默示排除。而在不采用"法官知法"原则的法域，也有法院在此情形下认可当事人对于公约的默示排除。

（5）当事人在合同中援用了《国际贸易术语解释通则》。此种情形下，不被认为对公约的默示排除。《国际贸易术语解释通则》虽然提供了一套统一的贸易术语，但并非一份完整的合同文本，并且需要当事人在合同中援引才能并入成为合同的一部分，而CISG则是调整国际货物销售合同关系的国际公约，在条件满足时自动适用；此外，二者的调整范围并非完全重合，《国际贸易术语解释通则》并不涉及合同订立、违约救济、不可抗力等免责等方面的内容。因此，从合同约定适用《国际贸易术语解释通则》的事实，并不能推定出双方当事人之间存在默示排除对CISG适用的共同意思。但是，在适用的具体顺序中，由于CISG的实体条文具有任意性的特点，因此《国际贸易术语解释通则》作为当事人约定的条款可以获得适用的优先性。

（三）CISG对中国的适用

中国于1986年12月11日批准该公约，自1988年1月1日起，该公约对中国生效。中国在签字和批准时曾提出了两项保留声明：其一，是对公约第1条第1款第b项提出了保留；其二，是对公约第11条（合同的形式）提出了保留（已于2013年1月申请撤回该项保留，撤回从当年8月1日起生效）。

最高人民法院2021年《全国法院涉外商事海事审判工作座谈会会议纪要》第19条指出，营业地位于CISG不同缔约国的当事人缔结的国际货物销售合同应当自动适用该公约的规定，但当事人明确约定排除适用该公约的除外。人民法院应当在法庭辩论终结前向当事人询问关于适用该公约的具体意见。2023年《关于审理涉外民商事案件适用国际条约和国际惯例若干问题的解释》第3条的规定，国际条约规定当事人可以约定排除或部分排除国际条约的适用，当事人主张依据其约定排除或部分排除国际条约适用的，人民法院予以支持。

1. 我国适用 CISG 的司法实践

从我国的司法实践来看，CISG 在我国有两种适用的情形。其一，因当事人的营业地分属不同的公约缔约国，根据 CISG 第 1 条第 1 款第 a 项适用 CISG。在此种情形下，法院适用 CISG 需要具备两个条件：一是当事人双方营业地所在国均为公约不同缔约国；二是当事人双方没有排除适用 CISG。其二，一方或双方当事人的营业地位于非公约缔约国，因当事人的选择而适用 CISG。

（1）CISG 第 1 条第 1 款第 a 项的优先适用

在这种情形下，CISG 应该被优先适用。2023 年《关于审理涉外民商事案件适用国际条约和国际惯例若干问题的解释》第 1 条继续承袭了《民法通则》第 142 条的规定，规定了民商事国际条约在中国的直接适用和优先适用的原则。这也为我国司法实践所确认。例如，在某国际（新加坡）有限公司诉某冶金产品有限责任公司国际货物买卖合同纠纷案中，最高人民法院裁定：双方当事人在合同中约定，应当根据美国纽约州当时有效的法律订立、管辖和解释，该约定不违反法律规定，应认定有效。本案当事人营业地所在国新加坡和德国均为 CISG 缔约国，美国亦为 CISG 缔约国，且在一审审理期间双方当事人一致选择适用 CISG 作为确定其权利义务的依据，并未排除 CISG 的适用，因此应该优先适用 CISG。对于审理案件中涉及的 CISG 没有规定的事项，则应当适用当事人选择的美国纽约州法律。

这一司法裁决符合上文对于 CISG 适用的阐述。也就是说，中国最高人民法院认为当事人约定某一缔约国法律为准据法，并不视为默示排除 CISG 的适用。

（2）根据当事人意思自治适用 CISG

在合同一方或双方当事人的营业地位于非缔约国时，由于我国对 CISG 第 1 条第 1 款第 b 项做了保留，因此即使根据我国国际私法应适用某一缔约国的法律，我国法院也不能通过第 1 条第 1 款第 b 项适用 CISG。

因此，只有在当事人明确选择 CISG 调整案涉争议时，我国法院才可以根据当事人的选择适用 CISG。但是，对于这种情况，到底应该将其作为当事人将 CISG 作为了双方订立合同的内容还是作为准据法来看待则有不同观点。如前文所述，此种情形下，笔者赞同联合国国际贸易法委员会在案例指南中的主流观点，认为可以将 CISG 作为准据法来对待。我国立法和司法解释对此没有明确规定，我国学者的主流观点是将其作为合同内容予以对待[1]，也就是此时是合同纳入公约的内容，作为合同的具体条款。但如果这样认定，则意味着在此种情形下，CISG 的规定不仅不能获得优先适用的地位，而且必须服从于中国的一般性国内强制性规定。笔者认为这种解释将 CISG 等同于中国未加入的国际条约来处理，并不符合国际社会放宽对意思自治选择非国家法为准据法的趋势。既然国际惯例可以被当事人选择为准据法，那么中国已经加入的 CISG 为什么不能被当事

---

[1] 王海峰、张丝路：《〈联合国国际货物销售合同公约〉在中国法院的适用》，载《人民司法》2021 年第 31 期；杜涛：《国际私法原理》（第二版），复旦大学出版社 2018 年版，第 217 页。

人直接选择呢？此种情况，也并非利用 CISG 第 1 条第 1 款第 b 项扩大 CISG 的适用，而是由当事人直接选择 CISG，因此也并不和我国所作出的保留直接抵触。

2. 我国适用 CISG 公约的仲裁实践[1]

自 1988 年起至今，中国国际贸易仲裁委员会已经审结了近千件适用 CISG 的案件。美国佩斯大学 CISG 数据库收录了中国国际经济贸易仲裁委员会 1988 年到 2021 年关于 CISG 的案例共 384 件。而检索中国国际经济贸易仲裁委员会 2002—2020 年的结案裁决库，有关 CISG 的裁决有 553 件，另有一批以撤案结案或仍在审理之中的 CISG 相关案件也由中国国际经济贸易仲裁委员会仲裁庭进行了处理。

中国国际经济贸易仲裁委员会对于 CISG 公约的适用可分为以下四种情况。

（1）自动适用

如果当事人的营业地位于不同的 CISG 缔约国，且当事人没有排除适用 CISG，中国国际经济贸易仲裁委员会仲裁庭会自动地适用 CISG，仅对 CISG 没有规定或者规定不明的事项，通过国际私法规则来确定相关准据法。据不完全统计，90% 左右的中国国际经济贸易仲裁委员会涉 CISG 适用案件都根据 CISG 第 1 条第 1 款第 a 项适用了 CISG。

（2）约定适用

如当事人明确选择 CISG 为准据法，只要满足涉外合同前提，无论双方当事人营业地是否均在缔约国，中国国际经济贸易仲裁委员会仲裁庭即严格遵守当事人约定来适用 CISG。当事人的约定形式既可以是事先在买卖合同中明确约定，也可以是在仲裁过程中明确表明适用 CISG，或是通过直接援引 CISG 条文提出法律主张。

同时，对于当事人适用、部分排除适用或排除适用 CISG 的约定，中国国际经济贸易仲裁委员会仲裁庭也都在裁决中进行了恰当的体现与处理。这与 CISG 充分尊重当事人意思自治的精神不谋而合。

（3）优先适用

在实践中，常见部分营业地在不同缔约国的当事人在合同中约定 CISG 和中国法同时适用或适用中国法。

在 CISG 和中国法同时适用的情形下，中国国际经济贸易仲裁委员会绝大多数仲裁庭均优先适用 CISG；CISG 没有规定的，则适用中华人民共和国法律。在特殊情况下，由于 CISG 对于某些事项并未约定，而双方当事人确有同时适用 CISG 与中国法的意图，仲裁庭可能考虑同时适用中国法和 CISG。在这种情况下，如二者的规定一致，可以起到相互印证和解释的作用。

对于当事人只约定适用中国法的情况，仲裁庭一般认为当事人对于中国法的选择是对于整体法律的选择，争议仍应优先适用 CISG。与此同时，鉴于双方当事人约定了适用中国法，对于 CISG 没有规定的事宜（如合同效力等）应适用中国法。

（4）参照适用

在 CISG 并非争议的可适用法时，中国国际经济贸易仲裁委员会仲裁庭也会根据个

---

[1] 王承杰：《〈联合国国际货物销售合同公约〉在贸仲仲裁中的适用》，载《人民司法》2021 年第 31 期。

案需要，参照引用CISG条文来处理问题。2014年《中国国际贸易仲裁委员会仲裁规则》第49条明确给予这种做法以依据，仲裁庭应当根据事实和合同约定，依照法律规定，参考国际惯例，公平合理、独立公正地作出裁决。

从上述做法来看，可见中国国际经济贸易仲裁委员会在裁决中体现了尊重国际条约的立法和裁判精神，事实上实现了CISG在更广范围内的适用。同时，也与CISG咨询委员会以及国际上主流意见保持一致。

（四）CISG在我国香港特别行政区的适用[1]

在1997年7月1日之前英国未加入CISG，而在中国内地，CISG早在1988年1月1日就已经生效。因此，在香港回归中国之后，就不可避免地出现了一个新的问题，即CISG在香港是否生效？

1997年6月20日，中国政府曾向联合国秘书长发出照会，明确了国际条约将适用于香港的清单，这份清单中并不包括CISG。因此，根据CISG第93条的规定，CISG在香港并不当然适用。

随着适用CISG的国家和地区日益增多，其影响也日益广泛。中国香港特别行政区于2021年7月14日向香港特别行政区立法会提交了《货物销售（联合国公约）条例草案》（以下简称《条例草案》），其目的是在香港特别行政区实施CISG。该《条例草案》于2021年9月29日获立法会通过，自2022年12月1日起在香港实施。中国政府于2022年5月5日向联合国秘书长送交CISG领土适用延伸至中华人民共和国香港特别行政区的声明。[2]根据CISG第97条第3款，该声明将自2022年12月1日起生效。根据该声明，中国不受CISG第1条第1款第b项约束的保留声明将不适用于香港特别行政区。[3]根据这一条款，香港特别行政区允许根据冲突法规则确定适用CISG，即对于一方或双方当事人营业地不在缔约国的国际销售合同，在香港特别行政区，CISG可以因为国际私法规则指引适用缔约国法律为准据法的方式得以适用。

因此，在2022年12月1日之前，由于CISG尚未在香港特别行政区生效，所以CISG不能适用于中国香港特别行政区的当事人与非中国籍的当事人之间的纠纷。但从2022年12月1日之后，CISG能够适用于中国香港特别行政区的当事人与非中国籍当事人之间的纠纷。

但需要特别注意的是，CISG不能适用于中国内地当事人与香港特别行政区当事人之间的纠纷。因为CISG只能适用于不同国家的当事人的案件，而中国内地与香港特别行政区同属中华人民共和国，因此不能适用。即便当事人选择适用，也会因为违反了CISG自身的规定而无效。

香港特别行政区律政司在《咨询文件》中曾经建议，即使CISG不会自动适用于中

---

[1] 徐三桥：《CISG延伸适用于香港之相关适用问题探讨》，载微信公众号"北京市竞天公诚律师事务所"，2024年2月1日访问。

[2] https://uncitral.un.org/en/news/china-deposits-declaration-territorial-application-united-nations-convention-contracts，2024年2月1日访问。

[3] https://unis.unvienna.org/unis/en/pressrels/2022/unisl327.html，2024年2月1日访问。

国内地企业与香港特别行政区企业之间的交易，鉴于中国内地与香港特别行政区经济关系紧密，为便利两地企业之间的货物销售，现建议新订条例单方面包含条文，使CISG规则实质上适用于营业地分别位于中国内地与香港特别行政区的当事各方之间所订立的货物销售合同。[1]咨询的结果是，普遍支持CISG适用于中国内地和香港特别行政区之间的货物销售，原因是减少不同法律传统的地区之间进行交易而产生的误解和法律费用、提高确定合同适用法律的预知性、增强当事各方的信心、促进大湾区的贸易发展。但是，香港特别行政区律师会建议，中国内地和香港特别行政区之间就CISG适用于营业地分别位于中国内地和香港特别行政区的当事人之间的交易这一问题达成相互安排。因应上述咨询建议，中国香港特别行政区计划与内地商讨订立安排使CISG适用于营业地分别位于中国内地和香港特别行政区的当事人之间的交易。[2]不过，考虑到CISG仅能在不同国家之间的当事人予以适用，并不能以两地之间安排的形式使CISG直接适用于中国香港特别行政区和内地，可以考虑的方式是在相互安排中将CISG公约的内容纳入，通过适用相互安排来实现两地之间法律的协调和统一。

二、国际海上货物运输

国际海上货物运输合同，是指由承运人收取运费以船舶为运输工具，经由海路将货物从一国的装运港运至另一国的卸货港，并交付收货人的协议。国际海上运输合同包括租船合同和班轮运输合同。租船运输，是指托运人租用船舶的全部或部分舱位运送货物的运输方式，一般用于大宗货物运输。班轮运输，是指托运人将一定数量的货物交给承运人，承运人按固定航线、固定港口顺序、固定船期和固定运费所进行的运输，它多用于运输数量少、交接港分散的货物运输，是海上货物运输中使用最广的一种方式。

（一）租船合同中的法律适用问题

租船合同是出租人与承租人之间订立的租用船舶运输货物的合同。租船合同可以分为航次租船合同、定期租船合同和光船租船合同。在实践中，上述三种租船合同司通常都采用"标准格式"的租船合同。中国使用的航次租船格式合同一般即参照"金康"合同，而定期租船合同多使用中国租船公司在1976年制定的"定期租船合同标准格式"，经1980年修订后，改称"SINOTIME 1980"。

目前大多数租船合同在合同中选择英国法律或根据英国法形成的国际海事惯例。在未约定应适用的法律时，法院或仲裁机构一般根据最密切联系原则确定适用旗国法或合同缔结地法。

（二）班轮运输中的法律适用问题

班轮运输中，承运人通常向托运人签发提单（bill of lading，B/L）。目前主要有四个国际公约调整提单的法律问题，包括1924年《海牙规则》、1968年《关于修改统一提单

---

[1] https://www.doj.gov.hk/sc/featured/consultation_paper.html，2024年2月2日访问。

[2] https://www.legco.gov.hk/yr20-21/english/panels/ajls/papers/ajls20210322cb4-648-3-e.pdf，第14—16段，2024年2月2日访问。

的若干法律规则的国际公约》（以下简称1968年《维斯比规则》）和1978年《联合国海上货物运输公约》（以下简称1978年《汉堡规则》）以及2008年《联合国全程或者部分海上国际货物运输合同公约》（以下简称2008年《鹿特丹规则》）。中国目前并未参加上述四个公约，不过中国香港特别行政区是1924年《海牙规则》、1968年《维斯比规则》的成员，中国澳门特别行政区是1924年《海牙规则》的成员。但中国《海商法》关于承运人责任的规定基本上采用1924年《海牙规则》，中国航运公司的提单条款也与1924年《海牙规则》的规定相似。

有关提单的法律适用问题在实践中主要集中在提单的首要条款和法律选择条款的性质认定问题。

提单首要条款（Paramount clause，Clause paramount）是提单中指明提单受某一国际公约或某一国内法制约的条款。比如，提单规定"与本提单有关的海上运输受海牙规则或任何使海牙规则强制适用的国内法调整"。一般情况下，首要条款都列在提单背面条款的首位或定义条款之后，也有少数提单将首要条款列入其他条款之间，如中远提单的首要条款就被列在管辖权及法律适用条款之后。

对于提单首要条款的性质，理论界存在两种截然不同的观点。一种观点认为，首要条款是一种法律选择条款。另一种观点认为，提单首要条款是具有内容并入性和效力优先性的提单条款（合同条款）。

在实践中，有的提单仅规定了首要条款，有的提单中除首要条款外，一般还会有一条专门的法律选择条款。那么如何确定提单的法律适用问题就会引发困难。我们认为，对于提单首要条款的性质应该区别对待，具体情况如下。

一是当仅存在提单首要条款时，提单首要条款可以被视为法律选择条款，但如果法院地并非公约缔约国，则该公约不能作为准据法适用。此时，提单首要条款属于内容并入条款，只有在其不违反准据法和法院地国强制性规定以及法院地国的公共秩序的情况下，才能得以适用。且公约的有关强制性内容的规定优先于其他的提单条款适用。提单中指定的国内法被视为准据法。

在美国某轮船公司与某达电器厂、某利公司、某城公司无单放货纠纷再审案中，提单首要条款规定："货物的收受、保管、运输和交付受本提单所证明的运输协议的条款调整，包括……（3）美国1936年《海上货物运输法》的条款或经1924年布鲁塞尔公约修改的1921年海牙规则生效的国家内一个具有裁判权的法院裁决因运输合同而产生争端的规定。"最高人民法院裁决认为，本案提单是双方当事人自愿选择使用的，提单首要条款中明确约定适用1936年《美国海上货物运输法》或《海牙规则》。对法律适用的这一选择，是双方当事人的真实意思表示，且不违反中华人民共和国的公共利益，是合法有效的，应当尊重。在该案中，最高人民法院将提单首要条款作为法律选择条款予以对待，其最终未适用海牙规则的原因并不是中国未加入海牙公约，而是公约未对记名提单予以规定。这一判断当然已被我国后来的司法解释推翻。但提单首要条款约定适用1936年《美国海上货物运输法》，则被视为提单的准据法，且其范围有所扩张，还包括了该法所指定的《美国联邦提单法》。

二是当提单首要条款指明本提单受某一国际公约约束，所涉提单属于该公约的强制适用范围且法院地为公约缔约国或参加国时，根据"条约必须遵守"的国际法原则，优先适用该公约，此时首要条款具有最高的效力。

三是当提单首要条款和法律选择条款并存时，提单首要条款并入合同，法律选择条款作为准据法对待。例如，在宁波某国际贸易有限公司诉天津某货运代理有限责任公司上海分公司一案中，涉案提单背面有关"责任"条款约定："承运人应在从装货港码头接受货物起到货物从卸货港码头交货或分发之时止为货物负责，同时还在提单货物水路运输任何之前和之后的期间内为货物负责，并受1924年8月25日签署的《统一提单的若干法律规定的国际公约》以及强制适用于本提单的任何立法，包括被视为本提单一部分和本海运提单合同一部分、于1936年4月16日生效的《美国海上货物运输法》约束。"背面有关"管辖权"条款约定："该提单所引起的任何争端应在承运人主营业地所在国进行解决，且应使用该国法律，除非文中规定必须使用其他法律。"上海海事法院裁决认为，本案中的首要条款应被视为并入合同，其效力问题应受提单准据法支配，本案提单的准据法为当事人协议选择的中国法。

三、国际航空运输

国际航空运输有班机运输和包机运输两种方式。目前，调整国际航空货物运输的国际公约主要有：1929年《统一国际航空运输某些规则的公约》、1955年《修改1929年10月12日在华沙签订的统一国际航空运输某些规则的公约的议定书》、1961年《统一非缔约承运人所办国际航空运输某些规则以补充华沙公约的公约》；此外还有修改1929年《统一国际航空运输某些规则的公约》的1971年《危地马拉议定书》及4个蒙特利尔附加议定书，从而形成了包括1929年《统一国际航空运输某些规则的公约》在内的8个文件，它们总称为"华沙体系"。值得注意的是，1999年国际民航组织缔约国大会在蒙特利尔通过了旨在取代"华沙体系"的、全新的《海牙规则》。中国目前加入了1929年《统一国际航空运输某些规则的公约》、1955年《修改1929年10月12日在华沙签订的统一国际航空运输某些规则的公约的议定书》和1999年《统一国际航空运输某些规则的公约》。上述三个主要公约在效力上是各自独立的。就一个国家而言，可以只加入其中一个公约或两个公约，也可以同时加入三个公约。

在楼某捷与俄罗斯航空公司运输纠纷上诉案中，俄罗斯公司为两段运输的承运人，出发地为意大利米兰，目的地为中国上海，经停地为莫斯科。因行李损失，楼某捷向上海静安区人民法院提起赔偿之诉。意大利和中国均为1929年《统一国际航空运输某些规则的公约》和1999年《统一国际航空运输某些规则的公约》成员国，俄罗斯仅为1929年《统一国际航空运输某些规则的公约》缔约国。本案中，法院裁决首先裁决根据我国《民用航空法》中的冲突法规则，认为中国与本案有最密切联系，因此本案准据法为中国法；然后由于《民用航空法》规定中国加入的国际条约和中国法不一致的优先适用，因此中国加入的国际公约应具有优先适用的地位。接下来又进一步裁决认为，由于中国和俄罗斯是1929年《统一国际航空运输某些规则的公约》的共同缔约国，根据《维也纳条约法公约》，对于同一事项有不同公约的，当后一条约不包含前条约所有成员国时，当事国的权利义务依其共同缔结的国际条约，由此最终适用了1929年《统一国际航空运输某些规则的公约》。

从这个判决来看，法院关于条约的适用的路径采用的是间接适用路径，即首先依据法院地冲突法确定了准据法，在准据法为中国法时，再认为中国加入的国际条约是中国法律体系的一部分，然后根据中国法对于条约与国内法的规定，确定条约优先适用。并进一步确定在中国加入的多个条约中哪个条约适用于本案。

从前文我们看到最高人民法院对于 CISG 的适用的裁决来看，最高人民法院对于 CISG 是采取了直接适用的路径。也就是说，最高人民法院首先考虑的是所涉案件是否符合中国加入的公约的适用范围，如果符合，则直接适用公约，并不去考虑合同的准据法是否为中国法。我们的观点认为在中国，根据《民法通则》第142条和2023年《关于审理涉外民商事案件适用国际条约和国际惯例若干问题的解释》的规定，民商事条约直接适用的路径是可取的。

此外，在中国法院确定适用中国加入的国际公约时，应当具体去看所涉案件是否属于公约的调整范围。值得注意的是，国际民商事条约直接规定的是民商事法律关系中当事人的权利义务关系，其与约束缔约国国家权利义务关系的国际条约有所不同，此时中国法院应当关注的是中国加入的国际条约本身的适用范围。例如，在本案中，根据1999年《统一国际航空运输某些规则的公约》第1条的规定，其适用于出发地和目的地位于不同缔约国境内的国际运输，公约并不强调承运人的国籍是否为缔约国。这与 CISG 的适用范围不同，CISG 强调其适用于营业地位于不同缔约国的当事人之间的国际货物销售合同。因此，在本案中，中国法院应当确定的是在中国加入的1929年《统一国际航空运输某些规则的公约》和1999年《统一国际航空运输某些规则的公约》中应当适用哪一公约的问题，而不是去看俄罗斯是否为1999年《统一国际航空运输某些规则的公约》的成员国的问题。根据1999年《统一国际航空运输某些规则的公约》第55条第1款的规定，该项国际航空运输在本公约当事国之间履行，而这些当事国同为"华沙体系"的当事国时，1999年《统一国际航空运输某些规则的公约》具有优先适用地位。本案的国际航空运输是在意大利和中国之间履行，而意大利和中国均为1929年《统一国际航空运输某些规则的公约》和1999年《统一国际航空运输某些规则的公约》的成员国，本案应适用1999年《统一国际航空运输某些规则的公约》。

最高人民法院在2023年《关于审理涉外民商事案件适用国际条约和国际惯例若干问题的解释》第2条规定，涉外民商事案件涉及两项或多项国际条约的适用时，人民法院应当根据国际条约中的适用关系条款确定应当适用的国际条约。

对于国际航空航空运输，如果不存在可予适用的国际公约，或者对国际公约未规定的事项，根据我国《民用航空法》的规定，当事人可以选择适用于合同的法律，没有选择的，适用与合同有最密切联系的国家的法律。

四、国际信用证纠纷的法律适用

信用证（letter of credit，L/C）是由银行根据进口商的要求，向出口商提供付款保证的支付方式。信用证支付方式属于银行信用，是目前国际贸易中最常用的一种支付方式。

关于信用证的国际统一规则，主要是国际商会通过的《跟单信用证统一惯例》（Uniform Customs and Practice for Documentary Credit）。其最新版本为国际商会第 600 号出版物（2007 年修订本，简称 UCP600）。UCP600 于 2007 年 7 月 1 日起施行。到目前为止，已为 170 多个国家或地区的银行所采用，成为银行和贸易企业处理信用证业务和解释信用证条款的主要依据。

2005 年最高人民法院《关于审理信用证纠纷案件若干问题的规定》对信用证的法律适用作了规定。第 2 条规定，人民法院审理信用证纠纷案件时，当事人约定适用相关国际惯例或者其他规定的，从其约定；当事人没有约定的，适用国际商会《跟单信用证统一惯例》或者其他相关国际惯例。第 4 条规定，因申请开立信用证而产生的欠款纠纷、委托开立信用证纠纷和因此产生的担保纠纷以及信用证项下融资产生的纠纷应当适用中华人民共和国相关法律。涉外合同当事人对法律适用另有约定的除外。第 6 条规定，人民法院在审理信用证纠纷案件中涉及单证审查的，应当根据当事人约定适用的相关国际惯例或者其他规定进行；当事人没有约定的，应当按照国际商会《跟单信用证统一惯例》以及国际商会确定的相关标准，认定单据与信用证条款、单据与单据之间是否在表面上相符。信用证项下单据与信用证条款之间、单据与单据之间在表面上不完全一致，但并不导致相互之间产生歧义的，不应认定为不符点。

对于上述规定，需要特别注意的是信用证纠纷和信用证开立欠款纠纷、委托开立信用证纠纷、信用证开立担保纠纷、信用证项下融资纠纷应该予以区分，后者适用中国法律，而前者适用 UCP600 号文件。

最高人民法院 2021 年《全国法院涉外商事海事审判工作座谈会会议纪要》第 31 条"信用证通知行过错及责任认定"指出，通知行在信用证项下的义务为审核确认信用证的表面真实性并予以准确通知。通知行履行通知义务存在过错并致受益人损失的，应当承担相应的侵权责任，但赔偿数额不应超过信用证项下未付款金额及利息。受益人主张通知行赔偿其在基础合同项下所受损失的，人民法院不予支持。

五、独立保函的法律适用

根据我国 2016 年最高人民法院《关于审理独立保函纠纷案件若干问题的规定》第 1 条的规定，独立保函是指银行或非银行金融机构作为开立人，以书面形式向受益人出具的，同意在受益人请求付款并提交符合保函要求的单据时，向其支付特定款项或在保函最高金额内付款的承诺。与传统的保函从属性特征相比较，独立保函一经开立，便具有独立与被担保主合同的效力，独立保函担保人的责任是不可撤销的、无条件的和见索即付的。

调整独立保函的国际统一规则主要是国际商会 1992 年制定了《见索即付保函统一规则》（The Uniform Rules for Demand Guarantees，目前为 2010 年版本，简称 URDG 758），它已得到国际社会的广泛使用。

2016 年，我国最高人民法院制定了《关于审理独立保函纠纷案件若干问题的规定》（2020 年修正）。从其第 1 条规定的独立保函的概念来看，独立保函的性质和运作机理与商业跟单信用证基本相同，不属于我国《民法典》规定的法定担保方式，不适用《民法典》关于保证的规定。

该规定第 3 条规定：保函具有下列情形之一，当事人主张保函性质为独立保函的，人民法院应予支持，但保函未载明据以付款的单据和最高金额的除外：保函载明见索即付；保函载明适用国际商会《见索即付保函统一规则》等独立保函交易示范规则；根据保函文本内容，开立人的付款义务独立于基础交易关系及保函申请法律关系，其仅承担相符交单的付款责任。当事人以独立保函记载了对应的基础交易为由，主张该保函性质为一般保证或连带保证的，人民法院不予支持。当事人主张独立保函适用民法典关于一般保证或连带保证规定的，人民法院不予支持。规定第 5 条规定，独立保函载明适用《见索即付保函统一规则》等独立保函交易示范规则，或开立人和受益人在一审法庭辩论终结前一致援引的，人民法院应当认定交易示范规则的内容构成独立保函条款的组成部分。不具有前款情形，当事人主张独立保函适用相关交易示范规则的，人民法院不予支持。

该规定第 5 条的文义来看，我国最高人民法院并未将当事人约定的《见索即付保函统一规则》作为准据法对待，而是采用将其并入独立保函条款的方式。

该规定第 22 条对独立保函的法律适用作了规定，即涉外独立保函未载明适用法律，开立人和受益人在一审法庭辩论终结前亦未就适用法律达成一致的，开立人和受益人之间因涉外独立保函而产生的纠纷适用开立人经常居所地法律；独立保函由金融机构依法登记设立的分支机构开立的，适用分支机构登记地法律。涉外独立保函欺诈纠纷，当事人就适用法律不能达成一致的，适用被请求止付的独立保函的开立人经常居所地法律；独立保函由金融机构依法登记设立的分支机构开立的，适用分支机构登记地法律；当事人有共同经常居所地的，适用共同经常居所地法律。涉外独立保函止付保全程序，适用中华人民共和国法律。

重要名词术语

涉外合同、同一论、分割论、主观论、客观论、涉外合同的法律适用、意思自治

思考题

1. 如何确定涉外合同的涉外因素？
2. 如何评价涉外合同法律适用的理论分歧？
3. 简述合同法律适用中当事人意思自治原则及其限制。

4. 简述国际商事惯例在涉外合同中的适用。

5. 简述国际条约在涉外合同中的适用。

6. 如何看待当事人选择中国未加入的国际公约为准据法？

7. 法律选择条款的格式合同之争如何解决？

8. 涉外合同法律适用中如何确定最密切联系原则？特征履行学说和最密切联系原则的关系如何？

9. 简述特殊合同的法律适用。

典型案例分析

2008年4月11日，新加坡A公司与德国B公司签订了购买石油焦的《采购合同》，约定本合同应当根据美国纽约州当时有效的法律订立、管辖和解释。新加坡A公司按约支付了全部货款，但德国B公司交付的石油焦HGI指数仅为32，与合同中约定的HGI指数典型值为36—46不符。新加坡A公司认为德国B公司构成根本违约，请求判令解除合同，要求德国B公司返还货款并赔偿损失。

江苏省高级人民法院一审认为，根据CISG的有关规定，德国B公司提供的石油焦HGI指数远低于合同约定标准，导致石油焦难以在国内市场销售，签订买卖合同时的预期目的无法实现，故德国B公司的行为构成根本违约。江苏省高级人民法院于2012年12月19日作出（2009）苏民三初字第0004号民事判决：（1）宣告德国B公司与新加坡A公司于2008年4月11日签订的《采购合同》无效；（2）德国B公司于本判决生效之日起30日内返还新加坡A公司货款2684302.9美元并支付自2008年9月25日至本判决确定的给付之日的利息；（3）德国B公司于本判决生效之日起30日内赔偿新加坡A公司损失520339.77美元。

宣判后，德国B公司不服一审判决，向最高人民法院提起上诉，认为一审判决对本案适用法律认定错误。最高人民法院认为一审判决认定事实基本清楚，但部分法律适用错误，责任认定不当，应当予以纠正。最高人民法院于2014年6月30日作出（2013）民四终字第35号民事判决：（1）撤销江苏省高级人民法院（2009）苏民三初字第0004号民事判决第1项；（2）变更江苏省高级人民法院（2009）苏民三初字第0004号民事判决第2项为德国B公司于本判决生效之日起30日内赔偿新加坡A公司货款损失1610581.74美元并支付自2008年9月25日至本判决确定的给付之日的利息；（3）变更江苏省高级人民法院（2009）苏民三初字第0004号民事判决第3项为德国B公司于本判决生效之日起30日内赔偿新加坡A公司堆存费损失98442.79美元；（4）驳回新加坡A公司的其他诉讼请求。

最高人民法院认为，本案为国际货物买卖合同纠纷，双方当事人均为外国公司，案件具有涉外因素。最高人民法院《关于适用〈中华人民共和国涉外民事关系法律适用法〉若干问题的解释（一）》第2条规定："涉外民事关系法律适用法实施以前发生的涉外民事关系，人民法院应当根据该涉外民事关系发生时的有关法律规定确定应当适用的法律；当时法律没有规定的，可以参照涉外民事关系法律适用法的规定确定。"涉案《采购合同》签订于 2008 年 4 月 11 日，在《涉外民事关系法律适用法》实施之前，当事人签订《采购合同》时的《民法通则》第 145 条规定："涉外合同的当事人可以选择处理合同争议所适用的法律，法律另有规定的除外。涉外合同的当事人没有选择的，适用与合同有最密切联系的国家的法律。"本案双方当事人在合同中约定应当根据美国纽约州当时有效的法律订立、管辖和解释，该约定不违反法律规定，应认定有效。由于本案当事人营业地所在国新加坡和德国均为 CISG 缔约国，美国亦为 CISG 缔约国，且在一审期间双方当事人一致选择适用 CISG 作为确定其权利义务的依据，并未排除 CISG 的适用，江苏省高级人民法院适用 CISG 审理本案是正确的。而对于审理案件中涉及的且 CISG 没有规定的，应当适用当事人选择的美国纽约州法律。《〈联合国国际货物销售合同公约〉判例法摘要汇编》并非 CISG 的组成部分，其不能作为审理本案的法律依据。但在如何准确理解 CISG 相关条款的含义方面，其可以作为适当的参考资料。

双方当事人在《采购合同》中约定的石油焦 HGI 指数典型值在 36—46，而德国 B 公司实际交付的石油焦 HGI 指数为 32，低于双方约定的 HGI 指数典型值的最低值，不符合合同约定。江苏省高级人民法院认定德国 B 公司构成违约是正确的。

关于德国 B 公司的上述违约行为是否构成根本违约的问题。首先，从双方当事人在合同中对石油焦需符合的化学和物理特性规格约定的内容看，合同对石油焦的受潮率、硫含量、灰含量、挥发物含量、尺寸、热值、硬度（HGI 值）等七个方面作出了约定。而从目前事实看，对于德国 B 公司交付的石油焦，新加坡 A 公司仅认为 HGI 指数一项不符合合同约定，而对于其他六项指标，新加坡 A 公司并未提出异议。结合当事人提交的证人证言以及证人出庭的陈述，HGI 指数表示石油焦的研磨指数，指数越低，石油焦的硬度越大，研磨难度越大。但新加坡 A 公司一方提交的上海大学材料科学与工程学院出具的说明亦不否认 HGI 指数为 32 的石油焦可以使用，只是认为其用途有限。故可以认定虽然案涉石油焦 HGI 指数与合同约定不符，但该批石油焦仍然具有使用价值。其次，本案一审审理期间，新加坡 A 公司为减少损失，经过积极的努力将涉案石油焦予以转售，且其在就将相关问题致德国 B 公司的函件中明确表示该批石油焦转售的价格"未低于市场合理价格"。这一事实说明涉案石油焦是可以以合理价格予以销售的。最后，综合考量其他国家裁判对 CISG 中关于根本违约条款的理解，只要买方经过合理努力就能使用货物或转售货物，甚至打些折扣，质量不符依然不是根本违约。故应当认为德国 B 公司交付 HGI 指数为 32 的石油焦的行为，并不构成根本违约。江苏省高级人民法院认定德国 B 公司构成根本违约并判决宣告《采购合同》无效，适用法律错误，应予以纠正。

第九章 非合同之债的法律适用

【内容提示】

非合同之债囊括了侵权、不当得利与无因管理等法律关系。多数国家都分别为这三类法律关系制定了冲突规则。

当代侵权冲突法呈现体系化、灵活化与实质化的发展趋势。侵权冲突法的体系通常由一般侵权冲规规则与特别侵权冲突规则组成。为了更好地灵活应对纷繁的侵权情境，一般侵权冲突规则大都保持一定的灵活性。除保留传统的侵权行为地这一连结点之外，多数国家还在一般侵权冲突规则之中补充进共同经常居所地、主观连结点，少数国家还规定了附属连结点，晚近越来越多的国家还引入了最密切联系原则作为例外条款。为了实现特定的选法目的或选法结果，立法者还通常会为特别侵权规定为数不少的侵权特别冲突规则。中国的侵权冲突法体系有一定的缺陷。首先，《涉外民事关系法律适用法》第44条为侵权一般冲突规则，该规则仅规定侵权行为地、共同经常居所地还有主观（事后意思自治）这三个连结点。在具体运用过程中，这三个连结点均存在不同程度的模糊之处和解释空间。此外，该侵权一般冲突规则未规定附属连结机制和一般例外条款，这也是未来有待改进之处。其次，目前我国的特别侵权冲突规则有待完善和丰富。《涉外民事关系法律适用法》第45条、第46条、第50条，《海商法》第273条与第275条以及《民用航空法》第189条等为侵权特别冲突规则，涵盖了产品责任、人格权侵权以及知识产权侵权、船舶碰撞、航空器致第三人损害等特别侵权类型，这些特别侵权冲突规则均有改进空间。不仅如此，立法者还遗漏了规定一些重要的侵权类型的冲突规则。

在涉外无因管理与涉外不正当得利中，法律选择的原理近似。其一，在客观连结点的选取上，因实体法上无因管理与不当得利常与其他民事责任产生竞合关系，所以利用附属连结机制可有效回避一些识别和适应问题，在附属连结机制不能发挥作用时，一般采用无因管理发生地或不当得利发生地作为客观连结点。现实中的难点在于如何确定无因管理发生地和不当得利发生地。其二，域外大都允许当事人行使意思自治确定准据法。其三，为避免出现不当的法律选择结果，一种立法趋势是在为这两类法律关系创设的冲突规则中引入例外条款。中国目前关于无因管理和涉外不当得利的冲突规则规定于《涉外民事关系法律适用法》第47条，与国际先进的立法经验相对比，该规定还有较大的完善空间。

第一节　涉外侵权的法律适用

在非合同之债冲突法中，侵权冲突法最为重要。本部分的内容不局限于中国既有的立法框架，重在阐释侵权冲突法的一般理念、原理和制度框架。在此基础上，最后再回归中国法的内容进行评析。

一、侵权冲突法概述

在20世纪国际私法的发展过程中，侵权冲突法领域是很重要的一块理论试验田。美国"冲突法革命"很大程度上就是侵权"冲突法革命"，诸多冲突法观念和方法之争在该领域展开，深刻地塑造着侵权冲突法的规则形态。[1]同时，侵权实体法从外部注入了不少变动的因素。受冲突法基本理论和侵权实体法理念的双重影响，当今侵权冲突法呈现体系化、灵活化与实质化发展的趋势。

（一）侵权冲突规则的体系化

当代侵权冲突法很明显的一个特征是"体系化"，多数国家除制定一般侵权冲突规则之外，还针对特殊的侵权类型拟定了为数不少的特别侵权冲突规则。侵权冲突法形成由一般侵权冲突规则和特别侵权冲突规则组成的规则体系。这一发展与侵权实体法的演进有密不可分的关系。

在侵权实体法的早期发展阶段，由于法理念和规制对象相对不那么复杂，侵权法律冲突可以概括地通过单一冲突规则予以解决。比如，在工业社会开始之前，因为行为规则大都被规定在刑法中，侵权民事责任被认为是刑事责任的附属。[2]大量的侵权多是以故意侵权为主，与刑事犯罪的形态往往难以区分，而道德谴责色彩较弱的过失侵权所占比例有限。因此，萨维尼主张侵权应适用法院地法。[3]18世纪末至19世纪，侵权实体法逐渐由古典范式向近代范式转变。近代侵权法以过错责任为支撑，保障自然人的行为自由，相应地弱化了侵权法的惩戒性色彩。侵权行为地因能符合行为人的预见利益，也最能保障其行为自由，逐渐成为侵权冲突法的最重要连结点。当然，侵权冲突法实证化的时期恰巧是在侵权实体法由古典范式向近代范式转变的过程，因为不同国家对于侵权实体法的认知不同，可能对法院地法和侵权行为地法有不同的偏好，甚至重叠适用二者，典型如英国法上的"双重可诉规则"。但是总体而言，侵权冲突法还未呈现体系化发展

---

〔1〕　参见宋晓：《侵权冲突法一般规则之确立——基于罗马Ⅱ与中国侵权冲突法的对比分析》，载《法学家》2010年第3期。

〔2〕　典型的表现如普通法令状当中的直接侵害之诉（trespass），该诉中的被告需是使用暴力殴打原告、闯入了原告的私人领域、夺走了原告的财物，一旦败诉，被告将受到极为严厉的惩罚。被告如若不出庭，直接侵权之诉将具有准刑事的性质，法庭可以对被告实施人身强制与监禁。参见黄本莲：《从惩罚到赔偿：侵权法的历史源流考》，载《河北法学》2013年第7期。

〔3〕　See Jürgen Basedow, *The Law of Open Societies: Private Ordering and Public Regulation in the Conflict of Laws*, Brill, 2015, p. 173.

的趋势。

随着工业社会的进一步演进，新技术的使用、密集化的生产生活方式成为社会生活的基本特征，如何应对现代生活中频发的事故、分配损失、分散风险成为当代侵权法的重要议题。近代侵权法对侵权功能的设定、归责原则的配置、行为主体的假设等诸多方面都面临着重大调整。19世纪末至20世纪，在这漫长的时间内侵权实体法都在不断地调试着从近代范式向现代范式过渡。当下，侵权实体法所规制的事项极为庞杂，侵权责任既可以发生在知识产权侵权之中，又可以发生在普通的交通事故之中，还可以发生在产品责任之中，甚至可以发生在环境侵权导致的集团诉讼之中……因为标的显著差异、风险分配原则有异、基本归责理念也不尽相同，反映古典或近代侵权实体法面貌和特征的单一侵权冲突规则难以完全解决现代所有的侵权冲突问题，在一般侵权冲突规则之外发展出特别侵权冲突规则成为必然趋势。

《罗马条例Ⅱ》是侵权冲突法体系化发展的重要例证。该条例第4条是侵权一般冲突规则，第5条至第9条分别针对产品责任、不正当竞争与限制自由竞争、环境侵权、知识产权侵权、工业行动等拟定了特别侵权冲突规则。此外，2017年《瑞士国际私法》同样有相当数量的侵权特别冲突规则。该法第110条第2款及第135—139条均是特别冲突规则。

（二）侵权冲突法的灵活化

灵活化是当代侵权冲突法的另一大特征。灵活化体现在，侵权一般冲突规则不再僵化地规定所有侵权类型都适用侵权行为地。在单一的"侵权行为地"之外，侵权一般规则还补充了属人法的连结点、主观连结点，甚至不少法域明确地引入了最密切联系原则。

新的连结点的补充得益于普通法中的冲突法学说与实践的发展。早在20世纪50年代，莫里斯就指出了虽然大多数涉外侵权案件仍然应适用"侵权行为地法"，但是该系属公式并不能解决所有的侵权冲突问题，侵权冲突法应当同合同冲突法一样引进"自体法"理论，以满足侵权冲突实践的多样化需求。[1] 此外，侵权冲突法灵活化发展，特别得益于美国"冲突法革命"。"冲突法革命"对"侵权行为地法"规则仇视已久，1963年的巴布科克诉杰克逊案（Babcock v. Jackson）[2] 及其后陆续地产生了一些判例，使得共同属人法例外很快构成了侵权行为地法的例外，欧陆国家的立法有所响应，如1966年波兰和葡萄牙的立法，晚近引入共同属人连结点的立法更是常见。[3] 此外，里斯在编纂《美国第二次冲突法重述》时，确立了以政策分析为基础、规则细化为目标、原则或方法为

---

[1] See Morris, J. H. C., *Proper Law of a Tort*, 64 Harv. L. Rev. 881 (1950–1951).

[2] See *Babcock v. Jackson*, 191 N. E. 2d 279 (N. Y. 1963).

[3] See Symeon C. Symeonides, *Codifying Choice of Law Around the World: An International Comparative Analysis*, Oxford University Press, 2014, pp.72–80.

过渡的冲突法思想，[1]在该重述第145条引入了最密切联系原则，[2]鼓励法官运用分割的方法，围绕争点选择与事件和当事人有最密切联系地法。

欧陆国家也在不同程度上推进着侵权冲突法灵活化的进程。比如，在侵权冲突规则中引入主观连结点。传统意思自治的适用一直仅限于合同冲突，侵权冲突领域并不接纳，莫里斯提出侵权自体法理论的时候也并不认为意思自治可以适用于侵权冲突法。自1987年《瑞士国际私法》引入了事后有限的意思自治规则之后，[3]意思自治逐渐被接受，在选法时间和选法范围上均有突破。[4]一些国家也在侵权冲突法中引入了最密切联系原则，作为所谓的逃避条款，避免不当的法律适用后果。

（三）侵权冲突法的实质化

侵权冲突法的实质化主要是指侵权冲突规则不再一味地强调法律适用的确定性、一致性和可预见性等价值，而是在一定程度上也追求实质正义。《罗马条例Ⅱ》在对"侵权行为地"的界定上体现得尤为明显。

第一，将"侵权行为地"界定为"侵权行为实施地"最有利于保护加害人对法律选择结果的可预见性，相对而言，受害人无从预知侵权行为实施地在哪，所以对受害人来说是不利的。当侵权关系中的加害人处于弱势地位，或加害人的特定权利应当特别值得保护的时候，可以将"侵权行为地"界定为"侵权行为实施地"。《罗马条例Ⅱ》第9条就是典型的立法例，立法者意欲通过此种方式保护工人及工会组织的权益，避免其因采取行为地受保护的罢工等劳工行动对境外造成的损害承担责任。

第二，将"侵权行为地"界定为"侵权行为实施地"与"侵权结果发生地"，并由受害人选择适用任一地的法律体系，可实现两个目的。一方面，如此一来可以保护受害人，尽可能地给予其救济；另一方面，受害人往往会选择行为标准设定得高、较易于判定所争议行为系侵权行为的法律体系，由此带来的后果是给加害人施加了更高的行为注意义务。在受害人是弱者或者加害人所侵犯的法益特别值得保护之时，此种法律选择方法具有正当性。《罗马条例Ⅱ》关于环境侵权的第7条即是此种政策考量下的立法典型，该条款一方面原则上肯定了该法第4条第1款的规定，可适用直接损害发生地法；另一方面又允许受害人选择适用导致损害发生的事件发生地法，实际上就是侵权行为实施地法。这可帮助保护环境侵权中的受害人，并有助于在欧盟境内实现高的环境标准。

第三，隔地侵权中可能发生的一种情形，即单独或者共谋实施的一个行为在多个地方发生损害，不正当竞争或者妨碍竞争侵权案件中就有可能发生这样的情形。由前述规

---

[1] 参见许庆坤：《美国冲突法理论嬗变的法理——从法律形式主义到法律现实主义》，商务印书馆2009年版，第242页以下。

[2] 《美国第二次冲突法重述》第145条规定：（1）侵权案件中与某一争点相关的当事人之权利与义务，依照第6章所述之原则，受到就该争点与事件和当事人有最密切联系的州的法律支配；（2）在适用第6条的原则决定争点的准据法时，应当考虑的连结点包括：（a）损害发生地；（b）致损事件发生地；（c）当事人的住所、居所、国籍、成立地和营业地；（d）假如存在的当事人之间关系的集中地。

[3] 1987年《瑞士国际私法》第132条规定："当事人可在损害事件后随时约定适用法院地法律。"

[4] 1999年修订的《德国民法典施行法》第42条规定当事人事后可以选法，且不限于选择法院地法。《罗马条例Ⅱ》更是将选法时机扩展到了侵权事件发生之前。

则来看，适用最密切联系原则来判断的结果可能需分别适用受影响市场地的法律体系，由此带来的后果是法律适用的复杂化，甚至是结果之间的冲突。为了应对不正当竞争或者妨碍竞争侵权中可能出现的此种困境，特别是节约司法成本和诉讼经济的考量，《罗马条例Ⅱ》在第6条第b款中规定了当被告人住所地是法院地，且法院地是直接且实质受影响的市场地之一时，原告可以选择适用法院地法。[1]

二、一般侵权的法律适用

（一）原则——侵权行为地法原则

侵权适用侵权行为地法（以下简称侵权行为地法原则）是被广泛认可的解决侵权法律冲突的一条原则。[2]

至于为何侵权行为地法原则可以作为基本原则，不同时期有不同的看法。比如，依既得权学说，损害赔偿请求权是最后事件发生地（即侵权行为地）赋予的，故侵权应适用侵权行为地法。[3]19世纪末德国学者冯·巴尔认为，适用法院地法易造成原告挑选法院的不利后果，适用侵权行为地法之外的法律还侵犯侵权行为地的属地主权，从主权理论出发，最佳的方案应当是适用侵权行为地法。[4]本书认为，从今天的视角来看，前述理由不那么具有说服力，侵权行为地法原则之所以具有正当性是基于如下原因：其一，适用行为地法符合各方当事人的预期，当事人能够较为轻易地根据行为地法判断自己的行为后果，避免适用其无法预见到的法律而承担责任，这最有利于贯彻自我负责的理念，且保障当事人的行动自由；其二，侵权行为地往往制定了一些行为规则，以维护社会的秩序和安宁。特别是在福利国家兴起后，国家制定了不少管制性规则，包括了交通规则、生产安全规则等。在故意或过失侵权中，行为人往往违反了行为地的这些行为规则，行为地的秩序和安宁受到破坏，故侵权行为地具有适用本地法律的利益。[5]

不过，科学技术的发展便利了人员交往与商贸往来，隔地侵权大量产生，如国际产品责任案件、跨国诽谤责任案件等。在侵权行为实施地与侵权结果发生地发生分离的时候，究竟侵权行为地应如何界定？这是侵权行为地法原则在适用过程中无法回避的难题。大致而言，比较法上，对于一般侵权冲突规则中的侵权行为地有单义化界定和复义化界定两种方法。

1.单义化界定侵权行为地

在比较法上，一些国家的立法将侵权行为地界定为侵权行为实施地。比如，1978年

---

[1] 此时如果另有多个被告人同时被起诉，不论其住所地是否也是实质且受影响的市场，只能允许适用法院地法。See Rome Ⅱ, Art.6（b）.

[2] See Symeon C. Symeonides, *Codifying Choice of Law Around the World: An International Comparative Analysis*, 2014, Oxford University Press, p. 53.

[3]《美国第一次冲突法重述》运用侵权行为地法解决侵权冲突，依据"最后事件"（last event）规则认定侵权行为地，简单来说"最后事件"就是能够导致责任产生的最后一个事实的发生地，大多数情况下也就是侵权损害发生地，因此比尔版本的侵权行为地法实为侵权损害发生地法（lex loci damni）。

[4] See C. G. J. Morse, *Torts In Private International Law*, North-Holland Publishing Co.,1978, p. 24.

[5] See C. G. J. Morse, *Torts In Private International Law*, North-Holland Publishing Co.,1978, 102-103.

《奥地利国际私法》第48条第2款即是如此，有类似立法例的国家还有亚美尼亚、阿塞拜疆等。[1]为何应该将侵权行为地界定为侵权行为实施地，一种可能的解释是侵权行为实施地有利于保障行为实施人的利益。因为被告根据行为发生地的法律，该行为不产生任何法律后果，但是如果根据侵权结果发生地法，行为人有可能要承担不可预见的责任，特别是损害为偶然发生的时候，这种法律适用的结果更加不合理。在更抽象的层面上，我们也可以说，被告行为所在的国家在使其法律适用于该行为以保护其法律秩序的安宁和完整有重大利益。另外，在侵权结果分散的情况下，适用侵权行为实施地法往往也能保障法律适用的统一，避免出现"马赛克式"的分割。不过，以"侵权行为实施地"来界定"侵权行为地"对于受害人是不利的，因为他无从预知"侵权行为实施地"会在何处，在各国侵权实体法远未协调一致的情况下，依照本国法律所投的保险也可能因为侵权行为实施地法的适用而目的落空。

也有一些立法将"侵权行为地"界定为"侵权结果发生地"，如2002年3月1日生效的《俄罗斯联邦民法典》第1219条第1款第2句，有类似的立法的国家还有荷兰、斯洛文尼亚共和国等。[2]《罗马条例Ⅱ》第4条对侵权行为地有更为精确的界定，该条第1款规定，侵权所产生之非合同之债的准据法应当是侵权结果发生地法，而非导致损害发生的事件所在地法，也不是该事件所产生的间接后果地法。实际上就是将"侵权行为地"界定为"侵权直接损害结果地"。为何侵权结果发生地更优，既得权学说给出的解释是，侵权行为地应该是"使行为人负责所必需的最后一个事实发生地"，但是此种解释并无多少说服力。《罗马条例Ⅱ》在其序言中为当前的立法规定作了说明：立法者认为长期以来各国对于隔地侵权中的"侵权行为地"认定并不一致，统一的解释可以实现法律适用的确定性和可预见性。[3]适用侵权直接损害发生地法更能实现原被告双方的利益平衡，以及反映民事责任的当代发展及严格责任体系的发展。[4]为何能实现这些目标并非不证自明。学者给出的解释是，在大多数案件中将"侵权行为地"认定为"直接损害发生地"最有利于双方获取法律信息，实现获取法律信息成本的公平分配：加害人可以预设到他的行为可能在另一国产生损害，相应地可以获取相关国家的法律信息进行风险评估，从而将可能产生的负的外部性内化为成本。而受害人在其人身及财产所在地[5]进行投保规避风险也在情理之中。[6]

2. 复义化界定侵权行为地

有些国家避免对"侵权行为地"作出界定，而用"引起责任的事实"作为连结因素，

---

[1] 关于这些国家的立法，可参见邹国勇译注：《外国国际私法立法选译》，武汉大学出版社2017年版。

[2] 关于这些国家的立法，可参见邹国勇译注：《外国国际私法立法选译》，武汉大学出版社2017年版。

[3] Rome Ⅱ Regalation, Recital 15, Recital 16.

[4] Rome Ⅱ Regulation, Recital 16.

[5] 《罗马条例Ⅱ》序言对"直接损害发生地"作了更进一步的说明，直接损害发生地具体是指人身受到伤害地或者财产受损地。See Rome Ⅱ Regulation, Recital 17.

[6] See Jan Von Hein, *Of Older Siblings and Distant Cousins*: *The Contribution of the Rome II Regulation to the Communitarisation of Private International Law*, 73（3）Rabels Zeitschrift Für Ausländisches Und Internationales Privatrecht / The Rabel Journal of Comparative and International Private Law 461, 475（2009）.

即"侵权行为实施地"与"侵权结果发生地"均可以被认定为是"侵权行为地",典型立法例如 2005 年修订的《阿尔及利亚民法典》第 20 条第 1 款,有类似立法的国家还有古巴、约旦等。[1]

不过,虽然此种做法有利于灵活地应对隔地侵权,但是如果不能寻找到裁判标准,法官难免会陷入恣意擅断的境地,所以弊端也是明显的。所以,不少国家在复义化界定"侵权行为地"的同时,也在贯彻"有利于受害人"(favor laesi)的原则。

第一种实践是法官依职权适用在侵权行为实施地法与侵权损害结果地法中有利于受害人的法。但是这种做法有不少弊端。在 1999 年《德国民法典施行法》增订侵权冲突规则之前,"有利受害人"原则在德国司法实践中确立许久,学理化的表述为"并立学说"(Ubiquitätslehre/Ubiquitätstheorie),[2]即侵权行为的任何一个构成要件发生地均可以被认定为"侵权行为地"。"侵权行为地"既包括"侵权行为实施地",也包括"侵权结果发生地",法官需要依职权适用这些法域的法律体系当中最有利于受害人的法。[3]不过,最后法官多是选择适用法院地法。[4]因为在德国起诉的多数案件,"侵权行为实施地"或者"侵权结果发生地"至少有一个发生在德国境内,法官在比较过程中认为法院地法更优是一种普遍性的司法态度。[5]依职权适用有利受害人法还可以产生其他一些问题,例如当"侵权行为发生地"与"侵权损害结果地"分布于多个法域时,法院需一一查明并对比这些国家的法律。查明和比较两个或更多法域的法律体系对法官来说无疑是重负。[6]如果部分国家法律查明不能,无法比较出最有利受害人的法律转而适用次优的法律是否可以算是法律适用错误?如果通过比较,一国法律部分规定有利受害人,部分规定又不利于受害人,应该如何适用法律?这些均是依职权适用可能会遇到的问题。

第二种实践是赋予受害人选择权,由受害人选择侵权行为实施地法或侵权损害结果地法。

在 1999 年修订的《德国民法典施行法》中,增加了侵权冲突规则,增加的第 40 条第 1 款第 2 句直接赋予了受害人选择适用侵权结果发生地法的权利,如果受害人没有行使选择权,则适用侵权行为实施地法。此种选择权在性质上被认为是冲突法上的形成权,受害人需要在一审首次庭审结束之前,或者是在书面预审结束程序之前提出。一经

---

[1] 具体可参见陈卫佐:《比较国际私法:涉外民事关系法律适用法的立法、规则和原理的比较研究》,法律出版社 2012 年版,第 404 页;邹国勇译注:《外国国际私法立法精选》,中国政法大学出版社 2011 年版,第 109 页。See Symeon C. Symeonides, *Codifying Choice of Law Around the World: An International Comparative Analysis*, Oxford University Press, 2014, p. 59.

[2] Vgl. Jan Von Hein, Das Günstigkeitsprinzip im Internationalen Deliktsrecht, 1999, S. 89 ff. 也有著作将其称作"并立原则"(Ubiquitätsprinzip)。Vgl. dazu Jan Kropholler, Internationales Privatrecht, 6.Aufl. 2006, § 53 IV 2 (a).

[3] Vgl. Jan Kropholler, Internationales Privatrecht, 6.Aufl. 2006, § 53 IV 2 (a).

[4] See Jan von Hein, *Something Old and Something Borrowed, but Nothing New? —Rome II and the European Choice-of-Law Evolution*, 82 (5) Tulane Law Review, 1682-1683 (2007-2008).

[5] Vgl. von Bar, Grundfragen des internationalen Deliktsrecht, JZ 1985, S. 961, 963f. 这也是莱弗拉尔选法五点考虑中选择适用优法所面临的批判。See W. Reese, *American Trends in Private International Law: Academics and Judicial Manipulation of Choice of Law Rules in Tort Cases*, 33 (3) Vanderbilt Law Review 725 (1980).

[6] Vgl. Bundestagsdrucksache 14/343 (1999), S.11.

提出，在嗣后的程序当中对受害人也有约束力。[1]此规定背后有若干理据：第一，受害人可以自行通过比较侵权行为实施地法与侵权结果发生地法，运用单方法律选择权选出对自己更为有利的法律；第二，在程序上对法律选择的时间进行限制，有利于诉讼经济，并有效地保障了诉讼当事人双方攻防平等[2]；第三，受害人未选择侵权结果发生地法之时，直接适用侵权行为实施地法，避免了依职权查明更有利的法过程中可能产生的问题。虽然德国严格贯彻了有利受害人的原则，但是也走向了最不利于加害人的一端。受害人并非都是侵权关系当中的弱者，因此没有理由在所有侵权类型中都要做有利受害人的考量。[3]

第三种实践是赋予受害人选择权，同时施加加害人预见或应当预见侵权结果发生地的限制。比如，2009年通过的俄勒冈州《侵权和其他非合同请求法律适用法》即是如此。[4]似乎由此可以在保护受害人的同时也维护加害人对法律选择结果的可预见性。但是在操作上如何判断"预见到了"或者"应当预见到"存在一定的困难。倘若加害人最后被认定无法预见"侵权结果发生地"，仍需要适用侵权行为实施地法。授权受害人选择适用有利法本身预示了该侵权类型中的受害人应当予以优越保护，但是在加害人无法预见侵权结果发生地的情形下不仅完全剥夺了其选择有利法的权利，还要适用侵权行为实施地法。如此一来，法律选择结果上却体现为优先保护加害人对法律适用的可预见利益。但是从常理上看，加害人能否对结果具有预见可能实际上并不会影响整个侵权类型的定性以及是否给予受害人优越保护的预判。这是该种立法实践的弊端。

3. 本书立场

本书认为，《涉外民事关系法律适用法》第44条为侵权一般冲突规则，该条核心连结点"侵权行为地"的含义一直悬而未决，亟待澄清。在《涉外民事关系法律适用法》实施之前，《民法通则》的司法解释即最高人民法院《关于贯彻执行〈中华人民共和国民法通则〉若干问题的意见（试行）》第187条曾对"侵权行为地"作出过复义化的解释，即"侵权行为地"既包括"侵权行为实施地"，也包括"侵权结果发生地"，如果这两个连结点所指定的法域的法律不相同时，人民法院可以择一适用。[5]但是最高人民法院《关于贯彻执行〈中华人民共和国民法通则〉若干问题的意见（试行）》对"侵权行为地"的这一解释，显然不宜直接套用在《涉外民事关系法律适用法》的相同概念上。因为从规范效力上来看，《涉外民事关系法律适用法》第51条已明确终止了《民法通则》第146条的效力，依附于该条的最高人民法院《关于贯彻执行〈中华人民共和国民法通则〉若干问题的意见（试行）》第187条也理应无效。

本书认为，侵权一般冲突规则是针对一般侵权样态（即过错侵权）拟定的，侵权行

---

[1] Vgl. Jan Kropholler, Internationales Privatrecht, 6.Aufl. 2006, § 53 IV 2（b）（c）.
[2] Vgl. Bundestagsdrucksache 14/343（1999），S.11.
[3] Vgl. Jan Kropholler, Internationales Privatrecht, 6.Aufl. 2006, § 53 IV 2（a）.
[4] See Or. Rev. Stat. 15.440（3）（c）.
[5] 最高人民法院《关于贯彻执行〈中华人民共和国民法通则〉若干问题的意见（试行）》第187条规定："侵权行为地的法律包括侵权行为实施地法律和侵权结果发生地法律。如果两者不一致时，人民法院可以选择适用。"

为地应界定为"侵权直接结果发生地"更为妥当。理由有如下几点。

首先，该界定方式避免了将"侵权结果地"扩大解释成"侵权间接结果发生地"，使得加害人无从预见可能适用的法律为何，也避免了将"侵权行为地"界定成"侵权行为实施地"导致受害人根本无法预知适用的法律为何并采取投保等方式规避可能的风险。从实体法的认知来看，"过错责任"中的加害人在主观上不是"故意"即是"过失"，故意和过失要件中均预设了行为人对损害结果的可预见性，自然也不难预见侵权直接结果发生地。而"侵权直接结果发生地"往往就是受害人自身抑或其财产所在地，故确保了加害人与受害人对于适用侵权直接结果发生地法均具有一定的预见可能。

其次，有批评会指出过错责任样态下的侵权责任不仅填补受害人的损害，而且保障行为人的行动自由，[1]适用侵权直接结果发生地法并不能很好地服务于保护行动自由这一重要的价值目标。例如，行为人依照行为实施地的行为与安全规则行事，可能因适用侵权直接结果发生地法，依该地的行为与安全规则被判定为违法，继而承担侵权责任，那么行为人的行动自由几无保障可言。有些国家立法为此将加害人对侵权直接结果发生地是否具有可预见性作为适用该地法律的重要的前提。[2]对此批评有如下几点回应。第一，与英美法系不同，大陆法系国家的侵权实体法在制定时多采抽象条文的立法模式，[3]其中并不囊括具体的行为与安全规则。行为与安全规则在性质上属于公法性质的管制规范，其大量产生于自由主义受到修正、福利国家兴起之后，具体包括了交通规则、污染物排放规则、劳动场所安全规则等。违反行为与安全规则直接导致的是公法责任，并不必然产生私法责任。在民法的视角中，对遵守或者违反这些公法性质的行为与安全规则作何评价，需借助"转介性条款"来完成，[4]更进一步地要求法官在"不法性"或（以及）"过错"等侵权构成要件下进行判断，[5]遵守或违反行为与安全规则的行为是否能够符合特定要件，从而判定行为人是否承担侵权责任。通常认为，并非所有的管制

---

〔1〕 近代侵权法的重要功能即是保障行为自由。See Konrad Zweigert, Hein Kötz, *An Introduction to Comparative Law*, 3rd., translated by Tony Weir, Oxford University Press, 1998, p. 608.

〔2〕 瑞士与日本的立法即是如此，但是二者立法技术上有一定的差异。《瑞士国际私法》第133条第2款规定，原则上适用侵权行为实施地法，但是加害人应当预见到侵权结果发生地时，适用侵权结果发生地法；而《日本法律适用通则法》第17条规定，原则上适用侵权结果发生地法，但是如果加害人通常不能预见到该侵权结果发生地，则适用侵权行为实施地法。

〔3〕 See Konrad Zweigert, Hein Kötz, *An Introduction to Comparative Law*, 3rd., translated by Tony Weir, Oxford University Press, 1998, pp.621-628. 普通法系中的侵权实体法是从令状发展而来，其中存在各种不同的侵权类型，故法官擅长个别化地思考侵权责任问题。总体上侵权法并无体系可言，存在大量诸如"一杯酒责任规则"（Dram-Shop Laws）和"慈善免责"（charity immunity）等针对特定事项的侵权实体规则。有些规则的目的侧重于行为规则，有些规则的目的则侧重于损害填补。也正是因此，在具体涉外侵权案件中，法官能够对案件所涉具体规则的冲突类型进行分析［又称作"争点"（issue）分析］，判定究竟是属于"行为规制"（conduct-regulation）的实体规则冲突还是属于"损失分配"（loss-distribution）的实体规则冲突，并分别确定准据法。See Symeon C. Symeonides, American Private International Law, Wolters Kluver, 2008, pp.132-180. 当前美国学者正积极将此种划分方法纳入《美国第三次冲突法重述》，下文有专门分析。

〔4〕 "转介性条款"的运用须在公私法互动的背景下来理解，对此可参见苏永钦：《寻找新民法》（增订版），北京大学出版社2012年版，第309—352页。

〔5〕 参见解亘：《论管制规范在侵权行为法上的意义》，载《中国法学》2009年第2期。

规范均在民法评价中具有意义，仅仅是违反保护性管制规范方可能产生私法责任。申言之，适用侵权结果发生地法不等同于一定要适用该地的行为与安全规则，在侵权责任认定的语境下，法官不是适用或不适用行为与安全规则，而是对遵守或者违反行为与安全规则的事实在既定的侵权构成要件中予以评价。此种待评价的事实应同时包括遵守或违反侵权行为实施地与侵权直接结果发生地的行为与安全规则的事实（这即是"datum theory"理论[1]的体现）。第二，如前所述，通常情况下如果加害人能够预见到侵权直接结果发生地，相应地也能预见到该地的行为与安全规则，在此情况下适用侵权直接结果发生地法以及根据违反相关的行为与安全规则的事实来判定承担侵权责任无太大苛责之处。第三，即使保障行动自由的目的不能一步就位地在法律选择阶段完成，仍可在准据法的适用阶段由法官来完成。法官在对侵权实体法上的"过错"或（以及）"不法性"要件进行认定时，不仅是简单地认定有无违反就侵权责任认定而言具有重要意义的行为与安全规则，还须进一步综合判断加害人是否对这些规则具有预见性，甚至是当侵权行为实施地的相关行为标准与侵权直接结果发生地的相关行为标准发生冲突时，加害人是否具有免责事由。从前述分析来看，《罗马条例Ⅱ》第17条规定应当将侵权行为实施地的行为与安全规则"当作事实且以适当的方式"予以考虑[2]，这是有道理且应当值得我国立法借鉴的。

不过，对侵权一般冲突规则中的"侵权行为地"仅能作常态化的界定，其他特殊侵权类型对"侵权行为地"的界定如有特别的利益或政策考量，宜另行拟定侵权特别冲突规则抑或通过例外条款矫正常态化界定可能产生的不当结果。

（二）例外

1. 共同属人法

"冲突法革命"时期，美国法院摆脱规则的束缚，运用方法来处置案件，从某种意义上为侵权行为地法的例外性规则的创设作了有益的探索。共同属人法规则在被欧陆立法广泛采纳之前，[3]即在美国的判例当中有所体现，"巴布科克诉杰克逊案"（Babcock v. Jackson）就是难以绕过的经典案例。在20世纪后半叶，欧陆国家逐渐在侵权冲突规范的设置当中引入了共同属人法之例外，较早规定的国家如荷兰、比利时、瑞士等。但是各国关于属人法的连结点的设置差异较大，以国籍、住所、居所、惯常居所地为连结点的情况均存在，更有一些国家同时规定了多个连结点。[4]我国《涉外民事关系法律适用法》第44条只采纳了经常居所地这一连结点，变更了《民法通则》第146条国籍和经

---

［1］ See Ehrenzweig A., *Local and Moral Data in the Conflict of Laws: Terra Incognita*, 16 Buff. L. rev, 55(1966).

［2］ Rome Ⅱ, Art.17: "Rules of safety and conduct In assessing the conduct of the person claimed to be liable, account shall be taken, as a matter of fact and in so far as is appropriate, of the rules of safety and conduct which were in force at the place and time of the event giving rise to the liability."

［3］ 德国纳粹时期即有共同国籍国法例外的规定，1942年的行政条例规定德国法应当适用于德国人对另一德国人所实施的侵权损害，旨在避免德国军方在境外行动中适用侵权行为地法。具有特定浓厚的军国主义色彩和特定的政策目的。

［4］ See Symeonides, Dean Symeon C. *Codifying Choice of Law Around the World: An International Comparative Analysis,* Oxford University Press, 2014, pp.72-80.

常住所兼采的立场。

在侵权冲突法上，放弃共同国籍而采取共同经常居所地的做法值得肯定。本国法主义的理论支撑来自孟西尼学派，孟西尼所处的时代正是民族国家形成、民族主义情绪高涨的时期。该思潮反映在国际私法当中即是公共秩序的扩张与属人法领域本国法的盛行。[1]此种思潮虽然褪去，但仍然惯性地存在于20世纪的立法当中，例如人身属性色彩较浓的领域。但是之于合同、侵权之类淡化人身属性的交互性私法领域，强调本国法的适用无疑是将国家与民族利益凌驾于私人关系之上，难说具有何种正当性。[2]而住所是当事人生活关系展开的重要场所，也是私法关系的集中地。当事人之间的交互性私法关系依照共同住所地法处置，符合当事人双方的合理期待。另外被告住所地是民事诉讼中确定管辖权的基础性依据，在案件发生之后，当事人双方在共同居所地进行诉讼活动应属常态，无论是对当事人还是对法院来说，适用共同住所地法都有利于节约成本。因此《涉外民事关系法律适用法》第44条放弃了共同国籍国，只采纳共同经常居所地的做法应得到肯定。

（1）"共同经常居所地"的认定

如何确定第44条当中的"共同经常居所地"这一概念？自然人与法人等社团组织的经常居所地各自应该如何认定？最高人民法院《关于适用〈中华人民共和国涉外民事关系法律适用法〉若干问题的解释（一）》第13条规定："自然人在涉外民事关系产生或者变更、终止时已经连续居住一年以上且作为其生活中心的地方，人民法院可以认定为涉外民事关系法律适用法规定的自然人的经常居所地，但就医、劳务派遣、公务等情形除外。"

不过，本书认为，最高人民法院《关于适用〈中华人民共和国涉外民事关系法律适用法〉若干问题的解释（一）》第13条对适用领域不加区分，寻求自然人"经常居所地"解释标准的统一，并不妥当。"经常居所地"概念源自海牙会议创设的"惯常居所地"这一概念。20世纪海牙国际私法会议在其制定的公约当中创设了"惯常居所地"的概念，但是并未对"惯常居所地"作法律上的定义，相反是将其作为一个事实，刻意保持沉默。其是为了缓和两大法系本国法主义与住所地主义之间的冲突，扩大所制定公约的接受程度。[3]所以海牙诸公约广泛地采用"惯常居所地"作为连结点，出发点并不在该概念优越于国籍或者住所这些传统的连结点，很大程度上是基于本身统一冲突法的身份而作的妥协性规定。就具体领域的适用而言，"惯常居所地"应当根据该领域的特性作出不同的

---

[1] [德]马丁·沃尔夫：《国际私法（上）》（第二版），李浩培、汤宗舜译，北京大学出版社2009年版，第40—42页。

[2] 参见宋晓：《侵权冲突一般规则之确立——基于罗马Ⅱ与中国侵权冲突法的对比分析》，载《法学家》2010年第3期。

[3] See Lawrence Collins (with Specialist Editors), *Dicey, Morris and Collins on the Conflict of Laws*, 14th ed., Sweet & Maxwell, 2006, p.168.

解释[1]，例如在身份领域的《欧盟涉外继承条例》[2]与非身份领域的《罗马条例Ⅰ》《罗马条例Ⅱ》就分别对"惯常居所地"作了不同的解释。《欧盟涉外继承条例》只提供了认定指南，[3]而后两者则作了相对明晰的规定。[4]概言之，在身份领域应该综合考察居住时间和目的等逐项事实因素，强化当事人对场所的主观依附，而商事交往领域则应该强化对当事人客观上与场所联结紧密程度的考察。[5]

同样地，将法人的"经常居所地"单一地认定为"主营业地"也有所不当。首先，非营利法人没有"主营业地"，以"主营业地"囊括所有的法人类型的"经常居所地"属于以偏概全。其次，"主营业地"更多的是从公司法人作为一个整体而存在的角度出发，强调"主营业地"对内部治理的重要性，从《涉外民事关系法律适用法》第14条的规范语境也可以得出这个结论，第14条的前段完全是规定公司的行为能力、权利能力以及内部管理诸事项。而在当代社会，商事主体从事商业活动呈现多分支机构与多商业中心的特点，不应将公司属人法视角下的"经常居所地"的概念适用于公司对外商事交往当中。

那么，共同经常居所地应如何界定更好？比较法上可以提供些许参照。对于法人及其他社团的"经常住所"，《罗马条例Ⅱ》原则上肯定了法人及其他社团组织的经常住所为"管理中心地"（central administration），但是考虑到法人经营的分散性，当侵权责任产生于法人或者其他社团组织的分支、经销处或者其他机构运营的过程，则应当将这些分支机构的所在地认定为惯常居所地。[6]同样的规定还可以见于《德国民法典施行法》[7]，此种规定值得我国借鉴。在司法审判当中，应当考虑法人及其他社团组织分支机构的存在，在具体案件中，如若侵权发生在分支机构与其他私法主体之间，应当认定法人的经常住所地为其分支机构所在地。但是紧接着《罗马条例Ⅱ》第22条第2款对自然人惯常居所地的界定则有失全面。从规范表述上，其只规定了自然人在其业务活动过程中产生的侵权责任应当适用其主营业所（principal place of business）法。但是并非每一个人都是商人，都有所谓的主营业所，所以事实上《罗马条例Ⅱ》对于非商事主体的自然人的"惯常居所"尚未作出明确规定。德国法同样未有自然人惯常居所的定义。《瑞士国际私法》第20条第2款虽对惯常居所有所定义，但是也保持了模糊性，即惯常居所是"其生活了较长时间的"国家，即使"该时间在其开始时是有限的"。依照此种见解，即

---

[1] See D. F. Cavers, *Habitual Residence: A Useful Concept?*, 21 Am. U. L. Rev. 475, 484 (1971-1972).

[2] 全称为《欧洲议会和欧盟理事会关于继承问题的管辖权、法律适用、判决的承认与执行和公证书的接受与执行以及创建欧洲继承证书的2012年第650号条例》，又称《罗马条例Ⅳ》。

[3] Regulation (EU) NO.650/2012, Recital 23.

[4] Rome Ⅰ Regulation, Art. 19.1, Rome Ⅱ, Art. 23.2.

[5] 参见宋晓：《属人法的主义之争与中国道路》，载《中国法学》2013年第3期。

[6] Rome Ⅱ Regulation, Art. 22.1。

[7] 原《德国民法典施行法》第40条第2款规定："赔偿义务人与受害人在责任事件发生时在同一国家有惯常居所的，则应适用该国法律。涉及公司、社团或法人的，其主要管理机构所在地视同惯常居所地；如果是其某一营业所参与，则该营业所所在地视同惯常居所。"

使是劳务派遣、留学[1]、外出探亲等情况，只要居住时间足够长久就可以在活动地取得侵权冲突语境中的"惯常居所地"。

（2）不适宜适用"共同经常居所地法"的情形

不过，本书认为，有一些情形不适宜适用共同经常居所地法。

其一，一些特别的侵权类型。由于有些特殊侵权类型带有规制色彩，反映了特定公共利益的需求，适用共同属人法规避了行为地法的适用，显属不当。典型如市场相关型不正当竞争责任，私人之间的不正当竞争责任虽然为私法责任，但也被视作规制手段，与公法责任互补并存。还有一些权利具有明显的地域性，例如知识产权，适用共同经常居所地法也属不当正基于此种考量，《罗马条例Ⅱ》在不正当竞争、环境侵权以及知识产权侵权的冲突规则设置上，排除了共同惯常居所地法的适用。

其二，涉及多方当事人情形。有学者主张多方当事人中，仅有部分当事人具有共同经常居所地，那么适用部分当事人的经常共同居所地法将完全超出第三人的合理预期，所以应当在此种情形之下单一地选择适用侵权行为地法解决整个案件。[2]但是《罗马条例Ⅱ》并非如此处置。试举一例说明：A驾车载B在甲国与C相撞，A、B共同经常居所地都在乙国。乙国法规定仅在A有重大过失时候才对乘客B承担责任，而事故发生地甲国法则只要求A有一般过失即应当对乘客B承担责任。乘客B为求诉讼效率与救济之最大可能，同时起诉本车司机A与对方司机C。在欧盟的语境之下，应当分别适用《罗马条例Ⅱ》第4条第1款与第2款，即C依照直接损害发生地甲国的法律单独承担责任，A依照共同属人法乙国法不对B承担责任。但是在C承担责任后，实际上仍然可以依据《罗马条例Ⅱ》第20条的规定，向A予以追偿。

从效果上看，无论是整个案件统一适用侵权行为地法还是依照当事人彼此之间具体法律关系分别适用部分当事人的共同经常居所地法与侵权行为地法，最后结果都取得了一致。似乎二者的区别仅仅是技术层面上的，没必要作过多的探讨，实则不然。不对共同经常居所地法进行限缩适用，而分别适用侵权行为地法与共同经常居所地法并非明智的解释方案。第一，分别适用的方法将潜在地导致侵权关系内部当事人之间的利益失衡：假设在A的车内还有一个乘客D，但是D与A并没有共同经常居所地。依照事故发生地甲国法，D可以同时从A和C处获得救济，而B只可能从C处获得救济，恰巧C的资产不足以同时赔偿D和B的损失的时候，B所受到的保护就远不及同一辆车上D的保护。同为受害人的B与D之间的境遇完全不同，有违公平。第二，分别适用将导致潜在的判决冲突，即在受害人的前诉与共同侵权人的后诉之间，对于责任的认定完全相冲突。

所以在多数当事人侵权的情形下，明智的处置方案还是限缩"共同经常居所地法"的适用，转而单一地适用"侵权行为地法"。

---

〔1〕 美国就有司法实践认可留学生与其学校之间存在共同住所地。See *Bilbert v. Seton Hall University*, 332F. 3D 105(2d Cir. 2003).

〔2〕 参见宋晓：《侵权冲突一般规则之确立——基于罗马Ⅱ与中国侵权冲突法的对比分析》，载《法学家》2010年第3期。

2. 意思自治

意思自治在 20 世纪后几十年开始进入到侵权冲突法领域。各国立法对意思自治的接受也存在一个循序渐进的过程。1987 年《瑞士国际私法》仅允许当事人事后选择法院地的法律，而 1999 年《德国民法典施行法》则将事后意思自治的选法范围扩大到了法院地法之外，演进至《罗马条例Ⅱ》则进一步将意思自治扩张至侵权行为发生前阶段。意思自治得以在侵权冲突法领域得到采纳和发展，存在多方面的原因：一方面现代侵权实体法逐渐淡化惩罚功能，回归私法本质，从而得以容纳意思自治；另一方面侵权冲突法的传统规则本身在应对现代侵权的过程中出现难以解决的问题，典型如侵权行为的"去地域化"与"分散化"使得"侵权行为地法"的适用出现困境，引进意思自治可以部分该缓解问题，提高法律适用的确定性与可预见性。[1]《涉外民事关系法律适用法》第 44 条规定了意思自治原则的适用，从某种意义上来说顺应了潮流。但是由于立法表述过于简略，产生的问题亦需予以关注。

（1）选法的时间

《涉外民事关系法律适用法》第 44 条只规定了侵权的事后协议选法，但是在诉讼语境当中，当事人最迟应当在何时达成选法协议并不明晰。有鉴于此，最高人民法院《关于适用〈中华人民共和国涉外民事关系法律适用法〉若干问题的解释（一）》延续了最高人民法院《关于审理涉外民事或商事合同纠纷案件法律适用若干问题的规定》第 4 条第 1 款的相关规定，将选法的时间点定在"一审法庭辩论终结前"，使得该条款在诉讼中具有可操作性，对此应该予以肯定。

但是目前立法并未规定事前选法。侵权冲突法领域的事前选法往往发生在当事人之间存在既存性法律关系的情形中，典型如当事人双方存在消费关系、劳动关系或者其他商事关系。事前选法则呈现两种样态：第一种是事前间接选法（indirect ex ante choice of law），双方仅仅在合同当中约定了合同责任的准据法，但是因为合同与侵权发生竞合，通过"既存关系"规则，合同准据法对竞合状态下的侵权责任一并适用；第二种是事前直接选法（direct ex ante choice of law），虽然侵权责任与合同责任并不发生竞合，但是双方直接在合同当中拟定诸如"由本合同所产生的一切责任依甲国法处理"的规则，"一切责任"即表明了不仅合同责任的准据法应该为甲国法，其他性质的责任诸如侵权责任也应该由甲国法支配。

本书认为，中国现行冲突法存在立法漏洞，间接选法的效力应予认可。事前间接选法得以成立的原因如下。其一，侵权与合同责任竞合的案件当中，无论是主张侵权责任还是主张合同责任，所针对的都是特定的事实，对于特定的事实，合同冲突规范允许该事实情况下事前进行选法，而侵权冲突规范则否定该当事实状况下的事前选法，无疑从冲突法层面上发生了立法评价的矛盾。实现立法评价一致的可能途径则是承认侵权冲突规范默认此种选法可能的存在。事实上，《涉外民事关系法律适用法》第 44 条也确实未

---

[1] See Jürgen Basedow, *The Law of Open Societies: Private Ordering and Public Regulation in the Conflict of Laws*, Brill, 2015.

直接否定事前选法的可能。其二，严格地对《涉外民事关系法律适用法》第 44 条作反面解释，可能产生立法漏洞。因为《涉外民事关系法律适用法》第 44 条并未规定事前选法，反对在竞合情况下适用《涉外民事关系法律适用法》第 41 条冲突规范指引向意思自治所选择的准据法，将有可能为合同一方当事人所利用，轻易背离双方的意思自治所选择的准据法，违背另一方的合理期待。[1]

（2）选法的方式

《涉外民事关系法律适用法》第 3 条对于意思自治的原则性规定当中，仅仅规定了当事人以明示的方式进行选择，但是立法又是以"可以"而非"应当"的措辞对"明示选法"予以肯定，因而似乎又未明确排除"默示选法"的可能。最高人民法院《关于适用〈中华人民共和国涉外民事关系法律适用法〉若干问题的解释（一）》第 6 条第 2 款肯定了特殊情形下的"默示选法"，即各方当事人援引相同国家的法律又没有提出法律适用异议应当认为对法律适用作出了选择。由此产生的问题就是，其他"默示选法"情形是否也应该予以认可？

我国学界对于默示选法大都持否定意见，并且认为默示法律选择的判断是根据格式合同、法院选择条款或者采用特定国家的法律用语得出，因此"默示选法"完全是拟制非真实的，法院在此过程中将自己的意志强加于当事人。[2] 这种担忧是有道理的，在当前立法框架之下，原则上应该严格限缩默示选法，并将其限制于，最高人民法院《关于适用〈中华人民共和国涉外民事关系法律适用法〉若干问题的解释（一）》第 6 条的情形。在实践当中适用第 6 条最终大都适用"法院地法"，对此不应轻易予以非难性评价。如果法官已通过释明解释了双方共同援引一国法产生的后果，并得到当事人双方的认可，则应该认可此种默示选法。

（3）选法的外部限制

意思自治的选法限制可以分为两类：一类是内部限制，前述关于选法范围、选法时间、选法方式的要求即属于此；另一类是外部限制，外部限制既包括了国际私法一般制度中的"公共秩序保留"与"强制适用的法"对意思自治的限制，也包括了为保护第三人利益而设置的特别限制。[3] 遗憾的是《涉外民事关系法律适用法》及其司法解释均未对意思自治的这一外部限制予以规定。

《罗马条例Ⅱ》第 14 条第 2 款规定了意思自治的行使不得损害第三方的权利，与此规定类似的还有《德国民法典施行法》第 42 条的规定。侵权案件当中的第三人往往是

---

[1] 但是仍需强调的是，这仅仅是在解释论层面上证成了事前的间接选法，虽然实现了立法评价的一致、填补了可能存在的漏洞，但是仍有问题存在。第 43 条针对合同意思自治的规定本身存在诸多问题，例如对消费合同、劳动合同中弱势方的意思自治保护明显不足，依照"既存关系"规则作了此种指引之后可能会在实体上产生不利后果，这个问题需要留待合同冲突规范的妥当解释甚至是修改来完成，此处不述。

[2] 参见宋晓：《侵权冲突一般规则之确立——基于罗马Ⅱ与中国侵权冲突法的对比分析》，载《法学家》2010 年第 3 期。

[3] 参见肖永平、张弛：《论一般侵权法律适用规则中意思自治的限制》，载《苏州大学学报（法学版）》2014 年第 1 期。

当事人一方的亲属或者是保险人。对于不得损害第三人的权利应当作何种解释呢？这里可能存在两种解释路径。第一种解释路径是无论是在事前或者事后选法之时，均应当征求第三人意见，如第三人反对或者未征求第三人意见，意思自治选法所产生的结果超出了第三人在无选法情况下所应承担的责任范围或者减损了第三人的可得利益，则选法无效。第二种解释路径是区分事前选法与事后选法两种情形。在事前选法的情形中，第三人尚未出现，第三人的权利与义务完全是根据所选择的法律来确定，因而无权主张事前所选择法律侵害其利益或要求选法过程征得其同意；而在事后选法的情况中，情况则不同，第三人有权主张在其权利义务状况劣于选法之前的状况时，否定选法结果。[1]

第二种解释路径要优于第一种，理由在于第三人并非在事前选法之时即已存在，也并无事前即能征得其同意之可能。在事前选法之后，保险等第三人完全可以基于风险与可能的责任范围的大小，作出保费的调整，实际利益未必最终会受损。至于事前征得亲属等受益人的同意，操作难度大，无疑会增加选法的成本和难度。是故，第二种解释路径总体较优。

3. 延伸讨论之一：最密切联系原则

20世纪50年代，莫里斯就指出了虽然大多数涉外侵权案件仍然应使用"侵权行为地法"，但是该系属公式并不能解决所有的侵权冲突问题，侵权冲突法应当同合同冲突法一样引进"自体法"（proper law，也有一些学者将其译为"适当法"）理论，以应对纷繁多样的侵权法律冲突问题。[2]为此，应设想冲突规则应该足够的灵活，并且覆盖面广，足以考量到一般情形和例外情形，否则就应建构全新的冲突规则去应对例外的情形。[3]在这种理念的影响下，不少国家在侵权冲突法之中规定了一类特殊的规则——例外条款（escape clause，又称"逃脱条款"），即是我国学界所言的最密切联系原则。[4]

需注意的是，此处所言的最密切联系原则不是《美国第二次冲突法重述》中的最密切联系原则，因为就本质而言，《美国第二次冲突法重述》中的最密切联系原则并不是规则而是方法。晚近立法中引入的最密切联系原则作为例外条款而存在。这也是基于传统的法律规则理论，即如亚里士多德指出的，法律制定一条规则的时候，就需要有一种例外。[5]因为法律规则具有概括性，任何事前制定的规则，无论立法者作了何种明智而谨慎的考量，也仍然不可避免地在具体的案件情景中遇到谬误。侵权冲突法立法一方面需追求确定性，但是难免在个案的适用上结果会失当，例外性条款恰能够在僵硬的冲突规范当中注入灵活性，实现侵权冲突法体系灵活性与确定性的兼顾。从这种意义上来

---

〔1〕 See Thomas Kadner Graziano, *Freedom to Choose the Applicable Law in Tort-Article 14 and 4（3）of the Rome II Regulation*, in: Ahern and W. Binchy（eds.）The Rome Ⅱ Regulation on the law applicable to non-contractual obligations, Martinus Nijhoff Publisher, 2009, pp.122-123.

〔2〕 See Morris, J. H. C., *Proper Law of a Tort,* 64 Harv. L. Rev. 881（1950–1951）.

〔3〕 See Morris, J. H. C., *Proper Law of a Tort,* 64 Harv. L. Rev. 881, 885（1950–1951）.

〔4〕 关于最密切联系原则在当代立法中的采纳状况及立法例，see Symeon C. Symeonides, *Codifying Choice of Law Around the World: An International Comparative Analysis*, Oxford University Press, 2014, pp. 54–57, 68–71。

〔5〕 [古希腊]亚里士多德：《尼各马可伦理学》，廖申白译，商务印书馆2003年版，第161页。

说，例外性条款担负着重要的矫正功能。[1]

4. 延伸讨论之二：附属连结机制

一些国家在侵权冲突规则中引入了附属连结（Akzessorische Anknüpfung）机制。所谓的附属连结机制就是一条冲突规则不具体规定连结点为何，而是规定该法律关系附属地根据另一既存法律关系的冲突规则来确定准据法。侵权冲突法中采用附属连结机制的立法例大致有两种。其中一种立法例是明确地要求法官适用既存法律关系的准据法，而非根据侵权冲突规则自有的一些连结点确定准据法。典型如《瑞士国际私法》第133条第3款，该款规定："因侵权行为致使加害人与被害人之间业已存在的法律关系受到损害的，则不论本条第1款、第2款有何规定，基于该侵权行为而提出的请求适用该法律关系的准据法。"还有一种立法例相对弹性一些，仅是要求法官在适用例外条款时，特别考虑"既存关系"（preexisting relationship），尤其是既存的法律关系。但是，立法者并未强行要求法官适用既存法律关系准据法。典型如《罗马条例Ⅱ》第4条第3款，该条规定："如果从案件的所有情况来看，侵权行为显然与第1款或第2款所述国家以外的国家有更密切的联系，则应适用该另一国的法律。与另一国有明显更密切联系的依据尤其可能是建立在当事人之间既存关系之上，例如是与侵权行为密切相关的合同。"

在侵权冲突法中引入附属连结机制，大致有以下几点理由。第一，避免出现识别难题和适应问题。在民事实体法中，针对同一案件事实，权利人可以同时寻得多个请求权基础，以要求同一责任人承担责任，对权利人来说这种情形叫作"请求权竞合"，而对责任人来说就是"责任竞合"。因为民事责任往往是针对权益受侵害之后的救济，侵权责任与其他民事法律责任（如合同责任、物权责任）竞合的概率较大，而且有时候不同国家对侵权责任和其他民事责任竞合之后的处理也不尽一致。在冲突法上，通过附属连结机制，规避了在责任竞合情况下的识别难题[2]以及具体规则适用过程中可能产生的适应问题。第二，维护当事人的合理期待。如果当事人之间已经有既存法律关系，并且当事人对这一既存法律关系所适用的法律已经产生了一定程度的信赖，在既存法律关系之中产生的侵权责任最好也应适用既存法律关系的准据法。例如，当事人约定客运合同履行过程中产生的一切纠纷都适用甲国法。一方当事人在客运合同履行过程中受伤，其既有可能提起侵权之诉，也有可能提起违约之诉。在中国语境中，合同冲突规则允许事前意思自治，而侵权冲突规则并不允许事前意思自治。如此一来，当事人就有可能通过选择诉由，操纵法律适用结果，特别是其不愿意受甲国法约束时，提起侵权之诉，则法官只能适用侵权行为地法或共同经常居所地法，即可轻易绕开甲国法的适用。这势必不符合当事人选法之时的初衷，特别是合同相对方的合理期待。

---

[1] 参见陈卫佐：《当代国际私法上的一般性例外条款》，载《法学研究》2015年第5期。

[2] 尤其是在国内允许竞合的国家，为了实现纠纷的一次性解决和权利的有效救济，允许在诉讼当中合并提起侵权与违约之诉，那么这时候就会遇到识别困境。国内法可能无须对这个问题作出解答，只要通过实体规范的解释径直作出裁判。但是国际私法在适用冲突规范之前必须要解决这个问题，以"既存关系"的准据法作为争议的准据法则解决了棘手的识别问题。

5. 延伸讨论三：分割方法

在放弃僵硬的侵权冲突规则之后，美国纽约州在司法实践中重视区分"行为规制"（conduct regulation）与"损失分配"（loss distribution）两类争点，并分别为两大争点确定法律适用。对于纽约州"行为规制"与"损失分配"争点区分的经验，西蒙尼德斯教授在诸多著述当中均有提及，并赞誉其是"现代美国冲突法革命为数不多的突破之一"。[1]他从学理上积极阐释这种分割方法，并倡导在此基础上将侵权冲突法的成文化。由其负责编纂的 2009 年《俄勒冈州侵权和其他非合同请求法律适用法》集中体现了其多年来在侵权冲突法领域的研究成果。该法共 14 条，其中第 8 条与第 9 条构成了核心。[2]

2009 年《俄勒冈州侵权和其他非合同请求法律适用法》第 8 条为选法的一般规则，该条款可以作如下归纳：关于损失分配的争点，如果有共同住所地或者虽然共同住所地不在同一处，但是各自住所地法适用于损害赔偿争点的结果相同，则适用共同经常居所地法；关于行为规制的争点，行为实施地与结果发生地发生在一州，则适用该州法律。如果行为实施地与结果发生地发生分离，则适用行为发生地法，但是在加害人可以预见损害结果发生地之时，受害人可以请求适用损害结果发生地法。与此同时，损害结果发生地法将适用于该案的所有争点。如果一方当事人根据第 9 条的选法方法确认其他州的法律实质上更为妥当则适用另一州的法律。而第 9 条规定，运用选法方法分为三个步骤：第一，查明相关的法域，需要考虑的法域有加害行为实施地、损害结果发生地、当事人的住所地（或惯常居所地、营业地）、当事人法律关系的重心地；第二，查明这些法律背后的政策目的；第三，比较政策目的与特定案件的强度与相关性，特别是行为规制和损害救济的政策目的的强弱与相关性，还需考虑维持州际和国际秩序的需要以及忽视该法域的政策对该法域造成的负面后果如何，需坚持负面效果最小化原则。

《美国第三次冲突法重述》第 6 章也同样采用了分割的方法。[3]不过，我们应注意如下几点。

第一，美国的分割方法有其缺陷。侵权规则可否被区分为"行为规制"与"损失分担"两种规则并非完全没有疑问，例如"一杯酒责任规则"[4]、严格责任规则、与有过失规则以及车主替代责任规则等，这些规则同时具有"行为规制"与"损失分配"的功能。如果不能对它们作出准确的分类，自然就无法进一步适用前述分析的结论。以严格责任为例，多数情况下严格责任人被认为是最有能力分担损失的一方，同时严格责任能增加

---

[1] Symeon C. Symeonides, *Louisiana's New Law of Choice of Law for Tort Conflicts: An Exegesis*, 66 Tul. L Rev. 677, 705 (1992).

[2] See Symeon C. Symeonides, *Oregon's New Choice-of-Law Codification for Tort Conflicts: An Exegesis*, 88 Or. L. Rev. 963 (2009).

[3] See Symeon C. Symeonides, *The Torts Chapter of the Third Conflicts Restatement: An Introduction,* 88 (1) Rabels Zeitschrift Für Ausländisches Und Internationales Privatrecht / The Rabel Journal of Comparative and International Private Law 7 (2024).

[4] 美国一些州有规定酒店主任对于顾客饮酒过量肇事承担赔偿责任之类的立法。

行为人预防损害的动力,因而严格责任具有双重性质。在具体案件当中,一国立法如若不采纳严格责任,往往就是采纳过错责任。过错责任能促使双当事人采取有效的预防措施,同时对过错方施加损失分配意义上的责任,因此过错责任也具有双重功能。这些侵权基础性要件构成了侵权制度的基石,是侵权制度最终得以发挥损害填补与预防遏制功能的重要保障,并不像特定规则有首要功能与目的之分。

第二,美国的经验不容易复制。美国的诉讼制度为当事人对抗主义,在冲突法案件中对抗主义表现为是否适用外国法,需要当事人或其代理人在诉讼当中主动提出。[1] 双方当事人提出对抗性的法律适用主张,争点才得以形成。如果法院要求当事人提供外国或者外州的法律,当事人根据法院要求还需提供外国或外州法,否则构成不能查明。进一步来说,需要同时具备三个重要的前提来保障司法分割的运作。一是成熟的当事人对抗主义模式。法律适用问题能否进入法院的视野以及争点能否形成,都有赖于当事人的积极对抗。二是成熟的律师代理制度。[2] 律师为寻得当事人利益最大化,需尽可能地提出有利的法律适用主张,如果没有成熟的律师代理制度,依靠当事人是很难形成法律适用的争点的。三是易于查明外国法或外州法。美国冲突法案件多以州际冲突为主,无论是查明外州法还是理解外州法,都不存在太大的难题。四是非体系化的思考方式。普通法系的侵权制度是从令状发展而来,不同类型的侵权规则独立存在,并不形成一个体系,法官可以脱离体系针对具体的规则作分析,争点围绕具体某一规则展开也就不足为奇。大陆法系却并非如此,侵权规则成体系地存在,即使是特殊的侵权类型,法官也仍须回到体系当中进行思考。

三、特别侵权的法律适用

(一)中国法已规定的特别侵权类型

1. 产品责任

当发生涉外产品责任时,如何确定法律选择问题十分重要。一方面,不同国家对产品责任可能采取了不同的归责原则并规定了不同的赔偿上限,法律选择的结果将直接影响消费者的权利能否得到有效保护;另一方面,法律选择的结果也直接影响生产者的利益,生产者如果无法预见到所适用的法律,无疑将面临不可知的经营风险,甚至不愿轻易进行对外投资和开展跨境贸易。一般侵权冲突规则无法很好地平衡保护消费者权利和减少生产者经营风险的关系,所以当代有不少关于产品责任特别侵权冲突规则的立法例。

1973 年签订的《产品责任法律适用公约》较有代表性,其采用了较为复杂的阶梯型冲突规则。根据公约第 5 条,当直接遭受损害的人的惯常居住地所在国是被请求承担责任的人的主要营业地或直接遭受损害人获取产品地,则适用直接遭受损害的人的惯常居

---

[1] [美]西蒙尼德斯:《20 世纪末的国际私法——进步还是退步》,宋晓译,载梁慧星主编:《民商法论丛》2002 年第 3 号(总第 24 卷),金桥文化出版(香港)有限公司 2002 年版,第 380 页。

[2] See Christopher G. Stevenson, *Embracing Complexity to Solve Choice-of-Law Issues*, 37 Ind. L. Rev.303, 310 (2003-2004).

住地法;根据公约第 4 条,如果不属于前述情形,当侵害发生地同时是直接遭受损害人的惯常居住地、被请求承担责任人的主要营业地或直接遭受损害人获取产品地之一时,应适用侵害发生地法;根据公约第 6 条,如果前述两种情况都不存在,则适用被请求承担责任人主要营业地所在国法,但原告可以请求适用侵害发生地法。根据公约第 7 条,如公约第 4—6 条确定了某国法应适用,但被请求承担责任人能证明其不能合理预见该产品或其同类产品或经由商业渠道在该国流通,则最终适用被请求承担责任人主要营业地所在国法。

《罗马条例Ⅱ》中关于产品责任的冲突规则也是采用阶梯型冲突规则,立法技术较为复杂。首先,主观连结点优先于客观连结点得到适用,当事人可以根据《罗马条例Ⅱ》第 14 条合意确定准据法。其次,根据《罗马条例Ⅱ》第 5 条,《罗马条例Ⅱ》第 4 条第 2 款的共同属人法规则效力不受影响,即如果遭受损害人和被请求承担责任的共同经常居所地在同一国,则适用该国法。再次,在前述两个连结情形之外,《罗马条例Ⅱ》第 5 条第 1 款规定了四种连结情况:如果在损害发生时遭受损害人的经常居所地同时是产品的市场流通地,则适用遭受损害人的经常居所地;如果产品的获取地同时是产品的市场流通地,则适用产品的获取地法;如果产品的获取地不是产品的市场流通地,但损害发生地是产品的市场流通地,则适用损害发生地法;如果被要求承担责任人无法合理预见该产品或该类型产品的市场流通地,则适用被要求承担责任人经常居所地法。最后,《罗马条例Ⅱ》第 5 条第 2 款还规定了例外条款,即可根据最密切联系原则矫正依据客观连结方法所确定准据法。[1]

前述阶梯型冲突规则的合理性未必经得起推敲,以《罗马条例Ⅱ》为例,在可供选择的三个地点(损害发生时受害人经常居所地、产品获取地、损害发生地)同时是产品的市场流通地的情况下,为何损害发生时受害人的经常居所地优先于产品的获取地,而产品的获取地又优先于损害发生地?倒不如像一些国家的立法一样,在保障被请求承担责任人的可预见性利益的情况下,直接赋予受害人选择权,由其选择其中对其有利的法,从而更有力地保障其权利。比如,《瑞士国际私法》第 135 条第 1 款规定,基于产品存在瑕疵或缺陷而提出的请求,应依受害人的选择,适用以下任一法律:(a)加害人营业机构所在地法或加害人无营业机构所在地时其惯常居所地法;(b)取得产品的国家的法律,除非加害人证明产品未经其同意而通过商业渠道进入该国。

中国关于产品责任的冲突规则规定在《涉外民事关系法律适用法》第 45 条,该条规定了:"产品责任,适用被侵权人经常居所地法律;被侵权人选择适用侵权人主营业地法律、损害发生地法律的,或者侵权人在被侵权人经常居所地没有从事相关经营活动的,适用侵权人主营业地法律或者损害发生地法律。"这一条文的逻辑层次不是很清晰,为方便理解可以对其作如下梳理和评析。第一,立法首先肯定了被侵权人具有单方法律选择权,从侵权人主营业地法或损害发生地法中选择有利于救济的法。该规则体现了优先保护被侵权人的理念。不过,该规定虽限定了可选择法律的范围,但与其他法域的立

---

[1] Vgl. Abbo Junker, Internationales Privatrecht, 5. Aufl. 2022, S. 331 ff.

法相比，忽视了对侵权人可预见利益的保护。因为，被侵权人选择损害发生地法不以侵权人可以预见损害发生地在何处为限。第二，在被侵权人不行使单方法律选择权时，如被侵权人经常居所地同时是侵权人相关经营活动地时，适用被侵权人经常居所地法。在选取首要的客观连结点时，立法者考虑了被侵权人利益与侵权人利益的平衡，被侵权人较熟悉其经常居所地法，根据自己较为熟悉的法律寻求权利救济也更为便利，而且该地又是侵权人相关经营地，被侵权人也能预见到相关立法施加的产品责任规则。不过，对于何为侵权人相关经营活动地存在解释空间，可与《罗马条例Ⅱ》第5条一样，将其理解为产品在该地市场上市，如果产品是通过非正常的商业渠道进入该地，则不认为侵权人在该处有相关经营活动。第三，在被侵权人经常居所地不是侵权人的相关经营活动地时，适用被侵权人主营业地法或损害发生地法。当出现这一情形时，立法者似乎授权法官在侵权人主营业地法和损害发生地法之间进行选择，但是并未明确裁量的具体标准为何。

2. 人格权侵权

随着数字时代的到来以及互联网的普及，跨境人格权侵权日益普遍。跨境人格权侵权一般有如下几个特点：第一，侵权行为通常通过电视媒体、电子报刊、社交媒体等媒介发生，侵权行为实施地难以准确界定；第二，人格权并无有形的载体，当发生跨境人格权侵权时，侵权损害发生地也难以界定；第三，人格权的保护强度还决定了言论自由度，因为保护一方主张人格权的同时，有可能意味着对另一方当事人言论自由或媒体新闻自由的限制。[1] 跨境人格权侵权与一般跨境侵权具有明显的差异，为此一些国家拟定了针对人格权侵权的特别冲突规则。

《瑞士国际私法》第139条即是专门针对人格权侵权的冲突规则。[2] 该条第1款首先赋予了受害人单方选择权，受害人可选择适用惯常居所地国法、加害人营业地国或惯常居所地国法或损害发生地国法，不过立法对此也施加了一定的限制，即加害人应能预见到侵害结果发生在该国。这一方面保护了加害人对法律适用结果的可预见性，另一方面体现了有利于保护受害人的法政策，因为受害人可以选择潜在的若干国家的法律。该条第2款特别规定了："定期传播媒体提出抗辩的权利，排他地适用印刷品发行地、广播或电视播发地国家的法律。"这有利于保护定期传播媒体的新闻自由，只要其遵守印刷品发行地、广播或电视播发地国家的法律，就能提出有效的抗辩以免于被追究人格权侵权的责任。

---

〔1〕 关于人格权侵权实体法上的特殊性，可参见 Konrad Zweigert, Hein Kötz, *An Introduction to Comparative Law*, 3rd., translated by Tony Weir Press, Oxford University Press, 1998, pp. 685-708。

〔2〕 该条条文内容为："1.因利用传播媒介，特别是报纸、无线电、电视或其他公共信息传播工具对个人人格的损害而提出的诉讼请求，经受害人选择而适用：（1）受害人的惯常居所地国家的法律，前提是加害人应当预见结果将发生在该国；（2）加害人的营业地或惯常居所地国家的法律，前提是加害人应当预见结果将发生在该国；（3）损害结果发生地国家的法律，前提是加害人应预见到结果会在该国家发生。2.对定期传播媒介提出抗辩的权利，排他地适用印刷品发行地、广播或者电视发射地国家的法律。3.本条第1款也适用因处理个人信息侵犯人格权而提出的请求以及因损害个人信息的查询权而提出的请求。"参见邹国勇译注：《外国国际私法立法选译》，武汉大学出版社2017年版，第380页。

还有一种典型的立法例是英国1995年《国际私法（杂项规定）》，该法第13条规定诽谤诉讼适用"双重可诉原则"。跨国人格侵权当中，允许诉请人选择有利于支持诉请的法律，可能会限制被诉人的言论自由。在这些国家，言论自由这一价值维度可能要比充分救济受害人来得更为重要，故有利受害人原则便无太大适用余地。而且，一旦将协调加害人言论自由权与受害人的人格权视为宪法层面的问题，法院地法就有必要的适用空间。基于此，英国在诽谤领域仍保留了双重可诉规则，意在发挥法院地法对实体裁判的决定性作用。

《涉外民事关系法律适用法》第46条规定："通过网络或者采用其他方式侵害姓名权、肖像权、名誉权、隐私权等人格权的，适用被侵权人经常居所地法律。"这一规定有利于回避侵权行为地的界定难题，被侵权人经常居所地往往是其生活中心地，通常其人格权在该地受损最严重，故也可以推定被侵权人经常居所地法是与人格权侵权案件联系最密切地法。这种立法思路与前述瑞士和英国的立法思路都有所不同。不过，这一规定未考虑侵权人是否可以预见被侵权人经常居所地在何处，实践效果如何还有待进一步检验。

3. 海上侵权

发生在海上的侵权行为，是指发生在一国领海、内水或不属于任何国家管辖的公海上的侵权行为，包括发生在船舶内部的侵权行为，船舶相撞或船舶与海上设施碰撞所发生的侵权行为，因海上事故致旅客死伤、货物毁损所发生的侵权行为。

1992年《海商法》第273条就船舶碰撞损害赔偿问题的法律适用作出了明确规定："船舶碰撞的损害赔偿，适用侵权行为地法律。船舶在公海上发生碰撞的损害赔偿，适用受理案件的法院所在地法律。同一国籍的船舶，不论碰撞发生于何地，碰撞船舶之间的损害赔偿适用船旗国法律。"第275条则规定："海事赔偿责任限制，适用受理案件的法院所在地法律。"根据最高人民法院《关于适用〈中华人民共和国涉外民事关系法律适用法〉若干问题的解释（一）》第3条，在《涉外民事关系法律适用法》施行之后，前述规定依然可适用。从条文内容来看，该冲突规则与一般侵权冲突规则所采用的理念与原理基本相同，只不过针对海上侵权的特殊性作出了一定变通。首先，该规则将共同船旗国法明确为碰撞船舶的共同属人法。其次，对于发生在公海之上的侵权，因为公海不属于任何一国，所以难以将侵权行为地归入任何一个国家。《海商法》的前述规定部分效仿了1977年《统一船舶碰撞中有关民事管辖权、法律选择、判决的承认和执行方面若干规则的国际公约》，其第4条规定了，如果碰撞发生在领海以外的水域，则适用受理案件的法院地法。最后，对海事赔偿责任的限制适用法院地法，这一规则的正当性存疑。普通法可能将责任限制问题识别为程序问题，进而适用法院地法。但是，似乎我国并未有将责任限制问题识别为程序问题的传统，适用法院地法有可能造成挑选法院。

对于非因船舶碰撞引起的侵权纠纷，前述海商法中规定的冲突规则无适用余地。至于因船舶碰撞引起的海上乘客人身受损案件，能否根据前述海商法中的冲突规则确定准据法也有待司法逐渐予以澄清。

4. 民用航空器致损

我国《民用航空法》第189条规定："民用航空器对地面第三人损害赔偿，适用侵权行为地法。民用航空器在公海上空对水面第三人损害赔偿，适用受理案件的法院所在地法律。"根据最高人民法院《关于适用〈中华人民共和国涉外民事关系法律适用法〉若干问题的解释（一）》第3条，在《涉外民事关系法律适用法》施行之后，前述规定依然可适用。

对于国际航空运输损害赔偿纠纷，如纠纷为我国和其他缔约国之间的空中运输以及其他符合公约规定的国际空中运输，应特别注意对我国生效的《统一国际航空运输某些规则的公约》《关于修改1929年10月12日在华沙签订的统一国际航空运输某些规则的公约的议定书》以及1999年《统一国际航空运输某些规则的公约》的可适用性。

5. 知识产权侵权

知识产权具有地域性，对知识产权侵权适用一般侵权冲突规则并不妥。中国针对知识产权侵权拟定了特别冲突规则，《涉外民事关系法律适用法》第50条规定："知识产权的侵权责任，适用被请求保护地法律，当事人也可以在侵权行为发生后协议选择适用法院地法律。"对于该冲突规则的详细解读可阅读本书相关章节，在此不赘述。

（二）中国法未规定的特别侵权类型

1. 环境侵权

国际环境污染一旦发生，往往波及面广，受害者众多，环境公害持续时间长。为了应对国际污染问题，国际上制定了一些统一实体法公约和规则。[1] 目前对中国生效的有1969年国际海事组织在布鲁塞尔签订的《国际油污损害民事责任公约》、1973年《干预公海非油类物质污染议定书》、2001年《国际燃油污染损害民事责任公约》等。

在国际上，一些国家针对环境侵权规定了特别冲突规则，大致上有两种立法例。

一种立法例以《罗马条例Ⅱ》第7条为代表。该条规定，环境损害所造成的侵权责任适用侵权直接损害发生地法，但是寻求救济的当事人可选择引起损害的事件发生国法（实际上就是侵权行为实施地法）。由被侵权人选择适用侵权直接结果发生地法或侵权行为实施地法有助于当事人选用较容易使其权利得到救济地法律，从而贯彻保护环境侵权中的受害人的利益；此外，欧盟还认为这一冲突规则可帮助在欧盟境内实现较高的环境标准。[2]

另一种立法例以2004年《比利时国际私法典》第99条第2款为代表。其规定："对于环境污染造成的财产或人身损害，适用损害结果发生地或可能发生地国家的法律。"适用损害结果发生地法只是从可预见性的角度保护了被侵权人的利益，且损害结果发生地往往就是被侵权人所在地，所以一定程度上有利于其根据熟悉的法律维权，但是法律

---

[1] 如1966年国际法协会第52届大会在赫尔辛基通过的《国际河流水利用的赫尔辛基规则》、1972年12月签订于伦敦的《防止倾倒废物及其他物质污染海洋的公约》、1984年《联合国海洋法公约》、1979年《远距离越境空气污染公约》、1971年《海上核材料运输民事责任公约》、1969年国际海事组织在布鲁塞尔签订的《国际油污损害民事责任公约》（我国于1980年1月30日加入该公约，该公约于同年4月30日对中国生效）、1969年《国际干预公海油污事故公约》、1973年《干预公海非油类物质污染议定书》（我国于1990年加入）等。这些公约和规则以实体法的形式规定了国际环境污染的有关各方的权利义务，是目前国际环境污染法律适用的重要依据。

[2] See Rome Ⅱ Regulation, Recital 25.

适用的结果不一定是对其最有利的。

在中国，并无专门针对环境侵权的冲突规则。不过，根据最高人民法院《关于适用〈中华人民共和国涉外民事关系法律适用法〉若干问题的解释（一）》第 8 条，环境安全的法律规定可认定为直接适用的法，从而排除了适用外国法的可能。

2. 不正当竞争与限制竞争

反不正当竞争法涉及的不正当竞争行为类型较多，不仅保护竞争者的个人利益，还保护别的市场参与者（尤其是消费者）的利益以及市场的竞争秩序。

基于不正当竞争形态的多样性，《罗马条例Ⅱ》第 6 条设置了多个条款。第一，该条第 1 款规定："因不正当竞争产生的非合同之债的准据法为竞争关系或消费者的集体利益受影响地法。"这是针对与市场竞争秩序相关的行为，与市场竞争秩序有关的行为干扰受影响市场的正常运作，受影响市场地实质上就是竞争关系或消费者的集体利益受影响地。因此，《罗马条例Ⅱ》第 6 条第 1 款将受影响的市场作为联系点，因为该地对不正当竞争行为的规制利益最为重大。第二，该条第 2 款规定："当不正当竞争行为只影响特定竞争者的利益时，第 4 条应予以适用。"也就是说，当与竞争者相关的行为只影响到一个竞争者的利益（如泄露竞争者的商业秘密、商业间谍行为、引诱特定竞争者的员工等），此时可适用侵权一般冲突规则的规定。如此规定是因为与特定竞争者有关的不正当竞争行为的特殊性相对不强，在法律选择过程中所考量的因素与一般侵权冲突规则所考量的因素大致相同。

关于限制竞争问题，《罗马条例Ⅱ》第 6 条第 3 款也规定了冲突规则。该款规定：（1）限制竞争适用可能或已经受影响的市场所在地法；（2）当特定的市场涉及不止一个国家时，在被告住所地法院提起诉讼的损害赔偿请求人，可以选择以被诉法院的法律作为其索赔的依据，条件是该国市场属于直接和实质性地受到限制竞争影响的市场，而索赔所依据的非合同之债正是由限制竞争引起的；如果索赔人根据适用的管辖权规则在该法院起诉一个以上的被告，索赔人只能选择根据该法院的法律提出索赔，条件是对每个被告的索赔所主张的竞争限制也直接和实质性地影响到该法院的市场。根据《罗马条例Ⅱ》序言第 23 条，企业之间的协议、企业协会的决定、一致行动以及滥用支配地位等行为都属于第 6 条第 3 款所指的限制自由竞争的范畴。然而在中国，最高人民法院《关于适用〈中华人民共和国涉外民事关系法律适用法〉若干问题的解释（一）》第 8 条第 5 款规定，反垄断事项的规则属于《涉外民事关系法律适用法》第 4 条规定的强制性规定，似乎限制竞争问题并无根据冲突规则适用外国法的空间。

四、中国法评析

我国《涉外民事关系法律适用法》中的侵权冲突规范由 4 个条文组成，其中第 44 条为一般侵权冲突规则，第 45、46、50 条为侵权冲突规则，这 3 条特别侵权冲突规则分别针对涉外产品责任、涉外人格权侵权以及涉外知识产权拟定。此外，《海商法》第 273 条与第 275 条是关于船舶碰撞的侵权特别冲突规则，《民用航空法》第 189 条是关于航空器致第三人损害的侵权特别冲突规则。

从规则体系上来说，中国侵权冲突规则存在两点不足。第一，特别侵权冲突规则数量不足。以《国际商事仲裁示范法》为例，该示范法规定了公路交通事故、海事侵权、航空侵权、产品责任、不正当竞争、环境污染、核侵权、诽谤侵权、民事欺诈等九类特殊侵权，[1]《罗马条例Ⅱ》也设置了大量的特殊侵权冲突规范，包括了产品责任、不正当竞争、环境侵权、知识产权侵权、罢工等劳工行动侵权等五类特殊侵权。[2]相比之外，《涉外民事关系法律适用法》缺失了不正当竞争、环境侵权等特别侵权类型。第二，例外性条款缺失。《涉外民事关系法律适用法》在总则第2条第2款设置的最密切联系原则仅仅是在《涉外民事关系法律适用法》未作规定之时起到补漏的作用，无法作为一般性例外条款矫正其他冲突规则适用的不当结果。从原理上来说，通常而言，当特别侵权冲突规则规定不足之时，则需担负起主要的选法指引工作；如果冲突规则灵活性不足，例外性条款相应地需要频频纠正一般冲突规范的指引结果。但是，中国目前特别侵权冲突规则不足，又缺失例外条款，体系不完整，灵活性欠佳，无疑侵权冲突规则体系存在重大缺陷，难以确保法律适用结果的妥当性。未来应通过修法程序，为侵权冲突规则补充进例外条款和必要的侵权冲突规则。

此外，一般侵权冲突规则中虽已规定了侵权行为地、共同经常居所地以及主观连结点，但是在司法实践中仍可能面临较多问题，例如，侵权行为地的含义并不明确；共同经常居所地法的适用无明显限制；只允许事后意思自治过于保守；未规定附属连结机制。特别侵权冲突规则（如前述分析的中国产品责任冲突规则）的一些立法理念和立法技术也有待改进。这些都有待在未来通过司法或立法予以修正或完善。

第二节 不当得利的法律适用

不当得利，是指无法律上的原因而受利益，致他人受损害者，应负返还的义务。[3]法律上发生不当得利的情形非常多，例如契约失败之后发生的给付型不当得利；于他人之物支出费用不成立无因管理时所成立的非给付型不当得利；无法律上的原因而取得他人权利的归属内容，此为侵害权益型不当得利；发生无权占有的情况下，所有人向无权占有人亦可提出不当得利返还请求权。[4]

一、一般原理

基于不当得利实体法上的一些基本特征，在发生涉外不当得利时，可以采取如下一些方法确定准据法。

---

[1] 参见《国际商事仲裁示范法》第118—126条。
[2] See Rome Ⅱ Regulation, Arts.5-9.
[3] 参见王泽鉴：《不当得利》（第二版），北京大学出版社2015年版，第2页。
[4] 参见王泽鉴：《不当得利》（第二版），北京大学出版社2015年版，第7—8页。

（一）适用既存法律关系准据法（附属连结机制）

因为不当得利请求权往往和合同法或侵权法上的请求权存在竞合关系，为了避免识别难题，并且保持冲突法上利益评价的一致性和法律适用结果的一致，一些立法采取了附属连结机制。比如，《罗马条例Ⅱ》第 10 条第 1 款规定，如果不当得利（包括支付误收的价款）涉及当事人之间既存的关系，例如是因合同或侵权而产生，且该关系与不当得利密切相关，不当得利应适用支配该关系的准据法。当然既存关系事实上不仅限于合同与侵权，对此《瑞士国际私法》第 128 条第 1 款只概要地规定：因不当得利而提出的请求，适用支配不当得利据以发生的现有的或假定的法律关系的法律。

（二）共同经常居所地法

《罗马条例Ⅱ》第 10 条第 2 款规定，在无法依据附属连结机制确定准据法的情况下，即不存在既存法律关系时，适用当事人的共同经常居所地法。与一般侵权冲突规则考量的内容类似，[1] 双方都对自己的共同经常居所地法最为熟悉，并且在共同经常居所地起诉也是常态，就共同经常居所地法院而言，这往往将导致法院地法的适用，省却了查明和适用外国法的时间与金钱成本。

（三）不当得利发生地法

在既不存在既存关系又不存在共同经常居所地时，多数国家规定可适用不当得利发生地法。《瑞士国际私法》第 128 条第 2 款、《土耳其国际私法和国际诉讼程序法》第 39 条第 1 款第 2 句都有类似的规定。不过究竟不当得利发生地在何处往往有争议。一种可能的解释是不当得利的结果发生处，还有一种可能的解释是导致不当得利的事件发生处，第一种解释似乎更妥。发生不当得利的结果往往是最为重要的构成要件，而结果发生地大概率可能是被告人的经常居所地法，因为该地常常是其银行账户开户地和主要财产所在地。在不当得利结果发生处起诉应该是较为常见的一种情形，如果准据法也是不当得利结果发生地法，还有利于简化法律适用结果并且便利后续的执行。

（四）意思自治

一些立法还肯定可以依据当事人的意思自治确定准据法。比如，《瑞士国际私法》第 128 条第 2 款规定，当事人可以约定适用法院地法。根据体系解释，《罗马条例Ⅱ》也允许当事人根据该法第 14 条选择准据法。特别注意的是，一些立法者采纳了附属连结机制，而一些既存法律关系的冲突规则（如合同冲突规则或侵权冲突规则）也允许当事人行使意思自治，这是隐藏的意思自治的规定。

（五）最密切联系原则

《罗马条例Ⅱ》第 10 条第 4 款还引入了最密切联系原则作为例外条款。该款规定了，如果从案件的具体情况来看，因不当得利而产生的非合同义务显然与第 1、2、3 款所确定的国家以外的其他国家有更密切的关系，则应适用该其他国家的法律。鉴于不当得利案情的复杂性，规定例外条款有其正当性。

---

[1] See Ulrich Magnus, Peter Mankowski (eds.), *European Commentaries on Private International Law Commentary (Rome I Regulation)*, Verlag Dr. Otto Schmidt, 2016, p. 375.

二、中国法评析

《涉外民事关系法律适用法》第47条规定，不当得利，适用当事人协议选择适用的法律。当事人没有选择的，适用当事人共同经常居所地法律；没有共同经常居所地的，适用不当得利发生地法律。对此有如下几点评论。第一，该规定并未采取附属连结机制，在责任竞合的情况下可能引发法律适用难题。例如，所有人向不动产的无权占有人提出返还不动产的请求，对于当事人达成的适用某法的法律选择协议，法官适用不当得利的冲突规则（第47条）得出的结果与适用物权冲突规则（第36条）得出的结果有所不同，因为前者允许当事人意思自治，而后者则不允许。而如果采用附属连结机制，最终都是适用物权冲突规则的规定，前述识别结论对法律适用结果不会产生影响。第二，该规定对当事人如何协议选择法律并未作具体规定。如果当事人在合同中笼统地约定了与合同有关的所有争议适用某法，这一约定可视为第47条意义上对不当得利纠纷也作出了法律选择。第三，因不当得利发生地较为抽象，法官可将不当得利的结果发生地视为不当得利发生地。第四，该规定未规定例外条款，灵活性欠缺，可能难以规避不当的法律适用结果。

第三节 无因管理的法律适用

一、一般原理

无因管理，是指无法律上的义务而为他人管理其事务，对于支出的劳务或费用，管理人依法有权请求他人支付。海难救助是特别的无因管理问题，国际上有一些国际公约对其进行规定，如1989年国际海事组织制定的《国际救助公约》（International Convention on Salvage），该公约对中国生效。对于一般性的无因管理问题，法院需要通过冲突规则确定准据法。

（一）适用既存法律关系准据法（附属连结机制）

《罗马条例Ⅱ》第11条规定，如果在没有适当授权的情况下对另一人的事务进行管理，由此产生的非合同之债涉及当事人之间的关系（如合同或侵权所产生的关系），而且这种关系与该非合同之债密切相关，那么所产生的非合同之债应适用这种关系的准据法。这是一种附属连结机制。比如，受委托人在履行委托合同的过程中，超出了该合同授予的权限，为委托人的利益管理事务，这时候所产生的无因管理之债即可适用双方之间存在的委托合同的准据法。因为采用了附属连结机制，受委托人与委托人之间有无存在法律上的义务这一问题究竟应适用无因管理冲突规则还是合同冲突规则确定准据法，便显得不那么棘手，因为最终确定的准据法是同一的，如此就可以避免适用问题。

（二）无因管理发生地法

无因管理适用无因管理发生地法是一条被广泛认可的冲突规则。实务中，如何认定无因管理发生地是一个问题。日本学者认为，事务管理地就是事务管理实际发生的地方，也就是管理客体所在地。因此，如果事务管理是财产管理，事务管理地即为财产所在地；如果事务管理是营业管理，事务管理地即为营业所所在地；如果事务管理是人的管理，则事务管理地即为人的所在地。[1]

（三）共同经常居所地法

《罗马条例Ⅱ》第 11 条第 2 款规定，在无法根据附属连结机制确定准据法的情况下，无因管理所产生的非合同之债可适用当事人的共同经常居所地法。其中的理由与侵权之债、不当得利之债适用当事人共同经常居所地法的理由相似。

（四）意思自治

根据体系解释，《罗马条例Ⅱ》也允许当事人根据该规则第 14 条选择无因管理的准据法。特别注意的是，一些立法者采纳了附属连结机制时，而一些既存法律关系的冲突规则（如合同冲突规则或侵权冲突规则）也允许当事人行使意思自治，这是隐藏的意思自治的规定。

（五）最密切联系原则

《罗马条例Ⅱ》第 11 条第 4 款还规定了最密切联系原则，该条款规定：如果从案件的情况来看，无因管理行为所产生的非合同义务显然与第 1、2、3 款所述国家以外的其他国家有更密切的关系，则应适用该其他国家的法律。显然，在无因管理冲突规则中，最密切联系原则只能作为例外条款而存在，并且有严格的适用条件。

二、中国法评析

《涉外民事关系法律适用法》第 47 条规定，无因管理，适用当事人协议选择适用的法律。当事人没有选择的，适用当事人共同经常居所地法律；没有共同经常居所地的，适用无因管理发生地法律。对此有如下几点评论。第一，该规定并未采取附属连结机制，割裂了无因管理与其他既存法律关系之间的联系，容易产生识别难题与适应问题，甚至产生矛盾判决。第二，该规定对当事人如何协议选择法律并未作具体规定。如果当事人在既存的委托合同中笼统地约定了与合同有关的所有争议适用某法，这一约定可视为第 47 条意义上对无因管理纠纷也作出了法律选择。第三，因无因管理地较为抽象，法官可根据管理客体所在地明确其位置。第四，该规定未规定例外条款，灵活性欠缺，可能难以规避不当的法律适用结果。第五，《海商法》第 274 条规定了共同海损理算，适用理算地法律。这一规定作为特别法，应优先于《涉外民事关系法律适用法》第 47 条得到适用。

---

[1] 参见[日]山田镣一：《国际私法》，有斐阁 1992 年版，第 304—305 页。转引自何其生：《国际私法》，北京大学出版社 2023 年版，第 142 页。

重要名词术语

侵权行为地法、不当得利发生地法、无因管理发生地法、一般侵权冲突规则、特别侵权冲突规则、附属连结

思考题

1. 当代侵权冲突法有何发展趋势？为什么会呈现这样的发展趋势？
2. 一般侵权冲突规则中的侵权行为地如何界定？
3. 适用共同经常居所地法的合理之处体现在哪里？共同经常居所地法能否不加限制地适用在一切侵权冲突案件中？
4. 有无必要在一般侵权冲突规则中引入例外条款（最密切联系原则）？
5. 有无必要在一般侵权冲突规则中引入分割的方法？
6. 如何运用意思自治为非合同之债确定准据法？中国当前非合同之债冲突规则中有关意思自治的规定是否合理？
7. 中国关于产品责任的冲突规则有何改进之处？
8. 何为附属连结机制？附属连结机制就非合同之债法律适用而言有何意义？
9. 不当得利发生地作为连结点的合理性体现在哪里？如何确定不当得利发生地？
10. 无因管理发生地作为连结点的合理性体现在哪里？如何确定无因管理发生地？

典型案例分析

余某芬、曾某元等与张某异议登记不当损害责任纠纷案，广东省高级人民法院（2014）粤高法民一提高第60号

余某芬、曾某元为母子关系，张某与曾某元原为夫妻关系，2009年9月在香港区域法院离婚。张某于2009年10月在深圳市福田区人民法院提起财产分割诉讼，并向深圳市房地产权中心对曾某元拥有福田区某房产的产权比例提出房屋异议登记申请，产权中心予以受理登记。2009年12月，余某芬、曾某元作为前述房产的登记产权人，与案外人刘某强缔结买卖该房产之合同，因一直存在异议登记无法办理房产转移登记，2009年刘某强协议解除合同，余某芬与曾某元赔偿刘某强违约金6万元，并支付了中介佣金及申请撤销异议登记之律师费共计10.5万元。2012年，余某芬、曾某元向一审法院（福田区人民法院）提起侵权之诉，要求张某就异议登记导致其损失进行赔偿。

问：这一诉讼请求如何识别？是应适用《涉外民事关系法律适用法》第44条侵权冲突规则，还是适用《涉外民事关系法律适用法》第36条不动产物权冲突规则，抑或适用《涉外民事关系法律适用法》第24条婚姻财产冲突规则？如果存在附属连结机制，这个案件应如何确定准据法？

第十章　国际商事的法律适用

【内容提示】

国际商事的法律适用是现代国际私法的重要组成。国际商事关系在当代跨国经济交往中呈现复杂多样的格局。类型上，典型的国际商事法律关系涉及信托法、票据法、破产法以及海事海商法。国际信托的法律适用一般优先适用当事人选择的法律。若当事人未选择法律，则一般适用信托财产所在地法和信托关系发生地法。此外，海牙《关于信托的法律适用及其承认的公约》（以下简称《海牙信托公约》）在解决国际信托法律冲突上发挥着重要作用。国际破产往往涉及相关国家的经济利益，在其法律适用上，各国法律通常赋予法院地法较多适用的机会，以尽可能地维护法院地的社会经济利益。对于国际票据的法律冲突，欧美国家很早就确立了一系列法律适用规范。由20世纪30年代两大公约建立的日内瓦票据法体系，促进了许多国家在票据法律制度上的统一。国际海事海商领域的法律冲突，复杂而又庞杂，集中在船舶物权、船舶碰撞、共同海损、海事赔偿责任限制和船舶油污损害赔偿等领域。国际公约和惯例在这些领域的适用较为常见。

第一节　国际信托的法律适用

一、信托的概念

信托（Trust）制度起源于英国，其伴随着人类对财产管理能力的提高而逐渐形成，是关于财产转移和管理的一种制度。顾名思义，信托是一种信任关系，并且是以这种信任关系为基础而发生的财产转移、财产管理等法律行为。迄今为止，对于信托的概念，不同学者以及不同国家的立法，仍存在不同理解。作为传统判例法国家，英美法系国家对于信托的定义多是在总结案例的基础上形成，并且在理论和实践中获得了认可。美国法学会编纂的《美国信托法重述》指出："信托是一种与财产相关的信赖关系（fiduciary relationship），因当事人设立信托的明确意思表示而产生，持有财产所有权的一方，有义务或为慈善或为一人、多人的利益而管理、处分财产。"作为一种管理资产、积累财富的有效手段，信托制度在英美法系国家得到了充分发展和应用，并被大陆法系国家相继引入，成为世界各国广泛采用的财产管理模式。

信托制度的雏形是英国中世纪的用益（Uses）制度。用益制度，是指教徒基于宗教信仰将自己拥有的土地交给第三人，由第三人代替本人经营管理，并将由此产生的所有收益交归教会。在用益制度中，教徒即委托人，为教会利益而管理经营土地的第三人即受托人，教会是最终的受益人。当时，英国社会中没有宗教信仰的农民通过用益制度规避土地赋税。最初的信托制度也可以理解为是为了规避英国赋税的一种制度设计。伴随着英国普通法和衡平法的发展，信托由思想意识逐渐转变为具体的法律规范，形成了英国特有的一种财产管理制度。信托制度在英国出现以后，主要应用于民事领域，受托人多是精英人士，而不是从事商业的法人组织。随着经济的发展，法人组织开始从事信托业务，以受托人的身份代替设立人管理财产并为其谋得利益，自己则从中赚取中间利润。

随着全球化的发展，源自英国的信托制度在全球获得了快速传播。由于信托具有快速吸收民间资金的突出优势，大陆法系国家纷纷开始移植信托制度，在本国境内大力发展信托事业。例如，日本、韩国都有信托成文立法。信托市场的日趋完善和不断发展使得信托制度所涉领域不断扩大，投资、证券、养老、咨询等领域都出现信托的身影。全球很多国家的商事信托选择以基金的形式出现，并赋予基金更为灵活的资金融通和经济协调的功能。

二、国际信托的法律适用

（一）国际信托的法律冲突

20世纪后，大陆法系国家开始逐步引入信托制度。作为"舶来品"，信托制度引入大陆法系国家后，与其本国原有的法律观念产生冲突，尤其是大陆法系国家所恪守的"一物一权"原则与英美法系国家的"双重所有权"概念发生冲突。为了使信托制度更好地适应本土环境，大陆法系国家结合本国的基本环境制定相关的信托法律规范，导致其与英美法系国家在信托法律制度上存在不同程度的差异。

1. 信托识别的法律冲突

英美法系普遍认为，信托财产的所有权与利益相分离，受托人对信托财产享有普通法上的所有权，而受益人对信托财产拥有衡平法上的所有权。一方面，受托人享有信托财产的所有权，可以自由地管理和处分财产，但同时这种"所有权"又不是完全意义上的所有权。受托人虽通过直接占有，有权对信托财产进行管理、处分，但受托人的行为必须符合受益人的利益，遵守信托目的，将信托财产所产生的利益交予受益人；另一方面，受益人对信托财产不直接占有，不参与财产的直接管理和处分，但享有信托财产所产生的收益。

大陆法系恪守"一物一权"原则，无法接受英美法系的"双重所有权"概念。目前，大陆法系对信托的理解存在多种学说，有物权论、债权论、物权—债权论等。从实践上看，大多数大陆法系国家都将信托识别为契约制度。例如，《日本信托法》第1条将信托定义为："本法所称信托，系指有财产权转让和其它处理行为，令别人遵照一定的目的进行财产管理或处理。"我国《信托法》第2条规定，信托"是指委托人基于对受托人的信任，将其财产权委托给受托人，由受托人按委托人的意愿以自己的名义，为受益人的利益或者特定目的，进行管理或者处分的行为"。根据该条规定，信托委托人只是将其财产权"委托"给受托人，受托人不享有财产的所有权，只享有对信托财产的管理、处分权。因此，我国法律不承认英美法系关于信托的"双重所有权"观点，更倾向于大陆法系对信托的理解。

2. 信托当事人权利义务的法律冲突

首先，委托人的权利内容存在法律冲突，主要表现在委托人的知情权和救济权两个方面。

委托人的知情权，是指信托委托人对受托人经营、管理、处分信托财产的行为拥有了解、知悉的权利。英美法系一般没有关于委托人知情权的规定。英美法系的主流观点认为，信托一旦设立，如果委托人不是受益人，就与信托财产的管理、处分无关。除非委托人在信托文件中对知情权予以保留，否则一般而言，只有受益人才能享有这项权利。大陆法系认为，信托由委托人设立，作为信托成立的设立者，委托人在信托法律关系存续期间当然可以了解信托财产的管理、使用情况，查阅受托人提供的相应资料，行使其知情权。大陆法系国家通常在信托法中规定受托人有义务建立信托账簿，全面记录信托财产的使用、产生的收益等情况，以方便委托人及时了解信托财产。

我国《信托法》第 20 条规定："委托人有权了解其信托财产的管理运用、处分及收支情况，并有权要求受托人作出说明。委托人有权查阅、抄录或者复制与其信托财产有关的信托帐目以及处理信托事务的其他文件。"第 21 条规定："因设立信托时未能预见的特别事由，致使信托财产的管理方法不利于实现信托目的或者不符合受益人的利益时，委托人有权要求受托人调整该信托财产的管理方法。"由此可见，我国《信托法》明确赋予委托人知情权，这方面与大陆法系国家的立场基本一致。

委托人的救济权，是指当受托人未履行信托义务导致信托财产毁损、灭失之时，委托人享有申请撤销受托人行为或请求恢复原状或赔偿的权利。英美法系认为，信托合法设立后，信托法律关系的当事人就变成了受托人与受益人，委托人因与信托财产不存在任何实际利益关系而不享有任何权利，自然也就无权对受托人提出申请撤销或请求恢复原状甚至赔偿的要求。

大陆法系国家对于委托人是否享有救济权的规定不尽相同。以日本、韩国等为代表的部分大陆法系国家在信托法律规范中将救济权赋予信托受益人，而非委托人，并且因信托是否登记、公示而区别对待。

我国《信托法》第 22 条第 1 款规定："受托人违反信托目的处分信托财产或者因违背管理职责、处理信托事务不当致使信托财产受到损失的，委托人有权申请人民法院撤销该处分行为，并有权要求受托人恢复信托财产的原状或者予以赔偿；该信托财产的受让人明知是违反信托目的而接受该财产的，应当予以返还或者予以赔偿。"第 49 条第 1 款规定："受益人可以行使本法第二十条至第二十三条规定的委托人享有的权利。受益人行使上述权利，与委托人意见不一致时，可以申请人民法院作出裁定。"据此，受托人如果因违反信托目的或违背管理职责致使信托财产毁损、灭失，委托人享有向法院申请撤销受托人处分行为的权利，并且有权要求受托人恢复信托财产原状或给予赔偿。受托人违背信托目的将信托财产移转给第三人的，若第三人为恶意，则委托人还有权请求该恶意第三人返还或赔偿。同时，这种救济权也赋予了信托受益人。

其次，受托人的义务内容存在法律冲突，包括注意义务和分别管理义务。

受托人的注意义务，是指受托人为了避免信托财产受到损害、严格履行信托目的而加以合理注意的法律义务。大陆法系普遍对受托人注意义务的要求程度较高，除承担一般的注意义务外，还要达到善良管理人的水平。例如，《日本信托法》第20条规定："受托者须遵照信托本旨，以善良管理者的态度注意处理信托事务。"英美法系在这方面的要求没有大陆法系要求的那么严格。司法实践中，除非信托文件对受托人的注意义务另有约定或法律另有规定，受托人在处理信托业务时只要符合普通人的一般注意即可。如果受托人在信托设立时向委托人表示其具有某种不寻常、不一般的能力，受托人在管理和处分信托财产时就应当按照其承诺的能力履行注意义务。

我国《信托法》第25条规定："受托人应当遵守信托文件的规定，为受益人的最大利益处理信托事务。受托人管理信托财产，必须恪尽职守，履行诚实、信用、谨慎、有效管理的义务。"显然，我国法律要求受托人承担较高的注意义务。

受托人的分别管理义务，是指受托人接受信托财产后，需将信托财产与其所拥有的其他财产相区分，不能混为一同进行管理。英美法系对受托人的分别管理义务规定较为详细的是《美国信托法重述》，其对分别管理义务规定了两种例外情形，即在符合一定条件的前提下，受托人可以把信托财产与其个人财产混合，或者将几个信托财产混合。因此，美国信托法律制度对于受托人的分别管理义务规定相对较为宽松、灵活。大陆法系国家对于受托人分别管理财产的规定通常较为明确。《韩国信托法》第30条规定："信托财产须同受托人的自有财产或其他财产分别管理。但信托财产是货币时，与属于自有财产或其他财产的货币另行明确计算即可。"日本信托法亦有类似规定。

我国《信托法》第29条规定："受托人必须将信托财产与其固有财产分别管理、分别记帐，并将不同委托人的信托财产分别管理、分别记帐。"可见，我国法律与日本、韩国等大陆法系国家的规定基本一致，通过约束受托人管理的方式尽可能实现信托目的，保证受益人的利益。

最后，受益人的保护存在法律冲突。英美法系认为，除公益信托外，受益人的利益应由受益人自己维护，不存在通过他人保障受益人利益的相关制度。当受益人认为受托人违背信托目的造成信托财产受损时，受益人须通过诉讼程序维护自身利益。与英美法系不同，大陆法系的日本和韩国在信托法中特别设计了信托管理人制度。当受益人不确定、尚不存在等特殊情况下，应当由法院依请求或依职权选任信托管理人，避免对受益人的利益造成损害。在英美法系国家，出现受托人职位出现空缺的情况时，或者依照信托条款指定的人作为继受受托人，或者由法院指定，没有类似于大陆法系的信托管理人制度。

我国《信托法》第64条规定："公益信托应当设置信托监察人。信托监察人由信托文件规定。信托文件未规定的，由公益事业管理机构指定。"由此可见，在公益信托中，为了保证不特定受益人的利益，必须设立信托监察人，通过第三方的监督加强对受益人利益的保护。此外，我国设立信托监察人须依照信托文件，或由公益事业机构制定，法院不得依其职权或依申请指定。

3. 信托财产权的法律冲突

信托财产权的差异主要是指两大法系对于信托财产所有权性质的分歧。英美法系将信托视为具有"双重所有权"性质的概念，受托人在信托关系存续期间，虽然直接持有信托财产并可以对其管理、处分，但不得将信托财产与其个人所有的私人财产混同管理，也不可以完全按照自己的意志管理、处分信托财产，而信托财产最终的收益也不归受托人所有。英美法系将受托人的这种所有权称为"普通法上的所有权"。受托人所有权中缺少的对信托财产的受益权归受益人所有，即英美法系所称的"衡平法上的所有权"。大陆法系国家由于传统上受到"物权法定"原则和"一物一权"原则的影响，在所有权的概念上没有作出普通法与衡平法之分，强调的是严格所有权观念，即所有权是完整的、单一的，对于信托法律关系中的受益权没有作出明确界定，导致很难对受托人和受益人所享有的权利性质作出判断。从信托立法和相关实践来看，大陆法系国家对于信托财产权利的归属或法律性质等问题多采取回避的态度。我国《信托法》对信托财产权的归属及其性质也没有作出明确规定。

（二）国际信托的法律适用

国际信托的法律冲突给各国的国际交往和经济生活带来了许多不便，各国在立法和司法实践等方面对这个问题作出了相关规定，形成了一系列关于国际信托的冲突规范。由于英美法系与大陆法系在信托制度设计上存在重大差异，两大法系关于如何解决国际信托法律冲突的路径也存在明显的差异。

1. 英美法系关于国际信托的法律适用

（1）信托有效性的法律适用

按照英国对信托法律关系的传统分类，信托有效性的法律适用可以分为动产信托有效性和不动产信托有效性的法律适用两部分。

英国对于动产信托有效性的法律适用首先遵照意思自治原则，即信托设立人可以选择信托有效性适用的准据法，法院尊重当事人的意思表示；当事人未作出选择准据法的意思表示，则依动产信托的具体类型分别对待。如果是生前信托，法院会尽可能探求当事人的意思表示，不能判断的，适用与信托有最密切联系地的法律；如果是遗嘱信托，法院则适用设立人死亡时住所地的法律。不动产信托有效性的法律适用相比于动产信托更为简单，即受不动产所在地法支配。如果不动产完全位于一个国家之内，那么不动产信托的有效性自然应适用不动产所在地国家的法律；如果不动产位于不同的国家，或者信托财产中既有动产又包括不动产，则在判断信托有效性的法律适用时，英国学者主张将位于不同国家的不动产或既有动产又有不动产的信托财产视为一个整体，由信托自体法（proper law of trusts）进行支配。所谓信托自体法，首先是信托当事人选择适用的法律，在当事人没有选择的情况下，则是与信托关系具有最密切联系地的法律。

再看美国的相关规定。根据1934年《美国第一次冲突法重述》，信托可以分为生前信托和遗嘱信托、动产信托和不动产信托这两大类,这与英国传统的分类方式相似,略有不同的是《美国第一次冲突法重述》将动产信托细分为有形动产和无形动产。在生前信托体系中,如果是以有形动产作为信托财产设立的信托,信托有效性适用信托设立时动产所在地法律;对于无形动产设立的信托,则要适用信托设立时所在地法律判断有效性。在遗嘱信托体系中,无论信托财产是有形动产还是无形动产,信托的有效性适用遗嘱人最后住所地法律。对于不动产信托,无论是生前信托还是遗嘱信托,都直接适用不动产所在地的法律。

1971年《美国第二次冲突法重述》与第一次相比有了较大变化。最密切联系原则在《美国第二次冲突法重述》的体系中处于核心地位,是贯穿《美国第二次冲突法重述》的一条主线。例如,在确定生前动产信托有效性适用何种法律时,除可以适用动产所在地或信托行为设立地法律以外,当事人还可以自由选择适用的法律,但不得违反与信托具有最密切联系地的公共秩序;如果当事人没有选择适用的法律,则依照与信托具有最密切联系的法律解决生前动产信托的有效性。

除上述两次冲突法重述外,《美国统一信托法》对于信托有效性的法律适用也作出了原则性的规定。《美国统一信托法》第1章第107条准据法(governing law)中规定,信托条款的含义和效力由以下法律决定:(1)信托条款中指定的管辖法律,除非指定的法律违背与该信托事项具有最密切联系的公共秩序;(2)信托条款中未指定的,与信托事项具有最密切联系的法律。由此可见,对于信托有效性的法律适用规则,美国遵从"意思自治原则"与"最密切联系原则",认为当事人可以按照自己的意思表示选择信托效力适用的法律;对于没有选择的,依照最密切联系原则确定适用的法律。

(2)信托管理与解释的法律适用

信托文件解释的法律适用方面,英国法院通常以信托设立人的意图为出发点,结合信托设立人所处的历史环境、社会背景、法律制度等多方面,努力探求设立人的意思,并依此对有关信托文件解释的法律冲突作出判决。

信托管理的法律适用在英国则存在分歧,原因如下。第一,划分信托管理与信托有效性的标准尚不明确。第二,判例不统一,判决结果多样。在英国的众多判例中,既有适用信托管理地法律解决信托管理法律冲突的,同时部分案例也存在适用信托自体法的情况。第三,确定信托管理地的标准不统一,导致难以判断信托管理地,为确定信托管理地法律带来了困难。通常情况下,法院首先会考虑信托当事人的意思表示,充分尊重当事人选择适用的信托管理地法律;如果当事人没有选择,多数判例支持适用信托管理地法律。英国《1987年承认信托法》吸纳了《海牙信托》的内容。该法实施后,英国对国际信托的法律适用与《海牙信托公约》规定一致。

美国第一次和第二次冲突法重述对信托管理和信托解释的法律适用都作出了规定。《美国第一次冲突法重述》规定:(1)不动产信托,无论是生前信托还是遗嘱信托,其信托管理适用不动产所在地法律,对于信托的补充解释没有做相关规定;(2)生前动产信托的管理适用委托人指定的信托管理地的法律,补充解释则适用信托设立时委托人的住所地法律;(3)遗嘱动产信托的管理首先适用立遗嘱人指定的信托管理地法律,当立遗嘱人没有指定时，适用立遗嘱人最后住所地法律，补充解释则适用立遗嘱人最后住所地法律。

《美国第二次冲突法重述》与第一次相比略有变化，其规定：（1）不动产信托管理的法律适用通常情况下适用不动产所在地法律，同时允许委托人指定准据法，对于信托的补充解释适用委托人指定的法律，没有指定时适用不动产所在地的法律；（2）生前动产信托的管理适用当事人指定的法律，没有指定根据最密切联系原则确定，补充解释适用委托人指定的法律，没有指定时适用信托管理地法或推定委托人的意愿确定适用的法律；（3）遗嘱动产信托的管理首先适用立遗嘱人指定的准据法，没有指定的适用立遗嘱人最后住所地法，补充解释适用立遗嘱人指定的准据法，没有指定的适用信托管理地法或推定当事人意愿。

2. 大陆法系关于国际信托的法律适用

由于与英美法系国家固有的传统法律差异，大陆法系国家坚持的"一物一权"原则与英美法系认可的"双重所有权"原则在信托法律关系中形成了强烈的冲突，也使得大陆法系国家对于国际信托的承认和判决有着巨大困难。除与英美法系国家的法律冲突外，信托制度在大陆法系国家间的发展也并不均衡。部分较为先进的国家，如韩国、日本等国家较早引入了信托制度，并且逐渐在实践中形成了信托法律规范；有些国家则未在本国建立信托制度，德国时至今日尚未形成一部完整规范受托人在信托法律关系中权利义务的单行法规。还有一部分国家，虽然引入了信托制度并形成了相关的成文法规，但是发展的水平较为有限。总而言之，大陆法系国家信托制度的发展整体上相对落后。

大陆法系国家对国际信托的法律适用规则大多散落于判例或实践中，与国际信托法律适用有关的立法也相对较少。无论是信托理论方面，还是信托制度方面，大陆法系国家与英美法系国家相比都有着一定的差异和差距。具体而言，大陆法系国家在确定国际信托的法律适用时普遍认可当事人意思自治原则，对于当事人选择的准据法予以承认；涉及不动产的信托法律适用则依照不动产所在地法；对于英美法系国家普遍适用的最密切联系原则，大陆法系国家并没有在实践中过多的采用。

对于信托关系的法律适用，我国《涉外民事关系法律适用法》第17条规定："当事人可以协议选择信托适用的法律。当事人没有选择的，适用信托财产所在地法律或者信托关系发生地法律。"该条文可以从两个角度来理解。第一，国际信托的法律适用采取意思自治原则，允许信托法律关系当事人协议选择准据法。在信托法律关系中，当事人包括委托人、受托人和受益人三方。由于我国倾向将信托视为契约，因此在选择信托准据法时强调当事人的合意，这也符合我国《涉外民事关系法律适用法》第41条的规定。第二，当事人没有选择准据法时，以信托财产所在地或者信托关系发生地为连结点确认适用的准据法。在这一冲突规范中有两个系属，且两个系属没有主次之分，属于无条件的选择型冲突规范。"信托财产所在地"为物之所在地，"信托关系发生地"为行为地。物之所在地原则是世界各国在确认涉外法律关系准据法时普遍遵从的原则，就信托关系而言，如果信托财产是不动产，依据不动产所在地的法律解决国际信托纠纷具有合理性。行为地法是指法律行为所在地域的法律，常见的系属公式有法律行为发生地和法律行为履行地等。

三、《海牙信托公约》

为了缓解两大法系关于信托的法律冲突，促进各国在国际信托法律适用上的统一，1984年海牙国际私法会议第15次会议的全体会议上通过了《海牙信托公约》。包括中国在内的36个国家参加了此次会议。《海牙信托公约》于1992年1月1日生效，成为国际信托法律适用问题方面的一部全球性公约。《海牙信托公约》由前言和正文组成。正文一共5章，其中第2章第6条至第10条对信托的法律适用作了规定，按照当事人意思自治原则、最密切联系原则以及分割适用的方法确定支配国际信托法律关系的准据法。实际上，公约在确定准据法的方法上采纳了部分英美法系国家的理念。

（一）当事人意思自治原则

《海牙信托公约》第6条规定，信托受信托设立人选择的法律调整。这意味着当事人选择的准据法具有优先效力。当事人选择准据法的方式既可以是明示的，也可以默示的。《海牙信托公约》对当事人意思自治原则的规定较为宽松。首先，可以适用当事人意思自治原则的信托范围较广。《海牙信托公约》对信托不作类似英美法系的分类，无论是生前信托还是遗嘱信托、是动产信托还是不动产信托，信托设立人都可以选择信托关系适用的准据法。其次，当事人可以自由选择的法律范围较广。设立人可以自由选择信托关系适用的法律，不必与信托关系具有实际联系。当然，这种自由选择并非完全没有限制。《海牙信托公约》第6条还规定，设立人选择的法律，如果不承认或没有此种信托，则设立人的选择无效。此外，《海牙信托公约》第13、15、16条对于不合理选择以及法院地的强制性规则作出了规定。再次，设立人可以选择不同的法律调整信托所涉及的不同问题。最后，设立人选择的法律并非一成不变。根据《海牙信托公约》第10条，调整信托有效性的法律可以决定该法律或适用于信托其他问题的法律能否被其他法律替代。

（二）最密切联系原则

根据《海牙信托公约》第7条规定，如果信托设立人没有选择信托适用的法律，应按最密切联系原则确定准据法。对此，应特别考虑以下因素：（1）信托设立人指定的信托管理地；（2）信托财产所在地；（3）受托人住所地或营业地；（4）信托履行地。《海牙信托公约》以上所列举的判断最密切联系地的因素在确定信托准据法中具有重要的参考意义。如果根据当事人的明示或默示选择无法确定准据法时，以上因素在确定准据法时应纳入考虑范围。

（三）分割适用原则

分割适用原则，是指将某一法律关系作分割处理，不同方面适用不同的法律，确保法律适用的针对性和合理性。就信托关系所涉及的具体问题而言，如信托有效性、信托的管理、信托的解释等，分别适用其各自应当适用的法律。《海牙信托公约》第9条规定，适用本章时，信托可分割的部分特别是有关信托管理的事项，可授予信托其他部分不同的法律调整。结合《海牙信托公约》第1条关于当事人意思自治的规定可知，该公约既允许设立人将信托视为一个整体作出法律选择，也可以将信托分割为若干方面分别选择应当适用的法律。

《海牙信托公约》引入分割适用原则在一定程度上采纳了英美法系的做法。英美法系对信托的法律适用规则通常采取分割方法，从信托的有效性、信托的解释、信托的管理等不同方面，对信托提供不同的法律适用规范。

第二节　国际破产的法律适用

国际破产涉及相关国家的经济利益乃至公共政策，其立法存在差异，法律冲突不可避免。在国际破产的法律适用问题上，各国法律通常采取分割制，并且赋予法院地法较多适用的机会，以尽可能地维护法院地的社会经济利益。

一、国际破产的概念

破产（Bankruptcy），是指债务人不能清偿到期债务，法院根据债务人或债权人的申请，将债务人的财产依法分配给债权人的一种法律制度。而国际破产则是指含有国际因素的破产，其主要表现为债权人、债务人或破产财产处在不同的国家。国际破产既涉及各国法院的管辖权，也涉及物权关系和债权关系，还涉及法律适用问题和跨国破产的国际合作问题。

国际破产可分为单一破产制和复合破产制。单一破产制，是指在一国对债务人宣告破产，该宣告不仅及于破产人位于不同国家的财产，而且及于该债务人在宣告国境外的财产，一并归入破产财产的范围，并依宣告国法律在各债权人之间公平分配财产的效力。在这种制度下，债权人无须就破产人在其他国家再次申请破产宣告。目前采用单一破产制的国家主要有法国、比利时、荷兰、挪威等。单一破产制程序唯一，使国际破产较为便捷。但由于国际破产涉及不同国家的经济利益，甚至公共政策，因此，要使单一破产制得到相关国家的承认和执行，必须存在国际条约保障。但在现阶段，要制定出一个采用单一破产制而又能为国际社会所普遍接受的国际条约是相当困难的。20世纪初期，海牙国际私法会议就着手讨论和制定有关国际破产的公约草案，然而迄今都未取得成功。

复合破产制，是指债务人在一国被宣告破产，其效力仅及于宣告国境内；而对于债务人位于其他国家的财产仍需申请人向债务人财产所在国家提出申请。也就是说，一国的破产宣告仅具有域内效力，而不具有域外效力。如果债务人的财产分散于不同国家，申请人必须在财产所在地国按各国的法律申请破产。目前采用复合破产制的国家主要有日本、瑞士、德国和美国等。

二、破产宣告的域外效力

所谓破产宣告的域外效力,是指债务人在一国被宣告破产时,能否把其位于外国的财产归入破产财团的问题。对此,各国的学理和实践颇不一致,总体而言,有三种不同的规定和主张。

(一)普及破产主义

普及破产主义认为,当债务人在一国被宣告破产,不管其财产位于何处,均应归入破产财产,其他国家应帮助破产管理人收集当地的财产,制止个别债权人自行扣押。采用普及破产主义的国家有美国、法国、希腊、意大利等国以及1925年海牙《关于破产法的统一公约草案》,1928年《布斯塔曼特国际私法典》。1978年《美国破产改革法》第70条规定:"接管人对破产企业之全部财产,无论其位于何处均享有权利。"

普及破产主义坚持"一人一破产"的原则,允许破产财产的全球分配和管理,给破产债权人提供了更大的受偿保障,有助于实现债权人的平等待遇,有助于防止对位于破产宣告国外的财产的个别扣押,但该主张忽视了各国的经济主权,在实践中则可能因为财产分散、语言障碍、对他国司法的信赖程度等方面原因产生很大困难。

(二)属地破产主义

属地破产主义认为,一国法院所作的破产宣告,其效力仅及于破产人在该国领域内的财产,而其位于外国的财产,除非被财产所在国债权人扣押或在财产所在国又开始一次破产程序,则应继续保留在债务人手中。在立法上采取这一主张的国家有阿根廷、日本、瑞士、德国等。

属地破产主义有利于破产程序的简单化,有利于保证破产的有效与稳定,对于维护法院地国的主权和经济利益有一定的积极意义,是一种比较现实的主张。但属地破产主义容易导致债权清偿的不平等,不利于各国经济的开放和合作。

(三)折中主义

所谓折中主义,是指兼采用普及破产主义和属地破产主义以确定破产宣告的域外效力的方法。在实践中,有的国家主张自己国家所作的破产宣告具有普及效力,而外国所作的破产宣告只具有属地效力。有的国家如英国则视财产的性质区别对待,对债务人的动产具有普及效力,对债务人的不动产则仅有属地效力。

欧洲联盟1995年破产程序公约是折中主义的典型代表。虽然各国力求寻找一种折中的解决办法,但事实上,为了保护本国债权人的利益,许多国家都采取了双重做法。一方面尽可能地将本国破产宣告的效力扩展到其他国家,另一方面则倾向于不承认外国破产宣告的效力。在不少国家,尤其是采取属地破产主义的国家,实践中常常以承认和执行外国判决的方法来解决这个问题。

(四)我国的立场

我国2006年《企业破产法》第5条规定:"依照本法开始的破产程序,对债务人在中华人民共和国领域外的财产发生效力。对外国法院作出的发生法律效力的破产案件的判决、裁定,涉及债务人在中华人民共和国领域内的财产,申请或者请求人民法院承认和执行的，人民法院依照中华人民共和国缔结或者参加的国际条约，或者按照互惠原则进行审查，认为不违反中华人民共和国法律的基本原则，不损害国家主权、安全和社会公共利益，不损害中华人民共和国领域内债权人的合法权益的，裁定承认和执行。"

由此可见，我国破产法原则上采取了普及破产主义。根据上述我国《企业破产法》的规定，我国法院作出的破产宣告具有域外效力，并以承认与执行外国判决或裁定的方式，有条件地认可外国破产宣告的域内效力。

三、国际破产的法律适用

国际破产案件在管辖权问题上一般都排除当事人的协议管辖，通常考虑债务人的主要营业所在地、住所地、主要财产所在地、债务人的国籍等作为行使管辖权的依据。由于国际破产案件牵涉面广，因此各国对国际破产案件的法律适用多采用分割制，即根据不同的环节和阶段分别确定不同的准据法。一般而言，国际破产的法律适用包括破产要件、破产程序、破产债权、破产财产和破产管理等方面所应适用何种法律的问题。

（一）破产要件的法律适用

破产要件，是指对债务人提起破产申请的必备或者最低条件要求，主要包括破产能力、破产原因、是否须经申请及申请人的资格、要否先行和解以及法院有无管辖权等方面。

各国立法对破产能力、申请人的资格、法院的管辖权、破产原因以及是否有多个债权人存在等方面的规定不尽相同。以破产原因的规定为例，英美法系国家多采取列举式的立法体例，而大陆法系国家多为概括式的立法体例。

大陆法系国家破产立法多以不能清偿（can not pay）、债务超过（insolvent）和停止支付（cease to pay）等情况作为宣告债务人破产的原因。例如，《法国破产法》第1条规定："凡停止支付的商人，限在15日内，向其主营业场所所在地的商事法院书记官申请开始破产或裁判整理程序。"而且，停止支付为宣告商人破产的唯一原因。根据《德国破产法》第102条，不能清偿为债务人破产的一般原因，停止支付推定为不能清偿。而《德国破产法》第207条第1款规定债务超过为公司破产的特殊原因。《日本破产法》第162条、第127条第1款的规定与德国规定相似。我国《企业破产法》第2条规定破产原因如下，"企业法人不能清偿到期债务，并且资产不足以清偿全部债务或者明显缺乏清偿能力"。

传统上，英美法系国家对破产原因采用列举式规定。所涉情形主要有：债务人为债权人的利益而向其转让全部财产的行为；债务人诈欺性转让财产的行为；债务人向个别债权人特别转让财产的行为；债务人隐匿躲债的行为；债务人的财产被强制执行；债务人向债权人或者法院明示无力清偿债务的行为；债务人实施破产犯罪的行为；可引起破产程序开始的其他行为。

由上可见，破产要件的法律冲突不可避免。一般说来，破产要件涉及的主要是诉讼权限和诉讼形式，也就是诉讼程序问题。根据程序问题依法院地法原则，破产要件适用法院地法，也就是破产程序开始地法或破产宣告地法。

（二）破产程序的法律适用

破产程序，是指债务人不能清偿债务时，法院依破产法的规定，强制处理债务人的财产并公平偿付给各债权人的一种法定程序。从各国立法来看，关于破产程序，特别是破产开始的规定不同。

一般来说，普通法系多采取受理开始主义，即破产程序以法院受理破产申请为开始的标志。据此，破产程序一般包括受理、审理、宣告和清算四个主要阶段，其中可能包含和解程序。我国破产法即采取受理开始主义。

大陆法系国家多采取宣告开始主义，即破产程序以法院宣告债务人破产为唯一标志，没有破产宣告就没有破产程序。据此，破产程序仅由破产宣告程序和破产清算程序构成，其中也可能有和解程序。我国台湾地区"破产法"即采取宣告开始主义。

在破产宣告方面，有的国家采取破产宣告申请主义（如我国现行破产法），少数国家采取破产宣告职权主义。多数国家则以申请主义为主，以职权主义为补充。

总体而言，鉴于破产程序属于程序法问题，在国际私法上一般应适用受理案件的法院地法，即破产开始地法或破产宣告地法。

（三）破产债权的法律适用

破产债权，是指破产宣告前成立的，依破产程序申报并被确认的，只能从破产财产中得到清偿的财产请求权。破产财产仍为基于合同、侵权、无因管理、不当得利或其他法律事实而发生的债权，仅仅由于债权的受偿以特定的破产财产为责任财产，债权的行使必须通过破产程序，才被称为破产债权。

各国立法对破产债权的范围、确定及清偿顺序的规定不同，法律冲突在所难免。就破产债权的范围而言，各国立法中有广义和狭义之分。广义的破产债权，是指破产宣告前成立的对破产人享有的无财产担保的一切财产请求权，包括优先权和普通债权等。根据《日本破产法》第15条、第39条和第46条的规定，破产债权不仅包括无财产担保的普通债权，而且包括具有先取特权或者其他优先权性质的请求权等。狭义的破产债权则仅指破产前成立的对破产人享有的非优先的普通债权。

对于破产债权的法律适用，主要有两种主张。一种主张认为，破产债权应该适用破产宣告地法，即法院地法。尽管破产债权是否存在，应当依该债权本身所涉法律关系的准据法确定，但关于破产债权的范围及受偿顺序则应该依破产宣告地法。另一种主张则认为，破产债权应该适用破产宣告时财产所在地法。因为破产问题涉及破产宣告时财产所在地的经济利益，甚至公共政策。

（四）破产财产的法律适用

破产财产，亦称破产财团，是指破产宣告时至破产程序终结期间，依法由破产管理人占有、支配、并用于破产分配的破产人的全部财产。破产财产是破产宣告后继续进行破产程序的基础，也是破产债权人通过破产程序获得清偿的物质保证。因此，如何确定破产财产的范围关系到破产人和债权人的切身利益。各国均对破产财产的范围、破产财产的识别以及与破产财产有关的其他权利作了规定，主要有两类立法主张。

膨胀主义认为，破产财产由破产人在破产宣告时所有的财产以及破产宣告后至破产程序终结前所取得的财产构成。也就是说，在破产宣告至破产程序终结之间的这段时间内，破产人以任何合法方式取得的任何财产，都由破产财产吸收而不能由破产人处分。法国、意大利、奥地利、瑞士、比利时、葡萄牙、西班牙、荷兰、瑞典、挪威、丹麦、英国、新西兰、澳大利亚、印度、阿根廷、巴西、墨西哥、智利、苏联、泰国等立法采用破产财产膨胀主义。我国《企业破产法》第 30 条规定："破产申请受理时属于债务人的全部财产，以及破产申请受理后至破产程序终结前债务人取得的财产，为债务人财产。"显然，我国也采用了膨胀主义立法原则。各国立法在采取膨胀主义的同时，也规定了破产的自然人的自由财产或豁免财产，如生活必需品、职业或教育用品、祈祷用品、人身损害赔偿请求权，或者是低于一定价值的财产等，一般不属于破产财产。

固定主义认为，破产财产仅指破产人在破产宣告时所有的或已经取得的财产，不包括破产宣告后破产人取得的财产。德国、日本、美国和韩国等有关立法采取破产财产固定主义。例如，《德国破产法》第 1 条规定，破产财产以破产人在破产宣告时所有的且可以被强制执行的财产为限。

除此以外，采用普及破产主义的国家认为，破产财产包括破产人位于国内外的全部财产；而采用属地破产主义的国家则认为破产财产仅包括破产人位于内国的财产。瑞士的立法则又有所不同。1987 年《瑞士国际私法》第 172 条第 3 款规定："如果债权人在外国破产程序中已得到部分清偿，其已得数额在扣除其所花费用之后，应计入在瑞士的程序中归属于债权人的金额之内。"而且，就采取普及破产主义的国家来说，外国破产财产是否应包括破产人在内国的不动产部分，各国的规定也有所不同。

可见，破产财产方面的法律冲突也是显而易见的。对此，一般区别具体情况，分别援用冲突规则，以确定其应适用的法律：破产财产的范围适用破产宣告地法（即法院地法）；破产财产中的动产与不动产的识别适用财产所在地法；债权人对破产财产的物权也适用物之所在地法；债务人对抗债权的权利适用破产宣告地法（即法院地法）。

（五）破产管理的法律适用

破产管理一般包括破产管理人的任命或指定，债权的申报，债权人会议的成立及其权力，对破产财产的占有、清理、登记、估价、变卖、处理和分配，参与有关破产财产的诉讼、和解或者仲裁，以及办理破产企业的注销登记等方面。破产管理的内容比较庞杂，既涉及实体问题，也涉及程序问题。

综观各国破产立法，关于破产管理的规定存在各种差异。如破产管理人制度，两大法系国家的立法有着显著不同。大陆法系国家多实行破产程序宣告开始主义，即在破产宣告之前，破产程序并未开始，债务人的民商事主体地位并无变化，没有理由设立专门的财产管理人来接管债务人的财产。如确有保护债权人财产权利的必要，则通过诉讼保全措施，由法院来实现。因此，破产管理人在破产程序开始后才设立并行使破产财产的管理权。例如，根据《德国破产法》的规定，法院在宣告债务人破产时，应当立即委任破产管理人。

而普通法系国家多实行破产程序受理开始主义，因而建立了分阶段的财产管理人制度，在法院受理破产案件至破产宣告之前，债务人的财产由临时财产管理人负责管理；

宣告破产后，债务人的财产则由破产管理人管理。

鉴于破产管理主要与破产管理地具有最密切的联系，普遍认为，应该适用破产管理地法律，即法院地法或破产宣告地法。破产管理中的程序问题依破产管理地法，争议不大。但其中的实体问题是否仍适用管理地法则存在争议。对此，应当区分不同情况或者适用法院地法或者适用原法律关系自身的准据法，涉及不动产的实体权利问题还应适用财产所在地法。

第三节 国际票据的法律适用

一、票据的概念及法律冲突

票据，是指由出票人签发，约定由出票人自己或者委托其他人，在见票时或者在约定的日期，无条件向持票人支付确定金额的有价证券。

12世纪，由于地中海贸易的繁荣及封建城邦之间货币的差异，在意大利催生了近代意义的票据——兑换证书。票据的含义由各国国内法的具体情况而定，比如，德国和日本法中票据只包括汇票和本票，不包括支票；英国和美国甚至无"票据"这一概念，仅对汇票、本票和支票统一立法或单独立法；但一般都认为票据包括汇票、本票、支票三种形式。我国则一直沿用票据的概念，认为票据包括汇票、本票、支票。票据是有价证券中的设权证券，具有要式性、无因性、文义性等特征。

根据各国票据立法内容的差异，可以将各国票据立法归类为法国法系、德国法系、英美法系。后来，法国法系和德国法系融合为日内瓦统一法系，现今世界上的票据法主要存在日内瓦法系和英美法系两大体系。各国在票据的种类、形式要件、票据行为、时效制度以及对票据与其发生原因之间是否独立等问题上都有不同规定，由此会产生票据法上的法律冲突。

对于票据的法律冲突，国际社会很早就已经着手通过条约的方式予以解决。在1930年和1931年，由国际联盟在日内瓦召集票据法统一会议和支票法统一会议，这一系列会议制定了1930年《统一汇票本票法公约》、1930年《解决汇票及本票若干法律冲突公约》、1931年《统一支票法公约》、1931年《解决支票若干法律的冲突公约》四个关于票据法的公约，统称"日内瓦公约"或"日内瓦统一法体系"。大陆法系的多数国家参加了该公约体系，并以此为标准修改了本国国内法。不过，英美法系国家没有参加上述公约。所以，从国际层面上看，世界上仍然存在两大票据法体系。第二次世界大战后，联合国国际贸易法委员会为进一步统一国际票据法，于1973年成立国际票据法工作小组，草拟了《联合国关于统一国际票据法的公约草案》，后又于1988年12月9日，在美国纽约订立了《联合国国际汇票和国际本票公约》。但上述努力也并没有完全消除票据的法律冲突。

二、国际票据的法律适用

国际票据法律关系，一般是指票据法律关系的主体、客体和产生该票据法律关系的法律行为或事实涉及国际性的法律关系。但我国《票据法》第 94 条第 2 款规定，涉外票据是指出票、背书、保证、付款等行为中，既有发生在中国境内又有发生在中国境外的票据。可见，我国《票据法》上实际只以法律行为是否有涉外性这一个标准来进行认定，没有体现其他标准。这与最高人民法院《关于适用〈中华人民共和国涉外民事关系法律适用法〉若干问题的解释（一）》第 1 条对涉外民事法律关系的解释不同。从涉外票据的法律适用角度看，主体、客体、权利义务三要素有一个具有涉外因素就会产生法律冲突以及法律适用的问题。

处理国际票据法律关系的统一冲突法主要有《统一汇票本票法公约》《解决支票若干法律的冲突公约》。此外，区域性的公约则包括《美洲国家间关于汇票、期票和发票法律冲突的公约》及《美洲国家间关于支票法律冲突的公约》等。各国国内法很早就确立了有关涉外票据法律关系的法律适用规范，如英国早在 1882 年就制定了《英国票据法》，对涉外票据法律关系的法律适用问题作出规定。同为普通法系的美国则在《美国第二次冲突法重述》中确立了类似的规范。大陆法系国家的相关法律，如《德国票据法》第 4 章、《德国支票法》第 12 章、《日本票据法》，都有关于涉外票据的冲突法规范。下面结合我国现行《票据法》的规定，阐述票据关系的若干法律适用问题。

（一）票据行为能力的法律适用

关于票据行为能力的法律适用，普遍认为，应当由票据当事人的属人法来决定。大陆法系国家一般主张依本国法决定；英美法系国家则主张适用住所地法。目前，各国在该问题的法律适用上，除坚持属人法外，往往以行为地法作为补充。

在票据的法律适用上，由于涉外票据特别注重流通性，票据行为的一方当事人不可能对于另一方当事人国家有关权利能力和行为能力的规范有确切的了解，引入行为地法有利于票据的迅速流通，维护交易安全。这一点在日内瓦票据法冲突公约中也有所体现。公约规定当事人承担票据义务的能力，原则上由其本国法决定，但依其本国法无行为能力，或仅有限制行为能力而依行为地法有完全行为能力者，则适用行为地法。特别值得关注的是，日内瓦公约允许在票据行为能力的法律适用中运用反致制度。

因此，具体到票据当事人能力的法律适用问题，主要有两种做法：一种是以属人法为主以行为地法为辅，另一种是坚持属人法同时接受反致。这两种主张殊途同归，只要属人法和行为地法中有一个承认当事人的能力就使得当事人的行为有效。

我国《票据法》第 96 条规定，票据债务人的民事行为能力，适用其本国法律；票据债务人依其本国法无行为能力或限制行为能力而依行为地法有完全行为能力者，适用行为地法。可见，我国在当事人的能力的法律适用上采取了"以属人法为主以行为地法为辅"的做法。不过，我国《票据法》以及《涉外民事关系法律适用法》没有采用反致。

（二）票据形式的法律适用

对于票据的记载事项，各国票据法的要求不一。如日内瓦法系国家一般要求票据如汇票要写明"汇票"字样；而英美法系国家则不要求必须写明是何种性质的票据。由此产生了票据形式有效性冲突的问题。关于票据的形式，一般是适用出票地或支付地的法律。我国在票据形式的法律适用问题上的做法比较独特。《票据法》第97条规定，汇票、本票出票时的记载事项，适用出票地法；支票出票时的记载事项，适用出票地法，经当事人协议也可以适用付款地法。该条对于汇票、本票与支票作了不同的规定，其主要体现在，支票形式的法律适用允许"当事人意思自治"。

(三) 票据行为方式的法律适用

票据行为方式要件的准据法通常是行为地法。这一规则源于古老的"场所支配行为"法则。出票、背书、承兑、保证等基本票据行为在方式上的有效性完全取决于是否遵守了行为地法。各国对于票据行为方式的要求是强制性的。我国《票据法》第98条规定："票据的背书、承兑、付款和保证行为，适用行为地法律。"可见，在票据行为的法律适用问题上，我国统一规定应适用行为地法律。

(四) 票据债务人义务的法律适用

票据一经开出，则在相关当事人间产生债权债务关系。其中，汇票的承兑人和本票的出票人对持票人所负债务为主债务，而汇票的出票人、背书人以及本票背书人、支票出票人对持票人则负有从债务，即第二性的债务，在主债务人不能履行付款义务时而产生。对主债务，依据日内瓦公约的规定，应依据付款地法律。关于从债务的法律适用，则依签字地的法律。这符合从债务人的利益，可避免使其承担不可预见的风险。我国《票据法》对此没有明确的规定。

(五) 票据追索权行使期限的法律适用

追索权，是指票据不获承兑或者不获付款时，持票人对其前手请求偿还的权利。追索权是票据权利人的第二次求偿权，对于确保票据权利的实现意义重大，是一种非常重要的票据权利。

各国票据法规定，持票人不在规定的期限内行使或者保全票据权利，通常会丧失对其前手的追索权。不过，各国对于行使追索权的期限规定有所不同。日内瓦公约主张适用票据成立地法，即出票地法；德国和日本的票据法也有同样的规定。我国《票据法》第99条也规定："票据追索权的行使期限，适用出票地法律。"而英国的票据法则规定适用行为地法或者拒绝付款地法。

(六) 票据权利保全与行使的法律适用

有关票据权利的保全与行使等行为，如票据的提示期限、有关拒绝证明的方式、出具拒绝证明的期限等，规定适用付款地法律。有关票据保全的程序，也适用付款地法律。这为日内瓦公约和各国的立法实践所认同。我国《票据法》对此也有明确的规定。具体来说，《票据法》第100条规定："票据的提示期限、有关拒绝证明的方式、出具拒绝证明的期限，适用付款地法律。"第101条规定："票据丧失时，失票人请求保全票据权利的程序，适用付款地法律。"

第四节 国际海事的法律适用

一、国际公约与惯例的适用

传统的海事法律制度，如海上货物运输、船舶碰撞、海事赔偿责任限制、共同海损等，均以国际海事条约或国际航运惯例的形式获得大多数国家的认可和适用，对各国的海事立法产生了深远影响。

（一）国际公约的适用

海商法从其诞生开始就天然具有国际性。在海商法的发展历程中，尽管各国立法或判例存在差异，但是随着航海技术和国际航运业的发展，各国海商法的统一化程度也越来越高。具体表现在其统一实体法进程取得了丰硕的成绩，在国际海事委员会（Comite Maritime International，CMI）和联合国国际海事组织（The International Maritime Organization，IMO）等国际组织和各国政府的努力下，众多多边国际实体条约和双边国际实体条约不断被推出。而且，统一化仍是海商法发展的重要趋势。我国作为世界航运和贸易大国，先后缔结和加入了多部国际海事条约，内容涵盖海上安全、船员适任与权益、海上旅客运输、船舶碰撞、海难救助、船舶油污损害赔偿，等等。

在国际海事条约的具体适用问题上，根据我国《海商法》第 268 条的规定，具有涉外因素的海事关系优先适用我国缔结或加入的国际海事条约。不过，对于国际海事条约能否直接适用于无涉外因素的海事关系，《海商法》未作规定。海事司法实践中，法官在具体案件中能否直接援引或依据国际海事条约的规定作出司法裁判，特别是对于无涉外因素的海事关系能否直接援引和依据国际海事条约的规定确定当事人之间的权利和义务关系，涉及国际海事条约是否具有国内法效力、能否直接适用以及在可以适用的情况下条约的适用范围和适用方式等问题。

我国《宪法》虽没有明确国际条约的国内法地位，但对于我国缔结和加入的国际海事条约，交通主管部门往往会针对国际海事条约的适用问题发布公告或通知，例如交通运输部发布的《关于执行〈1972 年国际海上避碰规则公约〉若干问题的通知》，载明"船舶在海上和海港航行或停泊时"，其操作和显示的信号应执行《1972 年国际海上避碰规则公约》。又如《关于认真贯彻执行〈1969 年国际油污损害民事责任公约〉的通知》，对船舶油污损害赔偿方面履行我国缔结的《1969 年国际油污损害民事责任公约》的相关问题作了规定。

我国交通主管部门针对我国缔结或加入的国际海事条约发布的政策指导性文件，虽然没有当然的法律约束力，但是对法官了解我国缔结或参加国际海事条约的"意图"以及条约能否在国内直接适用具有重要的参考价值。前述《关于执行〈1972 年国际海上避碰规则公约〉若干问题的通知》以及《关于认真贯彻执行〈1969 年国际油污损害民事责任公约〉的通知》未对相关国际海事条约在国内的直接适用作出限制性规定，为人民法官在具体个案中确定条约的可直接适用性提供了操作空间。例如，最高人民法院在其审理的中海货运与力鹏公司等船舶碰撞损害责任纠纷一案中，直接适用《1972年国际海上避碰规则公约》认定碰撞双方的责任比例。该案在查明碰撞双方在船舶航行过程中存在的违规驾驶和操作行为的基础上，根据《1972年国际海上避碰规则公约》所附《1972年国际海上避碰规则公约》中规定的航行规则，对碰撞责任双方的责任比例作出了认定。

（二）国际惯例的适用

由于海商法的产生和发展源于航运实践，在航运实践中自发形成并获得普遍认可的国际航运惯例是海商法的重要渊源，对调整和规范海上运输和其他海上商业活动，补充和填补国内立法及国际条约的不足和空白之处具有重要作用。国际航运惯例虽然不具有当然的法律约束力，但因海商法的实践性和国际性，在航海实践的过程中逐步形成的海事惯例，获得了普遍认可和接受。我国《海商法》第十四章"涉外关系的法律适用"对国际惯例的适用均作出了规定，明确了国际惯例在涉外海事关系中的法源地位。

国际惯例可分为国际公法性质的国际惯例和国际私法性质的国际惯例。其中，国际私法性质的国际惯例旨在规范国际民商事权利、义务关系。作为具有国际私法性质的国际惯例，国际航运惯例是指在国际航运中对同一性质的问题所采取的类似行动，经过长期反复实践逐步形成的，为大多数航运国家所接受的，具有法律约束力的不成文的行为规则。国际航运惯例内容十分丰富，涵盖了国际贸易、国际货运代理、国际船舶营运、海上货物运输等多个方面。国际航运惯例早期是以不成文方式而存在的，但后来有些经过非官方组织的编撰而获得成文的形式。目前，国际航运惯例有的是不成文的，如在集装箱船舶甲板装载集装箱、在木材船甲板装载木材是不成文的国际航运惯例，国际海事委员会制定的《约克—安特卫普规则》（York-Antwerp Rules）这一广泛适用于共同海损理算的规则，是典型的成文国际航运惯例。

国际航运惯例不具有当然的法律约束力与强制适用性。国际航运惯例的适用主要包括以下几种方式。

第一，当事人明确选择适用。由于国际航运惯例是任意性规范，当事人可以在合同中明确约定适用某一国际航运惯例。实践中，当事人在海上货物运输或租船合同中引入国际通用条款，十分常见。例如，中国中设南通机械进出口公司进口分公司与巴拿马安第斯航运公司海上货物运输合同货损赔偿纠纷案的判决指出，基于双方当事人约定适用《海牙规则》，故应将《海牙规则》纳入合同，作为确定双方当事人权利义务关系的根据。又如，在新龙国际企业有限公司诉绥芬河龙江商联进出口有限公司航次租船合同亏舱费、滞期费纠纷一案中，判决指出，因双方已经在合同中约定适用"金康合同"条款作为对涉案航次租船合同中未约定内容的补充，故对于合同中未明确约定的内容，应当根据"金康合同"条款来确定。

第二，法官主动适用。双方当事人未明确约定适用某一国际航运惯例时，法官在特定条件下亦可主动适用国际航运惯例，以确定当事人的权利和义务关系。法官主动适用国际航运惯例包括两种情况。一是将国际航运惯例作为合同默示条款而推定适用。在国内法或国际条约中约定将惯例视为合同默示条款的情况下，在双方当事人未明确排除国际惯例的适用时，法官在具体案件中可直接推定适用国际航运惯例。二是将国际航运惯例作为法律补充工具。我国《海商法》第 268 条第 2 款规定，对于涉外海事关系，在我国法律和我国缔结或参加的国际条约均未作出规定时，可以适用国际惯例。据此，在国际海事条约未作出规定时，可将国际航运惯例作为法律的补充工具。值得注意的是，作为法律补充工具的国际航运惯例，我国《海商法》规定的是"可以适用"而非"应当适用"，故在此种情况下，国际航运惯例的适用不具有强制性。在当事人明确约定排除或变更某一国际航运惯例的内容时，应尊重当事人的意思自治。

二、船舶物权的法律适用

船舶物权，是指权利人直接对船舶行使并排除他人干涉的权利，通常包括船舶所有权、船舶抵押权、船舶留置权和船舶优先权。

（一）船舶所有权的法律适用

船舶所有权，是指船舶所有人依法对其船舶享有占有、使用、收益和处分的权利。各国关于船舶所有权的支配范围、内容、取得和变更等规定有所差异，因此船舶所有权的法律冲突在所难免。目前，解决船舶所有权关系的冲突法规则普遍是适用船旗国法律。我国《海商法》第 270 条规定："船舶所有权的取得、转让和消灭，适用船旗国法律。"

一般而言，船舶作为动产，按照国际私法物之所在地法的系属公式，似乎应该适用物之所在地的法律，但是由于船舶经常变更其所在地，物之所在地常处于变动中，而且如果船舶航行于公海上则更无所适从。除此以外，各国都倾向于将船舶作为不动产对待，对其采用船舶登记制度。所以，船舶所有权就通常适用船旗国法。

船旗国法，就是船舶悬挂的国旗所属国的法律，国际法要求船舶航行必须悬挂其所属国的国旗，如果临时变换或者悬挂多面国旗将被作为海盗船拿捕。船舶国籍，是指船舶所有权人按照某一国家关于船舶登记的规定在该国进行登记，取得国籍证书，并悬挂该国规定的旗帜而受该国管辖的法律隶属关系。船舶国籍是国际法上确认船舶航行权的法律依据，也是确定船舶在本国领海及内水享有安全航行的依据。各国目前关于船舶国籍的要求不同。根据中国现行立法规定：（1）船舶所有权应当归属于中华人民共和国所有，或为集体经济组织所有，或公民个人所有，包括在华登记的中外合资、合作和外资企业，其中中方注册资本应该超过 50%；（2）船员应由中国公民担任，三资企业的船舶应有 60% 以上的中国籍船员，且船长、大副、轮机长、大管轮和服务员必须是中国公民。

特定船舶取得某一国籍在国际私法上具有如下意义：（1）取得船籍国管辖权，包括对船舶的"对人管辖"和"对物管辖"；（2）从船旗国获得外交保护；（3）悬挂本国国旗及国籍证书，取得沿海贸易权和内河航行权；（4）是确定船舶法律关系准据法的重要连结因素。

尽管国际法一直都要求船舶登记应该采用真实联系的方式，即船舶和船旗国之间应该存在真实联系，然而在实践中出现了大量的方便旗船。方便旗制度（convenient flag），是指在适用船舶开放登记制度的国家，不论船舶与该国是否有实际联系，均予以登记，允许其悬挂该国国旗的情况。导致方便旗制度扩大的原因包括：(1) 船旗国可以获得可观的登记费和税费；(2) 船东也可以借此逃避高额的税费；(3) 发展中国家可以促进本国劳动力的就业。但其弊端也很明显，即容易导致船舶的安全性能降低，发生海损事故，不利于发展中国家发展本国的船队。

（二）船舶抵押权的法律适用

船舶抵押权，是指债权人对于债务人或第三人提供担保船舶，在债务到期未受清偿时，享有就其出卖的价金而受清偿的权利。我国《海商法》规定，船舶设立抵押必须登记，未经登记的，不得对抗第三人。作为国际融资的一种重要的担保，船舶抵押权受到各国的重视。由于各国在船舶抵押权的性质、效力以及求偿顺序、设立方式等问题的规定各不相同，除努力通过多边实体国际公约予以协调外，对于船舶抵押权的法律冲突需要通过相应的法律适用规则来解决，其主要包括以下几方面。

(1) 适用物之所在地法，即适用船舶抵押权设定时船舶停泊地的法律。这种做法主要考虑到船舶抵押权的属地性和船舶所在地的公共利益，但其缺点是明显的，主要是由于船舶的移动性使物之所在地变得很随意，不利于保护交易的安全。

(2) 适用船旗国法。这是大多数国家的做法，因为它比较有利于法律适用结果的确定性和交易的安全。当然，其缺点是如果存在方便旗的情形，则无法反映最真实的联系。

(3) 适用法院地法。这种观点有利于保护本国债权人的利益，同时可以维护国家的物权法定性，但是，这种观点既可能导致严重的"择地诉讼"的现象出现，也不利于保护当事人的正当期待利益。

(4) 折中主义观点。对船舶抵押权的设立及性质，适用船籍国法；对于船舶抵押权的效力，适用法院地法。

我国《海商法》第271条规定："船舶抵押权适用船旗国法律。船舶在光船租赁以前或者光船租赁期间，设立船舶抵押权的，适用原船舶登记国的法律。"这表明我国海商法选择了船旗国法律为抵押权的准据法，一切因船舶抵押而引起的权利义务关系都由船旗国法律来调整。与此同时，针对光船租赁这一现象，我国海商法认为，在光船租赁期间尽管船旗发生了改变，但是这只是船舶所有权与经营权的分离，船舶所有权并不因为光船租赁而改为由承租人所有，因此，船舶的物权关系仍应该适用光船租赁以前的原船舶登记国的法律。这种做法符合国际社会的通行做法。

（三）船舶留置权的法律适用

船舶留置权为法定物权，是指特定的债权人对于合同债务人没有履行合同时，根据法律的规定，可以留置其占有的标的物，以保证债权得以实现的担保物权。对于船舶留置权的法律适用，目前相关的国际公约缺乏明确的规定，我国《海商法》对此也没有明文规定。

船舶留置权适用船舶所在地的法律。而且这种做法也具有合理性，能体现留置法律关系中的最密切联系原则。因为船舶留置权的存在和行使都是以留置权人合法占有船舶为条件，因此，留置行为的实施地与留置标的物的所在地通常是一致的，而且船舶的留置权的行使往往要通过法院以拍卖的形式完成，因此从留置权的成立到留置权的实现，始终与船舶的物之所在地是一致的。

（四）船舶优先权的法律适用

船舶优先权是海事请求人依照法律的规定向船舶所有人、船舶经营人提出海事请求，对产生该海事请求的船舶享有优先受偿的权利。根据我国《海商法》第22条第1款规定，具有船舶优先权的海事请求包括：（1）船长、船员和在船上工作的其他在编人员根据劳动法律、行政法规或者劳动合同所产生的工资、其他劳动报酬、船员遣返费用和社会保险费用的给付请求；（2）在船舶营运中发生的人身伤亡的赔偿请求；（3）船舶吨税、引航费、港务费和其他港口规费的缴付请求；（4）海难救助的救助款项的给付请求；（5）船舶在营运中因侵权行为而产生的财产赔偿请求。可见，船舶优先权的存在意义在于保证某些具有特殊意义的债权能够得到实现，它具有秘密性、优先受偿性、法定性等特点。

关于船舶优先权，各国对优先权的存在、种类、性质、优先顺序、对象及效力等问题都有所差异。有关国际组织制定了一些关于船舶优先权的国际公约，其中最新的是联合国国际海事组织于1993年通过的《船舶优先权和抵押权国际公约》（已于2004年生效）。这些公约对于船舶优先权提供了实体法上的规定，但并未涉及船舶优先权的法律适用问题。因此，解决船舶优先权的法律适用问题主要由各国的冲突法来决定，但各国在理论和立法上都有一些差异。

第一，适用法院地法。这种观点认为，将船舶优先权认定为救济措施，并将其识别为程序问题，从而排除适用其他国际私法规则，直接适用受理案件的法院地法。这种方法的前提是将船舶优先权识别为纯粹的程序性问题，但事实上，船舶优先权从其最初在英国海事法庭获得承认，到最后得到各国立法和司法的认可，就一直被视为一种实体权利。而且，从目前的通说来看，船舶优先权尽管需要得到法院对船舶进行拍卖而行使，但其本身作为一种担保物权，其性质还是得到了普遍的认同。此外，如果仅仅适用法院地法，则可能会产生挑选法院的问题。而且，这种做法有过度扩张内国法适用之嫌，不符合法律适用的确定性和适用结果的可预见性。当然，由于船舶优先权是根据各国基于航海、政治和经济等多种因素协调考虑的产物，具有较强的属地性，法院地作为船舶优先权法律适用的一个重要的连结因素仍应该得到考虑。

第二，适用船旗国法。这种观点主张船舶具有不动产的类似特性，而且常被拟人化对待，因此关于船舶优先权就以船舶悬挂的国旗所属国确定。船旗国法在海商案件中是一项最"值得遵守的惯例"，而且适用起来也比较简便易行。但是，在方便旗船盛行的今天，船舶与船旗国之间的联系可能并不是真实的联系，因此也就容易导致"选择船旗"的现象，这与"择地诉讼"一样并不恰当。另外，绝对予以适用也存在困难，例如船舶的各项优先权从产生到行使可能面临着船舶船旗的改变，这就使这一原则难以适用。

第三，最密切联系地法。适用最密切联系原则反映了船舶优先权法律适用的本质要求，但仅有此规定会使法官自由裁量权过大。

由于船舶优先权涉及优先权的项目和受偿顺序，前者作为实体法的问题可以尊重船旗国的法律，对于受偿顺序，则因为往往要由法院地进行不同权利之间的平衡，涉及法院地的公共秩序，故应由法院地法来调整。我国《海商法》第272条规定："船舶优先权，适用受理案件的法院所在地法律。"

三、船舶碰撞的法律适用

船舶碰撞是直接影响海上安全的海损事故之一，属于侵权行为。国际公约和各国国内立法关于船舶碰撞的概念规定有所差异，主要体现在碰撞发生的水域和是否包括间接碰撞这两个方面。例如，我国《海商法》就规定，船舶碰撞是指船舶在海上或者与海相通的可航水域发生接触或者没有直接接触，造成其他船舶以及船上人员、货物或者其他财产遭受损失的事故。我国目前的这种规定基本上与1910年《统一船舶碰撞某些法律规定的国际公约》对船舶碰撞的定义是一致的。其基本构成要件包括：船舶碰撞可以发生在直接碰撞或者间接碰撞两种情况下；碰撞要有损害；碰撞发生在船舶之间。而国际海事委员会1987年制定的《里斯本规则》则更进一步扩大了船舶碰撞的范围，但把无过失的碰撞排除在外。但是，在碰撞发生的水域、碰撞的船舶是否包括军用和公务船舶以及责任的区分依据等问题上仍然有很大的区别。尽管1910年《统一船舶碰撞某些法律规定的国际公约》促进了船舶碰撞实体法制度的统一，但由于缔约国有限以及公约本身的局限，船舶碰撞的法律适用问题仍然十分突出。

国际上一般根据船舶碰撞地点（位于公海还是领海）与碰撞船舶的国籍来确定其准据法。一般而言，船舶碰撞的法律适用有如下规则。

第一，侵权行为地法。船舶碰撞在性质上属于侵权行为，侵权行为之债适用侵权行为地法，是国际私法在解决侵权行为法律适用时的基本系属公式，因此船舶碰撞通常应适用侵权行为地法。但是，这一规定在某些情形下难以得到适用。例如，如果船舶碰撞发生在公海，则侵权行为地在所有主权国家控制之外；另外，如果发生碰撞的船舶具有同一国籍，则船舶的共同国籍国与案件具有更密切的联系。

第二，法院地法。在侵权行为案件中，法院地与侵权行为之间往往存在公共秩序的一些客观联系，因此法院地法也是船舶碰撞的一个重要的准据法。通常情况下，如果船舶碰撞发生在公海，且碰撞船舶属于同一国籍，则适用共同船籍国的法律；如果碰撞船舶是不同的船籍，基于公海自由原则，而又没有共同的船籍国法可以适用，则适用受理案件的法院地法是合理的。这就直接涉及当事人如何选择案件的管辖权问题。各国关于船舶碰撞案件的管辖权的规定多采用平行管辖的立法，规定众多的诉讼连结点，根据我国《民事诉讼法》《海事诉讼特别程序法》的规定，原告可以选择在侵权行为地、被告住所地、碰撞发生地、碰撞船舶最先到达地、加害船舶被扣留地、船籍港所在地法院行使诉权。此外，如果发生本应适用的外国法无法查明的情况，法院地法也经常被适用。

第三，船旗国法律。船旗国法律也是船舶碰撞中重要的准据法之一。当然，对于它的适用有不同的看法。有的观点认为，如果碰撞船舶具有同一船籍，则无论碰撞发生在何处，均适用共同的船旗国法律；也有的观点认为，如果船舶碰撞发生在一国的领水，则应该适用侵权行为地法,而不是共同的船旗国法律;有的认为发生在不同船籍的船舶之间的碰撞,如果发生在公海,适用法院地法,但也有主张适用被撞船舶国籍国法律的,当然这种观点在碰撞船舶互有过失的情形下难以适用。我国《海商法》规定,同一船籍的船舶,无论碰撞发生在何处,碰撞船舶之间的损害赔偿都适用船旗国法律。

四、共同海损的法律适用

共同海损是海商法上最古老的制度之一,也是海商法中的特有法律制度。目前,各国均有关于共同海损的国内立法。根据我国《海商法》第193条的定义,共同海损是指在同一海上航程中,当船舶和船上载运的货物和其他财产遭遇共同危险时,为了共同安全,有意而合理地采取必要措施而人为造成的特殊牺牲和支付的特殊费用,由各受益方根据比例分摊的法律制度。

共同海损可以追溯至罗马法时代。在海上运输活动的早期,由于航海技术很不发达,很难抵御海上自然灾害的袭击,航海贸易活动充满危险,船舶和货物一起沉入大海的情况时有发生。为了防止船、货的沉没,便在船东及货主之间形成了一种通行的做法,即当船舶遭遇危险时,船长可以将部分货物抛弃入海,即以牺牲部分货物来换取船、货的共同安全,待危险解除后,再由船东和全体货主共同分担被抛弃货物的货主的损失,这一习惯做法便是最早的共同海损规则。17—18世纪,随着航海事业的发展,航运惯例向着国际统一化方向发展。共同海损是分担同一航程中的风险和损失的"海上保险"的一种重要形式,但与之有关的原则及其适用又是如此的变换和差异,当事方亟须一种为各国所普遍认可的统一、稳定的适用原则和制度,为了统一计算当事各方分摊金额的方法,国际海事惯例《约克—安特卫普规则》应运而生。

一百多年以来,《约克—安特卫普规则》在全球范围内已经获得了广泛接受,弥补了不同国家之间关于共同海损的法律差异,对解决共同海损领域的法律冲突具有十分重要的意义。随着《约克—安特卫普规则》被引入海上货物运输合同,大部分共同海损理算都是依据该规则进行的。《约克—安特卫普规则》虽不是国际条约,但由于其具有较高的实践价值,其所实现的国际统一规则的效果甚至超过了许多国际海事条约。作为航运惯例,《约克—安特卫普规则》正在以自己的方式积极地影响着相关国家的立法,许多国家在制定或者修改其有关共同海损的国内立法时,都参照了《约克—安特卫普规则》的规定。

共同海损的损失可以分为两类:共同海损牺牲和共同海损费用。共同海损牺牲,是指因共同海损行为直接造成的物质损失,主要有船舶牺牲、货物牺牲和运费牺牲。共同海损费用通常包括在避难港等地发生的额外费用、代替费用和救助费用等。各国关于共同海损的构成要件、损失分摊的标准、共同海损的担保、共同海损的理算等制度上都存在差异,因此关于共同海损的法律冲突不可避免。

关于共同海损的准据法确定,一般规定准许当事人按照意思自治原则,在运输合同、提单中指定特定国家的法律或约定采用《约克—安特卫普规则》作为准据法。作为一项特殊的海事制度,共同海损连结点的特殊性在于它有许多其他一般涉外民商事法律关系中所没有的连结点，如船旗国、理算地、航次终止地等。依据连结因素的不同，产生的系属公式主要有：船旗国法、理算地法、航次终止地法。

（一）船旗国法

船旗国法在共同海损的法律适用中同样具有重要地位，被用来确定公海上发生的共同海损、海损性质、船舶和货物分摊额度、共同海损的构成要件和手续等共同海损关系的准据法。《意大利航海法典》第11条规定，船旗国法作为基本的法律适用原则，适用于共同海损分摊。《阿根廷航海法典》第607条规定，船旗国法是确定共同海损成立与否及其手续和分摊义务的准据法。

船旗国法在共同海损法律适用中发挥着重要的作用，其有如下优点。第一，船旗国法是有关船舶的一切法律关系的中心，船舶所悬国旗及相应船旗国法相对稳定、明确。而且船旗易于识别和确认，为多数利害关系人所预知，便于确定相应的旗国法，符合法律适用的预知性和稳定性的需求。第二，船舶的旗国法是相同的，无论船舶所有人到何地，也不管案件提交给哪国法院，相同的旗国法都会使有关问题获得一致的结果，而这正是国际私法所追求的目标。第三，船舶是共同海损法律关系的重要客体，是共同海损法律适用的一个重要的连结因素，共同海损宣告人（船东）可以根据自己熟悉的船舶本国法很容易弄清共同海损的全部内容，以船舶的国籍法作为法律适用原则，具有一定的客观合理性。

当然，共同海损适用船旗国法也有一些弊端，其中突出的一点就在于，在现代航海实践中，悬挂方便旗的船舶日益增多。以我国船舶为例，在公海上，这些船挂中国国旗的可能不到一半，大多数都是挂着方便旗。方便旗国大都是发展中国家，包括巴拿马和利比里亚在内的少数几个国家允许与其本国没有任何联系的外国船舶在其国内注册。这些国家相关的海商法并不完备，船旗国法往往含糊不清，外国当事人对之难以了解和证明，这样容易导致出现法律真空，从而出现无法可依的局面，使船旗这一重要的连结因素失去了其原有的价值。此外，船舶挂方便旗被看作规避法律的一种手段，由于船舶与方便旗国本身缺乏实质性联系，船旗国对船舶的控制和与船舶的利益联系大大减弱，船舶旗帜并不能真实地表达该船舶与船旗所属国之间固定的法律联系和其有效的身份地位，共同海损纠纷适用方便旗国家的法律就会违背真实、密切联系的原则，构成法律规避。

（二）航次终止地法

航次终止地法，也称航程终止地法，是指发生共同海损事故后船舶到达之地的法律。航次终止地根据航次是否按照计划结束而有所不同，当航次依据计划完整结束时，航次终止地为最终目的地；当航次未按计划结束，在航行途中因共同海损发生船货分离，造成航次中断时，则航程中止、船货分离地为航次终止地。共同海损适用航次终止地法在实践中得到了广泛的承认。

根据英国的有关规则，在当事人没有选择的情况下适用航程终止地法：（1）如果航程按计划结束，适用最终目的港法；（2）如果航程未按计划结束，适用航程中止、船货分离地的法律。当运输合同中没有约定适用《约克—安特卫普规则》时，共同海损理算适用航次终止地法。[1]

至于共同海损为何适用航次终止地法律，存在不同的观点。其中一种观点认为，共同海损在法律性质上属于不当得利，只有采取的共同海损措施有效，才能获利，而对这种措施的效果判断只有在船货到达航程终止地的时候才能予以确认，故支配共同海损的法律应该是航次终止地法律。航次终止地法作为共同海损特有的冲突法规范，它的出现符合海事冲突法的发展趋势，增加了共同海损法律选择的连结因素，在某些案件中能够发挥不同于一般冲突规范的优势，有利于共同海损法律冲突的解决。

（三）理算地法

由于共同海损理算和分摊的内容复杂，共同海损适用理算地法律，有利于理算工作的顺利进行。作为共同海损理算行为特有的冲突法规则，理算地法在共同海损法律冲突的解决中发挥着重要的作用，已经得到了许多国家的认可。

理算法律的适用对于理算的结果至关重要，适用不同的法律得出的理算结果往往差异很大。所谓理算地，即共同海损发生后的理算地点。理算地的确定通常包含两种情况，一种是在当事人对理算地有约定的情况下，适用当事人的约定；另一种是在当事人没有约定的情况下，理算地通常是指航次终止地。

理算地法即理算地的法律，确定了理算地也就确定了理算地法，但并不是说就此确定了理算法。"理算地法"与"理算法"是两个完全不同的概念。前者是冲突法规则，据此确定的准据法可以是中国法、英国法或是其他国内法；后者是依据冲突法规则指引确定的准据法，可能是前述诸多法律中的一个，也可能是另外的法律或规则。厘清二者之间的关系对解决共同海损法律冲突问题至关重要。

我国《海商法》关于共同海损的法律适用规则有两条。其中，第203条规定："共同海损理算，适用合同约定的理算规则；合同未规定的，适用本章的规定。"第274条规定："共同海损理算，适用理算地法律。"这两条规定的差异只是立法技术上的考虑，实质表明我国海商法主张共同海损首先适用当事人的意思自治原则，在当事人没有选择准据法时，适用理算地的法律。

五、海事赔偿责任限制的法律适用

作为海商法中的一项特殊法律制度，海事赔偿责任限制是指在发生重大海损事故时，作为责任人的船舶所有人、经营人和承租人等，可以根据法律的规定，将其赔偿责任限制在一定范围内的法律制度。这不同于民法中的损害赔偿制度。在民法中，无论是侵权还是违约，责任人均按规定对受损方承担全部损害赔偿责任。

海事赔偿责任限制是一项古老的制度，它突破了传统民事赔偿法律制度中的全部赔偿原则。这也是让海商法独立于普通民商法的重要特色之一。海事赔偿责任限制对于国际航运业的发展具有重要的意义。这是因为，相较于其他运输方式而言，海上运输往往伴随着特殊的海上风险，如果仍采用全部赔偿制度，赔偿额常常会超过肇事船舶的总价

---

[1] 1983年"协会船舶定期保险条款"（ITCH 83）第11条第2款。

值，这无疑会影响航海事业的发展。海事赔偿责任限制规定的必要性就在这里。

20世纪以来，国际上先后出现了三个有关海事赔偿责任限制的国际公约。1924年《关于统一海上船舶所有人责任限制若干规则的国际公约》未能得到广泛的支持，至今仍未生效。1957年《船舶所有人责任限制国际公约》使海事赔偿责任限制在国际上得到了初步的统一。由于1972年发生的轰动国际航运界的"东城丸案"，以及一些国家出现了通过起诉船长、船员、船舶经营人或承租人以规避船舶所有人责任限制的案件，再加上船舶大型化及通货膨胀等因素的影响，国际航运界开始意识到现行船舶所有人责任限制制度已不适应国际航运发展的需要，1976年《海事赔偿责任限制公约》即在此背景下诞生。目前，该公约已经生效，我国至今尚未加入，不过，我国《海商法》关于海事赔偿责任限制的内容以1976年《海事赔偿责任限制公约》为主要借鉴蓝本。

由于各国关于海事赔偿责任限制的主体、客体、债权、排除事项、责任限制等问题的规定有所差异，而公约又未能就所有问题作出规定，且公约缔约国数量有限，因此，需要一系列关于海事赔偿责任限制的法律适用规则对相关问题予以调整。关于海事赔偿责任限制准据法的确定，存在不同的主张。由于产生责任限制的原因主要是重大侵权行为，而这些原因行为的法律适用又存在不同的规定，对于海事责任赔偿限制与原因行为本身的准据法是否应该一致，目前存在两种不同的主张：一元论主张，海难事故与责任限制适用同一准据法；二元论主张，即海难事故与责任限制分别适用不同的准据法。

（一）法院地法

我国《海商法》第275条规定，"海事赔偿责任限制，适用受理案件的法院所在地的法律"。海事赔偿责任限制与海事诉讼有密切关联。1957年《船舶所有人责任限制国际公约》规定，受理案件的缔约国法律将支配程序和时效问题。1976年《海事赔偿责任限制公约》规定，没有设立基金的程序由受理案件的缔约国法律决定。

（二）船旗国法

海事赔偿责任限制适用船旗国法的优点在于，船舶所有人事前能预知责任的限制，具有较强的确定性与可预期性，有利于各国责任限制制度得到尊重。根据1942年《意大利航海法》的相关规定，海事赔偿责任限制适用船旗国法。克罗地亚的海事法典也有类似的规定。

不过，海事赔偿责任限制适用船旗国法在某种情况下并不合理，因为尽管海事责任限制针对的主要是船舶所有人，其仍适用于经营人、承租人等其他主体，而且它忽视了发生在一国领海的侵权行为可能受到受理案件法院地的法律的约束。

（三）基金设立国法

在发生重大海难事故时，受害方就地扣船情况较多。为了尽快解除扣船，责任限制申请方往往向扣船地法院申请责任限制并且提供责任限制基金。根据两个国际公约的规定，在存在限制基金的情形下，对基金的设立及分配的规则应由基金设立国的法律支配。基金设立国通常与扣船地存在密切联系。根据各国管辖权的实践，扣押船舶的国家可以行使对案件的管辖权。如此，基金设立国与最后对案件的受理国就可能是同一个国家。但由于案件管辖权的多样性，有时案件的受理国也可能是其他国家。

六、船舶油污损害赔偿的法律适用

油轮发生漏油事故极易造成重大的污染事故，其所引起的赔偿问题往往十分复杂。不过，这方面已经存在较完善的关于国际油污损害赔偿的公约体系。这些公约通常具有优先适用的地位，而且往往能够解决许多关于油污损害赔偿的法律问题。与此同时，也应看到，公约并不能穷尽油污损害赔偿涉及的所有问题，需要各国国内法的补充。然而，各国国内立法内容的不同，会导致船舶所有人在油污损害赔偿方面所负责任存在差异，各国受害人可获得的赔偿也存在差异，从而产生一系列法律冲突。

（一）国际条约的优先适用

随着人类对海洋资源的过度开发并由此造成的环境污染愈来愈严重，为了更好地保护海洋环境，联合国国际海事组织、其他非政府组织制定了一些国际公约，其中在船舶油污损害赔偿方面比较有代表性的条约有：1969 年《国际油污损害民事责任公约》、1971 年《设立国际油污损害赔偿基金国际公约》、1996 年《国际海上运输有毒有害物质损害责任和赔偿公约》和 2001 年《燃油污染损害民事责任国际公约》等。

1. 1969 年《国际油污损害民事责任公约》

1969 年《国际油污损害民事责任公约》是国际海事组织为保护海洋环境在全球范围内制定的第一个调整船舶油污损害赔偿的国际条约。从其内容看，该公约对所适用的船舶和油类、民事责任主体、所享受的责任限制、应当承担的赔偿范围、可以免责的事项以及应当实施强制保险制度和直接诉讼等问题作了全面规定。该公约所建立的油污损害赔偿责任体系具有重大的实践意义，为制定其他船舶油污损害赔偿责任方面的规则起到了良好的借鉴作用。

目前，该公约在世界范围通用的版本是《1992 年国际油污损害民事责任公约议定书》，是国际海事组织在 1984 年和 1992 年先后两次修正案的基础上对各项制度进行不断完善的成果。该议定书大幅度提高了船舶所有人的赔偿责任限额，而且从很大程度上修改了责任限额的程序并扩大了有关船舶、地理位置和预防措施的适用范围，使得该公约不断趋于完善。

2. 1971 年《设立国际油污损害赔偿基金国际公约》

1971 年《设立国际油污损害赔偿基金国际公约》实际上是 1969 年《国际油污损害民事责任公约》的补充部分，它主要对受害人的赔偿方法及设立摊款的构成作了细致和明确的规定。该公约在 1992 年被修订。目前，虽然我国已加入该公约，但是仅在我国香港特别行政区适用。之所以不在内地适用，主要是考虑到当时内地经济不够发达，航运企业实力不强，而且存在摊款多、获益少、尚未建立强制油污保险制度、清污水平低、索赔不规范等问题。从该公约设立的目的看，国际社会更加关注对油污损害受害人的合法权益的保护。2012 年 7 月 1 日起，我国船舶油污损害赔偿基金制度正式建立，经过近十多年的运作，在海洋环境保护和油污受害人权益保护方面取得了一定成效。在当下国家加强生态文明建设和构建海洋命运共同体的新时代背景下，有必要重新审视我国油污基金和国际油污基金的关系，并考虑加入《设立国际油污损害赔偿基金国际公约》。

（二）适用侵权行为地法

船舶油污损害本质上是一种海事侵权行为。因此，侵权行为地法在船舶油污损害赔偿的法律适用中占有重要地位。发生溢油事故后，如果有关当事国并不都是公约的参加方，或者公约没有对有关问题作出规定时，就应当适用侵权行为地法对案件进行审理。各国的实践也证明了在处理油污损害赔偿问题时，主要考虑的就是侵权行为地法。对于船舶油污损害，适用侵权行为地法符合最密切联系原则的要求。因为受油污事件影响最大的就是遭受污染损害的沿岸国。沿岸国海域遭到污染，海洋生物的生存环境受到破坏，渔业、旅游业等依靠海洋环境发展的行业都受到影响，而且将严重影响该地居民的生存环境。沿岸国在该类案件中是最大的受害者，遭到污染的国家即侵权行为地法理应得到适用。

（三）适用干预国法

对于发生在公海上的应由船方承担责任的油污，沿岸国有根据地认为该油污会对该国海域带来污染，可以在公海上采取干预措施。由于采取了干预措施，油污并未对该国造成实际损害，就不存在侵权行为地之说。但因采取干预措施而发生的费用和由于该措施的采取而造成的其他损害，也应属于油污损害赔偿的范围。在这种情况下，因不存在侵权行为地，故必须通过其他连结点来解决这类问题。这个连结点就是干预国。

（四）适用法院地法

船舶油污损害作为一种海事侵权行为，原则上应适用侵权行为地法作为损害赔偿的准据法。但一国法院可能因其沿岸受到污染或因为是扣船或肇事船所属国（被告所在地）而获得管辖权。如果受污染国没有相应的油污立法，并且没有参加国际公约，则适用法院地法。法院地法也适用于海事赔偿责任限制问题。我国《海商法》第275条规定："海事赔偿责任限制，适用受理案件的法院所在地法律。"

> **重要名词术语**

国际商事法律关系、国际信托、普及破产制、国际票据、共同海损

> **思考题**

1. 国际商事关系与国际民事关系之间有何区别？
2. 两大法系在信托法律制度上有何差异？
3. 《海牙信托公约》的主要内容有哪些？
4. 国际破除的法律适用包括哪些方面？
5. 如何理解共同海损的法律冲突及其准据法确定？

> **典型案例分析**

韩进海运株式会社（下称韩进海运）是全球知名大型海运公司。2016年8月31日，韩进海运向韩国法院申请破产保护。同年9月2日，韩国首尔中央地方法院决定对韩进海运启动重整程序。重整程序即破产保护程序，旨在为制订破产重整计划争取时间，就债务偿还期限、方式以及可能减损某些债权人和股东的利益作出安排。而迅速获得外国法院的破产保护是韩进海运破产重整成败的关键。经历半年多的重整努力后，2017年2月17日，韩国首尔中央地方法院正式裁定韩进海运破产。韩进海运的破产危机在全球范围触发大量法律纠纷及诉讼风险。韩进海运向43个国家申请承认其在韩国的破产程序，其中美国、日本、德国、英国、澳大利亚、新加坡等国家承认了韩进海运的韩国破产程序，并给予了不同程度的救济。

问题：本案涉及国际破产中的哪些重要问题？如何理解韩国法院裁定宣告韩进海运破产的域外效力？

第十一章　婚姻家庭的法律适用

【内容提示】

婚姻家庭关系必然要反映其存在的社会经济制度、历史文化传统、宗教信仰和风俗习惯等特点，因此在历史发展的不同阶段和不同社会制度的国家之间，甚至在处于同一历史发展阶段和同一社会制度的国家之间，婚姻家庭法律都会存在种种差异。这种差异远比在其他民事领域多，相对于商业领域而言，婚姻家庭领域各国法律的差异就愈发明显，而且其统一和趋同的程度很低。因此涉外婚姻家庭的法律适用自国际私法肇始以来就一直是非常重要的领域。

国际私法所调整的是涉外婚姻家庭关系，也就是含有涉外因素或外国因素的婚姻家庭关系。这种关系既包括在一国国境内本国人与外国人之间以及外国人之间的婚姻家庭关系，也包括在一国国境外本国人之间以及本国人与外国人之间的婚姻家庭关系。一般而言，涉外婚姻家庭关系主要包括结婚关系、离婚关系、夫妻关系、父母子女关系、扶养关系、监护关系和收养关系等内容。

在涉外婚姻家庭的法律适用问题上，由于上述关系往往与人的身份属性相关联，因此当事人的属人法具有重要的意义。在结婚的实质要件、夫妻财产关系、夫妻人身关系、父母子女关系等法律适用上均采取了共同属人法优先的做法。在婚姻家庭领域中，两性平等、儿童最大利益等价值取向在冲突法领域中也以弱者保护原则（最有利于弱者）的方式通过实体定向的冲突法立法得以实现。另外，意思自治原则和最密切联系原则也在部分婚姻家事领域中被采纳。

中国《涉外民事关系法律适用法》第三章以10个条文的篇幅专章规定了涉外家庭法律适用的冲突法规则。本章将分别讨论涉外结婚、离婚、夫妻关系、父母子女关系、收养、抚养与监护的法律适用。

家庭是社会的细胞，是人们社会生活的基本单位。婚姻家庭关系不仅是基本的社会关系，而且是各国婚姻家庭法律调整的重要对象。在各国人民之间交往日益频繁的情况下，涉外婚姻现象越来越多，由此而使涉外婚姻家庭问题大量产生，国际私法在调整涉外婚姻家庭关系方面的作用也越来越重要。

国际私法在婚姻家庭领域具有若干特点。

第一，不存在调整涉外婚姻家庭关系的统一实体规范，因为婚姻家庭关系受到影响的因素众多，从本质上有反趋同化和统一化的特性。因此，各国主要通过在国内法中订立冲突规范来解决这一问题，不过由于各国在冲突法立法上的冲突肯定会影响法律冲突的解决，所以当前各国有时也会通过缔结双边条约来解决彼此之间的婚姻家庭问题。而且，在海牙国际私法会议的努力下，缔结国际公约以制定统一的冲突规范来协调各国法律适用取得了一定的成果。

第二，在处理涉外婚姻家庭案件时，法院的司法管辖权问题显得尤为重要。婚姻家庭关系与其他民事关系比较起来，更直接涉及当事人的人身权利和财产权利，处理结果妥善与否对一个国家的社会稳定至关重要。然而，由于各国婚姻家庭法律规定差别较大，不同国家法院审理同一案件常常会有不同的结果。因此，许多国家把某些婚姻家庭案件纳入由本国专属管辖的范围。

第三，公共秩序保留和法律规避制度运用比较多。由于各国法律有比较明显的差别，而且婚姻家庭领域经常涉及一国的传统文化和道德观念，所以当一国法院根据冲突规范指引的准据法为外国法时，经常会发现准据法与本国的公共秩序相抵触。因此，在婚姻家庭法律适用中，本国法院采用公共秩序保留原则来排除外国法适用的机会远远高于其他民事领域。此外，涉外婚姻家庭案件的当事人为了达到各自的目的，经常通过改变连结点的方式来规避法律，从而更多地涉及法律规避制度的运用。

第四，婚姻家庭领域冲突法制度的发展体现了男女平等、从亲权至上到儿童利益最大化的转变以及保护弱者利益等新的价值观。在相当长的时间内，婚姻家庭制度的保守性都很强，在国际私法领域中表现为许多冲突法规范中更重强调适用夫的属人法、父的属人法、尊亲属的属人法，漠视妻子、子女的利益。随着人类文明的进步，平等和弱势群体利益的保护被更多地关注和强调，因此在婚姻家庭领域的冲突法规范中出现了连结点的转变，有些国家甚至直接用"内容定向"的规则来保护和实现对弱者利益的保护。

第一节　结婚

结婚是男女双方依据法律规定的条件和程序确立夫妻关系的行为。有效的婚姻一定要符合法律规定的实质要件和形式要件。由于各国法律规定的不同，在这方面经常发生法律冲突。直到19世纪中期，有关婚姻的法律选择仍然比较简单，所有的事项都由婚姻缔结地法律来解决，并不区分婚姻的形式要件和实质要件。英国在1861年的布卢克诉布卢克（Brook v. Brook）案中，开始区分婚姻的形式要件和实质要件适用不同的法律选择。[1]目前看来，各国在解决涉外结婚关系时往往通过区分婚姻的实质要件和婚姻的形式要件来确定其法律适用规则。

---

[1] 该案的基本事实是：一个在英国有住所的英国男子和他已故的妻子的姐姐（住所也在英国）在丹麦举行了婚礼。根据丹麦法律，该婚姻有效；根据当时的英国法律，该婚姻无效。上议院不愿见到该男子对英国法的规避，因此就作出了婚姻的形式要件适用婚姻缔结地法，而婚姻的实质要件适用缔结婚姻时的当事人的住所地法的规定。Chesire and North's: Private international law (13th ed), Butterworths (1999), p. 705.

一、结婚实质要件的法律适用

（一）法律冲突

所谓结婚实质要件，是指结婚当事人必须具备的积极要件和必须排除的消极要件。前者包括当事人的合意、达到法定婚龄等；而消极要件则包括重婚、男女双方为近亲、一方或双方有配偶、有生理缺陷等不能结婚的疾病、是否允许同性婚姻[1]等。各国法律对结婚的实质要件规定不同，在涉外结婚方面容易产生法律冲突。

1. 法定婚龄

各国（或各地区）关于法定婚龄的规定参差不齐，其规定不仅受到传统习俗的影响，还受到各国的人口生育政策的影响，甚至地理因素等自然因素都可能影响婚龄的规定。关于结婚的法定年龄，我国《民法典》承袭此前《婚姻法》规定，男子不得早于22周岁，女子不得早于20周岁；我国香港特别行政区规定为男女各为16周岁，我国台湾地区规定男为18周岁，女为16周岁；韩国规定男为18周岁，女为17周岁；印度、瑞典规定为男为21周岁，女为18周岁；英国、德国、苏联、捷克、波兰、南斯拉夫、新加坡等国规定男女均为18周岁；法国规定男子为18周岁、女子为15周岁；意大利规定男子为16周岁、女子为14周岁；西班牙、阿根廷、希腊等国规定男子为14周岁、女子为12周岁；《美国统一结婚离婚法》及部分州规定男女各为18周岁，其他各州对最低婚龄的规定不尽相同，男子从15周岁到21周岁不等，女子从14周岁到18周岁不等。

2. 双方自愿

结婚男女双方完全自愿原则是世界大多数国家普遍采纳的实质要件之一。我国《民法典》坚持婚姻自由原则，结婚必须男女双方完全自愿，不许任何一方对他方加以强迫或任何第三者加以干涉，禁止买卖婚姻和包办婚姻。而且我国还要求结婚当事人必须亲自到婚姻登记机关办理结婚申请登记，不允许他人代理登记结婚。由于有些国家规定的成年年龄高于法定婚龄，因此结婚还必须取得监护人的同意。例如，法国、日本、美国、意大利等国法律规定，未成年人结婚，除双方自愿同意外，还应取得父母或监护人的同意。此外，有的国家在特殊情形下，也允许采用结婚代理。

3. 不得重婚

实行一夫一妻制是现代各国普遍遵循的原则，但是，在少数伊斯兰教国家仍然允许实行一夫多妻制。在某些地方甚至还存在一妻多夫现象，如在印度的某些地方几个男子（多数是兄弟）共有一妻的现象。

4. 近亲之间不得结婚

由于伦理和优生优育的考虑，目前世界上大多数国家法律都规定禁止结婚男女有近

---

[1] 截至目前，全球五大洲有42个国家和地区把同性婚姻或同性伴侣关系合法化，它们是：荷兰、比利时、加拿大、西班牙、南非、挪威、瑞典、葡萄牙、冰岛、阿根廷、丹麦、巴西、法国、英国、斯科特兰、卢森堡、芬兰、爱尔兰、美国、哥伦比亚、格陵兰、德国、马耳他、澳大利亚、奥地利、中国台湾地区、波多黎各、秘鲁、泰国、斯洛文尼亚、爱沙尼亚、以色列、匈牙利、塞浦路斯、乌拉圭、瑞士、圣马力诺、摩尔瓦多、意大利、哥斯达黎加、墨西哥、捷克、斯洛伐克、希腊。

亲关系。但是对于旁系血亲通婚的禁止，各国的规定有差别。例如，我国婚姻法规定，直系和三代以内的旁系血亲禁止结婚，但对直系姻亲能否结婚则法律并无明文规定；日本法律规定，三代以内的旁系血亲之间不准结婚；菲律宾法律规定，四代以内的旁系血亲不准结婚。

（二）法律适用

由于各国法律规定的不同，结婚实质要件的法律冲突在所难免。结婚实质要件的准据法直接决定婚姻能否有效，而各国对于婚姻实质要件认识的差异也导致在法律适用规则上有所差异。归纳起来，解决这类法律冲突问题，一般有如下几种原则。

1. 适用婚姻举行地法

"在婚姻举行地有效的婚姻到处有效；在婚姻举行地无效的婚姻到处无效。"这种制度可以回溯到法则区别说，根据这一理论，行为地法不仅支配任何契约的方式，而且支配该契约的内容。采取这一做法，简便易行，婚姻举行地容易辨认，便于解决法律冲突。而且有的国家认为婚姻也是一种契约关系或法律行为，根据"场所支配行为"原则，婚姻成立的实质要件当然应受婚姻举行地法支配。此外，这也关系到婚姻举行地的善良风俗和公共秩序。美国许多州和一些拉丁美洲国家如阿根廷、巴拉圭、墨西哥、秘鲁、危地马拉、哥斯达黎加等国都采取这一做法。

就婚姻之性质而言，与一般契约有别，如果以契约之准据法为婚姻成立之准据法，并非妥当。而且，契约之准据法普遍采用意思自治，而婚姻之实质条件当然无适用意思自治之余地。另外，如果认为婚姻与婚姻举行地法律的公共秩序和风俗习惯有关，但其与当事人之属人法上的公序良俗更有密切关联。此外，适用婚姻举行地法另一缺点是可能造成当事人挑选法院的做法，即引诱当事人到不存在其住所地法规定的婚姻障碍的地方去缔结婚姻，从而规避住所地法的禁止性规定。这就可能使当事人的本国或者住所地国基于风俗、习惯、宗教、伦理、优生等因素而制定的强制性规定得不到适用，因此这种婚姻就可能得不到当事人的属人法所在地国家的认可，从而出现"跛脚婚姻"（limp marriage）的现象。

2. 适用当事人属人法

有些国家认为婚姻关系属于身份关系，因此，主张婚姻的实质要件适用当事人属人法。奥地利、比利时、法国、德国、希腊、意大利、卢森堡、荷兰、葡萄牙、西班牙、瑞士、土耳其、瑞典、日本、泰国等国主张适用当事人本国法；英国、加拿大、澳大利亚、新西兰、丹麦、挪威等国主张适用当事人住所地法。

但婚姻实质要件适用当事人属人法时，还需要解决以下几个问题。

（1）当遇到双方当事人因国籍或住所不一致，各自的属人法对婚姻实质要件规定不同时，应如何处理？根据各国的立法和实践，婚姻实质要件一般适用以下法律。

一是适用丈夫的属人法。这一做法有悖于现在普遍主张的男女平等原则，因此已为各国所放弃。

二是分别适用双方当事人各自的属人法。只要婚姻分别符合双方当事人各自属人法规定的实质要件，该婚姻就是有效的婚姻，而不管他们的属人法是否存在抵触。如日本法律规定，婚姻成立的实质要件适用夫妻双方各自的本国法。奥地利、秘鲁、埃及等国也采取这一主张。

三是重叠适用双方当事人的属人法。婚姻只有在满足双方当事人的属人法所规定的实质要件时，才被认为是有效的婚姻。如2017年《匈牙利关于国际私法的第28号法律》就是如此规定的。英国在目前的司法实践中，也采用的是重叠适用双方住所的原则。

四是适用法院地法。当当事人中有一方的国籍或住所在法院地国时，有的国家就主张适用法院地法。如德国1986年修改后的国际私法就作了如此规定。

五是适用其他法律。当双方当事人隶属于不同的属人法时，有的国家主张既不适用当事人各自的属人法，也不适用法院地法，而是改为适用第三国法律，如适用婚姻举行地法、婚姻住所地法等。

（2）当遇到无国籍人结婚时，一般均以其住所地法或惯常居所地法作为属人法。如果当事人没有住所或惯常居所，则适用结婚时的居所地法或法院地法。对于政治避难者的结婚问题，也应适用其住所地法或惯常居所地法，而不宜适用其本国法。

可见，采用属人法规则虽然可以适当避免当事人采取变更连结点进行"移住婚姻"的现象，但是由于对属人法本身的理解差异，因此也是难以统一。

3. 适用混合原则

考虑到单纯适用婚姻缔结地法或者当事人的属人法都存在明显不足，许多国家采取适用混合原则来解决婚姻实质要件的法律冲突问题，归纳起来，又有这些具体做法。

一是以婚姻举行地法为主，重叠适用当事人本国法。如1998年修订的《俄罗斯联邦家庭法典》第156条第2款规定，"在俄罗斯联邦境内结婚，准备结婚者各方的结婚条件，在遵守本法典第14条针对阻碍结婚的情况而规定的要求的同时，由该方结婚时的所属国的法律规定"。第158条规定，"俄罗斯联邦公民之间、俄罗斯联邦公民和外国人、无国籍人之间在俄罗斯联邦境外的结婚，如果符合婚姻举行地法的规定，并且不存在根据本法典第14条而产生的障碍，则在俄罗斯境内被认为有效。外国人之间在俄罗斯境外依照该国法律缔结的婚姻，在俄罗斯被认为有效"。

二是以当事人住所地法或本国法为主，重叠适用婚姻举行地法。如2017年《匈牙利关于国际私法的第28号法律》就是这样规定的。《匈牙利关于国际私法的第28号法律》第26条第1款规定，婚姻，仅与其符合订婚者双方的属人法能规定的实体要件时，方为有效。第26条第4款又规定，"如果以匈牙利法缔结婚姻有不可逾越的障碍，则不能在匈牙利结婚"。

三是简化确定婚姻成立的实质要求准据法规则的努力。海牙国际私法会议在1978年制定了海牙《结婚仪式和承认婚姻有效公约》，对于婚姻的实质要件，公约尽量避免使双方当事人受婚姻缔结地法和属人法的双重约束，并赋予当事人以一定选择的权利。该公约第3条规定："缔结婚姻必须：未来的配偶双方符合婚礼举行地国内法的实质要件，并且配偶一方具有该国国籍或者在该国设有惯常居所；或者，未来配偶各自符合婚礼举行地国家法律选择规则所规定的国内法的实质要件。"只要一方具有婚姻缔结地国的国籍或在该国有惯常居所并且双方符合该国的内国法，就可以缔结婚姻，而不用兼顾另外一方的本国法，从而减轻了缔结婚姻的难度。而且公约采用了选择性的冲突规范，并且承认了婚姻举行地国家的冲突规则规定的准据法。公约虽然目前批准的成员国不多，但是公约对统一和简化确定婚姻成立的实质要求准据法规则的努力仍然值得借鉴。

适用混合原则可以避免以往机械地理解和适用传统冲突规则的不足，有利于提高法律适用的灵活性，已为越来越多的国家所接受。当然，目前各国对于实质要件的准据法的确定仍然有很大分歧，而且多采用重叠适用的方法。

二、结婚形式要件的法律适用

（一）法律冲突

结婚形式要件，是指成立合法婚姻的具体方式。世界各国及地区立法对结婚的形式要件的规定并不相同，归纳起来，结婚的形式要件基本可以分为以下几类。

（1）民事登记方式，是指当事人只有到法定的登记机关履行登记手续才能成立有效的婚姻。世界上多数国家把民事登记作为合法婚姻成立的形式要件，我国婚姻法也将民事登记作为结婚的必要的法定形式要件。这种方法简便易行，便于国家对婚姻状况实行监督和管理。根据我国《婚姻登记条例》的规定，结婚的形式是夫妻双方当事人到婚姻登记机关办理登记手续，至于其他的各种仪式都不是法律的要求。

（2）仪式制，是指结婚必须公开举行一定的仪式，取得社会和公众的承认，婚姻才能成立。具体而言，仪式制又可进一步区分为宗教仪式、世俗仪式和法律仪式三类。有些国家法律规定，只有按照宗教教规要求举行仪式的婚姻才是合法有效的婚姻，如西班牙、葡萄牙、希腊等国和美国的某些州就是这样规定的。也有许多国家及地区允许当事人在宗教婚姻和民事登记中可以任选一种，如英国、挪威、瑞典、丹麦、巴西等。我国台湾地区采用世俗仪式制，"结婚，应有公开仪式及二人以上之证人"。举行公开的结婚仪式是确立夫妻关系的法定形式。至于户籍登记，虽然我国台湾地区"户籍法"规定，结婚须经登记，但并非婚姻成立的要件。如未经登记，但已公开举行婚姻仪式，其婚姻也可成立。[1]

（3）登记与仪式结合制。例如，我国香港地区就规定，男女双方（或任何一方）签具结婚申报书和有关法定誓章后，在法律上仍未算成婚，必须在领有执照的教堂或在婚姻注册处举行结婚仪式后才算成为合法夫妻。注册处会将结婚申报书张贴，供市民查阅，如15日内没有人反对这项婚姻，这对男女就可以举行婚礼。《日本民法典》规定，结婚经登记而生效，而登记必须由双方当事人和成年证人以口头或书面形式作出；《法国民法典》规定，结婚既要进行登记，又要举行仪式才为有效，要求按照一定的形式将未来配偶的姓名、职业、住所以及举行结婚的地点张贴公告。

（4）事实婚姻制。还有一些国家将事实婚姻形式作为结婚的形式要件。事实婚姻，不要求通过任何法律手续和仪式，男女双方以夫妻身份同居，国家承认这种婚姻的效力。

---

[1] 曾涛：《论海峡两岸婚姻法律冲突及其解决》，载中国国际私法学会主办：《中国国际私法与比较法年刊》（2001·第四卷），第440页。

冰岛、苏格兰和美国一些州的立法都将事实婚姻形式作为婚姻成立的形式要件。目前，瑞士、奥地利、瑞典也开始承认这种婚姻的有效性。我国曾经存在大量的事实婚姻，当时的法规也承认其效力，但为了维护稳定的婚姻家庭关系，保护妇女、儿童的合法利益，我国现已不承认事实婚姻的有效性。

（二）法律适用

可见，各国对婚姻的形式要求也有很大差异，对结婚形式要件的法律冲突问题，一般有以下几种法律适用的主张。

（1）适用婚姻举行地法。根据"场所支配行为"这一古老的系属公式，对于婚姻的形式采用婚姻举行地法。此外，结婚的形式要件涉及婚姻举行地的公共秩序和善良风俗，因而大多数国家都强制采用婚姻举行地法，而不考虑当事人的本国法。这一冲突规范具有合理性，因此也普遍为各国所接受。在海牙国际私法会议1978年《结婚仪式和承认婚姻有效公约》第2条中，考虑到对婚姻形式的普遍做法，也采取了这一观点。

（2）适用当事人本国法。当事人的本国法在婚姻的形式采用上主要有两种情形。其一，一些推行宗教婚姻的国家对于宗教的仪式特别注重，对于教徒的信仰也特别关注，因此要求当事人在结婚形式问题上适用当事人本国法，以保持宗教的神圣和统一。这种观点认为，信奉某个宗教的教徒的婚姻，即使在外国举行，也应符合本国法律规定的宗教形式，否则不承认其国民在外国结婚的有效性。西班牙、希腊、塞浦路斯等国坚持这一做法。其二，对于结婚当事人都是某一国国民，他们在国籍国境外缔结婚姻，为了尊重各国的法律和风俗习惯，各国也承认领事婚姻制度，适用当事人的本国法。领事婚姻，又称外交婚姻，是指在驻在国不反对的情况下，国家授权其驻外领事或外交代表为本国侨民按照本国法律规定的结婚方式办理结婚手续而成立婚姻的制度。领事婚姻问题的实质是驻在国是否承认外国人之间在其内国按照当事人本国法举行的婚姻。就结婚形式而言，领事婚姻是办理在国外的本国人的婚姻的一种变通形式，是国内结婚形式在国外的延伸。这一制度已为许多国家国内立法和国际条约所接受。在领事婚姻中，不仅婚姻的形式要件要适用本国法的规定，而且婚姻的实质要件也要适用本国法的规定。当然，对领事婚姻的承认以不与驻在国的公共秩序产生抵触为前提。另外，有的国家允许一方为本国国民的婚姻可以实行领事婚姻制，而另外一些国家则要求当事人具有共同的本国国籍。

（3）选择适用婚姻举行地法和当事人本国法。为尽可能避免出现因婚姻形式的不同而产生的"跛脚婚姻"现象，许多国家采取混合原则，选择适用婚姻举行地法和当事人的本国法来解决法律冲突问题。法国、意大利、奥地利以及东欧等国，在结婚形式要件的准据法上兼顾婚姻举行地法和当事人本国法。可见，在婚姻的形式上，利用选择性冲突规范以避免单一连结因素带来的僵化弊端已经成为各国考虑婚姻形式要件法律选择的一种趋势。

三、中国关于涉外结婚法律适用的规定

我国对于涉外结婚的法律适用，《民法通则》第147条中规定，"中华人民共和国公

民和外国人结婚适用婚姻缔结地法"。这一规定是一条不完整的双边性冲突规范。因为它只涉及中国公民与外国人的婚姻，对于中国公民之间在境外和外国公民之间在中国境内结婚等情形均未包括在内。2010年《涉外民事关系法律适用法》对此作了新的规定。该法第21条规定：结婚条件，适用当事人共同经常居所地法律；没有共同经常居所地的，适用共同国籍国法律；没有共同国籍，在一方当事人经常居所地或者国籍国缔结婚姻的，适用婚姻缔结地法律。该法第22条规定，结婚手续，符合婚姻缔结地法律、一方当事人经常居所地法律或者国籍国法律的，均为有效。这里的"结婚条件"，是指结婚的实质要件，"结婚手续"是指结婚的形式要件。

从新的规定来看，我国现行关于婚姻成立于婚姻成立之实质要件和形式要件分别立法规定。兹分别说明如下。

（一）婚姻实质要件的法律适用

（1）婚姻实质要件一般包括当事人之适格、结婚年龄、当事人之合意等问题，但对于何为实质要件、何为形式要件之问题，是国际私法上的识别问题，应当依法院地确定。例如，对于未成年人结婚需经得其父母之同意究竟为婚姻之实质要件还是婚姻之形式要件各国就存在识别上的分歧。

（2）《涉外民事关系法律适用法》对于婚姻成立的实质要件采取了共同属人法和婚姻缔结地法相结合的方式。其中，共同属人法中以经常居所地为优先，国籍为补充，而婚姻缔结地仅作为对于共同属人法的补充，且对其范围仅局限于一方当事人的经常居所地或国籍国。因此该条整体形成了一条有序性选择性冲突规范。

（3）该条法律漏洞的填补。从上述规定来看，该条冲突规范显然不能穷尽所有情况，如婚姻当事人既无共同属人法，婚姻缔结地又不在一方经常居所地或国籍国时，应当如何确定法律适用？从体系解释的原理，只能运用《涉外民事关系法律适用法》第2条的最密切联系原则予以填补，然而此种情形下，究竟如何确定准据法，并无明确答案。我们以为，此时由于婚姻之当事人并无共同之属人法，且婚姻举行地亦不在一方当事人的经常居所地或国籍国，此时宜依其各自的经常居所地国家的法律分别考虑其结婚的实质要件为妥。此时要注意的是，并非重叠适用当事人各自的惯常居所地法律。另外，要注意的是，关于婚姻的实质要件，有些是仅关系一方当事人的片面条件，例如结婚年龄、父母之同意等，与他方当事人之属人法不相关；而关于重婚、近亲婚等实质条件则为双面条件，虽依一方之属人法无此障碍，但如他方发生此障碍，婚姻仍不能成立。此种准据法之确定，并非累积适用，而是并行适用之方式，如一方依应适用的准据法，不具备成立的要件，即使依他方应适用的法律，具备要件，该涉外法律关系仍不得成立。

（4）关于本条之时际冲突问题。关于婚姻成立之实质条件依当事人的共同属人法，当然此处应指婚姻缔结时的共同属人法。但如果嗣后当事人的经常居所地或国籍发生变化，此时为保护婚姻之安定性，应当采取不变主义，仍适用婚姻缔结时双方之共同属人法。如依婚姻成立时之共同属人法为有效之婚姻，不因当事人嗣后属人法之变化而无效。反之，如依当事人婚姻缔结时为无效之婚姻，即使嗣后变化的共同属人法认为有效，仍应认定为无效。

（5）如一方或双方当事人发生欠缺成立的实质要件时，其婚姻发生何种效果，例如婚姻有效与否、是否得以撤销、撤销权之行使等问题，均依婚姻成立实质要件之准据法。

（二）结婚形式要件的法律适用

《涉外民事关系法律适用法》第22条规定：结婚手续，符合婚姻缔结地法律、一方当事人经常居所地法律或者国籍国法律的，均为有效。可见，我国立法对于结婚形式的法律适用采取了混合主义，兼采婚姻举行地和当事人主义，其目的在于有助于涉外婚姻之有效成立。

我国处理涉外结婚问题涉及以下几种情况：中国人和外国人在中国境内结婚；外国人之间在中国境内结婚；中国人和外国人在中国境外结婚；中国人之间在中国境外结婚；外国人之间在境外结婚，要求在我国承认其效力。

1. 在中国境内的涉外结婚

在中国境内，中国公民与外国人，内地居民同香港特别行政区居民（以下简称香港居民）以及澳门特别行政区居民（以下简称澳门居民）、大陆居民同台湾地区居民（以下简称台湾居民）及华侨结婚。

根据2003年《婚姻登记条例》第2条第2款的规定，中国公民同外国人、内地居民同香港居民、澳门居民、台湾居民、华侨[1]办理婚姻登记的机关是省、自治区、直辖市人民政府民政部门或者省、自治区、直辖市人民政府民政部门确定的机关。第4条第2款规定，中国公民同外国人在中国内地结婚的，内地居民同香港居民、澳门居民、台湾居民、华侨在中国内地结婚的，男女双方应当共同到内地居民常住户口所在地的婚姻登记机关办理结婚登记。该条例第6条进一步规定，办理结婚登记的当事人有下列情形之一的，婚姻登记机关不予登记：未到法定结婚年龄的；非双方自愿的；一方或者双方已有配偶的；属于直系血亲或者三代以内旁系血亲的；患有医学上认为不应当结婚的疾病的。

2. 在中国境内外国人与外国人结婚

对于在中国境内外国人之间的结婚，一般要求当事人遵守中国婚姻法的规定，即依婚姻缔结地法，但也适当照顾有关外国法中关于结婚实质要件的具体规定。根据我国民政部1983年《关于办理婚姻登记中几个涉外问题处理意见的批复》第3条的规定，如果男女双方都是来华工作的外国人，或者一方是在华工作的外国人，另一方是临时来华的外国人，要求在华办理结婚登记的，只要他们具备了《中国公民同外国人办理婚姻登记的几项规定》所要求的证件，符合我国法律关于结婚的规定，就可以办理结婚登记。由此可见，即使是外国人在中国境内结婚，也要符合我国法律关于结婚的实质条件。

为了保证我国婚姻登记的有效性，可以让婚姻当事人提供本国法律规定在国外办理结婚登记的有效法律条款。此外，在条约和互惠的基础上，我国也承认具有相同国籍的

---

[1] 华侨，是指"定居国外并具有中国国籍的人"，华侨要求取得居住国的永久居留权，而不能仅仅是临时居留。华裔则是专指已经取得外国国籍的原华侨及其后裔，又称"华裔"。

外国当事人双方在其本国驻华使领馆成立的婚姻为有效。

从《婚姻登记条例》和民政部《关于办理婚姻登记中几个涉外问题处理意见的批复》来看，只要是在中国境内办理结婚登记，就需符合我国法律关于结婚的实质条件。这与我国《涉外民事关系法律适用法》中关于结婚实质条件的规定并不一致，根据我国《立法法》的规定，国务院颁布的《婚姻登记条例》在效力上低于《涉外民事关系法律适用法》，其规定与《涉外民事关系法律适用法》相抵触的应不发生效力。但我国在实践中，仍然遵循《婚姻登记条例》的规定。

3. 在中国境外的结婚

（1）在中国境外，中国公民与外国人结婚

在中国境外，中国公民与外国人之间缔结的婚姻，应按照婚姻缔结地的国际私法决定其婚姻的实质要件和形式要件。即使涉及在境外缔结的婚姻是否为我国所承认，也并无适用我国冲突规则的余地。通常而言，如果这种婚姻依据婚姻缔结地法为有效，只要不存在违反我国国公共秩序的情形，我国也应承认其效力。

（2）在中国境外，中国公民之间结婚

对于结婚双方均为中国公民，在中国境外缔结的婚姻适用什么法律，目前我国法律尚无明文规定。这里又可进一步区分为两种情形。

一是华侨之间结婚，根据1983年12月27日外交部、最高人民法院、民政部、司法部、国务院侨务办公室颁布的《关于驻外使领馆处理华侨婚姻问题的若干规定》，我国驻外使领馆在受理这类案件时，应严格按照婚姻法的基本精神，并照顾到华侨居住在国外的实际情况，加以妥善处理。为方便华侨在居住国结婚，应该鼓励他们按照居住国法律办理结婚登记或者举行婚姻仪式。如当地有关当局征求我国驻外使领馆的意见，这应区分不同情况作如下处理：对符合婚姻法要求的，证明符合；如婚姻除年龄和禁止近亲通婚的规定外，其他符合婚姻法的规定，可不表示异议；如婚姻与我国关于禁止干涉婚姻自由和禁止重婚的规定不符，中国不能承认其效力。

二是未取得居住国永久居民资格的临时居住境外的中国公民的婚姻。此种情形下，原则上应该回国办理婚姻登记，因为这些因出国工作、留学、旅游等短期在国外的出国人员，婚后要长期在国内生活，因此不能规避中国婚姻法在外国结婚。根据民政部、外交部1997年发布的《出国人员婚姻登记管理办法》，出国人员系指依法出境，在国外合法居留6个月以上未定居的中华人民共和国公民。出国人员婚姻登记机关可以是我国驻外使、领馆。如果出国人员双方当事人要求在驻在国的我国使、领馆结婚的，只要驻在国法律许可，我国使、领馆可以为他们办理结婚登记，颁发结婚证书。此种方式称为领事婚姻（consular marriage），是指在驻在国不反对的前提下，一国授权其驻外领事或外交代表为本国侨民依本国法律规定的方式办理结婚手续，成立婚姻的制度。《维也纳领事关系公约》第5条第6项允许各国驻外领事机构办理领事婚姻。在我国对外缔结的48

个双边领事协定中[1]，大部分协定中均规定了领事婚姻登记制度。此外，如果驻在国不同意领事婚姻的，当事人在驻在国办理婚姻登记的，符合中国婚姻法规定的条件的，可以予以承认。

4. 外国人之间境外缔结的婚姻在中国的承认

对于双方均为外国人，在中国境外结婚而想在中国承认其效力，我国目前法律对此缺乏明确的规定。一般而言，只要不存在违反我国公共秩序的情形，我国也应承认其效力。

第二节　离婚

离婚是指在配偶生存期间解除婚姻关系的法律行为。离婚制度是各国婚姻法律不可缺少的组成部分。离婚同结婚一样，受到各国历史文化、宗教信仰、风俗习惯等的影响，各国离婚立法存在很大的差异。离婚制度的历史经历了禁止离婚、离婚过错主义和离婚自由主义的阶段。目前，世界上除极少数国家仍然不允许离婚以外，绝大部分国家对离婚持自由主义态度，允许当事人离婚。各国立法对离婚原因、方式、程序及法律后果等方面的规定有所差异，因此涉外离婚的法律适用问题也是国际私法传统的重要领域。

一、离婚的法律适用

关于离婚的法律适用，概括起来，大致有以下几种做法。

（一）适用法院地法

英国和美国等国家在离婚的法律适用问题上采纳适用法院地法的做法。它们的法院一旦确定自己的法院对离婚案件有管辖权，一般就只适用法院地法。如 1973 年《英国住所及婚姻诉讼法》规定，英国法院对当事人一方在英国有住所或习惯居所 1 年以上的离婚诉讼享有管辖权。在英国法院享有管辖权的任何离婚案件中，都只适用英国内国法。由于英国和美国法院主要是依婚姻当事人的住所或惯常居所为行使管辖权的依据，所以法院地法通常就是婚姻当事人的住所地法或惯常居所地法。因此，严格来说，这里的法院地法就是住所地法。另外，拉丁美洲、丹麦、中国等国家也适用法院地法。

适用法院地法的主要理论依据是，离婚涉及一国的公共秩序和善良风俗，所以法院应该适用自己的法律；另外一个支持离婚适用法院地法的理由是认为如果适用外国法来决定离婚请求可能会导致判决迟延或者增加诉讼费用，而且可能不符合法官的意愿。但

---

[1] 详情见中华人民共和国外交部官网，https://www.mfa.gov.cn/irs-c-web/search.shtml?code=17e50b77dab&dataTypeId=758&searchBy=title&searchWord=%E9%A2%86%E4%BA%8B%E6%9D%A1%E7%BA%A6，2024 年 2 月 28 日访问。

是后一种理由并不让人信服。[1]

适用法院地法可能会促使当事人寻找对自己有利的法院去起诉,从而产生"挑选法院"的现象。

(二)适用当事人属人法

主张离婚适用当事人属人法的根据主要是,离婚是消灭既存婚姻关系的一种法律行为,与人的身份有密切关系,所以应当适用当事人的属人法;另外,离婚的准据法与婚姻成立的准据法应该一致,既然婚姻的成立适用属人法,离婚也应适用属人法。

过去离婚适用当事人的属人法多是适用丈夫一方的本国法,这种做法已不符合男女平等时代的要求,目前仅有少数国家采用,如希腊、埃及。后来也有主张适用当事人共同本国法或共同住所地法的,如欧洲大陆国家、除芬兰和瑞典以外的北欧国家及日本等国均持这种观点。但如果当事人国籍或住所不同,就会给法院适用法律带来困难。对此,有主张适用原告的本国法,如瑞士和比利时,但这种主张没有考虑被告的利益。也有主张适用夫妻各自的本国法,如南斯拉夫,这种方法可能造成离婚难度增加。此外,英美法系国家主张适用夫妻共同或一方的住所地法。

(三)重叠适用当事人的属人法和法院地法

采用这种做法的国家又可以分为三种类型:其一,以当事人属人法为主,兼采法院地法,如德国;其二,以法院地法为主,兼采当事人的属人法;其三,平行适用当事人的属人法和法院地法,如1902年海牙《离婚及分居法律冲突与管辖冲突公约》规定,"夫妻非依其本国法和法院地法均允许离婚者,不得为离婚之请求,离婚之请求,非依夫妻的本国法和法院地法均有离婚的原因者,不得为之"。这种观点强调对属人法和法院地法的尊重,但加大了离婚的难度,与离婚自由的趋势不太相符。

(四)有顺序地选择适用属人法和法院地法

大多数欧洲大陆国家、日本、韩国和泰国等都采用本国法和法院地法相结合的做法。例如,1966年《波兰国际私法》第18条规定,离婚依请求离婚时夫妇所服从的本国法;如无共同本国法则依共同住所地法;住所不在同一国家时,依波兰法。1987年《瑞士国际私法》第61条规定以适用法院地法(即瑞士法)为主,但也规定了当配偶双方有共同外国国籍而只有一方在瑞士有住所时,适用当事人的共同本国法。根据2006年《日本法律适用通则法》第14条和第16条的规定,如果当事人有共同本国法,适用当事人共同本国法;如果无共同本国法而有共同习惯居所时,适用共同习惯居所地法;如果既无共同本国法也无共同习惯居所地法时,适用与夫妇有最密切关系地的法律。但是,如果离婚当事人一方为在日本有惯常居所的日本人时,则适用日本法。2001年修正的《韩国国际私法》第37条和第39条有相同规定。

事实上,欧洲许多国家立法中出现了有利于离婚的趋势,如上述的选择适用的现象。其中,最普遍的方法就是通过选择法院地法作为辅助的应适用的离婚准据法。

---

[1] Chesire and North's: Private international law (13th ed), Butterworths (1999), p. 775.

二、中国关于涉外离婚的规定

（一）管辖权

在解决涉外离婚案件过程中，确定案件的管辖权是与法律适用密切相关的一个敏感问题。许多国家将管辖权的行使作为法律适用的依据，只适用法院地法，因此离婚案件的管辖权与法律适用的关系非常密切。一般而言，对离婚案件行使管辖权的原则有两项：一是以当事人的住所或居所为依据；二是以当事人的国籍为依据。

在我国，根据1983年8月由民政部发布的《中国公民同外国人办理婚姻登记的几项规定》，我国公民同外国人要求在华离婚的，无论是双方自愿还是一方要求离婚，都由我国人民法院处理。根据我国2023年《民事诉讼法》第23条的规定，在涉外离婚诉讼中，只要被告的住所地或居所地在我国，或对不在我国领域内居住的人提出离婚之诉的原告在我国有户籍或居所的，不论对方是什么国籍的人，我国人民法院均有管辖权。

另外，根据2022年修订的最高人民法院《关于适用〈中华人民共和国民事诉讼法〉的解释》第13条至第17条的规定，我国法院在以下几种情况下也具有管辖权：（1）在国内结婚并定居国外的华侨，如定居国法院以离婚诉讼须由婚姻缔结地法院管辖为由不予受理，当事人向人民法院提出离婚诉讼的，由婚姻缔结地或一方在国内的最后住所地人民法院管辖；（2）在国外结婚并定居国外的华侨，如定居国法院以离婚诉讼须由国籍所属国法院管辖为由不予受理时，当事人向人民法院提出诉讼的，由一方原住所地或在国内的最后住所地人民法院管辖；（3）中国公民一方居住在国外，另一方居住在国内，不论哪一方向人民法院提起离婚诉讼，国内一方住所地人民法院都有管辖权，如国外一方在居住国法院起诉，国内一方向人民法院起诉的，受诉人民法院有管辖权；（4）中国公民双方在国外但未定居，一方向人民法院起诉离婚的，应由原告或者被告原住所地人民法院管辖；（5）已经离婚的中国公民，双方均定居国外，仅就国内财产分割提起诉讼的，由主要财产所在地人民法院管辖。

（二）法律适用

中国1986年《民法通则》第147条规定，中华人民共和国公民和外国人离婚，适用受理案件的法院所在地法律。2010年《涉外民事关系法律适用法》第26条规定，协议离婚，当事人可以协议选择适用一方当事人经常居所地法律或者国籍国法律。当事人没有选择的，适用共同经常居所地法律；没有共同经常居所地的，适用共同国籍国法律；没有共同国籍的，适用办理机构所在地法律。该法第27条规定诉讼离婚，适用法院地法律。

第一，1986年的立法规定仅仅涉及中国公民和外国人离婚这一种涉外离婚情形，且只规定了诉讼离婚这一种离婚方式，调整的对象并不完整。我国现行立法一方面涵盖了所有的涉外离婚情形，另外对于离婚法律适用区分离婚之方式，采取双轨制模式分别予以规定。对于诉讼离婚，一律采用了法院地主义；对于协议离婚，则引入有条件的当事人意思自治，在当事人无选择时，适用共同属人法主义，在无共同属人法时，则适用离婚机构所在地法律。

第二，无论是诉讼离婚还是协议离婚，我国并未采取重叠适用法院地和属人法的立法模式。

第三，第26条立法条文本身并未明文规定时际因素，随之产生了如果当事人的经常居所地或国籍发生变更时，应适用何时的属人法的问题。比如，双方当事人在离婚事由产生之时，存在共同的属人法，但是在提起离婚之时，并不存在共同属人法，此时应该如何解决？一般理解来说，在确定协议离婚法律适用时，当事人的属人法应依提起离婚之时的法律为准，也就是采取可变更主义。

第四，第26、27条适用之范围的理解。由于我国《涉外民事关系法律适用法》分别就夫妻人身关系、夫妻财产关系、扶养、监护等问题进行了规定，此时就必然存在对于上述条文适用范围的确定问题，存在各条文适用的竞合。在国内的离婚诉讼中，法院通常会对婚姻关系之解除、夫妻财产的分割以及子女监护权的行使等问题进行合并解决。对于这一问题，我国国际私法学界和实务界存在三种看法[1]：一是狭义说，即认为既然《涉外民事关系法律适用法》已经就夫妻人身关系（第23条）、夫妻财产关系（第24条）、父母子女关系（第25条）、涉外抚养关系（第29条）分别作出规定，那么从逻辑上推断，离婚的法律适用针对的仅是婚姻关系的解除，即离婚的理由；[2]二是中义说，认为离婚的效力应包含离婚以及因离婚而引起的财产分割，其理据为最高人民法院《关于贯彻执行〈中华人民共和国民法通则〉若干问题的意见（试行）》第188条的规定，我国法院受理的涉外离婚案件，离婚以及因离婚而引起的财产分割，适用我国法律；三是广义说，这一说法乃最高人民法院的意见，认为第26条适用于协议离婚的实质要件即离婚条件、财产分配、夫妻扶养及子女抚养等问题。[3]我们更倾向于第一种观点。原因在于以下几点。首先，我国《涉外民事关系法律适用法》第26条、第27条究竟是仅调整离婚之实质要件（离婚之原因），还是也包含离婚之效力，从条文上看并不清楚。一般认为，由于我国冲突规则立法中并未单独规定离婚效力之准据法，故应当认为均应涵括，但离婚发生解除婚姻关系之效果，其附随离婚而产生的身份及财产上的效果，则并不必然依此冲突规则，一般认为离婚之效力准据法仅解决离婚后夫妻之扶养义务之有无、妻本姓之恢复、离婚时损害赔偿之问题，至于夫妻财产之分割、子女之监护并不在其内。其次，如果将离婚冲突规则的范围扩展至夫妻财产关系及子女监护权之分配，将导致上述冲突规范仅可适用于夫妻关系存续期间，此种解释显然会导致人为地割裂，在夫妻财产关系上将严重影响当事人之正当期望，同时离婚效力之准据法主要为配偶之间的法律关系，而监护则涉及对于第三人尤其是未成年人利益之保护，不可由离婚效力之

---

[1] 许凯：《我国涉外协议离婚法律适用规则的规范修正与适法边界》，载《华东政法大学学报》2021年第2期。

[2] 参见汪金兰：《中欧涉外离婚法律适用法的新趋势》，载黄进、肖永平、刘仁山主编：《中国国际私法与比较法年刊》（第15卷），北京大学出版社2013年版，第165页；汪晶、刘仁山：《我国涉外离婚法律适用立法之完善——兼论〈罗马Ⅲ〉对我国相关规定的借鉴》，载《湖南社会科学》2013年第6期。

[3] 参见万鄂湘主编：《〈中华人民共和国涉外民事关系法律适用法〉条文理解与适用》，中国法制出版社2011年版，第194页。

准据法越俎代庖。最后，从我国目前对外国离婚判决之承认与执行的规定来看，仅承认离婚所生之婚姻解除之效果，并不涉及财产之分配和子女之监护问题。

第三节 夫妻关系

夫妻关系是合法有效的婚姻所产生的特定男女当事人之间的一种法律关系，一般涉及夫妻人身关系和夫妻财产关系两个方面。国际私法一般区分人身关系和财产关系确定法律适用。

一、夫妻人身关系的法律适用

夫妻人身关系，是指具有合法婚姻关系的男女双方，在社会和家庭中的地位、身份等方面的权利与义务关系，一般包括姓氏权、同居义务、忠诚义务、住所决定权、从事劳动和社会活动的权利、夫妻间的日常家务代理权等方面内容。在上述问题中，由于各国政治制度、经济状况、社会风俗、历史传统、宗教信仰等不同，常有法律冲突的现象。对于夫妻人身关系，各国一般采取以下几种法律适用原则。

（一）适用当事人的本国法

许多国家认为，有关人的身份能力适用当事人的本国法，因此，夫妻人身关系也应适用当事人的本国法。但在具体适用上又有几种不同的主张。

（1）适用丈夫的本国法。如约旦、阿拉伯联合酋长国以及阿拉伯国家联盟统一国际私法等都对此作了规定。这种观点反映了上述国家夫为一家之主的态度。

（2）适用夫妻双方共同的本国法，在没有共同本国法时，则适用丈夫的本国法。如法国和泰国的国际私法作了如此规定。

（3）适用夫妻双方共同的本国法，如夫妻双方没有共同本国法时，则适用夫妻住所地法或最密切联系地法。2006年《日本法律适用通则法》第14条规定，关于婚姻的效力，如果夫妻双方具有相同的本国法，依该法。无共同本国法时，如夫妻具有共同惯常居所地法，则依共同惯常居所地法。既无共同本国法也无共同惯常居所地法时，适用与夫妻有最密切关系的地方的法律。这反映了在夫妻关系中，许多国家承认了妻子的独立人格和权利，男女平等原则得到更好的贯彻。

（二）适用当事人的住所地法

采用这一原则的国家认为，婚姻关系与住所地的公共秩序和经济负担有关，因此婚姻与住所地的关系极为密切，夫妻人身关系主要应适用住所地法。英国、美国以及乌拉圭、秘鲁、巴西等拉丁美洲国家采用这一原则。近几年来，东欧一些国家也开始倾向于采用住所地法。

（三）适用法院地法和行为地法

由于夫妻人身关系有时关系到法院地或行为地的公共秩序和善良风俗，因此也有国家主张夫妻人身关系的某些方面应该适用法院地法或行为地法。例如，在英国，夫妻人身关系一般适用夫妻的住所地法，但关于丈夫是否可以对妻子施加强力以及一方对他方的扶养义务如何等问题，则适用法院地法。国际公约中也有类似的做法。例如，1905年海牙《婚姻对夫妻身份和财产关系效力的法律冲突公约》第1条规定，"有关夫妻身份上的权利义务，依双方本国法""但前项权利义务的行使，非依行为地法所认可的方式，不得为之"。1928年《布斯塔曼特国际私法典》第43条和第45条规定，关于夫妻间保护和服从的义务，以及夫如变更居所、妻有无义务随夫等问题，应适用夫妻双方的属人法，在二者不同时，则适用夫的属人法。但关于夫妻共同生活彼此忠贞和互相帮助的义务，均依属地法原则解决。

（四）采用结果选择法

事实上，如果从维护男女平等和妇女权利的角度出发，上述传统冲突规范中连结所指向的准据法不一定就是最能保障当事人权利的法律。当然，各国对家庭关系中夫妻人身关系的理解会直接影响准据法的选择。如果直接采用"结果选择"的方法也不失为一种选择，当然这种方法将会由于各国对实体权利的理解不同及文化差异而产生适用的结果不一致。

我国《涉外民事关系法律适用法》第23条规定，夫妻人身关系，适用共同经常居所地法律；没有共同经常居所地的，适用共同国籍国法律。如果没有共同国籍的，则根据《涉外民事关系法律适用法》第2条的规定适用最密切联系原则予以确定准据法。

我国立法中并未明确规定共同属人法的时际因素问题。一般认为，共同属人法应该是提起诉讼之时的共同属人法，也就是此时允许采取可变主义原则，其基本理由在于夫妻人身关系原则上仅对夫妻双方产生影响，故应当允许改变。[1]但是，对于夫妻人身关系，其实并非完全只涉及夫妻双方，例如关于夫妻法定家事代理权的制度，肯定会涉及对第三人的利益保护问题，我们认为，此时为了确保对第三人利益的保护，此种情形下应以法律关系发生时的共同属人法来确定，也就是采取不变主义来确定夫妻人身关系。

二、夫妻财产关系的法律适用

夫妻财产关系又称夫妻财产制，是指具有合法婚姻关系的男女双方对于家庭财产的权利义务关系，主要包括婚姻对双方当事人的婚前财产发生什么效力、婚姻存续期间所获财产的归属以及夫妻对财产的管理、处分和债务承担等方面的制度。各国对夫妻财产制的内容规定不同，解决夫妻财产关系法律冲突的法律适用原则主要有以下几种。

1. 意思自治原则

一些西方国家认为，夫妻之间的财产关系是一种特殊的契约关系，因此，允许当事人自愿选择法律。英国、美国、法国和奥地利等国均持这种主张。但有的国家对于当事人的意思自治作出某些限制。比如2006年《日本法律适用通则法》第15条第1款规定了夫妻财产关系准用第14条关于婚姻效力的准据法，但如果夫妻以署名、附日期的书

---

[1] 杜涛：《国际私法原理》（第二版），复旦大学出版社2018年版，第160页。

面协议选择法律时，则夫妻财产关系适用该法。当事人可以选择的法律是，夫妻一方国籍所属国的法律，夫妻一方的惯常居所地法，关于不动产的夫妻财产关系，该不动产所在地法。此外，1978年海牙《关于夫妻财产制法律适用公约》也规定，夫妻财产制以当事人自愿选择为主，但夫妻能选择的法律仅限于：（1）选择时，配偶中有一方是其公民的国家的法律；（2）选择时，配偶中有一方在其境内有惯常居所；（3）婚后有一方在其境内设定惯常居所。这种有限制的意思自治一方面反映了对处理财产关系时当事人自主处分权利的尊重，另一方面充分考虑到夫妻财产关系所涉及的人身性质，因此具有可取之处。

对于夫妻财产契约的缔约能力，一般都主张应适用当事人的属人法，也有主张适用婚姻住所地法的。对于夫妻财产契约的形式，则一般主张适用行为地法。1978年海牙《夫妻财产制法律适用公约》采用了选择性冲突规范的方法，规定夫妻财产契约只要符合夫妻财产制的内国法或者契约缔结地法就有效。

2. 属人法原则

一些国家在夫妻财产关系上排除适用意思自治原则，直接规定夫妻财产关系应适用属人法。采用属人法原则的国家主要有希腊、泰国、约旦等国。

另外，在夫妻财产法律适用问题方面，还有是否区分动产与不动产的问题。一些国家如英美普通法国家认为应该区分动产与不动产，采用分割制。不过许多国家认为，分割制的做法会使夫妻财产关系的处理变得更复杂，所以不主张这种做法。

我国《涉外民事关系法律适用法》第24条规定，夫妻财产关系，当事人可以协议选择适用一方当事人经常居所地法律、国籍国法律或者主要财产所在地法律。当事人没有选择的，适用共同经常居所地法律；没有共同经常居所地的，适用共同国籍国法律。

由此可见，我国现行立法中针对夫妻财产关系的法律适用，首先采用了意思自治原则，但对当事人的意思自治的选择范围进行了限制，只能在一方当事人的经常居所地、国籍国或主要财产地法律之间进行选择。这一做法既考虑了对当事人意思自治的尊重，又维护了夫妻财产制的相对稳定性，避免了当事人滥用意思自治，保护善意第三人的权利。在当事人没有选择时，其客观连结点的设置与夫妻人身关系保持了一致。

由于我国《涉外民事关系法律适用法》第24条并未对不动产和动产进行区分，因此从文义上看，我国夫妻财产的准据法是支配夫妻所有财产，包括动产和不动产。但此时，值得注意的是，《涉外民事关系法律适用法》第24条与第36条关于不动产物权适用物之所在地法律规定的竞合关系如何处理？通说认为，此种情形下，对于不动产所在地法律关于不动产物权对夫妻之外第三人的对世性规定应当优先予以适用，但对于该不动产是否构成夫妻共同财产则应当适用夫妻财产关系的准据法予以确定。

如果当事人的经常居所地或国籍国发生变化，对于夫妻财产关系的准据法究竟是采取可变主义还是采取不可变主义呢？如果当事人是通过意思自治的方式选择准据法，则此时应当适用当事人选择时的法律，即使嗣后当事人的经常居所地或国籍发生了变化。如果当事人想适用改变之后的属人法，则当事人须通过明示选择的方式重新达成法律选择协议。如果当事人没有选择，而是适用客观连结点，即适用当事人共同属人法，那么此时应该如何确定夫妻财产制的准据法呢？一种观点认为，此时应该适用夫妻结婚时的共同属人法，也就是采取不可变主义，将夫妻财产"冻结"起来，认为此种做法有利于保障夫妻财产的稳定性和可预见性，有利于保护商业交往中善意第三人的利益。[1]但值得注意的是，如果说夫妻财产关系仅限于对夫妻之间的利益进行分配，不得影响第三人之权利，那么在此种条件下，允许采用可变主义也并无不妥。而且更进一步探讨，关于夫妻财产之归属，应以该财产关系产生时之夫妻共同属人法似乎更符合当事人的正当预期，只是由于夫妻财产中，不动产等权利便于确定其财产关系产生之时，而动产以及金钱则不仅难以确定财产关系产生之时，而且其财产价值之消耗亦难以用财产取得之时的准据法为依据来确定夫妻之全部财产，因此采用折中做法更为妥当，即对于不动产采用财产关系产生时的共同属人法，对于其他财产，则适用提起诉讼时的共同属人法，但不得影响第三人之权利。

第四节　父母子女关系

涉外父母子女关系实质上包含两个部分的内容：一是是否存在父母子女关系，即父母子女关系的确定，这里包括对于婚生子女和非婚生子女准正的问题；二是父母子女关系的具体内容。事实上，这一部分在大陆法系国家单独为亲权的内容，但在英美法系国家则被确认为监护制度。现在的趋势是用父母责任来替代监护和亲权这种用法，既包括父母对子女的权利义务，也包括其他第三人或者公共机构代替父母行使父母责任。[2]目前看来，对于第二种情形，得到了美国和欧盟及海牙国际私法会议相关公约的确认，我国事实上也采用了广义的监护概念，即父母责任概念。由于一直以来在中国的国际私法教学编排中，探讨父母子女关系主要是指亲子关系，所以本节的内容仍然限于亲子关系的法律适用。

父母子女关系，又称亲子关系，是指父母与子女之间的一种法律关系，包括人身关系和财产关系两个方面。父母子女关系按照父母与子女之间是否有血缘关系分为亲生父母子女关系和养父母子女关系。在亲生父母子女关系中，依子女是否为有效婚姻关系所生，又可以分为父母与婚生子女关系和父母与非婚生子女关系。本节探讨的是有血缘关系的亲生父母子女关系。

一、婚生子女确认的法律适用

婚生子女（legitimate child），是指在有效婚姻关系中怀孕所生育的子女。婚生子女

---

[1] 杜涛：《国际私法原理》（第二版），复旦大学出版社2018年版，第160页。例如，中国台湾地区"涉外民事法律适用法"第13条规定，夫妻财产制依结婚时夫所属国法律，原则上就采取了不可变主义。

[2] See Katharina Boele-Woelki, Bente Braat, Ian Curry-Sumner: European family law in action (volume III: parental responsibilities), intersentia (2005), ppxi.

和非婚生子女在法律地位上的区分,在历史上为许多国家所采用,其中既可能是基于身份地位的原因,也可能是基于家族财产的原因。为保护子女的利益,目前许多国家都在立法上努力消减婚生子女和非婚生子女之间的差异。

各国对于如何确认婚生子女存在法律冲突,对于涉外婚生子女的法律适用原则一般有以下几种。

1. 适用父母属人法

主张适用父母属人法的国家中又有如下划分。

(1) 适用生母之夫的本国法。如德国、泰国、希腊、意大利等国都有类似的法律规定,这是早期采用的冲突规则。在这里,生母之夫的本国法实际上就是指子女生父的本国法。这种观点是父权统治下的体现。

(2) 适用生父的住所地法。英国有些学者和判例主张适用生父的住所地法来确定子女是否为婚生的子女,丹麦也采用生父住所地法作为准据法。

(3) 适用子女出生时生母的属人法。如《法国民法典》规定子女是否婚生问题由子女出生时生母的属人法决定。

(4) 适用父母的共同属人法。如《奥地利国际私法》规定,子女婚生的要件及因此发生的争议,依该子女出生时配偶双方的属人法,如子女出生前婚姻已解除,依解除时配偶双方的属人法,配偶双方的属人法不同时,依其中更有利于子女为婚生的一方的法律。

(5) 分别适用父母各自的属人法。《美国第一次冲突法重述》以及卢森堡、比利时、荷兰等国采用这一做法。

2. 适用子女属人法

晚近以来,由于对儿童权利保护思想的盛行以及对弱势利益群体的关注,一些国家从保护子女利益出发,更多地采用子女的属人法为准据法。如波兰、南斯拉夫等国。《法国民法典》第 311—414 条也规定,如果子女的属人法对子女更为有利,则应适用子女的属人法来决定其是否为婚生的问题。但以子女的属人法为准据法并不一定总是对确认子女的婚生地位有利,特别是在依血统确定国籍的国家中,子女的国籍在没有确定其为婚生之前是不能确定的。这样就会出现逻辑上的混乱,国籍的取得依赖婚生的确定,而婚生的确认又依赖于国籍的取得。

3. 适用支配婚姻效力的法律

如《土耳其国际私法和国际诉讼程序法》规定,子女婚生适用子女出生时调整其父母婚姻效力的法律。

4. 适用对子女婚生更为有利的法律

由于适用子女属人法也不一定对子女有利。因此,近来有更明确规定适用对子女婚生更为有利的法律。例如,《奥地利国际私法》规定,在适用配偶双方的属人法时,如果他们的属人法不同,应依其中更有利于子女为婚生的法律。此外,匈牙利、捷克斯洛伐克、秘鲁等国也有类似的法律规定。

二、非婚生子女及其准正的法律适用

非婚生子女，是指父母在非婚姻关系状态下所生的子女。在世界上许多国家中，婚生子女和非婚生子女的地位并不相同，很多国家在立法上确立了非婚生子女的准正制度（legitimation），使非婚生子女在法律上取得婚生子女的地位。

（一）准正的方式

非婚生子女在法律上的地位因不同时期、不同国家而有所不同。旧时各国法律对非婚生子女颇多歧视，近代各国为改变非婚生子女的不幸境遇做了许多努力。准正的方式主要有以下几种。

（1）父母事后婚姻（legitimation by subsequent marriage）。如果非婚生子女的父母事后结婚，非婚生子女可取得婚生子女的地位。在有些国家，事后婚姻是使非婚生子准正的唯一的方式。还有些国家规定，仅有父母的事后结婚并不能使非婚生子女准正，还要求父母有某些认领行为，如在登记官面前明确或正式地承认该子女为其后代。如果父母的事后结婚为无效婚姻，子女的准正就可能会受到影响。

（2）认领（leitimation by recognition）。一些国家的法律规定父对非婚生子女的认领可以使子女获得婚生子女的资格。但在有些国家，被认领的非婚生子并不能完全取得婚生的地位，认领只赋予被认领的非婚生子以有限的权利。

（3）国家行为（legitimation by judicial order）。这种准正方式主要是通过确认亲子关系的诉讼，由法院作出判决。这种准正方式可以使子女在父母一方死亡，父母不能事后结婚，或父不愿认领的情况下，由国家行为（法院判决）宣布准正。

（二）准正的准据法

有些国家并没有区分准正方式的不同而规定不同的准据法，只是笼统地规定了准正适用的法律。有些国家则专门规定了事后结婚、认领及国家行为准正所适用的法律。

1. 事后婚姻准正的准据法

关于事后婚姻准正的法律适用，主要有如下几种做法。

（1）适用住所地法。父母事后结婚时的住所地法决定由该事后结婚而获得的准正。英国和美国即是如此。

（2）适用本国法。由事后结婚或认领时的父之本国法决定准正。

（3）适用父母属人法。如1978年《奥地利国际私法》第22条的规定。

（4）适用子女属人法。目前几个规定适用子女属人法的立法多是在某些具体问题上，适用子女属人法。

（5）适用支配婚姻效力的法律。如1986年修订的《德国民法典施行法》第21条的规定。

2. 认领的准据法

认领的准据法分为形式要件准据法和实质要件准据法。认领的形式在各国还是有些差别的，但一般认为只要认领符合认领行为发生地的要求也就足够了。

关于认领实质要件的法律适用，有以下几种做法。

（1）适用父母属人法。认领子女的父母的住所地法或本国法常被用来决定有关认领的问题。如1939年《泰国国际私法》第31条及美国一些州的规定。

（2）适用子女属人法。如2011年《波兰国际私法》第55条规定，子女的认领依认领时子女所属国法。另外，秘鲁和匈牙利等国也有相似的规定。

（3）选择适用父或母或子女的属人法。如1987年《瑞士国际私法》第72条规定，在瑞士对子女的认领，可以依子女的惯常居所地法或本国法、父或母一方的住所地法或本国法作出。这种选择性规则有利于认领的成立。

3. 国家行为准正的准据法

在国际私法立法中专门规定国家行为准正的准据法不是很多，一般主要是依据父母住所地法或是父母本国法，或是依据准正国家的法律。

三、父母子女间权利义务关系的法律适用

父母子女间的权利义务关系又称亲子关系，是婚姻家庭法中重要的组成。父母子女权利义务关系的性质和内容经历了一个历史的发展，从早期的单向尊重父权到注重保护子女的利益到最后发展成为"儿童权利最大化"。在罗马法时期，出现了所谓家父制度，父权是父母子女关系的核心，子女完全属于从属地位，近代各国民法中也含有相当多的着重于亲权尊亲属利益的条款，而到了现代，许多国家在婚姻家庭法领域中更多体现了对子女利益的尊重，特别是对未成年子女利益最大化的保护的趋势。这里讨论的父母子女权利义务关系主要是指父母与未成年子女之间的关系。

父母子女权利义务关系一般来说包括两个方面：一是人身方面的权利与义务；二是财产方面的权利与义务。前者主要包括保护教育权、居所指定权、职业许可权、惩戒权、对非法诱拐儿童的交还子女请求权、法定代理权等；后者则主要包括父母对未成年子女财产的管理、取得、收益和处分的权利。各国对此的立法会产生法律冲突，目前解决父母子女权利义务关系的法律适用原则主要有以下几种。（1）适用父母的属人法。（2）适用子女的属人法。目前一些国家从保护子女利益的角度出发，主张在这个问题上适用子女的属人法，如波兰、匈牙利、瑞士、日本等国采用这一原则。2006年《日本法律适用通则法》第20条规定，亲子间的法律关系，如果子女的本国法与父或母的本国法以及如果父母一方死亡时与另一方的本国法相同，则适用子女本国法；在其他情况下，依子女的惯常居所地法。（3）有的国家主张适用亲子双方共同本国法。如《南斯拉夫国际冲突法》第40条规定，"父母和子女之间的关系依他们的共同本国法""如果父母和子女国籍不同，依他们的共同住所地法""无共同住所，只要子女或父母中任何一人为南斯拉夫公民则依南斯拉夫法律"。

四、中国关于涉外父母子女关系法律适用的规定

《涉外民事关系法律适用法》第25条规定，父母子女人身关系、财产关系，适用其共同经常居所地法律；没有共同经常居所地的，适用一方当事人经常居所地法律或国籍国法律中有利于保护弱者权益的法律。

第一，关于本条的适用范围问题。由于《涉外民事关系法律适用法》并未单独对于准正及认领等父母子女关系是否存在的问题作出规定，因此，我们认为第 25 条的规定不仅调整亲子关系问题，而且调整准正及认领的法律适用。此外，父母子女的人身关系和财产关系，仅涉及父母对于未成年子女的人身关系和财产关系，其重心在于亲权权利义务之分配和行使问题，至于父母对于未成年子女的扶养义务问题、已成年子女对于父母的扶养问题、父母与子女之间彼此的继承问题，应分别适用扶养及继承的准据法予以确定。具体而言，有关亲权之发生、亲权人之资格、亲权的内容、亲权的消灭，均应适用本准据法。关于亲权的内容则包括身份上父母对未成年子女之保护教养权、住所指定权、惩戒权、子女返还请求权、法定代理权、子女为法律行为之同意权、子女的姓名权等；财产权方面主要涉及父母对于未成年子女财产之管理、用益、处分等。

第二，本条在连结点设置上采用了有序性的安排，首先适用当事人的共同经常居所地法律，然后适用弱者利益保护原则，这里采用的是内容定向的冲突规则。但是，在实践中如何确立有利于弱者，有待在个案中予以分别认定。

第五节　涉外收养的法律适用

一、涉外收养

（一）涉外收养

涉外收养，是指含有涉外因素的收养关系。收养，是指本无父母子女关系的预期收养父母与被收养儿童之间建立拟制亲子关系的法律行为。

收养，可分为完全收养和不完全收养。依据海牙国际私法会议 2022 年《〈海牙收养公约〉的解释报告》，该公约适用范围不仅涵盖完全收养，而且扩大涵盖了不完全收养。所谓完全收养，是指收养成立后，在确立收养人与被收养人父母子女关系的同时完全解除被收养人与其生父母间的一切权利义务关系。大多数国家法律规定的收养属于完全收养。所谓不完全收养，是指在确立收养人与被收养人父母子女关系的同时并不完全解除被收养人与其生父母间的一切权利义务关系的一种收养类别。法国、比利时、意大利等国法律也规定了不完全收养。

（二）涉外收养法律冲突

各国法律在涉外收养条件、收养效力、收养解除等方面存在较大差异，因而有可能出现法律冲突。例如，各国收养的形式要件并不相同，我国采登记制度，而《日本民法典》第 801 条规定涉外收养的收养人必须向驻在国的日本大使、公使或领事申报，而法国法则规定收养必须经司法调查，经法国法院决定并宣布才成立。又如，各国关于被收养人的年龄也有所不同。法国法律规定既允许收养未成年人，也允许收养成年人；英国、保加利亚等只允许收养未成年人，但未成年人的年龄规定并不一致。我国原《收养法》规定被收养人必须为不满 14 周岁儿童，而《民法典》第 1093 条将被收养人年龄扩大到了 18 周岁的未成年人。再如，在收养关系的解除方面，有的美洲国家立法禁止解除收养关系，有国家立法则部分禁止解除收养关系，也有诸如我国等国家立法采取允许解除收养关系。

二、全球涉外收养合作的主要成果

（一）涉外儿童收养的国际法律制度发展

涉外儿童收养的国际法律制度，主要体现在如下国际法律文件中：1959 年联合国《儿童权利宣言》、联合国大会第 41/85 号决议于 1986 年 12 月 3 日通过《关于儿童保护和儿童福利、特别是国内和国际寄养和收养办法的社会和法律原则宣言》、1989 年联合国《儿童权利公约》及联合国儿童权利委员会的一系列一般性意见、1993 年《跨国收养方面保护儿童及合作公约》（以下简称《海牙收养公约》）。其中，《海牙收养公约》是联合国《儿童权利公约》第 21 条的具体化，是目前各缔约国展开涉外儿童收养之合作的重要法律依据。

1993 年 5 月 29 日，海牙国际私法会议第 17 届大会审议并通过了《海牙收养公约》，自 1995 年 5 月 1 日起生效。截至 2024 年 2 月，批准《海牙收养公约》的成员国有 105 个（包括中国在内）。[1] 该公约目前可适用于中国内地、香港特别行政区和澳门特别行政区。《海牙收养公约》分 7 章，共 48 条。该公约开宗明义，在序言明确说明其立法目的，为了儿童人格的完整和协调发展，儿童应在一个充满幸福、慈爱和理解的家庭环境中成长，呼吁每一国家应采取适当措施以使儿童能够持续地得到其出生家庭的照顾，并将此作为优先考虑事项，认识到涉外收养可为在其原住国不能找到适当家庭的儿童提供永久家庭的优势，确认有必要采取措施，确保涉外收养的实施符合儿童最大利益并尊重其基本权利，防止诱拐、出卖和贩卖儿童。其内容主要包括：适用范围、涉外收养的实质要件、中央机关和委任机构、涉外收养的程序要件、收养的承认及效力，一般规定和最后条款。

1.《海牙收养公约》的适用范围

依据公约第 2 条规定，本公约适用于惯常居住在一缔约国（原住国）的儿童在该国被惯常居住在另一缔约国（收养国）的夫妻或个人收养后，或为在原住国或收养国进行此收养的目次，已经、正在或将要被移送到收养国的案件；且仅适用于产生永久的父母子女关系的收养。

儿童最大利益原则被视为公约的首要原则。但《海牙收养公约》对"儿童最大利益"未作定义，原因在于一个案件中满足儿童最大利益的要求可能不同于其他个案，但应当被考虑的因素在原则上不应受到限制。但是，《海牙收养公约》提到了一些重要因素，这些因素必须在确定什么是涉外被收养对象的儿童的最大利益时被考虑进去。这些

---

[1] Convention of 29 May 1993 on Protection of Children and Co-operation in Respect of Intercountry Adoption, available at http: //www.hcch.net, last visited in 19. Feb. 2024.

《海牙收养公约》提到的因素包括但不限于：①把儿童留在其出生家庭或使其与出生家庭重聚的努力；②对国内解决途径的优先考虑（替代原则）；③保证儿童尽可能地被收养；④对儿童及其父母信息的保存；⑤对预收养父母的细致评估；⑥为儿童找到一个合适、匹配的家庭；⑦需要视为适应地方的情况而强迫执行的额外保障措施等。[1]其中的替代原则，又称为"辅助原则"，规定于《海牙收养公约》第4条第2款，在范围内的收养，仅可在送养国的有权机关对儿童在国内安置的可能性已作出充分考虑之后，判定国际收养有利于儿童的最佳利益后方可进行。也就是说，《海牙收养公约》缔约国承认，在任何可能的时候，儿童都应由其出生家庭或亲属家庭抚养。如果这不可能或者不切实际，则应考虑在其出生国寻找永久家庭式照顾的方式。只有在对国内解决方式给予适当考虑后方可考虑涉外收养，且须符合儿童的最佳利益。

2. 涉外收养的实质要件

依据《海牙收养公约》第4条、第5条、第14条和第17条等的规定，儿童收养国和儿童原住国共同对国际儿童收养负责，承担各自的责任，这不仅可以简化国际收养程序，而且是一种有效的避免和协调法律冲突的方法。虽然公约没有明确规定国际收养的法律适用问题，但是，根据原住国和收养国共担责任之制度，一般认为，关于儿童是否符合收养的条件，适用儿童原住国的法律；关于预期收养父母是否符合收养儿童的条件，适用收养国的法律。[2]此外，《海牙收养公约》第37条还规定了多法域国家法律选择问题，即对于对不同法域人员适用两个或更多收养法律制度的国家，任何提及关于该国法律的规定应被解释为提及该国法律中特定的法律制度。

此外，还应确保当事人作出适当的同意，包括：获得儿童法律管理人或监护人的同意；确保表示同意的人理解他们所作出决定的效果和后果；确保同意是意思的自由表示，而不是在被诱导或不适当地获得金钱或其他报酬的情况下作出的；确保一名刚生完孩子的母亲在儿童出生一段时间后才作出决定；确保在必要时获得儿童的同意。

3. 涉外收养的程序要件

《海牙收养公约》第14—22条明确规定了涉外收养的程序要件。第一，收养人向本国中央机关提出申请。第二，收养国中央机关应准备一份收养人条件报告，并将申请和报告转交给儿童原住国中央机关。第三，儿童原住国中央机关在收到收养申请和收养人条件报告后准备一份被收养儿童送养适当性报告，并将报告提交儿童原住国中央机关审核。第四，儿童原住国中央机关在已经确认预期养父母同意这种安置、两国的中央机关都同意进行收养，且确认预期养父母条件合格并适于收养和确认该儿童已经或将被批准进入收养国并长期居住等条件下，可作出将儿童托付给预期收养父母的决定。

4. 收养的承认及效力

《海牙收养公约》第23—27条明确规定了涉外收养的承认及效力。经收养发生国主

---

[1] HCCH, The Implementation and Operation of the 1993 Intercountry Adoption Convention, Guide to Good Practice, Guide No.1, Published by Family Law, 2008, p.15.

[2] Art.4 and Art.5 of Convention of 29 May 1993 on Protection of Children and Co-operation in Respect of Intercountry Adoption.

管机关证明的根据本公约所进行的收养，其他缔约国应依法给予承认。只有当对一项收养的承认明显违反一缔约国考虑到儿童最佳利益在内的公共政策时，该国才能拒绝承认。对收养的承认包括：儿童与其养父母之间法律上的父母子女关系；养父母对儿童的父母责任；儿童与其父亲或母亲之间先前存在的法律关系的终止，如果在发生收养的缔约国收养具有此种效力。一般而言，在收养国及承认该收养的任何其他缔约国，涉外收养儿童应与各该国内具有同样效力的被收养儿童享有同等的权利。

5.国际合作机制

第一，缔约国有义务指定或任命有权机关并授予其权利，使其能够执行相关职能，实现《海牙收养公约》的目标，主要包括以下两种。①有权机关。每个缔约国都有众多的有权机关负责实施不同《海牙收养公约》职能。例如，有权机关可以是法庭，下达最终的收养法令或判决的职责就可以由法院来承担。②中央机关。中央机关在收养过程的决策方面起了非常重要的作用，决定收养过程能否进行到最后阶段这一重要步骤就是由中央机关来完成的。因此，缔约国显然必须确保其实施的措施能为中央机关提供足够和适当的权利及资源，使中央机关能够充分履行义务和实施职能。我国的中央机关是民政部儿童福利司。第二，《海牙收养公约》指导下的合作体系，要求所有缔约国共同协作，以确保儿童保护的实施。为了达到这个目标，各缔约国应该：建立体系以实施和加强其他缔约国已经执行的保护措施；考虑各自收养规定的制定或者某些规定的缺乏会对其他缔约国造成的影响；为其他缔约国以及运用收养、儿童照顾和保护体系的国家提供收集信息、传播信息和统计数字的机制；同其他缔约国进行合作，通报程序方面的临时或永久变化、紧急情况，以及加强犯罪制裁的情况；为常设局提供有关中央机关和被授权的机构最新信息。第三，保障措施。《海牙收养公约》要求各中央机关采取所有适当的措施，直接地或通过公共权力机关，防止在收养中出现不正当经济收益或其他收益，禁止与《海牙收养公约》的目标相违背的各种行为。各缔约国之间应建立一个合作体系，以保证安全措施得到遵守，并防止诱拐、买卖和交易儿童。

（二）涉外儿童收养的国际法律制度之下的涉外儿童收养现状

从国际私法会议（HCCH）已有数据可知，1998年至2017年，主要送养国为中国、俄罗斯、印度、韩国、哥伦比亚、埃塞俄比亚、乌克兰、越南、海地、菲律宾、危地马拉、保加利亚、刚果、哈萨克斯坦、罗马尼亚和巴西。涉外送养儿童的数量为：1998年送养儿童31710名，2004年送养儿童45483名，2011年送养儿童23552名，至2017年送养儿童降为9387名。1998年至2017年，主要收养国为美国、意大利、法国、德国、加拿大、西班牙、瑞典、荷兰、瑞士、比利时、挪威。主要收养国收养儿童的数量体现如下：1998年收养儿童31710名，2004年收养儿童45383名，2011年收养儿童23554名，2017年收养儿童降为9392名。

可见，1998年至2017年，各国依据《海牙收养公约》而送养的儿童数量与收养的儿童数量均有逐渐减少的趋势，这主要是因为公约本身倡导由儿童由出生家庭照顾为首要原则，而儿童的涉外收养为辅助原则。但是，不可否认，全球范围内的涉外收养儿童及相关家庭的数量仍然是一个可观的数字。

三、我国的涉外收养

各国国际私法关于涉外收养的规定，亦体现了各国对涉外收养儿童的保护。如西班牙2007年12月颁布了《关于国际收养的第57/2007号法律》，分编规定了涉外收养的国际民事管辖权、涉外收养的法律适用、涉外收养在西班牙的效力问题。2011年《波兰国际私法》第57条第1款规定，收养适用收养人本国法。我国2010年《涉外民事关系法律适用法》第28条对涉外收养的条件和手续、收养的效力、收养的解除问题的法律适用进行了专门规定。

（一）我国涉外收养的基本情况

我国是涉外收养中的送养大国。据海牙国际私法会议的统计：中国2000年至2019年送养儿童总数达到126070名，中国在2000年至2019年一直居于送养大国的首位。[1]

我国每年送养儿童的人数如图11-1所示，具体数据如下：2000年送养儿童7469名，2001年送养儿童7725名，2002年送养儿童10260名，2003年送养儿童11234名，2004年送养儿童13412名，2005年送养儿童14484名，2006年送养儿童10765名，2007年送养儿童8749名，2008年送养儿童5879名，2009年送养儿童5004名，2010年送养儿童5427名，2011年送养儿童4371名，2012年为4136名，2013年为3405名，2014年为2943名，2015年为3059名，2016年为2678名，2017年送养儿童数量为2211名，2018年送养儿童1797名，2019年送养儿童1062名。

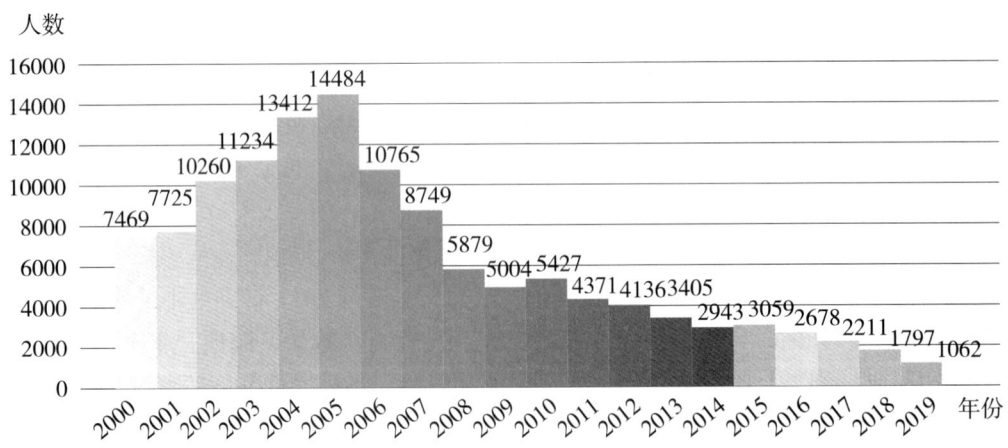

图11-1 我国2000—2019年涉外送养儿童数据统计

由图11-1可知，自1993年《海牙收养公约》在我国生效以来，送养儿童的数量呈下降趋势，这正体现了我国坚持了公约中规定的辅助原则，以国内收养为优先，以涉外收养为辅助。

从现有调研的情况来看，目前与我国展开收养合作的共有17个国家，除新加坡外，

---

[1] 数据来源于海牙国际私法会议官方网站。

美国、加拿大、英国、法国、西班牙、意大利、荷兰、比利时、丹麦、挪威、瑞典、芬兰、冰岛、爱尔兰、澳大利亚、新西兰均为1993年《海牙收养公约》缔约国，我国与各收养国可依据公约开展涉外收方面的国际合作。新加坡虽然不是该公约缔约国，但总体上也按照公约的要求开展涉外收养工作。就这个角度而言，以1993年《海牙收养公约》为基础的涉外送养制度在我国存在和发展，已经在现实中发挥了重要作用。

（二）我国涉外儿童收养制度的发展

我国涉外收养制度经三十余年的发展已日益臻于完善，我国涉外儿童收养制度的发展脉络大致可分如下几个阶段。

第一阶段：1992年《收养法》实施以前，我国在涉外收养方面基本处于无法可依的状态，难以适应日益繁荣的涉外收养形势。1986年《民法通则》第八章"涉外民事关系的法律适用"也未对涉外收养法律适用问题进行明确规定。

第二阶段：我国于1992年加入联合国《儿童权利公约》。我国《收养法》于1998年予以修正。1993年司法部和民政部发布了《外国人在中华人民共和国收养子女实施办法》，该办法自1999年国务院批准颁布的《外国人在中华人民共和国收养子女登记办法》实施开始失效。现行有效的《外国人在中华人民共和国收养子女登记办法》对外国人收养中国子女的具体程序和条件进行了详尽的规定，这表明我国涉外收养制度正在国际社会涉外收养的普遍实践影响下逐步确立，但是范围仅限于外国人在我国收养子女问题。

第三阶段：我国于2000年6月签署了《海牙收养公约》，并于2005年9月16日批准了该公约，同时延伸适用于我国香港特别行政区与澳门特别行政区。该公约自2006年1月1日对我国生效。我国的中央机关为民政部儿童福利司，但我国政府委托中国儿童福利和收养中心（以下简称"中国收养中心"）履行该公约第15—21条所规定的中央机关职权。为全面履行公约义务，我国对《收养法》《外国人在中华人民共和国收养子女登记办法》等法律法规进行了完善，2010年《涉外民事关系法律适用法》第28条分别对涉外收养的条件和手续、收养的效力、收养的解除这三方面问题的法律适用进行了规定。这种规定与其他国家规定的收养条件相比，相对严格，但这也是基于维护儿童最大利益的考量，进一步完善了我国涉外收养的法律制度。

第四阶段：我国《民法典》自2021年1月1日起施行，《收养法》等九部法律同时废止。《民法典》第五编"婚姻家庭"共有26个法条规定收养事项（第1093—1118条）。该法典沿袭了《收养法》第21条的规定，仅规定了"外国人在中国收养子女"的规定，未对"中国公民在海外收养外籍儿童"作出规定。《民法典》开启了一个全新的时代，涉外收养制度也将在此基础上发展和完善，为我国涉外收养儿童权益提供更好的法律保障。值得注意的是，依据《民法典》第1109条第1款规定，涉外收养并非完全适用《民法典》第五章"收养"的规定，在确定涉外收养的法律依据时，应主要依据我国《涉外民事关系法律适用法》第28条的规定确定准据法。

（三）涉外收养的法律适用

我国《民法典》第1109条第1款规定，外国人"依法"可以在中华人民共和国收养子女。该条款中的"依法"的措辞表明,涉外收养并非完全适用《民法典》第五章"收养"的规定,在确定涉外收养的法律依据时,应主要依据我国《涉外民事关系法律适用法》第 28 条的规定确定准据法。《涉外民事关系法律适用法》第 28 条分别对涉外收养的条件和手续、收养的效力、收养的解除这三方面问题的法律适用进行了规定:收养的条件和手续,适用收养人和被收养人经常居所地法律;收养的效力,适用收养时收养人经常居所地法律;收养关系的解除,适用收养时被收养人经常居所地法律或者法院地法律。

1. 收养的条件和手续

各国对于涉外收养的条件和手续的法律存在三种情况:第一种是适用收养人和被收养人双方的属人法,[1] 即对两个法律体系重叠适用,主要是考虑到不同国家之间对收养实质要件的法律冲突,使收养朝着尽可能成立的方向发展,尽量减少"跛足收养"。第二种是适用收养人属人法,[2] 这主要是认为被收养人是被带到收养人处进行生活,和收养人属人法存在最密切联系,适用被收养人属人法更有利于儿童利益的保护。第三种为分别不同情况适用不同的法律。[3]

依据我国《涉外民事关系法律适用法》第 28 条的规定,涉外收养的形式要件和实质要件,须重叠适用收养人和被收养人"经常居所地"法律,这种规定与其他国家规定的收养条件相比,相对严格,这是因为中国内地目前的涉外收养,基本上是外国人收养中国儿童,中国人收养外国儿童的情况较为罕见。为了维护被收养儿童的切身利益,中国内地从严控制涉外收养。[4] 就我国送养的儿童而言,我国即是被收养人经常居所地国,因此,涉外收养的形式要件和实质要件不仅须符合收养人经常居所地国的法律,而且必须符合我国法律的规定。

依据《民法典》第 1109 条的规定,外国人依法可以在中华人民共和国收养子女。外国人在中华人民共和国收养子女,应当经其"所在国"主管机关依照该国法律审查同意。结合《涉外民事关系法律适用法》第 28 条以及我国缔结的《海牙收养公约》的规定,《民法典》第 1109 条中的"收养人所在国"应是"收养人经常居所地国",而非"收养人国籍国"。也就是说,收养人经常居所地国主管机关应依据其国法律审查收养人的形式要件和实质要件,符合收养人经常居所地法的,才予以同意收养。如果收养人经常

---

[1]《日本法例》第 19 条第 1 款、《希腊民法典》第 23 条第 1 款等。参见李双元:《国际私法(冲突法篇)》(第三版),武汉大学出版社 2016 年版,第 541 页。

[2] "如波兰 1965 年法就规定:'收养,依收养人的本国法。'"李双元:《国际私法(冲突法篇)》(第三版),武汉大学出版社 2016 年版,第 542 页。

[3] 如 1995 年《意大利国际私法》对收养作了颇为详细的规定,"收养的条件、成立和取消,适用收养人本国法;如果夫妻共同收养,则适用共同收养人本国法;如果没有共同本国法,则适用收养人惯常居所法,或在收养时收养人主要婚姻生活地法。但对于向意大利法官提出的对未成年人的收养,如果该收养将赋予未成年被收养人婚生子女地位,则可适用意大利法(当然,如果被收养的未成年人本国法要求收养需经被收养人同意,该法应予以适用)"。李双元:《国际私法(冲突法篇)》(第三版),武汉大学出版社 2016 年版,第 542 页。

[4] 万鄂湘:《中华人民共和国涉外民事关系法律适用法条文理解与适用》,中国法制出版社 2011 年版,第 233—234 页。

居所地国对涉外收养规定了特别条件和程序，还应符合该国涉外收养的特别规定。根据《外国人在中华人民共和国收养子女登记办法》第 3 条的规定，因收养人所在国法律的规定与中国法律的规定不一致而产生的问题，由两国政府有关部门协商处理。

依据《民法典》第 1109 条第 2 款的规定，收养人与送养人签订书面协议之后，收养人应亲自向省、自治区、直辖市人民政府民政部门登记。由此可见，我国采取的是形式审查模式，审查主体为省、自治区、直辖市人民政府民政部门。省、自治区、直辖市人民政府民政部门只依据我国法律审查外国收养人的证明材料是否真实完备。

2. 收养的效力

关于涉外儿童收养的效力的法律冲突问题，一般的法律适用原则主要有以下几种。（1）适用收养人本国法。如日本就是采取这种做法。（2）适用收养人或被收养人的住所地法。如秘鲁、阿根廷等国主张，收养的效力依收养人住所地法。（3）适用收养行为地法。如 1987 年《瑞士国际私法》作了如此规定。（4）根据不同情况，分别适用收养人和被收养人的属人法。如 1928 年《布斯塔曼特国际私法典》第 74 条就是这样规定的。（5）原则上适用收养人或被收养人或者他们共同的本国法，同时以其他法律作为补充。如 1978 年《奥地利国际私法》规定，收养的效力依收养人的属人法；如果为配偶双方所收养，则依支配他们婚姻的人身法律效力的法律；但在配偶一方死亡后，依另一方的属人法。

我国《涉外民事关系法律适用法》第 28 条规定，收养的效力，适用收养时收养人经常居所地法律。收养的效力适用收养时收养人经常居所地法律，这是考虑到收养的效力主要是发生在收养人经常居所地内，收养成立之后，被收养人也会到收养人经常居所地内生活，此时收养人经常居所地法律与收养关系有最密切联系，此时参照国际公约中的最密切联系的法律适用方法，适用收养人经常居所地法律可实现儿童最大利益。

3. 收养关系的解除

依据我国《民法典》第 1114 条至第 1118 条的规定，关于收养关系的解除主要包括如下内容。第一，收养人在被收养人成年以前，不得解除收养关系，但是收养人、送养人双方协议解除的除外。养子女 8 周岁以上的，应当征得本人同意。收养人不履行抚养义务，有虐待、遗弃等侵害未成年养子女合法权益行为的，送养人有权要求解除养父母与养子女间的收养关系。送养人、收养人不能达成解除收养关系协议的，可以向人民法院提起诉讼。第二，养父母与成年养子女关系恶化、无法共同生活的，可以协议解除收养关系。不能达成协议的，可以向人民法院提起诉讼。第三，当事人协议解除收养关系的，应当到民政部门办理解除收养关系登记。第四，收养关系解除后，经养父母抚养的成年养子女，对缺乏劳动能力又缺乏生活来源的养父母，应当给付生活费。因养子女成年后虐待、遗弃养父母而解除收养关系的，养父母可以要求养子女补偿收养期间支出的抚养费。生父母要求解除收养关系的，养父母可以要求生父母适当补偿收养期间支出的抚养费；但是，因养父母虐待、遗弃养子女而解除收养关系的除外。

关于涉外收养解除的法律适用问题，国际上大致有两种做法：一是采用与收养成立相同的准据法，如奥地利、南斯拉夫和意大利等，二是采用与收养效力相同的准据法，如匈牙利和罗马尼亚等。[1]

我国《涉外民事关系法律适用法》第 28 条规定，收养关系的解除，适用收养时被收养人经常居所地法律或者法院地法律。为了保护被收养人利益，在收养关系解除时，法院可选择适用被收养人经常居所地法律或法院地法。

第六节　扶养

一、扶养的概念

扶养，是指根据身份关系，在特定的亲属间，一方对另一方给予生活上的扶助。扶养有广义和狭义之分，广义上的扶养包括抚养（即尊亲属对卑亲属的扶养）、赡养（即卑亲属对尊亲属的扶养）和狭义上的扶养（即配偶之间的扶养）。

在扶养关系中，提供扶养的人称为扶养义务人或扶养人，接受扶养的人称为扶养权利人或被扶养人。一般认为，扶养具有以下法律特征：(1) 扶养只在法律规定的特定的亲属之间成立，是一种法律上的义务，法律规定以外的亲属或其他人之间则不具有扶养义务；(2) 扶养关系只发生于一方有扶养需要而另一方有扶养能力的一定亲属之间；(3) 扶养本质上是一种私法上的法定义务，具有不可转让性，虽然某些公共机构在一定条件下可能承担了对儿童的扶养义务，但这并不能就此改变扶养的私法特质。

国际私法所调整的涉外扶养关系，是指含有涉外因素的扶养关系，即在扶养人和被扶养人中至少有一方为外国人的扶养关系。各国法律在扶养的范围、成立、方式、顺序和终止等方面有很多差别，在涉外扶养关系中难免产生冲突。在理论和实践中，关于涉外扶养的国际私法的解决方法在大陆法系和英美法系中存在不同的途径。

在英美法系国家，通常先考虑案件的管辖权，例如在英国，婚姻家庭领域的案件总是在其管辖权的框架下进行，如果确定了案件的管辖权，则通常只适用英国的本国法作为案件的准据法。特别是在儿童扶养的案件中，英国法院通常以儿童最大利益为原则，因此常常适用英国法院地法。

大陆法系国家则主张把管辖权问题和法律适用问题相分离，把法律适用作为独立的问题来对待。但具体来说，对于扶养问题又有两种不同的方向：一种是不专门规定扶养问题，而是把扶养义务视为当事人身份关系的后果，法律只规定结婚、离婚、婚生或非婚生子女的法律后果；另一种是把扶养问题作为一个独立的问题，专门制定冲突规范。许多国家都规定了扶养问题的国内冲突法规范。海牙国际私法会议对扶养问题也有专门的国际公约，包括 1956 年《抚养儿童义务法律适用公约》、1958 年《儿童扶养义务判决的承认和执行公约》、1973 年《扶养义务法律适用公约》。

---

[1] 韩德培主编：《国际私法》（第三版），高等教育出版社、北京大学出版社 2014 年版，第 236 页。

二、扶养的法律适用

目前，就扶养的法律适用的规定包括如下几种。

1. 适用法院地法

这种观点为普通法系国家所采用。例如，英国认为扶养是对原告的一种程序上的法律救济，因此总是与管辖权问题联系在一起，并以管辖权的方法来解决扶养的法律适用。只要英国法院对于案件有管辖权，即使一方当事人住所在国外，法院也仍将适用英国法律。《美国第二次冲突法重述》也采用这种观点，没有规定扶养的准据法而只是对扶养的管辖权作了规定，准据法与管辖权一致。大陆法系国家则通常认为法院地规定的最低扶养标准应该得到体现，因为扶养涉及法院地国的公共政策。此外，由于法院地法具有适用的便利性，也为一些国家所青睐。

2. 适用属人法

这种主张的传统理论认为扶养问题是身份关系的后果，所以扶养的法律适用也应该适用当事人的属人法。大陆法系国家多主张采用当事人的属人法。这里又可以进一步分为两种情况：一为适用扶养人的属人法；二为适用被扶养人的属人法。前者考虑的主要理由在于扶养义务是扶养制度的基础，后者则主要考虑扶养制度的目的在于为被扶养人利益而设置，在扶养权利义务关系中，被扶养人处于弱者的地位。后者目前为更多的国家所采纳。

对于属人法的连结因素，经历了从本国法主义向惯常居所地主义的转变。扶养关系中当事人之间的物质关系较之于其家庭身份关系更加紧迫，扶养问题也越来越成为一个独立的问题。当事人的国籍并不能真正决定其生活的物质状况，而被扶养人的惯常居所地与保障扶养权利人的利益以及适应扶养权利人生长的社会环境则更有联系。所以，海牙的有关扶养公约中都采用了被扶养人的惯常居所地作为扶养关系的首要连结因素。

3. 适用扶养人和被扶养人共同的属人法

这种主张认为，扶养义务在一定亲属间是双向的，因此，扶养的准据法选择应兼顾两者的利益而适用双方的共同属人法。例如，1986年修改后的《德国民法典施行法》就作了类似的规定。

4. 根据扶养的不同类别，分别适用不同的法律

扶养关系有夫妻之间的扶养、父母子女之间的扶养以及其他亲属之间的扶养之分。因此，有些国家立法对各类扶养分别规定应适用的法律。例如，1979年《匈牙利国际私法》第39条规定：夫妻之间的扶养，适用起诉时夫妻共同的属人法；如有不同，适用其最后的共同属人法；再无，适用其最后的共同住所地法；如其共同住所地也没有，适用法院地或其他机构地法。而第45条规定，父母子女之间的扶养适用子女的属人法。第47条规定，亲属间相互扶养义务适用扶养权利人亦即被扶养人的属人法。这种区分不同的扶养类别的做法应该说具有更强的针对性，但是目前海牙公约采用的是不区分扶养类别而予以统一规定的做法。

5. 适用有利于扶养权利人的法律

《扶养义务法律适用公约》采用了有选择性的冲突规范，根据公约的规定，扶养义务首先应适用扶养权利人的惯常居所地法；如果适用该法不能让扶养权利人获得扶养费，则适用当事人的共同本国法；如仍不能获得扶养，则适用法院地法。这种规定体现了内容和结果定向的特征。

6. 适用当事人的意思自治

传统的观点认为扶养关系涉及婚姻家庭领域，如果允许当事人就扶养的法律适用进行选择，就可能导致一方当事人利用自己的优势地位规避法律现象的出现，从而使被扶养人的权利得不到保护，因此反对意思自治在扶养领域的适用。这种观点适用于父母对未成年子女之间扶养关系，父母和未成年人之间地位不平等，而且未成年人也缺乏订立合同的缔约能力，因此各国基于对未成年人的保护不允许当事人的自治。但是，对于配偶间的扶养义务，由于在配偶离婚的财产制度上往往允许当事人意思自治，因此越来越多的国家允许适用意思自治。例如《荷兰国际私法》就规定，离婚配偶之间的扶养义务可以适用当事人自己选择的法律。

三、中国关于涉外扶养法律适用的规定

我国《民法通则》第148条对扶养法律适用作了规定。该条规定，扶养适用与被扶养人有最密切联系的国家的法律。这是按最密切联系原则来确定扶养的准据法。至于如何确定最密切联系地，根据我国最高人民法院有关的司法解释，扶养人和被扶养人的国籍、住所以及供养被扶养人的财产所在地，均可以视为与被扶养人有最密切的联系。另外，对本条所指的"扶养"应作广义解释，它包括父母子女之间的扶养、夫妻相互之间的扶养以及其他有扶养关系的人之间的扶养。

《涉外民事关系法律适用法》第29条规定：扶养，适用一方当事人经常居所地法律、国籍国法律或者主要财产所在地法律中有利于保护被扶养人权益的法律。关于本条规定之范围，应当作广义的理解，包括父母子女之间的抚养、夫妻之间的扶养以及其他有扶养关系的人之间的扶养。

第七节 监护

一、监护的概述

关于监护制度，大陆法系国家和英美法系国家对其范围理解上有所差异。大陆法系国家一般认为，监护是监护人对未成年人和精神病人，在无父母或父母不能行使亲权的情况下，为保护其人身、财产以及其他合法权益进行监督和保护的一种法律制度。在大陆法系的传统理论中，监护制度独立于亲权制度，监护是一种义务，而不是一种权利，监护人也是父母以外的其他第三人。而在英美法系中，则采用了广义的监护，即把父母对未成年子女的人身和财产上的父母责任和父母以外的第三人对未成年人的监护统一规定。我国《民法典》中把父母对未成年子女的关系纳入到监护的范畴中，可见我国对监护制度采用的是广义的观点。

监护制度具有以下法律特征：一是监护人必须具有监护能力，即监护人既具有民事行为能力，又应有管制和保护被监护人的能力；二是被监护人是未成年人或精神病人，即无民事行为能力人和限制民事行为能力人；三是监护人与被监护人之间存在人身关系或组织关系，即亲属、朋友或是行政上的隶属关系；四是监护的内容是监督和保护被监护人的人身、财产及其他合法权益。

根据被监护的对象不同，监护一般又分为对未成年人的监护和对精神病人的监护。监护制度源于罗马法制度，但其最初的目的不在于对被监护人利益的保护，而在于对家族利益的保护；及至后来，监护制度的核心价值才转向对被监护人的利益保护。

二、监护的法律适用

关于监护的法律适用，各国国际私法立法一般都有具体的规定。监护制度是为保护受监护人的利益而设置的，从此目的出发，各国立法大都以被监护人的属人法作为有关监护问题的准据法，但也有适用法院地法的。

（一）适用被监护人的属人法

从有关国际公约和各国国内立法来看，原则上都主张监护适用被监护人的属人法，大陆法系国家主张适用被监护人的本国法，如1995年《意大利国际私法制度改革法》第43条规定，监护和其他无行为能力人的制度，适用无行为能力人的本国法。而一些南美洲国家主张适用被监护人的住所地法。后者如1984年《秘鲁民法典》第2071条第1款规定："监护和其他保护无行为能力人的制度，依无行为能力人住所地法。"

日本、泰国、土耳其等国不仅规定了监护应适用被监护人的属人法，而且对在内国有住所或居所的外国人或无国籍人，或者在内国有财产的外国人的监护问题也作了规定。如2006年《日本法律适用通则法》第24条第2款规定，在日本有住所或居所的外国人，依其本国法有监护原因而无人行使监护的，在日本有监护开始的审判时，其监护依日本法。这种立法考虑到了在内国的外国人的人身或财产也可能需要设立监护的情况，体现了监护制度保护被监护人利益的宗旨。

（二）适用法院地法

英国在监护问题上仍是首先从管辖权入手。一般来说，如果英国法院对某一涉及监护的案件有管辖权，它便只适用英国法。此外，英国法中有一条重要原则经常被适用于决定有关监护人问题，即首先和首要考虑子女利益的原则。意大利还把法院地法作为本国法的补充适用进行规定，如为临时保护和在紧急条件下保护无行为能力人的人身和财产，也可以适用意大利法律规定的措施。

三、关于监护法律适用的国际公约

海牙国际私法会议一直致力于在婚姻家庭领域中国际私法的统一，对于监护的法律适用问题，早在 20 世纪初就主持制定了两个公约，即 1902 年的海牙《未成年人监护公约》和 1905 年海牙《禁治产及类似保护措施公约》。两个公约分别对未成年人监护的法律适用作了规定。海牙国际私法会议还于 1961 年制定了海牙《保护未成年人的管辖权和法律适用公约》。儿童被父母中一方未经另一方的同意非法转移至儿童惯常居所地以外，或者是非法滞留儿童从而影响儿童的正常生活及另一方父母的合法责任的行使，针对这种现象的加剧，海牙国际私法会议于 1980 年制定了海牙《国际性诱拐儿童民事方面的公约》，创立了快捷有效的儿童返回机制，不仅维护了监护权的行使，而且规定了探视权的实现。截至目前，公约已经得到 75 个国家和地区的批准，是海牙公约中得到批准最广泛的公约。中国尚未加入该公约，但我国香港特别行政区和澳门特别行政区均适用该公约。[1] 由于 1961 年的公约适用的成员多为欧洲国家，其地域范围有限，而且在适用过程中出现了很多新问题，更主要的是 1989 年联合国《儿童权利公约》的出台使儿童权利的保护的背景发生了深刻的变化，因此海牙国际私法会议在 1996 年又制定了《关于在父母责任和儿童保护措施方面的管辖权、适用法律、承认、执行和合作的海牙公约》。应该说，这些公约的出现，对于在家事法领域中关于儿童的利益的保护起到了重要的作用，而且对 1989 年联合国《儿童权利公约》在私法领域中的最好的注脚。1996 年《关于在父母责任和保护儿童措施方面的管辖权、适用法律、承认、执行和合作的海牙公约》中规定了监护问题的管辖权，创立了以"儿童惯常居所地"管辖为中心（无惯常居所地时，由儿童目前所处国管辖），离婚法院地和儿童财产所在地管辖并存，国籍国、有实质联系国、财产所在地、离婚地管辖为补充的管辖权体系，并且规定有关法律适用依受理案件的有关机关的本国法确定，实际上是把法律适用问题放在管辖权问题中解决。

四、中国关于涉外监护法律适用的规定

1988 年最高人民法院《关于贯彻执行〈中华人民共和国民法通则〉若干问题的意见（试行）》第 190 条对这个问题作了规定："监护的设立、变更和终止，适用被监护人的本国法律。但是，被监护人在我国境内有住所的，适用我国法律。"《涉外民事关系法律适用法》第 30 条规定："监护，适用一方当事人经常居所地法律或者国籍国法律中有利于保护被监护人权益的法律。"这一规定充分体现了对被监护人利益的保护。应该注意的是，由于我国《涉外民事关系法律适用法》第 25 条规定了父母子女关系的准据法，因此，尽管在我国《民法典》中监护概念采用了广义的概念，既包含了父母对于未成年子女的亲权，也包含了父母以外第三人对于无民事行为能力人、限制民事行为能力成年

---

[1] 参见海牙国际私法会议官网，http://www.hcch.net/index_en.php?act=conventions.status&cid=24，2024 年 1 月 29 日访问。

人的监护,但是本条的适用范围仅限于除亲权以外的监护,否则将会导致《涉外民事关系法律适用法》第25条的规定落空。

重要名词术语

领事婚姻、跛脚婚姻、涉外收养、海牙收养公约、儿童最大利益保护、弱者利益保护、儿童民事诱拐

思考题

1. 论述我国有关涉外结婚的法律适用原则。
2. 我国关于涉外离婚的管辖权的规定有哪些?
3. 涉外离婚法律适用的规定有哪些?
4. 我国如何完善涉外夫妻人身关系和财产关系的法律适用的规定?
5. 简述涉外父母子女关系的法律适用。
6. 简述涉外收养关系的法律适用原则。

典型案例分析

徐某明与王某玲共有权确认纠纷案,广东省清远市中级人民法院(2020)粤18民终922号民事判决书

徐某明与王某玲是夫妻关系,于1981年1月29日在台湾桃园县新屋乡户政事务所办理结婚登记,夫妻关系至今仍然存续,双方均有台湾本地身份证,双方婚后一直在台湾地区生活,之后徐某明到大陆发展。2014年2月18日,徐某明以本人名义登记购买了广东省清远市佛冈县一街X号房屋(证号:粤房地权证佛字第XX00号);经徐某明申请办理不动产换证登记,2018年10月31日,佛冈县一街X号房屋办理了换证登记[产权证号:粤(2018)佛冈县不动产权第X号]。王某玲向福冈县人民法院提起诉讼,申请确认涉案房产属于夫妻共同财产。

一审法院认为,本案是共有权确认纠纷。本案的争议焦点如下。(1)本案的法律适用问题。王某玲、徐某明均为台湾居民,争议标的为不动产物权,因此,本案为涉台民事案件。根据最高人民法院《关于审理涉台民商事案件法律适用问题的规定》第1条第1款"人民法院审理涉台民商事案件,应当适用法律和司法解释的有关规定"以及《涉外民事关系法律适用法》第36条"不动产物权,适用不动产所在地法律"的规定,由于本案是共有权确认纠纷,涉案佛冈县一街X号房屋在中国广东省清远市佛冈县,因此,本案应适用中华人民共和国相关法律审理。(2)涉案房屋的权属问题。王某玲、徐某明于1981年1月29日办理结婚登记,徐某明在婚姻关系存续期间购买涉案佛冈县一街X号房屋并于2014年2月18日办理登记在被告个人名下,根据《婚姻法》第17条

"夫妻在婚姻关系存续期间所得的下列财产,归夫妻共同所有:(一)工资、奖金;(二)生产、经营的收益;(三)知识产权的收益;(四)继承或赠与所得的财产,但本法第十八条第三项规定的除外;(五)其他应当归共同所有的财产。夫妻对共同所有的财产,享有平等的处理权"的规定,涉案房屋在王某玲、徐某明婚姻关系存续期间购买取得,徐某明也没有提供证据证明王某玲、徐某明书面约定婚姻关系存续期间的财产归属,因此,涉案房屋应当由王某玲、徐某明共同共有。

徐某明不服一审判决,向广东省清远市中级人民法院提起上诉,请求:(1)撤销一审判决,依法适用台湾地区相关规定,对本案改判为佛冈县一街X号房屋产权由徐某明单独所有;(2)本案一审、二审诉讼费用以及财产保全费用全部由王某玲承担。

本案虽然争议财产是不动产,但其实质是婚内财产分配问题,其分配基础是双方的婚姻,如果无婚姻,则无财产争议。《婚姻法》第17条规定的财产包含不动产,所以本案不能因为财产是不动产而否认财产分配关系。不动产专属管辖不宜任意扩大,本案应定性为夫妻财产关系。根据《涉外民事关系法律适用法》第24条规定,本案双方当事人皆为台湾人,双方没有协议选择适用的法律,也没有共同经常居住地,依法应当适用台湾地区相关规定。依台湾地区关于婚姻财产的规定,在双方没有约定的情况下,财产归各自所有。现涉案房屋由徐某明一人所买,依法应归徐某明一人所有。二审过程中,徐某明补充:重庆市高级人民法院(2018)渝民辖64号表明2018年7月18日广东省高级人民法院曾作出裁定认为婚姻财产分割问题中的不动产不属于专属管辖,而是属于一般管辖。

被上诉人王某玲答辩称:(1)本案是共有权确认纠纷,王某玲诉讼请求要求加名属于不动产确权纠纷,并非离婚或离婚后财产分割诉讼,王某玲并非为了分割财产提起诉讼,应当适用不动产所在地法律即中华人民共和国内地法律;(2)中国法律明确规定,如果适用外国法律违反公序良俗,则可以不适用外国法律,在本案中,徐某明在婚姻存续期间与其他女子同居,其行为已经违反了《婚姻法》第3条的禁止性行为,违背了婚姻道德伦理规范,因此,本案如果适用台湾地区相关规定,将严重损害王某玲的权益,甚至会导致更多的台湾居民效仿徐某明的行为,亦将损害公共社会利益,影响社会和谐;(3)本案的法律关系产生于《涉外民事关系法律适用法》实施前,因此应适用《民法通则》第144条关于不动产物权的冲突规范。

依据该案事实思考以下问题:

1. 本案如何定性?究竟是不动产物权纠纷还是夫妻共同财产纠纷?为什么?

2. 本案的冲突规范应当如何适用?本案应当适用《民法通则》第144条还是适用《涉外民事关系法律适用法》?如果适用《涉外民事关系法律适用法》,本案是应适用第24条还是第36条?为什么?

3. 本案能否适用公共秩序保留原则?

4. 本案房屋的归属?(台湾地区相关规定规定该房屋属于个人财产,大陆法律规定该房屋属于夫妻共同财产)

第十二章　国际继承的法律适用

【内容提示】

继承，是指财产所有者死亡或宣告死亡后，依法将其遗留下来的财产或与此有关的权利义务转移给继承人所有的一种法律制度。依法承受遗产的人称为继承人，遗留财产的人称为被继承人，死者遗留的财产称为遗产。按照财产继承方式不同，继承可以分为法定继承和遗嘱继承两种。

国际私法中的涉外继承，是指含有涉外因素的继承，也就是继承法律关系的主体、客体和法律事实三个要素中，有一个或一个以上的外国因素。随着国际民事交往的发展，不同国家的国民之间不可避免地会产生涉外继承关系，又由于各国继承法律制度存在较大的差异，在涉外继承方面产生法律冲突现象在所难免。

目前，继承法在不同法系国家所处的地位并不相同，普通法系国家认为继承在本质上是一种财产权的转移方式，因此在国际私法著作中，继承被放在财产权一章中予以介绍；大陆法系国家则有所区别，《法国民法典》和国际私法把继承作为"取得财产的各种方法"予以讨论，将其与其他的"债""夫妻财产制"一并作为取得财产的制度，而德国、日本等国家着眼于继承与特定的身份关系的联系，单独对其加以规定。我国民法学界普遍认为继承法属于民法的组成部分，没有将其归入财产的取得方式，而是单独予以规定，强调其人身性质。

此外，大陆法系国家一般规定遗产由继承人直接继承；英美法系国家则设置了遗嘱执行人和遗产管理人，遗产首先交给遗嘱执行人和遗产管理人，在管理清算遗产后，余下的积极财产才能分配给继承人。

涉外继承在国际私法上的特点主要如下。第一，涉外继承的法律冲突问题缺乏统一实体法，主要是通过国际条约或国内法中的冲突规范援引某一关于继承的实体法律来加以解决的。由于继承制度直接关系到有关国家及其公民的切身利益，各国从维护其自身利益的角度出发，在这一问题上各执己见，难以达成一致性协议。因此，截至目前，在国际上尚缺乏直接调整涉外继承当事人权利与义务的统一实体规范。第二，涉外继承案件的管辖权问题，对涉外继承案件处理的结果关系重大，所以，许多国家从保护本国当事人或位于本国境内的财产利益出发，对涉外继承案件规定由本国法院行使专属管辖权。第三，在涉外继承的法律适用问题上，各国或者分别适用被继承人属人法和遗产所在地法，或者合并适用被继承人的属人法和遗产所在地法。

尽管在实体法领域内难以达成一致，但是为了使继承的法律适用不至于因各国冲突法的不同而差异过大，国际社会加强了对继承冲突规则的统一化进程。截至目前，国际上有四个涉及继承关系的海牙公约：1961年海牙《遗嘱处分方式法律冲突公约》、1973年海牙《遗产国际管理公约》、1988年海牙《死者遗产继承的准据法公约》、2012年《欧盟涉外继承条例》。

我国《涉外民事关系法律适用法》专设第四章，共5个条文，分别规定了有关法定继承、遗嘱方式、遗嘱效力、遗产管理和无人继承遗产的法律适用。

第一节 法定继承

一、法定继承的概念及法律冲突

法定继承（intestate succession），是指根据法律规定的继承人范围、继承顺序和遗产分配所进行的继承。法定继承是以一定的人身关系为前提，即依继承人和被继承人之间的婚姻、血缘关系而确定。在法定继承中，对继承人的范围、继承顺序、遗产分配等问题，各国都是以强制性的法律规范来调整的，除被继承人依法用遗嘱方式加以变更外，其他任何人都无权变更。各国立法对法定继承的规定存在较大的差异，涉外法定继承的法律冲突主要表现在以下几个方面。

1. 法定继承人的范围和顺序

我国《民法典》根据血统和生活上相互依赖程度，将法定继承人分为两个顺序：第一顺序是配偶、子女、父母；第二顺序是兄弟姐妹、祖父母、外祖父母。同一顺序的继承人之间没有先后次序之分。我国台湾地区"民法"规定，法定继承人依次为直系血亲卑亲属、父母、兄弟姐妹、祖父母，配偶可以参加任何继承顺序中继承。[1] 香港特别行政区规定的法定继承人顺序依次为子女、父母、兄弟姐妹及兄弟姐妹的子女、祖父母、父母的兄弟姐妹，在世的配偶可以先从遗产中获得一定特定份额，然后在参加其他顺序继承。[2] 澳门特别行政区规定的继承人顺序为配偶及直系血亲卑亲属、与死者有事实婚姻关系之人、兄弟姊妹及其直系血亲卑亲属、四亲等内之其他旁系血亲。[3] 一些国家规定的继承人的范围普遍比较宽泛，例如《法国民法典》规定的继承顺序为：死者的子女、子女的直系卑血亲、直系尊血亲、其他旁系血亲、配偶。配偶只有在没有直系血亲或者只有兄弟姐妹以外的旁系血亲时，才有继承权。《德国民法典》规定了五个继承顺序，即死者的后裔、死者的父母及其后裔、死者的祖父母和外祖父母及其后裔、死者的曾祖父母及其后裔、死者较远的后裔及其后裔，配偶可以参加任何一个顺序并与该顺序的继

---

[1] 房绍坤、关涛、郭明瑞编：《继承法》（教学参考书），法律出版社1999版，第510—511页。
[2] 港人协会编：《香港法律十八讲》，商务印书馆香港分馆1981年版，第304页。
[3] 中国政法大学澳门研究中心、澳门政府法律翻译办公室编：《澳门民法典》，中国政法大学出版社1999年版，第504页。

承人为共同继承人。《日本民法典》规定了四个继承顺序，即直系卑亲属、直系尊亲属、兄弟姐妹、兄弟姐妹的直系卑亲属。配偶可以参加任何一个顺序，与该顺序的继承人为共同继承人。

2.继承遗产的分配份额

各国及地区立法大体上都规定，根据亲等的远近来确定分配的遗产份额，但规定的具体内容又有许多不同之处。我国《民法典》规定，同一顺序继承人继承遗产的份额一般应均等；对生活有特殊困难的缺乏劳动能力的继承人，分配遗产时，应予以照顾；对被继承人尽了主要扶养义务或者与被继承人共同生活的继承人，分配遗产时，可以多分；对有扶养能力和扶养条件但不尽扶养义务的继承人，分配遗产时，应当不分或者少分。我国台湾地区的相关规定规定，直系卑亲属和配偶是继承人时，按人数平均继承；父母、兄弟姐妹与配偶是继承人时，配偶继承遗产份额的1/2，其余继承人按人数平均继承遗产份额的1/2；祖父母与配偶是继承人时，配偶继承遗产的2/3，其余继承人按人数平均继承遗产份额的1/3。香港特别行政区的规定则优先预留一部分给配偶，其余部分再根据亲属关系远近，由这些亲属平均分配。澳门特别行政区的规定和台湾地区近似，只是比例等规定更为细致。《日本民法典》对继承人应继承的份额作了固定的规定，如直系卑亲属和配偶是继承人时，直系卑亲属应继承遗产的2/3，配偶应继承遗产的1/3；直系尊亲属和配偶是继承人时，直系尊亲属和配偶各继承遗产的1/2；配偶和兄弟姐妹是继承人时，配偶份额为遗产的2/3，兄弟姐妹为1/3；直系卑血亲、直系尊血亲或兄弟姐妹有数人时，各自继承的份额应相等。

二、法定继承的法律适用

（一）区别制和同一制

各国在确定法定继承的准据法时，根据是否将遗产中的动产和不动产进行区别，分别确定涉外继承的法律适用，在实践中又有"区别制"（scission system）和"同一制"（unitary system）之分。

区别制，又称分割制，是将遗产区分为动产与不动产，对继承人的遗产继承分别适用不同的准据法。一般主张动产继承适用被继承人的属人法，不动产继承适用物之所在地法。

区别制深受法则区别说的影响，并得到16世纪法国学者夏尔·迪穆兰（Dumoulin Charles）的推崇，其产生之初反映了西欧国家分封制的现实需求，至今仍为许多国家所采用。我国也是采用分割制的国家，英国、美国、法国、泰国、比利时、卢森堡、匈牙利、保加利亚、智利、玻利维亚、加拿大魁北克省、白俄罗斯等也采用这一制度。在采用区别制的国家及地区中，对不动产继承几乎全都适用物之所在地法；但在动产继承方面，各国的做法不相同。少数国家及地区主张适用被继承人的本国法，大多数国家及地区主张适用被继承人死亡时的住所地法。

同一制，又称单一制，是在处理涉外法定继承时，对遗产不区分动产与不动产，不问财产的所在地，统一适用死者的属人法。

同一制是从古代罗马法的"普遍继承"(universal succession)制度发展而来,依古罗马法的观点,继承就是继承人在法律上取得被继承人的地位,其意义在于使死者的人格得到延续,故应当统一适用当事人的属人法来解决继承问题。

同一制在 19 世纪中叶以后,得到越来越多的国家承认和采纳。在实行同一制的国家中,具体做法又有不同:有少数拉丁美洲国家统一适用遗产所在地法,其他国家基本不采用遗产所在地法;大部分的国家都适用被继承人的属人法。这里又分为两种方法:一是适用被继承人死亡时的住所地法,采用这一原则的国家主要有瑞士、丹麦、挪威、巴西、哥伦比亚、危地马拉等;二是适用被继承人死亡时的本国法,采取这种做法的国家包括德国、日本、奥地利、意大利、荷兰、西班牙、葡萄牙、波兰等。

同一制在一些国际立法上也得到了体现和肯定。例如,1928 年《布斯塔曼特国际私法典》第 7 条规定,继承依被继承人的属人法。1988 年海牙《死者遗产继承的准据法公约》和 2012 年《欧盟涉外继承条例》也采用了同一制。

(二)区别制和同一制的利弊分析

目前看来,同一制得到了一些国家的立法认同,而且在国际立法中采用了这种做法。不过区别制仍然为许多国家所采用。对于区别制和同一制的利弊,不能一概而论,而是各有利弊。

对于同一制抑或区别制的态度和各国对于继承法律关系的性质有一定的关联。继承具有人身性和财产性的双重特性。从逻辑上看,强调继承制度身份特质的国家倾向于采用同一制,适用被继承人的属人法;而强调继承制度财产法性质的国家则倾向于采用区别制,对于不动产继承适用物之所在地法,对于动产继承则适用被继承人的属人法。

区别制至今仍为许多国家所采用的原因在于其考虑到了不动产所在国对不动产的特殊关注,有利于实现不动产所在地国的公共利益,因此采用区别制也就有利于判决的承认与执行。但是,采用区别制也有很大的缺陷,从逻辑上看,如果遗产分布在两个或两个以上的国家,遗产继承就要受两个或两个以上的国家的法律支配,从而使继承关系复杂化,法律适用上可能会碰到诸多麻烦和困难。另外,采用区别制在实际的司法实践中还会产生诸如遗产的债务如何在位于不同国家间的遗产间进行分配、法定继承权的重复获取等特别司法实践难题。[1]

采用同一制的最大优点在于简单方便。无论遗产分布在几个国家,也无论遗产是动产还是不动产,遗产继承都将只受被继承人属人法支配,所有被继承人的财产都作为一个单一的财团,继承人的范围及继承顺序都按照一个国家的法律支配,因此该制度避免了区别制的烦琐和不便。但同一制也有一个缺陷,即如果死者属人法与财产所在地法不同时,特别是财产所在地的国际私法采用区别制时,根据属人法作出的判决有可能在不动产所在地国无法得到承认与执行。除此之外,同一制在司法实践中也会遭遇另外的难题,若被继承人的经常居所或国籍国位于法院地之外,而不动产位于法院地境内时,如何保护法院地境内与不动产相关的法定继承人的继承利益和例如不动产登记公信力、流

---

[1] 宋晓:《同一制与区别制的对立及解释》,载《中国法学》2011 年第 6 期。

通等特殊非继承利益，则是需要特别考虑的问题。[1]

由于同一制的这些不足，有些采用同一制的国家在继承问题上采用一些措施以求得对不动产继承进行切实可行的处理。例如，德国法规定，继承适用被继承人死亡时的本国法，但如果遗产位于死者的国籍国境外，并且依该遗产所在地国的冲突规范，该项遗产继承应适用遗产所在地的内国法时，则上述原则即可以不适用；但对于在同一制国家境内的不动产继承，则仍应适用死者的本国法。例如，一个德国人未立遗嘱死亡，在英国和意大利留有不动产，依上述规则，对死者的财产本应统一适用德国法，由于英国采用区别制，则对英国境内的不动产则让位于英国法处理；但对于意大利境内的不动产，由于意大利采用同一制，因此仍应适用德国法。[2]

此外，由于同一制和区别制的差异，为了协调同一制和区别制之间的对立，许多国家都采用反致制度来进行一定的协调。例如，按照 2006 年《日本法律适用通则法》第 26 条，继承依被继承人本国法，而根据同法例第 32 条规定，日本在继承问题上接受反致。从日本的学说和判例来看，如果被继承人的本国国际私法指定继承适用日本法，无论日本法是被继承人住所地法还是不动产所在地法，接受广泛的反致是普遍的意见。例如，一个中国公民在日本未立遗嘱死亡，在日本境内有不动产，根据日本冲突规则，应适用中国法为准据法，根据中国冲突规则，不动产继承适用不动产所在地法律，指向日本法，于是日本法院就适用日本法律解决不动产的继承问题。这就在一定程度上取得了协调，而且从实际结果来看，日本虽然采用的是同一制的规定，但实际获得了与采用区别制同样的效果。所以也有学者反对这种接受广泛的反致的做法，认为这将破坏继承同一制的原则。他们主张只能在不违背继承同一制原则的限度内接受反致。例如，如果被继承人的本国国际私法对继承问题也采用同一制，并指定适用被继承人的最后住所地法（即日本法）时，才可以接受反致。不过，在日本，接受广泛的反致目前为普遍的观点。[3]

采取同一制情形下，也有为保护位于本国境内的继承人利益，而作例外之规定的情况。例如，2010 年《涉外民事关系法律适用法》第 58 条采用了同一制，规定继承依被继承人死亡时之本国法。但其但书条款有规定"但依中华民国法律，中华民国国民应为继承人者，得就其在中华民国之遗产继承之"。

三、海牙《死者遗产继承的准据法公约》

海牙国际私法会议 1988 年通过了《死者遗产继承的准据法公约》，尽管中国不是公约的缔约国，但是中国参与了公约的起草过程，并且起到了非常重要的作用。

根据公约第 3 条的规定，公约采用了以惯常居所地为主的多元连结因素。死者的遗产继承原则上适用死者死亡时的惯常居所地国家的法律，即或者死亡时具有该国国籍，

---

[1] 宋晓：《同一制与区别制的对立及解释》，载《中国法学》2011 年第 6 期。
[2] 参见李双元等编著：《中国国际私法通论》，法律出版社 2003 年版，第 471 页。
[3] 参见黄进主编：《国际私法》，法律出版社 1999 年版，第 500 页。

或者他在该国已至少居住5年；而在其他情况下，继承受与死者有密切联系的国籍国法律支配，除非死者此时与另一国有更为密切的联系（在这种情况下，适用该另一国法律）。从该条我们可以看到公约确立了一个有序的选择性冲突规范来调整死者遗产继承的法律适用。并规定四个连结因素，即死者死亡时的惯常居所地国、死者国籍国、死者死亡时的国籍国以及与死者有最密切联系的国家。公约的这种方法应该说对于协调长期以来在大陆法系国籍因素和英美法系的住所地因素之间的矛盾很有裨益。

公约另外非常大胆地引进了继承法律适用中的有限意思自治原则。根据第5条规定，被继承人可以通过明示的方式指定有关国家的法律作为调整继承整体问题的准据法，但只有在被指定的国家是其指定时或者死亡时的国籍国或惯常居所地国时才有效。这种明示的方式应该符合遗嘱的形式，而且对它的撤销也必须按遗嘱的撤销方式。这就实际上确定了当事人的一定程度意思自治，并且非常巧妙地平衡了国籍国法和住所地法，即当事人可以在二者之间通过意思自治的方式进行选择。

根据公约规定，该指定准据法的行为的持续有效性和实质效力依指定的法律。如果根据该被指定的法律，指定行为本身无效的，则继承的准据法就只能按公约第3条的规定确定。

另外值得关注的一个问题是，公约第4条承认转致制度，如果根据公约的有关条款应适用非缔约国的法律，而该国法又指定适用另一非缔约国的法律，且该另一国的冲突法指定适用自己的法律，则最终适用后一非缔约国的法律。这既改变了以往海牙公约毫无保留地拒绝反致制度的传统保守态度，又拒绝无限制地规定适用反致制度。这样就使财产所在地法律得到考虑，在一定程度上调解同一制和分割制的矛盾，同时比较重视统一继承的准据法。

四、中国关于涉外法定继承法律适用的规定

中国历来重视对于涉外法定继承的法律适用。中国的立法在涉外继承的法律适用方面一直以来均采用区别制。1985年《继承法》第36条规定：中国公民继承在中华人民共和国境外的遗产或者继承在中国境内的外国人的遗产，以及外国人继承在中国境内的遗产或者继承中国公民在中华人民共和国境外的遗产，动产适用被继承人住所地法律，不动产适用不动产所在地法律。按1985年发布的最高人民法院《关于贯彻执行〈中华人民共和国继承法〉若干问题的意见》第63条的解释，被继承人住所地法系指被继承人生前最后住所地法。1986年《民法通则》仍采用区别制，该法第149条规定："遗产的法定继承，动产适用被继承人死亡时的住所地法律，不动产适用不动产所在地法律。"

2010年《涉外民事关系法律适用法》对于法定继承的法律适用仍然沿用了区别制，该法第31条规定："法定继承，适用被继承人死亡时经常居所地法律，但不动产法定继承，适用不动产所在地法律。"其不同之处在于，动产继承连结点由被继承人住所地变为经常居所地。

第二节 遗嘱继承

一、遗嘱继承的概念及法律冲突

遗嘱，是指立遗嘱人生前对其遗产所作出的处分或对其死后事务所作出的安排，并在死亡时发生效力的单方法律行为。遗嘱继承（intestate succession），是指继承人按照被继承人的遗嘱，继承被继承人遗产的法律制度。立遗嘱的被继承人称为遗嘱人，遗嘱指定的继承人称为遗嘱继承人。在一般情况下，遗嘱继承优先于法定继承。因此，我们首先应该明确的是，遗嘱不同于遗嘱继承。遗嘱是遗嘱继承产生的原因行为，遗嘱继承是遗嘱产生的法律后果。学界一般将与遗嘱相关的问题区分为"遗嘱本身的问题"和"根据遗嘱为何种行为"两个部分来考虑法律选择问题，前者主要表现为立遗嘱的能力、遗嘱方式、遗嘱的变更和撤销以及遗嘱的解释等，后者主要表现为遗嘱的内容。遗嘱继承作为遗嘱的实质内容或实质效果问题，也就是可以根据遗嘱为何种行为及行为范围的问题。要使某一事项依遗嘱进行，该事项的准据法就必须承认该事项可以依遗嘱进行。而且，如果该事项的准据法允许依遗嘱进行，那么在何种范围内可以依遗嘱进行的问题也应由该事项的准据法决定。

各国法律对于遗嘱以及遗嘱继承问题的规定并不相同，由此难免产生遗嘱继承的法律冲突，其法律冲突表现在以下几个方面。

1. 遗嘱行为能力

设立遗嘱是一种法律行为，各国立法都规定必须达到一定的年龄才能设立遗嘱，有的国家规定必须有完全行为能力的成年人才能设立遗嘱，例如我国《民法典》第1143条第1款规定，无民事行为能力人或者限制民事行为能力人所立的遗嘱无效。英国、瑞士、捷克等国也是这种规定。有的国家则规定，达到一定年龄的未成年人也具有遗嘱能力。例如，《日本民法典》规定20周岁成年，但已满15周岁的未成年人也可以设立遗嘱；《德国民法典》规定年满16周岁的人可以设立遗嘱，奥地利和西班牙等国规定年满14周岁的未成年人可以立遗嘱。

2. 遗嘱内容

遗嘱内容实质上是指遗嘱自由的范围，也就是立遗嘱人可以在何种范围内以遗嘱处分个人财产。各国遗嘱自由的限制程度有不同规定，英美法系国家多采用遗嘱自由原则，只有对未亡的配偶、未成年无劳动能力的子女保留必要的数额，对其余财产，则有完全的处分权。我国《民法典》第1133条规定：自然人可以依本法规定立遗嘱处分个人财产，并可以指定遗嘱执行人。自然人可以立遗嘱将个人财产指定由法定继承人的一人或者数人继承；可以立遗嘱将个人财产赠与国家、集体或者法定继承人以外的组织、个人。自然人可以依法设立遗嘱信托。第1141条规定，遗嘱应当对缺乏劳动能力又无生活来源的继承人保留必要的份额。可见，我国《民法典》对遗嘱的限制也比较少。许多大陆法系国家采用了特留份制度，在死者的遗产中给法定继承人留有一定比例的份额,而不论其有无生活来源。例如,《法国民法典》就规定,不问生前赠与或遗嘱,如处分人死亡时仅遗有 1 个子女,其赠与或遗嘱不得超过其所有财产的 1/2;如遗有 2 个子女,其赠与或遗嘱不得超过其所有财产的 1/3;如遗有 3 个以上子女,其赠与或遗嘱不得超过其所有财产的 1/4。

3. 遗嘱方式

各国法律一般都规定遗嘱有效必须符合一定的形式,但各国对于立遗嘱的方式规定有所不同。我国《民法典》规定,遗嘱方式有公证遗嘱、自书遗嘱、代书遗嘱、以录音形式所立遗嘱以及口头遗嘱。公证遗嘱由遗嘱人经公证机关办理,自书遗嘱应由遗嘱人亲笔书写,签名并注明日期;代书遗嘱需要有两人以上的见证人在场见证,由其中一人代书,注明日期,由代书人、其他见证人和遗嘱人签名即为有效。英国法律规定,不论是自书遗嘱还是公证遗嘱,只要有立遗嘱人签字,并且该签字有两人证明,即为合法有效。

二、涉外遗嘱的法律适用

总览两大法系各主要国家的继承冲突法,其法律体例大体上可分为两种,即继承与遗嘱分立和无遗嘱继承与遗嘱继承分立。目前绝大多数国家均采用继承与遗嘱分立模式,也就是在继承冲突法中不区分法定继承和遗嘱继承,将所有继承事项统一纳入继承准据法的支配范围,同时单独规定"遗嘱本身的问题"的法律适用规则。也就是说,对于与遗嘱有关的继承问题,如继承人、受遗赠人的指定,遗产分配方法与份额、遗嘱继承人、受遗赠人义务等受继承准据法的支配;而"遗嘱本身的问题",包括立遗嘱能力、遗嘱方式、遗嘱的变更和撤销以及遗嘱的解释等事项,则单独规定遗嘱的法律适用规则。采用此种模式的国家及地区包括德国、意大利、比利时、葡萄牙、瑞士、奥地利、波兰、罗马尼亚、斯洛文尼亚、韩国、列支敦士登、日本、澳大利亚、保加利亚、俄罗斯、白俄罗斯、土耳其、泰国等。与此种立法模式相对立的是英美的做法,即采用无遗嘱继承与遗嘱继承分立模式。这一模式将继承冲突法分为无遗嘱继承和遗嘱继承,在遗嘱继承的法律适用规则中将"遗嘱本身的问题"和"根据遗嘱为何种行为的问题"合并在一起,并分别规定各项内容的法律适用规则。[1]

(一)有关遗嘱本身的法律适用

1. 立嘱能力

关于立遗嘱能力(capacity to make a will)问题的法律冲突,一般认为应由当事人的属人法解决。其中又有一些不同主张:(1)一些国家采用被继承人的本国法,如日本、奥地利、韩国、捷克、埃及和土耳其等;(2)一些国家主张采用被继承人的惯常居所地法或住所地法,但区别动产和不动产,如英国、苏联,对于动产立遗嘱的能力由被继承人的住所地法决定,对不动产立遗嘱的能力要求适用不动产所在地法;(3)一些国家采

---

[1] 李建忠:《论涉外遗嘱法律适用制度的发展趋势——兼论〈涉外民事关系法律适用法〉第 32、33 条的解释与完善》,载《法律科学》2014 年第 1 期。

用多种选择性连结点确定遗嘱能力的准据法。如 1987 年《瑞士联际私法》第 97 条规定，根据立遗嘱人的住所地法、惯常居所地法或本国法，立遗嘱人有立遗嘱能力的，即认为其具有立遗嘱的能力。

在适用当事人属人法时，如果立遗嘱时与死亡时属人法不一致，即当事人的本国法或住所地法发生改变，应该依何时的属人法？这就是国际私法上的动态法律冲突问题，在立法实践上也有分歧。一是主张适用被继承人立遗嘱时的属人法，如英国、日本、泰国、波兰和土耳其等国。这样规定的理由是，一项法律行为既已有效完成，就不应因以后属人法的改变而变为无效。同样，一项原本无效的法律行为也不能因事后属人法的改变而变为有效。[1] 二是主张采用新连结点所指引的法律，这种观点认为，遗嘱是立遗嘱人死后才发生效力，因此应适用遗嘱人死亡时的属人法。三是采用结果定向选择的方法，也就是规定使遗嘱有效的法律为准据法。例如 1978 年《奥地利国际私法》第 30 条第 1 款规定，原则上适用立遗嘱时被继承人的属人法，但如果依该法遗嘱人无立遗嘱能力，而依被继承人死亡时的属人法有立遗嘱能力，则适用被继承人死亡时的属人法。

2. 遗嘱方式

对遗嘱方式（formal validity）应适用的法律，有以下几种主张。

（1）采用单一制，即不分动产和不动产，遗嘱方式只要符合立遗嘱人的本国法或立遗嘱地法，均为有效。主张适用立嘱行为地法的，其理由为"场所支配行为"原则；主张适用立嘱人属人法的，则认为遗嘱是一种准身份行为，并不纯粹是一种财产行为，因而只应适用立嘱人属人法。

（2）采用区别制，即区分动产与不动产，分别适用不同的法律。这种做法是，对于不动产遗嘱方式适用不动产所在地法，动产遗嘱方式适用的法律比较灵活。英国、美国、日本、匈牙利等国采用这一做法。以英国为例，关于动产遗嘱方式的法律适用，早期在英国只是确立了立遗嘱人死亡时的住所地这一个连结因素，这就容易导致遗嘱经常因为方式不符合立遗嘱人死亡时住所地法而无效。在 1963 年，英国通过遗嘱法令，将遗嘱的法律适用的连结因素从立遗嘱人死亡时地住所地扩展及于当事人的立遗嘱时或死亡时的住所地、遗嘱执行地、立遗嘱时或死亡时的惯常居所地、立遗嘱或死亡时的国籍国法。[2] 目前普遍认为，遗嘱方式准据法不该只囿于行为地法或属人法，而应是可做多种选择的。对于遗嘱方式的准据法选择，当今的发展趋势是越来越放宽，越来越灵活。在这方面，1964 年 1 月 5 日生效的海牙《遗嘱处分方式法律冲突公约》集中地反映了这种发展趋势。

3. 遗嘱解释

对遗嘱的解释（construction）因各国法律观念的不同也会产生法律冲突。在立法上，许多国家并没有对遗嘱解释单独规定可适用的法律。在这种情况下，遗嘱解释一般认为应受遗嘱实质要件准据法的支配。也有的国家对此作了明确规定，如根据 1971 年《美

---

[1] Chesire and North's: Private international law (13th ed), Butterworths (1999), p.986.

[2] Chesire and North's: Private international law (13th ed), Butterworths (1999), p.988.

国第二次冲突法重述》第 240 条，对于不动产遗嘱的解释，适用遗嘱人指定的州或国家的法律；没有指定时，适用不动产所在地法院将予适用的解释规则。根据第 264 条，对于动产的遗嘱解释，适用遗嘱人指定的州或国家的法律；遗嘱人没有指定时，适用遗嘱人死亡时的住所地法院将予适用的解释规则。英国的判例法上则认为遗嘱的解释应适用于遗嘱人立遗嘱时的住所地法，而不是遗嘱人死亡时的住所地法。这种观点为 1963 年《英国遗嘱法》第 4 节所确认。当然，如果当事人另有明确的意图指向立遗嘱时的住所地以外的其他法律，则应该适用当事人的指定。

4. 遗嘱撤销

一个有效成立的遗嘱可能会因遗嘱人后来所立的遗嘱，或者焚毁或撕毁等行为，或事后发生的事件而被撤销。对于遗嘱撤销（revocation）的准据法，许多国家的立法作了明确规定。

例如，2006 年《日本法律适用通则法》第 27 条第 2 款规定，遗嘱的取消依取消时遗嘱人的本国法。1986 年修订的《德国民法典施行法》第 26 条第 5 款规定，遗嘱撤销依支配继承关系的法律，该法通常情况下为死者死亡时的本国法。在英国法中，遗嘱的撤销的准据法分为三种情况。（1）对于新遗嘱是否全部或部分废除旧遗嘱的问题，特别是涉及后一遗嘱的遗嘱人立遗嘱能力与遗嘱方式问题，取决于后一遗嘱是否有效成立。1963 年《英国遗嘱法》规定，撤销前一遗嘱或某一遗嘱条文的遗嘱，如果其作成符合前一遗嘱或前一条文被撤销所应遵守的法律，得视为恰当作成。（2）对于其他撤销遗嘱的方式，如销毁、焚毁等，不动产遗嘱撤销的准据法为不动产所在地法，动产遗嘱撤销的准据法为遗嘱人的住所地法。如果遗嘱人住所地在撤销遗嘱时和死亡时不同，一般认为应该依撤销时的住所地法。（3）因事后结婚而使遗嘱被撤销。按英国法的规定，结婚使以前的遗嘱被撤销。而其他许多国家并无此种制度。如果某人立有遗嘱，之后缔结婚姻，死亡时有动产在其他国家，对于立遗嘱后婚姻能否撤销遗嘱是适用立遗嘱人结婚时的住所地法，还是适用其死亡时的住所地法？[1] 英国法认为对这一问题的回答取决于对该问题的定性，如果将其定性为婚姻事项问题，则由立遗嘱人结婚时的住所地法决定；如果定性为遗嘱法律问题，则适用于立遗嘱人死亡时的住所地法。英国的判例法更倾向于将其定性为婚姻事项问题，因此适用立遗嘱人结婚时的住所地法。如果夫妻婚后有共同的婚姻住所地，则适用立遗嘱人婚后共同住所地法。如果妻子在婚后保留了其独立的住所，则适用该住所地法。当然，如果婚姻无效，则并不发生遗嘱被撤销的后果。[2]

（二）遗嘱继承的法律适用

遗嘱继承的法律适用，实际上是指遗嘱的内容，或者说遗嘱的实质效果，处理的是根据遗嘱做何种处分的问题，包括遗嘱继承是否被允许和不受限制，例如立嘱人是否必须给他的配偶和子女留有特留份额的遗产，遗赠是否有效等内容。对于遗嘱的实质效

---

[1] 举例说明：一个在英国有住所的妇女，立有遗嘱，事后在英国结婚。后该妇女死亡，死亡时住所在法国。根据英国法，该遗嘱被事后婚姻撤销；根据法国法，该遗嘱有效。结果，英国法院判决将其识别为一个婚姻事项问题，适用遗嘱人结婚时的住所地法，即英国法，从而判决该遗嘱被撤销。

[2] Chesire and North's: Private international law（13th ed），Butterworths（1999），pp. 998–999.

果,一般应该由继承的准据法来决定,而不受遗嘱本身的制约。英国法上规定,遗嘱的实质效果适用立遗嘱人死亡时的住所地法,而不是决定遗嘱本身效力的立遗嘱人立遗嘱时的住所地法。

三、中国关于涉外遗嘱继承法律适用的规定

中国关于遗嘱及遗嘱继承的规定从体例上来说,是采用了法定继承和遗嘱继承分立的模式,其中第 31 条规定了法定继承的法律适用,第 32 条和第 33 条分别就遗嘱的方式和遗嘱的效力进行了规定。

(一)遗嘱方式

对于遗嘱方式的准据法,晚近的基本倾向是采取同一制立法,在确定准据法时采用多元化原则,以便尽量使遗嘱方式有效。这一趋势也体现于 1961 年海牙《遗嘱处分方式法律冲突公约》[1]之中。公约始终贯彻了有利遗嘱有效的原则,其基本精神在于宽泛地选择连结点,尽量扩大遗嘱方式准据法的范围,最大限度地增加遗嘱在方式上有效的可能性,以实现遗嘱人的意愿。

《遗嘱处分方式法律冲突公约》第 1 条规定,凡遗嘱处分在方式上符合下列各国立法的,应为有效:(1)立遗嘱人立遗嘱时所在地;(2)立遗嘱人作出处分或死亡时国籍所属国;(3)立遗嘱人作出处分或死亡时的住所地;(4)立遗嘱人作出处分或死亡时的惯常居所地;(5)在涉及不动产时,财产所在地。"

遗嘱作为立遗嘱人在生前对其财产进行处分并于死后发生法律效力的单方法律行为,它所体现的主要是一种私法关系,有关冲突规范应以维护当事人合法民事权益为主要目的,保障遗嘱人在立遗嘱时不必拘泥于某些相关国家法律在遗嘱方式上的刻板要求而能够自由、充分地表达意愿。在未来立法中借鉴上述海牙公约的冲突规则,是适应国际社会国际私法在涉外继承方面的发展趋势的。

《涉外民事关系法律适用法》第 32 条规定:"遗嘱方式,符合遗嘱人立遗嘱时或者死亡时经常居所地法律、国籍国法律或者遗嘱行为地法律的,遗嘱均为成立。"这一规定充分体现了"有利于遗嘱形式生效"原则。

(二)遗嘱的效力

《涉外民事关系法律适用法》第 33 条规定:遗嘱效力,适用遗嘱人立遗嘱时或者死亡时经常居所地法律或者国籍国法律。

对于第 33 条的解释目前成为难点,也就是这里所说的遗嘱效力,是仅就遗嘱自身的有效性问题作出的规定,还是就遗嘱继承也就是遗嘱的实质效果作出的规定?还是说,第 33 条既针对遗嘱自身的问题进行了规定,同时包括了遗嘱继承的问题?如果认为第 33 条仅仅针对遗嘱自身有效性作了规定,就意味着中国目前立法欠缺对遗嘱继承的冲突规则,因为第 31 条的规定不能涵盖遗嘱继承。如果认为第 33 条仅对遗嘱继承问

---

[1] 公约 1961 年 10 月 5 日订于海牙,1964 年 1 月 5 日生效。公约构成了国际私法在遗嘱方式有效方面的重要发展,并取得了巨大的成功,是目前参加国较多的统一冲突法公约之一。

题，也就是遗嘱的实质内容作了规定，那么关于遗嘱的自身问题则付之阙如。

由于我国当前立法将遗嘱方式和遗嘱效力进行并立，从逻辑上看，似乎此处遗嘱效力是相对于遗嘱形式有效性的遗嘱自身的效力问题，也就是解决遗嘱的立遗嘱能力、意思表示瑕疵、遗嘱的变更和撤销、遗嘱的解释等问题。但是如果这样理解，显然就存在"遗嘱继承"法律适用的立法空白。因此，目前可行的解释是将遗嘱继承和遗嘱自身的有效性问题均纳入第 33 条的范围予以解决。当然，最好的办法是此后立法中采用继承和遗嘱分立的立法模式，将第 31 条扩展适用于遗嘱继承，而第 33 条则用于解决遗嘱自身有效性问题。

第三节　无人继承财产

无人继承财产，是指没有合法继承人或者合法继承人均放弃继承权的遗产。对于无人继承财产，各国法律一般均规定归属国库或其他公共团体。但对于国家或公共团体以何种资格取得无人继承财产则存在两种不同的主张。

其一，无主物先占说。这种观点主张，根据国家领土主权，国家将无人继承财产视为无主物，通过先占权而取得无人继承财产，这种主张为英国、美国大部分州、多数拉丁美洲国家、日本、法国和奥地利等国所赞同。

其二，法定继承人说。这种观点主张，国家是作为最终的法定继承人取得无人继承财产，这种主张为德国、意大利、西班牙、瑞典和瑞士等国所赞同。

中国《民法典》第 1160 条规定："无人继承又无人受遗赠的遗产，归国家所有，用于公益事业；死者生前是集体所有制组织成员的，归所在集体所有制组织所有。"这条规定表明，在中国境内的无人继承又无人受遗赠的遗产，分别情况由国家或者集体所有制组织取得，但并没有指明国家和集体所有制组织是先占取得还是继承取得。

由于各国对国家取得无人继承财产的依据有不同的认识，在解决无人继承财产的归属时有可能发生冲突。

一、无人继承财产处理的法律适用

关于无人继承财产归属问题的法律适用，主要有以下几种做法。

其一，适用继承关系本身的准据法。如德国采用被继承人的本国法作为准据法，这样如果被继承人的本国法把自己视为最后的继承人，则该财产归被继承人的本国所有；如果被继承人的本国将对无人继承的财产的权利视为先占权，那么德国将以先占的身份取得财产。

其二，适用遗产所在地法。如 1978 年《奥地利国际私法》第 29 条规定，无人继承财产的归属依被继承人死亡时财产所在地法，而不适用关于继承关系的冲突规范所指定的被继承人死亡时的本国法。

其三，是采用单边冲突规则，仅规定位于本国的遗产归本国所有，如意大利、捷克、卡塔尔、保加利亚、土耳其。

二、中国关于涉外无人继承财产处理法律适用的规定

关于涉外无人继承财产的归属问题，1985年《继承法》和1986年《民法通则》均未明确规定，不过，1988年最高人民法院《关于贯彻执行〈中华人民共和国民法通则〉若干问题的意见（试行）》第191条作了解释性规定："在我国境内死亡的外国人，遗留在我国境内的财产如果无人继承又无人受遗赠的，依照我国法律处理，两国缔结或者参加的国际条约另有规定的除外。"也就是适用了遗产所在地法来处理。《涉外民事关系法律适用法》第35条首次明确规定："无人继承遗产的归属，适用被继承人死亡时遗产所在地法律。"这一规定沿袭了我国此前的做法。

在国际条约方面，根据中国与蒙古等国缔结的领事条约规定，缔约任何一方公民死亡后，遗留在缔约另一方领土上的财产中的动产，可以移交给死者所属国的领事处理。

第四节　遗产管理

遗产管理源于日耳曼时期的"指定受托人"制度，本质上是由不具有继承权的第三人对遗产行使管理和处分权能的一项制度。不少国家和地区的民法都承继了这项制度，规定了遗产管理制度。例如，在英国，遗产并非直接转移给继承人或受遗赠人，而是首先由遗嘱指定或法官任命的遗产管理人负责清算管理，在偿还债务之后再将遗产交付给继承人或受遗赠人。我国1986年《继承法》中并未规定遗产管理制度，但随着社会的发展，特别是个人财富结构的变化，许多被继承人在死亡后留下巨额遗产的同时也存在很多需要清偿的债务。为此，《民法典》第1145—1149条新增遗产管理人制度。同时为了与《民法典》规定的遗产管理人制度相衔接，《民事诉讼法》第十五章"特别程序"也新增第四节"指定遗产管理人案件"，从程序上进行配套。

遗产管理制度既涉及被继承人死亡后财产的转移方式，也涉及死者对债务的责任。不同国家的法律对此规定有所不同，大陆法系国家一般实行直接继承原则，继承开始后，继承人直接继承被继承人财产上的一切权利义务，而英美法系国家则一般实行间接继承制度，由遗产管理人享有对遗产的全部权利和义务，继承人仅对遗产的债务承担有限的清偿责任。我国《民法典》规定了遗产管理人制度，同时规定继承人在不放弃继承的情况下以其继承的遗产的实际价值为限承担遗产的债务，但继承人自愿清偿超过继承所得价值债务的除外。因此确定遗产管理的法律适用具有重要的意义。

第一，适用遗产管理地法律。在美国，遗产管理依指定遗嘱执行人或选任遗嘱管理人的国家的法律；英国规定遗产管理依遗产管理人取得管理权的国家的法律，在1932年之前，由于英国法院仅当遗产位于英国境内时，才颁发遗产管理证书，因此该遗产管

理地法律实则是指遗产地法律。

第二，适用继承的准据法。例如，《比利时国际私法典》第 82 条规定，遗产管理适用继承准据法，在一定条件下考虑适用遗产所在地法。

中国《涉外民事关系法律适用法》第 34 条规定，遗产管理等事项，适用遗产所在地法律。

▍重要名词术语

继承的同一论和分割论、法定继承的法律适用、遗嘱继承的法律适用、无人继承财产的法律适用、遗产管理的法律适用

▍思考题

1. 论述我国对涉外继承的法律适用的规定以及对此的评论和建议。
2. 如何看待继承法律适用的同一制和区别制的分歧？
3. 我国应该如何规定涉外遗嘱继承的法律适用？
4. 简述遗嘱方式的法律适用规则及反映的趋势。

▍典型案例分析

吴某系上海某大学教师，辞去工作到日本留学。在即将回国前夕，吴某在日本大阪市骑自行车上班途中被疾驶而来的小轿车撞倒，经抢救无效，不幸身亡。消息传到上海，其在上海工作的妻子周某以全权代理人的身份，由吴某的大哥陪同，东渡日本，料理后事。吴某之妻周某委托日本律师与肇事方洽谈赔偿事宜。经过双方的努力，达成赔偿协议。按照协议，周某获得以下赔偿：（1）"逸失利益"，即假定吴某健在，从死亡时起至退休时止，可以获得的经济收入；（2）"精神损害赔偿费"，即对受害人的父母、子女、配偶在精神上的损失所进行的赔偿；（3）对自行车的损害所进行的赔偿。此外，吴某在日本曾投保了人身保险，为此日本保险公司支付了 500 万日元的保险金。周某与吴某的大哥带着赔偿金和保险金共计 70 余万元回到上海。吴某的父母与周某就财产的分割出现争议，遂以周某及其女儿为被告在上海提起诉讼。[1]

笔者以为，本案涉及的国际私法的法律问题主要有两个：一是识别问题，二是继承的法律适用。

其一，识别问题。首先，案件在中国法院受理，通常应按照中国法定性，所以本案应该先对 70 余万元的不同来源进行定性，以便确定 70 余万元中哪些属于遗产。具体而言，对于保险金，如果有指定的受益人，则归受益人所有，如果没有明确指定受益人，则应该纳入遗产范围进行分配；自行车的赔偿费当然应该作为遗产分配；对于"逸失

---

[1] 杜新丽主编：《国际私法教学案例》，中国政法大学出版社 1999 年版，第 300—302 页。

利益"，由于中国当时并没有这种法律制度，应该按照日本的法律制度进行识别，它是假定吴某健在，从死亡时起至退休时止，可获得的经济收入，应该作为遗产分配；对于"精神损害赔偿费"，由于它是针对受害人的父母、子女、配偶进行的赔偿，不应该作为遗产分配，而直接根据在日本对受害人的父母、子女、配偶计算赔偿的标准进行分配。其次，在分割夫妻财产的基础上确定遗产的范围。对于"逸失利益"，由于是对死者死亡后的预期利益的赔偿，因此并非夫妻关系存续期间的所得，所以不应纳入夫妻共同财产分割；对于保险金则应具体分析，如指明其他受益人，不作为遗产；如未指明，则应该作为死者的遗产，因为该保险金是以死者的人身为标的的一种赔偿，因此不应成为夫妻共同财产；自行车的赔偿费应该视为夫妻共同财产。

其二，本案属于涉外继承的纠纷问题。对于死者的遗产，由于是动产，根据《涉外民事关系法律适用法》第31条的规定，应该适用死者死亡时的经常居所地法。本案中，根据最高人民法院《关于适用〈中华人民共和国涉外民事关系法律适用法〉若干问题的解释（一）》第13条的规定，被继承人已经连续在日本居住近2年，日本已成为其生活中心所在地，故其死亡时的经常居所地在日本。所以，应适用日本的继承法来处理案件。

当然，由于中国和日本关于继承人的顺序规定有差异，其中父母在日本继承法上并非第一顺序继承人，而中国将父母作为第一顺序继承人，这种规定既涵盖了我国传统文化的因素，又和我国养老体系的现状是密切关联的，体现了中国的特殊政策利益。不过由于我国在立法上明确排除了反致制度，同时并无对本国继承人进行特别保护的规定，因此法院适用中国法以保护父母的继承利益面临着立法上的缺位。

第三编

国际民商事争议解决编

第十三章　国际民事诉讼法概述

【内容提示】

从 20 世纪后半叶开始，国际民事诉讼法进入快速发展期，逐渐从国际私法（狭义）[1]和国内民事诉讼法中独立出来，成为相对独立的研究领域。国际民事诉讼法专门调整涉外民事诉讼问题，与其相邻的研究领域还有国际商事仲裁法、国际破产法、国际商事调解法等，这些都可以统合在国际民事程序法这一上位概念之下。国际民事诉讼法本质上是公法，但是其服务于涉外民商事争议的解决，所以在服务于国家利益的同时，更重要的是要考虑当事人的利益平衡与保护，以及国际民商事司法活动的协调。中国《民事诉讼法》第 2 条所设定的诉讼目的原则上对中国国际民事诉讼法有约束力。国际民事诉讼法与国际公法、国际私法以及民事诉讼法具有极为紧密的联系，国际民事诉讼法的塑造过程受到这三个学科的影响很大，研究国际民事诉讼法也应了解这三个学科的基本理论与相关制度。在中国，区际民事诉讼法除非有特别的安排，否则按照司法解释的规定，其也应参照适用国际民事诉讼法的规则。

从法律渊源上看，国际民事诉讼法的法律渊源既包括国内法，也包括国际法。国内法主要包括全面调整涉外程序问题的综合性法律（如中国《民事诉讼法》）、调整部分涉外程序问题的单行性法律（如中国《外国国家豁免法》）以及相关司法解释。国际民事诉讼法的国际法渊源主要指条约，直接调整国际民事诉讼问题的国际习惯法有限。在国际法渊源中，目前中国加入的多边条约不多，对中国生效的条约主要是中国与其他国家签订的双边司法协助条约。截至 2024 年 4 月，中国已经与 39 个国家签订了涉及国际民事诉讼法的双边条约。

法律适用问题虽然只是国际民事诉讼法所需探讨的其中一个问题，但是其与国际私法中的法律适用问题密不可分，只有全面了解这两个领域的法律适用问题，才能对通过诉讼解决涉外民商事争议过程中出现的法律适用问题有全貌的了解。在国际民事诉讼法中，程序问题适用法院地法（又称法院地法原则）因有利于维护诉讼效率，仍为国际民事诉讼程序问题法律适用的基本原则，最密切联系原则不足以撼动其地位。为了避免法院通过识别操纵法律适用结果，立法者应界定清实体问题与程序问题。不过，我们也应认识到，法院地法原则有其理念上的缺陷，应为其发展出两类例外。其一，为避免涉外司法中程序与实体二分主义的缺陷，实现《民事诉讼法》第 2 条设定的"正确适用法律"

---

[1] 本部分从狭义上来理解国际私法，狭义国际私法仅由法律适用规则组成。

和"保护当事人的合法权益"之目的，在必要时应允许法院适用实体问题准据法上的程序规则。其二，为矫正极端的国家本位主义倾向，更充分地保障当事人的程序性权益，应允许发展出关于程序问题的双边冲突规则。此外，为追求程序问题法律适用结果的妥当性，法官应特别注意解决法院地程序规则适用过程中出现的先决问题与适应问题，必要时变通适用法院地程序规则。

第一节　国际民事诉讼法的定义

（一）国际民事诉讼法的调整对象

国际民事诉讼法使用了"国际"一词，并非因为它属于国际法的一部分，只是由于其所调整的对象带有涉外因素。[1] 进一步而言，国际民事诉讼法调整的对象是含有涉外因素的程序问题。对此，我们可以从两个方面予以把握。

首先，国际民事诉讼法具有"涉外性"，是特指诉讼中的程序问题含有涉外因素，与案件事实本身是否具有涉外性无必然联系。在案件事实不含涉外因素的民事案件中也可能产生国际民事诉讼法上的问题。例如，在纯国内的案件中，庭审开始后，案件关键证人移居海外而产生国际民事诉讼法上的域外取证，或庭审结束后，当事人一方将所有可供执行的财产转移到国外，这就可能产生国际民事诉讼法上申请他国承认与执行判决的问题。而即使一个案件属于涉外民事案件，整个案件也可能几乎不含有国际民事诉讼法的问题。比如，居住在中国的双方当事人因合同纠纷在中国起诉，整个案件唯一的涉外因素是合同偶然在某国订立。除国际民事诉讼管辖权确定阶段有可能需要援用国际民事诉讼法的规则外，几乎不涉及国际民事诉讼法的问题。

其次，国际民事诉讼法所调整的涉外程序问题很多。除我们较为熟知的中国《民事诉讼法》第四编中的内容（涉外民事案件的国际民事诉讼管辖权的确定与冲突的解决、涉外送达、涉外取证、外国判决的承认与执行、豁免等问题）之外，诉讼流程中出现的任何其他带有涉外因素的程序问题都有可能成为国际民事诉讼法的调整对象。比如，国际民事诉讼法也可以有对应的当事人制度与代理制度、证明制度、诉讼保全制度等。只不过，因为程序问题与实体问题难以区分，很多时候需要前置地讨论诉讼流程中出现的特定问题究竟是程序问题还是实体问题。一旦确定为程序问题，大多数问题就可以通过程序问题适用法院地法这一原则解决，少数情况下需要创设关于程序问题的冲突规则，或是适用实体问题准据法的程序规则，抑或需要对国内民事诉讼规则进行变通适用或拟定特别的程序规则予以处理。[2]

在程序法相对成熟的德国，学者还会特别区分国际民事诉讼法（Internationales

---

[1] Vgl. Haimo Schack, Internationales Verfahrensrecht, 8. Aufl. 2021, Rn. 2.
[2] 详见本章第三节。

Zivilprozessrecht）与国际民事程序法（Internationales Zivilverfahrensrecht），国际民事诉讼法只是国际民事程序法的一个分支。而国际民事程序法调整的对象更多，除包括国际民事诉讼问题之外，还包括国际非讼事件、国际商事仲裁以及国际破产等问题。[1]在我国，非讼事件立法和学术研究都尚未独立，国际民事诉讼法的研究对象通常也包括各类非讼事件。此外，作为最上位的概念，我们甚至认为国际民事程序法还可以包括国际商事调解法。

（二）国际民事诉讼法的体系定位

国际民事诉讼法调整的是涉外程序问题，所以按照一般见解，国际民事诉讼应属于公法。国际民事诉讼法是涉外民商事争议解决中的重要一环，不仅要考虑国家利益，而且要保护私人利益。国际民事诉讼法属于公法这一学理定性不影响我们对国际民事诉讼法任务和目的的认知。原则上，国际民事诉讼法也应遵守中国《民事诉讼法》第2条的要求。从这一点来看，国际民事诉讼法有别于刑事诉讼法或刑法等其他公法分支。为加深对国际民事诉讼法的了解，我们还可以将其与其他相邻部门法进行对比。

1. 国际民事诉讼法与国际公法的关系

国际公法对国际民事诉讼法最为明显的影响就在于广义的管辖权部分，不过国际公法也仅是划定了广义的管辖权行使的一些边界，并未直接决定管辖权的规则内容。自1927年"荷花号案"（Lotus Case）以来，国际法上就区分执法管辖权、司法管辖权和立法管辖权这三类管辖权，适用于这三类管辖权的国际法规则各不相同。

其一，执法管辖权（jurisdiction to enforce）的行使必须遵守严格的属地原则。也就是说，根据国际法，一个国家必须在其领土范围内执法，不得到另一国领土之上抓捕人或扣押物。广义上的司法执法行为，包括了送达、取证、判决的承认与执行等，应严格遵守一国只能在其领土范围内行使这些司法行为的要求。所以相应地，当一国想要在域外从事送达或者取证等行为时，就需要借助司法协助。在无条约担保互惠的情况下，被请求国是否给予请求国帮助或许可，可自由决定。当事人请求一国承认他国判决的情况也类似。为了便利司法协助的开展，促进判决的流通，就有必要制定国际条约。这类条约有的是双边条约，有的是区域性多边条约，还有的是全球性公约。

其二，司法管辖权（jurisdiction to adjudicate），又称国际民事诉讼管辖权，其行使除需要遵守主权豁免和外交豁免的国际法规则之外，几乎很少受到国际法的限制。关于司法管辖权的国际性条约也不多，特别是对中国生效的相关国际条约几乎没有。不过，司法管辖权的国内法规则很发达。比如，在美国行使司法管辖权主要遵守的是它本国由判例形成的司法管辖规则。从这个角度出发，一些所谓的过度管辖权规则，尽管在国际民事诉讼法上常有争议，但是一般认为不构成违反国际法规则。

其三，立法管辖权（jurisidiction to prescribe）主要关涉法律适用的问题，在这也顺带提及。立法管辖权的行使可以不严格遵守属地原则。国际法允许一国基于领土之外的其他联系行使立法管辖权，比如现行国际法认可一国可以基于效果原则、国籍原则、消

---

[1] Vgl. Haimo Schack, Internationales Verfahrensrecht, 8. Aufl. 2021, Rn. ll.

极属人原则、保护原则还有普遍管辖原则等体现实质联系的原则在领土之外行使立法管辖权。

除前述提及的管辖权之外，国际公法之中的人权法近年来在一些区域对国际民事诉讼法产生影响。例如，一些学者认为《欧洲人权公约》第6条第1款规定的有效的司法救济（诉诸司法）的权利是创设必要管辖权制度的理由。[1]

2. 国际民事诉讼法与狭义国际私法的关系

狭义的国际私法主要是为含有涉外因素的民商事法律关系确定准据法的规则的总和，而国际民事诉讼法主要是调整含有涉外因素的程序问题。从定义中，我们就可以看出二者有较为明显的区别。狭义的国际私法主要由冲突规则组成，冲突规则不直接决定权利义务关系。而在国际民事诉讼法中，针对程序问题的冲突规则很少，[2]最主要的规则类型是涉外实体规则（auslandsbezogene Sachenormen），这些规则直接调整涉外程序问题。[3]

不过，国际民事诉讼法与狭义的国际私法之间有紧密的联系。国际民事诉讼管辖权规则是"国际私法冲突规则的适用法"。[4]这是因为，我们只有在确定了行使国际民事诉讼管辖权的法院之后，才能相应地确定所适用的国际私法规则。各国都有权限制定自己的冲突规则，冲突规则不一致有可能导致不同的裁判结果。所以反过来，国际私法的不一致又促使当事人在可供选择的不同国家的法院之间进行挑选（forum shopping）。

在法律适用过程中，我们会发现国际民事诉讼法和国际私法还有很多相关联性的问题。比如，特定问题是属于程序问题还是实体问题，就决定了究竟这一问题是根据国际私法的冲突规则确定的准据法来解决，还是根据国际民事诉讼法的程序问题法律适用原理来解决。在国际民事诉讼规则适用的过程中，我们同样会遇到先决问题，例如关于合同的国际民事诉讼管辖权规则中的合同履行地是应根据法院地法来定还是应根据合同准据法来定；国际民事诉讼管辖权规则中的连结点有无必要与国际私法冲突规则中的连结点保持一致，有时也会引起讨论。此外，在判决承认执行阶段，国际民事诉讼法上也有公共秩序保留制度，不过这与法律适用阶段的公共秩序保留制度存在一定差别。

3. 国际民事诉讼法与国内民事诉讼法的关系

很少国家有专门的国际民事诉讼法的立法，大部分国家将国内民事诉讼的规则和国际民事诉讼的规则统一规定于一部立法之中。在处理涉外程序问题时，立法对国际民事诉讼有特别规定时，法官应优先适用特别规定；在无特别规定时，原则上国内民事诉讼法的规定可准用于国际民事诉讼中。不过，涉外民事诉讼规则的拟定应以必要为限，理由是：极端的"二元化"的立法例会带来实践的难题，法官需要不断地识别哪个诉讼环节涉外、哪个诉讼环节不涉外。如果涉外因素不影响评价，在法律上应平等对待涉外与非涉外情形，尽可能适用同一套诉讼规则，这也意味着涉外与非涉外民事诉讼可以分享

---

［1］ Vgl. Reinhold Geimer, Internationales Zivilprozessrecht, 8. Aufl. 2020, Rn. 150.
［2］ 详见本章第三节。
［3］ Vgl. Abbo Junker, Internationales Zivilprozessrecht, 6. Aufl. 2023, S. 5.
［4］ Vgl. Reinhold Geimer, Internationales Zivilprozessrecht, 8. Aufl. 2020, Rn. 58.

同一套诉讼法的教义学体系，大大地简化诉讼法学的教授任务并降低法官的职业培养成本。至于"必要性"的判断应特别以国际公法的基本原则、民事诉讼法的基本理念以及重大的法政策为依据。

不过应注意的是，在无特别规定时，国内民事诉讼法的规定可准用于国际民事诉讼中，这时应注意"准用"的法理。"准用"意味着可对规则的内容作出变通处理，法院在适用国内民事诉讼规则解决涉外程序问题时，可以采用一些特别的适用方法。[1]在国际民事诉讼法中，有一种特别的准用情形，就是根据国内地域管辖权的规则确定国际民事诉讼管辖权，典型如德国。德国民事诉讼法中没有针对国际民事管辖权的特别规定，学理上就根据"双重职能说"（Doppelfunktionalität）以及国内地域管辖权的规则推导出国际民事诉讼管辖权，这本质上就是一种准用的思维。这是因为在确定国内地域管辖权时所衡量的利益与国际民事诉讼管辖权所考量的利益大致相同，而一旦在确定国际民事诉讼管辖权时，考量的因素和内在评价有别于国内地域管辖权确定时所考虑的因素，就有可能偏离地域管辖权规则，特别是在国内地域的专属管辖权规则未必适合用来确立国际民事诉讼专属管辖权。[2]

4. 国际民事诉讼法与区际民事诉讼法的关系

区际民事诉讼法是区际私法中的一个重要内容。在一国之内，不同法域有独立的司法系统和诉讼程序规则，法域之间司法管辖权如何分配、送达和取证可采取何种方式、判决如何承认与执行等事项都需要有专门的规则。不同于国际民事诉讼问题，区际民事诉讼问题是主权国家或国家联盟内部的事项，通常解决起来要更为简单，且司法合作的水平要更高。欧盟民事诉讼法就是典型的例子。

在中国区际私法之中，内地与香港特别行政区、澳门特别行政区有不少安排是关于区际民事诉讼的问题。根据司法解释的规定，内地法院在处理区际民事诉讼法的问题时，原则上可以参照适用涉外民事诉讼程序的特别规定。[3]

第二节 国际民事诉讼法的渊源

国际民事诉讼法本质上是国内法，因而世界上有多少个法域，就至少有多少个国际民事诉讼法。从渊源构成来看，这就表现为国际民事诉讼法的渊源主要是国内法。不过，国际法调整的对象带有涉外因素，少量问题需适用相关的国际习惯法，而国与国之间也针对部分问题订立双边或多边条约，所以国际民事诉讼法的渊源中也包含了部分的国际法规则。基于国际民事诉讼法是国内法，且具有强烈的法域属性，本书主要介绍中

---

[1] 详见本章第三节。
[2] Vgl. Linke/Hau, Internationales Verfahrensrecht, 8. Aufl. 2020, S. 74 f.
[3] 参见最高人民法院《关于适用〈中华人民共和国民事诉讼法〉的解释》第549条。

国国际民事诉讼法的渊源。

（一）国内法渊源

目前，从国际上来看，尚未有国家专门针对国际民事诉讼的所有问题制定单行法典。不过，从近年来的发展来看，各国国际民事诉讼的规则有从简略趋向详备的趋势。过去，国内立法常将国际民事诉讼的规则包含于民法典或民事诉讼法典之中，而晚近有些国家将国际民事诉讼规则并入了国际私法典之中，或者有针对特别问题的单行法出现。[1] 中国无专门针对国际民事诉讼法问题的法典，国内法渊源主要分为法律及司法解释。

1. 法律

在中国，关于国际民事诉讼法最重要的法律是《民事诉讼法》，该法系统规定了民事诉讼各环节程序问题，特别是该法第四编"涉外民事诉讼程序的特别规定"（以下简称涉外编）是针对国际民事诉讼中的特有问题拟定的规则，根据该法第270条，其他国际民事诉讼问题，在第四编未作规定的情况下，可适用该法其他有关规定。

此外，还有一些针对国际民事诉讼特定问题的单行法，如《外国国家豁免法》《外国中央银行财产司法强制措施豁免法》等。

除单行立法之外，一些法律之中也包含国际民事诉讼事项的条款，如《海事诉讼特别程序法》中关于涉外协议管辖等问题的规定。

2. 司法解释

关于国际民事诉讼的司法解释数量特别多，较为重要的有如下几类。

（1）综合类司法解释

《关于适用〈中华人民共和国民事诉讼法〉的解释》（2022年3月22日修正）、《全国法院涉外商事海事审判工作座谈会会议纪要》（2021年12月31日）、《关于印发〈全国法院民商事审判工作会议纪要〉的通知》（2019年11月8日）、《关于印发〈第二次全国涉外商事海事审判工作会议纪要〉的通知》（2005年12月26日）、《关于进一步做好边境地区涉外民商事案件审判工作的指导意见》（2010年12月8日）、《关于审理和执行涉外民商事案件应当注意的几个问题的通知》（2000年4月17日）、《关于为跨境诉讼当事人提供网上立案服务的若干规定》（2021年2月3日）等。

（2）关于送达和取证事项的司法解释

《最高人民法院、外交部、司法部关于执行〈关于向国外送达民事或商事司法文书和司法外文书公约〉有关程序的通知》（1992年3月4日）、《最高人民法院、外交部、司法部关于我国法院和外国法院通过外交途径相互委托送达法律文书若干问题的通知》（1986年8月14日）、《关于依据原告起诉时提供的被告住址无法送达应如何处理问题的批复》（2004年11月25日）、《关于向居住在外国的我国公民送达司法文书问题的复函》（1993年11月19日）、《最高人民法院办公厅关于指定北京市、上海市、广东省、浙江省、江苏省高级人民法院依1965年海牙〈关于向国外送达民事或商事司法文书和司法

---

[1] 参见李浩培：《国际民事程序法概论》，法律出版社1996年版，第6—7页。

外文书公约》(以下简称《海牙送达公约》)和1970年《关于从国外调取民事或商事证据的公约》(以下简称《海牙取证公约》)、《关于指定北京市、上海市、广东省、浙江省、江苏省高级人民法院依据海牙送达公约和海牙取证公约直接向外国中央机关提出和转递司法协助请求和相关材料的通知》(2003年9月23日)、《关于涉外民事或商事案件司法文书送达问题若干规定》(2020年12月23日修正)、《关于依据国际公约和双边司法协助条约办理民商事案件司法文书送达和调查取证司法协助请求的规定》(2020年12月23日修正)、《最高人民法院印发〈关于依据国际公约和双边司法协助条约办理民商事案件司法文书送达和调查取证司法协助请求的规定实施细则(试行)〉的通知》(2013年4月7日)等。

(3) 关于判决承认与执行事项的司法解释

《关于人民法院受理申请承认外国法院离婚判决案件有关问题的规定》(2020年12月23日修正)、《关于中国公民申请承认外国法院离婚判决程序问题的规定》(2020年12月23日修正)、《关于外国法院的离婚判决未经我人民法院确认,当事人能否向我婚姻登记机关登记结婚的复函》(1993年1月22日)等。

(4) 关于涉外案件管辖的司法解释

《关于涉外民商事案件管辖若干问题的规定》(2022年11月14日)、《关于审理民事级别管辖异议案件若干问题的规定》(2020年12月23日修正)、《关于调整部分高级人民法院和中级人民法院管辖第一审民商事案件标准的通知》(2018年7月17日)、《关于明确第一审涉外民商事案件级别管辖标准以及归口办理有关问题的通知》(2017年12月7日)等。

(5) 关于国际商事法庭的司法解释

《关于设立国际商事法庭若干问题的规定》(2023年12月5日修正)、《最高人民法院办公厅关于印发〈最高人民法院国际商事法庭程序规则(试行)〉的通知》(2018年11月21日)、《最高人民法院办公厅关于印发〈最高人民法院国际商事专家委员会工作规则(试行)〉的通知》(2018年11月21日)、《最高人民法院办公厅关于确定首批纳入"一站式"国际商事纠纷多元化解决机制的国际商事仲裁及调解机构的通知》(2018年11月13日)、《最高人民法院办公厅关于确定第二批纳入"一站式"国际商事纠纷多元化解决机制的国际商事仲裁机构的通知》(2022年6月22日)等。

(二) 国际法渊源

目前,中国国际民事诉讼法的国际法渊源主要为国际习惯法、国际双边条约以及少量的国际公约。

1. 国际习惯法

在国际民事诉讼法中,除在管辖权的问题上,国内法院必须遵守国家及其财产豁免等习惯国际法原则外,几乎不存在直接作用于国际民事诉讼的国际习惯法规则。

2. 双边国际条约

截至2024年4月,中国共与阿尔及利亚、阿根廷、阿拉伯联合酋长国、埃及、埃塞俄比亚、巴西、保加利亚、白俄罗斯、波斯尼亚和黑塞哥维那、波兰、比利时、朝鲜、韩国、俄罗斯、法国、古巴、哈萨克斯坦、吉尔吉斯斯坦、科威特、老挝、立陶宛、罗马尼亚、蒙古、秘鲁、摩洛哥、塞浦路斯、泰国、突尼斯、土耳其、塔吉克斯坦、乌兹别克斯坦、乌克兰、新加坡、匈牙利、希腊、西班牙、伊朗、越南、意大利等三十多个国家签订了民商事司法协助相关的条约。这些双边条约构成了我国国际民事诉讼法的重要渊源。

3. 国际公约

目前对中国生效的专门的国际民事诉讼条约有1965年《海牙送达公约》、1970年《海牙取证公约》、1961年10月5日订于海牙的《取消外国公文书认证要求的公约》（以下简称《海牙取消认证公约》）。

事实上，海牙国际私法会议制定的许多公约中既包括了法律选择的内容，也包括了管辖权或司法协助事项，不过我国很少加入此类公约。近年来，海牙国际私法协会致力于国际民事诉讼若干事项公约的制定，2005年《选择法院协议公约》以及2019年《承认与执行外国民商事判决公约》均具有一定的潜力，不过这些公约都未对我国生效。

第三节　程序问题的法律适用

国际民事诉讼法与狭义国际私法不同，其并不主要通过法律选择的方法解决问题，但并非意味着法律选择问题在国际民事诉讼法中并不重要。只有了解了程序问题的法律适用，才能全貌地了解涉外民商事案件的法律适用问题。

一、"程序问题适用法院地法"的原则地位

"程序问题适用法院地法"（拉丁语表述为 *lex fori regit processu* 或 *forum regit processum*）是一条单边冲突规则，又被简称为"法院地法原则"。根据该原则，法官在处理涉外案件时，方法论上须特别区分程序问题与实体问题这两类问题，特定诉讼中当事人的实体权利可能依冲突规则适用外国法，但所有程序问题均须排他地适用法院地法。[1]有学者认为"程序问题适用法院地法"原则是"国际私法上最古老以及最少被争议的规则之一"，[2]甚至是内在于任何国际私法体系的"永恒真理"。[3]但是，从20世纪中叶开始，关于法院地法原则的争议就逐渐增多。否定者认为，涉外程序问题也须尊奉最

---

[1] See Lawrence Collins et al., *Dicey, Morris & Collins on the Conflict of Laws*, 15th ed., Sweet & Maxwell, 2012, p. 203.

[2] Vgl. Reinhold Geimer, Internationales Zivilprozessrecht, 8. Aufl. 2020, Rn. 319; Dagmar Coester-Waltjen, Internationales Beweisrecht, 1. Aufl. 1983, Rn. 102; Andreas Heldrich, Internationales Zuständigkeit und Anwendbares Recht, 1969, S. 14.

[3] See Paul Torremans et al., *Cheshire, North & Fawcett: Private International Law*, 15th ed., Oxford University Press, 2017, p. 73.

密切联系原则为基本原则，[1]肯定者虽认为法院地法原则仍可作为程序问题法律适用的一般原则，但诉诸的理由不尽相同。[2]在中国学界，肯定者与否定者均有，论争尚未消弭。[3]

（一）否定论

否定法院地法原则的学者试图抹去程序问题与实体问题之间的差异，而在最密切联系原则的指引下重构涉外程序问题的法律适用原理。这些学者认为，法院应适用和程序、各类诉讼行为以及诉讼法律关系最密切联系地法，大部分程序问题仍适用法院地法根本上是因为多数程序问题和法院地有最密切联系。[4]

不过，否定论说服力有限。最密切联系原则是国际私法双边主义方法的基本原则之一，但法律选择的双边主义方法预设了内外国法律的相互可替换性和均等的适用可能性。[5]反观诉讼法，多数国与国之间诉讼理念以及诉讼程式差异较大，而且部分程序问题和法律文化以及法院组织法等结合得极为紧密[6]，这就决定了一国在理念上无法完全接受外国的程序法可以和本国程序法一样平等而可相互替换地予以适用。既然双边主义方法不是处理程序问题法律适用的基本方法，最密切联系原则也就不可能成为解决该法律适用问题的基本原则。

此外，程序法与实体法的重大不同点在于程序法注重时序性[7]，程序是由时间上紧密衔接的步骤组成，绝大多数程序规则都是行为流程规则，指引法官应如何一步一步地处理案件，而法官须遵守程序规则才能有条不紊地推进诉讼。即使我们能依最密切联系原则告诉法官某一程序问题该适用何法，但并未告诉法官各个程序问题之间衔接的先后次序，法官也无法单凭这样的法律适用结论指挥诉讼。实际上，否定说的学者忽视了一个重要前提：他们潜意识地在脑海里已经有了关于诉讼流程的"图纸"，这张"图纸"恰恰是法院地法提供的，只有在一套既定的诉讼流程之中，法官才有可能面对特定环节出现的特定程序问题依最密切联系原则去确定适当的准据法。从这个意义上来说，"程

---

〔1〕 最有影响力的是匈牙利学者萨瑟的观点。See Stephen Szászy, *The Basic Connecting Factor in International Cases in the Domain of Civil Procedure*, 15 The International and Comparative Law Quarterly 436（1966）.

〔2〕 澳大利亚学者 Garnett 对此作了较为系统的阐释。See Richard Garnett, *Substance and Procedure in Private International Law*, Oxford University Press, 2012, pp. 10–15.

〔3〕 在我国，持否定说的学者有李双元教授、谢石松教授、欧福永教授等，参见李双元、谢石松、欧福永：《国际民事诉讼法概论》（第3版），武汉大学出版社2016年版，第58—76页。持肯定说的学者有李浩培教授、张卫平教授、何其生教授等，参见李浩培：《国际民事程序法概论》，法律出版社1996年版，第16—18页；何其生：《比较法视野下的国际民事诉讼》，高等教育出版社2015年版，第6—8页；张卫平：《民事诉讼法》（第5版），法律出版社2019年版，第425页。

〔4〕 See Stephen Szászy, *The Basic Connecting Factor in International Cases in the Domain of Civil Procedure*, 15 The International and Comparative Law Quarterly 436, 449–450（1966）. 另参见李双元、谢石松、欧福永：《国际民事诉讼法概论》（第3版），武汉大学出版社2016年版，第72页。

〔5〕 See Frank Vischer, *General Course on Private International Law*, 232 Recueil des cours 9, 35–36（1992）.

〔6〕 美国诉讼法构造的特殊性即是例证。See Oscar G. Chase, *American "Exceptionalism" and Comparative Procedure*, 50 American Journal of Comparative Law 277（2002）.

〔7〕 Vgl. Rolf Stürner, Die Rolle des dogmatischen Denkens im Zivilprozessrecht, ZZP 127（2014）, S. 279, Fußn. 31.

序问题适用法院地法"才是国际民事诉讼法的基本原则。最密切联系原则无法关照到待处理程序问题的时序性和流程性，无法成为处理程序问题法律适用的基本原则。

此外，我们能否退一步认为，虽然我们需要法院地法原则划定程序的大致框架，但在既定的程序流程中也有大量的程序问题可以运用最密切联系原则确定准据法，因而法院地法原则和最密切联系原则都可以作为国际民事诉讼法的基本原则？这同样不妥。首先，最密切联系原则存在固有的不足，该原则本身并未提及应以何种标准确定有无最密切之联系。所以，仅将最密切联系原则引入国际民事诉讼法，却未揭示相应的利益分析和价值评价的标尺，无法指导法官进行有效的法律适用分析。例如，有学者指出诉讼的撤回、修正诉讼的可接受性、举证方法的可接受性等问题应根据实体问题准据法来判断，[1]可是这些问题无一例外地与法院地发生着联系，为什么这些问题和实体问题准据法有更为密切的联系？因评价标准不明，这些法律适用结论多少有些武断。其次，对最密切联系原则的另一批评是它仅关注到了空间上的联系，没有关注结果的正义。现今国际私法在广泛的领域均准许当事人意思自治，或在冲突规则中采用任择性连结点等立法技术以追求特定的实体结果，这些做法都突破了最密切联系原则。可以说，在双边主义的法律选择体系中最密切联系原则的例外有不少。[2]只要国际民事诉讼法同样需要关注到法律适用结果的妥当性，就不可能一以贯之地奉行最密切联系原则。我们如果注意到最密切联系原则有如上这些不足，就不大可能轻率地将其引入国际民事诉讼法中，并将其尊奉为涉外程序问题法律适用的基本原则。

（二）肯定论

从国内外的著述来看，能支持法院地法原则的理由似乎有很多，在众多理由的加持下以至于我们总是不假思索地认为法院地法原则就是一条"铁律"。但有一些观点在今天看来显然已无法立足，比如认为法院地法原则建立在"场所支配行为"、公共秩序或公平正义原则之上。[3]不过我们需要认真对待其他两种较有影响力的肯定主张。

1. 属地主权说

学者认为，主权原则可以引申出属地原则，程序是在一国法院发生，法院作为一国机关只承认本国法，同时一国也不可能要求他国法院适用自己的法，否则将违反他国主权，造成的结果是任何一个国家都只适用自己的程序法。[4]不过，如果一国在本国的诉讼法中明确规定适用外国程序法，这同样不违反属地主权，因为针对本国的诉讼适用外国程序法的决定完全是本国立法者行使立法权而作出的，而非他国强加的意愿。所以，我们无法从国际公法上的属地原则推导出更多的法律适用结论，特别是排斥本国法院适用外国程序法的结论。

---

[1] 参见李双元、谢石松、欧福永：《国际民事诉讼法概论》（第3版），武汉大学出版社2016年版，第73页。

[2] Vgl. Jan Kropholler, Internationales Privatrecht, 6. Aufl., 2006, § 4 II 3; Jan von Hein, in: Münchener Kommentar BGB, Band 12, 8. Aufl. 2020, Einl. IPR Rn. 34.

[3] 萨瑟对这些观点有过系统的介绍与批判。See Stephen Szászy, *The Basic Connecting Factor in International Cases in the Domain of Civil Procedure*, 15 The International and Comparative Law Quarterly 436, 446-447 (1966).

[4] Vgl. Erwin Riezler, Internationales Zivilprozessrecht und prozessuales Fremdenrecht, 1949, S. 81, 94.

还有一种观点从国际私法的角度理解属地原则，认为决定法律规则适用范围的标准必然是属地原则或属人原则，程序问题上不得依属人原则确定准据法，应依属地原则适用法院地法。[1]该观点同样不妥。一条法律规则能否适用于特定的人、物或事实，是由冲突法上的利益衡量或评价决定的，而非简单地从属地原则或属人原则推导出来。以《涉外民事关系法律适用法》第44条为例，该冲突规则可视为界定侵权实体规则适用范围的规则，采用了共同经常居所地、侵权行为地、当事人意思自治等连结点，背后就有其深层利益和价值考量[2]，但是这一冲突规则并非抽象地由属地原则和属人原则确立。所以，程序问题适用法院地法无法建立在国际公法或国际私法意义上的属地原则。

2. 公法说

还有一种常见观点是程序法是公法，外国公法在本国法院并无适用的空间，故而程序问题只适用法院地法。[3]这一观点建立在"公法禁忌"的理论预设之上，但该预设并不坚牢。"公法禁忌"实际上仅是我们的一种经验认知，产生这一认知的原因有二：[4]一方面，一国对绝大多数外国的公法事项并无管辖权，否则涉嫌违反他国主权，既然对外国公法事项无管辖权，也就谈不上具有适用外国公法的可能和必要；另一方面，即使一国对少量涉及外国的公法事项有管辖权，一国也无义务去适用他国公法而促进他国的公共利益。但是，在当代公法与私法之间的界限不分明、二者相互之间常有互动的情况下，与私法交互得极为紧密的那些公法就有可能在不同意义上被适用，否则有悖于常理或有违正义。例如，在为涉外民商事实体问题确定准据法时，不少冲突规则都使用了"国籍"这一连结点，相关当事人有对应国家的国籍，显然只能适用对应国家的国籍法，而不因国籍关涉公法事项而适用法院地法。[5]又如，在合同事项上，外国的公法规则有可能影响合同的履行。假设货物出口国临时颁布禁止该货物出口的规定，最后合同无法如约履行。即使准据法是法院地法，只要法院地不存在相关的阻断法，法官在适用准据法时，就需要在不可抗力等条款中将出口国禁止出口的规则引进来予以"考虑"。[6]这实际上与适用外国公法无异，如此方能平衡当事人的利益。此外，欧盟甚至走得更远，即使合同所涉具体事项关涉公共利益的保护，也有适用外国公法规则的空间。[7]以上实例均表明"公法禁忌"的理论预设并不总是成立，特别是程序问题与私法上的实体问题交织紧密的情况下，我们无法从程序法是公法这一前提中推导出程序问题只能适用法院

---

[1] 李浩培教授用管辖权的例子说明此论断，参见李浩培：《国际民事程序法概论》，法律出版社1996年版，第17页。

[2] 参见万鄂湘主编：《〈中华人民共和国涉外民事关系法律适用法〉条文理解与适用》，中国法制出版社2011年版，第310—311页。

[3] Vgl. Abbo Junker, Internationales Zivilprozessrecht, 5. Aufl. 2020, S. 265.

[4] See the Institute of International Law, *The Application of Foreign Public Law*, Session of Wiesbaden, 1975, A. IV (c).

[5] Vgl. Jan Kropholler, Internationales Privatrecht, 6. Aufl. 2006, §1 VI 1.

[6] 比如，德国法院就曾通过适用《德国民法典》第275条或第313条，对外国法上的一些管制性商业管制规则予以考虑。Vgl. Looschelders, in: Staudinger, Einleitung zum Internationalen Privatrecht, 2019, Rn. 37.

[7] 比如，《罗马条例Ⅰ》第9条第3款规定合同履行地中维护当地重要公共利益的强制性规定可予以适用。

地法。

在以上反思的基础上，域外学者广泛认可的是诉讼经济说（或诉讼效率说）。[1]该说代表性观点认为：适用外国程序法无论是对法院、律师还是对当事人来说，都提出了过高要求，因为他们缺乏必要的经验知识去处理外国的程序规则；如果根据外国程序法进行诉讼，那么程序不是过于迟缓就是过于不确定，法院甚至会因过度依赖外国法专家，而失去诉讼指挥权，最终丧失司法权威。[2]因此，法院地法原则首要目的是避免法院在涉外案件中适用外国程序法，使法院免于依不熟悉的审判方式审理案件，[3]从而维护诉讼效率，实现诉讼经济。然而，如果维护诉讼经济可以成为决定法律选择的重要依据，那么在实体问题上，我们为什么不能同样为了追求效率而适用法院地法？如果答案是肯定的，国际私法的大厦就岌岌可危了。[4]本书认为，前述质疑本身就不值得认真对待，在不同问题的法律适用事项上所考虑的利益和价值本来就不同，简单比附并无意义。具体而言，在程序问题上，法律适用应保障诉讼活动本身是有效率的，否则无法给当事人提供及时而有效的司法救济，司法也会不堪重负，故适用法院地程序法同时符合法院和当事人的利益。但在实体问题上，适用法院地法仅单方面地减轻了法院的负担，却不利于维护当事人对适用外国法的合理期待以及其他法律适用利益。可是，在实体问题的处置上，恰恰首要应考虑的是当事人的法律适用利益，[5]故不能为了追求司法效率在实体问题上排斥外国法的适用。正因为在两类问题的法律适用事项上，考量的利益很不相同，所以简单地进行类推没有依据，我们也完全不必担心诉讼经济说会侵蚀国际私法的理论大厦。总体来论，诉讼经济说可为法院地法原则提供较为充分的正当性基础。

（三）本书立场

在涉外程序问题法律适用问题上，法院地法原则仍为基本原则，最密切联系原则不足以撼动其地位。但法院地法原则的正当性不是建立在抽象的公平正义、属地原则抑或"公法禁忌"之上，而是因其符合诉讼经济的要求。但须承认的是，诉讼经济虽是民事诉讼中值得追求的目的或价值，在某些问题上适用外国程序法如不会给法院和当事人造成过分不便，那么在"程序问题适用法院地法"之外创设一些例外也完全有可能。从此意义上说，诉讼经济说带来了方法论变革。

二、程序问题适用法院地法原则的具体适用

法院地法原则的一个重要理念基础即是程序与实体二分主义。在涉外司法之中，司

---

[1] 一些学者认为程序问题适用法院地法更为便利，本文认为此类观点实质上是诉讼经济说。See Lawrence Collins et al., *Dicey, Morris & Collins on the Conflict of Laws*, 16th ed., Sweet & Maxwell, 2022, § 4-004. Siehe auch Moritz Brinkmann, Das lex fori-Prinzip und Alternativen, ZZP 129 (2016), S. 467, Fußn. 26.

[2] Vgl. Kegel/Schurig, Internationales Privatrecht, 9. Aufl. 2004, S. 1055.

[3] See Lawrence Collins et al., *Dicey, Morris & Collins on the Conflict of Laws*, 16th ed., Sweet & Maxwell, 2022, § 4-004.

[4] Vgl. Linke/Hau, Internationales Verfahrensrecht, 8. Aufl. 2020, § 2 Rn. 10.

[5] Vgl. Kegel/Schurig, Internationales Privatrecht, 9. Aufl. 2004, § 1 V.

法管辖权与立法管辖权的构造与价值取向不同，一国可以分离地行使二者，[1]因而法院在涉外案件中适用外国法就不可避免。在实体问题准据法是外国法时，从诉讼经济出发，必须要为实体问题准据法的适用范围划出相对合理的界限。程序与实体二分就是这么一项法律技术，通过"程序问题适用法院地法"以及与之相对的"实体问题适用相关法律关系准据法"，为法院地法和实体问题准据法划定各自的适用范围。然而，这一做法多少与当代国内法学者的认知相悖，特别在中国《民法典》施行后，国内学者强调程序与实体的融通而非分离[2]，二者在功能和目的上有若干连结。所以下文将阐释在涉外司法中，应如何妥当地在程序与实体之间划定相对明晰的界限，同时为回应其他诉讼目的，应如何为法院地法原则创设例外，从而维护程序与实体之间的有机联系。

（一）程序问题与实体问题的识别

就中国而言，我们对应如何区分程序与实体这一问题较为陌生。[3]在比较法的视野中，国际私法中的程序与实体应如何区分常有争议[4]，这一基础问题在具体案件中常会浮现。不过，我们可大致抽象地总结出若干程序与实体区分的应对方法，它们分别是：司法中心主义区分方法和实体友好主义区分方法。[5]在反思这两种区分方法的基础之上，本书还将阐释应值得提倡的程序友好主义区分方法。

1. 司法中心主义区分方法与实体友好主义区分方法

司法中心主义区分方法是近年来普通法的一种实践做法。不过，早期普通法采用权利与救济的区分标准去划分程序与实体[6]，大致上划分标准还算确定。转变发生在20世纪上半叶，彼时美国法中的现实主义运动兴起，"冲突法革命"的重要旗手库克在探讨冲突法上的程序与实体之区分时，提到二者并无绝对固定而普适的界定标准，二者的划分标准不是留待我们去发现，而是根据目的和具体的规范情形由我们去划定。[7]这一论断为后世挣脱"权利/救济"这一区分标准的束缚而重新界分程序与实体提供了思想指南。当前，一些普通法法域逐渐发展出了不尽一致的实践。总体而言，这些实践不同程

---

[1] 参见宋晓：《域外管辖的体系构造：立法管辖与司法管辖之界分》，载《法学研究》2021年第3期。Vgl auch Thomas Pfeiffer, Internationales Zivilverfahrensrecht, FS Paul Kirchhof, 2013, S. 1317.

[2] 中国《民法典》颁布之后，具体实体法规则如何和程序规定对接的论文有很多，代表性论文如张卫平：《民法典的实施与民事诉讼法的协调和对接》，载《中外法学》2020年第4期。

[3] 在域外，当讨论联邦与州的立法权限划分或者溯及力问题时，都会涉程序与实体的区分。在中国，缺少探讨这类问题的必要制度语境。

[4] 20世纪90年代就有理论先驱对域外这一问题做过研究，参见林欣：《论国际私法中的程序法与实体法问题》，载《外国法译评》1994年第4期。

[5] 也有学者依据程序与实体的具体区分标准进行类型化梳理，参见崔相龙：《论冲突法中实体与程序的区分》，载《武大国际法评论》2008年第2期。

[6] 戴西在《关于冲突法的英格兰法精要》中非常鲜明地将实体和程序对举，并明确指出程序应作最广义的理解，既包括了"法律救济以及任何的和行使权利有关的内容"，也包括证据、时效、抵销和反诉等。See Albert Venn Dicey, *A Digest of the Law of England with Reference to the Conflict of Laws*, Stevens and sons Limited, 1896, pp. 711-712.

[7] See Walter Wheeler Cook, "Substance" and "Procedure" in the Conflict of Laws, 42 Yale Law Journal 333, 337 (1933).

度地呈现司法中心主义的特征,即在程序与实体之间保持不同程度的模糊性,留待法院在个案中确定法律适用结论。[1] 在普通法中,判例法在一定程度上有助于克服部分不确定性,但预留过多的裁量权不可避免地导致恣意擅断。在其他法律传统中,如未能对程序与实体进行明确区分,且缺乏有效的先例制度制约司法裁量权,法官更容易出现操纵识别、挑选法律适用结果的可能。[2] 总体上,司法中心主义区分方法如果脱离普通法的背景,就很难得到非普通法国家的效仿。

在欧陆,不少学者都试图通过理论建构的方式为程序与实体的范围(或更根本的是外国法与法院地法的适用范围)划出界限。这些主张的共性就是尽可能地缩小程序问题的范围,而出于不同的理由扩张实体问题的范围,本书将此称为实体友好主义的区分方法。具有广泛影响力的一种观点认为,凡是能对法律适用结果产生影响的问题,都不应落入适用法院地法的范围,这可以实现判决一致性,[3] 进一步引申出来就是可以避免挑选法院的发生。从区分理念和实际效果来评价,这种区分方法并不成功。其一,"判决一致性"的目标在国际范围内远无法实现。客观上,在各国关于实体问题的冲突规则远未统一的情况下,即使将能影响裁判结果的问题归为实体问题,也无助于判决一致性的达成。更何况,许多诉讼规则都可能在不同意义上影响判决的结果,如果我们真要保证判决一致性,实体问题准据法中所有可能间接影响结果的程序规则都应予以适用,但这样的推论有损诉讼效率,显然无法被接受。其二,"规避挑选法院"同样是一个似是而非理由。晚近以来,学者逐渐意识到挑选法院是国际民事诉讼中同一事件的不同问题要适用不同的法而产生的必然现象,也是律师为当事人争取最优的结果,必须尝试去做的符合职业伦理的事情[4],真正应责难的是触发挑选法院行为的一些不正当的因素。例如,原告故意选择意大利法院以便利用"鱼雷诉讼"拖延争议解决时间,我们实际上责难的是其违背诚实信用的行为。而当事人为了追求不同的法律适用结果去挑选法院,这类行为是客观存在且不可避免的,对这类行为的评价也日趋中性。在此背景下不宜高估"规避法院选择"在法律适用问题上所扮演的角色。其三,前述实体友好的区分方法从诉讼的外部视角出发,试图解构诉讼法的体系,特别是将19世纪后本已归入诉讼法体系中的一些制度和问题重新剥离,并将其归入实体问题的范畴。这些理论主张使得诉讼流程中大量有机环节被分割,诉讼流程变得不再明晰和完整,诉讼活动变得低效且复杂,故这些理论很难在司法中获得响应。

2. 程序友好的区分方法

本书认为,从诉讼内部视角出发,依诉讼目的理论建构区分方案更能被司法机关接

---

[1] See Richard Garnett, *"Substance and Procedure"*, in Jürgen Basedow et al. eds., Encyclopedia of Private International Law, Edward Elgar Publishing, 2017, pp. 1668–1669.

[2] 努斯鲍姆曾直言不讳地称程序与实体的识别是法律适用中的一种隐藏的适用法院地法的手段。Vgl. Arthur Nussbaum, Deutsches Internationales Privatrecht, 1932, S. 384.

[3] Vgl. Hubert Niederländer, Materielles Recht und Verfahrensrecht im Internationalen Privatrecht, RabelsZ 20 (1955), S. 18 f.

[4] See Franco Ferrari, *Forum Shopping Despite Unification of Law,* 413 Recueil des cours 9, 78–80 (2021).

受，也更符合司法实践。最重要的诉讼目的之一就是保护实体法所规定的权利，[1]在涉外司法中，这一诉讼目的依然能成立，所不同的只是实体法上的权利并非由法院地法确定，而是由实体问题准据法确定。"程序问题适用法院地法"与"实体问题适用相关法律关系准据法"只不过是将前述这一目的导向的过程用国际私法语言"转译"了出来：适用法院地法的程序问题就是本国诉讼制度的总体，而适用准据法的实体问题就是围绕平等主体间的人身财产关系展开的有关权利问题。更进一步的逻辑推论是，以权利为内核的实体问题就是涉及民商事权利义务关系的产生、变更、阻却和消灭的问题。这不是简单地回归常识，[2]可从以下两点予以进一步阐释。

其一，在涉外情境中，民商事权利义务关系的产生、变更、阻却和消灭这四个范畴应视同国际私法上的"自体概念"，[3]在面对具体的识别问题时，应考察具体问题所涉法律规则的功能、性质和目的，进而判断这些问题能否涵摄于前述这些关于民商事权利义务关系的"自体概念"之下。[4]这一过程同所有国际私法上疑难问题的识别过程一样，有时固然困难，但通过司法发现问题、学说提供指南，应能逐步形成相对稳定的识别结论。本书认为，具体而言，以下这些长久以来定性困难的事项均可归为实体问题：几类特殊的证明问题（包括禁止证明、限制证明、口头证据问题、不可驳倒的法定推定）、合同违约的救济内容问题、形成权或形成诉权的行使问题、抵销的要件与效果问题、部分可诉性问题、诉讼时效/消灭时效问题等。因为关于这些问题的规则都在不同程度上决定了民商事权利义务关系的产生、变更、阻却和消灭。

其二，周延地来理解，程序问题就是非实体问题。在司法实践中，自案件受理时起，无法根据功能定性的方法归入实体问题的事项，就属于程序问题。诉讼流程所涉及的问题几乎都为程序问题，特别是当事人问题、诉的类型问题以及证明问题等。此种区分方法除可最大限度地保证诉讼流程的明晰和确定、有利于维护诉讼效率外，还有若干诉讼法上的理由。首先，将当事人制度相关的一系列问题归为程序问题，尽可能地维护了若干诉讼制度之间的有机关系。我国民事诉讼法采纳了形式当事人的理念，形式当事人概念有机地串联起了管辖、诉讼能力、当事人能力、诉讼代理、当事人适格等诉讼制度。将当事人有关的问题作为程序问题来处理，可以使诉讼流程及诉讼步骤得以明晰地呈现在法官面前。其次，诉的类型相关的问题关系判决的内容，这是国家运用司法权的直接体现。在现代法治国，诉的类型应是给定的，否则就意味着法官可以恣意行使司法权。因此，无论实体问题准据法是何国法，一国一般都依法院地法确定诉和裁判的类

---

[1] 参见任重：《民法典的实施与民事诉讼目的之重塑》，载《河北法学》2021年第10期。

[2] 这些论断似乎仅是简单地叙述了常识，因为在中国关于实体问题如何确定准据法的实在法就被冠名为"中华人民共和国涉外民事关系法律适用法"。应适用准据法的实体问题自然应是与"涉外民（商）事（法律）关系"相关的问题，不外乎就是涉外民商事权利义务关系的产生、变更、阻却和消灭。

[3] 拉贝尔在《识别问题》一文中，提出国际私法上的"体系性概念"具有自主解释的空间。Vgl. Ernst Rabel, Das Problem der Qualifikation, RabelsZ 5 (1931), S. 282 ff.

[4] Vgl. Abbo Junker, Internationales Privatrecht, 5. Aufl. 2022, § 7 III 1 (a).

型。[1]最后,与证明有关的问题是由诉讼体制决定的,诉讼体制反映了民事诉讼的总体框架和结构,抽象地表达了一定民事诉讼规范系统的总体性,[2]而证据法就是该总体中的一个片段或诸多体系性要素合力作用的一个环节。考虑到中国当前诉讼体制的特殊性,事实证明的一般法律框架只作为程序问题,原则上应依法院地法而定。

(二)以权利为内核的"实体问题"

下文将重点讨论一些理论上有争议,但根据本书观点应视为实体问题的特别问题。

1. 几类特殊的证明问题

(1)禁止证明

禁止证明的规则通常规定某些事项不准许当事人提出证据予以证明,法律上的这些规则要实现这样的目的:法律不承认当事人所欲证明的某种权利义务关系之存在。外国法不乏此类规则,例如,原《法国民法典》就规定了除非存在冒领或替换婴儿的情形,否则不准许主张和出身证书相左的身份关系。[3]又如,在英格兰法上,损害赔偿案件中的赔偿义务人不准许证明受害人获得了第三人无偿捐赠。[4]前者功能上相当于规定,除非存在冒领或替换婴儿的极端情形,出身证书载明的身份关系不受影响,当事人不能通过证明生物意义上的血缘关系建立起新的身份关系。后者在功能上相当于禁止赔偿义务人证明受害人从第三人处获得了无偿捐赠而主张损益相抵。[5]这些规则看似是针对诉讼活动的规定,但只要立法者愿意,也完全可以以实体法规则的方式,规定这些禁止通过证据证明的事实不属于和权利义务关系相关的要件事实,或者说它们对权利义务关系的存在不产生任何影响。[6]我们可以认为这类禁止证明的规则在功能上和直接设置要件事实的实体法规则没有差异,是关于民商事权利义务关系是否产生或存在的规则。只要这类禁止证明规则不违反法院地法上的公共秩序,就应作为实体问题准据法的一部分予以适用。[7]

还要提及的是,并非所有禁止证明的规则都是此处提及的关于权利义务关系存在的实体法规则,例如普通法有"因已记录在案而不容否认"(estoppel by record)的规则,目的是禁止当事人证明与先前裁判已确认的事实相左的事实。这类规则并不像前述规则

---

[1] Vgl. Moritz Brinkmann, Das lex fori-Prinzip und Alternativen, ZZP 129(2016), S. 479.

[2] 参见张卫平:《转换的逻辑:民事诉讼体制转型分析》(修订版),法律出版社2007年版,第11页。

[3] 见原《法国民法典》第322条和第322-1条(现已废除)。原第322条规定:"任何人都不得主张与出生证书所赋予的身份以及依此证书而占有的身份相反的身份。反之,对依出生证书而占有身份的人,任何人均不得对其身份提出异议。"原第322-1条规定:"但是,如果有人提出在身份证书制作之前或之后有冒领或替换婴儿之情形,即使属于非故意行为,与此有关的证据得予接受,并得以各种方式提出。"参见罗结珍译:《法国民法典》,中国法制出版社1999年版,第104页。

[4] Vgl. Dagmar Coester-Waltjen, Internationales Beweisrecht, 1. Aufl. 1983, Rn. 291.

[5] Vgl. Haimo Schack, Internationales Verfahrensrecht, 8. Aufl. 2021, Rn. 802.

[6] Vgl. Haimo Schack, Internationales Verfahrensrecht, 7. Aufl. 2019, Rn. 748; Dagmar Coester-Waltjen, Internationales Beweisrecht, 1. Aufl. 1983, Rn. 291.

[7] Nagel和Gottwald认为禁止查明真相(例如生父关系以及婚姻破裂)违反了德国公共秩序,这些规则都不应得到法院的适用。Vgl. Reinhold Geimer, Internationales Zivilprozessrecht, 8. Aufl. 2020, Rn. 2239; Nagel/Gottwald, Internationales Zivilprozessrecht, 8. Aufl. 2020, § 10 Rn. 56.

一样等同于设置要件事实的实体法规则，功能上更接近于我们所认为的既判力制度（涉及既判力的客观范围）。[1]

（2）限制证明

在不少国家的立法中都存在限制证明方式的规则，原《法国民法典》第1341条（现《法国民法典》第1359条）、《意大利民法典》第2721条第1款、《比利时民法典》第1341条、《美国统一商法典》中的第2-201条[2]等都属于此类规则。百年来这些规则的定性及法律适用问题恼人不休，理论观点又层出不穷。[3]以外文文献中经常探讨的《法国民法典》中的若干规则为例：《法国民法典》第1359条前两款规定超过一定标的金额（现为1500欧元）的合同内容只能由公证的文书或双方亲笔签名的私文书才能证明，而不准许通过证人的证言来证明。对这类规则的定性存在两种观点[4]：一种观点认为这就是关于证明方法的规则，如何更好地证明事实应属于程序问题；另一种观点认为这种限制证明方式的规则会对实体法律效果产生影响，应属于实体问题。

本书认为这类规则是关于权利义务关系是否产生或存在的规则，实体法说中的两类观点实质上都是在表述这种认知。实体法说中的第一种观点认为这类规则本质上就是关于法律行为的形式要件问题。因为在司法的认知中，不能证明法律行为的内容和不存在法律行为实际上是同一回事，从功能上说这类规则就是要求当事人要以合乎法律的文书形式缔结合同，否则权利义务关系有可能被视为不存在而无法获得法院的执行。[5]形式要件属于权利义务关系是否产生的重要条件，因此这类规则可以无障碍地归入关于权利义务关系是否产生的问题。实体法说的第二种观点认为限制证明方法的规则和形式要件规则在效果和功能上有些差别。形式要件如果不满足，合同就不生效，但限制证明规则并不否定合同在达成合意的时候就已经生效，只是因为受制于证明的可能性，合同的约束力相应地会受到一定的减损，所以这是关于合同效力的实质问题，而非形式问题。[6]这种观点无非想要说证明限制规则会决定权利义务关系存在的状态。

本书认为，我们用所提出的区分标准能判定这类规则不属于程序法规则，并能无障碍地将这些规则归入到实体法规则。至于限制证明问题究竟是被识别为实体问题中的实质问题还是形式问题，抑或像《罗马条例Ⅰ》第18条第2款将其作为于二者之外独立的问题而拟定特别的冲突规则[7]，是另一层面的问题了。最后要指出的是，CISG第11条第2款规定销售合同无须以书面订立或书面证明，可以包括人证在内的任何方式证明，所以特定案件如果可以直接适用公约的规定，我们也就无须考虑这类规则的定性了。

---

[1] 属于外国判决承认法上的特别问题，对此可参见 Haimo Schack, Internationales Verfahrensrecht, 7. Aufl. 2019, Rn. 749；Nagel/Gottwald, Internationales Zivilprozessrecht, 8. Aufl. 2020, § 10 Rn. 56。

[2] 例如带有示范法性质但取得巨大影响力的《美国统一商法典》中的第2-201条。普通法国家制定的《欺诈法》（Statute of Fraud）中都有类似规则。

[3] Vgl. Haimo Schack, Internationales Verfahrensrecht, 7. Aufl. 2019, Rn. 764 ff.

[4] Vgl. Haimo Schack, Internationales Verfahrensrecht, 7. Aufl. 2019, Rn. 764.

[5] Vgl. Spellenberg, in：Münchener Kommentar BGB, Band 12, 8. Aufl. 2020, EGBGB Art. 11 Rn. 44.

[6] Vgl. Dagmar Coester-Waltjen, Internationales Beweisrecht, 1. Aufl. 1983, Rn. 470 ff.

[7] 《罗马条例Ⅱ》第22条第2款的规定也是如此。

（3）普通法上的口头证据规则

普通法至今仍然保留着口头证据规则[1]，尽管具体内容存在差异，但规范要旨基本相同：当合同以正式的文书形式缔结时，不能通过口头证据证明曾变更或补充过该合同条款的内容。[2]对这类规则的定性争议极大：第一类观点认为这是关于程序问题的规定，有普通法判例认为这就是证据的可采性规则[3]，在大陆法国家也有一些学者认为这无非强调书证的证明力，而证明力大小属于证据评价的范畴[4]，应适用法院地法；第二类观点认为这是关于实体问题的规定，因为文书之外的口头证据不能推翻文书中合同条款的效力，实质上就是要求法官在解释合同时，当事人双方合意是否存在及其内容均应以书面记载的条款为准。这一规定最终决定的是当事人之间的权利义务的内容。[5]

"实体说"目前正逐渐成为通说[6]，笔者也支持这种观点，这类"口头证据规则"不能简单地视为证据评价规则，它并非仅强调书证的证明力更强，而是完全排除了与书面合同条款内容相左的口头证据，并未给法官留下自由心证的空间，因此不单纯属于证据可采性以及法官评价的范畴。从功能上论，这些规则是用来确定合同内容[7]，或者说是关于合同内容的解释规则[8]，应属于确定权利义务内容的规则。

（4）不可驳倒的法定推定

如果被推定的要件事实不可以通过本证予以驳倒，那么这类推定即为不可驳倒的法定推定。[9]以《德国民法典》第1566条为例，该条第2款规定，配偶双方已分居达3年的，即不可驳倒地推定婚姻已破裂。[10]德国学者认为实体问题准据法上不可驳倒的法定推定规则应予以适用。[11]理由如下：法律如规定要件事实B存在，则有法律效果R；不可驳倒的法定推定规则规定如果基础事实A存在，则要件事实B恒存在且不准许用任何证据驳倒；综合二者来论，不可驳倒的法定推定规则改变了事实查明或证明的对象，更重要的是，其修正或具体化了原实体法规则的要件事实，相当于创设了一条新的实体法规则：只要基础事实A存在，则有法律效果R。[12]所以在《美国第二次冲突法重述》中，报告人认为不可驳倒的法定推定规则实际上就是"通过推定的形式表述的实体法规

---

[1] Shogun Finance Ltd. v. Hudson [2003], 3 W. L. R. 1371 (H.L.).

[2] Vgl. Spellenberg, in: Münchener Kommentar BGB, Band 12, 8. Aufl. 2020, EGBGB Art. 11 Rn. 50.

[3] Korner v. witkowitzer, [1950] 2 KB 128.

[4] Vgl. Haimo Schack, Internationales Verfahrensrecht, 7. Aufl. 2019, Rn. 766.

[5] See Richard Garnett, *Substance and Procedure in Private International Law*, Oxford University Press, 2012, § 7.13.

[6] See Richard Garnett, *Substance and Procedure in Private International Law*, Oxford University Press, 2012, § 7.13.

[7] Vgl. Spellenberg, in: Münchener Kommentar BGB, Band 12, 8. Aufl. 2020, EGBGB Art. 11 Rn. 50.

[8] Staudinger/Magnus, 2016, Rom I-VO Art. 18 Rn. 30.

[9] 在中国，"不可驳倒的推定"也被称为"不可反驳的推定"，"法定推定"也被称为"法律上的推定"。

[10] 参见陈卫佐译注：《德国民法典》（第5版），法律出版社2020年版，第549页。

[11] Vgl. Haimo Schack, Internationales Verfahrensrecht, 7. Aufl. 2019, Rn. 742; Dagmar Coester-Waltjen, Internationales Beweisrecht, 1. Aufl. 1983, Rn. 309 f.

[12] Vgl. Reinhold Geimer, Internationales Zivilprozessrecht, 8. Aufl. 2020.

则"。[1]

笔者支持这种观点，不可驳倒的法定推定功能上就相当于重塑了权利义务关系成立的要件，直接决定权利义务关系的存灭与变更。所以这类规则应被定性为实体法规则，实体问题准据法的此类规则应得到适用。须提及的是，《关于民事诉讼证据的若干规定》第10条似乎认为根据法律规定推定的事实一概可以由当事人通过相反证据予以推翻[2]，在涉外语境中，这并不严谨，至少是没有意识到外国法存在不可驳倒的法定推定这一情形。[3]

2. 合同违约的救济

合同违约之后应采取何种救济，不同的法律体系会有不同的救济偏好：在以德国法和法国法为代表的大陆法国家，合同救济以继续履行为原则，而以损害赔偿为例外，普通法国家则相反，倾向以损害赔偿为原则，特定履行（specific performance）为例外。[4] 在涉外案件中，如果实体问题准据法所确认的救济偏好和法院地法的救济偏好不相同，法院倾向于将救济问题识别为程序问题适用法院地法。

早先普通法认为救济属于程序问题，应根据法院地法来判断[5]，特别是非金钱的救济方式历史上源自衡平法院，因而被视为程序性救济。[6] 在司法实践中，如果实体问题准据法仅授予原告损害赔偿请求权，但英格兰法准许提出特定履行的救济，那么提出特定履行的救济也是可行的；反过来，如果英格兰法并不准许提出特定履行的救济，即使实体问题准据法准许，英格兰法院也不会授予特定履行的救济。[7] 尽管是从法院地法出发选择救济方式，但实体问题准据法还是发挥了一定的限制作用，这种限制表现在两个方面：第一，依法院地法主张的救济须是在性质上类似于依实体问题准据法原告所能获

---

[1] See Comment a, para. 2, in: Restatement (Second) of Conflict of Laws § 134 (1971). 还有一种解读方式是，此类规则和实体法紧密缠绕在一起，因而只有在准据法为法院地法时，法院地法的此类规则才能予以适用，而实体问题准据法的此类规则应一并得到适用。Vgl. Dagmar Coester-Waltjen, Internationales Beweisrecht, 1. Aufl. 1983, Rn. 309.

[2] 见《关于民事诉讼证据的若干规定》第10条第2款，当事人如有相反证据足以反驳根据法律规定推定的事实，则法定推定的事实仍需要另一方当事人举证证明。

[3] 由于立法技术不够精细，中国《民法典》中并无明文出现"不可反驳地推定"这样的字眼，也很少在推定规则中附加地说明受推定不利影响的一方当事人能否提出证据证明被推定事实不存在。因此中国法上哪些推定属于可反驳，哪些属于不可反驳，从条文来看并不明了。学者对特定条款的解读常有不同的解读，《侵权责任法》第58条（现《民法典》第1222条）就是一例。参见张海燕：《论不可反驳的推定》，载《法学论坛》2013年第5期；纪格非：《医疗侵权案件过错之证明》，载《国家检察官学院学报》2019年第5期。

[4] Vgl. Reinhold Geimer, Internationales Zivilprozessrecht, 8. Aufl. 2020, Rn. 345 ff. 另参见韩世远：《合同法总论》（第4版），法律出版社2018年版，第774页。

[5] See Lawrence Collins et al., *Dicey, Morris & Collins on the Conflict of Laws*, 15th ed., Sweet & Maxwell, 2012, § 7-011.

[6] See Richard Garnett, *Substance and Procedure*, in Jürgen Basedow et al., eds., Encyclopedia of Private International Law, Edward Elgar Publishing, 2017, p. 1673.

[7] See Lawrence Collins et al., *Dicey, Morris & Collins on the Conflict of Laws*, 15th ed., Sweet & Maxwell, 2012, p. 206.

得的救济；第二，从英格兰获得的救济和外国法确定的权利在性质和程度上须相称。[1]《美国第二次冲突法重述》也同样认为是否能请求特定履行应由法院地法来决定。[2]

德国在帝国法院时期裁判过这么一个案例[3]：根据德国冲突规则，该案件应适用英格兰法裁判，英格兰法不准许提出特定履行的请求，但德国法院依然判决合同应继续履行。法院认为，英格兰法的做法相当于排除了特定履行请求权的可诉性（Klagbarkeit），排除某项请求的可诉性属于程序事项，因此英国法不应适用。法官应区分权利的内容以及在法院中的主张方式，外国法院中关于如何以及能否主张权利的规则就德国法院而言没有约束力，德国法官仅适用本国的程序法。该案很早就受到了批判，当代学者普遍认为该裁判没有说服力，如果换一个视角来看待问题，也可以将英格兰法上这种安排视为不承认原告具有实体法上的特定履行请求权。[4]如果是这样，法院就无须从可诉性层面上论证法律适用的结论了。

在欧盟，《罗马条例Ⅰ》第 12 条第 1 款第 c 项就规定合同全部或部分违约的后果应适用合同准据法来判断，但又耐人寻味地规定须"在法院地程序法授予的权限范围内"适用外国法，有学者认为这是为了照顾英国对待特定履行的保守态度。[5]但从晚近普通法的实践以及学者的著述来看，普通法似乎也逐渐愿意在这一问题上适用实体问题准据法的规定。[6]中国实体法上对特定履行和赔偿损失这两种救济并无特别的偏好[7]，也不像普通法基于历史的缘故对救济法的性质认定存有某种执念，因而适用实体问题准据法确定违约救济的内容并不存在任何法理念上的障碍。本书认为，给付之诉的目的不过是确认并执行实体法上的请求权，给付的内容就是请求权的具体体现。所以，合同违约的救济问题本质上是属于权利义务关系的具体存在形式问题。当实体问题准据法为外国法时，也应适用实体问题准据法确定给付的内容。适用法院地法决定给付的内容，有可能生造出不属于任何法律体系的权利形态。

3. 形成权或形成诉权的行使

权利义务关系从某状态变更至另一状态需要满足哪些要件，这一问题也应视为实体问题。依私法自治原则，通常情形下当事人可以自由变更权利义务关系，而由当事人行使形成权对民商事权利义务关系作出变更是特别的一类情形。民法理论中，形成权按照行使方式的不同，被区分为单纯形成权与形成诉权，[8]前者只要由权利人作出意思表示即可行使，而后者需要依诉行使。究竟是以形成权还是以形成诉权的方式变更民商事权

---

[1] See Lawrence Collins et al., *Dicey, Morris & Collins on the Conflict of Laws*, 15th ed., Sweet & Maxwell, 2012, pp. 206–207.

[2] See Reporter's Note, in Restatement (Second) of Conflict of Laws § 124 (1971).

[3] RG v. 28.4.1900, RGZ 46, 193, 199.

[4] Vgl. Reinhold Geimer, Internationales Zivilprozessrecht, 8. Aufl. 2020, Rn. 349.

[5] Vgl. Staudinger/Magnus, Art 12 Rom I-VO, 2016, Rn. 43.

[6] See Richard Garnett, *Substance and Procedure in Private International Law*, Oxford University Press, 2012, pp. 304–305; Lawrence Collins et al., *Dicey, Morris & Collins on the Conflict of Laws*, 15th ed., Sweet & Maxwell, 2012, p. 1859.

[7] 见《民法典》第 577 条。参见韩世远：《合同法总论》（第 4 版），法律出版社 2018 年版，第 774 页。

[8] 参见朱庆育：《民法总论》（第 2 版），北京大学出版社 2016 年版，第 519 页。

利义务关系，这一问题应作为实体问题来看待，虽然形成诉权需要司法权的介入，但不因此而改变其实体权利的属性。

将形成权如何行使作为实体问题，相应地这一问题应适用实体问题准据法的有关规定。具体而言，如果实体问题准据法准许当事人通过意思表示行使形成权（如撤销权、解除权等），就无须诉诸法院要求其作出形成判决；如果实体问题准据法不准许当事人自行变更法律状态而必须通过形成之诉借助于法院的帮助来行使形成权时（当事人仅有形成诉权），仍以实体问题准据法的规定为准。这样处理结果，客观上有利于保护当事人的合理期待和法律效果的确定性，以合同撤销权行使为例：中国《民法典》第147—151条规定若干合同可撤销的情形，但须由享有撤销权的主体向法院或仲裁机构提出撤销请求（中国法上的撤销权基本上都以这种"形成诉权"的样态而存在）。[1] 和中国法类似的还有《法国民法典》第1304条。[2] 但有些国家合同的撤销只需是向撤销相对人作出撤销的表示即可，例如《德国民法典》第143条。因此，如果合同准据法的规定如前述《德国民法典》第143条一样，中国法院就不能要求该合同的撤销必须按照中国法的要求以形成之诉的方式行使撤销权。有些人可能会质疑，通过形成之诉的方式撤销合同，能让撤销权的行使更慎重，且结果更明确，因此有利于公益。本书认为，依诉行使撤销权的规则并不涉及公共秩序，也非法院地国家须予直接适用的规则，没有理由予以绝对适用。在一些情形下，合同和法院地的联系微弱，适用法院地法此类规则的正当性基础更加微薄。适用实体问题准据法更符合当事人的期待，尤其是双方已经明确约定了实体问题准据法的情况下，当合同出现可撤销事由时，当事人依实体问题准据法的规定即可明确地知悉下一步该怎么做。因而我们也可以认为，适用实体问题准据法的规定更能保证法的确定性，[3] 在国际商事交往中这是必要的，如果由法院地法来决定采取何种方式撤销合同，未免让当事人无所适从。类似地，合同解除权的行使也应遵照前述原则。[4] 所以在实体问题准据法为外国法时，法院有时可能因为适用实体问题准据法的形成诉权的规定而作出一些陌生的形成判决。法院不应操纵识别、回避此类司法活动。诉讼上的形成之诉与实体法上的形成权并无直接关联，[5] 这些诉都是基于特别的程序目的（变动诉讼上的法律关系或地位）产生，只需根据法院地法作出即可。

4. 抵销

在二人互负债务的情况下，如果满足特定条件，彼此债务可以全部或部分地归于消灭，这一过程被称为抵销，许多国家都有这一法律制度。其中，合意抵销是普遍认可的

---

[1] 参见朱庆育：《民法总论》（第2版），北京大学出版社2016年版，第519页。

[2] Vgl. Reinhold Geimer, Internationales Zivilprozessrecht, 8. Aufl. 2020, Rn. 2638.

[3] Vgl. Wolfgang Grunsky, Lex fori und Verfahrensrecht, ZZP 89（1976）, S. 258.

[4] 在法国法上，合同解除也需要借助于诉讼来实现（见《法国民法典》第1184条），意大利法的情形也类似（见《意大利民法典》第1668条和第2226条第2款）。Vgl. Reinhold Geimer, Internationales Zivilprozessrecht, 8. Aufl. 2020, Rn. 2638.

[5] 如中国法上存在的再审之诉、第三人撤销之诉、仲裁裁决撤销之诉、执行程序中的案外人执行异议之诉等。

一种抵销形态[1]，实质就是当事人可以在合意的基础上进行抵销，这是私法自治应有之意。对合意抵销的定性，理论上也几乎不存在问题，它和其他合同法律关系一样，应归属于实体法律关系，只不过抵销合同的目的不是在二人间创设新的法律关系，而是消灭既存的或将来会有的债权债务关系。除合意抵销之外，定性争议较大的是法定抵销。

法定抵销制度在不同国家存在一定的差异，大陆法上的法定抵销制度大概有两种形态[2]：第一类为单边抵销模式，以《德国民法典》第388条为代表[3]，在抵销适格的情况下，一方当事人只要向另一方当事人作出抵销的表示，即发生相应的抵销后果；第二类为自动抵销模式，以《法国民法典》第1290条为代表[4]，该条规定只要抵销适格，无须当事人作出抵销表示，抵销的效果自动发生。尽管两种模式的抵销在构造上有差异，但抵销的效果均具有溯及力，即在最初得为抵销时债之关系就消灭，甚至在诉讼中二者表现出来的差异也没有想象中的那么大。[5]在普通法上，除意定抵销之外，其他抵销形式主要出现在法庭之中，作为一种诉讼上的抗辩而存在[6]，且当事人要想发生抵销的效力，需要借助于法院的裁判。以英格兰法为例，通常而言，抵销的过程需要拆分成两个步骤：首先，需要判断被告是否真的如原告所主张的一样，负有一定的给付义务；其次，如果答案是肯定的，这时就要看被告针对原告的主张是否成立，最终法院有可能驳回原告的请求或是因抵销而作出一个比原告请求数额要少的判决。抵销从判决作出时起才发生效力，任何在庭外的抵销表示都无效。[7]

从前面对抵销形态的分析中，我们可能会产生这样的认知[8]：大陆法国家的法定抵销可以在法庭之外发生，且往往抵销效果能溯及，所以是实体法上的制度；而普通法的抵销，需要债务人在诉讼中主张，而且只有法院作出裁判后方可从判决作出时点起发生抵销效果，所以在普通法上，债务人提出的抵销请求只是被视为诉讼法上的抗辩手段，抵销的过程整体地被视为一项程序法上的制度。本书认为这样的认识不妥，有如下几点理由。第一，抵销无论以哪种模式出现，只是法律构造上有所差异，它们所发挥的功能基本上一致，都具有清偿、执行和担保功能以及简化支付功能[9]，在国际私法上对不同形态的抵销应有统一的定性结论，否则因为定性不同就容易产生"规范重叠"或"规范欠缺"的现象，比如假定抵销准据法为德国法，但抵销的请求在英国法院提出，如果英

---

[1] See Reinhard Zimmermann, *Comparative Foundations of a European Law of Set-Off and Prescription*, Cambridge University Press, 2002, p. 20.

[2] Vgl. Staudinger/Magnus, Art 17 Rom I-VO, 2016, Rn. 10.

[3] 关于该条文，请参见陈卫佐译注：《德国民法典》（第5版），法律出版社2020年版，第157页。

[4] 关于该条文，请参见罗结珍译：《法国民法典》，北京大学出版社2010年版，第328—329页。

[5] See Reinhard Zimmermann, *Comparative Foundations of a European Law of Set-Off and Prescription*, Cambridge University Press, 2002, pp. 34–35.

[6] Vgl. Georgia Koutsoukou, Die Aufrechnung im europäischen Kollisions- und Verfahrensrecht, Nomos, 2018, S. 75.

[7] See Reinhard Zimmermann, *Comparative Foundations of a European Law of Set-Off and Prescription*, Cambridge University Press, 2002, p. 23.

[8] See Roy Goode, *Legal Problems of Credit and Security*, 2nd ed., Sweet & Maxwell, 1988, p. 139.

[9] Vgl. Jan Lieder, Die Aufrechnung im Internationalen Privat- und Verfahrensrecht, RabelsZ 78 (2014), S. 811 ff.

国将抵销识别为程序法上的制度，却又承认德国法上的抵销属于实体法上的制度，究竟应根据何国法来处理抵销问题？这时就有可能发生"规范重叠"的问题。第二，仅因为普通法的抵销只能在诉讼中主张，且只有根据法院的判决才发生相应的法律效果这两个原因，就认为该制度属于诉讼制度，并无道理。法律规定一些形成权只能通过司法裁判机关行使，并不会因此改变这些权利的属性。例如，中国《民法典》第148条规定行为人基于重大误解有权请求法院或仲裁机构撤销该民事法律行为，在中国与法律行为相关的撤销权多是需要借助于法院或仲裁机关才能达成，应该没有人会就此认为法律行为中的撤销权和撤销制度都是诉讼法上的权利和制度。同理，也不应从形式特征上去给抵销制度定性。第三，抵销制度发挥的首要功能是清偿与履行功能，借助于抵销制度，既存的债之关系可以全部或部分消灭。权利义务的终结应与权利义务的生成和变更一样重要，共同塑造了完整的民商事权利义务关系，这些问题都应属于实体问题。如果将其作为程序问题，继而适用法院地法，实际上是根据法院地法的标准去重新界定民商事权利义务关系（权利义务关系何时消灭），而不是纯粹地去保护实体问题准据法所确认的私权。综合以上几点，本书认为抵销应作为一项实体法制度。

当然，因为抵销至少还会牵涉两个债之关系，如何为抵销确定准据法理论上存在多种方案，这里暂不作讨论。[1] 不过我们应注意到，诉讼中的抵销确实和其他程序环节紧密地结合在一起，因此一概地认为和抵销有关联的所有问题都属于实体问题也不恰当。我们应以能直接影响到权利义务关系的消灭为标准，抽取其中的实体要素。借鉴当前欧盟学者对《罗马条例Ⅰ》第17条抵销冲突规则的解读，本书认为关于抵销的要件与效果问题属于应依抵销准据法来判断的实体问题，具体包括如下。[2] 第一，是否禁止抵销问题。有些立法明确规定一些债务不准许抵销，特定案件中的债务是否可抵销，应以抵销准据法上的规定为准。但法院地法上的禁止抵销的规定如果从性质上可以被认定为法院地国家须予直接适用的规则，即使此时准据法为外国法，也应直接适用法院地法上的该类规则。比如学理上认为出于社会政策的考量，被动债权为扶养金或是劳动报酬时应禁止抵销，法院地法上的这类规定就可以作为法院地国家须予直接适用的规则。[3] 第二，主动债权与被动债权是否应是双方互负的、二者又是否应为同种类（Gleichartigkeit）。中国法目前规定只有二人互负债务时才能主张抵销，但抵销准据法如果不作此要求应以抵销准据法上的规定为准，实务中常讨论的不同货币的债权可否相互抵销、应如何抵销问题，也应适用抵销准据法上的规定。第三，抵销的债务之间是否要有关联性，比如主动债权与被动债权是否必须因同一份合同或是相关合同而产生，这也应由抵销准据法来确定。第四，主动债权是否应为到期的可执行的债权。当然主动债权是否到期以及可执行

---

[1] See Michael Hellner, *Set-off*, in Franco Ferrari, Stefan Leible, eds., Rome I Regulation, Sellier European Law Publishers, 2009, pp. 253-258.

[2] Vgl. Staudinger/Magnus, Art 17 Rom I-VO, 2016, Rn. 26. Also see Michael Hellner, *Set-off*, in Franco Ferrari, Stefan Leible, eds., Rome I Regulation, Sellier European Law Publishers, pp. 258-259.

[3] See Michael Hellner, *Set-off*, in Franco Ferrari, Stefan Leible, eds., Rome I Regulation, Sellier European Law Publishers, p. 258.

应根据其自身的准据法来判断。第五，是否主动债权是确定的（liquidity），比如是否需要主动债权能用确定的金额表示，或至少是可确定的，又或是已经为具有既判力的判决所确定。如果在主动债权之上存在某些抗辩，法院是否仍可以在审理之后作出抵销的判决。第六，抵销是依法在得于抵销的时候发生还是只能通过有效的声明才发生。也就是说在法庭之中，如果抵销准据法规定的是自动抵销模式，这时法院应依职权注意是否存在可用于抵销的主动债权，因为抵销是诉讼法上无须由当事人主张的抗辩方式。如果抵销准据法规定的是单边抵销模式，这时应由当事人提出实体法上的抗辩方可。第七，是否已过时效的主动债权仍可抵销的问题。不过，主动债权是否已过时效应根据其自身的准据法来判断。第八，抵销的效果，特别是清偿的效果应是在哪一个时点产生，这是权利义务关系消灭问题的核心之所在，应根据抵销准据法来确定。

此外，其他和抵销相关的问题悉数都可以归入程序问题，因为它们并不直接触及权利义务关系的消灭问题。例如，在诉讼之中，抵销的抗辩应在何时以什么样的方式作出；法院是否有裁判主动债权的国际民事裁判管辖权；如果关于主动债权的诉讼请求已经系属于国外的法院了，国内法院是否应继续审理主动债权的请求是否成立的问题；判决中关于抵销的内容具有何种效力，或者说是否为既判力客观范围所及。[1]

5. 可诉性

立法者如果设定了一些请求权不可诉，就意味着该请求权不能获得法院的强制执行，最终只能沦为自然债务。[2]还有一种情况是，立法者根本没有规定某些请求，所以这些请求不构成法律上的请求，也谈不上具有可诉性。总体上，可诉性是关于民商事权利义务关系是否存在或权利行使是否受到阻却的问题，多数情况下可诉性问题应归入到实体问题的范畴。[3]如果实体问题准据法不认可某权利存在或确定的权利在其本国都不具有强制执行力，其他国家更没有义务去保护和执行这样的权利。法院如果受理了该类请求，应以诉无理由驳回该诉讼请求。

可诉性问题其实距离我们并不遥远：在中国澳门特别行政区，博彩业是其支柱产业之一，根据澳门特别行政区法，部分类别的赌债是受法律保护的、具有可诉性的债权[4]，但在内地，学者认为赌债甚至连法律意义上的债都构成不了，更遑论自然之债[5]，当然就不具有可诉性。如果此类案件最终由法院受理，法院首先要面对的是识别问题——应如何识别赌债？[6]在内地，法律不调整社会交往意义上的赌博，所以此类赌博并未形成民法上的债务，也就不宜认定赌债属于合同之债；而以营利为目的、数额较大的赌博是被法律明确禁止的行为，根据《治安管理处罚法》第 11 条、第 70 条，赌债的

---

[1] Vgl. Staudinger/Magnus, Art 17 Rom I-V, 2016, Rn. 30.

[2] 参见史尚宽：《债法总论》，中国政法大学出版社 2000 年版，第 3 页。

[3] 有学者有不一样的论证理由。Vgl.Haimo Schack, Internationales Verfahrensrecht, 7. Aufl. 2019, Rn. 586.

[4] 参见涂广建：《港、澳回归后的我国区际私法：成就、反思与展望》，载《国际法研究》2021 年第 2 期。该文第 122 页脚注 7 列有《澳门民法典》第 1171 条第 1 款之规定。

[5] 参见施鸿鹏：《自然债务的体系构成：形成、性质与效力》，载《法学家》2015 年第 3 期。

[6] 这里仅探讨狭义上的因赌博而产生的债务，不包括因偿还前述债务而订立的贷款合同所生之债。

取得人并无保有受领的规范依据,这类赌债自然也不能成为民法意义上的债。[1]综合来论,在中国内地,赌债并不是法律意义上的债,将赌债认为是合同之债并适用第41条并不妥。[2]更优的方案是,由法官认定没有具体的可适用于赌债的冲突规则,进而根据《涉外民事关系法律适用法》第2条第2款适用与赌债具有最密切联系地法,通常就是博彩机构所在地法,在前述语境下即是中国澳门特别行政区法。不过,内地法院仍可以以违反内地公共秩序为由,否定澳门特别行政区法的适用。除赌债之外,因不同国家法介入生活空间的程度不同、社会文化观念不一,是否肯定特定请求具有可诉性,立场也可能有分歧。对这类请求最好是将其作为独立的问题,统一由《涉外民事关系法律适用法》第2条第2款确定准据法,并审慎地判断适用外国法的结果有无违反中国公共秩序。

最后须注意的是关于诉讼契约的可诉性问题。当事人完全可以约定关于程序问题的契约,这类契约被称为诉讼契约。例如,双方在合同中订立调解或和解优先条款,约定在争议提交法院之前必须先行调解或自行和解,无果后才能向法院提起诉讼;又如,双方订立了法院选择条款,约定如果合同履行过程中产生纠纷只能到某法院提起诉讼;再如,双方约定纠纷只能以仲裁的方式解决。如果一方当事人并未遵守约定,另一方当事人能否向法院请求对方履行义务(为特定诉讼行为)或是赔偿因此而导致的损失?这也是一个可诉性问题,但和前文提到的可诉性问题不同的是,与诉讼契约相关的请求内容并非民商事意义上的请求,而是关于诉权的行使,因此本书认为不应将其归入实体问题,而只应根据法院地法判断这类诉讼契约能否强制执行。

6. 诉讼时效／消灭时效

许多国家法都要求当事人只能在一定时间内通过诉讼的方式向相对人请求为或不为一定行为,或实现自己的某种权利,否则,其权利主张就无法得到法院的支持。这样做既有维护公益的目的,也有保护私益的考量。比如,随着时间的流逝,被告举证抗辩的难度会加大,同理原告举证维权也会变得困难,受理这些陈年旧案耗时耗力,加重法院的司法负担。反过来,法律不保护"躺在权利上睡觉"的人,这样的机制也督促权利人及早行使权利。相应地,在经过一定时间后,相对人实际上形成了一种合理期待,即权利人已不再向其主张权利,在此基础上形成的秩序应值得尊重,否则法的安定性将随时受到侵扰。[3]有分歧的是,究竟特定时间经过之后,法律限制的是权利人的哪方面权能?对此,存在两种不同的见解。[4]第一种认识是法律上的时间限制针对的是诉讼本身,未在一定时间内提起诉讼,被驳回的是诉,这是普通法的传统观点。[5]也因此,一直到晚近,普通法仍认为如果立法没有作特别规定,诉讼时效是程序法上的制度。第二种

---

[1] 参见施鸿鹏:《自然债务的体系构成:形成、性质与效力》,载《法学家》2015年第3期。

[2] 见最高人民法院(2016)最高法民终152号民事判决书。

[3] See Reinhard Zimmermann, *Comparative Foundations of a European Law of Set-Off and Prescription*, Cambridge University Press, 2002, p. 546.

[4] See Ernst Rabel, *The Conflict of Laws: A Comparative Study*, Vol. 3, 2nd ed., The University of Michigan Press, 1964, pp. 489–494.

[5] 这点从英文表述"limitation of actions"(诉讼时效)中就可以看出端倪。

认识是法律上的时间限制针对的是请求权，这是大陆法的观点。其实在19世纪早期的共同法时代，大陆法也是认为法律限制的是诉权（Klagerecht），不过自温德沙伊德发表《当代法立场下罗马民法的诉》之后，立场逐渐发生改变，时效针对的对象由"诉"转变为了"请求权"。[1]德文中的"Verjährung"实际上是"Anspruchsverjährung"的简化表达，在汉语中前者被译成"消灭时效"，但应注意的是时效完成并不导致请求权的消灭，仅是请求权失去可实行性、债务人获得消灭时效抗辩权。[2]既然时效是针对实体法上的请求权，其自然属于实体法上的制度，至今这仍是欧洲大陆乃至拉美、亚洲和非洲等受大陆法影响的国家的主流观点。[3]

普通法长久以来在冲突法上都将时效作为程序性规定，继而在涉外案件中主要适用法院地法上的时效规则，一直到晚近，立场才有所松动。这一做法背后的原因是多重的：一方面，受到前述理念的影响，时效在普通法中一直被认为是针对救济或诉讼本身的规定，因此被归为程序制度；另一方面，时效制度的公益性被特别地强调，涉外案件中适用本国时效规则可以使被告以及法院免于受到陈年旧案的困扰。[4]不过，本书认为这些理由均难以立足。第一，时效制度的调整对象究竟是"诉"还是"请求权"，只是法理念上有差异，无论是诉讼时效还是消灭时效，二者的功能并无多大差别。国际私法应摆脱狭隘的本国法理念的束缚，对功能相同的制度作出统一的定性结论。如果任由时效规则根据规则所属国的认知来定性，极易产生荒诞的裁判结果。第二，时效制度的公益性未必能强如法院地国家须予直接适用的规则，许多时效规则都是历史的产物，或带有很强的技术性色彩[5]，不适用本国的这些规则未必会直接损害本国的根本法律原则或法理念。况且时效制度是普遍存在的一项法律制度，只要实体问题准据法有时效规则，适用这些规则就同样能让法院和当事人免于受到旧诉的困扰。因此，适用法院地法并无多少理由，普通法近来逐渐有了一些突破。比如，英格兰曾有判例有意区分了两类规则：一定时间经过后，导致诉讼请求不可执行或旨在阻止司法救济的属于程序法规则，而直接导致权利消灭的属于实体法规则。[6]虽然避免一概地将时效问题都归入到程序问题，限缩了法院地法的适用，但这本质上仍然是一种单边主义和形式主义的分析方法，需要法官同时分析实体问题准据法以及法院地法的时效规则，如果恰好这两个法律体系中的相关规则定性不同，就仍会引起规范重叠或规范缺失等问题，法律适用的确定性实

---

[1] See Reinhard Zimmermann, *Prescription*, in Jürgen Basedow et al., (eds), Max Planck Encyclopedia of European Private Law, Oxford University Press, 2012, pp. 1306–1310. Heinz-Peter Mansel, *Prescription*, in Jürgen Basedow et al., eds., Encyclopedia of Private International Law, Edward Elgar Publishing, 2017, p. 1370.

[2] "Verjährung"是"Anspruchsverjährung"的简化称谓，将前者翻译成消灭时效有些差强人意。参见陈卫佐译注：《德国民法典》（第5版），法律出版社2020年版，第69页。

[3] See Heinz-Peter Mansel, *Prescription*, in Jürgen Basedow et al., eds., Encyclopedia of Private International Law, Edward Elgar Publishing, 2017, p. 1368.

[4] See Peter Hay et al., *Conflict of Laws*, 5th ed., Thomson Reuters, 2010, pp. 152–153.

[5] 比如，时效究竟是规定2年、3年还是4年，属于相对技术化的问题。

[6] See Lawrence Collins et al., *Dicey, Morris & Collins on the Conflict of Laws*, 15th ed., Sweet & Maxwell, 2012, §7–055.

际上就无从获得保障。[1]当代普通法对"时效"规则的定性逐渐有了一些根本的转变。比如20世纪末，澳大利亚[2]和加拿大[3]均否定了前述这种形式主义的定性方案，无论时效针对的是权利还是救济，它都被认为实体法规则；英国1984年的《外国时效期间法》规定原则上实体问题准据法的时效规则应适用于英国的诉讼，除非违反公共秩序。在美国，一些州制定了"借法"（Borrowing Statute），实体问题准据法或权利人的住所地法上的时效规则能得到适用。[4]不过传统的见解和方法尽管遭受许多批评仍未完全被摒弃。

本书认为，时效的完成究竟是使得当事人无法向法院寻求救济，还是请求权无法获得强制执行，抑或直接导致权利的消灭，其实它们所发挥的功能都一样，都表明权利人的权利主张已经无法得到法院的支持，而债务人获得了对抗权利人、拒绝履行的权利，这就是典型的权利义务关系问题。如果权利来源国都不认为该权利存在或可执行，其他国家的法院也没有必要去肯定或执行该权利。如果法官适用了法院地法上的时效规则，就意味着原本可能已经无法得到执行或已经消灭的权利又能得到执行，原告通过挑选法院可以单方面地改变权利义务的状态，这应受到禁止。尽管中国实体法一度受苏联法的影响，认为诉讼时效影响的是权利人的"胜诉权"，且性质上更接近于强制性规则[5]，但庆幸的是立法并未重蹈普通法的覆辙，《涉外民事关系法律适用法》第7条明确规定"诉讼时效，适用相关涉外民事关系应当适用的法律"，立法者有意地将诉讼时效问题作为民事法律关系的一部分来看待，这值得肯定。这里的"诉讼时效"应扩大解释为包括了功能上能导致民事权利义务关系消灭或阻却权利行使的所有时效规则。与诉讼时效具有类似功能的除斥期间和取得时效规则都直接作用于民事权利义务关系，也应作为实体问题来看待，对这些问题的定性较少会产生争议。

诉讼之中的期间规定针对的是诉讼行为，从功能上说与诉讼时效或消灭时效有着本质的区别，因为这些规则不直接针对民事权利义务关系本身，笔者不认为它们属于实体法规则，但有疑问的是执行时效规则。近年来，有中国学者认为诉讼时效是针对尚不可执行的债权，而执行时效是针对可执行的债权，二者在功能上都对债权的实现构成了时间限制，本质上无差别，所以执行时效应放在实体法之中进行调整，[6]甚至可以说执行时效就是诉讼时效的一种。[7]但就现有立法来看，《民法典》并未将生效判决确定的请求权作为诉讼时效规则的适用对象，《民事诉讼法》第239条另行规定生效判决的执行时效为2年，所以立法者实质上仍然未将执行时效作为特别的诉讼时效，而是将其视为程序法规则。这种见解通过《关于适用〈中华人民共和国民事诉讼法〉的解释》第547条

---

[1] See Lawrence Collins *et al.*, *Dicey, Morris & Collins on the Conflict of Laws*, 15th ed., Sweet & Maxwell, 2012, p. 229.

[2] John Pfeiffer Pty Ltd v. Rogerson,（2000）203 C.L.R. 503.

[3] Tolofson v Jensen,［1994］3 S.C.R. 1022.

[4] See Peter Hay *et al.*, *Conflict of Laws*, 5th ed., Thomson Reuters, 2010, pp. 157–160.

[5] 参见朱庆育：《民法总论》（第2版），北京大学出版社2016年版，第541—542页。

[6] 参见金印：《执行时效的体系地位及其规制方式——民法典编撰背景下执行时效制度的未来》，载《法律科学》2017年第5期；霍海红：《执行时效性质的过去、现在与未来》，载《现代法学》2019年第2期。

[7] 参见江伟、肖建国主编：《民事诉讼法》（第8版），中国人民大学出版社2018年版，第475页。

得到强化，该条直接规定外国裁判的执行时效应根据《民事诉讼法》第239条来计算，实质上就是将执行时效作为程序问题来看待，直接适用法院地法。相反，如果是将其作为诉讼时效的一种，理应根据《涉外民事关系法律适用法》第7条适用相关法律关系的准据法，就无须再有《关于适用〈中华人民共和国民事诉讼法〉的解释》第547条的规定。本书认为，执行时效未来仍应作为实体问题，因为它在功能上同针对请求权的诉讼时效在本质上并无差别，都是旨在令请求权失去强制执行力、阻却权利的行使。立法者目前在外国判决的承认与执行事项上，仍持"国家本位主义"的理念，过分强调执行行为的公法意义。或许在今后，等待国内学者更能接受执行时效针对的不是公法性质的"执行请求权"，而是私法性质的"裁判上确认的请求权"时，本书的前述见解或许会获得认可。

（三）以诉讼流程为内核的"程序问题"

本书认为，和诉讼流程相关的规则属于程序法规则，这些规则所调整的问题相应地都属于"程序问题"。

直观地来看，"程序问题"就是诉讼流程所涉及的问题，具体是指从案件起诉的时刻起，围绕着法院而发生的一系列和诉讼主体、诉讼行为与诉讼客体相关，且能接续起各诉讼环节的问题。直白地来理解，在诉讼情景中，法官或当事人具体在哪一个时点以及哪一情境应如何行为的问题都是诉讼流程问题。或许更周延地来理解，"程序问题"就是"非实体问题"，只要某种制度或某项规则所涉及的问题在功能上不属于"实体问题"，但和诉讼流程相关，那么统统都可以认为这些制度或规则带有程序性。因为程序法规则不成体系、所涉问题零碎，我们无法穷尽所有"程序问题"的列举，总体而言，"程序问题"所涉及的诉讼环节包括但不限于：起诉、登记、立案、答辩、审前准备、开庭审理、判决、上诉、执行；所涵盖的问题至少包括：管辖、审判组织、回避、诉讼参加人、证据、期间、送达、调解、保全和先予执行、诉讼费用、审判程序、执行程序、外国判决的承认与执行等。

也就是说，程序问题有两个特征。第一，从案件起诉时刻起，之后的所有诉讼流程都被视为程序问题。对这些问题均适用法院地法，可以最大限度地保障本国诉讼流程的完整性、明晰性以及高效性。第二，传统上处于程序与实体结合口的"实质诉讼法"问题都被视为程序问题，由此必须特别考察：当实体问题准据法为外国法时，法院地法的这些实质诉讼法规则是否能在涉外情形下予以适用；是否在必要时适用实体问题准据法的实质诉讼法规则。

三、程序问题适用法院地法原则的例外

（一）必要时适用实体问题准据法中的程序规则

前述程序与实体的区分方法固然具有一定的正当性，但客观上也忽视了程序与实体之间的其他联系。中国《民事诉讼法》第2条要求，法院在诉讼活动中必须"正确适用法律"以及"保护当事人的合法权益"，如果由前述区分方案导致的法律适用结果客观上无法满足这些诉讼目的时，应允许法院对法律适用结果作出适当调适，在此基础上产

生了法院地法原则的第一类例外。下文将阐释，为何《民事诉讼法》第 2 条中的这两项要求可以为法院地法原则创设出例外，以及哪些程序问题可以据此创设出例外。

1. 为"正确适用法律"之目的而适用实体问题准据法中的程序规则

《民事诉讼法》第 2 条提到法院应"正确适用法律"，在涉外语境中，"正确适用法律"是维护特定私法秩序的前提。私法秩序的塑造不仅依赖于实体规则，还可能需要程序上的特别安排。在涉外司法中，如果机械地适用法律，无异于生硬地将两个法律体系中的程序规则与实体规则拼凑在了一起，得出任何一个法律体系都不想出现的结果，或是塑造出任何一个法律体系都不会出现的私法秩序。"正确适用法律"不应只狭义地认为是正确适用民事实体规则，还应包括正确适用那些功能和目的上和实体规则相配合或相补充的程序规则。具体而言，此类例外情形不少。

第一，在当事人适格问题中，实体问题准据法上基于实体法目的而设立的诉讼担当规则应得到适用。因为这类规则在设立时或是为了更有效地维护相关主体的权益，或是为了拓展部分共有权人的管理处分权，抑或直接为了更好地实现实体法上的管理权，所以这类规则附属于相关的实体法规则，应和特定实体问题准据法上的实体法规则一道予以适用，以实现特定的实体法目的。相应地，如法院地法中的诉讼担当规则可判定为基于实体法目的而设立，且法院地法并非实体问题准据法，则这些规则不得予以适用。

第二，在诉的类型问题中，构成形成之诉必要组成部分的程序规则应得到适用。适用这类程序法规则意味着法院必须从事一些陌生的形成行为，[1] 除非是适用这些规则过于不便或超出法院的职权范围，否则法院应一体地适用实体问题准据法中的相关程序规则。如法院地法非实体问题准据法，法院地法之中形成之诉的有关规则不得适用。

第三，在证明问题中，法院在如下情形中，应适用实体问题准据法。其一，在实体问题准据法未授予当事人实体法上的处分权时，实体问题准据法的自认免证效果规则应予以适用，否则将扭曲适用实体问题准据法。其二，实体问题准据法的可驳倒的法定推定规则以及表见证明规则都与实体规则联系极为紧密，为维护程序和实体之间的有机联系，它们应和所联系的特定实体规则一并予以适用。其三，除非客观证明责任规则的倒置或转换是因妨碍证明等而拟定，否则实体问题准据法上的客观证明责任规则均和实体规则紧密相连，应作为实体问题准据法的一部分予以适用。

2. 为"保护当事人的合法权益"之目的而适用实体问题准据法中的程序规则

立法者在《民事诉讼法》第 2 条中指出，人民法院应"及时审理民事案件……保护当事人的合法权益"，故保护私权应是及时且有效的。通常情形下，拼接适用法院地法和实体问题准据法并不会对私权保护产生影响。不过，中国民事诉讼法总体上仍处于转型和发展期[2]，诉讼制度并不完备，拼接适用中国的程序规则与外国的实体规则，可能无法像实体问题准据法所在国一样做到同等有效地保护私权。尽管这种情形发生的可能

---

〔1〕 如抵销准据法为意大利法，法院须依《意大利民法典》第 1243 条规定行事。关于该规则内容可参见费安玲等译：《意大利民法典》，中国政法大学出版社 2004 年版，第 305 页。

〔2〕 参见张卫平：《中国民事诉讼法立法四十年》，载《法学》2018 年第 7 期。

性极小,但是一旦出现此类结果,法院如确实认为本国存在急切需填补的权利保护漏洞,就有适用实体问题准据法上特定程序规则的必要。

例如,学理上通常认为只有到期而不履行债务的情形,债权人才有提起给付之诉的诉的利益,这固然能使法院无须受理不必要的诉讼,但如果严格贯彻这种理念,将不利于当事人在某些情形下的权利救济,这时程序法上就有将来给付之诉的规定作为补充。在我国,学者对将来给付之诉的提倡由来已久,[1]但从目前来看,将来给付之诉仍停留在学术著作中,我国《民事诉讼法》缺乏对应的规定。[2]与之相对的是,不少域外法就有将来给付之诉的规定,如《奥地利民事诉讼法》第406条规定:"仅当作出裁判时履行期已届期,给付之诉才为合法;对扶养请求权,可对判决宣告后才到期的给付做出判决。"[3]如果在中国审理的某涉外扶养案件中,实体问题准据法是奥地利法,因诉的类型是程序问题,那么对被扶养人能否提出将来给付之请求这一问题应适用中国法。但是,中国法中欠缺将来给付之诉的规定,客观上存在权利保护漏洞。对此漏洞的最佳填补途径就是适用《奥地利民事诉讼法》第406条。一方面,这是为了达致有效保护当事人私权的目的;另一方面,通过适用外国诉讼规则在个案中引入将来给付之诉,借助于指导案例加以推广,也不失为发展中国将来给付之诉规则、完善中国现行诉讼法机制的方式。

(二)适用双边冲突规则确定准据法的程序问题

"程序问题适用法院地法"原则只注意到法院或由其所代表的国家在程序事项上的法律适用利益,因而带有较浓厚的"国家本位主义"色彩。第二次世界大战之后,诉讼成为国际民商事交往中的一个有机环节,而诉讼法、国际私法和人权法的发展,都进一步冲击了"国家本位主义"。伴随着"国家本位主义"的弱化,当事人对程序事项的法律适用利益受到重视。如在特定事项上通过双边冲突规则适用外国程序法,有助于维护当事人的合理期待、保护当事人正当的程序与实体权利、促进国际民商事活动的便利展开,就应准许这种例外存在。

当前,关于程序问题的双边冲突规则还较为有限,相对确定应发展出关于双边冲突规则的程序事项包括了法院选择协议的有效性、当事人能力和诉讼能力这三个事项。未来国内立法如明确了证人作证特免权和既判力制度,这些制度背后所涉及的保护当事人程序权利的法理念和法价值就会传导到国际民事诉讼法上,那么就有适用外国法乃至发展出双边冲突规则的空间。

四、适用法院地法过程中出现的问题

如何妥当适用法院地法也应进入我们的视野。至于应如何妥当适用法院地法,在《民事诉讼法》涉外编有明确规定的情形下,应适用涉外编的规则,此点并无疑问。但

---

[1] 参见赵钢、冯颛胜:《将来给付之诉论要》,载《法制与社会发展》2002年第2期。
[2] 参见江伟、肖建国主编:《民事诉讼法》(第8版),中国人民大学出版社2018年版,第29页。
[3] 该条文内容可通过奥地利联邦法律信息系统网站获取,https://www.ris.bka.gv.at/GeltendeFassung.wxe?Abfrage=Bundesnormen&Gesetzesnummer=10001699,2023年6月14日访问。

涉外编无规定时，现行立法仅简单提及应适用非涉外编规定。应予注意的是，非涉外编的规则大都是针对纯国内程序性事实而拟定，这些规则实际上是准用于涉外程序问题之中。对于准用，拉伦茨说得至为明白："（准用）应避免不合事宜的等量齐观，换言之，不可自始排除事务本身（被调整的生活关系本身）所要求的差别处理。"[1]所以，法官在适用非涉外编的程序规则时应重新考察待解决程序问题呈现的具体涉外特性以及具体程序规则的目的，从而决定是否要变通地适用法院地法中这些针对纯国内情形而拟定的规则。有人或许会认为，强调此种适用为"准用"将不利于法的安定性。本书认为对此不必过分担心。从逻辑上说，规则的变通适用无非就是着眼于规范要件与法律效果两个层面。在国际民事诉讼法上，对规范要件是否作出变通解释可作为先决问题予以处理，而对法律效果作出变通调适可作为适应问题予以处理。只要从理论上为解决先决问题和适应问题提供充分指引，客观上我们就能限制变通适用过程的恣意性。

（一）适用法院地法时出现的先决问题

国际民事诉讼法上的先决问题是关于法院地程序规则的规范要件在涉外情形下的含义如何确定问题。许多程序规则都是"不完全法条"[2]，在规则的要件设置上常用一些本身需要结合其他规则予以解释的规范概念，然而程序规则本身并未就这些要件的具体含义作出解释。譬如，《关于民事诉讼证据的若干规定》第67条、第71条、第90条第1款第2项都采用了"民事行为能力"认定证人的资质。在非涉外的语境中，法院需援引国内法相关规则明确"民事行为能力"的含义，那么在涉外语境中，这些要件的含义是否需要作出变通理解，就成了国际民事诉讼法上的先决问题。这是从广义上来理解的先决问题，因为这些问题是相对于该程序规则所要处理的程序问题这一主要问题而言是预先必须要解决的问题。证据规则、管辖权规则、诉讼代理规则、临时措施规则等程序规则中都包含有大量的先决问题需要我们去解决。

国际民事诉讼法上的先决问题和国际私法上的先决问题很不相同，最重要的区别是国际民事诉讼法上的先决问题通常不能成为独立的裁判对象，只是在适用程序规则的过程中由法官附随地进行判断，对这些先决问题的认定结论不会对后诉产生裁判约束力。[3]所以在解决国际民事诉讼法上的先决问题时，无须像解决国际私法上的先决问题一样，因担心先决问题解决不妥而引起国内或国际层面上的矛盾裁判。一个问题究竟属于程序性先决问题还是实体性问题，对该先决问题的解决而言并无意义，实体性先决问题不意味着必须通过冲突法的指定才能得到解决，而程序性先决问题也不意味着直接适用法院地法解决即可，法官需要结合具体的涉外情形以及程序规则的目的，以进一步判

---

[1] 参见［德］卡尔·拉伦茨：《法学方法论》，陈爱娥译，商务印书馆2016年版，第141页。
[2] 参见［德］卡尔·拉伦茨：《法学方法论》，陈爱娥译，商务印书馆2016年版，第137—139页。
[3] 比如，前文提到的俄罗斯少年是否为《关于民事诉讼证据的若干规定》第71条意义上的"限制民事行为能力"，即使这一问题被法院附随地在适用第71条时判断过，对后诉也不会产生裁判约束力。

断如何解决该先决问题。[1]

1. 实体法方法

采用实体法方法意味着，即使待解决的先决问题含有涉外因素，根据程序规则的规范目的，在涉外情形下也无须作出变通处理，仍像处理无涉外情形一样，依国内法的有关实体性规定解释或处理先决问题。例如，在证人为外国主体时，如适用《关于民事诉讼证据的若干规定》第71条，关于"无民事行为能力人和限制行为能力人"的含义，法官仍只要依法院地法的限制行为能力规则确定即可。因为最高人民法院拟定《关于民事诉讼证据的若干规定》第71条是希望通过证人作证时的具结，敦促证人如实作证，维护司法权威。[2]根据该条规定，证人须签署并宣读保证书，作伪证相应地应承担不利后果[3]，如果证人无法理解具结的意义，则无须具结。[4]至于哪些人无法理解具结的意义，《关于民事诉讼证据的若干规定》第71条出于简化立法表述的目的直接援用了民法上的"民事行为能力"的概念，即规则制定者认为只要能成为中国实体法上的完全行为能力人就应该能了解所签署的保证书的含义以及自己行为的后果，反之则无。其实，规则制定者如果愿意，也可以直接在此复述一遍实体法上的民事行为能力的认定标准，不过这样一来，条文就显得过分冗长。在该问题上，适用冲突法的方法毫无意义，因为证人具结制度的目的是更好地发现真实，至于什么样的当事人具有证人能力、能认识自己的诉讼行为的意义，法院地国有权对这些问题作出自主的判断。运用冲突法方法实质上意味着法院将这些事项最终交由外国法来决定，这未必妥当。此外，这根本不涉及保护当事人的法律交往利益和可合理期待性等价值，适用外国法也无意义。综合这些考量，采用实体法方法或者说依法院地法的实体性规则解决该先决问题即可。

2. 冲突法方法

采用冲突法的方法意味着因待解决的程序问题带有涉外因素，根据程序规则的规制目的，该涉外因素在评价上具有重要意义，此时不能像处理无涉外情形一样径直依据国内法上的有关规定，而应变通地依相关冲突规则确定的准据法解释或处理先决问题。比如，《德国民事诉讼法》第383条规定个人基于某些原因可以拒绝作证，其中第1款第

---

[1] Vgl. Jürgen Basedow, Qualifikation, Vorfrage und Anpassung im Internationalen Zivilverfahrensrecht, in: Schlosser (Hrsg.), Materielles Recht und Prozessrecht, 1992, S. 146. 比如，《德国民事诉讼法》第328条规定外国判决承认的若干要件，其中第1款第2项规定如果没有"按照规定"（ordnungsgemäß）及时送达书状，导致被告没有应诉而不能为自己抗辩与防御，该判决不予承认。"按照规定"这一要件包含了非常多的细节问题，比如哪些书状应送达、书状应按照什么样的程序送达。这里的"按照规定"的具体含义应如何解释？立法者并未明确给出答案，但根据规则的目的与宗旨，德国作为判决承认国其国内的相关送达规则和这些已发生在判决作出国的事项毫无关系，这里应采纳冲突法方法，根据判决作出国法对送达合法性作出评判，判决作出国法不限于其国内规则，也包括对判决承认国和判决作出国均生效的国际条约。Vgl. Stadler, in: Musielak/Voit, ZPO, 17. Aufl. 2020, § 328 Rn. 15; Gottwald, in: Münchener Kommentar zur ZPO, 6. Aufl. 2020, § 328 Rn. 102 ff.

[2] 参见最高人民法院民事审判第一庭编著：《最高人民法院新民事诉讼证据规定理解与适用》，人民法院出版社2020年版，第639—640页。

[3] 参见《关于民事诉讼证据的若干规定》第71条第4款和第65条。

[4] 参见最高人民法院民事审判第一庭编著：《最高人民法院新民事诉讼证据规定理解与适用》，人民法院出版社2020年版，第640页。

1、2 项规定如果某人为当事人一方的"未婚配偶"[1]或"配偶"（即使是婚姻关系已经不存在的），其有拒绝作证的权利。"未婚配偶"应根据何国法的标准来认定，或者说证人是否属于当事人的未婚配偶或配偶，该问题直接根据德国实体法来判断并不妥当，免于作证规则本来就是为维护私人信赖和私人交往的空间不披露于法庭程序而制定，应根据与这些私人关系或私人交往空间有最密切联系地法来确定他们之间有无存在特定的亲缘关系，故应（类推）适用《德国民法典施行法》第 13 条，从而根据所确定的相关准据法来解答这些先决问题。[2]

3. 替代方法

在涉外情形中，特定事实（尤其是外国法塑造的事实）能否涵摄入规范要件之中，仍得考察特定诉讼规则的目的，依循"替代"（Substitution）方法解决。"替代"就是探求法律规则中的规范性事实要件是否可以通过外国的法律关系或法律事件予以填充的过程。[3]它也可以被理解为特别的涵摄方法，我们借助该方法可以重新明确规范要件在涉外语境中的含义。那么我们应如何具体运用"替代"方法？德国已故当代著名法学家巴泽多认为，法官所要做的工作就是在规则目的的指引下，目光在本国的法律概念和待涵摄的外国法律事实间来回流转。替代的过程就是具体的比较法的作业过程，如果外国的某种法律制度或法律事件能和规范要件所指示的本国法上的对应物等同起来，这时候本国的程序规则就能得到适用，如果答案是"否"，则不能。[4]下文将举例说明。

学理认为，《关于民事诉讼证据的若干规定》第 10 条第 1 款第 6 项规定生效判决具有预决效力[5]，在涉外情境中，有疑问的是这里的"发生法律效力的裁判"是否仅限于中国法院所作出的生效裁判，其他法域的法院所作出的生效裁判是否也属于此处的"发生法律效力的裁判"？从文意来看，该规则限定了必须是"人民法院"作出的裁判，这似乎已排除该种涵摄的可能。[6]不过，结合《关于民事诉讼证据的若干规定》第 10 条第 1 款第 5 项来看，该结论未免令人有点生疑，因为该规则并未对仲裁机构的生效裁决作出类似限制，无论国内的还是国外的仲裁机构在生效裁决中认定的事实都具有一定的免证效果。难道外国法院判决认定的基本事实还不如外国仲裁裁决认定的事实可靠？本书认为，法官在适用《关于民事诉讼证据的若干规定》第 10 条第 1 款第 6 项时应意识到在

---

[1] 德语为"Verlobte"，表示已与对方订过婚的意思。

[2] Vgl. Haimo Schack, Internationales Verfahrensrecht, 8. Aufl. 2021, Rn. 823.

[3] Vgl. Abbo Junker, Internationales Privatrecht, 4. Aufl. 2021, § 11 Rn. 46 ff. 关于"替代"，还可参见王葆莳：《论国际私法中的"替代问题"》，载黄进、肖永平、刘仁山主编：《中国国际私法与比较法年刊》（第 18 卷），法律出版社 2016 年版，第 29—38 页。

[4] Vgl. Jürgen Basedow, Qualifikation, Vorfrage und Anpassung im Internationalen Zivilverfahrensrecht, in: Schlosser (Hrsg.), Materielles Recht und Prozessrecht, 1992, S. 148 ff.

[5] 参见王亚新、陈杭平、刘君博：《中国民事诉讼法重点讲义》（第 2 版），高等教育出版社 2021 年版，第 340—342 页。

[6] 对此最高人民法院在相关释义书中已明确，参见最高人民法院民事审判第一庭编著：《最高人民法院新民事诉讼证据规定理解与适用》，人民法院出版社 2020 年版，第 156—157 页。

涉外情形下其为准用，并且检验外国法院生效裁判是否具有替代人民法院生效裁判的可能。对此，应考虑两点：其一，二者功能上是否等同；其二，"替代"是否符合规则的目的意旨。本书认为，符合一定条件的外国法院裁判具有这种"替代"的可能，理由如下。首先，人民法院生效判决能产生预决效力必须满足若干前提，包括判决是否已生效、现行裁判所确定的事实构成后行案件事实的一部分或全部以及预决事实的证明遵循了正当程序的要求。[1] 被中国承认的外国法院判决只要能满足前述几个条件，就和能产生预决效力的中国生效裁判没什么差异。其次，预决效力制度与判决既判力制度本质不同，前者仅是证据法上的制度，不产生遮断之类的后果，[2] 所以适用中国法上的预决效力规则并不会给当事人造成何种过分不利的后果，受不利影响的一方只要有证据，仍能推翻判决的预决效力。最后，赋予外国被承认生效判决预决效力能够节约证明成本，只要确保了外国法院是在符合正当程序的要求之下认定案件基本事实，无论对法院还是当事人而言，承认特定情况下外国判决的预决效都可以节约其时间与精力，这也符合《关于民事诉讼证据的若干规定》第10条第1款第6项的规范意旨。基于以上理由，第10条第1款第6项可以变通适用，特定能被承认的外国法院的判决也完全可以根据该规定获得预决效力。

（二）适用法院地法时出现的适应问题

在国内法语境中，不同法律关系之间有"体系"这一要素维系和协调彼此之间的关系[3]，同一法律体系中不同部门的法律规则以及同一法律部门之中的不同法律规则在法律效果上从而保障当事人之间的利益能实现平衡。但是在涉外情境中，因为分割现象的存在，同一或相关法律问题有可能适用不同法律体系，如欠缺必要的协调机制，就有可能产生法律效果上令人难以接受的逻辑上的矛盾或评价上的矛盾，这时候就需要通过适应的方法对法律效果进行调试。在国际民事诉讼法中，一方面同一案件事实的程序与实体须适用不同国家的法律体系，由此可能产生不协调的结果；另一方面诉讼活动有可能在时间上是延续的或空间上是并行，所以不同国家的法院各自适用自己的程序法规则处理同一或相关的程序问题，由此也会出现法律效果的失当。所以国际民事诉讼法同样需要适应制度。

在程序问题上，重叠适用不同法律体系引起法律效果的矛盾或不协调的情形可能发

---

[1] 参见最高人民法院民事审判第一庭编著：《最高人民法院新民事诉讼证据规定理解与适用》，人民法院出版社2020年版，第155页。

[2] 参见王亚新、陈杭平、刘君博：《中国民事诉讼法重点讲义》（第2版），高等教育出版社2021年版，第340—341页。

[3] 体系思维至为重要，克莱默提道"单个规范不是无组织、混乱地联系在一起，而是在理想情况下，法秩序被思考成一个整体、一个价值判断尽可能一致的体系和意义构造"。参见[奥]恩斯特·A.克莱默：《法律方法论》，周万里译，法律出版社2019年版，第55—56页。

生在以下三个层面，均须适应方法的介入。[1]

其一，在实体问题解决阶段，特定案件的程序和实体适用不同国家的法律引发规范矛盾。例如，法院地法规定某类侵权案件中行为人承担的是危险责任，即无须受害人证明行为人存在过错，危险责任规则直接关系权利义务关系的成立要件，所以属于实体规则。但假设某案件实体问题准据法不是法院地法，而该准据法规定行为人承担的是过错责任，不过为了减轻被害人的证明难度，实体问题准据法国的法院发展出了一些表见证明规则，但表见证明规则性质上属于程序法规则。严格遵照程序问题适用法院地法、实体问题适用侵权关系准据法，就会出现评价上难以接受的结果，被害人最终就得面临着证明难的问题，无论是法院地法还是实体问题准据法，都不希望这样的结果发生。此时可以通过冲突法上的适应方法，由法官将该情况下的表见证明规则作为实体问题准据法的一部分予以适用。[2]

其二，在国际民事裁判管辖权确立阶段，因司法管辖权的行使标准相对宽松，不同国家之间管辖权的积极冲突是常态，但是如极端情况下出现管辖权的消极冲突，同样需要适应方法的介入，因为当事的任何一个国家都不希望当事人最终诉权无法得到行使。例如，当事人缔结了一份排他性法院选择协议，如果甲国是被选择法院地所在国，依甲国法[3]，甲国和该争议无实质联系，故法院选择协议无效。但相反的是，如被排除行使管辖权的是乙国法院，乙国法并不要求被选择法院须和争议具有实质联系，所以根据乙国法，该法院选择协议有效。在非涉外情形下，法院选择协议如果无效，大不了当事人可以根据法定的地域管辖权规则确定有管辖权的法院。但在前述涉外情形下，法院选择协议分别根据不同法律体系的规则来认定，结果导致原告既不可能在中国法院起诉，也无法在原本有管辖权的国家法院起诉，最终当事人无法在任何一个国家的法院获得救济。当遇到此类管辖权的消极冲突时，域外学理上认为需要创设出必要管辖权制度。

其三，在判决承认执行阶段，同样存在适应问题。这主要是因为强制执行的措施由执行地国法来确定，但判决可否执行以及执行的内容又是由判决作出国法确定，重叠适用两个法就会产生不协调或矛盾的结果。举一个区际民事诉讼法上的例子更为直接。如果申请中国内地法院执行中国香港特别行政区的金钱判决，一方面需要依照2019年生效的《关于内地与香港特别行政区法院相互认可和执行民商事案件判决的安排》第18条规定，执行判决中的部分执行条款，例如迟延履行金以及迟延履行利息，同时执行作为程序问题，中国内地法院还应适用《民事诉讼法》第253条规定的迟延履行金，为避

---

[1] 在德国，有学者将前述第一类在实体问题解决阶段产生的适应问题称为"体系相关的适应"（Symstembezogene Anpassung），它是要解决由冲突规则引起的法律适用上的不协调，而第二类和第三类都归入到了"合作型适应"（Kooperative Anpassung）。"合作型适应"主要是解决司法机关的行为引起的不协调，旨在顺畅和改善国家之间司法上的交互活动。Vgl. Jürgen Basedow, Qualifikation, Vorfrage und Anpassung im Internationalen Zivilverfahrensrecht, in: Schlosser（Hrsg.）, Materielles Recht und Prozessrecht, 1992, S. 155 ff.; Fritz Jaeckel, Die Reichweite der lex fori im Internationalen Zivilprozessrecht, 1995, S. 134.

[2] Vgl. Moritz Brinkmann, Das lex fori-Prinzip und Alternativen, ZZP 129（2016）, S. 482 ff; Jan von Hein, in: Münchener Kommentar BGB, Band 12, 8. Aufl. 2020, Einl. IPR Rn. 286.

[3] 如《关于适用〈中华人民共和国民事诉讼〉的解释》第531条。

免重复施加双重迟延履行金,加重执行措施,就应采用适应的方法。

面对前述三类国际民事诉讼法上的适应问题,一方面需要遵从国际私法上的适应问题的解决方法(例如前述第一类情形),另一方面在涉外程序规则制定不完备的情况下,需要授予司法机关通过必要的裁量权予以解决(例如前述后两类情形)。

重要名词术语

国际民事诉讼法、国际民事程序法、程序问题适用法院地法(法院地法原则)、实体问题、程序问题、先决问题、适应问题、替代方法

思考题

1. 国际民事诉讼法研究对象涵盖哪些内容?
2. 中国国际民事诉讼法的法律渊源有哪些?
3. 国际民事诉讼法有无可能法典化?
4. 程序问题适用法院地法是否为程序问题法律适用的基本原则?
5. 在冲突法中,程序问题与实体问题应如何区分?
6. 程序问题适用法院地法这一原则有无例外?如果有,体现在哪些方面?
7. 为何将纯国内的民事诉讼规则适用于涉外情形中应视为准用?
8. 国际民事诉讼法上的先决问题有哪些?应如何解决?
9. 国际民事诉讼法上的适应问题有哪些?应如何解决?

典型案例分析

黄某明、苏某弟与A公司、B公司合同纠纷案,最高人民法院(2015)民四终字第9号

黄某芳与A公司以及B公司签订转让C公司股权的协议,后因履行该协议产生纠纷,但黄某芳已经亡故,其妻苏某弟以及其子黄某明向法院起诉,要求A、B、C三公司承担违约责任。在该案中,原合同涉案主体是黄某芳及三公司,在黄某芳去世后,苏某弟和黄某明是否为适格原告成为两审的共同争议焦点。

问题:黄某芳去世后,苏某弟和黄某明是否为适格原告这一问题是程序问题还是实体问题?如果是程序问题,应如何适用现有的民事诉讼规则?

徐某明与张某华股权转让纠纷申请再审民事裁定书,最高人民法院(2015)民申字471号

张某华与徐某明在蒙古国乌兰巴托市签订股权转让合同,其中某条款约定:"协议一经签订,双方不得反悔,如违约则可向蒙古国法院起诉,并有权申请查封

RICHFORTUNE 相关财产。"徐某明主张根据《民事诉讼法》（2012年）第34条的规定，当事人协议选择管辖时需要明确具体、唯一的管辖法院，双方当事人在合同管辖条款中宽泛地约定可向蒙古国法院起诉，该管辖条款无效，且双方当事人约定"如违约则可向蒙古国法院起诉"，这里"可"字表示授权而非强制，双方当事人只是约定可以向蒙古国法院起诉，并不禁止向其他国家法院起诉，当事人也可以选择向其他国家法院起诉。一审法院（武汉市中级人民法院）作为被告住所地、付款义务履行地人民法院，对本案纠纷具有管辖权。

问题：法院选择协议是否有效属于程序问题还是实体问题？法院选择协议是否具有排他效力属于程序问题还是实体问题？应如何确定法院选择协议的准据法？

第十四章　国际民商事管辖权

【内容提示】

国际民事管辖权，是指一国法院或具有审判权的其他司法机关受理、审判具有国际因素的民商事案件的权限/资格。从一个主权国家的视角来看，一个涉外民商事纠纷的管辖权确定，通常需要两个步骤：一是确定涉外民商事纠纷的国际民商事管辖权，解决不同国家之间的国际民商事管辖权在全球的分配问题；二是在确定由某一国家享有国际民商事管辖权的基础上，确定行使特定的涉外民商事纠纷管辖权的特定法院，解决一国涉外民商事管辖权在国内法院的分配问题。前者属于国际民商事管辖权问题。

国际民商事裁判管辖权理论及其制度在近几个世纪以来经过了多次变革，且仍在不断发展变化之中。20世纪以来，原有的"绝对领土联系"原则的弊端日益凸显，不足以满足现代国际民商事关系繁荣发展。在新的历史时期，国际民商事管辖权分配日益灵活化，逐渐突破了绝对领土联系标准，增加了公平正义因素的考量，且日益注重当事人诉权的保障，更利于个案的公正。

虽然国际社会尚未形成一个统一的管辖权公约为各国所普遍接受，但目前亦有存在一些协调国际民商事管辖权冲突的国际立法，以欧盟国际私法中的"布鲁塞尔—卢加诺体系"和海牙国际私法会议近年来的国际民商事管辖权成果最具有影响力。

基于我国国际民商事关系发展的现实需要，2023年《民事诉讼法》对特殊地域管辖、专属管辖、协议管辖、应诉管辖、不方便法院规则、先受理法院规则等国际民商事管辖权规则进行了补充与修订，我国国际民商事管辖权体系因此而进一步完善，这是我国涉外法治发展中具有里程碑意义的标志性事件。目前，我国现行国际民商事管辖权体系主要是由2023年《民事诉讼法》、2023年《外国国家豁免法》、1999年《海事诉讼特别程序法》、相关司法解释中关于涉外民商事管辖权的专门规则以及可适用于涉外民商事管辖权的国内民事诉讼管辖权规则所组成的。此外，也包括我国缔结的国际民商事管辖权方面的国际条约和双边协定等，如《国际油污损害民事责任公约》。

外国国家豁免制度是一个涉及政治和法律、外交和司法的交叉领域。《外国国家豁免法》实现了从绝对豁免政策到限制豁免制度的转变，由外交中心主义转变为司法中心主义。虽然《外国国家豁免法》整体上是一部由法院实施的程序法，但外交部就国家行为的事实问题出具的证明文件应得到法院采信，且外交部有权在其认为案件涉及重大国家利益时出具意见供法院参考。《外国国家豁免法》推定外国国家享有管辖豁免，同时规定了7项得到广泛认可的例外，包括外国国家放弃管辖豁免，外国国家在中国领域内从事商业活动或者在中国领域外从事商业活动但在中国领域内产生直接影响而引起的诉讼，外国国家因在中国领域内全部或部分履行的劳动或者劳务合同引起的诉讼，外国国家在中国领域内造成的侵权赔偿诉讼，外国国家因财产的所有、占有和使用事项在中国领域内引起的诉讼，外国国家在中国领域内因知识产权归属和侵权等事项引起的诉讼，外国国家因仲裁协议、仲裁裁决和其他对仲裁进行审查的相关事项在中国领域内引起的诉讼。《外国国家豁免法》规定了司法强制措施豁免的3项例外，意味着外国国家财产享有接近绝对的司法强制措施豁免。

第一节　国际民商事管辖权概况

一、国际民商事管辖权的定义

国际民商事诉讼管辖权的确定在国际民商事诉讼中占有重要的地位。无论何种涉外民商事案件的发生，首先要解决的问题之一即是涉外民商事纠纷的管辖权的确定问题。因此，国际民事管辖权的确定是一国法院受理和审判涉外民商事案件的前提。

所谓管辖权，是指法院对某争议事项及其当事人有作出决定的权力，即法院调查事实、适用法律、作出决定及宣布判决的权力。[1] 国际民事管辖权，是指一国法院或具有审判权的其他司法机关受理、审判具有国际因素的民商事案件的权限/资格。从一个主权国家的视角看，一个涉外民商事纠纷的管辖权确定，通常需要两个步骤：一是确定涉外民商事纠纷的国际民商事管辖权，解决不同国家之间的国际民商事管辖权在全球的分配问题；二是在确定由某一国家享有国际民商事管辖权的基础上，确定行使特定的涉外民商事纠纷管辖权的特定法院，解决一国涉外民商事管辖权在国内法院的分配问题。本书认为，涉外民商事管辖权确立中的第一步骤属于国际私法中的国际民商事管辖权问题，第二步骤则属于国内法范畴。

管辖权的理论、立法与司法实践均存在一元论与二元论之争。所谓"一元论"，是指不区分纯国内民商事诉讼管辖权与国际民商事诉讼管辖权，用同一规则体系调整纯国内民商事诉讼管辖权与国际民商事管辖权问题；所谓"二元论"，是指区分纯国内民商事诉讼管辖权与国际民商事诉讼管辖权，制定两套不同规则体系分别用于规范纯国内民商事诉讼管辖权与国际民商事诉讼管辖权问题。有的国家或地区立法虽采"一元论"，但其在涉外民商事管辖权确定的司法实践也出现了"类推说""逆推说"等不同的观点。有的国家或地区立法虽采"二元论"，但其涉外民商事管辖权确定的司法实践并未对二者进行明显区分。由于我国立法与司法实践长期存在"一元论"与"二元论"之争，因此我国已有国际私法论著较多采"国际民商事管辖权"的概念，但涵盖了"涉外民商事

---

[1] Henry Campbell Black and Joseph R. Nolan, *Black's Law Dictionary*, West Publishing Co., 8th ed., 2004, p.2490.

纠纷管辖权确立过程中的两个步骤"中的所有涉外民事诉讼管辖权规则。

二、国际民商事管辖权的主要理论

早在公元530年，罗马《查士丁尼法典》即规定了"被告住所地原则"（maxim actor sequitur forum rei），主张被告住所地法院依法享有一般管辖权。[1] 该法律格言虽然强调了被告住所地与法院地国之间的密切联系，但其并不是现代主权国家概念下的国际民商事管辖权规则。回顾历史，国际民商事裁判管辖权理论及其制度在近几个世纪以来经过了多次变革，且仍在不断发展变化之中。

（一）传统的理论学说

国家主权原则对传统国际民商事管辖权理论的萌芽与发展具有重要影响。[2] 博尔丁于1576年提出主权原则，认为一个正统国家应被赋予绝对与永久的主权权力[3]，这在当时的政治和法律界引起了一场革命。1625年，荷兰格老秀斯提出构建以主权原则为基石的现代国际法体系。[4] 主权原则虽然没有当即对国际民商事管辖权理论产生影响，但其重要性对国际民商事管辖权理论的发展仍具有决定性意义。自主权原则提出至19世纪国际民商事管辖权理论初步成型，国际民商事管辖权分配中的"联系理论"在两大法系均体现为绝对的领土联系标准，认为一国领土与纠纷之间存在某种联系，是一国法院行使国际民商事管辖权的基础。

在大陆法系，管辖权的确立，通常是通过旨在定位特定争议事项的联系因素来实现的，属人管辖中的"国籍"和属地管辖中的"所在地域"是当时最鲜明的联系因素，均可被认为体现了司法主权至上理论与绝对的领土联系标准。（1）属人管辖。所谓属人管辖，是指以古代国王与臣民/现代国家与其公民之间的联系为确立管辖权的依据。以法国为代表的拉丁法系各国主要以有关诉讼当事人具有内国国籍这样一个事实作为一国法院对国际民事案件行使管辖权的根据。依据1804年《法国民法典》第14条和第15条的规定，法国法院对涉法国人案件拥有特权，只要法国人作为诉讼当事人一方，不论其为原告或被告，也不论其在法国有无住所或居住地，即使该案基本事实与法国毫无任何联系，法国法院均享有管辖权。[5]（2）属地管辖。所谓属地管辖，是以涉外民商事案件与某一国地域上或者空间上的联系作为确立管辖权的依据。在德国、奥地利、葡萄牙、瑞士和斯堪的纳维亚等大陆法系国家的立法中，一般都是以被告一方在内国设有住所或惯

---

[1] Code Just. 3.19.3, 3.13.2. See Friedrich Juenger, *Judicial Jurisdiction in the United States and in the European Communities: A Comparison*, 82 Mich. L. Rev. 1195（1984），p.1203.

[2] 德国Frederick Alexander Man教授在海牙国际法学院的《国际法中的管辖权原则》演讲回顾并肯定了国家主权原则对当时国际民商事管辖权理论的重要影响。Frederick Alexander Man, The Doctrine of Jurisdiction in International Law, Recueil des cours, Vol.111, 1973, pp.24-28.

[3] Hessel E. Yntema, *The Historic Bases of Private International Law*, 2 AM. J. COMP. L.297（1953），p.305.

[4] Hessel E. Yntema, *The Historic Bases of Private International Law*, 2 AM. J. COMP. L.297（1953），p.305.

[5] 1804年《法国民法典》第14条规定，"不居住于法国的外国人，曾在法国与法国人订立契约者，因此契约所生债务的履行问题，得由法国法院处理；起曾在外国订约对法国人负有债务者，亦得由法国法院受理"。第15条规定，"法国人在外国订约所负的债务，即使对方为外国人的情形，得由法国法院受理"。

常居所，或者有关诉讼标的物地处于内国境内这样的事实确定法院对国际民事案件的管辖权。

以英美法系的英国为例。在古老的英国，依据传统的效忠与服从理论，任何踏入英国领土的人，即应对英国女皇效忠，应服从女皇法院的管辖。[1]这似乎可视为英国早期管辖权基础中的绝对领土联系标准。但事实上，这时期的英国尚不存在州际或国际管辖权方面的普通法规则，直至1830年。[2]这时期的大多数英国案例，主要涉及大英帝国内部的案例，并不是平等主权国家或法域之间的案例。[3]随着现代国家主权理念的产生，国际经贸关系发展，现代意义的涉外民商事纠纷的管辖权问题引起英国学者的关注。1892年，英国著名国际私法学者戴西教授，其深受美国斯托雷的影响，在《管辖权的标准》(*Criteria of Jurisdiction*)一文中提出了两个主要的国际民商事管辖权原则。第一，实效性原则或实效测试(principle of effectiveness)。其主张一国法院对所管辖的案件应有合法的实际支配力/控制力。[4]换言之，一国法院有权对其实际有权有效支配的任何事项作出裁决，并且无权对其实际无权有效支配的任何事项作出裁决。[5]第二，服从原则或服从标准(the principle or test of submission)。其主张如果当事人通过行为或言语表达其愿意接受某一个法院或一些法院判决的拘束，则其有义务接受法院所作出的对其不利的裁判。[6]

（二）现代的理论学说

自20世纪以来，尤其是科技突破性发展与经济的全球化，"绝对领土联系"原则的弊端日益凸显，不足以满足现代国际民商事关系繁荣发展。在新的历史时期，国际民商事管辖权分配日益灵活化，逐渐突破了绝对领土联系标准，增加了公平正义因素的考量，且日益注重当事人诉权的保障，更利于个案的公正。现代国际民商事管辖权价值与理论均呈多元化发展，如方便与公平正义理论[7]、管辖权正义原则[8]和约束性理论[9]等。

欧洲学者尝试通过程序正义理论来解决管辖权的分配问题。1982年，德国学者Kropholler在管辖权的重要著作中提出了程序正义原则，并提出了分析程序公平的四个标准，从不同意义与视角检测纠纷与法院的紧密程度。同时，其认为，司法管辖权原则

---

[1] 陈隆修：《国际私法管辖权评论》，（台湾）五南图书出版公司1986年版，第99页。

[2] Geoffrey C. Hazard Jr., *General Theory of State-Court Jurisdiction*, 1965 Sup. CT. REV. 241(1965), p.253.

[3] Geoffrey C. Hazard Jr., *General Theory of State-Court Jurisdiction*, 1965 Sup. CT. REV. 241(1965), p.253.

[4] A. V. Dicey, Criteria of Jurisdiction, 8 L. Q. Rev. 21(1892), pp.27-28.

[5] A. V. Dicey, Criteria of Jurisdiction, 8 L. Q. Rev. 21(1892), p.24.

[6] A. V. Dicey, Criteria of Jurisdiction, 8 L. Q. Rev. 21(1892), p.26.

[7] 基于方便与公平正义的考量，英美法系在适用裁量管辖权时适用"方便法院原则"，该原则的发展可以弥补"实际控制原则"导致的"难以实现个案正义"的不足。其中，1987年英格兰法院的斯波利亚达（Spiliada）案件正式确立了现代意义的不方便法院原则，并被其他普通法国家和地区接受，但英格兰、美国和加拿大等采"更适当法院"方法，澳大利亚则采纳了"最不适当法院"的测试方法。

[8] Thomas Pfeiffer, Internationale Zustandigkeit und prozessuale Gerechtigkeit, Frankfurt am Main, Klostermann, 1995.Also see Juenger, Friedrich K., *Constitutionalizing German Jurisdictional Law*, 44 Am. J. Comp. L. 521(1996), p.524.

[9] Joseph Halpern, Exorbitant Jurisdiction and the Brussels Convention: Toward a Theory of Restraint, 9 YALE J. WORLD PUB. ORD. 369(1983), pp.369-387.

上应更多基于法院与被告之间存在的直接或间接的联系而确立。[1]1995年，德国学者托马斯·菲弗提出管辖权正义原则，并提出了区别于美国最低限度联系的"适当的（最低）联系"原则（The relevance of minimum contacts）。[2]2005年Geimer亦主张程序正义理论，其主张原告住所地与诉讼标的存在特别密切联系的法院可以适当主张对纠纷享有管辖权。[3]

而英美学者的理论研究则更多侧重于个人权利的保护。如美国涌现了"方便与公平正义原则"和"最低限度联系原则"等管辖权理论，但这些理论均没有放弃传统的"实际控制理论"，其仅仅是对传统理论的补充和发展。其中，"方便与公平正义原则"认为，一国法院必须明确地权衡包括权力在内的、可能影响涉外民事纠纷管辖权确立的各种因素，包括以下几个方面。（1）基于当事人与法院之间的密切或紧密的联系（close or strong ties）确立的管辖权，可体现管辖权的公平性。如当事人的惯常居住地如果在法院地国，被认为当事人与法院地存在最密切和最强的联系。[4]（2）基于潜在纠纷与法院所在国之间的联系。[5]因为即使当事人与法院地国存在密切联系，但是，如果相关行为或结果发生地在国外，相关证据不在当事人掌控下，这对法院审理涉外纠纷也会带来重大困难。因此，纠纷与法院的联系也非常重要。（3）基于潜在纠纷与法院之间的实质联系。[6]尤其对于存在真正冲突的纠纷，法院是否可以适用本国法律（至少适用本国冲突法）就变得更为重要。美国在"方便与公平正义原则"的基础上发展了不方便法院原则。

第二节　国际社会关于国际民商事管辖权方面的主要成果

由于国际社会尚未形成一个统一的管辖权公约为各国所普遍接受，且两大法系的国际民商事管辖权理论千差万别，这也必然导致两大法系国际民商事管辖权制度的巨大差异。如大陆法系国家和地区通常在其民事诉讼法或其他成文立法中规定了国际民商事管

---

[1] See Arthur Taylor von Mehren, Theory and Practice of Adjudicatory Authority in Private International Law: A Comparative Study of The Doctrine, Policies and PRACTICES OF Common and Civil- Law Systems, Recueil des cours, vol.295, 2002, pp.157–158.

[2] Thomas Pfeiffer, Internationale Zustandigkeit und prozessuale Gerechtigkeit, Frankfurt am Main, Klostermann, 1995. Also See Juenger, Friedrich K., Constitutionalizing German Jurisdictional Law, 44 Am. J. Comp. L. 521 (1996), p.524.

[3] See Arthur Taylor von Mehren, Theory and Practice of Adjudicatory Authority in Private International Law: A Comparative Study of The Doctrine, Policies and PRACTICES OF Common and Civil- Law Systems, Recueil des cours, vol.295, 2002, pp.159–160.

[4] Arthur Taylor von Mehren, Adjudicatory Jurisdiction: General Theories Compared and Evaluated, 63 B.U. L. REV. 279 (1983), pp.287–288.

[5] Arthur Taylor von Mehren, Adjudicatory Jurisdiction: General Theories Compared and Evaluated, 63 B.U. L. REV. 279 (1983), p.289.

[6] Arthur Taylor von Mehren, Adjudicatory Jurisdiction: General Theories Compared and Evaluated, 63 B.U. L. REV. 279 (1983), pp.289–290.

辖权规则，如《法国民事诉讼法典》《德国民事诉讼法典》，通常分为一般地域管辖、特殊地域管辖、专属管辖、协议管辖等。而英美法系国家的管辖权规则通常分为基于自愿接受而确立的管辖权、基于域内送达而确立的管辖权、基于域外送达而确立的裁量管辖权等。各国在宪法性文件对管辖权的影响方面存在不同，在国际民商事管辖权依据或联系方面亦存在诸多不同，这必然造成各国国际民商事管辖权冲突，也为当事人挑选法院提供了可能。

为了协调各国国际民商事管辖权方面的法律冲突，各国已经在国际立法和国内立法层面进行了持续的努力。一般认为，涉外民商事诉讼管辖权的冲突的解决有两种途径可循。一是从国内立法层面来看，通过国内立法采取措施防止管辖权冲突，如受诉在先原则、不方便法院原则、一事不再理原则[1]、禁诉令制度等。二是从国际立法层面来看，通过缔结双边或多边国际条约等国际协调方式，以协调管辖权的冲突。国际协调的方式，既有双边条约[2]，也有多边条约[3]；在多边条约中，既有仅仅规定某一类国际民事诉讼管辖权的专门性的国际条约[4]，也有一般性地规定国际民事诉讼管辖权的普通性公约[5]；在国际民商事管辖权发生冲突时，国家之间还可以直接进行协商[6]等。虽然国际社会尚未形成一个统一的管辖权公约为各国所普遍接受，但目前亦有存在一些协调国际民商事管辖权冲突的国际立法，如1999年海牙《民商事管辖权与判决承认与执行公约（草案）》、[7]2000年国际法协会《国际诉讼管辖权的拒绝与移送》、2004年美国法律学会

---

[1] "一事不再理说"，是指某一案件经对此案件具有管辖权的外国法院审理并作出确定性的判决以后，内国法院应根据一事不再理原则，基于有关当事人的请求，不再另行审理而在内国领域内径直承认和执行该有关的外国法院判决。"一事不再理说"的运用，既可以防止对同一案件作出相抵触的判决，也可以避免浪费人力、物力、财力及时间。

[2] 双边条约，涉及的只是两个国家的冲突，所面临的也只是两个国家之间的差异，其协调难度明显要比多个国家之间的协调难度要小得多，在许多问题上都容易达成一致，即便是发生了冲突，解决起来也较为容易。

[3] 此处"多边条约"，是指多个国家就管辖权问题所达成的协议。根据条约内容是否具有专业化，可以将其分为专门性的国际条约和普遍性的国际条约；而依据条约所能涵盖的地域范围，又可以将其分为区域性的条约和全球性的条约。

[4] 区域性的专门性的国际条约，例如1952年布鲁塞尔《关于船舶碰撞中民事管辖权若干规则的公约》第1条第3款规定，"管辖权竞合的防止：请求人不得在撤销原有诉讼前，就同一事实对同一被告在另一管辖区域内提起诉讼"。又如1969年布鲁塞尔《国际油污损害民事责任公约》。全球性的专门性的国际条约，如1958年海牙《国际有体动产买卖协议管辖权公约》、1980年《联合国国际货物多式联运公约》。

[5] 区域性的普遍性的国际公约，如1928年《布斯塔曼特国际私法典》、1968年《关于民商事管辖权及判决执行公约》。全球性的普遍性的国际公约，如1965年海牙《选择法院协议公约》、1971年《民事案件外国判决承认和执行公约》、1999年《民事案件外国判决承认和执行草案》、1999年《国际民事诉讼规则》等。

[6] 实践证明，国家间直接协商的方法是行之有效的。该方法有如下优点：（1）国家间可在比较友好的氛围中阐明各自立场和观点，从而更有利于两国达成解决冲突的协议；（2）此直接协商一般都只针对某一或某类具体案件，从而更有利于两国间达成协议。该方法的弊端在于，其只能在很小、很有限的范围内起到解决管辖权冲突的作用。

[7] 关于国际诉讼竞合问题，1999年10月通过的海牙《民商事管辖权与判决承认与执行公约（草案）》以《关于民商事案件管辖权及判决执行的公约》（以下简称《布鲁塞尔公约》）为蓝本并加以修正，采取以重复起诉禁止原则为原则，而于某些例外情形时可拒绝行使管辖权之折中解决方案。其第21条规定了重复起诉禁止原则；第22条"拒绝管辖之例外情"规定得拒绝行使法院管辖权之情形，并规定以严格之适用要件，以强调其属于例外情形。

与国际私法统一学会的《跨国民事诉讼原则》[1]、2005年海牙《选择法院协议公约》[2]等。

一、欧盟国际私法的相关成果

欧盟在统一国际民商事管辖权方面的立法，主要体现为"布鲁塞尔—卢加诺体系"，其发展演变过程可分成如下四个阶段。初始阶段（1973—1980年），主要体现为1968年《布鲁塞尔公约》，该公约自1973年生效，1978年历经一次修订。第二阶段（1980—1998年），依据《马斯特里赫特条约》《欧洲联盟条约》第三支柱的司法合作义务，欧盟内部市场的跨境诉讼程序得到加强，《布鲁塞尔公约》历经1982年、1989年和1996年修订。1988年，欧盟与欧洲自由贸易联盟（冰岛、挪威与瑞士）缔结了《卢迦诺公约》。第三阶段（1999—2009年），《阿姆斯特丹条约》下的司法合作机制，欧盟成员国间的司法合作从原来的第三支柱变为第一支柱，欧盟国际私法统一进程得以加速，欧盟理事会2000年12月22日制定了《关于民商事案件管辖权及判决承认与执行的第44/2001号（欧共体）条例》（以下简称《布鲁塞尔条例Ⅰ》），2003年11月27日制定了《关于婚姻和父母责任事项的管辖权、判决承认与执行的第2201/2003号（欧共体）条例》（布鲁塞尔条例Ⅱa），2007年修订了《卢迦诺公约》，2008年12月28日制定了《关于扶养义务事项的管辖权、法律适用、判决承认与执行方面合作的第4/2009号（欧共体）条例》。第四阶段（2009年至今），《里斯本条约》下的欧盟国际私法的整合与挑战，如欧盟于2012年对《布鲁塞尔条例Ⅰ》进行修订，欧盟理事会2016年6月24日制定《关于婚姻财产制事项的管辖权、法律适用、判决承认与执行的第2016/1103号（欧盟）条例》，等等。一般认为，互信原则是贯穿这四个阶段的共同基础。下文仅就《布鲁塞尔条例Ⅰ》（修订）进行简要介绍。

1.适用范围

《布鲁塞尔条例Ⅰ》（修订）第1条第1款明确了该条例适用于"民商事案件"，而不问管辖的性质。其第2款进一步列举了排除适用该条例的六种情形：（1）自然人的身份或能力、夫妻财产关系或者基于某一法律关系准据法可能对该法律关系产生婚姻关系的一定法律效力的事项；（2）破产事项，即关于公司或其他法人清偿协议、司法处置、和解及其他类似程序；（3）社会保障；（4）仲裁；（5）基于一项家庭、父母子女、夫妻或者姻亲关系而产生的抚养义务；（6）遗嘱与继承，包括因死亡而产生的抚养义务。

---

[1] 美国法律学会（The American Law Institute, ALI）自1997年开始即着手策划有关跨国民事诉讼的统一规则（Principle and Rules on Transnational Civil Procedure），为了将范围扩展至国际民事诉讼，1999年美国法律学会与国际统一私法协会（the International Institute for the Unification on Private Law, UNIDROIT）合作，并将研究计划之重点从规则（Rules）转至原则（Principles）。合作成果为2004年ALI与UNIDROIT的《跨国民事诉讼原则》，该原则第2条规定法院对当事人有管辖权之情形，其中第2.5条规定了法院得拒绝管辖之情形。

[2] 2005年海牙《选择法院协议公约》制定了三条基本规则：（1）被选法院应当审理案件；（2）其他所有法院都应拒绝管辖；（3）被选法院作出的判决应被其他缔约国法院承认与执行。以上三条义务包括在公约第5条、第6条和第8条中。公约第5条是针对被选法院的条款，它规定排他性选择法院指定的法院有管辖权并应行使该管辖权。第6条是针对所有其他缔约国法院的条款，它规定这些法院应中止或驳回之前的诉讼。第8条针对要求承认判决的法院，它规定排他性选择法院协议指定的缔约国法院作出的判决应得到承认与执行。

2. 管辖权规则

《布鲁塞尔条例Ⅰ》（修订）第二章"管辖权"共10节（第4条至第35条）分别对管辖权总则（含一般管辖权规定）、特别管辖权、保险事件的管辖权、消费合同的管辖权、个人雇佣合同的管辖权、专属管辖权、协议管辖权、关于管辖权和受理的审查、审理中的案件和有关联的诉讼案件、临时措施和保护措施等进行了全面的规定。

其中，《布鲁塞尔条例Ⅰ》（修订）对于《布鲁塞尔公约》最重要的修订是，明确了先受理法院原则与协议管辖规则的适用顺序。《布鲁塞尔条例Ⅰ》（修订）在其序言第22段指出，为了强化排他性管辖协议的效力以及避免诉讼被滥用，有必要对先受理法院原则规定一个例外情况。如果未被选择法院先行受理案件，而被排他性管辖协议选择的法院随后受理了在相同当事人之间因相同诉因提起的诉讼，此时先受理法院应中止诉讼，直到后一个法院宣布其没有管辖权。可见，在新修订的条例下，排他性管辖协议优先于先受理法院原则适用。这一理念被规定在了《布鲁塞尔条例Ⅰ》（修订）第31条中："在不影响第26条适用的情况下，如果被第25条所述管辖协议赋予排他性管辖权的某一成员国法院受理了案件，另一成员国的任何法院应中止诉讼，直到根据管辖协议受理的法院宣布其在该协议下没有管辖权。"

3、判决的承认与执行

《布鲁塞尔条例Ⅰ》（修订）第三章"承认与执行"共四节（第36条至第57条）分别对判决的承认、判决的执行、拒绝承认与执行规则、共同规定进行了规定。

二、海牙国际私法会议的相关成果

海牙国际私法会议自1992年即开始致力于国际民事诉讼管辖权、外国民商事判决相互承认与执行领域的法律统一与趋同，其早期讨论成果体现在1999年和2001年海牙《国际民商事管辖权和判决相互承认与执行公约（草案）》。虽然海牙国际私法会议当时的最初目标是制定一个混合公约，但鉴于两大法系在若干事项上无法达成一致，该项目只能分阶段逐步完成。第一阶段的成果为2005年海牙《选择法院协议公约》，该公约共有32个成员方，于2015年10月生效，其只调整涉及选择法院协议的国际案件，涵盖了管辖权和判决承认与执行问题。[1] 第二阶段的成果为2019年海牙《承认与执行外国民商事判决公约》，截至2022年8月共有28个成员方，该公约于2023年9月1日生效。[2] 第三阶段为国际民商事管辖权规则的统一与趋同。2022—2024年，管辖权项目工作组每年2月均就平行诉讼规则提出最新版本讨论稿，分别为海牙《平行诉讼草案》（2022年讨论稿）、海牙《平行诉讼草案》（2023年讨论稿）和海牙《平行诉讼草案》（2024年讨论稿）。

---

[1] HCCH Convention of 30 June 2005 on Choice of Court Agreements, https：//www.hcch.net/en/instruments/conventions/status-table/?cid=98, last visited Apr.8, 2024.

[2] HCCH Convention of 2 July 2019 on the Recognition and Enforcement of Foreign Judgments in Civil or Commercial Matters, https：//www.hcch.net/en/instruments/conventions/status-table/?cid=137, last visited Apr.8, 2024.

（一）海牙《选择法院协议公约》关于协议管辖的规定

海牙国际私法会议于 2005 年通过海牙《选择法院协议公约》，标志着海牙国际私法会议历经十余年艰辛孜孜以求的制定一部旨在国际范围内统一民商事管辖权和外国判决的承认与执行的国际统一法公约的努力获得了可喜的阶段性成果。目前，海牙《选择法院协议公约》已经先后在欧盟（除丹麦外）（2015 年 10 月）、英国（2015 年 10 月）、墨西哥（2015 年 10 月）、新加坡（2016 年 10 月）、黑山（2018 年 8 月）、丹麦（2018 年 9 月）、乌克兰（2023 年 4 月）等 33 个成员国生效。

海牙《选择法院协议公约》第 1 条明确规定，该公约适用于在民商事领域订立排他性选择法院协议的国际案件。该公约中所谓的"排他性选择法院协议"的内容如下。第一，公约中所谓的"排他选择法院协议"，是指当事人以书面形式或"客观证明方式"所达成的为解决与某一特定法律关系有关的业已产生或可能产生的争议目的，而制定一个缔约国法院，或一个缔约国的一个或多个特定法院，以排除其他任何法院管辖权的协议。第二，选择法院协议具有排他性，即制定一个缔约国法院，或一个缔约国的一个或多个特定法院的选择法院协议应该是具有排他性质的。被选择法院的管辖权是排他性质的。被选择法院"不得以争议应由另一国法院判决为由，拒绝行使管辖权"。同时，公约第 2 条明确排除了一些特定事项的适用。其一，本公约不应适用于下列排他性选择法院协议：自然人主要为个人、家庭或家人之目的（消费者）作为协议的一方；涉及雇佣合同，包括集体合同。其二，本公约不应适用于下述事项：自然人的身份及法律能力；扶养义务；其他家庭法事项，包括婚姻财产制度以及由婚姻或类似关系引起的其他权利义务关系；遗嘱与继承；破产、清偿或类似事项；运输货物及旅客；海洋污染，海事诉讼的责任限制，共同海损以及紧急拖船和救助；反托拉斯（竞争）事项；核损害的责任；自然人或其代表提起的人身伤害诉讼；不因合同关系产生的侵权而对有形财产造成的损害；不动产物权以及不动产租赁权；法人的效力、无效或解散，以及其机关所作决定的效力；版权和邻接权以外的知识产权的有效性；侵犯除版权和邻接权以外的知识产权，但有关侵权诉讼是基于违反当事人间与此种权利有关的合同提起，或者可以根据违反合同提起的除外；公共登记项目的有效性。

该公约中的"选择法院协议"具有双重法律性质。一方面，其属于私法合同，属于合同法调整的范畴；另一方面，其影响程序上的（管辖权方面）的结果，属于程序法调整的范畴。[1]为了实现涉外管辖协议的有效，管辖协议必须满足有效合同的一般性要件。从其合同性质的角度来看，如果涉外管辖协议被认定是无效合同，则不会产生管辖权方面的影响力。如果涉外管辖协议被认定为有效合同，那么受理法院则需考量下一步：涉外管辖协议产生的程序法上效力，即有效管辖协议对相关国家/地区法院管辖权产生的效力或影响力。

---

[1] Trevor Hartley, *Choice of Court Agreements under the European and International Instruments*, Oxford Unversity Press, 2013, p.129.

1. 选择法院协议有效性问题

在考量选择法院协议是否符合公约的相关形式与实质要件之前，首先要考虑涉案事项是否属于公约所适用的事项范围。这就涉及国际性的认定。依据海牙《选择法院协议公约》第1（a）条的规定，该公约适用于国际案件中就民事或者商事事项签订的排他性选择法院协议。[1]依据第1（b）条，"一起案件是国际性的，除非当事人在同一个缔约国居住，并且当事人之间的关系和所有与争议有关的其他因素，除了被选择法院的地点之外，都仅与该国有联系"。[2]

（1）选择法院协议的形式要件

关于选择法院协议的形式要件，公约作出了明确的规定。依据2005年海牙《选择法院协议公约》第3（c）条规定，一项排他性选择法院协议必须用以下方式缔结或者以文件形式证明：（1）以书面形式；（2）以其他任何联系方式，且该方式能提供可获取的信息，使其日后可予使用。[3]

（2）选择法院协议中的实质要件

选择法院协议中的实质要件主要是指选择法院协议中当事人的合意（Consent），选择法院协议中的合意是否为当事人真实善意的自由表达之判断，对选择法院协议有效性的认定具有重要意义，也将影响被选择法院的管辖权的认定。依据2005年海牙《选择法院协议公约》第5（a）条规定，如果根据被选择法院所在国的法律，该选择法院协议是无效的，则一项排他性选择法院协议中指定的某缔约国的一个或者多个法院对于相关争议无管辖权。类似地，依据2005年海牙《选择法院协议公约》第6（a）条规定[4]，当一方当事人声称选择法院协议无效时，受理该案的未被选择的法院在确定选择法院协议实质效力时，其依据的并不是法院地国法律，而是被选择法院所属国的法律。可见，关于选择法院协议中的合意（Consent）应适用被选择法院所属国的法律。

（3）选择法院协议中的当事人的能力

选择法院协议中的当事人是否具备缔结选择法院协议的能力，公约对不同的情形规定了不同的标准。第一种情形是，如果受理案件的法院是未被选择的法院，则受理法院依据法院地法来判断当事人的缔约能力。依据2005年海牙《选择法院协议公约》第6（b）条规定，根据受理案件的法院所在地国家的法律，一方当事人缺乏缔结该协议的能力时，被选择法院以外的缔约国法院才可以不中止或者放弃排他性选择法院协议适用的诉讼程序。[5]第二种情形是，如果案件作出判决后，由一方当事人向被请求国提出了承认或执行判决的请求，被请求国的法院对于当事人缔约能力则应适用被请求国法律。

---

[1] 海牙海牙《选择法院协议公约》第1（a）条。
[2] 海牙海牙《选择法院协议公约》第1（b）条。该公约第19条（限制管辖权的声明）和第20条（限制承认与执行的声明）允许各缔约国作出保留以限制公约中一些过于广泛的定义。但是，截止到目前，尚未有缔约国对此作出保留。
[3] 2005年海牙《选择法院协议公约》第3（c）条。
[4] 2005年海牙《选择法院协议公约》第6（a）条。
[5] 2005年海牙《选择法院协议公约》第6（b）条。

2. 涉外选择法院协议的效力问题

一般认为，有效涉外管辖协议的效力问题通常包括如下三个主要问题：被选择法院是否因有效涉外管辖协议而被赋予行使管辖权的权力；有效涉外管辖协议是否可以排除其他所有国家法院的管辖权（如果该有效涉外管辖协议具排他性）；被选择法院依据有效的涉外管辖协议而行使管辖权，其作出的判决可否在其他国家获得承认与执行。

（1）选择法院协议排他性的认定问题

特别值得注意的是，选择法院协议排他性与非排他性的性质认定，将会根本影响选择法院协议的效力。关于选择法院协议的排他性的认定标准问题，依据2005年海牙《选择法院协议公约》第3（b）条规定，选择法院协议"应视为具有排他性，除非当事人另有明确规定"。[1]

（2）选择法院协议对被选择法院的效力

依据2005年海牙《选择法院协议公约》第5条，除非依据被选择法院地法律该协议是无效的，否则在一项排他性选择法院协议中指定的某缔约国的一个或者多个法院对于该协议适用的争议有管辖权。享有管辖权的被选择法院不应以该争议应由另一国家法院审理为由拒绝行使管辖权。[2]

（3）选择法院协议对未被选择的法院的效力

依据2005年海牙《选择法院协议公约》第6条，被选择法院以外的缔约国法院应当中止或者放弃排他性选择法院协议适用的诉讼程序，除非：（1）根据被选择法院所在地国家的法律，该协议是无效的；（2）根据受理案件的法院所在地国家的法律，一方当事人缺乏缔结该协议的能力；（3）承认该协议有效将导致明显的不公正或者明显违背受理案件法院所在地国家的公共政策；（4）基于当事人不可控制的例外原因，该协议不能合理得到履行；（5）被选择法院已决定不审理该案。[3]

（二）海牙平行诉讼草案

依据海牙国际私法会议文件，未来可能制定的海牙管辖权公约的目标在于加强法律确定性、可预测性和司法正义，减少重复诉讼的风险和成本，防止出现国际民商事判决不一致的现象。[4]为此目标，海牙国际私法会议总务与政策委员会［the Council on General Affairs and Policy of the HCCH（CGAP）］于2021年成立了一个跨国民商事诉讼管辖权方面的工作组（以下简称管辖权工作组），其任务在于，以包容的全面的方式推进管辖权项目，其初期工作侧重于为平行诉讼和关联诉讼提供有拘束力的规则，其肯定直接管辖权规则和不方便法院原则在平行诉讼规则中的主要作用，尽管存在其他可能因素。[5]

---

[1] 2005年海牙《选择法院协议公约》第3（b）条。

[2] 2005年海牙《选择法院协议公约》第5条。

[3] 2005年海牙《选择法院协议公约》第6条。

[4] HCCH, "Report on the Jurisdiction Project", Annex I, "AIDE-MÉMOIRE OF THE FIFTH（ONLINE）MEETING OF THE EXPERTS' GROUP ON THE JURISDICTION PROJECT", para.7, Prel. Doc. No 3 of February 2021.

[5] See "About the Jurisdiction Project", HCCH website, https：//www.hcch.net/en/projects/legislative-projects/jurisdiction-project/, last visited Apr.8, 2023.

目前最新草案为管辖权工作组于2024年2月提交的海牙《平行诉讼草案》（2024年讨论稿）。

1. 立法模式的选择

全球国际民商事管辖权立法问题，一直以来就备受争议。F.Lowenfeld Andreas 曾多次反对严格区分国际公法与国际私法，其认为制定严格的国际民商事管辖权规则的尝试是注定会失败的，因为各国无法按照严格的规则行使管辖权，但是如果国际社会就国际民商事管辖权的相关标准达成一致意见，则各国法院能依据国际社会（包括本国）所共同接受的管辖权标准（如合理性原则）进行裁判。[1]

海牙管辖权工作组对采软法或硬法模式亦未能达成一致意见。其主要讨论了三种立法模式。[2]第一，制定关于直接管辖权（包括平行诉讼在内）的具有拘束力的公约。该模式的支持者们认为，直接管辖权问题和平行诉讼协调问题存在不可分割的内在联系，应在国际公约中一并规定；其强调硬法对国际民商事诉讼的重要价值，质疑软法的实际作用。第二，制定关于平行诉讼有拘束力的公约，制定关于直接管辖权的有拘束力的附加议定书（additional protocol）。第三，制定关于平行诉讼有拘束力的公约，以及关于直接管辖权的不具拘束力的法律文件（如示范法、指导原则等）。该模式的支持者们认为，鉴于各国的法律背景和管辖权规则存在重大差异，国际社会缔结直接管辖权公约将面临一定难度；而鉴于各国解决平行诉讼的现实需要，有必要就平行诉讼问题制定有拘束力的公约。

2. 适用范围之争议

（1）民商事事项

2024年海牙《平行诉讼草案》第1条借鉴了2019年海牙《承认与执行外国民商事判决公约》第1条的规定，海牙《平行诉讼草案》适用于民事或商事事项，并不涉及税收、海关或行政事项。而平行诉讼是否涉及民事或商事事项，取决于作为诉讼主体的主张或诉讼的性质。缔约国法院的性质，或国家是其中一方当事人等，均不是判断"民商事"的决定性因素。与此同时，海牙《平行诉讼草案》第2（1）条亦借鉴2019年海牙《承认与执行外国民商事判决公约》第2（1）条，规定了17项"排除的适用事项"，包括："（1）自然人的身份及法律能力；（2）扶养义务；（3）其他家庭法事项，包括婚姻财产制度以及由婚姻或者类似关系产生的其他权利义务；（4）遗嘱与继承；（5）破产、破产和解、关于金融机构的解决方案及类似事项；（6）旅客和货物运输；（7）跨界海洋污染或非国内管辖区域的海洋污染、源于船舶的海洋污染，海事诉讼的责任限制和共同海损；（8）核损害的责任；（9）法人或者自然人与法人合伙的有效、无效或者解散，以及其机关所作决定的效力；（10）公共登记事项的有效性；（11）诽谤；（12）隐私；

---

[1] Andreas F. Lowenfeld, International Litigation and the Quest for Reasonableness, 245 RECUEIL DES COURS 23, (1994–1), p.120.

[2] HCCH, "Report on the Jurisdiction Project", Annex I, "AIDE–MÉMOIRE OF THE FIFTH（ONLINE）MEETING OF THE EXPERTS' GROUP ON THE JURISDICTION PROJECT", para.9–13, Prel. Doc. No 3 of February 2021.

（13）知识产权……"[1]

（2）平行诉讼和关联诉讼

海牙管辖权项目工作组对平行诉讼和关联诉讼的定义尚存在分歧。依据2024年海牙《平行诉讼草案》第3条的规定，"平行诉讼"是指相同当事人就［同一标的］（same subject matter）在不同缔约国法院进行的诉讼；"关联诉讼"是指除"平行诉讼"外的不同缔约国法院进行的多个诉讼。[2]平行诉讼和关联诉讼的定义均仍须进一步讨论。

（3）与其他条约的关系

海牙《平行诉讼草案》在起草的过程中充分考虑了其与其他海牙国际私法会议制定的公约之间的关系。例如该草案在适用范围上完全照搬了2019年海牙《承认与执行外国民商事判决公约》；又如为避免与2005年海牙《选择法院协议公约》适用范围的重叠，该草案第7（2）条虽然照搬了2005年海牙《选择法院协议公约》关于"排他性选择法院协议"的定义，但采用否定式立法方式排除了排他性协议管辖权基础作为"优先管辖权基础/联系"的一部分。

3. 具体的国际民商事管辖权规则之讨论

关于各国国际民商事管辖权的确立，2024年海牙《平行诉讼草案》分别规定了优先管辖权规则、非排他管辖协议规则、管辖权规则等条款中，主要如下。（1）排他性有限管辖权/联系因素［(Exclusive)(Priority) jurisdiction / connection］。依据海牙《平行诉讼草案》第6条和第8（1）条的规定，以不动产对物权利为主要诉讼标的的平行诉讼在缔约国法院尚处于待决状态，不动产所在缔约国法院应享有优先管辖权，其他缔约国法院应（基于当事人的申请）而中止或驳回诉讼。（2）非排他管辖协议。海牙《平行诉讼草案》第7条和第8（1）条的规定，有关非排他性选择法院协议的平行诉讼，被选择的缔约国法院应继续对案件进行审理，其他缔约国法院应中止或驳回诉讼。（3）管辖权/联系因素（Jurisdiction / Connection）。海牙《平行诉讼草案》第8条第2款列举了10项管辖权依据/联系因素，缔约国法院可以据此行使管辖权。[3]此外，海牙《平行诉讼草案》第11条"避免拒绝司法"（Avoiding denial of justice）规定，当一个缔约国法院为避免出现当事人欠缺司法救济而确定其行使管辖权是必要的、合理的、可预见的时，本公

---

［1］ Art.2 of A draft of the provisions on parallel proceedings for future discussion, See HCCH, "Report of the Working Group on Jurisdiction", Prel. Doc. No 7 of February 2022, https：//assets.hcch.net/docs/d05583b3-ec71-4a5b-829c-103a834173bf.pdf ,last visited Feb.11, 2023.

［2］ Art.3, "Definition", A draft of the provisions on parallel proceedings for future discussion, See HCCH, "*Report of the Working Group on Jurisdiction*", Prel. Doc. No 2 of February 2024, https：//assets.hcch.net/docs/dc1c8d98-6303-438e-8f16-b1013ef71bdc.pdf, last visited Mar.3, 2024.

［3］ Art.9（1）, A draft of the provisions on parallel proceedings for future discussion, See HCCH, "*Report of the Working Group on Jurisdiction*", Prel. Doc. No 2 of February 2023, https：//assets.hcch.net/docs/fd997e67-381e-47f1-9ff8-74c28e2faf68.pdf, last visited Apr.8, 2023.

约任何规定均不得阻碍该国法院行使此项管辖权。[1]

关于平行诉讼之协调，海牙《平行诉讼草案》的创新之处还体现以下两个方面。（1）注重当事人诉权的保障。海牙《平行诉讼草案》第5条规定了诉讼的中止、驳回以及重启（Suspension, dismissal and resumption of parallel proceedings）。（2）更适当法院原则。首先，草案确定了更适当法院的确定标准。2023年海牙《平行诉讼草案》第10条制定了"更适当法院/最适当法院/更好法院的确定"规则作为平行诉讼的另一协调途径，当时有3个讨论方案。2024年《平行诉讼草案》第10条删除了上述3个方案，而采"适当的司法正义的实现"（proper administration of justice）作为确定更适当法院的标准，并列举了6项考量因素。其次，草案第9条拟规定确定更适当法院和先受理法院的具体程序问题，虽然工作组已取得实质性进展，但目前尚未通过具体的条文草案。

第三节 我国国际民商事管辖权规则之新发展

2023年《民事诉讼法》之前，我国原有国际民商事管辖权体系在过去四十多年里发挥了重要的作用，在促进国际民商事关系健康发展方面取得了重要成果，但是，这些国际民商事管辖权体系的规定尚存在不足之处，随着司法实践面临的涉外民事诉讼程序问题愈加复杂，当时涉外民事诉讼程序的功能定位、制度设计已难以满足公正、高效、便捷解决涉外民商事纠纷和维护国家主权、安全、发展利益的需要。

基于我国国际民商事关系发展的现实需要，2023年《民事诉讼法》对特殊地域管辖、专属管辖、协议管辖、应诉管辖、不方便法院原则、先受理法院规则等国际民商事管辖权规则进行了补充与完善。目前，我国现行国际民商事管辖权体系主要是由2023年《民事诉讼法》、2023年《外国国家豁免法》、1999年《海事诉讼特别程序法》、相关司法解释中关于涉外民商事管辖权的专门规则以及可适用于涉外民商事管辖权的国内民事诉讼管辖权规则所组成的。此外，也包括我国缔结的国际民商事管辖权方面的国际条约和双边协定等，如《国际油污损害民事责任公约》。

一、国际民商事管辖权的确立

我国人民法院确立涉外民事纠纷的国际民商事管辖权的法律依据，主要体现在一般地域管辖规则、特殊地域管辖规则、专属管辖规则、协议管辖规则和应诉管辖规则等。

（一）一般地域管辖

一般地域管辖，即属地管辖，是以涉外民商事案件与某一国地域上或者空间上的联

---

[1] Art.11, "Avoiding denial of justice", A draft of the provisions on parallel proceedings for future discussion, See HCCH, "*Report of the Working Group on Jurisdiction*", Prel. Doc. No 2 of February 2023, https://assets.hcch.net/docs/fd997e67-381e-47f1-9ff8-74c28e2faf68.pdf, last visited Apr.8, 2023.

系作为确定管辖权的依据。属地管辖的首要基础或依据是被告住所地或者经常居住地。

"原告就被告"原则被认为是我国民商事管辖权制度中的一般原则，即以被告住所地作为一般管辖权依据。换言之，如果被告住所地在我国，则我国人民法院对案件有管辖权。该原则规定于2023年《民事诉讼法》第22条第1款和第2款。依据这一条款，凡涉外民商事案件中被告住所地在我国境内的，我国法院就有管辖权；被告住所地与经常居住地不一致的，只要其经常居住地在我国境内，我国法院也有管辖权。《关于适用〈中华人民共和国民事诉讼法〉的解释》第3条第1款规定，"公民的住所地是指公民的户籍所在地"。该司法解释第4条规定，"公民的经常居住地是指公民离开住所地至起诉时已连续居住一年以上的地方，但公民住院就医的地方除外"。《关于适用〈中华人民共和国民事诉讼法〉的解释》第3条第1款还规定，"法人或者其他组织的住所地是指法人或者其他组织的主要办事机构所在地"。第3条第2款规定，"法人或者其他组织的主要办事机构所在地不能确定的，法人或者其他组织的注册地或者登记地为住所地"。

2023年《民事诉讼法》第23条规定了"原告就被告"原则的例外。对不在我国境内居住的人提起的有关身份关系的诉讼，对下落不明或者宣告失踪的人提起的有关身份关系的诉讼，对被采取强制性教育措施的人和被监禁的人提起的诉讼，由原告住所地的我国人民法院管辖；原告住所地与经常居住地不一致的，由原告经常居住地所在的我国人民法院管辖。其中，对不在我国境内居住的人提起的有关身份关系的诉讼由原告住所地人民法院管辖，常被我国法院作为确立涉外婚姻家庭等身份关系之诉的管辖权的法律依据。

（二）特殊地域管辖

特殊地域管辖，是以某个涉外民商事案件与特定国家的联系作为依据行使管辖权。2023年《民事诉讼法》第一编第二章第24条至第33条、第四编第二十四章第276条均对特别管辖作了详细规定。如果《民事诉讼法》第24条至第33条与第276条存在冲突，则依据"特别条款优于一般条款"的原则，第276条的规定优先适用。

《民事诉讼法》第24条至第33条对特别管辖作了详细规定。因合同纠纷提起的诉讼，由被告住所地或者合同履行地法院管辖（第24条）；因保险合同纠纷提起的诉讼，由被告住所地或者保险标的物所在地法院管辖（第25条）；因票据纠纷提起的诉讼，由票据支付地或者被告住所地法院管辖（第26条）；因公司设立、确认股东资格、分配利润、解散等纠纷提起的诉讼，由公司住所地人民法院管辖（第27条）；因铁路、公路、水上、航空运输和联合运输合同纠纷提起的诉讼，由运输始发地、目的地或被告住所地法院管辖（第28条）；因侵权行为提起的诉讼，由侵权行为地或被告住所地法院管辖（第29条）；因铁路、公路、水上和航空事故请求损害赔偿提起的诉讼，由事故发生地或车辆、船舶最先到达地、航空器最先降落地或被告住所地法院管辖（第30条）；因船舶碰撞或其他海事损害事故请求损害赔偿提起的诉讼，由碰撞发生地、碰撞船舶最先到达地、加害船舶被扣留地或被告住所地法院管辖（第31条）；因海难救助费用提起的诉讼，由救助地或被救助船舶最先到达地法院管辖（第32条）；因共同海损提起的诉讼，由船舶最先到达地、共同海损理算地或航程终止地法院管辖（第33条）。2022年《关于适用〈中华人民共和国民事诉讼法〉的解释》第18条至第26条进一步对上述特别管辖权规则予以了明晰。

2023年《民事诉讼法》最突出的变化之一是，第四编第二十四章"管辖"第276条（原第272条）的修订与新增。原第272条规定，因合同纠纷或者其他财产权益纠纷，对在中华人民共和国领域内没有住所的被告提起的诉讼，如果合同在中华人民共和国领域内签订或者履行，或者诉讼标的物在中华人民共和国领域内，或者被告在中华人民共和国领域内有可供扣押的财产，或者被告在中华人民共和国领域内设有代表机构，可以由合同签订地、合同履行地、诉讼标的物所在地、可供扣押财产所在地、侵权行为地或者代表机构住所地人民法院管辖。2023年《民事诉讼法》第276条在原有立法基础上进行了创新，主要体现如下。

1. 第276条第1款

2023年《民事诉讼法》第276条第1款规定，"因涉外民事纠纷，对在中华人民共和国领域内没有住所的被告提起除身份关系以外的诉讼，如果合同签订地、合同履行地、诉讼标的物所在地、可供扣押财产所在地、侵权行为地、代表机构住所地位于中华人民共和国领域内的，可以由合同签订地、合同履行地、诉讼标的物所在地、可供扣押财产所在地、侵权行为地、代表机构住所地人民法院管辖"。该条款，一方面扩大了特殊地域管辖规则的适用范围，扩及"涉外民事纠纷，对在中华人民共和国领域内没有住所的被告提起除身份关系以外的诉讼"，而不再局限于"因合同纠纷或其他财产权益纠纷"。另一方面通过列举的方式明确了六个适当联系因素，增加了法律的确定性与可预见性，同时也是对我国已有司法实践的肯定。

（1）合同签订地或合同履行地

我国《民事诉讼法》将"合同签订地、合同履行地……位于中华人民共和国领域内的"这一特定适当联系，作为我国人民法院可以据以确立国际民商事管辖权的特殊地域管辖基础。

如果涉案合同在我国领域内签订，则我国法院对该案享有管辖权。在司法实践中，合同约定的签订地与实际签字或者盖章地点不符的，我国法院应当认定约定的签订地为合同签订地。当事人在合同中约定了合同签订地，但在签署合同时，一方注明签于他地的，除非另一方对此提出异议，否则应当认定以变更后的地点作为合同签订地。[1]

如果涉案合同在我国领域内履行，则我国法院对该案享有管辖权。关于合同履行地，依据《关于适用〈中华人民共和国民事诉讼法〉的解释》第18条"合同约定履行地点的，以约定的履行地点为合同履行地"的规定，"合同对履行地点没有约定或者约定不明确，争议标的为给付货币的，接收货币一方所在地为合同履行地；交付不动产的，不动产所在地为合同履行地；其他标的，履行义务一方所在地为合同履行地。即时结清的合同，交易行为地为合同履行地"。"合同没有实际履行，当事人双方住所地都不

---

[1] 参见杭州某日用品有限公司与芜湖市某日杂有限责任公司买卖合同纠纷案，浙江省杭州市中级人民法院（2009）浙杭辖终字第309号民事判决书。

在合同约定的履行地的，由被告住所地人民法院管辖。"如张某桂与俞某股权转让纠纷管辖权异议上诉案，浙江省杭州市中级人民法院认为，本案初审被告张某桂为台湾地区居民，其在我国大陆地区没有住所，但涉案合同系在大陆地区履行，本案可由合同履行地人民法院管辖。因本案俞某诉请要求张某桂支付股权转让款，故争议标的为给付货币，俞某作为接收货币的一方，其所在地应为合同履行地。因俞某的住所地位于原审法院（杭州市萧山区人民法院）辖区内，因此，原审法院（杭州市萧山区人民法院）作为合同履行地法院对本案有管辖权。[1]

（2）诉讼标的物所在地或可扣押财产所在地

通过诉讼标的物或可扣押财产与法院地的紧密联系，也可以在当事人、纠纷与法院之间建立一种适当关联性，成为我国法院行使国际民商事管辖权的合理基础。如果诉讼标的物在我国，则诉讼标的物所在地人民法院对该案享有管辖权。如果被告在我国有可供扣押财产，则被告可供扣押财产所在地人民法院享有管辖权。例如，在黄某明、苏某弟与周某福代理人有限公司、亨某发展有限公司以及宝某发展有限公司合同纠纷案中。[2]由于黄某明、苏某弟在起诉时将宝某公司列为被告，且被告宝某公司在大陆地区有可供扣押的财产，即宝某公司已经取得的某土地的国有土地使用权，因此广东省高级人民法院作为可供扣押财产所在地对本案享有管辖权。又如，刘某与黄某帆民间委托理财合同管辖权异议纠纷上诉案。[3]该案刘某是台湾地区居民、黄某帆是香港特别行政区居民，因刘某在二审期间提供证据显示黄某帆在广州市有可供扣押的财产，因此广州市中级人民法院作为可供扣押财产所在地对本案享有管辖权。可见，在我国境内有可供扣押的被告财产，是我国法院行使管辖权的一项重要的管辖权根据，因为如果能有效控制被告的财产，才能保证判决有可能被实际执行，适应审判实践的需要。

（3）侵权行为地

关于侵权行为地的确定，依据2022年《关于适用〈中华人民共和国民事诉讼法〉的解释》，《民事诉讼法》第29条规定的侵权行为地，包括侵权行为实施地、侵权结果发生地（第24条）。信息网络侵权行为实施地包括实施被诉侵权行为的计算机等信息设备所在地，侵权结果发生地包括被侵权人住所地（第25条）。因产品、服务质量不合格造成他人财产、人身损害提起的诉讼，产品制造地、产品销售地、服务提供地、侵权行为地和被告住所地人民法院都有管辖权（第26条）。

关于网络纠纷案件的管辖权问题，我国已有多个司法解释进行规范，包括2014年《关于审理利用信息网络侵害人身权益民事纠纷案件适用法律若干问题的规定》、2020年《关于审理涉及计算机网络域名民事纠纷案件适用法律若干问题的解释》等。其中，

---

[1] 张某桂与俞某股权转让纠纷管辖权异议上诉案，浙江省高级人民法院（2017）浙01民辖终219号民事判决书。

[2] 黄某明、苏某弟与周某福代理人有限公司，享某发展有限公司以及宝某发展有限公司合同纠纷案，最高人民法院（2011）民四终字第32号书。

[3] 刘某与黄某帆民间委托理财合同管辖权异议纠纷上诉案，广东省高级人民法院（2012）粤高法立民终字第68号民事判决书。

2020年《关于审理侵害信息网络传播权民事纠纷案件适用法律若干问题的规定》第15条规定,"侵害信息网络传播权民事纠纷案件由侵权行为地或者被告住所地人民法院管辖"。"侵权行为地包括实施被诉侵权行为的网络服务器、计算机终端等设备所在地。""侵权行为地和被告住所地均难以确定或者在境外的,原告发现侵权内容的计算机终端等设备所在地可以视为侵权行为地。"〔1〕

（4）代表机构住所地

依据2018年修订的《外国企业常驻代表机构登记管理条例》第2条的规定,外国企业常驻代表机构（以下简称代表机构）,是指外国企业依照本条例规定,在中国境内设立的从事与该外国企业业务有关的非营利性活动的办事机构。代表机构不具有法人资格。该条例还规定了外国企业代表机构的监督管理部门及具体登记事项等内容。其中,省、自治区、直辖市人民政府市场监督管理部门是代表机构的登记和管理机关,登记机关应当与其他有关部门建立信息共享机制,相互提供有关代表机构的信息;代表机构的登记事项包括代表机构名称、首席代表姓名、业务范围、驻在场所、驻在期限、外国企业名称及其住所。

如果被告在我国设有代表机构,则该代表机构住所地的人民法院享有管辖权。广州梦某网络科技有限公司与英某游戏有限公司计算机软件著作权许可合同纠纷上诉案中,被告英某游戏有限公司,其登记注册地为中国香港特别行政区,其在大陆地区的联系地点在上海市。最高人民法院在该案裁定书中指出,上海联系地址可视为其在内地代表机构的住所地,上海知识产权法院对本案亦具有管辖权;因该案的合同签订地和合同履行地以及代表机构住所地人民法院具有管辖权,原告可择一提起诉讼。〔2〕

2. 第276条第2款

2023年《民事诉讼法》新增第276条第2款规定,"除前款规定外,涉外民事纠纷与中华人民共和国存在其他适当联系的,可以由人民法院管辖"。（以下简称为"其他适当联系"条款）这意味着"其他适当联系"条款可作为我国国际民商事管辖权规则的兜底条款。

2000年《国际私法示范法（学者建议稿）》第50条曾对"裁量管辖"进行专门立法,赋予法院司法自由裁量权以弥补立法规定的不足。其规定,对本法没有明确规定的诉讼,如中华人民共和国法院认为案情情况与中华人民共和国有适当的联系且行使管辖权为合理时,中华人民共和国法院可以对有关的诉讼行使管辖权。〔3〕可见,立法常常难以将所有情形都加以规定,在法律没有禁止性规定的情形下,学界建议,我国法院对某些案件可以根据国家主权原则,根据适当连结因素,行使司法管辖权。〔4〕

在"其他适当联系"条款写入《民事诉讼法》之前,在康某森无线许可有限公司与

---

〔1〕 2020年《关于审理侵害信息网络传播权民事纠纷案件适用法律若干问题的规定》第15条。
〔2〕 广州梦某网络科技有限公司与英某游戏有限公司计算机软件著作权许可合同纠纷上诉案,最高人民法院（2020）最高法知民辖终190号。
〔3〕 中国国际私法学会:《中华人民共和国国际私法示范法》,法律出版社2000年版。
〔4〕 中国国际私法学会:《中华人民共和国国际私法示范法》,法律出版社2000年版。

中某通讯股份有限公司标准必要专利许可纠纷管辖权异议案[1]、诺某亚公司和诺某亚技术公司等专利合同纠纷案[2]、知识产权之桥某有限责任公司、华某技术有限公司等专利合同纠纷案[3]中，我国最高人民法院在无法直接适用《民事诉讼法》中的管辖权规则的前提下，曾开创性地适用了"适当联系原则"确定涉外标准必要专利许可纠纷案的民商事管辖权。并采两步骤分析方法。第一步骤，中国法院对本案是否具有管辖权。关于标准必要专利许可纠纷这一特殊纠纷是否与中国存在适当联系的判断，可以考虑许可标的所在地、专利实施地、合同签订地、合同履行地等是否在中国境内。只要前述地点之一在中国境内，则应认为该案件与中国存在适当联系，中国法院对该案件具有管辖权。第二步骤，如果中国法院对本案具有管辖权，原审法院对本案行使管辖权是否适当。其中第一步骤属于国际民商及管辖权的确定问题。在上述三个案件中，最高人民法院认为，因原审法院为涉案专利主要实施地的人民法院，实质上与本案纠纷具有适当联系，对该案行使管辖权并无不当。此次修法也是对最高人民法院上述司法实践的肯定。

目前，学术界和实务界对"其他适当联系"条款的具体适用，如"适当联系条款"的性质及适用次序、"适当联系"的认定标准等，仍不明确，有待进一步的观察。（1）"其他适当联系"条款的性质。如有观点提出，"适当联系"原则是一种保护性管辖。[4]这一观点混淆了国际公法上的保护性管辖权与国际民事诉讼法上的保护性管辖权。另有观点则认为，2023年《民事诉讼法》涉外编并无保护性管辖权之规定。[5]（2）该条款的适用次序也至少存在两种理解：第一种理解是，"其他适当联系"条款是法无明文规定时、用以弥补立法之不足的兜底条款，即该兜底性条款作为我国所有管辖权立法（包括《民事诉讼法》第四编的国际民商事管辖权规定及第二章国内民商事管辖权的规定、其他法律中的国际民商事管辖权规定、多边条约或双边司法协定中的管辖权规定等）的兜底性条款。第二种观点则认为，"适当联系"国际民事管辖权替代国内地域管辖规则的类推适用。[6]这意味着，"其他适当联系"条款的适用，应后于涉外编中的其他管辖权规定，且其作为整个涉外编国际民商事管辖权规则的兜底条款，无须再类推适用《民事诉讼法》第二章关于国内民商事管辖权的规定。（3）在"其他适当联系"的认定标准方面，我国法院可结合个案的具体情况，足以认定涉外纠纷案件在六种适当联系以外与我国存

---

[1] 康某森无线许可有限公司与中某通讯股份有限公司标准必要专利许可纠纷管辖权异议案，最高人民法院（2019）最高法知民辖终157号民事裁定书。

[2] 诺某亚公司和诺某亚技术公司等专利合同纠纷案，最高人民法院（2022）最高法知民辖终167号民事裁定书。

[3] 知识产权之桥某有限责任公司、华某技术有限公司等专利合同纠纷案，最高人民法院（2022）最高法知民辖终221号民事裁定书。

[4] 沈红雨：《我国法的域外适用法律体系构建与涉外民商事诉讼管辖权制度的改革——兼论不方便法院原则和禁诉令机制的构建》，载《中国应用法学》2020年第5期；沈红雨、郭载宇：《〈民事诉讼法〉涉外编修改条款之述评与解读》，载《中国法律评论》2023年第6期。

[5] 宋晓：《国际民事诉讼管辖权的基础构造》，载《中国法学》2024年第1期。

[6] 黄志慧：《涉外法治视域下"适当联系"国际民事管辖权研究》，载《法学》2023年第12期。

在其他适当的、必要的、合理的联系的，可以依据"其他适当联系"条款行使管辖权。[1] 可见，"其他适当联系"的认定标准至少应涵盖适当性、必要性和合理性这三个基本特征。但由于目前最高人民法院尚未出台更细致的司法解释，"其他适当联系"认定标准仍具有高度抽象概括性。

（三）专属管辖

2021年《民事诉讼法》第273条规定，因在中华人民共和国履行中外合资经营企业合同、中外合作经营企业合同、中外合作勘探开发自然资源合同发生纠纷提起的诉讼，由中华人民共和国人民法院管辖。2023年《民事诉讼法》第四编新增第279条，对上述条款进行了增补，新增了两类专属管辖案件。其规定人民法院专属管辖的案件包括：（1）因在中华人民共和国领域内设立的法人或者其他组织的设立、解散、清算，以及该法人或者其他组织作出的决议的效力等纠纷提起的诉讼；（2）因与在中华人民共和国领域内审查授予的知识产权的有效性有关的纠纷提起的诉讼；（3）因在中华人民共和国领域内履行中外合资经营企业合同、中外合作经营企业合同、中外合作勘探开发自然资源合同发生纠纷提起的诉讼。

此外，根据《民事诉讼法》第34条的规定，下列案件属于我国法院专属管辖：（1）因我国境内的不动产纠纷提起的诉讼；（2）因我国境内的港口作业发生纠纷提起的诉讼；（3）因继承遗产纠纷提起的诉讼，被继承人死亡时住所地或主要遗产所在地在我国境内的。关于何为不动产纠纷，《关于适用〈中华人民共和国民事诉讼法〉的解释》第28条规定，"不动产纠纷是指因不动产的权利确认、分割、相邻关系等引起的物权纠纷"。"农村土地承包经营合同纠纷、房屋租赁合同纠纷、建设工程施工合同纠纷、政策性房屋买卖合同纠纷，按照不动产纠纷确定管辖。""不动产已登记的，以不动产登记簿记载的所在地为不动产所在地；不动产未登记的，以不动产实际所在地为不动产所在地。"

在海事诉讼方面，根据中国《海事诉讼特别程序法》第7条的规定，属于中国海事法院专属管辖范围的案件包括：（1）因沿海港口作业纠纷提起的诉讼，由港口所在地海事法院管辖；（2）因船舶排放、泄露、倾倒油类或其他有害物质，海上生产、作业或拆船、修船作业造成海域污染损害提起的诉讼，由污染发生地、损害结果地或采取预防污染措施地海事法院管辖；（3）因在中国领域和有管辖权的海域履行的海洋勘探开发合同纠纷提起的诉讼，由合同履行地海事法院管辖。

（四）协议管辖

明示的协议管辖，又称约定管辖或合意管辖，是契约自由和意思自治原则在国际民商事管辖权领域的延伸，指的是当事人双方在不违背内国专属管辖的情形下，以协商一致的方式来选择某一国家法院为管辖法院的制度。各国一般认为，国际民商事管辖协议具有独立性；可分为排他性管辖协议和非排他性管辖协议。但各国对管辖协议的性质和排他性的认定标准等并不一致。在我国司法实践中，通常当事人未明确管辖协议为非排

---

[1] 沈红雨、郭载宇：《〈民事诉讼法〉涉外编修改条款之述评与解读》，载《中国法律评论》2023年第6期。

他性的，则认定其具有排他性。

我国民事诉讼法关于协议管辖制度的规定经历了一些变化。1999年《民事诉讼法》第25条和第244条分别对国内民诉的协议管辖和涉外民诉的协议管辖进行了区分立法，即"双轨制"；2012年《民事诉讼法》修改时，删除了1999年《民事诉讼法》第244条，将涉外协议管辖和非涉外协议管辖统一规定于第34条，即"单轨制"；2023年《民事诉讼法》在涉外编管辖一章中单独增加了第277条涉外协议管辖的规定，即恢复了"双轨制"。2023年《民事诉讼法》新增第277条规定，涉外民事纠纷的当事人书面协议选择人民法院管辖的，可以由人民法院管辖。关于涉外协议管辖制度，需要把握的重点如下。

（1）适用范围。新法将协议管辖规则的适用范围规定为"涉外民事纠纷"。这不仅涵盖了原有立法规定的"合同或其他财产权益纠纷"，而且涵盖了"非财产权益纠纷"等，是对涉外协议管辖适用范围的重大突破，也是对我国近年来涉外协议管辖权方面的司法实践的肯定。但这并不意味着，涉外协议管辖的范围是不受限制的。从我国国际民商事管辖权体系来看，2023年《民事诉讼法》第279条通过专属管辖权范围的扩大而限缩涉外协议管辖的范围。

（2）可供当事人协议选择的人民法院范围。一是2023年《民事诉讼法》第277条取消了当事人协议选择我国法院时的"实际联系"要素，即涉外民事纠纷当事人可以协议选择与纠纷没有实际联系的我国人民法院。尊重当事人协议选择法院的意思自治、弱化实际联系要求已是国际民事诉讼的发展趋势。值得注意的是，2023年《关于修改〈最高人民法院关于设立国际商事法庭若干问题的规定〉的决定》也将其第2条第1项修改为，当事人依照《民事诉讼法》第277条的规定协议选择最高人民法院管辖且标的额为3亿元以上的第一审国际商事案件。中国《海事诉讼特别程序法》第8条也有类似规定，即海事纠纷的当事人都是外国人、无国籍人、外国企业或组织，当事人书面协议选择中国海事法院管辖的，即使与纠纷有实际联系的地点不在中国领域内，中国海事法院对该纠纷也有管辖权。此外，2019年12月27日发布的《关于人民法院为中国（上海）自由贸易试验区临港新片区建设提供司法服务和保障的意见》第4条、上海市高级人民法院2019年12月30日发布的《上海法院服务保障中国（上海）自由贸易试验区临港新片区建设的实施意见》、2020年8月26日发布的《深圳经济特区前海蛇口自由贸易试验片区条例》第56条等均鼓励自贸区法院探索受理没有连结点但都是当事人约定管辖的国际商事案件。二是涉外民事诉讼协议管辖的规定并未规定当事人协议选择我国法院时"不得违反本法对级别管辖和专属管辖的规定"。这是因为涉外协议管辖首要解决的是国际民商事管辖权在各国的分配问题。至于确定我国法院的国际民商及管辖权后由国内哪一法院具体行使管辖权，应再依据民事诉讼法有关级别管辖、专门管辖等规定来确定。

（3）涉外管辖协议的形式要件。2023年《民事诉讼法》第277条明确要求涉外管辖协议采"书面"形式。在我国司法实践中对"书面"通常进行扩大解释，涵盖了合同书、信件、电子数据交换、传真以及电子邮件等。

（4）当事人协议选择我国人民法院管辖的涉外协议管辖，排除适用2023年《民事诉讼法》第281条（先受理法院）和第282条（不方便法院），即当事人协议选择我国人民法院管辖的，我国人民法院不可以外国法院为先受理法院或以我国法院为不方便法院为由而拒绝行使管辖权。

（5）选择外国法院管辖的排他性管辖协议的效力。2023年《民事诉讼法》第280条规定，当事人订立排他性管辖协议选择外国法院管辖且不违反本法对专属管辖的规定，不涉及中华人民共和国主权、安全或者社会公共利益的，人民法院可以裁定不予受理；已经受理的，裁定驳回起诉。

（五）应诉管辖

关于默示协议管辖，也被称为应诉管辖，2021年《民事诉讼法》第130条第2款规定，当事人未提出管辖异议，并应诉答辩的，视为受诉人民法院有管辖权，但违反级别管辖和专属管辖规定的除外。在我国已有司法实践中，"章公祖师肉身坐佛追索案"较为典型。在该案中，由于荷兰被告在收到三明市中级人民法院依国际司法协助程序送达的传票后，不仅在法定期限内没有提出管辖权意见，而且委托律师应诉答辩，我国三明市中级人民法院据此对该案享有合法管辖权。

2023年《民事诉讼法》在第四编中新增了第278条，规定当事人未提出管辖异议，并应诉答辩或者提出反诉的，视为人民法院有管辖权。这意味着，应诉管辖再次作为国际民商事管辖权规则而明确写入民事诉讼法涉外编中。依据上述条文可知，应诉管辖须同时满足以下几项条件：一是当事人未在答辩期内提出管辖权异议；二是当事人应诉答辩或反诉。较之国内民商事管辖权规则中的应诉管辖，新法新增了"当事人反诉"的情形，亦是对我国已有司法实践的总结与肯定。

二、国际民商事诉讼竞合及管辖权冲突之协调

（一）国际民商事诉讼竞合之允许及例外

虽然2022修订的《关于适用〈中华人民共和国民事诉讼法〉的解释》第531条对国际民商事诉讼竞合问题进行了规定，但其规定的情形并不全面，仅仅涵盖了"一方当事人向外国法院起诉，而另一方当事人向人民法院起诉的情形"。2023年《民事诉讼法》新增第280条进一步完善了我国法院在国际民商事诉讼竞合方面的立场。该条规定，"当事人之间的同一纠纷，一方当事人向外国法院起诉，另一方当事人向人民法院起诉，或者一方当事人既向外国法院起诉，又向人民法院起诉，人民法院依照本法有管辖权的，可以受理。当事人订立排他性管辖协议选择外国法院管辖且不违反本法对专属管辖的规定，不涉及中华人民共和国主权、安全或者社会公共利益的，人民法院可以裁定不予受理；已经受理的，裁定驳回起诉"。

1. 第280条的适用范围

2023年《民事诉讼法》第280条明确了我国人民法院可以受理如下案件，允许国际民商事诉讼竞合的存在，其适用条件如下。（1）当事人之间的同一纠纷。这是一个备受争议的问题，2024年海牙《平行诉讼草案》第3条关于平行诉讼的定义也仍须进一步讨论。就我国第280条的理解而言，首先，2022年《关于适用〈中华人民共和国民事诉讼

法〉的解释》第247条关于国内的重复起诉的判断标准（相同当事人、相同标的、相同诉讼请求）不宜用于判断国际民商事诉讼竞合的"同一纠纷"。其次，结合我国已有司法实践经验，为了尽可能协调国际民商事诉讼竞合现象，国际民商事诉讼竞合的"同一纠纷"的判断，较国内重复诉讼的要件更为宽松，通常仅考量（基本）相同的当事人和相同的标的这两个要素，如华某技术有限公司等与康某森无线许可有限公司确认不侵害专利权及标准必要专利许可纠纷案。（2）国际民商事诉讼竞合体现为，一方当事人向外国法院起诉，另一方当事人向人民法院起诉；或一方当事人既向外国法院起诉，又向人民法院起诉的。（3）人民法院依照本法对涉外民事纠纷享有管辖权。从我国已有司法实践可知，涉外案件当事人是否在外国法院先行起诉，外国的诉讼是否审结、是否作出生效判决等，均不影响另一方当事人依法在我国法院的起诉，除非我国法律另有规定。

2. 例外情形

2023年《民事诉讼法》第280条在允许国际民商事诉讼竞合的同时，明确规定了例外情形，即当事人订立排他性管辖协议选择外国法院管辖且不违反本法对专属管辖的规定，不涉及中华人民共和国主权、安全或者社会公共利益的。此外，2023年《民事诉讼法》第281条规定了先受理法院规则，第282条规定了不方便法院原则，这两个条款的适用结果均有可能导致我国人民法院对涉外民事纠纷不行使管辖权。

（二）先受理法院

平行诉讼在给当事人提供更多诉讼机会的同时，也加剧了国际民商事诉讼管辖权的冲突。2023年《民事诉讼法》第281条首次在立法中肯定了先受理法院原则在涉外民商事管辖权领域的适用，这对避免国际民商事管辖权积极冲突具有重要意义。其适用条件如下。

1. 人民法院依据2023年《民事诉讼法》第280条受理涉外民事案件

依据第280条，当事人之间的同一纠纷，一方当事人向外国法院起诉，另一方当事人向人民法院起诉，或者一方当事人既向外国法院起诉，又向人民法院起诉，人民法院依照本法有管辖权的，可以受理。但新法第281条所适用的范围不包括当事人订立排他性管辖协议选择外国法院管辖且不违反本法对专属管辖的规定，不涉及我国主权、安全或社会公共利益的案件。

2. 当事人以外国法院已经先于我国人民法院受理为由，书面申请人民法院中止诉讼

新法第281条仅仅规定了先受理法院是外国法院、后受理法院是我国法院的情形；且先受理法院原则的适用必须以当事人以外国法院已经先于我国人民法院受理为由书面申请而启动，不能由人民法院依据职权而启动先受理法院原则分析。值得注意的是，当我国法院是后受理法院且我国法院审理案件存在重大不便，当事人提出管辖异议时，则可能会出现"先受理法院"原则或"不方便法院原则"的法条竞合现象。

3. 例外情形

下列情形下，人民法院不能裁定中止诉讼，而应继续审理。

（1）当事人协议选择人民法院管辖，或者纠纷属于人民法院专属管辖。第一，尊重当事人协议选择我国人民法院管辖。在协议管辖与先受理法院原则之间的关系方面，选

择我国法院管辖的协议管辖（不区分排他或非排他）优先于先受理法院原则。可见，我国这一规定不同于欧盟《布鲁塞尔条例Ⅰ》（修订）的相关规定。第二，纠纷属于人民法院专属管辖。由于我国人民法院对专属管辖所涵盖的纠纷具有管辖的义务，所以不得因先受理法院原则的适用而拒绝行使其本应享有的管辖权。

（2）由人民法院审理明显更为方便。我国人民法院为审理明显更为方便，如诉讼与我国联系更密切、证据在我国的可获得性更大、判决在我国的可执行性更大，则可以不适用先受理法院原则，我国法院不应中止诉讼而应继续审理。"明显"一词也体现了，不适用先受理法院原则的这一情形属于例外，必须严格且谨慎适用。

4. 当事人诉权的保障

新法第281条主要从两方面保障当事人诉权。一方面，当事人以外国法院已经先于我国人民法院受理为由书面申请人民法院中止诉讼时，人民法院针对当事人的书面申请，可以裁定中止诉讼；另一方面，如果在我国人民法院裁定中止诉讼之后，先受理的外国法院未采取必要措施审理案件，或者未在合理期限内审结的，则依当事人恢复诉讼的书面申请，人民法院应当恢复诉讼。

（三）不方便法院原则

2023年《民事诉讼法》第282条将原有规定的不方便法院原则适用时必须同时满足的条件进行了删减和增补。依据2023年《民事诉讼法》第282条，人民法院受理的涉外民事案件，被告提出管辖异议，且同时有下列情形的，可以裁定驳回起诉，告知原告向更为方便的外国法院提起诉讼：①案件争议的基本事实不是发生在中华人民共和国领域内，人民法院审理案件和当事人参加诉讼均明显不方便；②当事人之间不存在选择人民法院管辖的协议；③案件不属于人民法院专属管辖；④案件不涉及中华人民共和国主权、安全或者社会公共利益；⑤外国法院审理案件更为方便。裁定驳回起诉后，外国法院对纠纷拒绝行使管辖权，或者未采取必要措施审理案件，或者未在合理期限内审结，当事人又向人民法院起诉的，人民法院应当受理。

1. 适用不方便法院原则的程序性规定

我国新法关于适用不方便法院原则的程序性规定，可以更好地保障当事人的诉权。体现如下。

第一，不方便法院原则的启动机制，须由被告提出管辖异议。首先，这一规定延续了《关于适用〈中华人民共和国民事诉讼法〉的解释》第530条第1项及其司法实践经验，不允许我国人民法院依职权主动启动不方便法院原则的分析，而以被告提出管辖异议为必要条件。如2017年某商业银行股份有限公司与高某保证合同纠纷案，被告即在答辩期限内提出了管辖权异议，由此，我国法院有权就不方便法院原则适用问题进行了分析。[1] 其次，《关于适用〈中华人民共和国民事诉讼法〉的解释》第530条第1项规定，"被告提出案件应由更方便外国法院管辖的请求，或者提出管辖异议"。新法比旧法措辞

---

[1] 某商业银行股份有限公司与高某保证合同纠纷案，上海市第二中级人民法院（2016）沪02民初4号之一民事裁定书。

更加言简意赅,因为新法规定的"被告提出管辖异议"已涵盖了旧法第1个条件所规定的两种情形。

第二,我国法院以不方便法院原则为由拒绝行使管辖权的方式。依据原有的规定,如果涉外民事案件同时符合《关于适用〈中华人民共和国民事诉讼法〉的解释》第530条规定的6种情形,则我国人民法院可以裁定驳回原告的起诉,告知其向更方便的外法域法院提起诉讼。如在水泥工业有限公司、某油轮有限公司航次租船合同纠纷案中,天津市高级人民法院认为,该案同时符合《关于适用〈中华人民共和国民事诉讼法〉的解释》第530条规定的6种情形,可适用不方便法院原则拒绝行使管辖权,由原告向更方便的外国法院提起诉讼。[1] 2023年《民事诉讼法》第281条在这一问题上延续了原有司法解释的规定,我国法院可以以不方便法院为由裁定驳回原告的起诉,告知原告向更为方便的外国法院提起诉讼。

第三,适用不方便法院原则导致的不利结果的救济措施。这是2023年《民事诉讼法》所新增的内容。依据新法第281条,我国人民法院裁定驳回起诉后,满足如下情形之一的,当事人又向人民法院起诉的,人民法院应当受理:外国法院未采取必要措施审理案件或未在合理期限内审结,且当事人提出书面申请。"应当"一词表明了,作为保障当事人诉权的重要救济措施,具有如上情形的,我国人民法院应当行使对该案本来就依法享有的管辖权。

2. 适用不方便法院原则的适用条件

被告依据2023年《民事诉讼法》第282条提出管辖异议,人民法院须审核个案是否同时满足如下5种情形:(1)案件争议的基本事实不是发生在中华人民共和国领域内,人民法院审理案件和当事人参加诉讼均明显不方便;(2)当事人之间不存在选择人民法院管辖的协议;(3)案件不属于人民法院专属管辖;(4)案件不涉及中华人民共和国主权、安全或者社会公共利益;(5)外国法院审理案件更为方便。经比较可知,新法删除了原有不方便法院原则适用条件中案件不涉及我国国家、公民、法人或者其他组织的利益、外国法院对案件享有管辖权等条件,新增了"案件不涉及中华人民共和国主权、安全或者社会公共利益"的条件。这在一定程度上改变了我国当前司法实践中不方便法院原则的适用过度谨慎的情况,也有助于我国法院更理性地解决国际民商事管辖权积极冲突,是本次《民事诉讼法》修法的一个亮点。

(1)案件争议的基本事实不是发生在中华人民共和国领域内,人民法院审理案件和当事人参加诉讼均明显不方便。而2023年《民事诉讼法》第282条规定的第一个条件,是在《关于适用〈中华人民共和国民事诉讼法〉的解释》第530条基础上的补充和完善,其主要包括如下两个重点。一是我国法院审理涉外民商事案件明显不方便,其包括人民法院认定事实方面存在重大困难,主要涉及案件争议的基本事实不是发生在中华人民共和国领域内、证据的调查取证困难等。外国法的准确查明和适用不应成为判断是否适用

---

[1] 某水泥工业有限公司、某邮轮有限公司航次租船合同纠纷案,天津市高级人民法院(2020)津民辖终87号民事裁定书。

不方便法院原则的法定要件。二是当事人参加诉讼是否存在明显不方便。这是新法第282条新增的考量因素之一，也是国际立法和各国立法，尤其是普通法系国家和地区在适用不方便法院原则时考量的"私人因素"中的重要因素，我国新增这一因素符合国际立法趋势。此外，值得注意的是，从该条款"明显不方便"中的"明显"措辞可知，这一条件应从严谨慎适用。

（2）当事人之间不存在选择人民法院管辖的协议。2023年《民事诉讼法》第282条规定不方便法院原则分析的第二个条件延续了《关于适用〈中华人民共和国民事诉讼法〉的解释》第530条第2项"当事人之间不存在选择中华人民共和国法院管辖的协议"。如下两点值得注意。

第一，选择我国人民法院的管辖协议无须区分排他性与非排他性。如果当事人选择我国法院作为管辖法院，即使一方当事人提出管辖异议，我国法院也不可以依据新法第282条启动不方便法院分析，这对尊重当事人选择我国人民法院的意思自治、扩大我国人民法院管辖权具有重要意义。

第二，选择我国人民法院的管辖协议，应依据2023年《民事诉讼法》第277条进行判断，即无论纠纷是否与我国人民法院存在实际联系，均不影响当事人选择我国人民法院管辖的协议的有效性。而过去司法实践则须考虑2021年《民事诉讼法》第35条"实际联系"这一要素，从而导致当事人选择与纠纷没有实际联系的我国法院管辖的协议归于无效。

（3）案件不属于人民法院专属管辖。2023年《民事诉讼法》第282条的第三个条件延续了《关于适用〈中华人民共和国民事诉讼法〉的解释》第530条"案件不属于中华人民共和国法院专属管辖"的要素。这一规定明确了专属管辖与不方便法院原则之间的关系。一般而言，各国立法均将那些标的与国家的公共政策或重大的政治、经济问题联系紧密的法律关系无条件地划归本国法院专属管辖的范围，而排除任何其他国家法院的管辖权。我国的专属管辖规定既赋予了我国法院行使专属管辖的权力/资格，也赋予了我国法院必须行使管辖权的义务，因此，我国法院不能以不方便法院原则为由拒绝行使其本应享有的专属管辖权。此外，我国的专属管辖权范围扩大，也意味着不方便法院原则中法官自由裁量权范围的缩小。

（4）案件不涉及中华人民共和国主权、安全或者社会公共利益。2023年《民事诉讼法》第282条第1款第4项新增了"案件不涉及中华人民共和国主权、安全或者社会公共利益"的条件。经比较《关于适用〈中华人民共和国民事诉讼法〉的解释》第530条第4项"案件不涉及中华人民共和国国家、公民、法人或者其他组织的利益"可知，因为绝大多数我国民商事案件或多或少均涉及我国国家、公民、法人或者其他组织的利益，因而，我国法院以不方便法院原则为由拒绝行使管辖权的案例极其稀少，如果以公共秩序保留原则取代《关于适用〈中华人民共和国民事诉讼法〉的解释》第530条第4项，使不方便法院原则得以在更大范围内真正发挥其寻找"更方便法院"的作用，是值得肯定的。

然而，这是在我国在不方便法院原则中首次引入公共秩序保留条款，且公共秩序保留条款本身是一个弹性规则，法官对该条款有较大自由裁量权，宜谨慎且严格解释公共秩序保留条款的适用范围。

（5）外国法院审理案件更为方便。不方便法院原则的实质在于内国法院将司法管辖权礼让于具有管辖权的、更加方便审理案件的外国法院。为了准确理解"外国法院审理案件更为方便"这一条件，我国法院在适用该条件时，除文义和上下文解释之外，建议兼顾目的解释。如中国某商业银行股份有限公司诉刘某汉、陈某妃保证合同纠纷案，深圳市前海合作区人民法院认为，不方便法院原则的核心价值取向是促进公平正义的实现，如果法院放弃管辖权可能会使商业银行实质上丧失司法救济的权利，也在实际上丧失诉诸法律保障其合法权益实现的途径，这从根本上违背了公平和正义的原则，因此前海合作区人民法院审理该案件"更加方便"，不得以不方便法院原则拒绝管辖权。〔1〕

（四）禁诉令

我国立法虽然没有明确规定禁诉令制度，但2021年《民事诉讼法》第103条〔2〕等规定了财产保全制度，这就为我国法院近年作出具有禁诉令性质的财产保全命令提供了法律依据。〔3〕

在近年的涉外标准必要专利许可费纠纷案中，我国法院在多个案件中依法作出了财产保全命令。〔4〕区别于英美法系国家的传统禁诉令制度，我国在涉外标准必要专利纠纷案中的禁执令，是指为更公正解决涉外民商事纠纷，在不违反国际礼让的前提下，对于外国法院已作出的民商事判决，经一方当事人申请，我国法院依法作出禁执令，以禁止另一当事人在外国申请执行外国法院民商事判决或裁决。这种禁执令的本意并非阻碍外国国际民事诉讼程序的正常进展，而是希望促进特殊的涉外标准必要专利许可纠纷当事人在公平、合理、无歧视原则（FRAND原则）下达成许可费协议，〔5〕是以实现双方利益最大化为目的的。

---

〔1〕 中国某商业银行股份有限公司诉刘某汉、陈某妃保证合同纠纷案，广东省深圳市前海合作区人民法院（2016）粤0391民初852号民事裁定书。

〔2〕 2021年《民事诉讼法》第103条规定，"人民法院对于可能因当事人一方的行为或者其他原因，使判决难以执行或者造成当事人其他损害的案件，根据对方当事人的申请，可以裁定对其财产进行保全、责令其作出一定行为或者禁止其作出一定行为；当事人没有提出申请的，人民法院在必要时也可以裁定采取保全措施。人民法院采取保全措施，可以责令申请人提供担保，申请人不提供担保的，裁定驳回申请。人民法院接受申请后，对情况紧急的，必须在四十八小时内作出裁定；裁定采取保全措施的，应当立即开始执行。"

〔3〕 某财产保险有限公司深圳市分公司与某轮船舶所有人和光船承租人财产保全案，武汉海事法院（2017）鄂72行保3号；华某技术有限公司等与康某森无线许可有限公司确认不侵害专利权及标准必要专利许可纠纷案，最高人民法院（2019）最高法知民终732、733、734号；等等。

〔4〕 华某技术有限公司等与康某森无线许可有限公司确认不侵害专利权及标准必要专利许可纠纷案，最高人民法院（2019）最高法知民终732、733、734号；某通讯技术有限公司、某之家商业有限公司、北京某移动软件有限公司与某数字公司（IDC）、某数字控股有限公司财产保全案，湖北省武汉市中级人民法院（2020）鄂01知民初169号之一民事裁决书；某电子株式会社、某（中国）投资有限公司、某（中国）投资有限公司武汉分公司与爱某信公司财产保全案，湖北省武汉市中级人民法院（2020）鄂01知民初743号民事裁定书。

〔5〕 康某森无线许可有限公司与中某通讯股份有限公司标准必要专利许可纠纷管辖权异议案，最高人民法院（2019）最高法知民辖终157号。

第四节　我国关于国家及其财产管辖豁免规则之新发展

一、绝对豁免与限制豁免之争

国际法学界公认，"平等者之间无管辖权"，国家豁免源于各国主权独立、平等原则。国家豁免问题是一个夹杂着政治与法律、国际法与国内法、公法与私法、程序法与实体法及国际私法等多个领域的问题。2011 年 8 月 26 日《全国人民代表大会常务委员会关于〈中华人民共和国香港特别行政区基本法〉第十三条第一款和第十九条的解释》明确规定："外国国家及其财产在一国法院是否享有豁免，直接关系到该国的对外关系和国际权利与义务。"外国国家豁免制度，是指对涉及外国国家及其财产的民事案件，基于一定原则所确定的法院不予管辖、采取司法强制措施或者在特定情形下予以管辖、采取司法强制措施的专门制度安排。[1]

虽然各国的国家豁免制度存在差异，但国际社会公认国家豁免是习惯国际法原则。《联合国国家及其财产管辖豁免公约》（以下简称《联合国国家豁免公约》）在导言部分明确指出，"国家及其财产的管辖豁免为一项普遍接受的习惯国际法原则""习惯国际法的规则仍然适用于本公约没有规定的事项"。

国家豁免原则的内涵、外延以及国家实践一直在不断变化，各国采取的豁免政策和立法也在不断从绝对豁免走向限制豁免。所谓的绝对豁免原则，是指除非经过外国国家同意，否则一国法院不管辖以外国国家及其财产为被告的案件，也不对外国国家及其财产采取司法强制措施。

所谓限制豁免原则，就是根据国家行为的性质，将外国国家行为区分为"主权行为"和"非主权行为"，相应地将外国国家财产区分为"主权财产"和"商业财产"，据此明确对外国国家的主权行为和主权财产给予管辖豁免，对非主权行为和国家商业财产不再给予管辖豁免。

随着 19 世纪末一些国家开始参与市场交易，比利时、意大利等国法院开始在个案中采纳限制豁免原则。尤其是第二次世界大战之后，限制豁免原则已被越来越多的国家接受，成为国家豁免立法的发展趋势。20 世纪 70 年代以来，世界绝大多数国家通过立法、司法判例等方式实施限制豁免。其中，美国、英国、加拿大、澳大利亚、新加坡、南非等普通法系国家早已通过单行的国家豁免立法实施限制豁免原则，意大利、德国、法国、瑞典等欧洲国家通过国内法院判例或加入 1972 年《关于国家豁免的欧洲公约》及其附加议定书等方式实施限制豁免原则，巴西等拉美国家以及韩国等亚洲国家通过司法实践确立了限制豁免原则，日本在加入《联合国国家豁免公约》后于 2009 年通过《日本对外国国家民事管辖法》接受了限制豁免原则，俄罗斯也已于 2015 年通过《俄罗斯

---

[1] 张天培：《全国人大常委会法工委负责人就外国国家豁免法答记者问》，载《人民日报》2023 年 9 月 2 日，第 5 版。

关于外国国家和财产在俄罗斯联邦的管辖豁免法》实施限制豁免原则。虽然《联合国国家豁免公约》并未生效，但欧洲人权法院等区域性的法院、巴西等国的国内法院在裁判中均经常援引该公约作为裁判说理依据，该公约所采纳的限制豁免原则影响越来越大。

二、中国的外国国家豁免制度

中国长期以来均坚持绝对豁免，反对外国法院未经中国允许受理以中国及其财产为被告的案件，也不受理以外国国家及其财产为被告的案件，但2023年制定的《外国国家豁免法》完成了从绝对豁免的外交政策到限制豁免的法律制度的转变。

（一）《外国国家豁免法》中外交部门与司法部门的权限划分

国家豁免既是一个涉及管辖权与豁免权的法律问题，又是直接关系到一国与外国国家的关系和该国对外关系和利益的对外政策问题。虽然说国际关系中存在一个从武力到外交再到法律的文明进步过程[1]，但在外国国家豁免这种兼具政治与法律、外交与司法的领域，在司法机关处理案件时，外交部门及外交政策仍然发挥着重大作用。《外国国家豁免法》将外国国家是否享有豁免的政治和政策问题转化为法律问题，将负责部门由外交部转换为法院，但外交部仍然在外国国家豁免案中依法发挥积极作用。[2]《外国国家豁免法》第19条明确规定外交部在外国国家豁免案件中的重要作用，第20条规定的外交特权与豁免及第21条规定的对等原则虽未明确外交部的作用，但外交部实际上均可以也应该发挥重大作用。[3]简言之，外交部门在国家豁免案件中的外国国家认定、外交送达等国家行为的事实问题上发挥决定性作用，在其他涉及重大国家利益的事项上发挥重要作用。

1. 外交部门对国家行为的事实证明约束法院

参考借鉴美国判例、《英国国家豁免法》第21条等规定及国际通行规则，我国《外国国家豁免法》第19条规定了中国外交部在国家豁免案件中的地位与角色。其中，第1款规定，外交部就以下有关国家行为的事实问题出具的证明文件，中国的法院应当采信：一是案件中的相关国家是否构成《外国国家豁免法》第2条第1项中的外国主权国家；二是《外国国家豁免法》第17条规定的外交照会是否以及何时送达；三是其他有关国家行为的事实问题。判断被告是否构成"外国主权国家"以及谁代表"外国主权国家"，涉及敏感的国家承认和政府承认等外交事项，是一项政治性决定和国家行为，不受司法审查。[4]外交照会及送达，由外交部经办并作出证明书，法院自应采信。至于何谓"其他有关国家行为的事实问题"，需要进一步明确。

（1）"外国国家"的认定

---

[1] Louis Henkin, *How Nations Behave: Law and Foreign Policy*(Columbia University Press, 2nd edn, 1979), p. 1.

[2] 《对外关系法》第14条第1款规定："中华人民共和国外交部依法办理外交事务……"

[3] 关于外交部介入外国国家豁免诉讼的问题，参见王卿：《国家豁免权的正当程序保障问题研究》，法律出版社2016年版，第197—217页。

[4] 依据《行政复议法》（2023年修订）第12条、《行政诉讼法》（2017年修正）第13条、《关于适用〈中华人民共和国行政诉讼法〉的解释》第2条，外交部根据宪法和法律的授权，以国家的名义实施的有关外交事务的行为属于国家行为，不属于行政复议、行政诉讼范围。

《外国国家豁免法》规定的是"外国国家"的豁免，故判断哪些主体构成"外国国家"是适用《外国国家豁免法》的首要问题。实际上，在《联合国国家豁免公约》制定时，各国对"外国国家"的定义也存在争议。《外国国家豁免法》第 2 条第 1 项将外国国家界定为外国主权国家，该规定与 1978 年《英国国家豁免法》第 14 条第 1 款、2009 年《日本对外国国家民事管辖法》第 2 条等规定类似，均强调适用于本国以外的其他国家。

《外国国家豁免法》第 2 条第 2 项规定外国国家包括外国主权国家的国家机关或者组成部分，但并未界定"外国主权国家的国家机关或者组成部分"的准确定义，语义上应该包括外国国家及其政府（指广义的政府，不限于行政）的任何部门，"主权国家的组成部分"一词类似于《联合国国家豁免公约》第 2 条第 1 款第 b 项第 2 目所指的"联邦国家的组成单位或政治区分单位"、《美国法典》第 28 编第 1603（a）节规定的"政治分支机构"，应该包括单一制国家的省级政府及其政府的任何部门、联邦制国家的州政府及其政府的任何部门，以及具有特殊地位的政治区分单位。简言之，外国中央政府及其部委和军队、驻外使团（含驻外国使领馆和驻联合国等国际组织代表团）、地方政府均属于外国国家。其中，外国地方政府属于"主权国家的组成部分"。

关于被告是否构成外国国家的时点，《外国国家豁免法》并未规定，原则上应以法院立案时被告状态为主，并结合涉案行为发生时被告状态，但法院也可能立案后根据案件事实作出相反认定。

（2）外交送达的完成及证明

送达是案件得以继续推进的前提。《外国国家豁免法》第 17 条第 1 款规定了向外国国家送达传票或者其他诉讼文书的两种方式，且两种方式实际上是递进的，即优先依照该外国国家与中华人民共和国缔结或者共同参加的国际条约中规定的方式送达；如无条约，则采取该外国国家接受的且中华人民共和国法律不禁止的其他方式。第 17 条第 2 款规定了外交送达，即如通过该条第 1 款方式无法完成送达的，可以通过外交照会方式送交该外国国家外交部门，外交照会发出之日视为完成送达。如前所述，外交照会及送达，由外交部经办，由外交部作出证明书，法院自应采信。

《外国国家豁免法》第 17 条第 3 款规定送达的诉讼文书的译本。第 4 款规定，向外国国家送达起诉状副本时，应当一并通知该外国国家在收到起诉状副本后 3 个月内提出答辩状；第 5 款规定，任何外国国家在对其提起的诉讼中就实体问题答辩后，不得再就诉讼文书的送达方式提出异议。第 17 条第 3 款至第 5 款的规定既便于外国国家答辩，也便于案件继续审理，避免外国国家实体答辩后又以送达存在问题为由拖延案件进程。

（3）《外国国家豁免法》适用于中国香港特别行政区、中国澳门特别行政区

《外国国家豁免法》确立了中国的外国国家豁免制度，体现了中央人民政府决定采取的国家豁免规则和政策。根据《香港特别行政区基本法》第 13 条、第 18 条和《澳门特别行政区基本法》第 13 条、第 18 条，中央人民政府负责管理与香港特别行政区、澳门特别行政区有关的外交事务。《全国人民代表大会常务委员会关于〈中华人民共和国香港特别行政区基本法〉第十三条第一款和第十九条的解释》明确规定国家豁免规则或政策属于国家对外事务中的外交事务范畴。据此，《外国国家豁免法》施行后，香港特

别行政区、澳门特别行政区应当随中央人民政府转向《外国国家豁免法》所体现的国家豁免规则和政策。根据《香港特别行政区基本法》第 19 条第 3 款和《澳门特别行政区基本法》第 19 条第 3 款，在遇到涉及《外国国家豁免法》第 19 条规定的国家行为的事实问题时，香港特别行政区、澳门特别行政区的法院应取得行政长官就该等问题发出的证明文件，上述文件对法院有约束力。行政长官在发出证明文件前，须取得中央人民政府的证明书。

2. 外交部门与法院在对等豁免上的职能

国际法是建立在对等基础上的。因各国分歧较大，《联合国国家豁免公约》未规定对等原则，而并非不应该规定对等原则。中国在立法中也一直强调对等原则，《外国国家豁免法》第 21 条也规定了对等原则，明确规定："外国给予中华人民共和国国家及其财产的豁免待遇低于本法规定的，中华人民共和国实行对等原则。"关于由谁判断应否适用对等原则、适用的程序又是什么等问题，中国外交部有权出具书面意见，并且该书面意见应对法院具有约束力。

对等原则与反措施也存在联系，实践中有的国家将限制、剥夺外国国家豁免作为对外国国家采取反措施的一种措施，而被限制、剥夺豁免的国家又利用对等原则采取反制措施。在一定程度上，近年来国家豁免作为外交政策工具的趋势值得关注。

3. 法院负责豁免案件的程序问题，但外交部仍有权出具有关意见

《外国国家豁免法》主要规定对涉及外国国家及其财产民事案件的司法管辖问题，同时对法院有关文书送达、缺席判决等诉讼程序作出特别规定。

外交部有权介入法院诉讼程序。《外国国家豁免法》第 19 条第 2 款规定："对于前款以外其他涉及外交事务等重大国家利益的问题，中华人民共和国外交部可以向中华人民共和国的法院出具意见。"因此，在具体的国家豁免案件中，如外交部认为案件涉及重大国家利益，就可以主动向法院出具意见。当然，法院也可以向外交部发函，寻求外交部就某问题的意见。法院在收到外交部的意见后，应将该意见发给双方当事人质证，听取双方当事人意见，最终决定是否予以采信。

国家豁免法既是国际法又是国内法，但国内法院在塑造和适用豁免法上发挥着更多的作用。外国国家依据国际法享有国家豁免，但由于其被私人主体在另一国法院起诉，这必然涉及另一国国内法尤其是程序法的解释与适用。程序问题适用法院地法，中国也不例外。在国家豁免民事诉讼中，中国法院将适用《外国国家豁免法》和《民事诉讼法》等法律的规定。2023 年《民事诉讼法》第 305 条规定："涉及外国国家的民事诉讼，适用中华人民共和国有关外国国家豁免的法律规定；有关法律没有规定的，适用本法。"《外国国家豁免法》第 16 条规定："对于外国国家及其财产案件的审判和执行程序，本法没有规定的，适用中华人民共和国的民事诉讼法律以及其他相关法律的规定。"因此，对于国家豁免案件，首先适用《外国国家豁免法》的规定，《外国国家豁免法》没有规定的，适用《民事诉讼法》等法律的规定。

2007 年 5 月 22 日，最高人民法院发布《关于人民法院受理涉及特权与豁免的民事案件有关问题的通知》（法〔2007〕69 号），对人民法院受理的涉及特权与豁免的案件建

立报告制度，凡以在中国享有特权与豁免的外国国家等主体为被告、第三人向人民法院起诉的民事案件，人民法院应在决定受理之前，报请本辖区高级人民法院审查；高级人民法院同意受理的，应当将其审查意见报最高人民法院，在最高人民法院答复前，一律暂不受理。[1]该文件不再强调"外交特权与豁免"，而是改用更为准确的"特权与豁免"一词。按照该通知确立的原则和中国的国情，《外国国家豁免法》实施之后，虽然中国法院有权依据《外国国家豁免法》判断是否存在管辖豁免例外、司法强制措施豁免例外，但下级法院在受理外国国家豁免案件之前也应向最高人民法院报告。

对外国国家作出缺席判决应慎重。借鉴《联合国国家豁免公约》第23条以及国际通行规则，《外国国家豁免法》第18条规定了缺席判决作出的前提、标准、期限、送达、上诉期等问题。首先，中国法院应当主动查明该外国国家是否享有管辖豁免；其次，对于外国国家在中华人民共和国的法院不享有管辖豁免的案件，由法院根据案件具体情况决定，但不得早于诉讼文书送达后6个月作出缺席判决；再次，缺席判决，应当按照《外国国家豁免法》第17条的规定送达；最后，外国国家对中华人民共和国的法院缺席判决提起上诉的期限为6个月，从判决书送达之日起计算。

4.《外国国家豁免法》不影响国际条约与国际习惯以及其他国内法确立的特权与豁免

《外国国家豁免法》第20条规定外交使团及相关人员、外国国家元首、政府首脑、外交部长及其他具有同等身份官员享有的特权与豁免不受影响。中国民事诉讼立法起初并未规定外国国家及其财产豁免，仅原则性规定外国人、外国组织或者国际组织的特权与豁免。[2]《外交特权与豁免条例》和《领事特权与豁免条例》规定了外交使团及人员的特权与豁免。可能为了与《外交特权与豁免条例》和《领事特权与豁免条例》强调"外交特权与豁免"的措辞一致，1991年4月9日第七届全国人民代表大会第四次会议通过《民事诉讼法》修改了相应措辞，将"司法豁免权"调整为"外交特权与豁免"。在民事诉讼法2007年、2012年、2017年、2021年、2023年修正时，该条的内容并未变动，仅是条文序号有所变化。

《外国国家豁免法》第20条符合《联合国国家豁免公约》第3条以及国际习惯，也意味着《外国国家豁免法》规定的豁免例外实际上受到限制，因为外交使团及相关人员、

---

[1]《关于人民法院受理涉及特权与豁免的民事案件有关问题的通知》列举的享有特权与豁免的主体包括：(1)外国国家；(2)外国驻中国使馆和使馆人员；(3)外国驻中国领馆和领馆成员；(4)途经中国的外国驻第三国的外交代表和与其共同生活的配偶及未成年子女；(5)途经中国的外国驻第三国的领事官员和与其共同生活的配偶及未成年子女；(6)持有中国外交签证或者持有外交护照（仅限互免签证的国家）来中国的外国官员；(7)持有中国外交签证或者持有中国互免签证国家外交护照的领事官员；(8)来中国访问的外国国家元首、政府首脑、外交部长及其他具有同等身份的官员；(9)来中国参加联合国及其专门机构召开的国际会议的外国代表；(10)临时来中国的联合国及其专门机构的官员和专家；(11)联合国系统组织驻中国的代表机构和人员；(12)其他在中国享有特权与豁免的主体。

[2] 1982年《民事诉讼法（试行）》第188条规定："对享有司法豁免权的外国人、外国组织或者国际组织提起的民事诉讼，人民法院根据中华人民共和国法律和我国缔结或者参加的国际条约的规定办理。"1991年《民事诉讼法》第239条规定："对享有外交特权与豁免的外国人、外国组织或者国际组织提起的民事诉讼，应当依照中华人民共和国有关法律和中华人民共和国缔结或者参加的国际条约的规定办理。"

外国国家元首、政府首脑、外交部长及其他具有同等身份官员依据《外交特权与豁免条例》《领事特权与豁免条例》以及中国缔结或者参加的国际条约及国际习惯等享有特权与豁免，也就不受中国法院管辖。例如，如外国国家与中国公民就在中国境内履行的一般劳动或劳务协议发生争议，则外国国家依据《外国国家豁免法》第 8 条不享有管辖豁免；如外国驻华使团与中国公民就在中国境内履行的一般劳动或劳务协议发生争议，则外国驻华使团享有管辖豁免。

"条约必须信守。"中国一直善意履行国际条约，并在《对外关系法》第 30 条第 1 款规定："国家依照宪法和法律缔结或者参加条约和协定，善意履行有关条约和协定规定的义务。"《外国国家豁免法》第 22 条又明确规定："中华人民共和国缔结或者参加的国际条约同本法有不同规定的，适用该国际条约的规定，但中华人民共和国声明保留的条款除外。"因此，如《外国国家豁免法》有与对中国有效的条约规定不同的，适用该条约规定。

（二）外国国家的管辖豁免及其例外

豁免例外的范围一直是限制豁免原则的理论与实践的焦点。豁免本身是对法院属地管辖权的例外，外国国家不应享有豁免的情形构成管辖权例外的例外。《外国国家豁免法》第 3 条将管辖豁免作为原则，将不予豁免的情形作为例外。《外国国家豁免法》第 4 条至第 12 条规定外国国家接受管辖的方式，并明确外国国家在从事商业活动、为获得个人提供的劳动或者劳务与个人签订合同、造成人身伤害等少数情形下不享有管辖豁免。这些规定符合国家主权平等原则，也符合国际通行规则，并结合、考虑了中国国情。

1. 外国国家放弃管辖豁免及其例外

放弃管辖豁免及其例外是各国立法及《联合国家豁免公约》均有的内容，只是在明示和默示放弃的方式以及条款结构和顺序上有区别。《外国国家豁免法》第 4 条规定明示放弃豁免，第 5 条规定默示放弃豁免，第 6 条规定放弃豁免的例外情形。第 6 条虽然功能上仅仅是第 5 条的例外条款，但第 5 条和第 6 条分开规定后逻辑更为清晰。

（1）外国国家明示放弃管辖豁免

《外国国家豁免法》第 4 条实际上是关于外国国家明示放弃管辖豁免的规定。国家及其财产享有管辖豁免是一项程序性权利，外国国家自然可以放弃该权利。外国国家放弃豁免而接受中国法院管辖的，就不能再主张豁免。因明示放弃豁免对外国国家权利影响甚大，故应明确规定什么情况下构成明示放弃豁免。《外国国家豁免法》第 4 条在规定外国国家通过条约、书面协议、提交书面文件接受管辖后，还增加了一个兜底的第 5 项"其他明示接受中华人民共和国的法院管辖的方式"。通过条约方式放弃豁免而接受管辖的典型例子是 1969 年《国际油污损害民事责任公约》，该公约第 11 条第 2 款规定国家所有而用于商业目的的船舶不应主张豁免。1980 年中国参加该公约时，并未对该条提出保留，即认可国家所有而用于商业目的的船舶不享有豁免。因此，如外国国家参加了该公约且未对第 11 条第 2 款提出保留，则中国法院有权管辖相关案件，外国国家不能主张管辖豁免。

（2）外国国家默示放弃豁免

《外国国家豁免法》第5条实际上是关于外国国家默示放弃豁免的规定。默示放弃豁免极为罕见，必须严格、狭义地解释外国默示放弃豁免。依据《外国国家豁免法》第5条，视为外国默示放弃豁免的情形限于如下四种。第一，外国国家作为原告向中华人民共和国的法院起诉。第二，外国国家作为被告参加中华人民共和国的法院受理的诉讼，并就案件实体问题答辩或者提出反诉。第三，外国国家作为第三人参加中华人民共和国的法院受理的诉讼。第四，外国国家在中华人民共和国的法院作为原告起诉或者作为第三人提出诉讼请求时，由于与该起诉或者该诉讼请求相同的法律关系或者事实被提起反诉。

（3）不得视为外国国家放弃豁免的情形

《外国国家豁免法》第6条规定了三种不视为放弃豁免、接受管辖的情形。第一，仅为主张豁免而应诉答辩。第二，外国国家的代表在中华人民共和国的法院出庭作证。出庭作证是配合法院诉讼，并不表示参与诉讼，不应视为放弃豁免。第三，同意在特定事项或者案件中适用中华人民共和国的法律。

2. 商业活动例外

长久以来，各国关于国家豁免中的商业活动例外及其判断标准一直未能完全达成一致。在国家豁免的国际立法中，在是否采用性质说、目的说上，各国争议非常大。《外国国家豁免法》第7条第2款规定："本法所称商业活动是指非行使主权权力的关于货物或者服务的交易、投资、借贷以及其他商业性质的行为。中华人民共和国的法院在认定一项行为是否属于商业活动时，应当综合考虑该行为的性质和目的。"该款规定主要还是强调商业行为的性质是非行使主权权力的行为，兼考虑行为的目的。

《外国国家豁免法》第7条第1款规定外国国家的商业行为不享有管辖豁免，核心是强调"非行使主权权力"，法院未来审理案件时固然要考虑行为的性质和目的，但无论如何都不能脱离"非行使主权权力"这个关键点。为避免过度管辖，该款只针对外国国家与其他国家的组织或者个人进行的商业活动，不针对外国国家与其本国的组织或者个人进行的商业活动；该款要求商业活动在中华人民共和国领域内发生，或者虽然发生在中华人民共和国领域外但在中华人民共和国领域内产生直接影响。

3. 劳动或者劳务例外

《外国国家豁免法》第8条也规定了劳动或者劳务例外，即外国国家在与个人之间因全部或者部分在中华人民共和国领域内履行的劳动或者劳务合同引起的诉讼中，该外国国家不享有管辖豁免。然而，劳动或者劳务例外又有例外，即外国国家可以在下列情况主张管辖豁免。

第一，获得个人提供的劳动或者劳务是为了履行该外国国家主权权力的特定职能。劳动或者劳务例外本质上是前述商业活动例外的一部分，但如外国国家是从事与主权权力有关的特定职能，则就其性质和目的而言这就已不再是商业活动，所引起的争议也不再是平等主体之间的争议，外国国家也自然可以主张管辖豁免。

第二，提供劳动或者劳务的个人是外交代表、领事官员、享有豁免的国际组织驻华代表机构工作人员或者其他享有相关豁免的人员。外交代表、领事官员、享有豁免的人员，因其身份和地位而从属于所在国家或机构，相关争议应由其内部解决，这是各国均应遵守的习惯规则，中国也应遵循，不对案件行使管辖权。

第三，提供劳动或者劳务的个人在提起诉讼时拥有该外国国家的国籍，且在中华人民共和国领域内没有经常居所的。原告如在中国没有经常居所，又具有外国国籍，则视为与该外国联系更密切，与中国没有密切联系，中国虽然可以依据属地原则行使管辖权，但不予管辖为佳，否则既不利于高效、准确解决争议，还有可能引发不必要的外交争议。因此，在这种情况下，中国法院不主张优先行使管辖，给予外国国家豁免，由该国民在其国籍国解决争议更为合适。

第四，该外国国家与中华人民共和国另有协议。如该外国国家与中国另有协议约定，则该协议约定优先，中国法院没有必要也没有权力管辖案件。

4. 侵权例外

侵权例外是得到高度认可的豁免例外。《外国国家豁免法》第9条规定："对于外国国家在中华人民共和国领域内的相关行为造成人身伤害、死亡或者造成动产、不动产损失引起的赔偿诉讼，该外国国家在中华人民共和国的法院不享有管辖豁免。"从国家实践来看，目前并不存在所谓的违反人权法的国家豁免例外，故《外国国家豁免法》并未规定所谓的人权例外，也不允许将所谓的侵犯人权的案件包装成侵权例外。

5. 财产的所有、占有和使用例外

财产的所有、占有和使用都涉及法院地的重要利益和关切，各国也一般要求产生的争议由本国法院管辖、适用本国法律。此外，这些财产事项归根结底也是国家作为平等主体与其他私人主体之间平等的财产关系，并不涉及主权权力行使问题，外国国家不享有管辖豁免不影响外国国家的主权权力和核心职能。《外国国家豁免法》第10条也规定了财产的所有、占有和使用例外。

6. 知识产权事项例外

《外国国家豁免法》第11条规定了知识产权事项例外。[1] 受中国法律保护的知识产权归属及相关权益源于中国，产生的诉讼自然不属于管辖豁免的案件，否则知识产权归属及相关权益也无法得到确定。该条第2项规定本质上是侵权例外在知识产权领域的表达。如果外国国家为发展旅游业制作发放的宣传品侵犯受中国法律保护的知识产权，虽然外国国家的行为可能具有公共目的，但所产生的诉讼并不涉及外国国家的主权权力和核心职能，这就属于知识产权事项例外的例子，外国国家不可主张管辖豁免。

7. 仲裁事项例外

《外国国家豁免法》第12条也规定了仲裁事项例外。《外国国家豁免法》第12条规定，对于外国国家与其他国家的组织或者个人之间的商业活动产生的争议、投资争端而

---

[1]《外国国家豁免法》第11条规定，对于下列知识产权事项的诉讼，外国国家在中华人民共和国的法院不享有管辖豁免：（1）确定该外国国家受中华人民共和国法律保护的知识产权归属及相关权益；（2）该外国国家在中华人民共和国领域内侵害受中华人民共和国法律保护的知识产权及相关权益。

提交仲裁的，如因仲裁协议及对仲裁司法审查产生的诉讼，外国国家不享有管辖豁免。具体而言，此类诉讼涉及仲裁协议的效力、解释，仲裁裁决的承认、执行、撤销，法律规定的其他对仲裁进行司法审查的事项。

（三）司法强制措施豁免及其例外

在执行豁免问题上，借鉴《联合国国家豁免公约》第四部分的规定，并与《外国中央银行财产司法强制措施豁免法》的用词保持一致，《外国国家豁免法》第 13 条至第 14 条使用"司法强制措施豁免"一词。

1. 司法强制措施豁免的例外情形

《外国国家豁免法》第 13 条第 1 款规定："外国国家的财产在中华人民共和国的法院享有司法强制措施豁免。"第 2 款规定："外国国家接受中华人民共和国的法院管辖，不视为放弃司法强制措施豁免。"该条对外国国家的财产提供了保护，既强调了外国国家的财产享有司法强制措施豁免，又进一步区分管辖豁免与司法强制措施豁免，明确放弃管辖豁免不得视为放弃司法强制措施豁免。《外国国家豁免法》第 13 条第 2 款的规则内容广为国际社会所采纳，毕竟各国都不希望因为执行豁免问题而极大地冒犯外国国家的尊严，严重地影响外交关系。

依据《外国国家豁免法》第 14 条，有下列情形之一的，外国国家的财产不享有司法强制措施豁免：（1）外国国家以国际条约、书面协议或者向中华人民共和国的法院提交书面文件等方式明示放弃司法强制措施豁免；（2）外国国家已经拨出或者专门指定财产用于司法强制措施执行；（3）为执行中华人民共和国的法院的生效判决、裁定，且外国国家的财产位于中华人民共和国领域内、用于商业活动并与诉讼有联系。上述规定的第一种情形实际上是外国国家放弃司法强制措施豁免，第二种情形是外国国家主动指定财产履行法院生效文书确定的义务，第三种情形是商业活动例外。如要构成第三种商业活动例外，还要求同时满足如下三个要件：第一，外国国家的财产要位于中国领域内，即对位于中国领域外的财产不能采取司法强制措施；第二，外国国家的财产用于商业活动，如何判断构成商业活动，需要结合《外国国家豁免法》第 7 条进行解释；第三，外国国家的财产与诉讼有联系，即财产要与原告（申请人）获得的胜诉判决案件直接相关，例如不能在获得劳动或劳务例外的胜诉判决后要求就外国国家在中国采购获得的口罩采取司法强制措施。

2. 享有司法强制措施豁免的特定财产

为了支持我国香港特别行政区维护其国际金融中心地位，给予外国央行财产在港绝对执行管辖豁免，香港特别行政区法院不对其采取强制措施。[1] 2005 年 10 月 25 日第十届全国人民代表大会常务委员会第十八次会议通过《外国中央银行财产司法强制措施豁免法》，并决定将之列入香港和澳门两特别行政区基本法附件三以适用于两特别行政区，

---

[1] 参见武大伟：《关于提请审议对在华外国中央银行财产给予司法强制措施豁免的议案的说明——2005 年 8 月 23 日在第十届全国人民代表大会常务委员会第十七次会议上》，载《中华人民共和国全国人民代表大会常务委员会公报》2005 年第 7 期。

赋予了外国中央银行财产豁免权。《外国国家豁免法》实施后，《外国中央银行财产司法强制措施豁免法》继续有效。

《外国国家豁免法》第 15 条在继续赋予外国中央银行财产的豁免权基础上，结合各国通常做法，规定外国国家享有司法强制措施豁免的特定财产。特定财产的范围非常广泛，包括外交代表机构、领事机构、特别使团、驻国际组织代表团或者派往国际会议的代表团用于、意图用于公务的财产，包括银行账户款项；属于军事性质的财产，或者用于、意图用于军事的财产；外国和区域经济一体化组织的中央银行或者履行中央银行职能的金融管理机构的财产，包括现金、票据、银行存款、有价证券、外汇储备、黄金储备以及该中央银行或者该履行中央银行职能的金融管理机构的不动产和其他财产；构成该国文化遗产或者档案的一部分，且非供出售或者意图出售的财产；用于展览的具有科学、文化、历史价值的物品，且非供出售或者意图出售的财产；中华人民共和国的法院认为不视为用于商业活动的其他财产。

重要名词术语

国际民商事管辖权、地域管辖、专属管辖、协议管辖、应诉管辖、先受理法院、不方便法院、绝对豁免、限制豁免、国家行为的事实问题、管辖豁免、司法强制措施豁免

思考题

1. 简述我国国际民商事管辖权体系的最新发展。
2. 简述国际民商事管辖权冲突的协调方法。
3. 简述我国的"适当联系原则"及其具体适用中的难题。
4. 评析 2023 年《民事诉讼法》第 281 条"先受理法院"规则。
5. 评析 2023 年《民事诉讼法》第 282 条"不方便法院"规则。
6. 为什么越来越多的国家采取限制豁免原则？
7. 如何更好地处理外交部与法院在国家豁免案件中的权力配置？

典型案例分析

案例一　康某森公司与中某公司标准必要专利许可纠纷管辖权异议案，最高人民法院（2019）最高法知民辖终 157 号民事裁定书

康某森公司是一家在卢森堡注册成立的非专利实施主体（NPE），其购买了部分无线通信标准必要专利。康某森公司与中某公司因无法达成标准必要专利许可协议发生纠纷，中某公司于 2018 年 1 月 17 日将康某森公司作为被告起诉至深圳市中级人民法院，请求裁判康某森公司许可给中某公司中国标准必要专利包的费率。康某森公司于 2018 年 4 月 20 日向德国杜塞尔多夫法院针对中某公司及其德国关联公司提起侵害标准必要

专利权纠纷诉讼。2020 年 8 月 27 日，杜塞尔多夫法院作出一审判决，认定中某公司及其德国关联公司侵害了康某森公司的 EP1797659 号欧洲专利，判令禁止中某公司及其德国关联公司在德国境内提供、销售、使用、进口或拥有带有 UMTS 功能的智能手机等移动终端产品。该判决康某森公司可以在提供 70 万欧元后获得临时执行。中某公司于 2020 年 8 月 28 日向我院申请行为保全（禁诉令），请求责令被申请人康某森公司在本案终审判决作出之前不得申请执行德国杜塞尔多夫地区法院就康某森公司诉中某公司及其德国关联公司侵害标准必要专利权纠纷案件作出的停止侵权判决。中某公司提供 600 万元保函作为担保。

一审法院认为，一旦康某森公司申请执行德国法院停止侵权的判决，将很可能阻碍本案的审理和裁判的执行，从而导致本案的审理和判决失去意义，综合考虑行为保全对申请人和被申请人利益影响，采取行为保全措施确有必要且不会损害公共利益，故作出裁定：康某森公司不得在本案作出终审判决前，申请执行德国杜塞尔多夫地区法院于 2020 年 8 月 27 日作出的一审停止侵权判决。

上诉人康某森公司因与被上诉人中某公司标准必要专利许可纠纷一案，不服广东省深圳市中级人民法院作出的（2018）粤 03 民初 335 号民事裁定书，向最高人民法院提起上诉。

最高人民法院经审查认为，本案系标准必要专利许可纠纷。根据当事人的上诉请求、答辩情况及案件事实，本案在二审阶段的主要争议焦点问题有以下三个。

1. 中国法院对本案是否具有管辖权

最高人民法院二审认为，康某森公司系外国企业，且其在中国境内没有住所和代表机构。针对在中国境内没有住所和代表机构的被告提起的涉外民事纠纷案件，中国法院是否具有管辖权，取决于该纠纷与中国是否存在适当联系。关于标准必要专利许可纠纷这一特殊纠纷是否与中国存在适当联系的判断，可以考虑许可标的所在地、专利实施地、合同签订地、合同履行地等是否在中国境内。只要前述地点之一在中国境内，则应认为该案件与中国存在适当联系，中国法院对该案件具有管辖权。本案中，非常明确的是，作为许可标的的标准必要专利为中国专利，作为许可标的的标准必要专利实施地也在中国，中国法院对本案具有管辖权。康某森公司关于标准必要专利使用费许可纠纷为合同纠纷、标准实施者的义务是支付专利使用费等主张忽视了标准必要专利许可纠纷的特殊性，其在此基础上以合同履行地不在中国境内为由，否定中国法院对本案的管辖权，理据不足，不予支持。

2. 若中国法院对本案具有管辖权，原审法院对本案行使管辖权是否适当

康某森公司主张，原审裁定以中某公司无线通信产品的研发地和生产地、合同谈判地及履行地确定本案管辖，缺乏依据；本案合同履行地应为康某森公司住所地，原审法院对本案不具有管辖权。对此，最高人民法院分析如下。

第一，标准必要专利许可纠纷具有特殊性。本案中，中某公司位于广东省深圳市，其在该地实施本案所涉标准必要专利。原审法院作为专利实施地法院，对本案具有管辖权。产品研发地、生产地属于专利实施地，原审法院以此确定本案管辖权，并无不当。

康某森公司关于原审裁定以中某公司产品研发地和生产地确定本案管辖缺乏依据的主张，本质上是将标准必要专利许可纠纷作为纯粹的合同纠纷对待，与标准必要专利许可纠纷的特质不符，本院不予支持。

第二，关于标准必要专利许可纠纷的合同履行地问题。首先，本案中双方当事人尚未达成许可协议。因此，本案不适宜将合同履行地作为案件管辖连结点。其次，本案中双方当事人争议的对象不仅可能涉及许可费用的支付，还可能涉及作为许可标的的专利是否属于真正的标准必要专利及其有效性问题。在争议对象不仅涉及许可费用的确定与支付时，难以适用《关于适用〈中华人民共和国民事诉讼法〉的解释》第18条的规定，将接收货币一方所在地作为合同履行地。康某森公司关于本案合同履行地应为其公司住所地并以此确定管辖法院的上诉理由不能成立，本院不予支持。

3. 本案是否应驳回起诉，告知原审原告向更方便的外国法院起诉

康某森公司主张，中某公司的诉讼请求与康某森公司在英国诉讼中的诉讼请求存在重叠；在先英国诉讼已取得显著进展且双方均为推动诉讼耗费了大量成本，英国法院是管辖本案更适宜的法院。对此，最高人民法院分析如下。

第一，国外正在进行的平行诉讼不影响中国法院对案件的管辖权。《关于适用〈中华人民共和国民事诉讼法〉的解释》第533条第1款规定："中华人民共和国法院和外国法院都有管辖权的案件，一方当事人向外国法院起诉，而另一方当事人向中华人民共和国法院起诉的，人民法院可予受理。判决后，外国法院申请或者当事人请求人民法院承认和执行外国法院对本案作出的判决、裁定的，不予准许；但双方共同缔结或者参加的国际条约另有规定的除外。"根据上述规定，即便某个案件的平行诉讼正在外国法院审理，只要中国法院对该案件依法具有管辖权，外国法院的平行诉讼原则上就不影响中国法院对该案予以受理。据此，无论本案与关联的英国诉讼是否存在重叠，均不影响原审法院对本案予以受理。康某森公司的相关上诉理由不能成立，本院不予支持。

第二，本案不符合不方便法院原则的适用条件。《关于适用〈中华人民共和国民事诉讼法〉的解释》第532条规定了不方便法院原则适用的六个条件，且主张适用该原则的被告应对此承担证明责任。本案中，最高人民法院注意到如下事实：（1）中某公司的注册登记地在中国，本案涉及中国法人的利益；（2）争议的主要事实发生在中国境内，包括标准必要专利是否实施、作为许可标的的专利是否有效、是否标准必要专利等；（3）康某森公司所提交的证据不能证明中国法院在认定事实和适用法律方面存在重大困难；（4）康某森公司所提交的证据不能证明英国法院审理本案更为便利。本案涉及中国标准必要专利许可问题，在中某公司对于许可标的是否标准必要专利及其效力问题质疑的情况下，英国法院对此问题的审理不比中国法院更为便利。同时，中某公司的经营收入60%来自中国，来自英国的经营收入占比不足0.1%，中某公司所可能支付的许可费用必然主要基于其在中国境内实施康某森公司标准必要专利的行为，本案标准必要专利许可纠纷显然与中国具有更密切的联系，中国法院审理更为便利。康某森公司关于本案应驳回起诉并告知中某公司向更方便的外国法院起诉的主张不能成立，本院不予支持。

案例二 中国某商业银行诉刘某汉、陈某妃保证合同纠纷案，广东省深圳市前海合作区人民法院（2016）粤0391民初852号民事裁定书

原告中国某商业银行作为贷款人，与案外人借款人艾某科有限公司、艾某拉斯科技有限公司、艾某科股份有限公司以及被告刘某汉、陈某妃存在长期借款及担保关系。本案原告中国某商业银行为中国台湾地区公司，同时在中国香港特别行政区注册登记。本案被告刘某汉、陈某妃为中国台湾地区居民，但刘某汉、陈某妃均在深圳市有可供扣押的财产（该财产已被前海合作区人民法院在本案中采取财产保全措施予以查封）。

2014年10月6日，原告某商业银行与上述借款人以及被告刘某汉、陈某妃签订《一般融资授信协议》的主合同。某商业银行给予借款人授信额度530万美元。该授信额度的适用以及衍生金融产品的交易均以香港特别行政区账户在香港特别行政区进行。双方约定主合同适用香港特别行政区法律及由香港特别行政区法院非专属管辖。此后，某商业银行四次向艾某拉斯科技有限公司发放融资款1915900美元，该借款至今未偿还。此外，艾某科有限公司的衍生性金融产品因其违约而提前结清，所产生的欠款未507629.39美元。对于上述主合同项下的债务，被告刘某汉和陈某妃曾于2014年10月6日向某商业银行出具无限额《保证书》，提供连带责任保证担保。《保证书》亦约定适用香港特别行政区法律以及由香港特别行政区法院非专属管辖。

因上述借款人和保证人未按照约定偿还借款，某商业银行向前海合作区人民法院起诉，起诉被告刘某汉和陈某妃就涉案借款本金和预期付款金承担连带清偿责任以及赔偿某商业银行因本诉讼而支出的相关实现债权的费用。

被告刘某汉和陈某妃在本案答辩期间内向前海合作区人民法院提出管辖权异议申请，其认为深圳市前海合作区人民法院属于《关于适用〈中华人民共和国民事诉讼法〉的解释》第532条规定的不方便法院，前海合作区人民法院对本案不具有管辖权，应驳回原告某商业银行的起诉。

前海合作区人民法院认为，依据《关于适用〈中华人民共和国民事诉讼法〉的解释》第532条规定的适用不方便法院原则的六个要素，前海合作区人民法院不属于不方便法院。

第一，不方便法院原则适用中要考虑到第5项要素"人民法院审理案件在认定事实和适用法律方面存在重大困难"，诸如法院审理是否存在重大困难、当事人和证人出庭是否便利、收集提供证据是否便利，在很大程度上是与特定社会的物质技术条件和法院审理案件能力密切相关的。衡量法院审理案件是否构成重大困难等要素，必须因时而异、因地而异。在该案中，因前海合作区人民法院具有专业化的涉外、涉港澳台的审判机制，建立了港籍陪审员制度，亦具备完善的法律查明机制，在认定该案实施和适用法律上并不构成重大困难，因而不具备符合适用不方便法院原则的要件。

第二，不方便法院原则适用中要考虑到第6项要素"外国法院对案件享有管辖权，且审理该案件更加方便"中的"更加方便"的理解。前海合作区人民法院认为，这应考虑不方便法院原则的核心价值取向是促进公平正义的实现。在该案中，无论是从诉讼实

践以及经济成本来衡量,还是从原告对被告提出诉讼的目的实现来评估,某商业银行在前海合作区人民法院起诉都具有正当性,没有恶意选择诉讼地以获取不正当诉讼利益的目的。因而,如果法院放弃管辖权可能会使某商业银行实质上丧失司法救济的权利,也在实际上丧失诉诸法律保障其合法权益实现的途径,这从根本上违背了公平和正义的原则。在这种情况下,前海合作区人民法院对某商业银行诉诸法律主张对其合法权益的法定权利保护的追求,显然应当超过对法院审理和刘某汉、陈某妃诉讼"便利"的追求。

第十五章　国际民商事司法协助

【内容提示】

本章论述的国际民事司法协助，限于域外送达、域外取证、外国判决的承认与执行。

国际民事诉讼中的域外送达，是指一国司法机关依据国内立法或国际条约的规定，将司法和司法外文书送给居住在国外的诉讼当事人或其他诉讼参与人的行为。各国对送达文书的性质存在不同的认识。域外送达主要有直接送达和间接送达两种途径。1965年《海牙送达公约》是国际社会就域外送达达成共识的影响最大的国际条约。我国依据国内立法、加入的双边司法协助条约和《海牙送达公约》等开展域外送达工作。

与域外送达一样，域外取证实际上也包括两类，一类是通过条约和外交途径进行的国际司法协助途径的间接取证，另一类是直接取证。我国对《海牙取证公约》第二章除第15条之外的条款均作出了保留，即我国反对外交官员、领事代表和特派员取证。外国司法机关或司法人员应根据条约规定途径，由外国具有提出取证请求资格的司法机关或个人向司法部提出调查取证请求，调取位于中国境内的证据材料。当事人可向当地人民法院提出申请，人民法院通过最高人民法院转递司法部或外交部，根据条约规定或互惠原则向被请求国提出调查取证请求。

国际民商事判决承认与执行，是指一国法院以多边条约或双边协定、或本国法律或互惠为基础承认与执行外国法院民商事判决的司法协助行为。各国对外国法院民商事判决性质有不同的见解，因此，在国际民商事判决承认与执行学说理论上出现了国际礼让说、既得权说、债务说、一事不再理说、特别法说、互惠说等不同学说。

目前，国际社会在国际民商事判决承认与执行方面已经取得了显著成果，如2005年海牙《选择法院协议公约》和2019年海牙《承认与执行外国民商事判决公约》。

我国2023年《民事诉讼法》首次系统规定了承认与执行外国法院民商事判决的条件，首次明确了间接管辖权的认定标准，并首次规定了救济制度等，这对我国国际民商事判决承认与执行制度完善具有重要意义。

国际民事司法协助（international civil judicial assistance），一般是指在国际民事诉讼中一国司法机关应另一国司法机关或有关当事人的请求代为或协助进行一定司法行为的制度。由于各国法律制度、文化、传统等的差异，在民事司法协助的内容上上也存在差异。美国等国家主张狭义理解国际民事司法协助，认为国际民事司法协助仅包括域外送达和域外取证。

中国等国家主张广义理解国际民事司法协助，认为国际民事司法协助不但包括域外送达和域外取证，而且包括对外国法院判决甚至是外国仲裁裁决的承认与执行。《民事诉讼法》涉外编第二十七章司法协助采取广义理解，规定了域外送达、域外取证、外国判决的承认与执行、外国仲裁裁决的承认与执行，尤其在第293条第1款规定："根据中华人民共和国缔结或者参加的国际条约，或者按照互惠原则，人民法院和外国法院可以相互请求，代为送达文书、调查取证以及进行其他诉讼行为。"司法部官网发布的《国际民商事司法协助常见问题解答》指出，中国与外国根据《海牙送达公约》《海牙取证公约》以及目前缔结生效的中外双边司法协助条约规定途径、外交途径开展民商事司法协助，主要内容包括司法文书送达、调查取证和判决的承认与执行等。[1] 司法协助交流中心代表司法部履行民商事司法协助中央机关职能，从发布的统计数据也可以看出，开展司法协助主要是送达文书、调查取证及判决承认与执行。[2] 鉴于外国仲裁裁决的特殊性，且将在国际商事仲裁部分予以介绍，故我们虽然从广义上理解国际民事司法协助，但本章仅论述域外送达、域外取证、外国判决的承认与执行。

第一节　国际民事诉讼中的域外送达

一、域外送达的概念及意义

（一）概念

国际民事诉讼中的域外送达（service abroad），是指一国司法机关依据国内立法或国际条约的规定，将"司法和司法外文书"（judicial and extrajudicial documents）[3] 送给居住在国外的诉讼当事人或其他诉讼参与人的行为。司法文书，是指与诉讼程序有关的所有文书，既包括由法院制作的传票、通知、决定、判决、裁定、令状等文书，也包括由当事人制作的起诉书、答辩状、反诉状、上诉状、申请书等文书。[4] 司法外文书，是指某一"当局"（authority）或"司法助理人员"（judicial officer）的介入，并产生相应的法律后果，但属于诉讼程序以外的文书，如公证书、认证书、给付催告书、退租通知书、汇票拒绝书、婚姻反对书、离婚协议书、收养同意书等。

关于何谓"域外"，各国界定也不相同。为了减少域外送达的不便，一般倾向于狭

---

[1]《国际民商事司法协助常见问题解答》，载司法部官网，https://www.moj.gov.cn/pub/sfbgw/jgsz/jgszzsdw/zsdwsfxzjlzx/sfxzjlzxxwdt/202303/t20230330_475371.html?eqid=acfd5408000041e7000000026447dc8b。

[2]《2024年第一季度办理民商事司法协助案件统计》，载司法部官网，https://www.moj.gov.cn/pub/sfbgw/jgsz/jgszzsdw/zsdwsfxzjlzx/sfxzjlzxxwdt/202404/t20240408_497186.html。

[3] 有的将之译为"诉讼和非诉讼文书"，参见《国际私法学》编写组编：《国际私法学》，高等教育出版社2023年版，第393页。

[4]《关于涉外民事或商事案件司法文书送达问题若干规定》第2条规定："本规定所称司法文书，是指起诉状副本、上诉状副本、反诉状副本、答辩状副本、传票、判决书、调解书、裁定书、支付令、决定书、通知书、证明书、送达回证以及其他司法文书。"

义解释向国外送达，尽量缩小"域外"的范围，使得很多存在涉外因素的送达被识别为国内送达。需要注意的是，涉外案件并不一定需要域外送达，只要文书并未传递出境，即使被送达人身在域外或者在域外有住所，仍不存在域外送达。[1]根据2020年《关于涉外民事或商事案件司法文书送达问题若干规定》第1条、《民事诉讼法》第283条第1款，人民法院对在中华人民共和国领域内没有住所的当事人送达诉讼文书属于域外送达，可以适用《海牙送达公约》。

根据《民事诉讼法》第283条第1款，当事人虽然在中华人民共和国领域内没有住所，但是如下的送达实际上可以直接送达，不视为域外送达：向受送达人在本案中委托的诉讼代理人送达；向受送达人在中华人民共和国领域内设立的独资企业、代表机构、分支机构或者有权接受送达的业务代办人送达；受送达人为外国人、无国籍人，其在中华人民共和国领域内设立的法人或者其他组织担任法定代表人或者主要负责人，且与该法人或者其他组织为共同被告的，向该法人或者其他组织送达；受送达人为外国法人或者其他组织，其法定代表人或者主要负责人在中华人民共和国领域内的，向其法定代表人或者主要负责人送达等。

（二）意义

司法文书的送达，对于法院和当事人都具有重要意义，并产生相应的法律效果。

就法院而言，司法文书的送达是诉讼程序推进和判决作出的前提。首先，传票和起诉书有效地送达给被告，是法院开始对案件行使管辖权并进行审理活动的前提。其次，在诉讼的各个阶段，送达是法院进行一系列法律程序的必备条件，只有将司法文书合法、及时地送达给有关人员，才能有效地组织诉讼活动，而且诉讼进程中的有些期限也从送达之日起算。例如调查取证、传唤证人到庭作证或提供文件，都必须依法通知有关当事人。1965年《海牙送达公约》第15条规定："只有证明在被告有足够的辩护时间内完成了对被告的送达，才能作出判决。"

就当事人而言，送达传票等司法文书意味着向被告通知原告的起诉或诉讼进程，并向其提供出庭答辩或以其他方式主张权利的机会。当事人只有收到司法文书并获悉司法文书的内容，才能确定自己如何行事诉讼权利和承担诉讼义务。如果送达不合法，当事人可以就此提出异议。另外，如果送达不合法，判决的承认与执行一般会以诉讼程序缺少必要的公正而被拒绝。

二、域外送达的性质与依据

（一）性质

各国对送达文书的性质存在不同的认识。英美法系认为，送达是当事人或其律师的事情，即使是协助在外国法院进行的诉讼，也被认为是属于"私"的性质，不能与"国家（州）的特权"联系在一起。[2]英美法系国家一般允许一国法院将司法和司法外文书交

---

[1] 参见汤净：《简明国际私法》，中国政法大学出版社2023年版，第133页。
[2] 唐安：《涉外民事诉讼程序中的送达问题》，载《中国国际法年刊》（1993年），第295页。

给具有一定身份的个人代为送达。这种个人可能是有关当事人的诉讼代理人，也有可能是当事人选定的人，或与当事人关系密切的人。这种送达方式一般为英美法系各国所承认和采用。

与此相反，在大陆法系国家，送达被视为国家司法机关执行职权的行为，由法院或专司送达的官员完成。[1]如果外国法院向其境内进行送达司法文书必须得到其许可，并且符合其法律规定的方式，否则就是对其主权的侵犯。[2]

在我国，送达也专属于人民法院的职权，是一种执行国家司法权的行为。《民事诉讼法》第294条第3款还明确规定："除前款规定的情况外，未经中华人民共和国主管机关准许，任何外国机关或者个人不得在中华人民共和国领域内送达文书、调查取证。"从这可以看出，我国也认为送达诉讼和非诉讼文书是一种很重要的司法行为。

当然，各国也互相借鉴其他国家的立法和实践，在某些事项上越来越接近。例如，《美国联邦民事诉讼规则》第4条第3款允许任何年满18周岁并且不是当事人的人士完成起诉状、传票等诉讼文书的送达，但第4.1条规定其他令状的送达程序应当由联邦执行官、副执行官或者法院为此目的而特别指定的人士负责实施。[3]在纯国内案件中，《德国民事诉讼法典》第191—195条已允许当事人自行或通过律师送达，《法国民事诉讼法典》第671—674条允许律师之间直接通知的方式送达。

（二）依据

域外送达属于国际民事司法协助的一种。根据国际法，一国并没有向他国提供民事司法协助的强制性义务。然而，随着国际交往不断走向纵深，各国的联系越来越紧密，在此过程中，跨国纠纷也因而增多。因此，为了各国自身的需要，必须加强民事司法协助领域的合作，其中一个重要的方面就是加强域外送达的合作。这样，各国除在国内立法中规定域外送达的方式之外，还依据条约和互惠原则进行域外送达。其中，除通过双边的司法协助条约（协定）外，很多国家还参加了1965年《海牙送达公约》。[4]

中国调整域外送达制度的依据，主要体现在中国同有关国家签订的司法协助协定和加入的1965年《海牙送达公约》之中，另外还包括《民事诉讼法》及有关司法解释和最高人民法院单独或与有关部门联合发布的一些文件，例如1986年8月14日由最高人民法院、外交部、司法部联合发出的《关于我国法院和外国法院通过外交途径相互委托送达法律文书若干问题的通知》，最高人民法院、外交部、司法部1992年3月4日发布的《关于执行〈关于向国外送达民事或商事司法文书和司法外文书公约〉有关程序的通知》，司法部、最高人民法院、外交部1992年9月19日发布的《关于执行海牙送达公

---

[1] 参见赵秀举译：《德国民事诉讼法典》，法律出版社2021年版，第68—69页；周建华译：《法国民事诉讼法典》，厦门大学出版社2022年版，第123页。

[2] American Law Institute, *Restatement (Third) of Foreign Relations Law of the United States*, American Law Institute Publishers, 1987, p. 530.

[3] 参见齐玎译：《美国联邦民事诉讼规则》，厦门大学出版社2023年版，第4—12页。

[4] 关于该公约的详细情况，可以参见 https://www.hcch.net/en/instruments/conventions/status-table/?cid=17，2024年3月30日。

约的实施办法》，最高人民法院 1993 年 11 月 19 日发布的《关于向居住在外国的我国公民送达司法文书问题的复函》，最高人民法院办公厅 2003 年 9 月 23 日发布的《关于指定北京市、上海市、广东省、浙江省、江苏省高级人民法院依据海牙送达公约和海牙取证公约直接向外国中央机关提出和转递司法协助请求和相关材料的通知》，2003 年 7 月 29 日最高人民法院办公厅发布的《关于就外国执行民商事文书送达收费事项的通知》，最高人民法院 2013 年 4 月 7 日发布的《关于依据国际公约和双边司法协助条约办理民商事案件司法文书送达和调查取证司法协助请求的规定实施细则（试行）》，最高人民法院 2020 年 12 月 29 日发布的《关于涉外民事或商事案件司法文书送达问题若干规定》与《关于依据国际公约和双边司法协助条约办理民商事案件司法文书送达和调查取证司法协助请求的规定》，最高人民法院 2022 年 1 月 24 日发布的《全国法院涉外商事海事审判工作座谈会会议纪要》。有的地方法院在具体审判实践中，就如何落实《民事诉讼法》域外电子送达等的具体细节也作了有关规定，如上海市高级人民法院 2022 年 3 月 28 日发布的《上海市高级人民法院关于进一步推广适用电子送达的若干规定（试行）》。

三、域外间接送达

域外间接送达[1]，是指一国法院在审理国际民事案件时通过国际司法协助的方式所进行的送达。间接送达一般包括国际司法委托和国际司法协助两个部分：一方面，受诉法院依法向该有关外国的司法机关或其他有关机构提出委托，即提出司法协助的请求；另一方面，该有关被请求国的司法机关或其他有权机构依法给予司法协助，以向该被请求国境内的有关当事人或其他诉讼参与人送达有关的文书。大致而言，要经过请求的提出、请求书及有关文书的传递、请求的执行及执行情况的通知等环节。

在域外间接送达中，虽然我国《民事诉讼法》规定了互惠原则，但实践中主要是通过《海牙送达公约》和双边司法协助协定进行合作，故不再单独论述互惠原则。

（一）通过《海牙送达公约》规定的中央机关送达

1. 适用范围

《海牙送达公约》是在 1954 年海牙《民事诉讼程序公约》基础上制定的，其宗旨在于：建立一套合适的制度以便利司法或司法外文书的国外送达，保证被送达人有充分的时间准备应诉，同时通过一种简单而迅速的程序以改进相互司法协助的体制。公约自 1965 年 11 月 15 日开放签字，并于 1969 年 2 月 10 日开始生效。截至 2024 年 3 月 30 日，该公约已有 84 个缔约国。我国于 1991 年 3 月 2 日批准加入《海牙送达公约》，

---

[1] 在有的论著中，间接送达被称为"代为送达"，请参见徐宏：《国际民事司法协助》，武汉大学出版社 1996 年版，第 168 页。

1992年1月1日起该公约对我国生效。[1]《海牙送达公约》同时延伸适用于我国香港特别行政区、澳门特别行政区。

根据《海牙送达公约》第1条，该公约适用于民事或商事案件中向国外送达司法文书或司法外文书，但在文书的受送达人地址不明的情况下，该公约不予适用。至于何谓民事或商事案件，该公约并未规定，由各国自行确定。一般而言，只要案件不涉及刑事或税务，就可以视为民事或商事。该公约也并未界定何谓司法文书或司法外文书。如前所述，司法文书一般指具有诉讼意义的文书，包括在诉讼过程中由法院和诉讼参与人制作和提交的各种书面材料；司法外文书则指非法院制作的诉讼程序以外的文书；该公约也并未界定何谓向国外送达，人民法院对在中华人民共和国领域内没有住所的当事人送达诉讼文书属于域外送达，可以适用《海牙送达公约》。

2. 中央机关的指定及最高人民法院的主管

《海牙送达公约》第2条第1款规定："每一缔约国应指定一个中央机关，负责根据第三条至第六条的规定，接收来自其他缔约国的送达请求书，并予以转递。"该公约第18条还允许联邦制国家指定一个以上的中央机关，并允许每一缔约国在指定中央机关外指定其他机关，但在任何情况下，申请者均有权将请求书直接送交中央机关。

最高人民法院、外交部、司法部于1992年3月4日发布了《关于执行〈关于向国外送达民事或商事司法文书和司法外文书公约〉有关程序的通知》。根据该通知的规定，我国司法部被指定为中央机关。就我国香港特别行政区、澳门特别行政区而言，分别由香港特别行政区高等法院、澳门特别行政区初级法院作为主管机关。[2]

在司法部作为中央机关之外，最高人民法院统一管理全国各级人民法院的国际司法协助工作。最高人民法院《关于依据国际公约和双边司法协助条约办理民商事案件司法文书送达和调查取证司法协助请求的规定》第6条规定："最高人民法院统一管理全国各级人民法院的国际司法协助工作。高级人民法院应当确定一个部门统一管理本辖区各级人民法院的国际司法协助工作并指定专人负责。中级人民法院、基层人民法院和有权受理涉外案件的专门法院，应当指定专人管理国际司法协助工作；有条件的，可以同时确定一个部门管理国际司法协助工作。"

3. 请求的提出

因为一国法院的司法和司法外文书需要通过其他国家的司法机关或其他有权机构送达给有关的当事人或其他诉讼参与人，所以请求国法院或有该项权限的其他机构应依据

---

[1] 我国批准加入《海牙送达公约》时还作出了如下声明和保留：(1)根据公约第2条和第9条规定，指定中华人民共和国司法部为中央机关和有权接收外国通过领事途径转递的文书的机关；(2)根据公约第8条第2款声明，只在文书须送达给文书发出国国民时，才能采用该条第1款所规定的方式在中华人民共和国境内进行送达；(3)反对采用公约第10条所规定的方式在中华人民共和国境内进行送达；(4)根据公约第15条第2款声明，在符合该款规定的各项条件的情况下，即使未收到任何送达或交付的证明书，法官仍可不顾该条第1款的规定，作出判决；(5)根据第16条第3款声明，被告要求免除丧失上诉权效果的申请只能在自判决之日起的1年内提出，否则不予受理。

[2] 参见海牙国际私法会议官网，https://www.hcch.net/en/instruments/conventions/status-table/authority/?sid=30&cid=17。

其内国诉讼立法和有关国际条约的规定提出请求书，用书面形式向外国法院或其他机构提出请求。例如，《海牙送达公约》第3条第1款规定："依文书发出国法律有权主管的当局或司法助理人员应将符合本公约所附范本的请求书送交文书发往国中央机关，无须认证或其它类似手续。"需要注意的是，提出请求的机构只能使请求国的法院或其他有此权力的机构，诉讼当事人一般也只能向所在国法院提出申请，再由该受诉法院按规定的方式提出司法协助请求书。

司法协助请求书应该具备一定的形式要件，《海牙送达公约》还专门附有请求书的格式。《海牙送达公约》第4条还规定，如中央机关认为该请求书不符合公约的规定，应及时通知申请者，并说明其对请求书的异议。

《海牙送达公约》第5条第3款规定，请求书和请求送达的文书需要请求国的官方文字或缔约国间商定的文字写成，或附有用被请求国文字翻译的译本。

4. 请求书及有关文书的传递

请求书及有关文书的传递必须经过一定的程序和方式，否则就可能遭到有关国家的拒绝。至于具体的程序和方式，即有关国家间将通过什么样的途径来递交有关请求书和所需送达的文书，各国立法和国际条约的规定都不尽相同。最高人民法院、外交部、司法部《关于执行〈关于向国外送达民事或商事司法文书和司法外文书公约〉有关程序的通知》主要规定了如下途径。

（1）凡公约成员国驻华使、领馆转送该国法院或其他机关请求我国送达的民事或商事司法文书，应直接送交司法部[1]，由司法部转递给最高人民法院，再由最高人民法院交有关人民法院送达给当事人。送达证明由有关人民法院交最高人民法院退司法部，再由司法部送交该国驻华使、领馆。

（2）凡公约成员国有权送交文书的主管当局或司法助理人员直接送交司法部请求我国送达的民事或商事司法文书，由司法部转递给最高人民法院，再由最高人民法院交有关人民法院送达给当事人。送达证明由有关人民法院交最高人民法院退司法部，再由司法部送交该国主管当局或司法助理人员。

（3）对公约成员国驻华使、领馆直接向其在华的本国公民送达民事或商事司法文书，如不违反我国法律，可不表示异议。

（4）我国法院若请求公约成员国向该国公民或第三国公民或无国籍人送达民事或商事司法文书，有关中级人民法院或专门人民法院应将请求书和所送司法文书送有关高级人民法院转最高人民法院，由最高人民法院送司法部转送给该国指定的中央机关；必要时，也可由最高人民法院送我国驻该国使馆转送给该国指定的中央机关。[2]

（5）我国法院欲向在公约成员国的中国公民送达民事或商事司法文书，可委托我国

---

[1]《关于执行海牙送达公约的实施办法》第1条规定："司法部收到国外的请求书后，对于有中文译本的文书，应于五日内转给最高人民法院；对于用英文或法文写成，或者附有英文或法文译本的文书，应于七日内转给最高人民法院；对于不符合《公约》规定的文书，司法部将予以退回或要求请求方补充、修正材料。"

[2]《涉外商事海事审判实务问题解答》第24条进一步明确了如何按照《海牙送达公约》送达涉外商事诉讼文书。

驻该国的使、领馆代为送达。委托书和所送司法文书应由有关中级人民法院或专门人民法院送有关高级人民法院转最高人民法院，由最高人民法院径送或经司法部转送我国驻该国使、领馆送达给当事人。送达证明按原途径退有关法院。

为进一步提高国际司法协助工作效率和服务审判工作，最高人民法院指定北京、上海、广东、浙江、江苏、福建、江西、山东、广西、海南十地的高级人民法院就涉及《海牙送达公约》《海牙取证公约》的司法协助工作进行试点，由高级人民法院直接对公约成员国中央机关提出和转递司法协助请求书和相关材料。[1] 据此，传递途径可以简化为请求法院提出请求，报送北京、上海、广东、浙江、江苏、福建、江西、山东、广西、海南的高级人民法院，再报送外国中央机关。其他省、自治区、直辖市高级人民法院请求途径为：请求法院提出请求，报送高级人民法院，再报送最高人民法院，再经由中国中央机关（司法部）转递至外国中央机关。

1992年9月19日，司法部、最高人民法院和外交部又联合颁布了《关于执行海牙送达公约的实施办法》，对送达中的一些细节问题作了规定。例如，该实施办法第1条规定："司法部收到国外的请求书后，对于有中文译本的文书，应于五日内转给最高人民法院；对于用英文或法文写成，或者附有英文或法文译本的文书，应于七日内转给最高人民法院；对于不符合《公约》规定的文书，司法部将予以退回或要求请求方补充、修正材料。"

5. 请求的执行及执行情况的通知

（1）请求的执行

从《海牙送达公约》的规定和一些国家的实践来看，一国执行外国提出的送达请求主要有三种方式。

①正式送达。《海牙送达公约》第5条第1款第1项规定，"按照其国内法规定的在国内诉讼中对在其境内的人员送达文书的方法"执行请求。这是《海牙送达公约》规定的执行外国请求的最主要的方式。而且，规定被请求法院根据被请求国法律按送达国内类似性质的文书的方式和程序进行送达已经成为执行送达请求的一项普遍原则。[2] 至于被请求法院具体将采取什么样的方式将需要送达的文书送达给有关当事人和诉讼参与人的问题，完全依赖于各国的内国法规定。当然，对此各国的规定不尽相同。2020年最高人民法院《关于依据国际公约和双边司法协助条约办理民商事案件司法文书送达和调查取证司法协助请求的规定》第4条第1款规定："人民法院协助外国办理民商事案件司法文书送达和调查取证请求，应当按照民事诉讼法和相关司法解释规定的方式办理。"据此，我国法院实际上是采用正式送达方式进行送达。

②特定方式送达。《海牙送达公约》第5条第1款第2项规定："按照申请者所请求采用的特定方法，除非这一方法与文书发往国法律相抵触。"也就是说，内国法院可以

---

［1］《国际民商事司法协助常见问题解答》，载司法部官网，https://www.moj.gov.cn/pub/sfbgw/jgsz/jgszzssdw/zsdwsfxzjlzx/sfxzjlzxxwdt/202303/t20230330_475371.html?eqid=acfd5408000041e7000000026447dc8b。

［2］参见谢石松：《国际民商事纠纷的法律解决程序》，广东人民出版社1996年版，第333—335页。

在不与内国法律规定相抵触的情形下，接受外国法院的委托，按外国法院所要求的特殊方式，将有关的文书送达给有关当事人或其他诉讼参与人。至于何谓"特定方法"，并没有一个明确的定义。事实上，这只能作相对的理解，只是相对于某一个国家，也就是相对于被请求国而言，或者对于没有用成文法规定某种方式和程序的国家来说，该有关的方式和程序为特定方式。最高人民法院《关于依据国际公约和双边司法协助条约办理民商事案件司法文书送达和调查取证司法协助请求的规定》第4条第2款规定："请求方要求按照请求书中列明的特殊方式办理的，如果该方式与我国法律不相抵触，且在实践中不存在无法办理或者办理困难的情形，应当按照该特殊方式办理。"据此，我国接受特定方式送达，但前提是该方式与我国法律不相抵触，且在实践中不存在无法办理或者办理困难的情形。

③非正式送达。非正式送达是指被请求国法院依其内国法的规定进行一般性的非强制送达，即在收件人自愿接收时向其送达文书，而无须严格遵循有关译文等形式上的要求。《海牙送达公约》第5条第2款规定："均可通过将文书交付自愿接受的收件人的方法进行送达。"

（2）执行情况的通知

一般而言，一国法院或其他的有关机构接受外国机构的委托，代为一定的送达行为以后，不管该送达行为的情况如何，都需要通过某种途径用适当的方式通知该外国的请求机构。各国民事诉讼法和各有关国际条约的一般规定以及实践中的普遍做法都是采用送达回证或由有关机构出具送达证明的形式。送达回证或送达证明一般都包括送达有关文书的方式、地点和日期以及收件人的有关情况。至于送达回证或送达证明应通过什么途径递交给请求机构，各国的立法规定和实际做法都不尽相同。《关于执行海牙送达公约的实施办法》第3条、第4条规定，受送达人拒收，应在送达回证上注明。《关于执行海牙送达公约的实施办法》第5条规定："司法部接到送达回证后，按《公约》的要求填写证明书，并将其转回国外请求方。"第6条规定："司法部在转递国外文书时，应说明收到请求书的日期、被送达的文书是否附有中文译本、出庭日期是否已过等情况。"

6.送达的费用

《海牙送达公约》第12条规定："发自缔约一国的司法文书的送达不应产生因文书发往国提供服务所引起的税款或费用的支付或补偿。申请者应支付或补偿下列情况产生的费用：（一）有司法助理人员或依送达目的地国法律主管人员的参与；（二）特定送达方法的使用。"最高人民法院、外交部、司法部《关于我国法院和外国法院通过外交途径相互委托送达法律文书若干问题的通知》第6条规定："我国法院和外国法院通过外交途径相互委托送达法律文书的收费，一般按对等原则办理。外国法院支付我国法院代为送达法律文书的费用，由外交部领事司转交有关高级人民法院；我国法院支付外国法院代为送达法律文书的费用，由有关高级人民法院交外交部领事司转递。但应委托一方要求用特殊方式送达法律文书所引起的费用，由委托一方负担。"因此，除非另有约定，请求国的有关机构依据国内立法和国际条约的规定请求被请求国的有关机构送达文书，原则上不需要支付或偿还手续费或被请求国的服务费用。

7. 无法送达和拒绝送达

在相互协助进行送达的过程中，被请求方有时会对送达请求提出异议进而拒绝送达，也有时存在一些客观障碍，致使无法进行送达。主要包括送达地址不详、涉及主权和安全、公共秩序以及专属管辖权等问题。[1]《海牙送达公约》第 13 条第 1 款规定："如果送达请求书符合本公约的规定，则文书发往国只在其认为执行请求将损害其主权或安全时才可拒绝执行。"实践中，很多国家均会援引该款规定拒绝送达。《民事诉讼法》第 293 条第 2 款规定："外国法院请求协助的事项有损于中华人民共和国的主权、安全或者社会公共利益的，人民法院不予执行。"在涉及我国主权豁免的案件中，我国司法部也拒绝送达美国法院的司法文书。[2]《海牙送达公约》第 13 条第 3 款规定："在拒绝执行的情况下，中央机关应迅速通知申请者，并说明拒绝的理由。"因此，被请求国拒绝送达的，也应及时通知请求国。

（二）通过双边司法协助条约的送达

我国除已经加入《海牙送达公约》外，还与许多国家订立了双边司法协助条约和协定。与我国订立此种双边司法协助协定的国家中，有些是《海牙送达公约》缔约国，有些则不是该公约缔约国。对于我国与非《海牙送达公约》缔约国之间的送达问题，当然应当按照双边司法协助协定的规定办理。

对于《海牙送达公约》缔约国与我国之间的送达，如果缔约国同时与我国签订有双边司法协助协定，根据《海牙送达公约》第 11 条、我国最高人民法院、外交部和司法部《关于执行〈关于向国外送达民事或商事司法文书和司法外文书公约〉有关程序的通知》第 7 条、《关于涉外民事或商事案件司法文书送达问题若干规定》第 6 条的规定，既可以适用双边司法协助协定的规定，也可以适用《海牙送达公约》的规定。

四、域外直接送达

域外直接送达，是指受诉法院可以通过一定的方式或通过委托其本国的有关机关，特别是通过委托其本国的驻外代表机关，将有关的文书直接送达给处于受诉法院所属国以外的有关诉讼当事人和诉讼参与人。

（一）外交代表或领事送达

外交代表或领事送达，是指一国法院将需要在国外送达的文书委托给本国驻有关外国的外交代表或领事代为送达。这是国际社会普遍承认和采用的一种方式。

外交代表或领事送达这种送达方式一般都要求以现存的国际条约为依据，且不违反所在国法律。1963 年《维也纳领事关系公约》第 5 条、1965 年《海牙送达公约》第 8 条均认可外交代表或领事送达。《海牙送达公约》第 8 条第 1 款规定："每一缔约国均有权直接通过其外交或领事代表机构向身在国外的人完成司法文书的送达，但不得采用任何强制措施。"据此，送达国外交代表或领事直接送达是一种可行的途径。当然，《海牙

---

[1] 参见徐宏：《国际民事司法协助》，武汉大学出版社 1996 年版，第 178—184 页。
[2] 参见李庆明：《中国在美国法院的主权豁免诉讼述评》，载《国际法研究》2022 年第 5 期。

送达公约》第 8 条第 2 款又规定："任何国家均可声明其对在其境内进行此种送达的异议，除非该文书须送达给文书发出国国民。"法国、德国等大陆法系国家以及我国认为外国官员在内国境内接受其本国法院的委托代为履行诉讼行为，是对内国主权的侵犯，均作了此种反对声明，不同意外国外交或领事代表机构在境内域外送达，除非是送达给其本国国民，且不采取强制措施。除少数国家的国内立法[1]和个别国际条约外，大多数国家的立法和有关的国际条约都规定外交代表或领事只能对其所属国国民进行司法和司法外文书的送达，并且都规定不能采取强制措施。

我国法律允许我国法院通过外交途径域外送达。《民事诉讼法》第 283 条第 1 款第 2 项规定，人民法院对在中华人民共和国领域内没有住所的当事人送达诉讼文书，可以通过外交途径送达。[2]第 294 条第 1 款规定："请求和提供司法协助，应当依照中华人民共和国缔结或者参加的国际条约所规定的途径进行；没有条约关系的，通过外交途径进行。"最高人民法院、外交部、司法部《关于执行〈关于向国外送达民事或商事司法文书和司法外文书公约〉有关程序的通知》第 6 条规定："非公约成员国通过外交途径委托我国法院送达的司法文书按最高人民法院、外交部、司法部 1986 年 8 月 14 日联名颁发的外发（1986）47 号《关于我国法院和外国法院通过外交途径相互委托送达法律文书若干问题的通知》办理。公约成员国在特殊情况下通过外交途径请求我国法院送达的司法文书，也按上述文件办理。"

2014 年，经最高人民法院国际合作局与外交部领事司协调，将域外送达司法协助请求统一归口至最高人民法院国际合作局审查和转递，各省、自治区、直辖市高级人民法院不再和外交部直接协调办理[3]，故外交送达的程序如下。

第一，凡已同我国建交国家的法院，通过外交途径委托我国法院向我国公民或法人以及在华的第三国或无国籍当事人送达法律文书，除该国同我国已订有协议的按协议办理外，一般按下列程序和要求办理。[4]

一是先由该国驻华使馆将法律文书交外交部领事司转递给最高人民法院，再由最高人民法院转递给有关高级人民法院，最后由该高级人民法院指定有关中级人民法院送达给当事人。当事人在所附送达回证上签字后，中级人民法院将送达回证退回高级人民法院，高级人民法院退回最高人民法院，再通过外交部领事司转退给对方；如未附送达回

---

[1] 例如，美国就并不限制受送达人的国籍，参见徐宏：《国际民事司法协助》，武汉大学出版社 1996 年版，第 159 页。

[2] 孙劲、曾朝晖：《新时期人民法院国际司法协助的进展、特点和趋势》，载《人民司法·应用》2017 年第 1 期。

[3] 《涉外商事海事审判实务问题解答》第 27 条和最高人民法院、外交部、司法部《关于我国法院和外国法院通过外交途径相互委托送达法律文书若干问题的通知》第 1 条曾规定，在外交途径送达时由经省、自治区、直辖市高级人民法院审查后，由外交部领事司负责转递。该规定已不再执行。

[4] 最高人民法院、外交部、司法部《关于我国法院和外国法院通过外交途径相互委托送达法律文书若干问题的通知》第 1 条规定了互惠原则，民事诉讼立法长期也规定了互惠原则，例如，2023 年《民事诉讼法》第 293 条第 1 款规定："根据中华人民共和国缔结或者参加的国际条约，或者按照互惠原则，人民法院和外国法院可以相互请求，代为送达文书、调查取证以及进行其他诉讼行为。"

证,则由有关中级人民法院出具送达证明交有关高级人民法院,高级人民法院交最高人民法院,再通过外交部领事司转给对方。

二是委托送达法律文书须用委托书。委托书和所送法律文书须附有中文译本。

三是法律文书的内容有损我国主权和安全的,予以驳回;如受送达人享有外交特权和豁免,一般不予送达;不属于我国法院职权范围或基于地址不明或其他原因不能送达的,由有关高级人民法院提出处理意见或注明妨碍送达的原因,交最高人民法院,由外交部领事司向对方说明理由,予以退回。

第二,我国法院通过外交途径向国外当事人送达法律文书,应按下列程序和要求办理。

一是要求送达的法律文书须经省、自治区、直辖市高级人民法院审查,转最高人民法院,再由外交部领事司负责转递。

二是须准确注明受送达人姓名、性别、年龄、国籍及其在国外的详细外文地址,并将该案的基本情况函告外交部领事司,以便转递。

三是须附有送达委托书。如对方法院名称不明,可委托当事人所在地区主管法院。委托书和所送法律文书还须附有该国文字或该国同意使用的第三国文字译本。如该国对委托书及法律文书有公证、认证等特殊要求,将由外交部领事司逐案通知。

第三,对拒绝转递我国法院通过外交途径委托送达法律文书的国家或有特殊限制的国家,我可根据情况采取相应措施。

(二) 使领馆直接送达

《海牙送达公约》第9条第1款规定:"此外,每一缔约国有权利用领事途径将文书送交另一缔约国为此目的指定的机关,以便送达。"第2款规定:"如有特别情况需要,每一缔约国可为同一目的使用外交途径。"据此,缔约国可以由其派驻外国的领事转交送达,在例外情况下,还可以由外交代表进行此种转交送达。如前所述,我国也允许此种转交送达。

我国一直允许使领馆直接送达。最高人民法院、外交部、司法部《关于我国法院和外国法院通过外交途径相互委托送达法律文书若干问题的通知》第5条规定:"我国法院向在外国领域内的中国籍当事人送达法律文书,如该国允许我使、领馆直接送达,可委托我驻该国使、领馆送达。此类法律文书可不必附有外文译本。"《民事诉讼法》第283条第1款第3项规定,对具有中华人民共和国国籍的受送达人,可以委托中华人民共和国驻受送达人所在国的使领馆代为送达。

当然,外国通过其驻华使领馆送达的有一定的限制。《民事诉讼法》第294条第2款规定:"外国驻中华人民共和国的使领馆可以向该国公民送达文书和调查取证,但不得违反中华人民共和国的法律,并不得采取强制措施。"因此,外国驻华使领馆只能向其本国国民送达文书,不能向我国国民和其他国家国民送达文书,而且不能对受送达人采取强制措施。

(三) 向诉讼代理人送达

按照最高人民法院《关于涉外民事或商事案件司法文书送达问题若干规定》第4条

的规定，受送达人在授权委托书中明确表明其诉讼代理人无权代为接收有关司法文书，则人民法院不能向诉讼代理人送达。该规定导致有的诉讼当事人滥用权利，故意在授权委托书中明确诉讼代理无权代为接收有关司法文书，严重影响了诉讼程序的推进和司法资源的浪费。因此，在后续的立法中，我国改变了这种做法。《民事诉讼法》第283条第1款第4项规定，人民法院对在中华人民共和国领域内没有住所的当事人送达诉讼文书，可以向受送达人在本案中委托的诉讼代理人送达。

（四）向受送达人在我国领域内设立的独资企业、代表机构、分支机构或者有权接受送达的业务代办人送达

自2002年6月22日起施行但已于2021年1月1日失效的最高人民法院《关于向外国公司送达司法文书能否向其驻华代表机构送达并适用留置送达问题的批复》规定，当受送达人在中华人民共和国领域内设有代表机构时，便不再属于海牙送达公约规定的"有须递送司法文书或司法外文书以便向国外送达的情形"。因此人民法院可以根据《民事诉讼法》的规定向受送达人在中华人民共和国领域内设立的代表机构送达诉讼文书，而不必根据海牙送达公约向国外送达。人民法院向外国公司的驻华代表机构送达诉讼文书时，可以适用留置送达的方式。该批复解决了此前长期存在的司法实践难题，后被立法机关采纳。《民事诉讼法》第283条第1款第5项规定，人民法院对在中华人民共和国领域内没有住所的当事人送达诉讼文书，向受送达人在中华人民共和国领域内设立的独资企业、代表机构、分支机构或者有权接受送达的业务代办人送达。

（五）向法定代表人或者主要负责人送达

《民事诉讼法》第283条第1款第6项规定，人民法院对在中华人民共和国领域内没有住所的当事人送达诉讼文书，受送达人为外国人、无国籍人，其在中华人民共和国领域内设立的法人或者其他组织担任法定代表人或者主要负责人，且与该法人或者其他组织为共同被告的，向该法人或者其他组织送达。第7项规定，人民法院对在中华人民共和国领域内没有住所的当事人送达诉讼文书，受送达人为外国法人或者其他组织，其法定代表人或者主要负责人在中华人民共和国领域内的，向其法定代表人或者主要负责人送达。如前所述，这两种送达实际上是限制对"域外"的理解，将这两种送达视为域内送达而非域外送达，故可以向法定代表人或者主要负责人送达。

（六）邮寄送达

邮寄送达，是指一国法院通过直接将司法文书和司法外文书邮寄给国外的诉讼当事人或其他诉讼参与人。对此，各国立法和司法实践中所持的态度不尽相同。美国、法国等允许邮寄送达，我国反对外国在我国邮寄送达，但允许我国法院在外国法律允许时向外国邮寄送达。

《海牙送达公约》第10条规定："如送达目的地国不表异议，本公约不妨碍：（一）通过邮寄途径直接向身在国外的人送交司法文书的自由；（二）文书发出国的司法助理人员、官员或其他主管人员直接通过送达目的地国的司法助理人员、官员或其他主管人员完成司法文书的送达的自由；（三）任何在司法程序中有利害关系的人直接通过送达目的地国的司法助理人员、官员或其他主管人员完成司法文书的送达的自由。"据

此，缔约国可以直接邮寄送达、有关官员直接送达、当事人直接送达，前提是送达目的地国不反对。对于该第10条，中国与德国等国在加入《海牙送达公约》时均作出了保留，即缔约国不得通过邮寄送达等方式在我国境内直接送达。《民事诉讼法》第294条第2款允许外国驻中华人民共和国的使领馆可以向该国公民送达文书和调查取证，但不得违反中华人民共和国的法律，并不得采取强制措施。又在第3款规定："除前款规定的情况外，未经中华人民共和国主管机关准许，任何外国机关或者个人不得在中华人民共和国领域内送达文书、调查取证。"因此，从该规定也可以推断出，外国法院未经允许，不能在我国送达文书。

《民事诉讼法》第283条第1款第8项规定，人民法院对在中华人民共和国领域内没有住所的当事人送达诉讼文书，受送达人所在国的法律允许邮寄送达的，可以邮寄送达，自邮寄之日起满3个月，送达回证没有退回，但根据各种情况足以认定已经送达的，期间届满之日视为送达。然而，如送达回证显示实际上不能通过邮寄方式送达的，则不能采用邮寄方式送达。[1]

（七）电子送达

我国法律允许我国法院对受送达人电子送达。最高人民法院《关于涉外民事或商事案件司法文书送达问题若干规定》第10条规定，人民法院可以通过传真、电子邮件等能够确认收悉的其他适当方式向受送达人送达。《民事诉讼法》第283条第1款第9项规定，人民法院对在中华人民共和国领域内没有住所的当事人送达诉讼文书，采用能够确认受送达人收悉的电子方式送达，但是受送达人所在国法律禁止的除外。因此，只要受送达人所在国法律不予禁止，我国法院就可以采用传真、电子邮件等方式向在外国的当事人电子送达。

对于外国法院是否可以向位于我国境内的当事人电子送达，我国法律和司法解释并未明确规定，但从我国在加入《海牙送达公约》时对该公约的保留可以看出，既然我国不允许邮寄送达，而电子送达实际上与邮寄送达的效果等同，那么应视为我国不允许外国法院向位于我国境内的当事人电子送达。[2]

（八）按当事人同意的方式送达

《民事诉讼法》第283条第1款第10项规定，人民法院对在中华人民共和国领域内没有住所的当事人送达诉讼文书，可以按以受送达人同意的其他方式送达，但是受送达人所在国法律禁止的除外。因此，只要受送达人所在国法律不予禁止，我国法院就可以

---

〔1〕 2020年最高人民法院《关于涉外民事或商事案件司法文书送达问题若干规定》第8条第3款规定："自邮寄之日起满三个月，如果未能收到送达与否的证明文件，且根据各种情况不足以认定已经送达的，视为不能用邮寄方式送达。"《全国法院涉外商事海事审判工作座谈会会议纪要》第10条规定，人民法院向中华人民共和国领域内没有住所的受送达人邮寄送达司法文书，如邮件被退回，且注明原因为"该地址查无此人""该地址无人居住"等情形的，视为不能用邮寄方式送达。

〔2〕《全国法院涉外商事海事审判工作座谈会会议纪要》第11条第2款规定，受送达人所在国系《海牙送达公约》成员国，并在公约项下声明反对邮寄方式送达的，应推定其不允许电子送达方式，人民法院不能采用电子送达方式。

采用受送达人同意的其他方式送达。这一做法，类似于英美法系国家实践中采用的当事人协商的方式送达，即法院可以依据双方当事人协议的方式送达司法文书。

（九）公告送达

公告送达，是指将需要送达的司法和司法外文书的内容用张贴公告、登报或广播的方法告知有关的当事人或诉讼参与人，自公告之日起经过一定的时间即视为送达。许多国家的民事诉讼立法都规定，在一定的条件下可采用公告送达的方式，但各国对公告送达方式采用的前提条件和期间规定不一。

我国也允许通过在国内外公开发行的报刊上刊登公告内容的方式送达。《民事诉讼法》第283条第2款规定："不能用上述方式送达的，公告送达，自发出公告之日起，经过六十日，即视为送达。"按照最高人民法院《关于涉外民事或商事案件司法文书送达问题若干规定》第9条规定，人民法院采用公告方式送达时，公告内容应在国内外公开发行的报刊上刊登。最高人民法院《关于审理和执行涉外民商事案件应当注意的几个问题的通知》第2条规定，涉外民商事案件法律文书的送达手续必须合法；如用公告方式送达，应当在《人民法院报》或省级以上对外公开发行的报纸上和在受案法院公告栏内同时刊登。

当然，如果是边境地区的涉外民商事案件送达，可以采用相对灵活的方式。最高人民法院《关于进一步做好边境地区涉外民商事案件审判工作的指导意见》第2条规定："为更有效地向各方当事人送达司法文书和与诉讼相关的材料，切实保护当事人诉讼程序上的各项权利，保障当事人参与诉讼活动，人民法院可以根据边境地区的特点，进一步探索行之有效的送达方式。采用公告方式送达的，除人身关系案件外，可以采取在边境口岸张贴公告的形式。采用公告方式送达时，其他送达方式可以同时采用。"

（十）留置送达与多种送达方式

最高人民法院《关于涉外民事或商事案件司法文书送达问题若干规定》第12条规定："人民法院向受送达人在中华人民共和国领域内的法定代表人、主要负责人、诉讼代理人、代表机构以及有权接受送达的分支机构、业务代办人送达司法文书，可以适用留置送达的方式。"因此，对于视为域内送达的涉外民商事案件中的送达，可以采用留置送达方式。

最高人民法院《关于涉外民事或商事案件司法文书送达问题若干规定》第11条规定："除公告送达方式外，人民法院可以同时采取多种方式向受送达人进行送达，但应根据最先实现送达的方式确定送达日期。"因此，在司法实践中，为快速推进诉讼程序，人民法院可以同时采取多种方式向受送达人进行送达。

最高人民法院《关于涉外民事或商事案件司法文书送达问题若干规定》第13条规定："受送达人未对人民法院送达的司法文书履行签收手续，但存在以下情形之一的，视为送达：（一）受送达人书面向人民法院提及了所送达司法文书的内容；（二）受送达人已经按照所送达司法文书的内容履行；（三）其他可以视为已经送达的情形。"因此，如符合前述三种情形之一的，视为已完成送达。

第二节　国际民事诉讼中的域外取证

证据是诉讼过程中用来确定案情的根据。证据问题，关乎案件实体的解决及最后的判决结果，影响当事人利益至巨。证据的提供与收集以及对于证据的认定，实际上构成了整个诉讼活动的核心部分。在国际民事诉讼中，由于其涉外性，因此不可避免地会出现大量涉案证据是在一国领域外形成的这一事实。如何进行域外取证直接关系到国际民事诉讼程序的顺利进行和纠纷的解决，然而，由于世界各国对证据制度和取证方式在理论上和实践上都存在巨大的分歧，域外取证变得更加复杂和困难。

我国对《海牙取证公约》第 2 章除第 15 条之外的条款均作出了保留，即我国反对外交官员、领事代表和特派员取证。外国司法机关或司法人员应根据条约规定途径，由外国具有提出取证请求资格的司法机关或个人向司法部提出调查取证请求，调取位于中国境内的证据材料。当事人可向当地人民法院提出申请，人民法院通过最高人民法院转递司法部或外交部，根据条约规定或互惠原则向被请求国提出调查取证请求。

对于域外形成的公文书证据、主体资格及授权材料，我国法律和司法解释要求履行相应的公证认证手续。我国与有关国家均系《海牙取消认证公约》缔约国时，则适用《海牙取消认证公约》的规定，公文书跨境流转将不再经过传统的"外交部门认证＋使领馆认证"的"双认证"程序，而是在《海牙取消认证公约》框架下启用基于附加证明书的"一步式"证明新模式。

一、域外取证的概念与法律性质

国际民事诉讼中的域外取证（Taking of Evidence Abroad），是指受诉法院国的有关机构或人员为进行有关的国际民事诉讼程序而在法院国境外提取证据的法律行为。

与送达一样，关于取证的法律性质，英美法系国家尤其是美国与大陆法系国家分歧很大。英美法系国家认为，调查取证是各方当事人自己的义务，法官一般并不介入。实践中，当事人可以自由选择使用各种调查取证方式，无须得到法院的许可。法院在调查过程中的作用，通常只发生在一方当事人在对方对调查范围有异议时请求法院发布有关调查的强制性命令或保护性命令的情形。美国立法、判例和法院诉讼规则不但授予律师广泛的取证权利，还允许域外证据开示（Discovery），要求当事人披露位于国外的证据，引发了法国等许多大陆法系国家的抗议和针对性的阻断立法（Blocking statutes）。[1]

大陆法系国家认为，取证属于一种行使国家司法权力的活动，所以这一活动应主要由法院进行，而当事人仅起协助司法机关的辅助作用。[2] 至于域外取证，就认为其是国

---

[1] American Law Institute, *Restatement (Third) of Foreign Relations Law of the United States*, American Law Institute Publishers, 1987, pp. 348—360. 另见徐宏：《国际民事司法协助》，武汉大学出版社 1996 年版，第 192—199 页。

[2] 例如，《德国民事诉讼法典》第 363 条明确规定，需要在外国实施证据调查时，审判长应当请求主管机关实施证据的调查。第 364 条规定当事人协助在外国实施证据调查。参见赵秀举译：《德国民事诉讼法典》，法律出版社 2021 年版，第 121—122 页。

家主权行为在司法领域中的一种域外延伸，如果没有相关国家明示或默示的同意是不能在该国领域内实施的，否则就侵犯了该国的主权。即使有关证人有义务出席受诉法院参与作证，但如果没有有关国家的同意就不能强制要求该证人作证，也不能在有关国家境内实施取证行为，更不能采取强制措施。

实践中，与案件有关的域外证据资料多由当事人或诉讼代理人收集和提供。因此，域外取证的法律性质，是纯粹的国家行使司法主权的行为，还是属于诉讼当事人实施履行的民事义务的范畴，不能一概而论。我国在《数据安全法》第 36 条、《个人信息保护法》第 41 条和第 42 条等立法中规定，非经主管机关批准，不得向外国司法或者执法机构提供有关数据、个人信息，但美国法院在实践中经常忽视中国立法，理由包括中国立法只禁止将中国的信息"提供给美国法院"，表面上并没有禁止将信息提供给对方当事人[1]；当事人之间取证不适用中国立法[2]；强制当事人提供位于我国境内的证据，实际上绕开了我国立法和域外取证制度的一些规定。

二、域外取证的范围

各国立法对证据制度的规定差异很大，对于域外取证的范围也就无法达成一致。就目前已订立的各种有关域外取证的国际条约而言，也并未界定域外取证的范围，仅作出抽象的界定，或者仅列举几项主要的证据形式，然后再加上一个概括性的补充规定。例如，1970 年《海牙取证公约》第 1 条第 1 款规定："在民事或商事案件中，每一缔约国的司法机关可以根据该国的法律规定，通过请求书的方式，请求另一缔约国主管机关调取证据或履行某些其他司法行为。"中国与其他国家签订的双边司法协助条约一般原则性地规定双方法院可以相互请求代为进行其认为必要的调查取证，然后再列举可以域外取证的范围。[3]

域外取证的范围，应首先根据法院地法来界定。如果依法院地法不能作为证据，显然就不应在域外取证的证据范围之内，因为这样的"证据"对于审判毫无帮助。如果依法院地法可以作为证据，则要视情况而定，如果证据所在地认为该项事实与特定案件存在相当程度的关联，即使证据所在地法不视之为证据，也应允许甚至协助受案法院或当事人在本法域取证；如果认为该项事实与特定案件没有关联，证据所在地完全可以拒绝此项取证请求。在实践中，证据所在地拥有是否接受某项取证请求的决定权。

《民事诉讼法》第 66 条第 1 款规定："证据包括：（一）当事人的陈述；（二）书证；（三）物证；（四）视听资料；（五）电子数据；（六）证人证言；（七）鉴定意见；（八）勘验笔录。"一般而言，可以认为下列情形属于取证的范围：（1）询问或讯问诉讼当事人、证人、鉴定人以及其他诉讼参与人，以制作证言笔录、视听媒介或请求其出

---

[1] In re Valsartan, Losartan, & Irbesartan Products Liability Litigation (D.N.J. 2021).

[2] Philips Medical Systems (Cleveland), Inc. v. Buan (N.D. Ill. 2022).

[3] 《中华人民共和国和法兰西共和国关于民事、商事司法协助的协定》第 12 条规定："在民事、商事方面，缔约双方法院可以相互请求代为进行其认为必要的调查取证，例如，代为询问当事人、证人、鉴定人，代为调取证据，以及代为进行鉴定和司法勘验。"

席法庭作证;(2)提取、收集、复制、保全与案件或诉讼程序有关的书证、物证、视听资料等证据;(3)调查某一案件事实或审查有关书证的真实性;(4)鉴定和勘验诉讼标的物或与案件有关的现场、痕迹、物品等,制作鉴定报告、勘验笔录和视听媒介等。当然,如前所述,证据所在地拥有是否接受某项取证请求的决定权。

三、域外间接取证

域外间接取证,是指一国法院在审理国际民事案件时通过国际司法协助的方式所进行的取证。间接取证一般包括国际司法委托和国际司法协助两个部分:一方面,受诉法院依法向该有关外国的司法机关或其他有关机构提出委托,即提出司法协助的请求;另一方面,该有关被请求国的司法机关或其他有权机构依法给予司法协助,调查、提取证据。大致而言,要经过请求的提出、请求书及有关文书的传递、请求的执行及执行情况的通知等环节。

《民事诉讼法》第284条第1款规定:"当事人申请人民法院调查收集的证据位于中华人民共和国领域外,人民法院可以依照证据所在国与中华人民共和国缔结或者共同参加的国际条约中规定的方式,或者通过外交途径调查收集。"在域外取证的实践中,我国主要是通过《海牙送达公约》和双边司法协助协定进行合作,故不再单独论述《民事诉讼法》第293条第1款规定的互惠原则。

外国司法机关或司法人员调取位于中国境内的证据材料,应根据条约规定途径,由外国具有提出取证请求资格的司法机关或个人向司法部提出调查取证请求。与中国未缔结相关条约的,应向外交部提出请求。请求经审批后由人民法院执行,结果由请求接收部门答复请求方。

(一)通过《海牙取证公约》规定的中央机关取证

1.适用范围

《海牙取证公约》宗旨在于:便利请求书的转递和执行,并促进缔约国为此目的而采取的不同方法的协调,希望增进相互间在民事或商事方面的司法合作。公约自1970年3月18日开放签字,并于1972年10月7日开始生效。截至2024年3月30日,该公约已有66个缔约国。我国于1997年7月3日批准加入《海牙取证公约》,1998年2月6日起公约对我国生效。[1]《海牙取证公约》同时延伸适用于我国香港特别行政区、澳门特别行政区。

根据《海牙取证公约》第1条第1款,在民事或商事案件中,每一缔约国的司法机关可以根据该国的法律规定,通过请求书的方式,请求另一缔约国主管机关调取证据或履行某些其他司法行为。至于何谓民事或商事案件,该公约并未规定,由各国自行确定。一般而言,只要案件不涉及刑事或税务,就可以视为民事或商事。该公约也并未界

---

[1] 我国批准加入《海牙送达公约》时还作出了如下声明和保留:(1)根据公约第2条,指定中华人民共和国司法部为负责接收来自另一缔约国司法机关的请求书,并将其转交给执行请求的主管机关的中央机关;(2)根据公约第23条声明,对于普通法国家旨在进行审判前文件调查的请求书,仅执行已在请求书中列明并与案件有直接密切联系的文件的调查请求;(3)根据公约第33条声明,除第15条以外,不适用公约第2章的规定。

定何谓证据,由各国自行确定。同时,我国还根据公约第 23 条声明,对于普通法国家旨在进行审判前文件调查的请求书,仅执行已在请求书中列明并与案件有直接密切联系的文件的调查请求。

《海牙取证公约》第 1 条第 2 款规定:"请求书不得用来调取不打算用于已经开始或即将开始的司法程序的证据。"该款规定实际上既允许诉讼中的取证合作,也允许诉讼前的证据保全。

关于该公约第 1 条第 1 款提及的"其他司法行为",第 3 款将其界定为不包括司法文书的送达或颁发执行判决或裁定的任何决定,或采取临时措施或保全措施的命令。

2. 中央机关的指定及最高人民法院的主管

《海牙取证公约》第 2 条第 1 款规定:"每一缔约国应指定一个中央机关负责接收来自另一缔约国司法机关的请求书,并将其转交给执行请求的主管机关。各缔约国应依其本国法律组建该中央机关。"该公约第 24 条允许每一缔约国在指定中央机关外指定其他机关,但在任何情况下,可以将请求书直接送交中央机关。该公约第 25 条规定:"有多种法律制度的缔约国可以指定其中一种制度内的机关具有执行根据本公约提出的请求书的专属权利。"

根据全国人大常委会在批准该公约的声明,我国司法部被指定为中央机关。就我国香港特别行政区而言,由香港特别行政区政务司司长作为公约第 17 条指定的主管机关;就我国澳门特别行政区而言,由澳门特别行政区检察院作为公约第 24 条指定的其他机关。

在司法部作为中央机关之外,最高人民法院统一管理全国各级人民法院的国际司法协助工作。最高人民法院《关于依据国际公约和双边司法协助条约办理民商事案件司法文书送达和调查取证司法协助请求的规定》第 6 条规定:"最高人民法院统一管理全国各级人民法院的国际司法协助工作。高级人民法院应当确定一个部门统一管理本辖区各级人民法院的国际司法协助工作并指定专人负责。中级人民法院、基层人民法院和有权受理涉外案件的专门法院,应当指定专人管理国际司法协助工作;有条件的,可以同时确定一个部门管理国际司法协助工作。"

3. 取证请求书

如前所述,《海牙取证公约》第 1 条第 1 款明确应通过取证请求书的方式调取证据或履行某些其他司法行为,所以,请求国法院或有该项权限的其他机构应依据其内国诉讼立法和有关国际条约的规定提出请求书,用书面形式向外国法院或其他机构提出请求。

《海牙取证公约》第 3 条第 1 款规定了请求书的内容。《海牙取证公约》第 4 条规定了请求书应以被请求执行机关的文字作成或附该种文字的译文,但要求除非缔约国已根据第 33 条提出保留,缔约国应该接受以英文或法文作成或附其中任何一种文字译文的请求书,并要求请求书所附的任何译文应经外交官员、领事代表或经宣誓的译员或经两国中的一国授权的任何其他人员证明无误。

《海牙取证公约》第 5 条规定,如果中央机关认为请求书不符合本公约的规定,应立即通知向其送交请注书的请求国机关，指明对该请求书的异议。

我国法律对域外取证请求书的文字也有要求。2023年《民事诉讼法》第295条第1款规定："外国法院请求人民法院提供司法协助的请求书及其所附文件，应当附有中文译本或者国际条约规定的其他文字文本。"第2款规定："人民法院请求外国法院提供司法协助的请求书及其所附文件，应当附有该国文字译本或者国际条约规定的其他文字文本。"

4. 请求书及有关文书的传递

请求书及有关文书的传递必须经过一定的程序和方式，否则就可能遭到有关国家的拒绝。至于具体的程序和方式，即有关国家间将通过什么样的途径来递交有关请求书和所需送达的文书，各国立法和国际条约的规定都不尽相同。最高人民法院《关于依据国际公约和双边司法协助条约办理民商事案件司法文书送达和调查取证司法协助请求的规定》第9条规定："经最高人民法院授权的高级人民法院，可以依据海牙送达公约、海牙取证公约直接对外发出本辖区各级人民法院提出的民商事案件司法文书送达和调查取证请求。"因此，域外取证的请求书传递方式与域外送达方式基本一致。

（1）凡公约成员国有权送交文书的主管当局或司法助理人员直接送交司法部请求我国调查取证，由司法部转递给最高人民法院，由最高人民法院交有关高级人民法院，再由高级人民法院转交中级人民法院，由有关人民法院交最高人民法院退司法部，再由司法部送交该国主管当局或司法助理人员。

（2）我国法院若请求公约成员国调查取证，有关中级人民法院或专门人民法院应将请求书和所送司法文书送有关高级人民法院转最高人民法院，由最高人民法院送司法部转送给该国指定的中央机关。

为进一步提高国际司法协助工作效率和服务审判工作，最高人民法院指定北京、上海、广东、浙江、江苏、福建、江西、山东、广西、海南的高级人民法院就涉及《海牙取证公约》《海牙取证公约》的司法协助工作进行试点，由高级人民法院直接对公约成员国中央机关提出和转递司法协助请求书和相关材料。据此，传递途径可以简化为请求法院提出请求，报送北京、上海、广东、浙江、江苏、福建、江西、山东、广西、海南的高级人民法院，再报送外国中央机关。其他省、自治区、直辖市高级人民法院请求途径为：请求法院提出请求，报送高级人民法院，再报送最高人民法院，再经由中国中央机关（司法部）转递至外国中央机关。

5. 请求的执行及执行情况的通知

（1）请求的执行

《海牙取证公约》第9条第3款规定："请求书应迅速执行。"具体而言，一国执行外国提出的请求书主要有以下两种方式。

①依被请求国法律执行。《海牙取证公约》第9条第1款规定："执行请求书的司法机关应适用其本国法规定的方式和程序。"《民事诉讼法》第296条规定，人民法院提供司法协助，依照中华人民共和国法律规定的程序进行。据此，我国法院按照《民事诉讼法》和相关司法解释规定的方式执行外国的调查取证请求。

②特定方式执行。《海牙取证公约》第9条第2款规定："该机关应采纳请求机关提出的采用特殊方式或程序的请求，除非其与执行国国内法相抵触或因其国内惯例和程序或存在实际困难而不可能执行。"《民事诉讼法》第296条规定，外国法院请求采用特殊方式的，也可以按照其请求的特殊方式进行，但请求采用的特殊方式不得违反中华人民共和国法律。据此，我国接受特定方式调查取证，但前提是该方式与我国法律不相抵触，且在实践中不存在无法办理或者办理困难的情形。

（2）执行情况的通知

《海牙取证公约》第6条规定："如被送交请求书的机关无权执行请求，应将请求书及时转交根据其国内法律规定有权执行的本国其他机关。"《海牙取证公约》第7条规定："如请求机关提出请求，应将进行司法程序的时间和地点通知该机关，以便有关当事人和他们已有的代理人能够出席。如果请求机关提出请求，上述通知应直接送交当事人或他们的代理人。"第13条第1款规定："证明执行请求书的文书应由被请求机关采用与请求机关所采用的相同途径送交请求机关。"第13条第2款规定："在请求书全部或部分未能执行的情况下，应通过相同途径及时通知请求机关，并说明原因。"因此，在收到请求书后，被请求国应将执行情况通知请求国，并在必要时通知当事人或代理人；如未能执行的，也要说明原因。

6. 取证的费用

《海牙取证公约》第14条规定："请求书的执行不产生任何性质的税费补偿。但是，执行国有权要求请求国偿付支付给鉴定人和译员的费用和因采用请求国根据第九条第二款要求采用的特殊程序而产生的费用。如果被请求国法律规定当事人有义务收集证据，并且被请求机关不能亲自执行请求书，在征得请求机关的同意后，被请求机关可以指定一位适当的人员执行。在征求此种同意时，被请求机关应说明采用这一程序所产生的大致费用。如果请求机关表示同意，则应偿付由此产生的任何费用；否则请求机关对该费用不承担责任。"因此，除非另有约定，请求国的有关机构依据国内立法和国际条约的规定请求被请求国的有关机构调查取证，原则上不需要支付或偿还手续费或被请求国的服务费用。

7. 域外取证的拒绝

在相互协助调查取证的过程中，被请求方有时会对协助请求书提出异议进而拒绝协助。《海牙取证公约》第11条第1款规定："在请求书的执行过程中，在下列情况下有拒绝作证的特权或义务的有关人员，可以拒绝提供证据：（一）根据执行国法律，或（二）根据请求国法律，并且该项特权或义务已在请求书中列明，或应被请求机关的要求，已经请求机关另行确认。"第12条第1款规定："只有在下列情况下，才能拒绝执行请求书：（一）在执行国，该请求书的执行不属于司法机关的职权范围；或（二）被请求国认为，请求书的执行将会损害其主权和安全。"因此，如涉及证据特免权、被请求国主权和安全等情形的，被请求国有权拒绝执行请求书。

（二）通过双边司法协助条约的取证

我国除了已经加入《海牙取证公约》外，还与许多国家订立了双边司法协助条约和协定。与我国订立此种双边司法协助协定的国家中，有些也是《海牙取证公约》缔约国，有些则不是该公约缔约国。

对于我国与非《海牙取证公约》缔约国之间的域外取证问题，当然应当按照双边司法协助协定的规定办理。最高人民法院、外交部、司法部《关于我国法院和外国法院通过外交途径相互委托送达法律文书若干问题的通知》第8条规定："我国法院和外国法院通过外交途径相互委托代为调查或取证，参照以上有关规定办理。"因此，通过外交途径委托域外取证的程序参照外交送达的程序，此处不再赘述。

对于《海牙取证公约》缔约国与我国之间的域外取证，如果缔约国同时与我国签订有双边司法协助协定，根据《海牙取证公约》第32条、最高人民法院《关于涉外民事或商事案件司法文书送达问题若干规定》第6条的规定，既可以适用双边司法协助协定的规定，也可以适用《海牙取证公约》的规定。

四、域外直接取证

外国司法机关或个人不能直接询问（包括通过电话、视频等技术手段）位于中国境内的证人，因为中国在加入《海牙取证公约》时已对公约第2章除第15条之外全部作出保留，不允许外国司法机关直接向位于中国境内的证人取证。外国司法机关或相关人员也不能委托中国境内的律师或其他机构询问证人或其他人员，或调取位于中国境内的材料，并将结果用于外国法院的诉讼，因为根据中国《民事诉讼法》，取证由人民法院或者经人民法院批准后由律师进行，其他任何机构或个人不得在中国境内进行取证。

（一）外交官员、领事代表和特派员取证

《海牙取证公约》第2章规定了外交官员、领事代表和特派员取证，但我国在加入该公约时声明除第15条以外，不适用公约第2章的规定。《海牙取证公约》第15条第1款规定："在民事或商事案件中，每一缔约国的外交官员或领事代表在另一缔约国境内其执行职务的区域内，可以向他所代表的国家的国民在不采取强制措施的情况下调取证据，以协助在其代表的国家的法院中进行的诉讼。"2023年《民事诉讼法》第294条第2款规定："外国驻中华人民共和国的使领馆可以向该国公民送达文书和调查取证，但不得违反中华人民共和国的法律，并不得采取强制措施。"也就是说，请求国的外交官员、领事代表可以在我国境内向其国民调查取证，但必须限于执行职务的区域内，不得采取强制措施，而且只能针对未决诉讼，而不能用于尚未开始的诉讼。

2023年《民事诉讼法》第284条第2款第1项规定，在所在国法律不禁止的情况下，人民法院可以采用下列方式调查收集：对具有中华人民共和国国籍的当事人、证人，可以委托中华人民共和国驻当事人、证人所在国的使领馆代为取证。因此，我国法院在涉外民事审判实践中，也允许外交官员、领事代表取证，即只要外国法律不禁止，我国法院可以委托我国驻外国的使领馆代为向具有中国国籍的当事人、证人取证。

（二）当事人和诉讼代理人取证

《海牙取证公约》第27条第3项规定，本公约的规定不妨碍缔约国根据其国内法律或惯例，允许以本公约规定以外的方式调取证据。也就是说，《海牙取证公约》原则上不否认当事人和诉讼代理人取证的方式，但我国不同意当事人和诉讼代理人在我国取证。2023年《民事诉讼法》第294条第3款规定："除前款规定的情况外，未经中华人民共和国主管机关准许，任何外国机关或者个人不得在中华人民共和国领域内送达文书、调查取证。"也就是说，我国只允许外国驻华使领馆向其本国公民调查取证，不允许除此之外的其他方式的调查取证，除非得到我国主管机关准许。

2023年《民事诉讼法》第284条第2款第1项规定，在所在国法律不禁止的情况下，人民法院可以采用下列方式调查收集：对具有中华人民共和国国籍的当事人、证人，可以委托中华人民共和国驻当事人、证人所在国的使领馆代为取证。因此，我国法院在涉外民事审判实践中，也允许外交官员、领事代表取证，即只要外国法律部紧张，我国法院就既可以委托我国驻外国的使领馆代为向具有中国国籍的当事人、证人取证。

（三）以双方当事人同意的方式取证

2023年《民事诉讼法》第284条第2款第2项和第3项规定，在所在国法律不禁止的情况下，人民法院可以采用下列方式调查收集：经双方当事人同意，通过即时通讯工具取证；以双方当事人同意的其他方式取证。因此，我国法院在涉外民事审判实践中，只要外国法律不禁止，双方当事人又同意，我国法院可以通过即时通讯工具取证，也可以以双方当事人同意的其他方式取证。

五、域外证据的公证、认证或其他证明手续与《海牙取消认证公约》

对于域外形成的公文书证据、主体资格及授权材料，我国法律和司法解释要求履行相应的公证认证手续。我国与有关国家均系《海牙取消认证公约》缔约国时，则适用《海牙取消认证公约》的规定，公文书跨境流转将不再经过传统的"外交部门认证＋使领馆认证"的"双认证"程序，而是在《海牙取消认证公约》框架下启用基于附加证明书的"一步式"证明新模式。

（一）传统的公证、认证或其他证明手续

1. 公文书证的证明

2011年最高人民法院《关于民事诉讼证据的若干规定》第11条曾规定，当事人向人民法院提供的证据系在我国领域外形成的，均应履行公证、认证或其他证明手续。[1] 该规定在实践中广受诟病，后被修改，目前仅限于公文书证要求履行公证或其他证明手续，取消了认证的要求，而且其他证据也不再强制性地要求办理公证、认证或其他证明手续。2019年《关于民事诉讼证据的若干规定》第16条第1款规定："当事人提供的公文书证系在中华人民共和国领域外形成的，该证据应当经所在国公证机关证明，或者履行中华人民共和国与该所在国订立的有关条约中规定的证明手续。"根据《全国法院涉外商事海事审判工作座谈会会议纪要》第16条第1款，公文书证包括外国法院作出的

---

[1] 尽管如此，实践中很多证据仍然无须公证、认证或履行其他证明手续。《涉外商事海事审判实务问题解答》第16条规定，对于用于国际流通的商业票据、我国驻外使领馆取得的证据材料、通过双边司法协助协定或者外交途径取得的证据材料以及当事人没有异议的证据材料，则无须办理公证、认证或者其他证明手续。

判决、裁定，外国行政机关出具的文件，外国公共机构出具的商事登记、出生及死亡证明、婚姻状况证明等文件，但不包括外国鉴定机构等私人机构出具的文件。《全国法院涉外商事海事审判工作座谈会会议纪要》第 16 条第 2 款实际上放松了关于在我国领域外形成的公文书证的公证或其他证明手续，虽然还规定"公文书证在中华人民共和国领域外形成的，应当经所在国公证机关证明，或者履行相应的证明手续"，但也明确"可以通过互联网方式核查公文书证的真实性或者双方当事人对公文书证的真实性均无异议的除外"。

2. 域外主体资格、授权材料及域外形成的涉及身份关系的证据的证明手续

在我国领域内没有住所的外国人、无国籍人、外国企业和组织，如在我国法院参加诉讼，应提交主体资格证明材料、授权委托材料，并办理相应证明手续。2023 年《民事诉讼法》第 275 条规定："在中华人民共和国领域内没有住所的外国人、无国籍人、外国企业和组织委托中华人民共和国律师或者其他人代理诉讼，从中华人民共和国领域外寄交或者托交的授权委托书，应当经所在国公证机关证明，并经中华人民共和国驻该国使领馆认证，或者履行中华人民共和国与该所在国订立的有关条约中规定的证明手续后，才具有效力。" 2022 年最高人民法院《关于适用〈中华人民共和国民事诉讼法〉的解释》进一步细化，规定外国人、外国企业或者组织参加诉讼，应当向人民法院提交身份证明文件，代表外国企业或者组织参加诉讼的人，应当向人民法院提交其有权作为代表人参加诉讼的证明，该证明应当经所在国公证机关公证，并经中华人民共和国驻该国使领馆认证，或者履行中华人民共和国与该所在国订立的有关条约中规定的证明手续。考虑到实践中很多外国企业或组织的设立登记地和营业地不一致，外国企业或者组织可以在设立登记地国、办理了营业登记手续的第三国办理公证、认证。根据《涉外商事海事审判实务问题解答》第 10 条和第 11 条，如未办理公证、认证或其他证明手续，则在我国领域外当事人出具的授权委托书没有法律效力，未履行公证、认证手续的诉讼代理人，人民法院应当不允许其出庭代理诉讼。当然，根据《涉外商事海事审判实务问题解答》第 13 条，受其本国公民或者企业的委托，外国驻华使、领馆官员可以其个人名义担任诉讼代理人参加有关诉讼，相关授权不用再办理公证、认证或其他证明手续。

对于在我国领域外形成的涉及身份关系的证据，应办理相应证明手续。2019 年最高人民法院《关于民事诉讼证据的若干规定》第 16 条第 2 款规定："中华人民共和国领域外形成的涉及身份关系的证据，应当经所在国公证机关证明并经中华人民共和国驻该国使领馆认证，或者履行中华人民共和国与该所在国订立的有关条约中规定的证明手续。"

如所在国与我国未建立外交关系，如何办理公证认证手续呢？2022 年最高人民法院《关于适用〈中华人民共和国民事诉讼法〉的解释》第 522 条规定，需要办理公证、认证手续，而外国当事人所在国与中华人民共和国没有建立外交关系的，可以经该国公证机关公证，经与中华人民共和国有外交关系的第三国驻该国使领馆认证，再转由中华人民共和国驻该第三国使领馆认证。

最高人民法院《关于知识产权民事诉讼证据的若干规定》第 10 条规定，在一审程序中已经根据《民事诉讼法》的规定办理授权委托书公证、认证或者其他证明手续的，

在后续诉讼程序中，人民法院可以不再要求办理该授权委托书的上述证明手续。因此，在一审程序中已办理了公证、认证或者其他证明手续的，可以适用于后续诉讼程序。当然，如在后续诉讼程序中变更委托代理人的，相关授权委托书仍应办理有关证、认证或者其他证明手续。[1]

3. 无须办理公证认证或其他证明手续的证据

在实践中，有些案件涉及大量的域外形成的证据，办理公证、认证手续，将增加当事人负担、迟滞诉讼程序，故也允许部分证据不用办理公证认证或其他证明手续。最高人民法院《关于知识产权民事诉讼证据的若干规定》第8条规定："中华人民共和国领域外形成的下列证据，当事人仅以该证据未办理公证、认证等证明手续为由提出异议的，人民法院不予支持：（一）已为发生法律效力的人民法院裁判所确认的；（二）已为仲裁机构生效裁决所确认的；（三）能够从官方或者公开渠道获得的公开出版物、专利文献等；（四）有其他证据能够证明真实性的。"第9条第1款规定："中华人民共和国领域外形成的证据，存在下列情形之一的，当事人仅以该证据未办理认证手续为由提出异议的，人民法院不予支持：（一）提出异议的当事人对证据的真实性明确认可的；（二）对方当事人提供证人证言对证据的真实性予以确认，且证人明确表示如作伪证愿意接受处罚的。"因此，对于前述证据，可以不用办理公证、认证或其他证明手续。

4. 外国法院判决、仲裁裁决等作为证据的认定

在实践中，当事人经常提出外国法院判决、仲裁裁决等作为证据。[2] 对此，我国法院原则上认可，但具体的证明力，需要经质证后确定。《全国法院涉外商事海事审判工作座谈会会议纪要》第15条规定："一方当事人将外国法院作出的发生法律效力的判决、裁定或者外国仲裁机构作出的仲裁裁决作为证据提交，人民法院应当组织双方当事人质证后进行审查认定，但该判决、裁定或者仲裁裁决认定的事实，不属于民事诉讼法司法解释第九十三条第一款规定的当事人无须举证证明的事实。一方当事人仅以该判决、裁定或者仲裁裁决未经人民法院承认为由主张不能作为证据使用的，人民法院不予支持。"也就是说，在民事诉讼和仲裁中，外国法院判决、仲裁裁决即使未被人民法院承认，也仍然可以作为证据；外国法院判决、裁定或者仲裁裁决认定的事实，不属于当事人无须举证证明的事实，而是需要经质证后确定证明力。

5. 履行公证、认证或其他证明手续的证据仍应质证

《涉外商事海事审判实务问题解答》第18条规定："人民法院在审理涉外商事案件中，对于当事人提供的境外证据，即使已经履行了公证、认证或者其他证明手续，也应当在庭审中进行质证，以确定有关证据材料的证明力。"因此，不能因有关证据已履行公证、认证或其他证明手续就当然认可其证明力，还需要进行质证后确定证明力。

---

[1]《涉外商事海事审判实务问题解答》第17条规定，对于一审期间已经办理了公证、认证或者其他证明手续的证据材料，二审期间一般不必再办理公证、认证或者其他证明手续，但二审期间情况发生变化的除外。

[2] 有关学理探讨，参见李庆明：《论域外民事判决作为我国民事诉讼中的证据》，载《国际法研究》2017年第5期。

（二）《海牙取消认证公约》的附加证明书

《海牙取消认证公约》1961年10月5日开放签署，1965年1月24日生效。截至2024年3月30日，《海牙取消认证公约》共有125个缔约国。《海牙取消认证公约》早已适用于我国香港特别行政区、澳门特别行政区。2023年3月8日，中国加入《海牙取消认证公约》，该公约于2023年11月7日在中国生效实施。

《海牙取消认证公约》是海牙国际私法会议框架下适用范围最广、缔约成员最多的国际条约，旨在简化公文书跨国流转程序。《海牙取消认证公约》的宗旨是"取消对外国公文书进行外交或领事认证的要求"，核心内容可概括为"取消"和"附加"。"取消"，是指缔约国之间相互取消使领馆认证环节。"附加"，是指用文书出具国主管机关签发的"附加证明书"（Apostille），来替代"双认证"，对文书上印鉴、签名的真实性进行确认。

《海牙取消认证公约》第1条第1款规定，公约适用于在一缔约国领土内制作，且需要在另一缔约国领土内出示的公文书。关于什么是公文书，第2款界定为：（1）与一国法院或法庭相关的机关或官员出具的文书，包括由检察官、法院书记员或司法执行员（"执达员"）出具的文书；（2）行政文书；（3）公证文书；（4）对以私人身份签署的文件的官方证明，如对文件的登记或在特定日期存在的事实进行记录的官方证明，以及对签名的官方和公证证明。同时，第2款明确规定，公约不适用于：（1）外交或领事人员制作的文书；（2）直接处理商业或海关运作的行政文书。具体到我国民事诉讼而言，涉及大量在我国法院使用的公文书尤其是公证文书，均属于该公约的适用范围。

《海牙取消认证公约》明确取消了认证要求。《海牙取消认证公约》第2条规定："缔约国对适用本公约且需在其领土内出示的文书应免除认证要求。就本公约而言，认证仅指文书出示地国的外交或领事人员为证明签名的真实性、文书签署人签署时的身份，以及在需要时为确认文书上的印鉴属实而履行的手续。"据此，在缔约国之间使用的公文书，无须再办理使领馆认证手续。

取消认证要求后，《海牙取消认证公约》规定通过"附加证明书"的方式证明签名的真实性、文书签署人签署时的身份、印鉴属实。《海牙取消认证公约》第3条第1款规定："为证明签名的真实性、文书签署人签署时的身份，以及在需要时为确认文书上的印鉴属实，仅可能需要办理的手续是文书出具国主管机关签发第四条规定的附加证明书。"第4条规定了附加证明书的样式、语言等内容。第5条第1款规定附加证明书"应根据文书签署人或任何文书持有人的申请签发"，第2款规定"正确填写的附加证明书可以证明签名的真实性、文书签署人签署时的身份，以及在需要时确认文书上的印鉴属实"，第3款规定"附加证明书上的签名及印鉴无需任何证明"。2023年11月7日起，中国送往其他缔约国使用的公文书，仅需办理《海牙取消认证公约》规定的附加证明书，即可送其他缔约国使用，无须办理中国和缔约国驻华使领馆的领事认证。其他缔约国公文书送中国使用，只需办理该国附加证明书，无须办理该国和中国驻当地使领馆的领事认证。

《海牙取消认证公约》第6条第1款规定："缔约国应根据其机关的官方职责，指定有权签发第三条第一款所指附加证明书的主管机关。"第7条第1款规定，主管机关应备有登记册或卡片索引以记录所签发的附加证明书,并详细列明:(1)附加证明书的编号和日期;(2)公文书签署人的姓名及其签署时的身份;无签名文书上印鉴机关的名称。中国外交部是《海牙取消认证公约》规定的附加证明书主管机关,并为本国境内出具的公文书签发附加证明书。受外交部委托,中国相关省、自治区、直辖市人民政府外事办公室以及部分市人民政府外事办公室可为本行政区域内出具的公文书签发附加证明书。办理附加证明书的具体程序和要求请登录中国领事服务网(http://cs.mfa.gov.cn)或各相关地方外办网站查询。中国附加证明书使用贴纸形式,加贴银色国徽印鉴。中国外交部以及各相关地方外办签发的附加证明书支持在线核验,具体可登录领事认证/附加证明书在线核查系统(http://consular.mfa.gov.cn/VERIFY/)。

第三节 国际民商事判决相互承认与执行

一、国际民商事判决承认与执行之概述

国际民商事判决承认与执行,是国际民事诉讼的重要组成部分,对当事人实体权利义务的影响巨大,通常是指一国法院以多边条约或双边协定、本国法律或互惠为基础承认与执行外国法院民商事判决的司法协助行为。

(一)"外国法院民商事判决"的概念及其性质

"外国法院民商事判决",一般是指外国法院或其他有权机关依据案件事实和相关法律,对当事人之间民商事纠纷作出的具有强制拘束力的判决。

在学理上,对"外国法院民商事判决"常作广义理解:首先,"外国",不仅包括了外国,而且包括了复合法域国家的不同法域;其次,"法院",不仅包括一般意义的法院,而且包括其他有权机关;再次,"民商事",也应尽可能作广义解释;最后,"判决",不仅包括字面意义的"判决",还包括非以"判决"命名的裁定、决定等;不仅包括一国就涉外民事案件作出的判决,而且包括就一国就非涉外民事案件作出的判决。在立法层面,多边条约、双边协定等一般会对"外国法院民商事判决"的范围进行明确界定。

《全国法院涉外商事海事审判工作座谈会会议纪要》第41条就外国法院判决的认定标准进行了规定,即人民法院应当根据外国法院判决、裁定的实质内容,审查认定该判决、裁定是否属于《民事诉讼法》第289条规定的"判决、裁定"。外国法院对民商事案件实体争议作出的判决、裁定、决定、命令等法律文书,以及在刑事案件中就民事损害赔偿作出的法律文书,应认定属于《民事诉讼法》第289条规定的"判决、裁定",但不包括外国法院作出的保全裁定以及其他程序性法律文书。另以2018年《中华人民共和国最高人民法院和新加坡最高法院关于承认与执行商事案件金钱判决的指导备忘录》为例,该备忘录第1条第2款明确规定,本备忘录仅适用于在商事案件中要求某一自然人或者法人向另一自然人或者法人支付固定或者可确定数额金钱的判决;本备忘录

提及的"判决",无论名称如何,是指法院作出且加盖法院印章的任何决定;本备忘录中所提及的商事案件是指其判决需要另一方法院承认与执行的案件,既包括国际性(具有涉外因素)的案件,也包括非国际性(不具有涉外因素)的案件;本备忘录中提及的金钱判决,包括有关诉讼费用的判决。

各国对外国法院民商事判决的性质也各不相同。有的国家将外国法院民商事判决视为一项债务或一份既得权;有的国家将其视为一项特别法;有的国家则将其视为与国内法院民商事判决具有同等效力的判决。正因为各国对外国法院民商事判决性质的不同见解,所以在国际民商事判决承认与执行学说理论上出现了国际礼让说、既得权说、债务说、一事不再理说、特别法说、互惠说等不同学说。一般而言,普通法系国家和地区以"权利"为分析起点,如债务说和既得权说。债务说主张,依某一法域的法律作出的判决,使被告承担了支付判决所对应款项的义务或债务,所以其他国家应该承认和执行这一判决。既得权说则主张,"既得权"是指一旦赋予即不能被剥夺的权利,因此依据一国法律而取得的权利,应视为一项既得权利,应该受到其他国家的尊重和认可。而大陆法系国家和地区一般以"礼让"或"互惠"为基础,如国际礼让说、平等互利说、互惠说。所谓国际礼让说(Comity),一般是指一国、州或不同法域的法院等国家机构相互承认彼此的立法、行政或司法行为的一种原则或做法。[1]

(二)"承认外国民商事判决"与"执行外国民商事判决"

"承认外国民商事判决"与"执行外国民商事判决"二者的关系,在学界存在同一说与区别说之争议。同一说认为,外国法院判决承认与执行在法律本质上并无区别,均属于外国法院判决效力扩张及于被请求国的现象,承认与执行的对象相同、均为外国法院依其本国冲突法确定的实体法和本国程序法所作出的判决,因此对承认与执行外国判决的条件与程序应符合相同的规定。区别说则认为,"执行外国法院民商事判决"超出"承认外国法院民商事判决",是一种有创设权的行为,必须由执行机关另行赋予判决的执行力方可得以执行;而对于外国民商事判决的承认,只要符合一定的条件,则可获得承认。该学说以德国最为典型。

承认与执行外国法院判决是两个既有联系又相互区别的法律行为。一般说来,如果外国法院判决涉及金钱性履行义务,则承认外国法院判决是执行外国法院判决的前提条件。但是,并不是所有申请承认的外国民商事判决都需要在被请求国执行,如有的外国判决不涉及金钱性履行义务,则只需要被请求国承认,不涉及外国法院判决在被请求国的执行问题。

二、相关国际立法成果

目前,关于国际民商事判决承认与执行方面较有影响的国际成果主要体现在:1968年《布鲁塞尔公约》、2007年修订《卢迦诺公约》、2012年《布鲁塞尔条例Ⅰ》、1971年

---

[1] Bryan A. Garner, Black's Law Dictionary, Thomson Reuters, 11th ed., 2004, p.335. 可参见刘仁山:《国际民商事判决承认与执行中的司法礼让原则——对英国与加拿大相关理论及实践的考察》,载《中国法学》2010年第5期。

海牙《外国民商事案件判决的承认和执行公约》、1971年海牙《外国民商事案件判决的承认和执行公约附加议定书》、1999年《海牙管辖权与判决承认与执行公约（草案）》、2005年海牙《选择法院协议公约》和2019年海牙《承认与执行外国民商事判决公约》等。下文就后两项公约进行简要介绍。

（一）2005年海牙《选择法院协议公约》

2005年海牙《选择法院协议公约》目前共有33个成员方，该公约不仅对协议管辖权规则进行了统一立法，也对排他性管辖协议中的被选择法院作出的判决的承认与执行问题也进行了统一规定。

依据2005年《海牙选择法院协议公约》第8条和第9条，一项有排他选择法院协议制定的缔约国法院作出的判决，应在其他缔约国得到承认和执行；承认或执行只可根据公约列明的理由拒绝。公约第9条对拒绝承认与执行外国民商事判决的条件进行了明确规定。其规定，符合下列情形之一的，成员国可以拒绝承认或执行。（1）根据被选择法院国家的法律，该协议是无效的，除非该被选择法院已经认定该协议是有效的。（2）根据被请求国的法律，一方当事人缺乏缔结协议的能力。（3）提起诉讼的文书或同等文书，包括诉讼请求的基本要素：①未给被告充分的时间并以一定方式通知被告以便安排答辩，除非被告参加应诉且对原审法院的通知无异议而出庭答辩，如果原国家的法律允许就通知提出异议；②在被请求国通知被告的方式违反被请求国有关文书送达的基本原则。（4）判决系通过与程序事项有关的欺诈而获得。（5）承认或执行将明显违背被请求国的公共政策，包括具体诉讼程序导致判决与该国基本的程序公正原则不符的情况。（6）该判决与被请求国就相同当事人间的争议所做出的判决不一致。（7）该判决与另一国先前就相同当事人相同诉因所作出的判决不一致，如果该在先判决满足在被请求国获得承认的必要条件。

（二）2019年海牙《承认与执行外国民商事判决公约》

2019年7月，海牙国际私法会议第22届外交大会通过了《承认与执行外国民商事判决公约》。公约共4章32条，主要包括范围和定义、承认与执行、一般条款、最后条款。该公约自2023年9月1日生效，截至2024年2月，共有29个成员方。[1]

关于公约宗旨目的，其序言阐明，公约旨在通过司法合作，有效提升全面的司法救济，促进以规则为基础的多边贸易和投资以及人员流动；通过制定一套统一的核心规则，加强合作，从而促进判决的有效承认和执行，为判决的全球流通提供更大的可预见性和确定性。

关于公约适用范围，其规定，该公约适用于一缔约国法院作出的民商事判决在另一缔约国的承认与执行。但对税收、关税或行政事项、知识产权、隐私权、自然人的身份及法律能力、婚姻家庭继承、破产等各方分歧较大事项，公约予以排除适用。

公约第2章明确规定了"承认与执行"外国民商事判决的规则。第4条为一般规定；

---

[1] 2019 Hague Convention on The Recognition and Enforcement of Foreign Judgments in Civil or Commercial Matters, available at http://www.hcch.net, last visited in 14. Apr. 2024.

第 5 条列举可被承认与执行判决的管辖权基础；第 6 条明确对不动产物权专属管辖；第 7 条规定可以拒绝承认执行的理由，包括侵害被告的正当答辩权、在被请求国通知被告的方式与被请求国有关文书送达的基本原则不符、判决是通过欺诈获得的、存在平行诉讼、违反被请求国公共政策等，以保障当事人合法权益、照顾被请求国关切；第 15 条规定在不违反不动产专属管辖的情况下，一国可根据国内法承认执行外国判决。

此外，公约还明确规定，除可能存在违反被请求国公共政策的情形外，在承认与执行外国法院判决的过程中，被请求国法院不应对案件进行实体审查。同时，公约也明确规定了可以拒绝承认与执行外国判决的情形，包括：（1）送达导致被告方当事人的程序权利受损；（2）判决通过欺诈获得；（3）违反被请求国的公共政策；（4）原判决国法院对争议案件无管辖权；（5）与被请求国已经就相同当事人争议所作出的判决相冲突；（6）与之前已经满足被请求国承认与执行条件的第三国法院就相同当事人相同争议所作出的判决相冲突；（7）被请求国法院正在审理先于请求国法院受理，且与被请求国有紧密联系的相同当事人相同争议的案件。

三、我国关于国际民商事判决承认与执行方面的最新立法

2023 年《民事诉讼法》首次系统规定了承认与执行外国法院民商事判决的条件，明确了间接管辖权的认定标准，并规定了救济制度等，这对我国国际民商事判决承认与执行制度完善具有重要意义。

（一）外国法院判决在我国的承认与执行

结合 2023 年《民事诉讼法》、2022 年最高人民法院《关于适用〈中华人民共和国民事诉讼法〉的解释》及相关会议纪要，外国法院判决在我国承认与执行制度主要包括如下内容。

1. 提出请求的主体

一般情况下，在有条约或互惠关系的前提下，提出申请承认与执行外国法院判决请求的主体，既可以是当事人，也可以是外国法院。依据 2023 年《民事诉讼法》第 298 条规定，外国法院作出的发生法律效力的判决、裁定，需要人民法院承认和执行的，可以由当事人直接向有管辖权的中级人民法院申请承认和执行，也可以由外国法院依照该国与中华人民共和国缔结或者参加的国际条约的规定，或者按照互惠原则，请求人民法院承认和执行。关于判决生效的认定，人民法院应根据判决作出国的法律进行审查。

值得注意的是，依据 2022 年最高人民法院《关于适用〈中华人民共和国民事诉讼法〉的解释》第 542 条，如果没有条约或互惠关系，则只允许当事人就外国生效离婚判决向我国法院提出承认的申请。

2. 提出请求的依据

依据 2023 年《民事诉讼法》第 298 条，条约或互惠是外国法院判决在我国承认与执行的法定依据。除此之外，2022 年最高人民法院《关于适用〈中华人民共和国民事诉讼法〉的解释》对离婚判决的承认规定了例外。

（1）条约。人民法院在审理申请承认和执行外国法院判决、裁定案件时，应当根据

《民事诉讼法》的规定，首先审查该国与我国是否缔结或者共同参加了国际条约。有国际条约的，依照国际条约办理。

（2）互惠。2021年《全国法院涉外商事海事审判工作座谈会会议纪要》第44条"互惠关系的认定"规定，人民法院对于是否存在互惠关系应当逐案审查确定。人民法院在审理申请承认和执行外国法院判决、裁定案件时，有下列情形之一的，可以认定存在互惠关系。一是根据该法院所在国的法律，人民法院作出的民商事判决可以得到该国法院的承认和执行。二是我国与该法院所在国达成了互惠的谅解或者共识。如2018年《中华人民共和国最高人民法院和新加坡最高法院关于承认与执行商事案件金钱判决的指导备忘录》。三是该法院所在国通过外交途径对我国作出互惠承诺或者我国通过外交途径对该法院所在国作出互惠承诺，且没有证据证明该法院所在国曾以不存在互惠关系为由拒绝承认和执行人民法院作出的判决、裁定。如大某华物流集团租船合同纠纷案。

（3）例外规定。2022年最高人民法院《关于适用〈中华人民共和国民事诉讼法〉的解释》第542条规定，当事人向中华人民共和国有管辖权的中级人民法院申请承认和执行外国法院作出的发生法律效力的判决、裁定的，如果该法院所在国与中华人民共和国没有缔结或者共同参加国际条约，也没有互惠关系的，裁定驳回申请，但当事人向人民法院申请承认外国法院作出的发生法律效力的离婚判决的除外。这意味着，为了保障当事人的离婚自由权，在没有条约或互惠关系的情况下，当事人仍可以向我国法院申请承认与执行外国生效离婚判决。

3. 承认与执行外国判决的条件

2023年《民事诉讼法》新增第300条和第301条，首先在《民事诉讼法》中系统规定了我国承认与执行外国法院判决的条件。依据第300条的规定，我国法院可从如下五个方面审查外国法院判决，如有下列情形之一的，裁定不予承认和执行：（1）依据本法第301条的规定，外国法院对案件无管辖权；（2）被申请人未得到合法传唤或者虽经合法传唤但未获得合理的陈述、辩论机会，或者无诉讼行为能力的当事人未得到适当代理；（3）判决、裁定是通过欺诈方式取得；（4）人民法院已对同一纠纷作出判决、裁定，或者已经承认第三国法院对同一纠纷作出的判决、裁定；（5）违反中华人民共和国法律的基本原则或者损害国家主权、安全、社会公共利益。

管辖权适格是一国法院进行诉讼活动并作出有效判决的前提，因此间接管辖权认定标准关乎对外国法院管辖权的审查，既是判断外国法院管辖权适当与否的程序性规则，也是承认和执行外国法院判决的先决条件。为了进一步明确间接管辖权的认定标准，2023年《民事诉讼法》新增第301条规定，有下列情形之一的，人民法院应当认定该外国法院对案件无管辖权：（1）外国法院依照其法律对案件没有管辖权，或者虽然依照其法律有管辖权但与案件所涉纠纷无适当联系；（2）违反本法对专属管辖的规定；（3）违反当事人排他性选择法院管辖的协议。可见，我国在间接管辖权认定标准方面采"判决作出国法律"和"被申请国法律"双重标准。值得注意的是，第301条中的"适当联系"，不同于第276条第2款的"适当联系"。此处的"适当联系"表明，我国法院在审查间接管辖权时可以被申请国法律（即我国法律）为标准，如果外国法院依据我国法律"与案件所涉纠纷无适当联系",则我国法院应当认定外国法院对案件无管辖权。

此外，依据 2021 年《全国法院涉外商事海事审判工作座谈会会议纪要》第 45 条，外国法院判决的判项为损害赔偿金且明显超出实际损失的，人民法院可以对超出部分裁定不予承认和执行。

4. 对外国判决的执行程序

我国对外国判决的执行采"执行令"制度。依据 2023 年《民事诉讼法》新增第 299 条规定，人民法院对申请或者请求承认和执行的外国法院作出的发生法律效力的判决、裁定，依照中华人民共和国缔结或者参加的国际条约，或者按照互惠原则进行审查后，认为不违反中华人民共和国法律的基本原则且不损害国家主权、安全、社会公共利益的，裁定承认其效力；需要执行的，发出执行令，依照本法的有关规定执行。

5. 承认和执行外国法院判决的报备及通报机制

2021 年《全国法院涉外商事海事审判工作座谈会会议纪要》第 49 条中规定，各级人民法院审结当事人申请承认和执行外国法院判决案件的，应当在作出裁定后 15 日内逐级报至最高人民法院备案。备案材料包括申请人提交的申请书、外国法院判决及其中文译本、人民法院作出的裁定。人民法院根据互惠原则进行审查的案件，在作出裁定前，应当将拟处理意见报本辖区所属高级人民法院进行审查；高级人民法院同意拟处理意见的，应将其审查意见报最高人民法院审核。待最高人民法院答复后，方可作出裁定。

6. 救济机制

2023 年《民事诉讼法》新增第 303 条，首次规定承认和执行外国法院的判决、裁定程序中的救济机制，彰显立法机关对程序正义的重视和保障。其规定，当事人对承认和执行或者不予承认和执行的裁定不服的，可以自裁定送达之日起 10 日内向上一级人民法院申请复议。

此外，2022 年最高人民法院《关于适用〈中华人民共和国民事诉讼法〉的解释》第 542 条第 2 款规定，承认和执行申请被裁定驳回的，当事人可以向人民法院起诉。

(二) 我国法院判决在外国的承认与执行

我国法院判决在外国承认与执行制度主要包括以下几个方面。(1) 提出申请的主体，可以由当事人直接申请，也可以由我国法院提出申请。2023 年《民事诉讼法》第 297 条第 1 款规定，人民法院作出的发生法律效力的判决、裁定，如果被执行人或者其财产不在中华人民共和国领域内，当事人请求执行的，既可以由当事人直接向有管辖权的外国法院申请承认和执行，也可以由人民法院依照中华人民共和国缔结或者参加的国际条约的规定，或者按照互惠原则，请求外国法院承认和执行。(2) 提出申请的依据，为国际条约的规定或互惠原则。(3) 提交的材料。依据 2022 年最高人民法院《关于适用〈中华人民共和国民事诉讼法〉的解释》第 548 条，当事人在中华人民共和国领域外使用中华人民共和国法院的判决书、裁定书，要求中华人民共和国法院证明其法律效力的，或者外国法院要求中华人民共和国法院证明判决书、裁定书的法律效力的，作出判决、裁定的中华人民共和国法院，可以本法院的名义出具证明。

重要名词术语

域外送达、《海牙送达公约》、域外取证、《海牙取证公约》、判决的承认、判决的执行、拒绝承认与执行、互惠、间接管辖权

思考题

1. 如何进一步提升域外送达的效果？
2. 其他国家如何完善阻断立法应对美国域外证据开示制度？
3. 外国民商事判决在我国承认与执行制度的最新发展及其未来完善。
4. 如何理解2023年《民事诉讼法》第301条中的"适当联系"？

典型案例分析

SPAR航运有限公司诉大某华物流控股（集团）有限公司申请承认外国法院判决案，上海海事法院（2018）沪72协外认1号民事裁定书

2015年3月，英国法院对该案作出了判决，命令船舶承租人的母公司作为担保人向船东支付三份租约下的应付款项，包括损害赔偿、利息和费用。2018年，为了收回相关款项，船东向上海海事法院（对租船人的母公司有管辖权的法院）提出了承认和执行英国判决书的请求。

上海海事法院于2018年受理了该案件，直到获得最高人民法院同意后，于2022年作出了承认和执行的裁定。

中国与英国尚未缔结或加入有关民商事法院判决相互承认和执行的条约，因此应以对等原则作为承认英国判决的基础。理论上讲，互惠性要求双方都承认对方的判决。因此，上海海事法院审查了当事各方就此前英国法院承认和执行中国判决的事项提交的意见书。

本案当事人之间的争议首先在于英国高等法院关于Spliethoff's bevrachtingskantor BV VS Bank of China Limited［2015］EWHC 999（Comm）案的判决是否构成承认（2011）QHFHSCZ第271号一审法院的判决及保全裁定和本案二审法院（2013）LMSZZ第87号判决书。法院得出结论，这些案件既不能被视为英国法院承认和执行中国判决的先例，也不能被视为英国法院拒绝承认中国法院判决的先例。

《民事诉讼法》并未将互惠原则限制在有关外国法院对我国法院的民商事判决先行承认和执行。因此本院认为，依照外国法院判决所在国的法律，中国法院作出的民商事判决可以被所在国法院承认和执行，可以认为中国和该国在承认和执行民商事判决方面是一种互惠关系。

尽管上海海事法院没有发现中国法院作出的民商事判决被英国法院认可和执行的先例，但是满足条件的中国法院作出的民商事判决依英国法可以被英国法院承认和执行，可视为两国存在互惠关系，这一解释丰富了我国原有对互惠关系的理解。

第十六章 国际商事仲裁

【内容提示】

仲裁是一种备受国际商界人士青睐的诉讼外纠纷解决机制。对"国际性"与"商事性"进行判断是国际商事仲裁实践中的关键问题。有效的仲裁协议是国际商事仲裁管辖权成立的基本前提。从表现形态看，国际商事仲裁协议主要可以分为仲裁条款、仲裁协议书、其他表示提交仲裁的文件三种。作为一项已被普遍接受的原则，仲裁协议的效力认定独立于实体合同的效力认定。国际商事仲裁协议的准据法通常包括当事人选定的法律、仲裁地法律和主合同准据法。

在国际商事仲裁适用的实体法的确定上，晚近的一个趋势是，仲裁庭往往不援引任何冲突规则，而径直适用其认为适当的法律。国际商事仲裁裁决的撤销制度是一国仲裁制度的重要内容。大多数国家的立法将国际商事仲裁裁决司法审查的范围主要限于程序性事项，原则上不对仲裁裁决的实体内容进行监督。在国际商事仲裁裁决的承认与执行上，《承认及执行外国仲裁裁决公约》（以下简称《纽约公约》）发挥着无可替代的重要作用，是国际商事仲裁在全球范围内获得巨大成功的最大保障。

第一节 国际商事仲裁概论

一、国际商事仲裁的定义

仲裁，是指当事人约定将其争议交由第三者居中评断，并作出对各方当事人均具有约束力的裁决的争议解决机制。从类型上看，根据其所涉地域范围的不同，商事仲裁一般可以分为国内商事仲裁和国际商事仲裁。

国际商事仲裁以私法方面的带有国际或涉外因素的争议为主要对象，既不同于解决国家间某一公法上的争端的国际仲裁，也不同于一国范围内的企业和私人间的国内仲裁。由于主权国家日益以民商事主体的身份参与经济活动，广义的国际商事仲裁应该包括涉及国家与企业或私人实体间商事争议的仲裁在内。

国际商事仲裁具有以下几个特点：（1）国际商事仲裁是一种民间的诉讼外争议解决方式，从而区别于国际民事诉讼；（2）国际商事仲裁是一种用来解决国际商事争议的法律制度，从而区别于行政仲裁和国际公法上的仲裁；（3）国际商事仲裁是由当事人直接选定或根据规则由机构代为指定的仲裁员来实现对争议的解决的，从而区别于双方当事人之间的直接和解；（4）国际商事仲裁主要是通过仲裁员作出具有法律强制约束力的裁决，来解决当事人所提交的争议，从而与商事调解相区别。

此外，值得提及的是，国际投资仲裁在过去半个世纪里迅速兴起，目前已发展成为一种独立于国际商事仲裁的仲裁类型。这类仲裁以主权国家间签订的双边或多边投资协定所包含的仲裁条款为基础，双方当事人分别是投资东道国和外国投资者，数量越来越多，具有广泛的影响力。

二、国际商事仲裁的性质

国际性与商事性，是国际商事仲裁的核心属性。关于国际商事仲裁中的"国际"和"商事"的确切含义，目前尚无统一定义。何种仲裁具有国际性、何种争议或关系具有商事性，是国际商事仲裁中的一个重要问题。[1]

（一）关于"国际"的含义

国际仲裁与国内仲裁在一些关键问题的制度安排上存在明显差异。在某些时候，这对当事人特别是胜诉当事人的利益的影响尤其大。判断一项仲裁是"国内仲裁"还是"国际仲裁"，是一个十分重要的实践问题。这个问题的核心在于"国际性"的识别。对于"国际性"的识别，不同国家的仲裁立法及国际层面的法律文件并不统一。

1. 基于连结因素的判断标准

英国、瑞典、瑞士以及一些阿拉伯国家在认定仲裁的国际性时，仲裁地和当事人的国籍是重要的根据。当事人是个人的，除国籍外，还考虑其惯常居所地；当事人是法人的，则并不简单地以该法人的注册或登记地为依据，还要考虑其管理中心所在地。

例如，依1996年《英国仲裁法》第85条第2款的规定，订立仲裁协议的当事人只要存在以下情况，涉案仲裁协议便是国际仲裁协议，依此协议进行的仲裁属于国际商事仲裁：（1）个人不是英国国民或其住所不在英国；（2）法人团体不在英国组成或其管理中心地不在英国。

2. 基于争议内容的判断标准

这方面最典型的当属法国。对于仲裁"国际性"的判断标准，法国的立法态度一直以来都是十分明确且高度连贯的。《法国民事诉讼法典》第1504条规定："涉及国际商事利益的仲裁是国际仲裁。"该条是法国仲裁法对国际仲裁的定义，也是《法国民事诉讼法典》"国际仲裁篇"的开端。

法国仲裁法对于仲裁"国际性"的判断采取的是基于经济考量的客观标准，故常被称作经济标准。从源头上看，这一标准最早可追溯至1927年的一个案件。在这个案件中，法国最高法院对交易的"国际性"进行了界定。其表示，如果一项交易会产生

---

[1] 韩德培主编：《国际私法》，高等教育出版社2000年版，第484—485页。

跨界流动、为多个国家带来互惠结果，那么该项交易就具有"国际性"。[1] 3 年之后，在 Mardelé 案[2]与 Dambricourt 案[3]中，法国最高法院将交易的"国际性"的界定标准扩展至仲裁协议的有效性问题上。法院认为，即便涉案仲裁的双方当事人都是法国人，但由于系争交易涉及国际贸易上的利益，故应考察涉案仲裁协议有效性的准据法。法院最后适用了英国法律，并判定涉案仲裁协议有效。实际上，涉案仲裁若被界定为国内仲裁，就不会存在适用外国法判断仲裁协议有效性的可能，结果便会是，根据当时的法国法，涉案仲裁协议无效。

法国判断仲裁"国际性"所采用的经济标准是一种实质主义标准。法国法院认为，在判断某项仲裁是否为国际仲裁这一问题上，当事人或仲裁员的国籍、住所地、涉案合同的签订地乃至仲裁地等因素无关紧要。这些因素都是法律标准，具有极强的形式主义色彩，它们都被法国法院抛弃。巴黎上诉法院曾在一系列案件中表示，仲裁的"国际性"须根据其所源于的经济事实来判断，对此，所需要的就是，涉案经济交易必须包含货物、服务或资金的跨国流动；与此同时，当事人的国籍、合同或仲裁的准据法以及仲裁地都不具有相关性。[4]

针对以上两种标准的分歧，《国际商事仲裁示范法》提供了一个更为广义的国际仲裁概念："仲裁如有下列情况即为国际仲裁：（A）仲裁协议的当事各方在缔结协议时，他们的营业地点位于不同的国家；或（B）下列地点之一位于当事各方营业地点所在国以外：（a）仲裁协议中确定的或根据仲裁协议而确定的仲裁地点；（b）履行商事关系的大部分义务的任何地点或与争议标的关系最密切的地点；或（c）当事各方明确地同意，仲裁协议的标的与一个以上的国家有关。"[5] 这一规定将国际仲裁扩及：（1）其营业地在不同国家的当事人之间的争议的仲裁；（2）仲裁地和当事各方的营业地位于不同国家的仲裁；（3）主要义务履行地和当事各方的营业地位于不同国家的仲裁；（4）与争议标的关系最密切的地点和当事各方营业地位于不同国家的仲裁；（5）当事各方明确同意仲裁标的与一个以上国家有关的仲裁。《国际商事仲裁示范法》的这一规定显示了以当事人合意来确定什么是国际仲裁的倾向，大大丰富了"国际"或"涉外"的内涵。可以说，该示范法的规定反映了涉外仲裁或国际商事仲裁实践对"涉外"或"国际"含义有

---

[1] Pélissier du Besset v. The Algiers Land and Warehouse Co. Ltd., Cour de cassation, 17 May 1927.

[2] Mardelé v. Muller, Cour de cassation, 19 Feb. 1930.

[3] Dambricourt v. Rossard, Cour de cassation, 27 Jan. 1931.

[4] 巴黎上诉法院涉及"国际性"之判断的案件非常多，此处仅列出部分如下：Murgue Seigle v. Coflexip, Cour d'appel Paris, 14 Mar. 1989; Aranella v. Italo-Ecuadoriana, Cour d'appel Paris, 26 Apr. 1985; Chantiers Modernes v. C.M.G.C., Cour d'appel Paris, 8 Dec. 1988; Courrèges Design v. André Courrèges, Cour d'appel, 5 Apr. 1990; Consorts Legrand v. European Country Hotels Ltd., Cour d'appel Paris, 14 Nov. 1991; Icart v. Quillery, Cour d'appel Paris, 4 Apr. 1991; Sermi v. Hennion, Cour d'appel Paris, 24 Apr. 1992; Ets. Marcel Sebin v. Irridelco International Corp., Cour d'appel Paris, 23 Mar. 1993; Ministère tunisien de l'équipement v. Bec Frères, Cour d'appel Paris, 24 Feb. 1994; Deko v. Dingler, Cour d'appel Paris, 24 Mar. 1994; PARIS v. Razel, Cour d'appel Paris, 20 June 1996; Solna International AB v. SA Destouche, Cour d'appel Paris, 8 Oct. 1997. 巴黎上诉法院在这一系列案件中对经济标准所作出的具有高度连贯性的解释，在 1997 年的 Renault 案中获得了法国最高法院的确认。

[5]《国际商事仲裁示范法》第 1 条第 3 款。

扩大解释的趋势。[1]事实上，从采用示范法的国家和地区的实践看，原来认为是国内范围的许多仲裁，接受示范法后则变成了国际仲裁。

1994年《仲裁法》并没有规定"涉外"或"国际"的含义。但通说认为，民商事法律关系的涉外或国际性应作广义理解，即其主体、客体或内容这三个因素中至少有一个与中国内地之外的法域相联系。[2]司法实践亦采用这一说法。[3]根据2017年《关于审理仲裁司法审查案件若干问题的规定》第12条，仲裁协议或者仲裁裁决具有2012年《关于适用〈中华人民共和国涉外民事关系法律适用法〉若干问题的解释（一）》第1条规定情形的，为涉外仲裁协议或者涉外仲裁裁决。以下是该司法解释的第1条规定：民事关系具有下列情形之一的，人民法院可以认定为涉外民事关系：（1）当事人一方或双方是外国公民、外国法人或者其他组织、无国籍人；（2）当事人一方或双方的经常居所地在中华人民共和国领域外；（3）标的物在中华人民共和国领域外；（4）产生、变更或者消灭民事关系的法律事实发生在中华人民共和国领域外；（5）可以认定为涉外民事关系的其他情形。

至于无涉外因素的国内纠纷，当事人可否选择中国以外的仲裁机构申请仲裁，这是一个备受关注的实践问题。根据2023年《民事诉讼法》第288条第1款[4]和《合同法》第128条第2款[5]的规定，只有涉外纠纷的当事人可以将争议提交中国涉外仲裁机构或者其他仲裁机构仲裁。

在2011年、2012年，最高人民法院分别在"六盘水恒某案"[6]和"江苏航天万某案"[7]中申明，中国的当事人不可将没有涉外因素的争议提交包括香港国际仲裁中心在内的境外仲裁机构进行仲裁。在2014年，最高人民法院通过"朝某新生案"[8]重申这一点，并进一步指出，由此产生的仲裁裁决将无法获得中国法院的执行。

2015年11月，上海市第一中级人民法院在某门子公司申请承认与执行新加坡国际仲

---

[1] 黄进、宋连斌、徐前权：《仲裁法学》，中国政法大学出版社2002年版，第165—166页。

[2] 参见韩德培主编：《国际私法新论》，武汉大学出版社1997年版，第3—4页；李双元等：《中国国际私法通论》（第二版），法律出版社2003年版，第3页；黄进主编：《国际私法》，法律出版社1999年版，第2—5页。

[3] 参见1988年《关于贯彻执行〈中华人民共和国民法通则〉若干问题的意见（试行）》第178条、1992年《关于适用〈中华人民共和国民事诉讼法〉若干问题的意见》第304条等。

[4] 2023年《民事诉讼法》第288条第1款规定：涉外经济贸易、运输和海事中发生的纠纷，当事人在合同中订有仲裁条款或者事后达成书面仲裁协议，提交中华人民共和国涉外仲裁机构或者其他仲裁机构仲裁的，当事人不得向人民法院起诉。

[5] 《合同法》第128条第2款中规定：涉外合同的当事人可以根据仲裁协议向中国仲裁机构或者其他仲裁机构申请仲裁。

[6] 参见苏泽林、景汉朝主编：《立案工作指导》2011年第1辑（总第28辑），人民法院出版社2011年版，第94—98页。

[7] 参见《关于江苏航天万源风电设备制造有限公司与艾尔姆风能叶片制品（天津）有限公司申请确认仲裁协议效力纠纷一案的请示的复函》。

[8] 北京朝某新生体育休闲有限公司申请承认和执行外国仲裁裁决案，北京市第二中级人民法院（2013）二中民特字第10670号民事裁定书。

裁中心仲裁裁决案中作出的民事裁定[1],被认为在"涉外因素"的识别上对以往的司法实践作出了重大突破。法院审理该案时,着眼于两个方面。其一,涉案企业虽然都是中国法人,但注册地均在上海自贸试验区区域内,而且在性质上,二者均为外商独资企业。由于此类公司的资本来源、最终利益归属、公司的经营决策一般均与其境外投资者关联密切,故此类主体与普通内资公司相比具有较为明显的涉外因素。在自贸试验区推进投资贸易便利的改革背景下,上述涉外因素更应给予必要重视。其二,合同项下的标的物设备虽最终在境内工地完成交货义务,但从合同的签订和履行过程看,设备是先从中国境外运至自贸试验区内进行保税监管,再根据合同履行需要适时办理清关完税手续、从区内流转到区外,至此货物进口手续方才完成,故合同标的物的流转过程也具有一定的国际货物买卖特征。鉴于此,法院最后认定系争合同具有涉外因素。

(二)关于"商事"的含义[2]

在国际商事仲裁中,"商事性"的确定,将关系到争议事项能否通过仲裁方式解决,即可仲裁性(arbitrability)问题。而可仲裁性,又关系到有关的仲裁裁决能否得到承认和执行等重要问题。

1923年日内瓦《仲裁条款议定书》规定,各缔约国应承认不同缔约国管辖权下的合同当事人间签订的仲裁协议的有效性,而不论所提交仲裁的问题是商事问题还是其他可以用仲裁方式解决的问题。该条款实际上承认了商事问题与其他问题之间的区别。该议定书进一步规定,各缔约国可以把履行议定书限于"依本国法律属于商事范围的合同"[3],这便是所谓的商事保留。

1958年《纽约公约》中也有类似的商事保留规定。《纽约公约》规定,任何缔约国可以声明,"本国只对根据本国法律属于商事的法律关系,不论是不是契约关系,所引起的争执适用本公约"。[4]这意味着,如果根据《纽约公约》在作出上述商事保留的缔约国内申请承认和执行一项外国国际仲裁裁决,就必须查明该缔约国有关法律对"商事"一词是如何定义的。如果所要申请承认和执行的裁决已解决的争议不属于该国关于"商事"的定义范围,承认和执行该项仲裁裁决的申请将会遭到拒绝。

因此,无论是在大陆法系国家还是在英美法系国家,特别是在加入了有关的国际仲裁公约而又提出商事保留的国家,"商事"的定义具有重要意义。由于《纽约公约》未就"商事"一词作出统一解释,何种法律关系属于商事关系,将依法院地法确定。一般说来,多数国家对"商事"一词都是尽可能作出广义的解释。

示范法对"商事"作出了如下注释说明:"对'商事'一词应作广义解释,使其包含不论是契约性或非契约性的一切商事性质的关系所引起的种种事情。商事性质的关系包括但不限于下列交易:供应或交换货物或服务的任何贸易交易;销售协议;商事代表

---

[1] 某门子公司申请承认与执行新加坡国际仲裁中心仲裁裁决案,上海市第一中级人民法院(2013)沪一中民认(外仲)字第2号民事裁定书。

[2] 参见韩健:《现代国际商事仲裁法的理论与实践》,法律出版社2000年版,第14—20页。

[3] 1923年日内瓦《仲裁条款议定书》第1条。

[4] 1958年《纽约公约》第1条第3款。

或代理；保理；租赁；建造工厂；咨询；工程；许可证；投资；筹资；银行；保险；开发协议或特许；合营和其他形式工业或商业合作；货物或旅客的空中、海上、铁路或公路的载运。"

根据中国加入《纽约公约》时作出的商事保留声明，中国仅对按照中国法律属于契约性和非契约性商事法律关系引起的争议适用该公约。所谓"契约性和非契约性商事法律关系"，具体的是指由于合同、侵权或者根据有关法律规定而产生的经济上的权利义务关系，例如货物买卖、财产租赁、工程承包、加工承揽、技术转让、合资经营、合作经营、勘探开发自然资源、保险、信贷、劳务、代理、咨询服务和海上、民用航空、铁路、公路的客货运输以及产品责任、环境污染、海上事故和所有权争议等，但不包括外国投资者与东道国政府之间的争端。[1]

第二节 国际商事仲裁协议

一、国际商事仲裁协议的概念

国际商事仲裁协议（international commercial arbitration agreements），是指双方当事人合意将他们之间已经发生或者将来可能发生的国际商事争议交付仲裁解决的一种约定。从类型上看，国际商事仲裁协议主要可以表现为以下几种形态：（1）仲裁条款；（2）仲裁协议书；（3）其他表示提交仲裁的文件。从内容上看，一项完备的国际商事仲裁协议一般应具备以下几个方面内容：（1）请求仲裁的意思表示；（2）提交仲裁的具体内容；（3）仲裁地点；（4）仲裁机构；（5）仲裁规则；（6）仲裁裁决的效力。

（一）国际商事仲裁协议的类型

所谓仲裁条款，是指各方当事人在所签订的合同中，在自愿的基础上订立的将有关合同的争议提交仲裁的条款。仲裁条款是仲裁协议最常见的形式，它订立于纠纷发生前，存在于有关合同之中，同时具有与该合同其他条款不同的性质和效力。

所谓仲裁协议书，或称仲裁协定书，是指在争议发生之前或之后，双方当事人在自愿的基础上订立的、同意将争议提交仲裁的书面协定。仲裁协议书在形式上是独立的契约。通常说来，仲裁协议书内容较为详尽，既可能是对仲裁条款的补充或修订，也可能是争议发生后各方当事人为解决争议而协商签订的。此外，仲裁协议书不仅适用于契约性争议，而且适用于非契约性纠纷，在后一种情况下，当事人如想通过仲裁来解决争议，签订仲裁协议书是最佳方式。

此外，当事人在商事交易中，除订立合同之外，还可能在相互之间有信函、电报、电传、传真或其他书面材料（如经确认的电话记录）的往来。如果这些文件包含双方当

---

[1] 1987年4月10日《关于执行我国加入的〈承认及执行外国仲裁裁决公约〉的通知》。

事人同意将他们之间已经发生或将来可能发生的争议提交仲裁的内容，那么有关文件即可构成仲裁协议。这种仲裁协议与前两类仲裁协议的不同之处在于两个方面：其一，它既可以存在于争议发生之前，也可以存在于纠纷发生之后，甚至可以在争议发生过程中产生；其二，它一般不集中表现于某一份文件中，往往分散在当事人之间的多次相互往来的文件中。这种类型仲裁协议的存在有其客观必然性。经济的发展使得经济贸易活动范围不断扩大，空间上的距离给当事人共同协商、签署一项协议带来诸多不便，而通信技术的发展又使交流更加便捷，在一定程度上克服了此种不便。因此，在实践中，这种类型的仲裁协议并不少见。

随着人类进入互联网时代，越来越多的交易在电子商务平台上开展。当事人在数据电文中表达的仲裁意愿，与上述三种形式的仲裁协议有一定差异，有待于得到现存法律体系的普遍认可。

我国《仲裁法》第16条第1款规定："仲裁协议包括合同中订立的仲裁条款和以其他书面方式在纠纷发生前或者纠纷发生后达成的请求仲裁的协议。"由此可见，就仲裁协议的类型而言，仲裁法对仲裁条款和以其他书面方式达成的请求仲裁的协议均予认可。

（二）国际商事仲裁协议的内容

各国立法和相关国际文件对有效的仲裁协议应该包括哪些内容规定不尽相同。不过，为了使仲裁程序顺利进行，并获得各方当事人所预期的效果，一项完备的国际商事仲裁协议一般应具备以下几方面内容。

1. 请求仲裁的意思表示

在仲裁协议中，当事人应明确表示愿意将争议提交仲裁解决。请求仲裁的意思表示至少应具备如下三个条件：其一，必须是所有当事人在协商一致基础上的共同意思表示，而不是一方当事人的意思表示；其二，必须是所有当事人的真实意思表示，即当事人签订仲裁协议的行为是其内心的真实愿望，而不是在外界影响或强制下所表现的虚假的意思表示；其三，必须是有利害关系的各方当事人之间的意思表示，而非其他任何与之无关的人的意思表示。

2. 提交仲裁的事项

仲裁协议应该明确提交仲裁的具体争议事项。在实践中，当事人只有把载入仲裁协议中的争议提请仲裁，仲裁庭才能受理。如果一方当事人申请仲裁的争议事项不在仲裁协议所约定的争议事项范围内，另一方当事人就有权对仲裁庭的管辖权提出异议。即使仲裁庭庭审终结并作出裁决，另一方当事人也有权向相关法院申请撤销仲裁裁决。

需要特别注意的是，在约定仲裁事项时，为使仲裁协议有效和仲裁裁决具有可执行性，必须确保约定提交仲裁的争议具有可仲裁性。对此，我国1994年《仲裁法》第2条规定："平等主体的公民、法人和其他组织之间发生的合同纠纷和其他财产权益纠纷，可以仲裁。"该法第3条则规定："下列纠纷不能仲裁：（一）婚姻、收养、监护、扶养、继承纠纷；（二）依法应当由行政机关处理的行政争议。"

3. 仲裁地

仲裁地是国际商事仲裁实践中的一个核心要素，是仲裁程序在法律意义上的发生地。作为一个法律概念，仲裁地与仲裁机构所在地以及庭审地不同。以国际商会（ICC）仲裁为例，虽然 ICC 的总部在巴黎，但在许多 ICC 仲裁中，仲裁地是在瑞士日内瓦、苏黎世或者英国伦敦等地方，而庭审地则有可能设在其他国家的城市。具体而言，仲裁地的法律意义在于，在当事人缺乏合意约定的条件下，仲裁地法往往成为诸如仲裁协议效力等重要事项的准据法。而且，仲裁地法院对仲裁裁决的撤销申请享有排他管辖权。

4. 仲裁机构

就我国目前的仲裁实践而言，在仲裁协议中明确仲裁机构，对于仲裁协议的效力具有特别重要的意义。《仲裁法》第 16 条和第 18 条分别从正反两个方面要求仲裁协议必须包含"选定的仲裁委员会"这一要件。《仲裁法》第 16 条规定："……仲裁协议应当具有下列内容：……选定的仲裁委员会。"与此同时，《仲裁法》第 18 条规定："仲裁协议对仲裁事项或者仲裁委员会没有约定或者约定不明确的，当事人可以补充协议；达不成补充协议的，仲裁协议无效。"这意味着仅约定仲裁而未明确仲裁机构的仲裁协议无效。

但从全球的角度来看，当事人是否需要在仲裁协议中明确仲裁机构，要看他们是否愿意采取机构仲裁的方式解决他们之间的争议。根据案件是否由外部机构予以管理，国际商事仲裁可以分为机构仲裁和临时仲裁。临时仲裁是没有仲裁机构从外部对仲裁程序的开展提供案件管理支持的仲裁类型。如果约定选择临时仲裁，则应在仲裁协议中具体写明仲裁庭的组成人数及如何指定仲裁员、明确仲裁地以及采用什么仲裁程序规则审理等。国际海事领域的大多数争议一般都通过临时仲裁的方式解决。我国仲裁法并未认可临时仲裁的合法性。2016 年《关于为自由贸易试验区建设提供司法保障的意见》第 9 条中指出："在自贸试验区内注册的企业相互之间约定在内地特定地点、按照特定仲裁规则、由特定人员对有关争议进行仲裁的，可以认定该仲裁协议有效。"该条规定意味着在我国自贸试验区内初步认可临时仲裁。2017 年 3 月，珠海市横琴新区管委会和珠海仲裁委员会发布了《横琴自由贸易试验区临时仲裁规则》，标志着临时仲裁在中国境内真正落地。

机构仲裁则是由常设仲裁机构提供案件管理服务的仲裁类型。如果约定在常设仲裁机构仲裁，则应具体写明双方选定的那个常设仲裁机构在订立仲裁协议时所使用的全称。目前，全球知名度较高的国际商事仲裁机构包括：国际商会国际仲裁院、英国伦敦国际仲裁院（LCIA）、瑞典斯德哥尔摩商会仲裁院（SCC）、新加坡国际仲裁中心（SIAC）、中国国际经济贸易仲裁委员会（CIETAC）和香港国际仲裁中心（HKIAC）。

5. 仲裁规则

仲裁规则主要是规范仲裁程序开展所涉及的具体事项，包括仲裁申请的提出、答辩的方式、仲裁员的选定、组庭、庭审、仲裁裁决的作出以及裁决的效力等。双方当事人在订立仲裁协议时，应明确约定有关仲裁所应适用的仲裁规则，以便当事人和仲裁员在仲裁时有可依循的行为准则，使仲裁能顺利进行。

各常设仲裁机构均自行制定有仲裁规则。一般说来，仲裁协议规定在哪个仲裁机构仲裁，就按该机构制定的仲裁规则仲裁。有的仲裁机构则允许按双方当事人的约定，采用其他国际商事仲裁规则，但这种做法在实践中容易引起混乱。

如采用临时仲裁，双方当事人可以自由选择合适的临时仲裁规则。《联合国国际贸易法委员会仲裁规则》被广泛适用于临时仲裁中，并取得了很好的效果。

6. 仲裁裁决的效力

仲裁裁决的效力，是指仲裁裁决是否具有终局性，对当事人是否具有约束力，当事人能否向法院或其他机构上诉。绝大部分国家的法律及仲裁机构的仲裁规则均规定，仲裁裁决具有终局效力，对双方当事人均有约束力，当事人任何一方不得向法院上诉或向任何行政机关申诉。

不过，尽管"一裁终局"已成为仲裁制度的主流，但在某些国家，在个别情况下仍存在对仲裁裁决提起上诉的可能。因此，当事人订立仲裁协议时，在仲裁协议中就仲裁裁决的效力作出明确规定，仍是有必要的。通常应明确规定仲裁裁决具有终局性，具有终审裁决的效力，这样可以避免复杂的上诉或司法复审程序，从而实现当事人通过仲裁方式快速、有效的解决纠纷的愿望。

除以上六个方面外，仲裁协议还可以视具体情况，规定其他方面的内容，如仲裁的提起、仲裁员的委任、仲裁庭的权限、仲裁费用的承担等。是否将这些事项载入仲裁协议，完全视当事人对双方商业交易规模、复杂程度的预估以及对于仲裁本身的认识。在上述各项内容当中，请求仲裁的意思表示及提交仲裁的事项是最重要的。

我国《仲裁法》第16条第2款对仲裁协议的基本内容作了如下规定："仲裁协议应当具有下列内容：（一）请求仲裁的意思表示；（二）仲裁事项；（三）选定的仲裁委员会。"

二、国际商事仲裁协议的独立性

作为一项已被普遍接受的原则，仲裁协议的效力认定独立于实体合同的效力认定，其亦被称作仲裁协议的可分割性或独立性。由于在实践中仲裁协议常以包含于主合同的仲裁条款的形式出现，故人们往往将该原则表述为：仲裁条款的效力认定独立于主合同的效力认定。简单来讲，这项原则意味着，应将主合同与其所包含的仲裁条款视为两份单独的协议，主合同是否有效不影响仲裁条款的效力，仲裁庭或法院应根据其他标准对仲裁条款的效力进行单独认定。

（一）仲裁条款独立性的含义

根据仲裁条款独立性理论，仲裁条款与主合同的其他条款相分离而独立存在；主合同无效、撤销、终止或者变更，仲裁条款仍独立存在，不因主合同变更、无效或者终止而当然无效或者失效。

（二）仲裁条款独立性理论的确立与发展

对于仲裁条款的独立性问题，先前的观点持否定态度，一般认为，仲裁条款是主合同不可分割的一部分。主合同无效，合同中的仲裁条款当然也无效。如果当事人对主合同的有效性提出异议，则包含其中的仲裁条款的效力也就未定，关于主合同的有效性问题就只能由法院决定而不能由仲裁员决定。提出这一观点的主要理由是：作为主合同一部分的仲裁条款，是针对主合同的法律关系而起作用的。既然主合同无效，那么附属于主合同的仲裁条款就因此丧失了存在的基础，自然也就无效了。

传统观点从严格的法律逻辑上看不无道理，但不是好的法律规则，更与现代国际商事仲裁的发展趋势不能相协调。[1] 随着经济的发展以及支持仲裁政策的确立，传统的否定仲裁条款具有独立性的理论遭到越来越多地抛弃，仲裁条款独立性理论相应地逐步确立和发展起来。目前承认仲裁协议独立于其主合同已为各国所普遍接受。

（三）仲裁条款独立性理论的依据

作为合同的一部分，其中的仲裁条款，在合同终止、解除或者无效甚至根本不存在的情况下，却仍然独立、有效，这确实是一个悖论。这一逻辑上令人困惑但又被普遍接受和采纳的理论，其依据何在？

1. 仲裁条款的特殊性

仲裁条款是一类特殊的协议。包含仲裁条款的合同，应被视为由两个相对独立的合同构成。其中一个为主合同或基础合同，它规定双方当事人的实体权利义务关系，而仲裁条款则作为从合同而存在，其规定发生争议后解决争议的方式。二者的主要区别是：主合同的目的在于，通过当事人切实履行主合同中所规定的义务，实现当事人所期望的商业利益；仲裁条款作为一种预防性安排，旨在约定定分止争的方式。仲裁条款的实施乃以主合同履行困难或发生争议为前提，并作为一种救济手段而存在。如果当事人之间未就主合同发生任何争议，仲裁条款就没有实施的必要。在当事人之间发生约定的特定争议时，从合同才得以实施，其实施的结果是组建仲裁庭，并按约定的程序和依据可适用的法律或公平原则裁决各方当事人根据主合同的有效或无效而产生的涉及实体权利和义务的争议。

所以，以仲裁条款为内容的这一从合同，在整个国际商事合同中具有相对特殊的独立性。一方面，它因主合同的订立而订立，并随着主合同的完全履行而终止；另一方面，它的效力不仅不因主合同发生争议或被确定无效而失去效力，而且正因此被实施，以发挥它作为救济手段的作用。因此，仲裁条款不像普通的从合同那样完全依赖于主合同。相反，它具有显著的独立性，其有效性不受主合同有效性的影响。基于此，如果一方当事人对主合同的有效性提出异议，只要仲裁条款本身是有效的，这一涉及主合同有效性的争议就应该由仲裁庭解决，而不应诉诸法院。[2]

综上所述，仲裁条款的独立性强调的是合同中的仲裁条款独立于主合同而存在，主合同无效，仲裁条款并不因此而无效。当然，这并非意味着，仲裁条款必然有效。至于仲裁条款是否确然有效，以及由谁来判断仲裁条款的有效性，涉及的则是仲裁庭的管辖权，这是另一个重要的问题。

2. 实践的需要

仲裁条款的独立性也是仲裁实践的需要。如果仲裁条款不具有独立性，一方当事人一旦提出主合同变更、终止、解除或者无效，仲裁条款也就随之变更、终止、解除或者

---

[1] 黄进、宋连斌、徐前权：《仲裁法学》，中国政法大学出版社2002年版，第100页。

[2] 赵健：《国际商事仲裁的司法监督》，法律出版社2000年版，第81—82页；李双元等：《中国国际私法通论》（第二版），法律出版社2003年版，第635页；黄进、宋连斌、徐前权：《仲裁法学》，中国政法大学出版社2002年版，第101页；韩健：《现代国际商事仲裁法的理论与实践》，法律出版社2000年版，第100—101页。

无效，合同中仲裁条款的目的就很难实现。

实践中，任何意图阻碍对方当事人提起仲裁的当事人，都可能声称主合同存在无效的情形。在仲裁条款缺乏独立性的条件下，主合同的效力问题都需要由法院事先予以裁断，这不仅会加重司法的负担，还会拖延本应快速推进的仲裁程序，使仲裁省时、高效的优势难以发挥。而这显然是违反当事人约定仲裁的本意的。

（四）中国的相关规定

自20世纪80年代起，我国立法就开始逐步认可仲裁条款的独立性，并不断扩大仲裁条款独立原则的适用范围。根据1985年《涉外经济合同法》第37条，当事人发生合同争议时，可以"依据合同中的仲裁条款"提交"中国仲裁机构或者其他仲裁机构仲裁"；同时，该法第35条进一步明确规定："合同约定的解决争议的条款，不因合同的解除或者终止而失去效力。"

我国1986年批准的CISG第81条也规定，"宣告合同无效不影响合同中关于解决争端的任何规定"。1994年《仲裁法》进一步明确了仲裁条款的独立性，并且扩大了仲裁条款独立的适用范围。该法第19条第1款规定："仲裁协议独立存在，合同的变更、解除、终止或者无效，不影响仲裁协议的效力。"我国1999年《合同法》第57条规定："合同无效、被撤销或者终止的，不影响合同中独立存在的有关解决争议方法的条款的效力。"

2006年《关于适用〈中华人民共和国仲裁法〉若干问题的解释》第10条规定："合同成立后未生效或者被撤销的，仲裁协议效力的认定适用仲裁法第十九条第一款的规定。当事人在订立合同时就争议达成仲裁协议的，合同未成立不影响仲裁协议的效力。"

我国的机构仲裁规则也普遍重申了仲裁条款独立原则。2023年《中国国际经济贸易仲裁委员会仲裁规则》第5条第4项规定："合同中的仲裁条款应视为与合同其他条款分离的、独立存在的条款，附属于合同的仲裁协议也应视为与合同其他条款分离的、独立存在的一个部分；合同的变更、解除、终止、转让、失效、无效、未生效、被撤销以及成立与否，均不影响仲裁条款或仲裁协议的效力。"2003年《北京仲裁委员会仲裁规则》第5条也规定："仲裁协议独立存在。合同的变更、解除、终止、无效或者失效以及存在与否，均不影响仲裁协议的效力。"

第三节 国际商事仲裁的法律适用

一、国际商事仲裁协议的法律适用

在国际商事仲裁中，一项仲裁协议是否合法有效，涉及多方面的问题，除当事人的缔约能力外，还涉及仲裁协议形式的有效性、仲裁协议内容的合法性、仲裁条款的独立性（可分性）等。被申请人可能以仲裁协议无效、含有仲裁协议的合同无效或仲裁协议不具有可履行性作为理由，阻止进行仲裁或反对执行仲裁裁决。这些问题都会涉及仲裁协议的准据法。一项国际商事仲裁协议常因当事人具有不同国籍，或营业地处于不同国家以及仲裁地在外国等而具有多种连结因素，因而也就涉及不同国家的法律。除非有可予以适用的国际统一实体规范，否则，就会产生到底应该根据哪国法律判断仲裁协议的有效性或者对其作出解释等问题。

（一）依当事人选择的法律

各国在处理国际或涉外合同的法律适用问题上，主要采用当事人意思自治原则，赋予合同当事人选择可适用于合同的法律的自由。在现代国际商事仲裁中也同样采用了这一原则。

曾有一种看法认为，如果仲裁协议是含在合同中的仲裁条款，而该合同中已订立有法律选择条款，仲裁条款作为主合同的一部分，应适用当事人在法律选择条款中所选择的法律。但有一些学者不同意这一观点。他们提出主合同和仲裁条款的目的不同，主合同关系到当事人间有关实质问题的法律关系，而仲裁条款关系到解决产生于主合同的争议的程序。当事人在合同中订立了一般法律选择条款，是想就应适用于实质问题的法律给仲裁员一个指示，而不是指明支配仲裁协议的法律。基于这一观点，他们认为应采用一种与主合同不同的协议方式表示仲裁条款的适当法。当事人意思自治也随之被适用于确定仲裁协议的准据法。

当事人有权选择支配其仲裁协议的法律，现已被许多国家承认和接受。例如，瑞典法律规定，如果仲裁协议具有国际联系，仲裁协议应当首先受当事人约定的法律支配。在当事人没有明确约定的情况下，再按照其他规则确定仲裁协议的准据法。[1] 俄罗斯、瑞士和德国等国家法律都有这方面的规定。[2] 1958年《纽约公约》、1961年《欧洲国际商事仲裁公约》以及1975年《美洲国家间关于国际商事仲裁的公约》都明确规定，应根据当事人指定适用于仲裁协议的法律裁定仲裁协议的存在或有效性。[3] 根据这些法律规定，当事人有权在选择支配合同的法律之外，另行再选择支配仲裁协议的法律。当事人如果就支配仲裁协议的法律作出了约定，就应该尊重此约定。不过，在实践中，由当事人特别指明仲裁条款适用某一法律，而合同的其他部分适用另一法律的情况是很少见的。

（二）依仲裁地法

在当事人对可适用于仲裁协议或可适用于含有仲裁条款的合同的法律均缺乏明示选择时，国际上通行的做法是以仲裁地法即裁决作出地法作为仲裁协议的准据法。1958年《纽约公约》、1961年《欧洲国际商事仲裁公约》和1975年《美洲国家间关于国际商事仲裁的公约》均规定，双方当事人没有明确适用于仲裁协议的法律，则依裁决地作出国

---

[1] 1999年《瑞典仲裁法》第48条。

[2] 1993年《俄罗斯联邦国际商事仲裁法》第34条第2款第A项之a；1987年《瑞士国际私法》177条第2款；1998年《德国民事诉讼法典》（1998年修订）第1059条第2款第1项之a。

[3] 1958年《纽约公约》第5条第1款第1项；1961年《欧洲国际商事仲裁公约》第6条第2款；1975年《美洲国家间关于国际商事仲裁的公约》第5条第1款第1项。

的法律。[1]

需要注意是,关于仲裁协议的准据法,包括 1958 年《纽约公约》在内的以上公约使用的均是"依裁决作出地国法",而不是"仲裁地国法"。严格来讲,裁决作出地国是指裁决书所指明的作出该裁决的所在地国,而仲裁地国则是指仲裁程序进行地国。但在实践中,仲裁庭通常都把当事人约定的仲裁地或其授权仲裁机构或仲裁庭指定的仲裁地作为裁决作出地,很少出现仲裁地与裁决作出地为不同国家的情况。因此,普遍认为,裁决作出地国就是指仲裁地国,裁决作出地国和仲裁地国为同一国家。对此,1996 年《英国仲裁法》明确规定,"裁决应被看作是在仲裁地作出的,而不考虑签字地、递交地或送达地"。[2] 1999 年《瑞典仲裁法》更是直接明确地规定:"在国外作出的仲裁裁决应视为外国仲裁裁决,结合本法的适用,仲裁地国应视为裁决作出地国。"[3]

1996 年《英国仲裁法》第 3 条还规定,仲裁地由当事人约定,或由当事人委托的任何仲裁机构或其他机构指定,或由当事人授权的仲裁庭指定。1998 年修订的《德国民事诉讼法典》关于国际商事仲裁的内容以《国际商事仲裁示范法》为蓝本,其规定当事人可以自由约定仲裁地,无论仲裁地是在德国境内或境外;当事人没有明示约定,由仲裁庭根据对案情的考虑,包括对当事人的便利考虑,对仲裁地作出决定;如果仲裁地仍未能确定,德国法院将有权行使确定仲裁地的职能。[4]

(三)依主合同准据法

在当事人未对仲裁协议准据法作出明示选择的情况下,主合同的准据法也可能得到适用。适用主合同准据法的理由在于,仲裁条款包含于主合同中,故当事人为主合同选择的准据法亦得适用于仲裁协议的效力认定。在英国,很多案例都遵从这一原则,这可以视为当事人的一种默示选法。而且,如果简单地将仲裁协议视为主合同项下的一种权利与义务,那么将主合同的准据法适用于仲裁协议的效力认定也可说是当事人的一种明示选法。[5] 在 2012 年的"南美保险案"中,英国法院确立了仲裁协议准据法确立的"三步法"。具体而言:第一步在于确定是否存在对仲裁协议准据法的明示选择;第二步在于确定在无明示选择的情况下,是否存在默示选择;第三步在于确定在既无明示又无默示选择的情况下,涉案仲裁协议与何种法律有最密切的联系。根据英国法院在该案中的判决意见,在无明示选择的情况下,当事人对主合同准据法的约定本身就足以使法院推定当事人默示选择了主合同准据法,除非存在相反的证明。[6]

值得注意的是,1987 年《瑞士国际私法》也涉及主合同的准据法。根据该法第 178

---

[1] 1958 年《纽约公约》第 5 条第 1 款第 1 项;1961 年《欧洲国际商事仲裁公约》第 6 条第 2 款;1975 年《美洲国家间关于国际商事仲裁的公约》第 5 条第 1 款第 1 项。

[2] 1996 年《英国仲裁法》第 100 条第 2 款第 2 项。

[3] 1999 年《瑞典仲裁法》第 52 条。

[4] 1998 年《德国民事诉讼法典》第 1043 条和第 1025 条。

[5] Julian D. M. Lew, The law applicable to the form and substance of the arbitration clause, (1999) 9 ICCA Congress Series, p. 143.

[6] 参见聂羽欣:《国际商事仲裁协议准据法的确定——英国法和中国法比较考察》,载《商事仲裁与调解》2022 年第 3 期。

条第 2 款，如果仲裁协议符合当事人所选择的法律或适用于争议事项的法律，特别是主合同的准据法或瑞士法律，即在实质上为有效。[1] 此处，瑞士法律就将主合同的准据法作为判断仲裁协议效力的一个重要选项。

（四）中国的相关规定

1994 年《仲裁法》对仲裁协议的法律适用未作规定。2005 年发布的《关于适用〈中华人民共和国仲裁法〉若干问题的解释》第 16 条规定："对涉外仲裁协议的效力审查，适用当事人约定的法律；当事人没有约定适用的法律但约定了仲裁地的，适用仲裁地法律；没有约定适用的法律也没有约定仲裁地或者仲裁地约定不明的，适用法院地法律。"该条规定为仲裁协议的法律适用设置了三个选法位阶，即"当事人约定的法律—仲裁地法—中国法"。2010 年《涉外民事关系法律适用法》第 18 条规定："当事人可以协议选择仲裁协议适用的法律。当事人没有选择的，适用仲裁机构所在地法律或者仲裁地法律。"该条规定是中国立法机关首次对仲裁协议准据法作出的明确规定，但存在两点不足。第一，仲裁机构所在地不适合作为仲裁协议准据法的连结因素，而且在仲裁机构所在地法与仲裁地法相冲突时，该条规定并未给予顺位指引。第二，该条缺乏兜底规定。2012 年《关于适用〈中华人民共和国涉外民事关系法律适用法〉若干问题的解释（一）》提供了"中国法"的兜底安排。2017 年《关于审理仲裁司法审查案件若干问题的规定》则引入了有利于仲裁协议有效原则。适用仲裁机构所在地的法律与适用仲裁地的法律将对仲裁协议的效力作出不同认定的，人民法院应当适用确认仲裁协议有效的法律。

二、国际商事仲裁程序的法律适用

在国际私法中，程序问题依法院地法是一项根深蒂固的原则，是指一国法院在处理涉外民商事案件时，通常只适用本国法律的程序规则，而不适用外国法的程序规则。这一原则的主要根据是，内国法官一般不熟悉外国的程序规则，而且程序法在多数国家被视为公法，一国关于如何公正有效地解决争议的观念和政策利益在其程序法中都有所体现。而国际商事仲裁则不同，仲裁员对争议的管辖权，主要是基于有效的仲裁协议。在国际商事仲裁实践中，仲裁地的选择和确定完全可能是出于仲裁程序便利的考虑，而实际上，仲裁和当事人间的商事交易可能与其他国家的法律和利益有更为直接、密切的联系。因此，在国际商事仲裁中适用仲裁举行地法的理由，不如司法诉讼中适用法院地程序法的理由那般有力。[2] 基于以上原因，对于国际商事仲裁程序的法律适用，存在不同的主张。概括起来，主要有以下三种做法：（1）适用仲裁地的程序法；（2）适用当事人选择的程序法；（3）"非本地化"。

（一）适用仲裁地的程序法

仲裁程序受仲裁地法支配，是国际普遍接受的实践。原因在于，仲裁地法与仲裁程序存在密切的联系。自一方当事人申请仲裁到仲裁裁决获得执行，仲裁协议效力的认

---

[1] 1987 年《瑞士国际私法》第 178 条第 2 款。
[2] 朱克鹏：《国际商事仲裁的法律适用》，法律出版社 1999 年版，第 61 页。

定、仲裁文书的送达、仲裁庭的组成、仲裁员的权责、临时措施、证据的收集和使用、裁决的作出等问题通常都由仲裁地法支配。即使仲裁裁决已经作出，仍可能在撤销程序中受到仲裁地法院的司法审查，而司法审查通常仅限于仲裁程序依仲裁地法是否存在瑕疵。总之，仲裁地是目前确定仲裁程序法律适用被考虑的重要连结因素。

仲裁程序适用仲裁地法，有以下三点理论依据。

其一，从属地优越权分析，国际商事仲裁的司法权理论是主张适用仲裁地法的主要理论依据。根据这一理论，国家具有控制和管理发生在其管辖领域内的所有仲裁的权力，仲裁的合法性及效力都来自仲裁地法。

其二，国际私法中的"场所支配行为"规则对程序问题的渗透。长期以来，依据该规则，诉讼程序适用法院地法。如果将仲裁法纳入程序法范畴，将该规则推广到国际商事仲裁领域，就必然会得出仲裁程序适用仲裁地法的结论。

其三，通常情况下，仲裁地法与仲裁程序存在密切的联系，因此适用仲裁地法最合理。在仲裁实践中，仲裁地法的适用之所以受仲裁庭的重视，是因为它与仲裁程序具有不可分割的关系。在不少国家，仲裁庭适用的机构仲裁规则往往是依据当地仲裁法制定的，仲裁地法便成为仲裁庭适用的首选目标。

仲裁程序适用仲裁地法获得了各国立法、国际文件以及仲裁实践的确认与肯定。1958年《纽约公约》第5条规定，如果当事人之间未就仲裁庭的组成或仲裁程序达成约定，其组成或仲裁程序必须符合仲裁地国的法律，否则被请求承认或执行裁决的主管机关可根据当事人的请求，拒绝承认和执行有关裁决。1961年《欧洲国际商事仲裁公约》以及1985年《国际商事仲裁示范法》也采取了相同的立场。

就国内仲裁立法而言，许多国家都要求在其境内进行的仲裁必须遵循本国仲裁法的规定。1987《瑞士国际私法》第182条第1款规定："本章的规定应适用于所有仲裁庭所在地位于瑞士，且至少有一方当事人在仲裁协议订立时在瑞士既无住所也无惯常居所的仲裁。"1996年《英国仲裁法》第2条第1款规定："如仲裁地在英格兰和威尔士或北爱尔兰，则适用本编（法）规定。"同样，我国《仲裁法》第65条规定："涉外经济贸易、运输和海事中发生的纠纷的仲裁，适用本章规定。本章没有规定的，适用本法其他有关规定。"

（二）适用当事人选择的程序法

在诉讼背景下，程序问题只适用法院地国的诉讼程序法。这是国际私法中的一项公认且普遍适用的原则。相较于法院诉讼，国际商事仲裁更强调当事人意思自治。基于此，当事人一般都享有选择仲裁程序法的权利。

相关国际文件也对当事人自由选择仲裁程序法的权利作了确认。例如，1985年《国际商事仲裁示范法》第19条第1款规定："在不违背本法规定的情况下，当事人各方可以自由地就仲裁庭进行仲裁所应遵循的程序达成协议。"1961年《欧洲国际商事仲裁公约》第9条、1975年《美洲国家间关于国际商事仲裁的公约》第5条也以相同的立场对当事人选择程序法作出了规定。

各国立法与实践也都允许国际商事仲裁中的双方当事人合意选择仲裁程序法，如

1998年《德国民事诉讼法典》第1042条规定："当事人得自由决定或援引一套仲裁规则而决定程序，除非本编有强制性规定。"此外，瑞士、奥地利、比利时、日本、阿根廷等国家的仲裁法也都允许当事合意选择仲裁程序法。

（三）未明确选择仲裁程序法时的适用

当事人一旦在仲裁协议中选择了仲裁程序法或仲裁规则，仲裁庭一般都会尊重当事人的合意而直接适用其所选定的仲裁程序法或仲裁规则。然而，在许多情况下，当事人并没有行使该项选择权。其主要原因在于：（1）当事人通过约定仲裁地间接地约定了可适用的仲裁法为仲裁地法；（2）当事人认为，即使约定了仲裁法，特别是约定了仲裁地国以外的仲裁法，仲裁程序也要受仲裁地国法的强制性规则的制约，使得选择仲裁法的实际意义并不是很大，加上当事人双方对仲裁法的约定可能会有歧义，因而索性不作出选择；（3）关于仲裁程序法的问题，未引起当事人的重视。

如果当事人没有明确选择可适用的仲裁程序法，许多国际商事仲裁立法已明确赋予仲裁庭确定仲裁程序应当适用的程序法或仲裁规则的权力。例如1987年《瑞士国际私法》第182条第2款规定："若双方当事人未确定仲裁程序，仲裁庭应当根据需要，直接确定或参照法律或仲裁规则确定仲裁程序。"又如《国际商事仲裁示范法》第19条第2款规定，"如未达成此种协议，仲裁庭可以在本法规定的限制下，按照它认为适当的方式进行仲裁"。

（四）"非本地化"理论

自20世纪五六十年代开始，一种试图让仲裁程序摆脱仲裁地国法律支配的理论在国际商事仲裁界开始兴起。这种理论被广泛称作"非本地化"或"非内国化"理论。其目的是建立一种不受仲裁地国法，甚至不受任何特定国家国内法支配和约束的"非当地化"的仲裁体系。这一理论的代表人物是著名国际仲裁专家伊曼纽尔·盖拉德（Emmanuel Gaillard）和让·波尔森（Jan Paulsson）

根据"非本地化"理论，国际商事仲裁并不受差异极大的各国国内法的支配，尤其是因为某些国家的法律制度极不适应现代国际商事仲裁实践，而且仲裁法仅仅是程序方面的规则，这些规则完全可以由当事人自己制定或者由仲裁庭代为制定。在"非本地化"理论的阐释下，"浮动裁决"（floating award）的概念也应运而生。所谓"浮动裁决"，是指不附属于任何特定内国法律体系的仲裁裁决。在"非本土化"的实践上，法国是最典型的国家。在1994年的Hilmarton案[1]与2007年的Putrabali案[2]中，法国最高法院充分阐释了承认与执行被撤销的国际商事仲裁裁决的理论依据，从而将裁决执行的"非本地化"提升到了一个更系统化的层次。在Putrabali案中，法国最高法院作出了如下著名阐释："一项国际仲裁裁决，因其不锚定于任何国家法律秩序，乃一项蕴含国际正义的决定，其有效性必须由裁决执行地国的准据规则来确定。"[3]这是一句被评论者们反复援

---

[1] Hilmarton Ltd v. Omnium de traitement et de valorisation (OTV), Cour de cassation, 23 Mar. 1994.

[2] PT Putrabali Adyamulia v. Rena Holding et Société Moguntia Est Epices, Cour de cassation, 29 June 2007.

[3] 关于对这两项假定的具体剖析，请参见Philippe Pinsolle, The Status of Vacated Awards in France: The Cour de Cassation Decision in Putrabali, Arbitration International, 24(2), 2008, pp. 281-290。

引的话。据此，法国法院承认与执行被撤销的国际商事仲裁裁决的法理依据建立在以下两项假定的基础上：其一，国际仲裁裁决不从属于任何国家法律秩序；其二，国际仲裁裁决是一项国际司法裁判。

"非当地化"理论旨在打破传统国际商事仲裁框架，并构建一种完全自治的国际商事仲裁体系，是对传统国际商事仲裁程序法适用理论的重大挑战。不过，由于"非当地化"理论存在不少难以克服的缺陷，这一理论还未被普遍接受，未来其在国际商事仲裁领域的发展前景还有待观察。

三、国际商事仲裁实体问题的法律适用

国际商事仲裁适用的实体法，是指仲裁庭据以确定争议双方当事人权利义务关系、判定争议是非曲直进而作出仲裁裁决的主要法律依据。在国际商事仲裁中，一般来说，如果当事人选择了仲裁实体法，仲裁庭将尊重当事人的选择，适用当事人选择的法律；在当事人未作出法律选择时，仲裁庭可适用相关冲突规则来确定仲裁适用的实体法。值得注意的是，晚近国际商事仲裁发展的一个趋势是，在实体问题的法律适用上，仲裁庭往往不援引任何冲突规则，而是径直适用其认为适当的法律。

（一）当事人选择的法律

在国际商事仲裁中，当事人具有协议选择实体法的权利，是一项普遍原则。这一原则为大多数国家的仲裁立法、国际性文件和仲裁规则所承认。

在国内层面，1987年《瑞士国际私法》第187条规定："仲裁庭裁决时依据当事人所选择的法律规则。"1996年《英国仲裁法》第46条第1款第1项也规定，仲裁庭应依照当事人所选择的解决实体问题所应适用的法律对争议作出裁决。其他许多国家也都肯定仲裁当事人在实体法选择上的自由。

在国际层面，1985年《国际商事仲裁示范法》第28条第1款规定，仲裁庭应依照当事各方选定的适用于争议实体的法律规则对争议作出决定。1961年《欧洲国际商事仲裁公约》第7条第1款规定："双方当事人应自行通过协议决定仲裁员适用于争议实质的法律。"

从实践来看，在选择仲裁的国际商事交往的当事人中，往往会协议选择仲裁所适用的实体法，而且大部分的国际经济贸易格式合同中也包含有法律选择条款。

虽然当事人就争议所涉实体问题享有选择法律的自由，但这种自由并非毫无限制。如果仲裁庭适用当事人选择的某国法律将违反了仲裁地国的社会公共利益、基本政策和基本道德准则，其可能会排除该法律的适用，以维护仲裁地国的"公共政策"，否则仲裁裁决将面临被仲裁地国法院撤销的风险。仲裁庭还可能会考虑潜在执行地国的"公共政策"，因为《纽约公约》允许成员国法院基于涉案仲裁裁决的执行将违反该国"公共政策"而拒绝将其执行。

需要指出的是，国际商事仲裁中当事人选择的法律在适用时，原则上应排除反致，即在适用当事人选择的某一国家的法律时不应包括该国法律中的冲突规范。在国际商事案件中，当事人所追求的是结果的可预见性和确定性。允许当事人选择的法律包括冲突

规范难免会导致适用法律结果的不确定性。对此,《国际商事仲裁示范法》第 28 条第 1 款规定,"除非另有表明,指定适用某一国家的法律或法律制度应认为是直接指该国的实体法而不是其法律冲突规则"。

(二) 当事人未做选择时的实体法确定

如果当事人未约定国际商事仲裁实体法,一般情况下则应由仲裁庭来确定案件应当适用的法律。仲裁庭确定实体法有两种方法:一是依冲突规则确定实体法;二是根据案件情况直接确定实体法。

1. 依冲突规则确定仲裁实体法

在国际商事仲裁实践中,在当事人未作出法律选择时,传统的方法是依冲突规则确定仲裁实体法,即由仲裁庭先选择适用冲突规范,然后再根据冲突规范确定实体法。仲裁庭在确定仲裁实体法时,与法院审判不同,可以在多种冲突规则之间进行选择。仲裁员通常选择的冲突规则有:仲裁地的冲突规范、仲裁员认为适当或是可适用的其他冲突规则。

传统观点认为,在当事人未作出法律选择的情况下,仲裁员应当适用仲裁地的国际私法规则。这种做法的理论基础是,当事人选择了仲裁地,也就间接地选择了仲裁地的冲突法规则。它强调仲裁地与仲裁之间的有机联系,要求仲裁员像法官那样,有义务适用仲裁地的冲突规则。

但这种做法在实践中也会遇到一些难以克服的困难。仲裁地作为确定可适用的冲突规则的连结因素不一定具有合理性。因为无论是当事人选择的仲裁地还是仲裁员指定的仲裁地,多是出于中立或便利的考虑,往往具有一定的偶然性,仲裁地的选择与仲裁地的冲突规则之间并不一定有某种主观或客观的必然联系。基于这一偶然因素适用的冲突规则所确定的实体法自然也会带有偶然性。

实践表明,依仲裁地的冲突规则确定准据法对仲裁庭并不是一项有约束力的一般规则。而且,由于国际商事仲裁具有自治的性质,仲裁员作为全球"流动"的裁判者,没有法律义务适用仲裁地国的冲突规则,其可以选择适用仲裁地法以外的冲突规则或以其他方式确定实体法。

在此背景下,一些学者主张,在当事人未做法律选择的情况下,应赋予仲裁庭广泛的自由裁量权,由仲裁庭选择其认为适当的或可适用的冲突规则来确定仲裁实体法。这种做法不要求仲裁庭必须适用仲裁地的冲突规则,而是给予仲裁庭较大的自主权和灵活性,由仲裁庭综合考虑各方面的因素决定可适用的冲突规则。这种做法打破了传统上固定适用某种冲突规范的僵化格局,使仲裁庭可根据案件实际情况更加灵活地选择冲突规范,从而也使最终确定的实体法更加公平合理。

《国际商事仲裁示范法》第 28 条第 2 款的规定便是采用这一做法的典型。该条款指出,如果当事各方没有选择实体法律的任何约定时,"仲裁庭应适用它认为可适用的冲突规范所确定的法律"。这一方法也被 1961 年《欧洲国际商事仲裁公约》支持,该公约第 7 条规定:"当事人没有指定适用的法律时,仲裁员应适用其认为可以适用的冲突规则所规定的准据法。"

仲裁庭可以选择的冲突规则的范围是非常广泛的，一般情况下，仲裁庭可适用的冲突规则主要有：仲裁地国的冲突规则、仲裁员本国的冲突规则、裁决可能被执行的国家的冲突规则、与争议有最密切联系的国家的冲突规则等。甚至在仲裁实践中，有时仲裁庭并不援引某个内国的冲突规则，而是援引普遍认可的国际性冲突规范或国际条约中所包含的国际性冲突规范。但是由于各国国际私法之间有很大的差异，被普遍接受的冲突规范数量极少，所以用此种方法目前仍不具很大的可行性。总之，只要仲裁庭认为某冲突规则是合适的或依据该冲突规则指定的准据法是合适的，就可以适用。

根据冲突规则确定争议的实体法，是一种传统的方法。尽管这种方法被世界许多国家采纳，但也存在一定的缺陷。首先，在仲裁中适用冲突规则确定争议的实体法，必须要对冲突规则本身作出选择，而这会增加仲裁员的负担。其次，选择冲突规则并不存在可资依据的统一标准，很难避免仲裁员主观擅断，进而造成实体法选择上的不确定性等情况。最为重要的一点在于，冲突规则所指引的法律往往限于国内法。换言之，冲突规则的适用，排除了非国内实体规则的适用。因为没有哪一个国家的冲突规则会指向适用非国内规则。这难以适应国际商事仲裁实践的需要并为之提供充足的可资适用的实体规则来源。

2. 直接确定仲裁实体法

目前，许多国家，如英国、法国、德国、意大利、瑞士、荷兰等国法律已放弃了先援引冲突规范再选择实体法的做法，改由仲裁庭直接选定实体法。仲裁庭直接确定仲裁实体法，所考虑的不仅包括国内实体法，还包括有关的国际法、一般法律原则和国际惯例，等等。

仲裁员在选择直接适用国内实体规则时，一般会采用最密切联系方法。当与争议有联系的数个国家的实体法规则内容不同时，最常用的方法就是最密切联系方法，即仲裁员通过对与争议有关联的诸多因素加以分析，确定其中与案件有最密切联系的国家的法律，直接适用于争议的实体问题。如《瑞士国际私法》第187条第1款规定："仲裁庭依当事人选择的法律进行裁决；当事人未作选择的，依与争议有最密切联系的法律裁决。"

国际公法规则可能被适用的情况主要是当事人协议约定适用国际法规则。国际公法主要是调整国家与国家之间关系的法律，对于私人之间缔结的商事合同一般是不能适用的。随着国家干预经济活动的情况越来越普遍，国家可作为国际私法主体从事民事活动，为了维护投资关系的稳定性，投资者常常要求这类合同受国际法支配。对于这种要求，作为东道国的发展中国家是难以接受的。东道国为了维护本国利益，一般都主张此类合同适用本国的法律，但为了引进外国的先进技术设备、吸引外资，促进本国经济的发展，不得不作出让步，往往同意适用相关国际法规则。例如，在涉及国家与另一国国民因投资关系而发生的争议中，按照《关于解决国际和其他国家国民之间投资争端公约》（以下简称《华盛顿公约》）第42条第1款之规定，在当事人未就应适用的法律达成协议时，"法庭应适用争端一方的缔约国的法律（包括它的冲突法规则）以及可适用的国际法规则"。

在普通国际商事仲裁中，仲裁庭援用一般法律原则情况比较少见。但在国家作为一方当事人的国际商事仲裁实践中，当事人选择适用一般法律原则、单独或与其他法律体系合并适用于争议的情况则比较多见。这类一般法律原则，主要有条约必须信守原则、既得权保护原则、充分补偿原则等。

尽管一般法律原则在国际商事仲裁中有实际适用的例子，但一般法律原则较少作为一个独立的法律体系适用于国际商事仲裁。因为其含义抽象，难以确定，不足以解决现代复杂的商事争议，它只能与其他法律体系，尤其是与国内法律体系合并适用。它的主要功能是弥补法律适用中的空缺。

无论当事人是否选择了仲裁准据法，也无论当事人选择了何种准据法，仲裁庭在裁决案件时都有必要考虑国际商事惯例。国际商事惯例则是在长期的国际商事实践中形成的习惯做法或特定方式，是国际商事实践中为大家所遵循的类似于行为规范的准则。虽然不具有法律约束力，但它是各国商人长期国际贸易实践经验的总结和升华，为国际贸易当事人所乐于采用。例如，《联合国国际贸易法委员会仲裁规则》第33条第3款规定，"无论属于哪一种情况，仲裁庭应按照合同条款进行裁决，并应考虑到适用于该具体交易的贸易惯例"。

第四节 国际商事仲裁裁决的撤销

作为一种私人纠纷解决机制，仲裁与国家公权力的互动主要发生在仲裁的末端[1]，即裁决作出后。该环节主要包含两项重要制度：仲裁裁决的撤销制度与仲裁裁决的执行制度。仲裁裁决的撤销制度是任何国家仲裁法的核心事项。所谓撤销仲裁裁决，是指对于存在法定撤销情形的仲裁裁决，经当事人申请，法院在审查核实后裁定撤销仲裁裁决的行为。[2]大多数国家的仲裁立法规定，申请撤销是对仲裁裁决提出异议的唯一追诉（recourse）方式，至少在国际仲裁中是这样的。需注意的是，申请撤销仲裁裁决程序的适用仅限于本国裁决，一国法院无权撤销外国仲裁裁决。

一、国际商事仲裁裁决的撤销理由

综观各国立法和司法实践，并结合《国际商事仲裁示范法》的相关规定，国际商事仲裁裁决的撤销理由大体可归纳为以下几类。[3]

---

[1] 纵向上，仲裁可分为三个环节：前端、中端与末端。其中，前端涉及仲裁庭组庭与管辖权等事项；中端涉及仲裁程序的开展；末端则涉及仲裁裁决的撤销及其执行。

[2] 黄进、宋连斌、徐前权：《仲裁法学》，中国政法大学出版社2002年版，第146页。

[3] See Pieter Sanders, Quo Vadis Arbitration? – Sixty Years of Arbitration Practice – A Comparative Study, pp. 329-343（1999）.

（1）仲裁庭无管辖权

有效的仲裁协议是仲裁程序开展的基本依据。它直接决定仲裁庭对案件是否具有管辖权。缺乏有效的仲裁协议是撤销仲裁裁决的重要理由。《国际商事仲裁示范法》第34条第2款第a项规定的撤销裁决的第一项理由即是："……仲裁协议的当事一方欠缺行为能力；或根据当事各方所同意遵守的法律，或未认明有任何这种法律，则根据本国法律，上述协议是无效的。"

虽然仲裁协议无效是仲裁庭无管辖权最常见的情况，但需看到，还有其他情况也会导致仲裁庭无管辖权，例如仲裁庭所要处理的争议曾被生效裁判所处理因而基于"一事不再理"而无权管辖。

随着仲裁实践的发展，现在也会看到仲裁庭会认定自身对案件无管辖权从而拒绝受理案件。若仲裁庭错误地认定自身无管辖权，作出拒绝管辖的裁决，但当事人希望通过仲裁的方式解决纠纷，此时该作何处理？对此，法国仲裁法明确将仲裁庭错误地拒绝行使管辖权的情况，也视为撤销仲裁裁决的理由。

（2）违反正当程序

正当程序也是撤销仲裁裁决的重要理由。这项理由的核心在于，确保双方当事人在仲裁程序开展过程中能够获得足够的参与和尊重，尤其是当事人能够获得就案情及仲裁请求充分发表意见的机会。

《国际商事仲裁示范法》第34条第2款第a项规定的撤销裁决的第二项理由是："提出申请的当事一方未接获有关委任仲裁员或仲裁程序之适当通知，或因他故致其不能陈述案件。"1996年《英国仲裁法》第68条的"严重不规范行为"对此也有类似规定。不过，从各国法院的有关判例来看，对"违反正当程序"的界定和解释往往比较严格。往往只有那种对裁决后果具有实质影响的"违反正当程序"的情形，才可能导致裁决被撤销。否则，如果法院仅因程序上的细小瑕疵就动辄将仲裁裁决撤销，那么可能会使仲裁员产生"寒颤效应"，导致仲裁员在程序进行过程中畏首畏尾，不敢根据案件实际情况自如地推进仲裁程序。这显然不利于充分发挥国际商事仲裁高效解决纠纷的优势。

（3）仲裁庭无权仲裁

仲裁员应遵守当事人对他的授权，否则当事人可申请撤销有关的仲裁裁决。当事人的授权可区分为程序事项和实体事项。

《国际商事仲裁示范法》第34条第2款第a项第4目涉及授权的程序性事项，它规定，如果"仲裁程序与当事各方的协议不一致，除非此种协议与当事各方不能背离之本法规定相抵触，或当事各方无此协议时，与本法不符"，则当事一方可申请撤销仲裁裁决。其他国家的法律亦有相似规定，如1996年《英国仲裁法》第68条。

《国际商事仲裁示范法》第34条第2款第a项第3目涉及实质性事项，裁决所处理之争议非为提交仲裁之标的或不在其条款之列，或裁决载有关于交付仲裁范围以外事项之决定，但交付仲裁事项之决定可与未交付仲裁事项之决定划分时，仅可撤销对未交付仲裁事项所作决定之部分裁决。此处涉及的是超越权限作出裁决的情况，至于漏裁，则在第33条作了处理，通过追加裁决的补救方法以避免撤销裁决。其他国家的法律亦有相似规定，如 1996 年《英国仲裁法》第 67 条和第 57 条。

（4）仲裁庭组庭不当

《国际商事仲裁示范法》第 34 条第 2 款第 a 项第 4 目规定的撤销仲裁裁决的理由之一是仲裁庭的组成……与当事各方的协议不一致，除非此种协议与当事各方不能背离之本法规定相抵触，或当事各方无此协议时，与本法不符。其他国家的法律也有类似规定。

（5）违反公共政策

各国仲裁立法均将违反公共政策作为撤销仲裁裁决的理由。《国际商事仲裁示范法》也是明确将违法公共政策作为撤销仲裁裁决的法定理由。至于何为"公共政策"，通常的理解是，其涵盖了实体和程序两方面的基本的法律原则和正义。但联合国国际贸易法委员会秘书处曾指出，事实上，所有根据《纽约公约》援引违反公共政策这一理由的已知案件均与违反程序有关。[1]在国际仲裁中，法院倾向于将违反公共政策限于"国际公共政策"这一更狭窄的标准。特别是就违反基本程序原则而言，这一趋势尤其明显。虽然仲裁法通常并不作这种区分，但各国法院大都采取这样一种进路。总之，当今的普遍趋势是各国为促进（国际）商事仲裁发展，从窄解释、从严适用公共政策。

此外，基于对公共政策的前述理解，公共政策还包含了徇私舞弊、贿赂和欺诈及类似严重情形。在这方面，要注意《国际商事仲裁示范法》所称"该裁决与本国的公共政策相抵触"这一措辞应被解释为包括与作出裁决的方式有关的情况。[2]澳大利亚、百慕大和苏格兰在采纳《国际商事仲裁示范法》时为避免疑问，明确规定：欺诈和徇私舞弊也构成违反公共政策。当然也有其他一些国家将"裁决以徇私舞弊、欺诈或者不正当方式取得"或"仲裁员全体或者任何一人显然有偏袒或者徇私舞弊情形"单独作为撤销仲裁裁决的一项理由。美国的仲裁立法即如此规定。[3]不过，与对仲裁裁决有效性的其他抗辩一样，美国法院通常对上述例外的适用予以了严格限定。

综观各国在有关仲裁裁决异议问题上的规定和实践，可以发现，大多数国家的立法将仲裁裁决司法审查的范围主要限于程序性事项，原则上不对仲裁裁决的实体内容进行监督。除争议事项的可仲裁性和公共政策问题可能涉及裁决的实体内容外，其他均仅与程序有关。

我国 1994 年《仲裁法》在仲裁裁决撤销问题上区别国内仲裁裁决与涉外仲裁裁决。对于无国际性因素或涉外因素的国内仲裁，《仲裁法》第 58 条规定："当事人提出证据证明裁决有下列情形之一的，可以向仲裁委员会所在地的中级人民法院申请撤销裁决：（一）没有仲裁协议的；（二）裁决的事项不属于仲裁协议的范围或者仲裁委员会无权仲裁的；（三）仲裁庭的组成或者仲裁的程序违反法定程序的；（四）裁决所根据的证据是伪造的；（五）对方当事人隐瞒了足以影响公正裁决的证据的；（六）仲裁员在仲裁该案

---

[1] Dr. Aron Broches, Commentary UNCITRAL Model Law in Intl. Handbook on Comm. Arb. Suppl. 11 January 1990.

[2] Dr. Aron Broches, Commentary UNCITRAL Model Law in Intl. Handbook on Comm. Arb. Suppl. 11 January 1990.

[3] 《美国联邦仲裁法》第 10 条第 a 款第 1 项和第 2 项。

时有索贿受贿，徇私舞弊，枉法裁决行为的。人民法院经组成合议庭审查核实裁决有前款规定情形之一的，应当裁定撤销。人民法院认定该裁决违背社会公共利益的，应当裁定撤销。"

在上述由当事人举证证明仲裁裁决应予撤销的六种情形中，第1、2、3项属程序审查的范畴，第4、5项属实体问题，第6项涉及仲裁员道德行为准则及实体问题。从这一规定来看，法院在撤销无国际性因素的国内仲裁裁决时，既审查仲裁程序，也审查裁决的实体内容，审查的范围还是比较广泛的。

而按照《仲裁法》第70条，涉外仲裁裁决的撤销理由则适用《民事诉讼法》的有关规定（现行第291条）。除违背社会公共利益这一项法院主动审查理由项外，其他的理由项：一是当事人在合同中没有订有仲裁条款或者事后没有达成书面仲裁协议的；二是被申请人没有得到指定仲裁员或者进行仲裁程序的通知，或者由于其他不属于被申请人负责的原因未能陈述意见的；三是仲裁庭的组成或者仲裁的程序与仲裁规则不符的；四是裁决的事项不属于仲裁协议的范围或者仲裁机构无权仲裁的。

可见，与国际实践接轨的是，法院对涉外仲裁裁决原则上只作程序审查，而不审查裁决实体内容。这也是国际商事仲裁制度发展的趋势。[1]因为过度的司法审查一方面违背了当事人排除法院管辖的初衷，使原本有限的司法审查变成了对仲裁事实的上诉审，降低了仲裁的优越性，增加了法院的负担，与支持仲裁的政策背道而驰，其后果必将是阻碍仲裁的发展。

二、国际商事仲裁裁决的撤销程序

（一）申请主体

由于仲裁当事人对裁决结果有着直接的利害关系，对于仲裁过程也是全程参与，包括我国1994年《仲裁法》在内的各国法律以及《国际商事仲裁示范法》均规定有资格申请撤销裁决的主体是仲裁当事人，包括仲裁中的申请人和被申请人。换言之，案外人不具有申请撤销仲裁裁决的主体资格。

在撤销程序中，法院应列对方当事人为被申请人。申请人向法院申请撤销仲裁裁决的，应当按照非财产案件收费标准缴纳案件受理费。[2]

（二）申请期限

为了迅速解决当事人之间的纠纷，稳定商事交易秩序，防止仲裁裁决效力长期处于不确定的状态，有必要督促当事人及时行使申请撤销仲裁裁决的权利。[3]基于此，在仲裁裁决撤销制度的建构上，申请期限往往是一个具有重要实践影响的问题。

从比较法的角度看，申请撤销仲裁裁决的期限通常都较短，如德国、美国、荷兰、希腊、瑞典和《国际商事仲裁示范法》的相关规定均为3个月。法国、瑞士、葡萄牙的

---

[1] 参见乔欣：《仲裁权研究：仲裁之程序公正与权利保障》，法律出版社2001年版，第299页。
[2] 《关于审理当事人申请撤销仲裁裁决案件几个具体问题的批复》（法释〔1998〕16号）。黄进、宋连斌、徐前权：《仲裁法学》，中国政法大学出版社2002年版，第152、187页。
[3] 黄进、宋连斌、徐前权：《仲裁法学》，中国政法大学出版社2002年版，第152页。

相关规定为 1 个月，英国则是 28 天。将申请撤销裁决的期限控制在较短的时间内，能够极大地促使不满裁决结果的当事人尽早申请撤销裁决，以免裁决效力长期处于不确定的状态，同时，在一定程度上，还可以防止当事人利用拖延战术阻碍裁决的执行。

我国 1994 年《仲裁法》规定，当事人申请撤销仲裁裁决，应当自收到裁决书之日起 6 个月内提出。逾期未提出者，视为放弃了申请撤销仲裁裁决的权利。显然，相比之下，我国《仲裁法》所规定的申请撤销仲裁裁决的期限过长。

（三）管辖法院

根据国际商事仲裁的普遍实践，仲裁裁决的撤销权由仲裁地法院排他行使。换言之，有权受理仲裁裁决撤销申请的管辖法院即为仲裁地法院。这也是"仲裁地"在国际商事仲裁实践中如此重要的一大原因。

不过，在我国仲裁语境下，由于根深蒂固的机构仲裁传统，就仲裁裁决撤销的管辖法院而言，仲裁地往往被理解为仲裁机构所在地。根据我国《仲裁法》第 58 条的规定，当事人提出撤销仲裁裁决申请的，可以向仲裁委员会所在地的中级人民法院提出。

将仲裁裁决撤销申请的管辖法院设置为中级人民法院而非基层人民法院，主要是考虑到撤销仲裁裁决所涉及的严重后果。仲裁裁决被撤销，通常意味着其失去了法律效力，无法获得执行，这不仅会对涉案当事人的利益产生直接影响，还会对管理案件的仲裁机构以及审理案件的仲裁员产生声誉上的影响。

（四）审理期限

我国《仲裁法》第 60 条规定："人民法院应当在受理撤销裁决申请之日起两个月内作出撤销裁决或者驳回申请的裁定。"可见，审理期限为自法院受理申请之日起 2 个月。然而，《仲裁法》未明确法院未在 2 个月内作出裁定的后果。实践中，法院在上述期限内未作出裁定的情况时有发生。为此，有必要在仲裁法中增订法院未按期作出裁定的法律后果。[1] 此外，还需注意的是，人民法院作出撤销裁决或者驳回申请的形式必须采用裁定，而不能采用判决或者决定的形式。实践中有法院以判决的形式对仲裁裁决予以撤销，这显然是不当的。[2]

（五）合意弃权

在一些国家的仲裁立法中，申请撤销一项国际商事仲裁裁决的重要前提是，双方当事人未曾达成放弃对裁决提起撤销之诉的合意。

撤销之诉的合意弃权并非新鲜之事。三十多年前，1987 年《瑞士国际私法》第 192 条就包含了如下规定：对于在瑞士作出的裁决，若双方当事人都不是瑞士人，则他们可以约定放弃提起撤销之诉的权利。[3] 此规定之目的在于，尽力确保以仲裁的方式解决纠纷的最高效率，并避免瑞士法院承受处理与瑞士不存在任何实际关联、旨在拖延裁决执行的诉讼负担。

---

[1] 张斌生主编：《仲裁法新论》，厦门大学出版社 2002 年版，第 332 页。
[2] 参见杨荣新主编：《仲裁法学案例教程》，知识产权出版社 2004 年版，第 200—202 页。
[3] 此外，1998 年《比利时司法法典》第 1717 条、1999 年《瑞典仲裁法》第 51 条、1993 年《突尼斯仲裁法典》第 78 条、1999 年《巴拿马仲裁法》第 16 条和 1996 年《秘鲁仲裁法》第 126 条等亦有类似的规定。

2011年《法国民事诉讼法典》第1522条比瑞士等国的相关规定行得更远，因为该条规定不问当事人的住所、国籍，或者说不问当事人与法国是否存在以及存在何种程度的关联，都赋予其合意放弃提起撤销之诉的权利。像上述瑞士、比利时[1]、瑞典等国，都只允许与其不存在任何关联（住所地、国籍等）的当事人合意放弃提起撤销之诉的权利，对于一方或双方当事人的住所或国籍是在这些国家的，撤销之诉的合意弃权则无法适用。法国立法之所以如此规定，其原因在于既然要将国际仲裁完全去本地化，那就干脆不因国籍等而对当事人行使合意弃权的权利差别对待。

不过，2011年《法国民事诉讼法典》第1522条的象征意义要远大于实际意义。以瑞士为例，虽然该国仲裁立法在1987年就已赋予当事人合意放弃提起撤销之诉的权利，但实践中，除体育纠纷外，当事人真正达成这种合意的情况可以说是极为少见。瑞士的有关仲裁专家也不建议当事人在仲裁协议中植入这样的弃权性条款，因为在他们看来，向瑞士联邦法院提起撤销之诉具有很高的效率与满意度，原因有以下四点：其一，瑞士已将撤销裁决的法定理由降至最低；其二，在瑞士，撤销之诉一审终审；其三，当事人在瑞士提起撤销之诉并不会对裁决的执行产生中断效应；其四，瑞士法院会在6个月内针对撤裁申请作出决定。此种背景下，当事人很难利用撤销之诉达到拖延裁决执行的目的。[2] 法国的情况亦不会例外。相反，当事人若作出此种弃权性约定，那只会给他们自己带来风险，因为一旦仲裁程序启动了，任何情况就都有可能产生。

（六）关于撤销涉外仲裁裁决的报核制度

为了提升我国法院对涉外仲裁裁决的司法监督水平，减少随意撤销涉外仲裁裁决的情况发生，1998年发布了《关于人民法院撤销涉外仲裁裁决有关事项的通知》（法〔1998〕40号）。该通知为涉外仲裁裁决的撤销建立了报核制度，其内容主要有如下两点。（1）凡一方当事人按照仲裁法的规定向人民法院申请撤销我国涉外仲裁裁决，如果人民法院经审查认为涉外仲裁裁决具有《民事诉讼法》第258条第1款规定的情形之一的，在裁定撤销裁决或通知仲裁庭重新仲裁之前，须报请本辖区所属高级人民法院进行审查。如果高级人民法院同意撤销裁决或通知仲裁庭重新仲裁，应将其审查意见报最高人民法院。待最高人民法院答复后，方可裁定撤销裁决或通知仲裁庭重新仲裁。（2）受理申请撤销裁决的人民法院如认为应予撤销裁决或通知仲裁庭重新仲裁的，应在受理申请后30日内报其所属的高级人民法院，该高级人民法院如同意撤销裁决或通知仲裁庭重新仲裁的，应在15日内报最高人民法院，以严格执行《仲裁法》第60条的规定。

---

[1] 比利时曾在1985年修改法律，作出了在国际仲裁领域中彻底废除裁决撤销制度的大胆尝试，即补充了一项具有如下效力的强制性规定：若在比利时作出的裁决不牵涉来自比利时的当事人，则当事人不可向比利时法院提起撤销之诉。据称，这在当时仅由比利时参议院的某位议员促成，比利时仲裁界对此极为震惊。不过，这项制度带来的实际效果与那位议员所期待的全然相反。后来，商界人士不再将比利时约定为仲裁地，比利时同时被一些仲裁机构列入仲裁地黑名单。后来，比利时1998年重新修改法律，悄悄地废除了此项制度，转而采取与瑞士立法一致的撤销之诉的合意弃权模式。See A. J. van den Berg, Should the Setting Aside of the Arbitral Award Be Abolished, ICSID Review 29(2), 2014, p. 276.

[2] See A. J. van den Berg, Should the Setting Aside of the Arbitral Award Be Abolished, ICSID Review 29(2), 2014, p. 277.

第五节　国际商事仲裁裁决的承认与执行

一、国际商事仲裁裁决的承认与执行概况

在国际商事仲裁实践中，虽然大多数仲裁裁决都得到了当事人的自动履行，但是也不乏败诉方拒绝履行裁决的现象。由于仲裁本质上属于私人纠纷解决机制，仲裁庭本身既无职权也无强制手段实现仲裁裁决的承认与执行。如果败诉方拒绝承认和执行涉案仲裁裁决，胜诉方必须诉诸法院，借助公权力将其强制执行。当然，在裁决执行审查程序中，败诉方可以基于仲裁裁决存在各种问题，对承认和执行请求提出异议。法院基于法定的理由对仲裁裁决的执行进行司法审查，以最终决定是否将涉案仲裁裁决强制执行。可以说，承认及执行仲裁裁决阶段，是法院支持、监督仲裁最后也是最关键的阶段。[1]

"承认"和"执行"虽然一般放在一起使用，但二者含义有所不同。首先，只有外国仲裁裁决存在承认和执行问题，而内国仲裁裁决一般只存在执行问题，不存在承认问题。其次，外国仲裁裁决有可能存在承认问题，但没有执行问题；而一项外国仲裁裁决如果能够得到执行，它必须为下达执行令的法院所承认。因此，"承认"是"执行"的前提。"仲裁裁决的承认与执行"实际上包括了"裁决的承认"和"裁决的承认和执行"两层意思。[2]

国内法院承认与执行国际商事仲裁裁决有两种情况：一是承认与执行本国的含有国际性因素或涉外因素的仲裁裁决；二是承认与执行外国的仲裁裁决。鉴于本国的国际商事仲裁裁决的承认和执行，与申请承认及执行国内仲裁裁决的程序、条件[3]大体相同，不涉及国际公约，本节的重点将放在外国仲裁裁决的承认与执行上。

在外国仲裁裁决的承认与执行问题上，一个重要前提是，涉案仲裁裁决属于外国仲裁裁决。换言之，仲裁裁决籍属的确定，非常关键。一项仲裁裁决是内国裁决还是外国裁决，存在两种标准：（1）领土标准，是指以裁决作出地为确定裁决国籍的标准，即凡在被请求承认与执行地国以外国家领土内作出的裁决即为外国裁决；（2）非内国裁决标准，是指凡依被请求承认与执行地国法律不属于其内国裁决的即为外国裁决的标准。例如法国、德国等的法律或判例都表明，在本国但依外国仲裁程序法进行的仲裁而作出的裁决不属于本国裁决，而是一项外国裁决。

1958年《纽约公约》第1条第1款兼采用领土标准和非内国裁决标准，并将该公约适用于依该两种标准确定的外国仲裁裁决的承认与执行。不过《纽约公约》本身更偏重

---

[1] 从各国的法律规定来看，当事人申请承认和执行裁决的期限一般长于提出撤销裁决申请的期限；同时，仲裁裁决的撤销是不予承认和执行的一项事由（《纽约公约》第5条第1款第5项），因此，实践中，当事人往往在对方申请承认及执行前提出撤销仲裁裁决之诉。当然，也有例外的情形。

[2] 肖永平：《国际私法原理》，法律出版社2003年版，第477页。

[3] 有些国家区别对待含有国际性因素的内国仲裁裁决和无国际性因素的内国仲裁裁决，规定的不予承认与执行前者的理由较后者为窄，而与外国仲裁裁决的相近或一致，中国即采此做法。

于领土标准，后者只是前者的一种补充和扩延，作用主要在于扩大该公约的适用范围。同时，《纽约公约》第1条第3款规定，任何国家得于签署、批准或加入本公约时，或于本公约第10条通知扩展适用时，基于互惠原则声明该国适用本公约，以承认及执行在另一缔约国领土内作成之裁决为限。

值得注意的是，尽管德国和法国在20世纪50年代起草《纽约公约》的过程中极力主张通过仲裁程序适用的法律决定仲裁裁决的国籍，但两国在其修订的民事诉讼法中，均抛弃了上述标准，而采用仲裁地作为决定仲裁裁决国籍的标准。因此，可以认为，在代国际商事仲裁实践中，仲裁地决定仲裁裁决的国籍，已成为各国公认的标准。

外国仲裁裁决的执行依据，主要分为两类：一是互惠原则；二是国际条约。目前，涉及外国仲裁裁决的承认与执行的国际条约中具有较大影响的主要有：（1）全球性国际条约，如1958年《纽约公约》、1965年《华盛顿公约》等；（2）区域性国际条约，如1961年《欧洲关于国际商事仲裁公约》、1975年《美洲国家间关于国际商事仲裁的公约》等。鉴于《纽约公约》的全球覆盖面与实际影响力，依据国际条约执行外国仲裁裁决，已经成为大多数国家或地区的主流做法。

二、《纽约公约》的历史背景、核心内容与基本特征

1958年5月20日至6月10日，纽约联合国总部举行了为期3个周的联合国国际商事仲裁会议。会议审议并通过了《纽约公约》。该公约于1959年6月7日起正式生效。自生效以来，《纽约公约》极大地促进了仲裁裁决在世界范围内的承认及执行，被认为是国际商事领域有史以来最成功的国际立法之一。

《纽约公约》的主要目的是解决外国仲裁裁决的承认与执行。截至2023年6月，已有172个国家和地区加入了《纽约公约》。1986年，第六届全国人民代表大会常务委员会第十八次会议决定加入《纽约公约》。1987年1月22日，中国正式向联合国提交了加入书，同时作出了互惠保留和商事保留两项声明。根据公约第12条规定，本公约应自各国存放批准或加入文件后第90日起发生效力。1987年4月22日，《纽约公约》对中国生效。《纽约公约》能得到全球各国的广泛认可，反映了当前国际社会普遍将仲裁视为国际商事争议解决的一种有效方式。

对于申请承认与执行一项外国仲裁裁决，应提供何种文件，《纽约公约》第4条作了统一规定，即经正式认证的裁决正本或经正式证明的副本；仲裁协议正本或经正式证明的副本。如果上述裁决或协议不是用被请求承认或执行的国家的文字作成，则申请人应提供译文，该译文应由一个官方的或宣过誓的译员或外交或领事人员证明。

《纽约公约》既涉及仲裁协议的执行，也涉及仲裁裁决的执行。后者是该公约的重中之重，核心内容体现在该公约的第5条。《纽约公约》第5条内容包括两类理由：（1）须由被申请方当事人举证证明的理由；（2）法院依职权主动拒绝承认与执行的理由。

其中，须由被申请方当事人举证证明的理由，具体如下。（1）仲裁协议当事人根据对他们适用的法律在当时是属于无行为能力，或根据当事人选定适用的法律，或没有这种选定时根据裁决作出地国法律，仲裁协议是无效的。（2）对作为裁决执行对象的当事人未曾给予指定仲裁员或进行仲裁程序的适当通知，或作为裁决执行对象的当事人基于其他缘故未能提出申辩。（3）裁决涉及仲裁协议所未曾提到的，或不包括在仲裁协议规定之内，或超出仲裁协议范围之外的争议。但如果关于仲裁协议范围内事项的决定可以同关于仲裁协议范围外事项的决定分开，则该部分决定仍可予以承认和执行。（4）仲裁庭的组成或仲裁程序与当事人的协议不符，或在没有这种协议时与仲裁地法不符。（5）裁决对当事人尚无约束力，或已由裁决作出地国或裁决所依据法律所属国的主管机关撤销或停止执行。

法院依职权主动拒绝承认与执行的理由，具体包括：（1）争议事项不具可仲裁性；（2）承认与执行裁决违反法院地国的公共秩序。

《纽约公约》所规定的拒绝承认与执行外国仲裁裁决的理由主要有如下特点。

第一，承认与执行地法院不对外国仲裁裁决进行实体审查。

第二，取消"双重许可"制度，即承认与执行地国是否承认与执行外国仲裁裁决无须仲裁地国对裁决的司法确认。

20世纪20年代，随着国际经济交往日益频繁，仲裁作为争议解决方式日益普及，域外仲裁裁决的承认与执行也日益受到关注。1923年的《日内瓦仲裁条款议定书》就是在此背景下产生的，它是在寻求国际仲裁协议和裁决获得国际承认和执行的征途上迈出了第一步。

1927年《日内瓦关于执行外国仲裁裁决的公约》又进一步扩大的仲裁裁决的执行范围，实际上构成了当今《纽约公约》的雏形。不过，《日内瓦关于执行外国仲裁裁决的公约》对裁决的承认与执行设置了许多限制条件，其中受到抨击最多的便是执行上的双重许可制度，即只有裁决经作出国承认，并取得该国法院颁布的执行许可后，方可在他国执行。

《纽约公约》不要求仲裁裁决作出后，须获得裁决作出地的许可方能向其他潜在执行地国申请执行。这实际上大大提高了仲裁裁决在国际范围内的流通能力，从而极大地释放了国际商事仲裁解决争议的潜能。

第三，《纽约公约》列举的拒绝承认与执行仲裁裁决的理由是穷尽性的，法院不能基于其他理由不予承认和执行仲裁裁决。这在《纽约公约》中是很明确的。《纽约公约》规定，仲裁裁决"唯"有公约第5条规定的情形时，方可拒予承认和执行。[1]

第四，不予承认与执行仲裁裁决的举证责任主要由反对承认与执行仲裁裁决的一方当事人承担。

第五，外国仲裁裁决具有公约第5条所列举的情形之一时，承认与执行地法院对是否承认与执行裁决享有自由裁量权。根据《纽约公约》第5条，裁决存在该条列举的情形时，承认及执行地国法院"始得"而不是"必须"拒绝承认及执行，这赋予了法院自由裁量权。

---

[1]《纽约公约》英文本的表述为："Recognition and enforcement of the award may be refused …only if…"

三、国际（区际）商事仲裁裁决承认与执行的中国立法与实践

我国承认和执行的仲裁裁决可分为四个类别：（1）非涉外裁决，即不具有任何国际因素或涉外因素的中国内地裁决；（2）涉外裁决（或国际裁决），即具有涉外因素或国际因素的中国内地裁决和涉及不同法域即涉港澳台地区的裁决；（3）外国裁决，即源自境外的仲裁裁决，主要是指仲裁地在外国的仲裁裁决；（4）区际商事仲裁裁决，包括我国香港特别行政区、澳门特别行政区和台湾地区的仲裁裁决。

（一）国际商事仲裁裁决的承认与执行[1]

1. 涉外仲裁裁决的执行

从《民事诉讼法》和《仲裁法》有关条款的措辞来看，由涉外仲裁机构或涉外仲裁委员会作出的裁决为涉外仲裁裁决。这种以作出仲裁裁决的仲裁机构作为界定标准的做法与国际上的通行做法是不一致的。目前，中国的涉外仲裁裁决的界定，还是依《关于审理涉外民商事案件适用国际条约和国际惯例若干问题的解释》较为妥当合理。根据该解释，涉外仲裁裁决是指当事人一方或双方是外国人、无国籍人、外国企业或组织，或者当事人之间民事法律关系的设立、变更、终止的法律事实发生在外国，或者仲裁标的物在外国的仲裁裁决。

对于涉外仲裁裁决的执行，《仲裁法》规定，被申请人提出证据证明涉外仲裁裁决有2023年《民事诉讼法》第291条第1款规定的情形之一的，经人民法院组成合议庭审查核实，裁定不予执行。该条第1款规定的情形：一是当事人在合同中没有订有仲裁条款或者事后没有达成书面仲裁协议的；二是被申请人没有得到指定仲裁员或者进行仲裁程序的通知，或者基于其他不属于被申请人负责的原因未能陈述意见的；三是仲裁庭的组成或者仲裁的程序与仲裁规则不符的；四是裁决的事项不属于仲裁协议的范围或者仲裁机构无权仲裁。该条第2款还规定，人民法院认定执行该裁决违背社会公共利益的，裁定不予执行。

与执行非涉外仲裁裁决的条件相比，我国法律对执行涉外仲裁裁决的条件要求相对宽松一些。具体而言，涉外仲裁裁决被执行的一方当事人，不得以法律上或事实上的实体问题作为理由，要求法院不予执行涉外仲裁裁决。换言之，涉外仲裁裁决的执行贯彻的是程序审查原则。

就受理涉外仲裁裁决执行申请的管辖法院而言，依照2023年《民事诉讼法》第290条的规定，有权受理涉外仲裁裁决执行申请的法院为被申请执行人住所地或者财产所在地的中级人民法院。

1995年8月28日发布的《关于人民法院处理与涉外仲裁及外国仲裁事项有关问题的通知》中确立了不予执行涉外仲裁裁决的报告制度。按照该通知，凡一方当事人向人

---

[1] 韩健：《现代国际商事仲裁法的理论与实践》，法律出版社2000年版，第467—481页；肖永平：《国际私法原理》，法律出版社2003年版，第486—491页；黄进、宋连斌、徐前权：《仲裁法学》，中国政法大学出版社2002年版，第159—164，190—191页；赵健：《国际商事仲裁的司法监督》，法律出版社2000年版，第211—228页；韩德培主编：《国际私法》，高等教育出版社2000年版，第548—550页。

民法院申请执行我国涉外仲裁机构裁决，如果人民法院认为我国涉外仲裁机构裁决具有1991年《民事诉讼法》第260条（2023年《民事诉讼法》第291条）情形之一的，在裁定不予执行之前，必须报请本辖区所属高级人民法院进行审查；如果高级人民法院同意不予执行，应将其审查意见报最高人民法院。待最高人民法院答复后，方可裁定不予执行。

2. 外国仲裁裁决的承认和执行

我国在加入1958年《纽约公约》以前，法律未明确规定外国仲裁裁决的承认和执行，只能将外国仲裁裁决与外国法院判决或裁定同等对待。2023年《民事诉讼法》第304条规定："在中华人民共和国领域外作出的发生法律效力的仲裁裁决，需要人民法院承认和执行的，当事人可以直接向被执行人住所地或者其财产所在地的中级人民法院申请。被执行人住所地或者其财产不在中华人民共和国领域内的，当事人可以向申请人住所地或者与裁决的纠纷有适当联系的地点的中级人民法院申请。人民法院应当依照中华人民共和国缔结或者参加的国际条约，或者按照互惠原则办理。"[1]

（1）根据互惠原则承认和执行外国仲裁裁决

根据我国《民事诉讼法》的规定，如果申请承认和执行裁决的当事人本国或裁决作出地国既没有同我国订立有关承认和执行仲裁裁决的协定，也没有加入我国业已参加的国际公约，则我国人民法院则应该根据互惠原则决定是否承认和执行该裁决。

《纽约公约》目前在全球已经覆盖了超过170个国家，其实际上已经成为大多数国家承认和执行外国仲裁裁决的主要依据。依据互惠原则承认和执行外国仲裁裁决，在我国目前已经很少见到。

（2）根据国际条约承认和执行外国仲裁裁决

我国已经是1958年《纽约公约》的成员国。当事人向我国申请执行外国仲裁裁决，如果符合适用《纽约公约》的条件，我国法院将根据该公约的有关规定办理。

《纽约公约》是我国参加的关于承认和执行外国仲裁裁决的最为重要、最具有实际意义的一项公约。需要注意的是，我国在加入《纽约公约》时作出了两项保留：互惠保留和商事保留。互惠保留，是指我国只承认和执行在缔约国领土内作出的仲裁裁决。商事保留，是指我国只承认和执行针对契约性和非契约性商事法律争议作成的仲裁裁决。1987年《关于执行我国加入的〈承认及执行外国仲裁裁决公约〉的通知》除进一步明确了我国所作的互惠保留和商事保留声明外，还作了如下规定。

第一，根据1958年《纽约公约》第4条规定，申请我国法院承认和执行在另一缔约国领土内作出的仲裁裁决，是由仲裁裁决的一方当事人提出的。对于当事人的申请，应由我国下列地点的中级人民法院受理：一是被执行人为自然人的，为其户籍所在地或者居所地；二是被执行人为法人的，为其主要办事机构所在地；三是被执行人在我国无住所、居所或者主要办事机构，但有财产在我国境内的，为其财产所在地。

---

[1] 同前述确定涉外仲裁裁决类别一样，1991年《民事诉讼法》也是以作出裁决的仲裁机构作为界定外国仲裁裁决类别的标准，而这也是脱离国际仲裁立法和仲裁实践中的通行做法。

第二，我国有管辖权的人民法院接到一方当事人的申请后，应对申请承认和执行的仲裁裁决进行审查，如果认为不具有1958年《纽约公约》第5条第1、2款所列的情形，应当裁定承认其效力，并且依照我国的民事诉讼程序法律规定的程序执行；如果认定具有第5条第2款所列的情形之一，或者根据被执行人提供的证据证明具有第5条第1款所列的情形之一，应当裁定驳回申请，拒绝承认和执行。

第三，申请我国法院承认和执行的仲裁裁决，仅限于1958年《纽约公约》对我国生效后在另一缔约国领土内作出的仲裁裁决。该项申请必须在我国法律规定的申请执行期限内提出。

我国还同许多国家签订了司法协助协定，其中大多规定有相互承认和执行仲裁裁决的条款。因此，如果所申请承认和执行的某项外国仲裁裁决不符合我国参加的上述两公约规定的适用条件，但符合我国同他国签订的双边司法协助协定规定的适用条件，我国法院就应该按照该司法协助协定中的有关规定办理。

（3）拒绝承认和执行外国仲裁裁决的报告制度

最高人民法院在确立不予执行涉外仲裁裁决的报告制度的同时，也确立了关于拒绝承认和执行外国仲裁裁决的报告制度。根据1995年《关于人民法院处理与涉外仲裁及外国仲裁事项有关问题的通知》，凡一方当事人向人民法院申请承认和执行外国仲裁机构的裁决，如果人民法院认为申请承认和执行的外国仲裁裁决不符合我国参加的国际公约的规定或者不符合互惠原则的，在裁定拒绝承认和执行之前，必须报请本辖区所属高级人民法院进行审查；如果高级人民法院同意拒绝承认和执行，应将其审查意见报最高人民法院。待最高人民法院答复后，方可裁定拒绝承认和执行。

（二）区际商事仲裁裁决的认可与执行[1]

1. 中国内地与香港特别行政区仲裁裁决的相互执行

1997年7月1日以前，中国内地与香港特别行政区之间在相互承认与执行仲裁裁决方面不存在什么障碍。因为英国是《纽约公约》缔约国，1977年1月该公约被延伸适用于香港，而中国于1987年加入了《纽约公约》，所以两地的仲裁裁决的相互执行都可以《纽约公约》为依据。

1997年7月1日香港回归后，《纽约公约》在我国香港特别行政区继续适用，但由于《纽约公约》是主权国家之间缔结的国际公约，继续将《纽约公约》适用于中国内地与香港特别行政区相互承认和执行仲裁裁决已不合适。1999年6月21日，最高人民法院与香港特别行政区签署了《关于内地与香港特别行政区相互执行仲裁裁决的安排》（以下称为"安排"）。1997年7月1日以后申请执行在内地或者香港特别行政区作出的仲裁裁决按"安排"执行。具体而言，香港特别行政区法院同意执行内地仲裁机构（名单由国务院法制办公室经国务院港澳事务办公室提供）依据《仲裁法》所作出的裁决，

---

[1] 韩健：《现代国际商事仲裁法的理论与实践》，法律出版社2000年版，第485—494页；肖永平：《国际私法原理》，法律出版社2003年版，第491—496页；成先平主编：《国际经济法学》，郑州大学出版社2002年版，第387页。

内地人民法院同意执行在香港特别行政区按香港特别行政区仲裁条例所作出的裁决。

"安排"的颁行解决了香港回归后两地无法再依据《纽约公约》解决仲裁裁决相互认可和执行的现实问题，填补了内地与香港特别行政区相互执行仲裁裁决的法律空白，为两地司法协助提供了法律依据。同时，在解决涉外业务纠纷、促进两地仲裁法律制度和商事仲裁事业发展、繁荣经贸合作、助推香港特别行政区成为国际商事争议解决中心方面发挥了重要作用。但是，在适用"安排"过程中，也产生了一些亟须厘清和解决的问题。如法院在受理认可和执行仲裁裁决申请之前或之后，能否对被申请人的财产采取保全措施；仲裁裁决籍别确认应以仲裁地还是仲裁机构所在地为标准；在清单之外的内地仲裁机构作出的仲裁裁决能否适用"安排"；如果被申请人的财产分布在多个地区的，能否同时向被申请人财产所在地法院申请执行。

在此背景下，2020年11月27日，最高人民法院与香港特别行政区签署了《关于内地与香港特别行政区相互执行仲裁裁决的补充安排》（以下称为"补充安排"）。该"补充安排"有如下几个亮点。

第一，"补充安排"确认"安排"包含认可和执行仲裁裁决两个方面。《纽约公约》主要解决外国仲裁裁决的承认和执行。有些仲裁裁决客观上只需要认可这一程序，无须强制执行。"补充安排"将认可程序纳入，一方面符合《纽约公约》的精神，另一方面厘清了内地法院对香港特别行政区仲裁裁决是否需要认可才具有可执行性的争议，便于统一法律解释和适用标准。

第二，在认可和执行仲裁裁决的范围上取消了"由内地仲裁机构作出"的限制，扩大了可承认和执行的裁决范围。"安排"中规定的"内地仲裁机构清单"制度，客观上使不在清单上的内地仲裁机构的裁决无法在香港特别行政区获得承认和执行。"补充安排"将非清单上的仲裁机构的裁决纳入适用范围，填补了这一漏洞。

第三，就能否同时向两地法院申请执行仲裁裁决这个问题，"补充安排"明确规定被申请人在内地和香港特别行政区均有住所或可供执行财产的，申请人可分别向两地法院申请执行。

第四，规定了法院受理认可和执行仲裁裁决的申请之前或之后均可申请财产保全。"补充安排"的规定，实现了仲裁程序开展和仲裁裁决执行过程中财产保全措施的全覆盖，能够有效保证仲裁裁决的顺利执行，提高当事人对仲裁裁决执行成果的期待。

2. 中国内地与澳门特别行政区仲裁裁决的相互承认和执行

在澳门回归之前，葡萄牙虽已于1995年加入《纽约公约》，但该公约并没有实际延伸适用于澳门特别行政区。澳门特别行政区目前的仲裁法基本上完全参照了《国际商事仲裁示范法》。在承认和执行任何国家或地区作出的仲裁裁决方面，《澳门特别行政区仲裁法》所规定的条件与《纽约公约》规定的条件是一致的，同时明确规定了互惠或对等原则。应该说，在承认和执行外国仲裁裁决和外法域地区裁决，包括中国内地（大陆）裁决、香港特别行政区裁决和台湾地区裁决的问题上，澳门特别行政区立法提供了较为完善的法律依据，已较好地解决了这一问题。

2007年，经最高人民法院与澳门特别行政区协商，内地与澳门特别行政区相互认可和执行仲裁裁决的有关事宜达成了一项安排——《关于内地与澳门特别行政区相互认可和执行仲裁裁决的安排》。这一安排适用于，内地人民法院认可和执行澳门特别行政区仲裁机构及仲裁员按照澳门特别行政区仲裁法规在澳门特别行政区作出的民商事仲裁裁决，澳门特别行政区法院认可和执行内地仲裁机构依据《仲裁法》在内地作出的民商事仲裁裁决。

重要名词术语

仲裁协议、仲裁程序、仲裁裁决、仲裁地、《纽约公约》

思考题

1. 国际商事仲裁协议有效应当满足哪些必要条件？
2. 如何理解仲裁地在国际商事仲裁协议准据法确定中的角色？
3. 如何理解被仲裁地法院撤销了的国际商事仲裁裁决的效力状态？
4. 《纽约公约》对国际商事仲裁裁决在全球的承认与执行有何重要意义？

典型案例分析

2020年2月，卖方新加坡某国际公司与买方浙江某科技公司洽谈交易，通过电邮及微信等电子通信途径磋商国际货物买卖合同，在双方就货物买卖要素初步达成一致后，新加坡某国际公司通过电邮向浙江某科技公司发送了包含买卖交易基本要素的表格以及四份合同草案。浙江某科技公司接收合同草案文本后针对合同细节向新加坡某国际公司进行了回应，其中的三份合同草案分别提出卸货港、数量、滞期费的异议，但未对其中所载的仲裁条款提出异议。新加坡某国际公司进行相应修改并向浙江某科技公司再次发送了合同草案。浙江某科技公司收到后，回复"等公司审批流程走完后回签"，但其后并未回签。后浙江某科技公司以双方未签署合同为由，认为合同未成立并拒绝接货。前述四份合同草案均约定因合同产生的争议提交香港国际仲裁中心仲裁。2020年6月，新加坡某国际公司向香港国际仲裁中心申请仲裁，要求浙江某科技公司赔偿违约损失并承担仲裁费用。香港国际仲裁中心于2021年5月作出仲裁裁决，新加坡某国际公司于2021年10月向杭州市中级人民法院申请认可和执行该仲裁裁决。浙江某科技公司以双方之间不存在仲裁协议且认可和执行该仲裁裁决违背内地社会公共利益为由，请求不予认可和执行该仲裁裁决。

问题：本案涉及国际商事仲裁中的哪些重要方面？本案仲裁裁决认可和执行的法律依据是什么？

第四编

区际私法编

第十七章　区际法律冲突及区际私法

【内容提示】

区际法律冲突是法律冲突最基本的形式，是最小法域之间的法律冲突形式。当主权国家产生和发展后，各国对法律冲突的关注点便从一个基本法域移至一个主权国家，开始以一个主权国家为一个法域，致力于解决国家之间的法律冲突，如果一个主权国家中存在多个不同法域，这种一国之内不同法域之间的法律冲突便被称为"区际法律冲突"，因此，区际法律冲突虽是一国之内的法律冲突，但与国际法律冲突原理相同，解决方式也基本相同。区际法律冲突是空间或地域意义上的法律冲突，是一个立法管辖区域或效力范围和另一个立法管辖区域或效力范围之间的法律冲突，故也可称为域际法律冲突，不同于人际法律冲突、时际法律冲突和法际法律冲突。一国之内各法域人员来往交流涉及各种法律关系，引起各种法律的冲突。存在多个法域的国家有宪法和其他一些统一适用于国内各法域的法律，故各法域之间通常不产生这类法律之间的冲突。除此之外，广义而论，区际法律冲突包括刑法冲突、民法冲突、行政法冲突、程序法冲突等，公法范畴内的法律冲突由于域外效力尚未被普遍承认，所以解决公法冲突通常是适用内域公法或采用司法协助，基本上不采用同等选择内域公法和外域公法的方法；解决各法域私法冲突的方法和解决国家之间的私法冲突一样，主要适用法律选择规则平等选择内域法和外域法，制定内法域法律适用法、制定部分法域统一适用的法律适用法、制定全部法域统一适用的法律适用法都属于采用法律选择方式调整私法冲突的方式，由此可知，法律适用法仍然是区际私法的核心组成部分。此外，适用于解决涉及外域法民商纠纷的特别程序规则广义上也属于区际私法的组成部分，其形式也有内域法、部分法域统一法和全部法域统一法。以彻底消除实体法冲突为目的的统一实体法也在广义上属于区际私法的组成部分，包括部分法域统一实体法和全部法域统一实体法。虽然，与国际私法一样，将法律选择规则、诉讼程序规则和实体规则都置于区际私法范畴，或者说将这些差别巨大的规则都视为区际私法规则缺乏法理基础，但这是国际私法和区际私法约定俗成的认知。与国际私法中有关国际私法是国内法还是国际法的问题相关联，从国家角度论，所有形式的区际私法都是国内法，不可能是国际法；但从法域角度论，区际私法或许也可区分为域内法和域际法，区际私法也同样具有这两种性质。

第一节 区际法律冲突

一、区际法律冲突的定义

从不同角度对法域作出划分，法域可分为属地性法域、属人性法域、属时性法域和属法性法域等，其中属地性法域是法域的最基本形式和解释，其涵盖的范围也最广泛。因为一个立法权的最大管辖范围即是属地性法域，或者说属地性法域是划分立法权管辖范围的标准。超出属地性法域则一般超出了立法权管辖范围。因此，法律的基本性质是属地性的，一个属地性法域的法律在另一个属地性法域并不当然具有适用效力，因为它已超出一个立法权的管辖范围。只有在法律的域外效力得到承认时，一个属地性法域的法律适用效力才能延伸到另一个属地性法域。相比而言，属人性法域、属时性法域和属法性法域的涵盖面要小，一般说来，一个立法权管辖范围内只有一个属地性法域，但可有多个属人性法域、属时性法域和属法性法域。如一个属地性法域中可有多个调整不同种族、民族、宗教人员团体利益关系的法律，这多个法律的有效管辖范围即形成多个属人性法域，各法域人员相互间的交往便可导致法律冲突。同样，一个属地性法域内也可有多个适用于不同时间的法律形成的法域及相互间的冲突，或多个调整不同社会关系的法律形成的法域及相互间的冲突。

从法律冲突产生于法域之间意义上讲，若立足于某一法域，即是内法域和外法域之间的法律冲突。对法域的内、外划分，通常的标准是一个立法权管辖的范围，即一个立法权管辖的范围为一个"内"，其他各个立法权管辖范围为各外法域。由于一个立法权管辖范围与一个属地性法域大致等同，因此，一般都以属地性法域为确定内、外法域的范围，即一个属地性法域为一个内法域，其他属地性法域则为外法域。至于属人性法域、属时性法域和属法性法域，虽然立足于各法域，也有内法域和外法域之分，但其相互间法律冲突均可发生于一个属地性法域之内，通常不被认为是涉及外法域的法律冲突，而被作为法域内法律冲突解决。不过，这种确定并非绝对的。由于法域的划分有交叉和重叠的情况，所以，同一法律所参与的冲突范围也有不同变化。如一个属地性法域的婚姻法与同一个属地性法域的继承法和宪法在适用中发生冲突，这属于属法性法域之间的法律冲突，虽然分别站在婚姻法、继承法和宪法的角度是内法域和外法域之间的冲突，但它们同处于一个属地性法域内，一般不作为涉外法律冲突对待，而只作为域内法律冲突。在此，该婚姻法属于属法性法域中的法律，如果它的适用效力及于整个立法权管辖范围，则该法又同时属于属地性法域中的法律，它与另一个属地性法域中的婚姻法发生冲突时，即为内法域法律和外法域法律之间的冲突。

由此可见，所谓内法域和外法域只是一种人为的、约定俗成的划分，人们普遍认为，只有属地性法域之间的法律冲突才是真正的冲突，也才是冲突法调整的对象。这同样是一种较片面的看法。但既已约为俗规，似无必要对此作太多文章，何况本教材对区际私法进行研究，也主要着眼于属地性法域的意义，因此，在无特别说明时，本教材所指法域皆为属地性法域。

最初，人类社会是由一个个单一的习俗域、习惯域或法域组成，法律冲突就是在这种单一的习俗域、习惯域或法域之间产生。虽然后来产生了国家，甚至产生了复合法域国家（即由多个法域组成的国家），但由于那时的国家不具有现代意义上的主权，其统治力和集权力十分微弱，对多数法域不具有绝对的管辖力，因此，内外关系划分的标准仍是以基本法域为界限。

16世纪，法国人博丹（Bodin）首次在新的意义上提出了"主权"概念，认为主权是一国的最高权力，它对内是最高的，对外是独立的。[1] 主权观念的提出，使国家的作用得以强化，对内，国家具有了较强的集权力，中央成为最高统治权的集中地；对外，国家成为一个独立的实体，与其他国家实体发生关系。至此，内外关系划分的标准不再是法域的界限，而主要是国家主权行使范围的界限。但是在17世纪前，这种独立的主权国家还没有大量产生，人们仍习惯于认为法律冲突发生于法域之间，因此，冲突法研究的基点仍始终建立在单一法域之间。

17世纪，独立的主权国家开始大量产生，以致促发了调整主权国家之间关系的近现代意义上的国际法的产生，因为，"在许多彼此绝对独立的国家没有建立起来以前，国际法是不需要的"。[2] 始于格老秀斯（Grotius）时代的国际法，从法理上确立了国家作为一个独立实体的地位，并以主权国家作为国际法的主要主体。18、19世纪，现代意义上的主权国家纷纷成立，人类社会最终成为由一个个主权国家组成的世界。这些主权国家有的是由一个法域构成，有的是由多个法域构成。

由于18世纪后人类的相互交往都以主权国家为所属，而不再以法域为所属，所以，人们对法律冲突产生范围的注意力已由法域之间移于国家之间。也就是说，18世纪以后所谓的法律冲突，更多的是指国家之间的法律冲突，冲突法的研究重点也由基本法域之间法律冲突移至国家之间法律冲突。

一般而言，国家主权管辖范围与一个法域是等同的，即一个国家就是一个单一法域。但每个国家的形成都有不同情况，有的国家形成时，包含了多个独立的法域在内，这些法域虽共同服从于一个最高权力，但通常具有相对独立的立法权，因而也有各自的法律体系，法域间的交往仍导致法律冲突的产生。根据18世纪以后的普遍理解，这种法律冲突属于国内法律冲突。为了区别产生于国家之间的国际法律冲突，现在多将这种产生于一个复合法域国家内的各法域之间的法律冲突称为区际法律冲突。

从上述情况可知，在人类交往的早期历史上，并没有国际法律冲突和区际法律冲突之分，即使在国家产生以后相当长的时间内，由于国家辖治力的幼弱，国际法律冲突和区际法律冲突也往往是界限不明的。国际法律冲突和区际法律冲突可作明确划分，并且国际法律冲突转而成为人们关注的焦点、区际法律冲突被降至次要地位，是主权观念和

---

〔1〕 参见［英］劳特派特修订：《奥本海国际法（上卷）》（第1分册），石蒂、陈健译，商务印书馆1971年版，第98页；周鲠生：《国际法》（上册），商务印书馆1976年版，第75、175页。

〔2〕 参见［英］劳特派特修订：《奥本海国际法（上卷）》（第1分册），石蒂、陈健译，商务印书馆1971年版，第55页。

现代国家产生之后的事情。这时，国与国之间的交往成为人类共同关心的事，国际交往涉及许多人类共同利益，国际法律冲突显然有被重视的必要。而区际法律冲突则是一国内的事，其意义远不如国际法律冲突重要。这也是人们今天普遍将法律冲突视为国家之间法律冲突的原因。

虽然从法律冲突产生的区间论，可有国际法律冲突与区际法律冲突之分，但从法域之间的法律冲突是法律冲突最原始、最基本的形式论，区际法律冲突与国际法律冲突实无多大差别。对此，各国理论和立法对国际法律冲突和区际法律冲突相互间关系及各自的解决，有着不同认识。

法国著名国际私法学家巴蒂福尔对此说道："对某些人来说，特别是对巴坦来说，在这种情况下产生的法律冲突本质上不同于国际性法律冲突，因此，可以，而且应该将这种国内法律冲突与国际性法律冲突完全分开来研究。与此相反，在另一些人看来，国内冲突与国际冲突基本上是相同的问题，法律冲突的概念完全超出了国际关系的范围。在像美国那样国内冲突在数量上远远超过国际冲突的国家里，这种观点是根深蒂固的，以至于在英国还继续使用的国际私法这一术语在那些国家实际上已经消失，而使用冲突法这一术语。因此，该问题所涉及的正是国际私法学科的目的。"[1]

关于学者们理论研究的态度，巴蒂福尔进一步指出："但是，埃伦兹韦格1967年的《国际私法》对这两种冲突作了区分。在德国，萨维尼坚决认为这两种冲突在性质上是一致的。在法国，这两种冲突相同的观点得到了德帕涅和博克的支持。英国作者在研究国际冲突的同时研究国内冲突，然而，在英联邦范围内区分国际冲突和国内冲突是很困难的。"[2] 英国这种状况形成的原因，或许与英国人对"国家"一词的与众不同的理解有关。英国著名国际私法学家莫里斯就曾对"国家"的含义作出如此解释："一个国际公法意义上的国家与一个冲突法意义上的'国家'（或者有时也被称为法域）可能一致，也可能不一致。像瑞典、意大利和新西兰这样的单一国家，全国的法律都一样，它们在冲突法意义上就是'国家'。但是，国际公法不承认英格兰或苏格兰、纽约或加利福尼亚，因为它们仅仅是联合王国和美国的组成部分。然而它们每一个却都是冲突法意义上的'国家'，因为它有独立的法律体系。"[3] 英国另外两个同样著名的国际私法学家切希尔和诺斯也作过类似说明。[4]

理论上的不同认识，影响了各国的立法和实践。通过巴蒂福尔的著作可知："在波兰，同一天（1926年8月2日）颁布了两项不同的法律，分别解决国际冲突和省区之间的冲突。然而，在瑞士，用来解决国际冲突和州际冲突的是同一个联邦法律。西班牙民法典（新16条）维持同样的原则规则。在美国，出现了对两种冲突进行区分是有益的想法。在南斯拉夫，有解决国内冲突的1979年2月27日专门的法律。"[5]

---

〔1〕［法］亨利·巴蒂福尔、保罗·拉加德：《国际私法总论》，中国对外翻译出版公司1989年版，第357—358页。
〔2〕［法］亨利·巴蒂福尔、保罗·拉加德：《国际私法总论》，中国对外翻译出版公司1989年版，第358页。
〔3〕Morris, *The Conflict of Laws*, London, Stevens and Sons, 1980, p.4.
〔4〕Cheshire and North, *Private International Law*, London, Butterworths, 1987, pp.8–9.
〔5〕［法］亨利·巴蒂福尔、保罗·拉加德：《国际私法总论》，中国对外翻译出版公司1989年版，第359页。

在此，虽然巴蒂福尔指出美国存在区分两种冲突的认识，但实践中这种区分似乎并不明显。《美国第二次冲突法重述》第3条对"州的定义"解释为："在本冲突法重述中，'州'一词指具有独立法律体系的区域。"[1] 这与英国学者对冲突法意义上的"国家"的理解相同，即在冲突法意义上，英国人所说的"国家"（country）和美国人所说的"州"（state）都是指的一个最基本的法域（law district），而不论这个法域是一个主权国家，还是一个主权国家内的某一独立法域。由此，《美国第二次冲突法重述》第10条对"州际和国际冲突法"没有主张确定的异别："本冲突法重述中的规则适用于涉及美国一州或多州因素的案件，并基本上适用于涉及一个或多个外国因素的案件。但是，在特定的国际案件中，可能有些因素要求其结果区别于在州际案件中会得出的结果。"[2]

虽然，就法律冲突的性质而言，国际法律冲突和区际法律冲突只是产生的范围不同，两种法律冲突的基本性质、原理及所需的解决方法大致一样，但很显然，区别这两种法律冲突不能说毫无意义，至少解决两种法律冲突时所追求的结果是不同的：解决国际法律冲突是为了一国的对外关系的需要，追求国际社会整体秩序的和谐；解决区际法律冲突则是要求一国内秩序的和谐。这两种不同追求，决定了解决两种法律冲突的方法和原则也当有所不同。对于一国内各法域之间的冲突，有很多称谓，如区际冲突（interregional conflicts）、准国际冲突（quasi international conflicts）、国内冲突（internal conflicts）等。在此，区际冲突若不被赋予特定含义，则容易与另一种冲突混同，即由多个国家组成的区域组织相互间的冲突。从法律意义上说，这种区域组织是一个包含多个国家的法域，这些法域之间的冲突似乎也可称为区际冲突，而且这类冲突正日益引起人们的注意。有一个相近的词本可代替区际冲突来称谓包含多个国家的区域组织间的冲突，即洲际冲突（intercontinental conflicts），但目前的区域组织已不像欧盟那样，只限于一个洲的范围内，而是出现跨几个洲的情况，如联合国亚洲及太平洋经济社会委员会，显然，不宜将这种区域组织间的冲突称为洲际冲突。

除了区际冲突一词，如使用准国际冲突或国内冲突等词，则更不适宜。准国际冲突无法在字面上体现发生冲突的地域范围；国内冲突则无法体现冲突发生的领域，因为可作为国内冲突的有很多，如前所述，属地性法域、属人性法域、属时性法域和属法性法域等法域间的冲突都可发生在一国之内，而本教材所指的区际法律冲突主要是一种属地性法域间的冲突。

比较之下，仍是区际法律冲突一词更宜。至于多国构成的区域组织之间的法律冲突，尚未成为普遍性问题，称之为区际法律冲突者也极少见，而对一国内各法域法律冲突冠以区际法律冲突之名则是较为公认的。

区际法律冲突是一个概括性名词，泛指所有国内各独立法域之间的法律冲突，既指省际法律冲突（interprovincial conflicts），也指州际法律冲突（interstate conflicts），还指地方间的法律冲突（interlocal conflicts），以及其他具有独立法律体系的行政区域之间的

---

[1] American Law Institute, *Restatement of the Law of Conflict of Laws*, Second, 1971, Volume 1, p.6.
[2] American Law Institute, *Restatement of the Law of Conflict of Laws*, Second, 1971, Volume 1, p.38.

法律冲突。本教材除一般区际法律冲突之外，主要涉及的是中国内地与香港、澳门两个特别行政区以及台湾地区相互之间的法律冲突，因此，使用区际法律冲突和区际私法等词，较为准确和适恰。

二、区际法律冲突的特征

区际法律冲突与国际法律冲突、人际法律冲突、时际法律冲突以及法际法律冲突相比，有着不同特征。

（一）区际法律冲突是一国内的法律冲突

区际法律冲突的这一特征可与国际法律冲突的特征相区别。国际法律冲突产生于以一个主权国家为单位的个体之间，这种个体既可能是一个单一法域，也可能是由多个法域组成，即划分国际法律冲突产生单位的标准是国家，不是法域。区际法律冲突产生于一国之内，每一个相互产生法律冲突的单位都是一个单一法域。如中国和美国之间的法律冲突属于国际法律冲突，中国内地（大陆）香港特别行政区、澳门特别行政区、台湾地区之间的法律冲突以及美国国内各州之间的法律冲突便属于区际法律冲突。在国际法律冲突背景下，中国和美国分别是一个独立单位；在区际法律冲突背景下，中国的大陆和美国的新泽西州也分别是一个独立单位。比较而言，国际法律冲突和区际法律冲突所涉及的法律冲突的性质是相同的，只是人为限定的空间范围不同。

（二）区际法律冲突是属地性法域间的冲突

如前所述，区际法律冲突的产生范围是一个立法权的空间管辖区域，即区际法律冲突产生于各个独立立法权空间管辖区域之间。这一特征同于国际法律冲突的特征，产生国际法律冲突的空间是一个主权国家立法权管辖区域，这些区域相互之间的法律冲突即为国际法律冲突。区际法律冲突的属地性特征可区别于人际法律冲突、时际法律冲突和法际法律冲突。人际法律冲突产生于法律对不同人群的管辖范围之间；时际法律冲突产生于法律对不同时间的管辖范围之间；法际法律冲突产生于法律对不同社会关系的管辖范围之间。

（三）区际法律冲突主要是民商法律冲突

从所有社会关系都可能在国际环境下产生这一意义上说，法律冲突可在一切法律部门中发生，既可有民法、商法等私法之间的冲突，也可有宪法、刑法、行政法、诉讼法等公法之间的冲突。由于历史上各法域多不相互承认他法域公法在内法域的效力，所以一般认为公法领域不存在法律冲突。[1] 其实，法律域外效力的承认并非法律冲突产生的绝对条件，在现实国际社会中，公法之间冲突大量存在，只不过其解决方法一般不似私法冲突解决那样，可在内域法和外域法之间平等选择以确定法律适用，而是单一适用内域法，但不能否认这也是解决冲突的方法之一。而且，一法域公法不能在另一法域被适用的观念现在已逐渐改变，如法国、瑞士、荷兰、英国等国法院，都已有适用外国公法

---

[1] 参见韩德培主编：《国际私法新论》，武汉大学出版社 1997 年版，第 418—419 页。

的判决；[1]在立法方面，1987年《瑞士国际私法》证明了这种观点的转变，该法第13条规定："本法对外国法的指定，包括所有依该外国法适用于案件的法律规定。不得仅以该外国法律规定被认为具有公法性质而排除其适用。"可见，在立法和司法实践上，都已开始有了调整公法冲突的新方法，即与调整私法冲突一样，适用法律选择规则，平等选择内外域法，而不仅仅是适用内域法。尽管如此，平等选择内外域法的方法仍然主要是冲突法运用的方法，因此，国际私法和区际私法调整的都主要是民商法律冲突。

（四）区际法律冲突是平行法域之间的冲突

冲突法的运作基础是各法域法律具有平等的适用效力，因此法律冲突应该是产生于平等法域之间的冲突，这一点在区际法律冲突的背景下更重要。区际法律冲突虽然产生于一个主权国家之内，但产生法律冲突的各法域之间处于平等地位，各法域的法律效力是平等的。统一适用于全国的中央法律和各法域法律之间的冲突不是区际法律冲突，这两种法律也不具有同等效力。在此，应该注意的是，在法制不统一的国家，统一适用于全国的法律数量必定极少，大部分法律都是不统一的，且中央一般要求地方法律不得违反统一适用于全国的法律，因此中央法律和地方法律之间的冲突的范围很小，对国内社会关系的影响力也不大。在存在区际法律冲突的国家，区际法律冲突是国内最主要的法律冲突，对国内各法域间的民商关系影响巨大。

三、区际法律冲突的解决

国际法律冲突与区际法律冲突相关联的表现，不仅是具有许多同属于属地性法域间的法律冲突的特征，而且是国际法律冲突的解决常常以区际法律冲突的解决为前提，如在面对中国和美国之间的国际法律冲突时，解决这一冲突必须以解决美国国内的区际法律冲突为先行。在法律冲突的解决方面，国际和区际两种空间的法律冲突的解决方法基本相同。从间接和直接两种手法来看，区际法律冲突的解决包括适用法律适用法和适用统一实体法两种途径。

（一）适用法律适用法解决区际法律冲突

在实体法的统一还不能实现或还不能完全解决区际法律冲突的情况下，适用法律适用法解决区际法律冲突是存在区际法律冲突的国家最行之有效的方法。这一方法又有以下多种形式。

第一，不区分国际法律冲突和区际法律冲突，都适用一种法律适用法，通常是解决国际法律冲突的国际私法。如前所述，英国等国家即采用这一方法。[2]但国际法律冲突毕竟不完全同于区际法律冲突，有些区际法律冲突不宜适用国际私法解决，如解决国籍冲突以及确定本国法的规则就不适合用于解决区际法律冲突中的属人法确定问题。

第二，将解决国际法律冲突的国际私法类推适用于解决区际法律冲突。如2013年1

---

[1] 参见韩德培主编：《中国冲突法研究》，武汉大学出版社1993年版，第31—32页。
[2] 参见沈涓：《中国区际冲突法研究》，中国政法大学出版社1999年版，第12页；Morris，*The Conflict of Laws*，London，Stevens and Sons，1980，p.4。

月 7 日起施行的《关于适用〈中华人民共和国涉外民事关系法律适用法〉若干问题的解释（一）》第 19 条指明："涉及香港特别行政区、澳门特别行政区的民事关系的法律适用问题，参照适用本规定。"这种方法基于承认国际法律冲突和区际法律冲突之间的区别，在制定专门的区际私法不能实现时采用。但同样会遇到区际法律冲突特有的问题难以解决。

第三，各法域分别制定内法域区际法律适用法以解决区际法律冲突。这种区际私法对区际法律冲突有针对性，较之国际私法应该更适合区际法律冲突的解决。但是，采用这种方法也会带来另外的问题，即在调整各法域实体法冲突的同时将面对各法域区际私法的冲突。因此，这种方法还不是最优方法。

第四，一国内部分法域共同制定统一适用于这些法域的区际私法。采用此种方法至少可有两方面益处：一是在部分法域之间消除了法律选择规则层面的冲突；二是建立了制定适用于全国的统一区际私法的基础。

第五，所有法域共同制定适用于全国的统一区际私法。这种方法可在全国范围内消除法律选择规则层面的冲突，而且，与各国共同制定统一适用于各国的国际私法相比，一国内各法域更容易在此方面达成一致。但这种方法只能消除各法域法律选择规则的冲突，不能消除各法域实体法之间的冲突，因此，就法律冲突的解决而言仍不是最优方法。

（二）适用统一实体法解决区际法律冲突

第一，虽然没有制定统一实体法，但某一法域的实体法具有绝对优势地位，为其他所有法域所适用；或者通过拟定统一实体示范法，为各法域提供一个统一实体范例，用于解决实体法冲突，这两种方法都可以在实际上很大程度消除实体法层面的冲突。

第二，制定统一适用于部分法域的实体法，解决这些法域之间实体法的冲突。这种实体法的"统一性"是不完全的，只是相对统一。它们既可以由部分法域共同制定或适用，也可以由中央立法机构制定，适用于国内部分法域。它们通常只涉及某一方面关系，调整范围和效力有限。

第三，中央立法机构就某一种关系或问题制定统一适用于全国的实体法。这种实体法的统一性是完全的，但调整范围狭窄，效力受到局限。在无法同时于所有方面制定统一实体法时，先于局部统一，不失为一个切实的方法。

第四，在各法域都能接受的前提下，由中央立法机构制定统一适用于全国的实体法。这种统一实体法无论是在形式上还是在调整范围上，都是完全的统一法，可以从根本上彻底消除一国内各法域之间的法律冲突。只有适用这种统一实体法解决区际法律冲突，才是最优方法。

和国际法律冲突一样，区际法律冲突也常常呈现复杂的状况，既有法域间实体法之间的冲突，也有法域间法律选择规则之间的冲突。但是，国际法律冲突与区际法律冲突产生的背景毕竟不同，解决区际法律冲突较之解决国际法律冲突有许多便利条件，如中央政府的协调和主导作用、各法域之间很多利益的共同性、各法域之间关系的紧密性、各法域习俗和文字等因素的相同或相近等，都使国内区际法律冲突的解决更容易。在一些存在区际法律冲突的国家，区际私法的统一往往成为国内实体法统一的基础，最终实现实体法的统一。

第二节　区际私法

一、区际私法的概念

在法域之间发生利益关系而引起法律冲突的情况下，法律冲突是随法域间利益冲突的产生而产生的，所谓法域间的冲突应为利益冲突和法律冲突双重冲突，法律冲突的解决实是为了利益冲突的解决。如果在利益冲突的解决中没有法律冲突横阻其中且不是在很多情况下法律冲突的解决都是利益冲突解决的前提，那么法律冲突的解决就不具有独立的意义。这一点可由法律冲突的产生和发展的历史证说。

巴托鲁斯时代以前，对外交往的稀少和法律内容的简单，使法律冲突不足以成为利益冲突解决的障碍，法律冲突大多是通过单一适用内法域法律而与利益冲突一同被解决。巴托鲁斯时代，对外交往的广泛和法律内容的繁杂，使法律冲突日渐成为利益冲突解决的障碍，利益冲突的解决必须以法律冲突的解决为先决，否则便会使利益冲突的解决受到严重影响。由此发展了一套直接调整法律冲突的专门法律体系，法律冲突的解决从此具有了独立意义。

可见，法律冲突的解决和利益冲突的解决始终是密不可分的，法律冲突的解决若失去了解决利益冲突这一最终目的，也就失去了自身的价值。而且，解决这两种冲突的规则也常是难以明晰的，如用法律选择方法直接解决法律冲突的规则，即选择了解决利益冲突的实体法；统一实体规则是直接解决利益冲突的规则，同时从根本上解决法律冲突的规则。

因此，可以认为，国际私法和区际私法都是调整国家之间或法域之间法律冲突的规则和原则的总和。故要了解区际私法的概念需首先了解国际私法的概念。

首先，如前所述，法律冲突不仅产生于民商事关系中，而且产生于公法关系中，所以，调整法律冲突的规范不仅是调整民商事法律冲突的规范，此外也应该包括前文提及的存在于国际社会的调整宪法冲突、刑事法冲突、程序法冲突、行政法冲突等法律冲突的规范。

其次，广义国际私法形式有国内实体法、国内法律适用法、统一法律适用法、统一实体法。国内实体法受域内效力的限制，一般不具有直接调整涉外利益冲突的功能，但在特定条件下，国内实体法也可被赋予调整涉外利益冲突的效力。这类国内实体法有：（1）由法律选择规则援引而调整涉外利益冲突的国内实体法，即准据法；（2）调整对象为涉外利益关系的国内实体法，如中国《对外贸易法》《外资企业法》《外国国家豁免法》等法律中的实体规定。

国际私法以成文法形式产生至今最主要的类型是域内法律选择规则，它是直接调整法律冲突的规则，这种规则属于域内法范畴，因此也与其他域内法一样，常与其他法域同类法产生冲突。为了解决各法域法律选择规则之间的冲突，便产生了统一国际法律适用法，它以统一的形式调整法律选择规则的冲突，又以选择法律的内容调整实体法的冲突。

事实上，以法律选择规则解决利益冲突和法律冲突有着难以克除的缺陷，如解决冲突的不彻底性、法律适用结果的不可预见性以及域内法律选择规则相互间的冲突导致冲突的复杂化等。于是，为寻求解决冲突的更佳方法，又产生了统一实体法，它直接调整国家之间的利益冲突，达到根本解决法律冲突的客观效果。

对这四种法律形式，一般认为只有域内法律选择规则和统一法律选择规则才是国际私法规则，因为，如前所述，人们普遍认为产生于巴托鲁斯时代的法律冲突问题，不过是选择适用内域法或外域法的问题，而法律选择规则正是以解决此问题为目的，因此，应将国际私法区别为狭义国际私法（仅指以法律选择规则为主体的法律体系）和广义国际私法（除狭义国际私法之外，还包括统一实体法和特指的域内实体法），它们都将在法律冲突的解决中起到特殊的作用。

最后，由上面两点，可进一步了解国际私法的性质。当今国际私法的理论仍在争论国际私法究为国内法抑或国际法，结论有三：国内法、国际法、两性兼有。应该认为，由于广义的国际私法（非仅指法律选择规则）在不同的历史发展时期具有不同的性质、形式和特点，并且国际私法由多种类型的法律规范构成，因此，对国际私法的性质不能不分历史时期和规范种类，一概而论。

万民法虽以域内法形式制定，但目的在于调整罗马的对外关系，它是一种统一实体法，内容渊源于当时罗马所知的所有国家的法律规则，是所有国家的共同法，故不同于立足于调整域内关系的域内法。[1]巴托鲁斯时代及以后产生和发展了狭义国际私法，在18世纪产生狭义国际私法的成文法以后一百多年间，狭义国际私法仅以域内法形式存在。可见，19世纪以前，国际私法是产生于一法域之内的、调整涉外关系而非域内关系的一种法。对这种法既不能称为域内法或国内法（因为它的调整对象、效力范围、价值追求等都已超出一法域或一国），也不能称为域际法或国际法（因为它产生于一法域内或一国内），而应称为"涉外法"。这一词可同时体现这种法立足于域内或国内、调整与内域或内国有关的涉外关系这两种特性。这种涉外法现在仍然存在，如我国《涉外民事关系法律适用法》《对外贸易法》等。

19世纪以后，国际社会出现了以国际公约形式制定的统一法律适用法和统一实体法，它们不是由各国单独制定，而是多国协商、共同制定，其立足点在国家与国家之间，以多国共同遵守的规则，调整涉及多个国家的国际关系，这类法律无疑应称为"国际法"。19世纪至今，它与涉外法并存，在调整涉外或国家之间关系中发挥各自不同的

---

[1] 关于万民法在国际私法中的价值，可参见沈涓：《冲突法及其价值导向》（修订本），中国政法大学出版社2002年版。

作用。

以上，从范围、形式和性质三个方面对国际私法（广义和狭义）的概念进行了析论，以此作为依据，便可进一步对区际私法的概念进行探究，对区际私法也可从范围、形式和性质三个方面来加深理解。

如前所述，调整法律冲突的规范范围包括调整民商事法律冲突、宪法冲突、刑事法冲突、程序法冲突、行政法冲突等多种规范。在区际私法中，调整民商事法律冲突的规范仍占主要地位，其数量巨大、体系完整，构成了区际私法的主体，此情形与国际私法类似，不再多言。

在区际法律冲突的特定情况下，宪法冲突的情形有些特殊。区际法律冲突是发生于一个主权国家内的冲突，其产生的根本原因是一国内各法域法制不统一。在存在区际法律冲突的国家，可能没有在全国具有普遍效力的民法、刑法、诉讼法、行政法，但作为国家的根本大法，宪法在全国具有普遍效力，各法域虽可有自己的宪法，但不得与中央宪法相违背。因此，从某种角度论，中央宪法即是解决各法域宪法冲突的标准，中央宪法对一些问题作出了规定，各法域宪法不得违反这些规定。

在美国，有联邦宪法，但"各州都有条文详细而且修改频繁的州宪法"。[1]《美国宪法》第6条中规定："本宪法及依本宪法制定之合众国法律以及以合众国权力所缔结或将缔结之一切条约，均为国家之最高法；即使其条文与任何一州之宪法或法律抵触，各州法官仍应遵守。"此条规定表明，在某些方面，联邦宪法作出了统一规定，各州宪法不得作出与此不同的规定，而须一致服从联邦宪法，这样就在部分范围内消除了各州宪法的冲突。同时，联邦宪法在这些方面又是各州宪法冲突解决的标准。《美国宪法》规定了合众国及国会的权力范围，各州可行使的权力、应承担的义务，以及各州被禁止行使的权力，在这个范畴内，各州宪法冲突有统一的解决标准。但《美国宪法修正案》第10条又规定："本宪法所未授予合众国或未禁止各州行使之权力，皆由各州或人民保留之。"这仍给各州宪法冲突留下了一定余地。

各州间的宪法关系一部分由《美国宪法》规定，如全体公民享有同样的特权和豁免、州档案在全联邦生效、罪犯的引渡和引渡方式等，但"各州按照宪法确立的关系除上面探讨的那些之外，还有通过谈判和协议缔结的协约"。[2]这说明，除以联邦宪法作统一标准之外，美国各州宪法冲突解决的另一方法即是制定双边或多边协约。

总之，由于区际法律冲突发生于一国之内，作为国家主权对内享有最高权力的体现，国家都有一个高度统一于各法域之上的宪法，因此，区际宪法冲突的范围和数量要小于国际宪法冲突，这是区际法律冲突不同于国际法律冲突的独特处之一。区际宪法冲突法主要是中央宪法和各法域之间宪法性协定。

至于区际刑法冲突、程序法冲突、行政法冲突等冲突的情形与国际同类冲突大致无差，因而也有区际刑法冲突法，如各法域之间订立的解决有关罪行设定及惩处、刑事管

---

[1] [美]查尔斯·A.比尔德：《美国政府与政治》（上册），商务印书馆1987年版，出版说明第3页。
[2] [美]查尔斯·A.比尔德：《美国政府与政治》（下册），商务印书馆1987年版，第550—553页。

辖、罪犯引渡等方面冲突的协定；区际程序冲突法，如各法域之间订立的刑事和民事司法协助协定；区际行政冲突法，如各法域之间协调行政事务的协定。

区际私法的形式也与国际私法的形式相似，包括域内涉外法、域内法律适用法、统一法律适用法、统一实体法。只不过，这里的"统一"有可能是在相对意义上使用的一个词。在国际私法中，所谓的"统一公约"，并非真正由所有国家共同制定或参加，只是相对于各国独立立法而言，这种公约是由多个、多数或大多数国家制定、参加。在区际私法中，同样情况也可能出现。那种将部分法域的法律适用法先统一起来，以图全国区际私法最终统一的方法，或许不失为区际私法统一的一条良益之途。

对区际私法的性质，已不能再着眼于国内法或国际法的标准划分。因为很明显，概括说来，所有类型的区际私法都只可能是国内性的法，不可能带有国际性，所以这并不是问题的关键。区际私法的性质只能在国内范围设定它的意义。

关于各法域特定的域内实体法和域内法律适用法，基于前述理由，其性质应属涉外法，不能等视于其他域内法。这里的"涉外"不是涉及外国，而是涉及外法域，即同一国内之其他法域。各法域统一制定和适用的实体法和法律适用法，当属区际法。

理论上讲，区际私法的发展导向是由域内涉外法向区际法过渡，直至最终完全只具有区际法的性质，即最终由统一的区际私法调整区际法律冲突。这个过渡过程若由发展各法域涉外法的相同部分开始，似乎更容易完成。也就是说，一法域在制定涉外法时，注重参考和采行其他法域相同且有益的规定，以期各法域涉外法逐渐一致，较之在各法域尚无充足准备时强求区际私法统一的方法，此法更佳。

二、区际私法的特征

同样作为调整法律冲突的法律，区际私法具有许多国际私法所具有的特征，但也具有不同于国际私法的特征。

（一）区际私法是国内法

区际法律冲突的最显著特征是发生于一国之内，相应地，调整这种法律冲突的区际私法也只可能是国内法。无论是各法域自己制定的域内区际私法，还是中央立法机构制定的统一适用于全国的区际私法，都是只涉及一个国家、只在一国境内有效的法律。而国际私法除各国自己制定的国内国际私法之外，还有多国共同制定的统一国际私法公约，因此，国际私法既有国内法性质，也有国际法性质。

（二）区际私法是广义的概念

区际私法既有法律适用法，也有实体法，甚至包括程序法。这一特征与国际私法的特征相同，即区际私法不仅包括直接调整法律冲突的法律适用法，广义上还包括直接调整当事人权利义务关系的实体法以及调整处理涉外法域纠纷的程序的法律。

（三）区际私法是最原始的冲突法

法律冲突最原始和最基本的形式是单一法域之间的法律冲突，区际私法正是解决这种最小法域单位之间法律冲突的法律。从国际私法历史来看，国际私法起始于调整单一法域之间的法律冲突。也就是说，最早的法律冲突都是基本法域之间的法律冲突，最早的解决法律冲突的法律就是现在所谓的区际私法。

（四）区际私法的适用常常成为国际私法适用的前提

当通过国际私法中的法律选择规则援引了某一法制不统一国家的法律时，必须先适用这一国家的区际私法，才能最终确定准据法，国际私法规则才能被视为真正得以适用，这是国际私法规则适用时常常遇到的情况。对此，各国的做法大致相同。如2001年修正的《韩国国际私法》第3条第3款规定："在当事人具有国籍的国家各地区适用不同的法律时，适用该国法律的选择规则所指定的法律，没有这种规则时，适用与当事人有最密切联系的地区的法律。"

（五）区际私法是调整一国内法律冲突的法律

国际私法调整的是主权国家之间的法律冲突，区际私法调整的是一国内各法域之间的法律冲突，虽然二者都是调整法律冲突的法律，但因为所调整的法律冲突产生的地域范围不同，区际私法便有许多不同于国际私法的特征：（1）由于不涉及多个国家主权，区际私法在适用过程中就没有维护国家主权的考量，也无须遵守国家主权原则和国民待遇制度等，公共秩序保留制度的采用范围也相对狭小一些；（2）区际私法适用过程中识别冲突的范围和程度更小，外法域法律的查明更容易；（3）区际私法适用中各法域之间的司法协作和判决的相互承认和执行更为便利、有效；（4）在国际私法适用中对准据法的确定具有重要作用的国籍在区际私法中一般不能作为有效的连结点，因为通常所有当事人都有着相同的国籍，而这些具有相同国籍的当事人受制于不同的属人法。

三、区际私法的渊源

根据上述内容，可以看出区际私法的渊源不是单一的，而是和国际私法的渊源相似，法出多门，各自起着不同的作用。

（一）各法域制定的成文区际私法

与各国制定的国内国际私法法规是国际私法的重要渊源相似，一国内各法域自己制定的区际私法也是区际私法的重要渊源。

各法域为了调整内法域与外法域之间的法律冲突，运用独立立法权，制定以法律选择规则为主体的法规。这些法规有的是类推适用于解决区际法律冲突的国际私法法规，如《涉外民事关系法律适用法》中的法律选择规则就可适用于解决我国内地与香港特别行政区、澳门特别行政区之间的法律冲突；有的是一部既是国际私法又是区际私法的法规，同样适用于解决国际法律冲突和区际法律冲突，如1991年美国路易斯安那州的国际私法，既调整路易斯安那州和外国之间的国际法律冲突，也调整路易斯安那州和美国其他各州之间的区际法律冲突，类似法规还有1994年生效的加拿大魁北克国际私法；还有的是为调整区际法律冲突专门制定的法规。

为了调整内外法域之间的区际法律冲突，各法域还可以制定有针对性的实体法。这类实体法直接确定区际关系中当事人的权利义务，专门调整区际关系。如我国制定的《台湾同胞投资保护法》。

（二）部分法域共同制定或适用的成文区际私法

一种情况是，国内部分法域一起协商制定调整法域间法律冲突的区际私法，统一适用于这些法域。它们不属于域内法，因为由多法域共同制定，适用效力也已超出一法域范围，但也不属于全国统一适用的法律，因为还有部分法域没有参与制定，也不适用。另一种情况是，由中央制定的区际私法仅在部分法域适用，而不是统一适用全国，如在中国，中央立法机构制定的一些调整区际法律冲突的法规或司法机构的司法解释只适用于内地或香港特别行政区、澳门特别行政区。在内容上，这些区际私法既可以是以法律选择规则为主体的法律，也可以是实体性法律，还可以是程序法。

（三）全国统一制定和适用的成文区际私法

在法制不统一国家，由中央立法机构制定的适用于全国各法域的区际私法是区际私法的又一重要渊源。这种全国统一的区际私法有多种形式。一是不区分国际和区际的法律冲突，制定一部法规，统一适用于全国，同时调整内国和外国之间的国际法律冲突和国内各法域之间的区际法律冲突，如《美国第二次冲突法重述》第10条主张："本冲突法重述中的规则适用于涉及美国一州或多州因素的案件，并基本上适用于涉及一个或多个外国因素的案件。但是，在特定的国家案件中，可能有些因素要求其结果区别于在州际案件中会得出的结果。"二是专门针对区际法律冲突制定的统一区际私法，如1979年生效的《南斯拉夫区际冲突法》第1条规定："本法旨在解决一个共和国或一个自治省的法律与其他共和国或其他自治省的法律在自然人及法人的民事地位、婚姻、亲子关系、收养、监护及继承等方面的冲突，以及解决不同共和国或自治省的主管机关之间在上述事项的管辖权的冲突。"三是在单行法规中就所涉法律关系方面的区际法律冲突的解决作出规定，如1978年的《南斯拉夫债法》第1099—1105条对区际债法冲突的解决作了专门规定。[1]

全国统一的区际私法的内容既包括以法律选择规则为主体的法律适用法，也包括审理区际案件的程序法，还包括实体法。在法律适用法达成统一后，进一步的发展即是达成实体法的统一。

（四）司法判例

在普通法国家，判例自古至今都是重要的法律渊源，现在，在大陆法系国家判例也逐渐得到重视。因此，审理区际案件的判例也是区际私法的渊源。在中国，最高人民法院对调整国内区际法律冲突所作的司法解释、对地方各级法院审理区际案件中产生的问题所作的"答复"或"批复"、处理或公布的审理区际案件的案例等，都是法院审理区际案件时的重要依据，特别是在中国区际私法极不完善、实践中常常无法可依的现状下，这些司法解释和判例就成为各级法院审理区际案件时的主要依据。

---

[1] 参见韩德培主编：《国际私法新论》，武汉大学出版社1997年版，第431页。

重要名词术语

内法域、外法域、内域法、外域法、域内法、域际法、区际法律冲突、区际私法

思考题

1. 简述区际法律冲突的特征。
2. 简述区际私法的概念和特征。
3. 简述区际私法和国际私法的区别和关系。

第十八章　我国区际法律冲突及我国区际私法

【内容提示】

1987年10月，台湾方面正式开放台湾居民到大陆探亲，由此开启两岸人员往来交流，带来涉及两岸的法律关系产生，进一步带来两岸相关规定冲突和利益纠纷。1997年香港回归祖国，1999年澳门回归祖国，"一个中国"原则和"一国两制"政策下大陆和台湾地区都承认台湾是中国的一部分，同时，香港和澳门回归后仍享有高度自治权，包括独立立法权和司法权，自此，中国成为存在四个法域的国家，内地（大陆）、香港特别行政区、澳门特别行政区、台湾地区之间的民商交往引起中国国内区际法律冲突和区际民商纠纷，形成中国现代区际民商关系和区际法律冲突。与其他国家区际法律冲突状况相比较，中国的区际法律冲突呈现独有的特殊性，四个法域中既有实行社会主义制度的法域，又有实行资本主义制度的法域；四个法域中既有属于大陆法系的法域，又有属于英美法系的法域；各法域既是一个单一制国家中的不同法域，又享有类似联邦制国家中各法域所享有的高度自治权；内地（大陆）既是一个与香港特别行政区、澳门特别行政区、台湾地区法律效力平等的法域，又是国家中央政府所在法域。除宪法统一适用于香港特别行政区和澳门特别行政区之外，《香港特别行政区基本法》附件三和《澳门特别行政区基本法》附件三中列举的法律也统一适用于香港特别行政区和澳门特别行政区，这些领域不会发生法域之间的法律冲突，其他可由各法域自行制定的法律都会发生法律冲突。自澳门回归，中国各法域之间区际关系最终形成已25年，其间产生大量法域之间法律冲突和利益纠纷案件，但中国区际私法仍不够完善，至今没有一部统一适用于四个法域的区际私法法规，只有各法域调整法律冲突的域内法和规范区际司法协助的双边协议。由于区际私法立法不完善，各法域都有将国际私法法规类推适用于调整区际法律冲突和解决区际民商纠纷的情况。各法域差异较大，使得各法域调整法律冲突、解决法域之间民商纠纷的立法和司法实践都存在一些困难，但也在克除困难中有了一些发展。从最初采用法律适用的属地原则，到后来开放外法域法律在内法域法院的适用，经过了立法和司法的进步过程。内地和香港特别行政区、澳门特别行政区之间签署的多个涉及相互协助送达、取证、保全、判决和裁决的承认和执行的双边协议对双方不能达成共识的问题分别设置符合内域法规定的界定，开辟了区际司法协助求同存异的新途径，在最终解决区际民商纠纷方面发挥了重大作用。

第一节　我国区际法律冲突

一、我国区际法律冲突的产生

在中国的历史上，台湾、香港和澳门一直是中国领土的组成部分。但基于历史原因，内地（大陆）、香港特别行政区、澳门特别行政区、台湾地区在不同的环境下产生和发展了相互差异的政治、经济、法律制度。而且，我国内地（大陆）、香港特别行政区、澳门特别行政区、台湾地区随着历史性的分割，其相互间的关系也有了大的改变。

随着历史的发展，统一中国日渐成为所有中国人的共同愿望。为顺应民心，完成统一祖国大业，中国共产党政府率先作出以诚意统一祖国的姿态。考虑到历史的原因使台湾、香港、澳门适用着不同于内地（大陆）的政治、经济、法律制度，经济得到了不同的发展，若强求中国在一种制度下统一，要求香港、台湾、澳门改变现行制度，必将损害这三个地区人民的现实利益，破坏这三个地区的繁荣稳定，不利于和平统一祖国大业的完成，因此，中国共产党政府提出以"一国两制"统一祖国的方针。根据这一方针，中国统一后，内地（大陆）实行社会主义制度，香港特别行政区、澳门特别行政区、台湾地区仍实行资本主义制度，四个区域各自的政治、经济、法律制度均不改变，各自享有立法权、行政管理权、独立的司法权和终审权。

中国政府"一国两制"的构想是从解决台湾问题提出的，但首先运用于解决香港和澳门问题。经过多次协商和谈判，这一政策终于先后为英国和葡萄牙政府接受。1984年12月19日，中英正式签署了《中华人民共和国政府和大不列颠及北爱尔兰联合王国政府关于香港问题的联合声明》，继而，1987年4月13日，中葡也正式签署了《中华人民共和国和葡萄牙共和国政府关于澳门问题的联合声明》。这两个联合声明确立了香港和澳门将分别于1997年和1999年回归中国、按"一国两制"政策分别设立香港特别行政区和澳门特别行政区的原则。

中英和中葡之间的联合声明的签署是中国实现统一的第一步，两个联合声明得到了内地和港澳居民的普遍拥赞。1990年4月4日第七届全国人民代表大会第三次会议通过了以中英联合声明为基础而制定的《香港特别行政区基本法》，1993年3月31日，第八届全国人民代表大会第一次会议又通过了《澳门特别行政区基本法》。至此，香港和澳门作为中国国内两个实行不同政治、经济、法律制度的特别行政区的法律地位被确定下来。

上述情况表明，香港和澳门分别在1997年和1999年以后成为中国范围内的两个独立的法律区域。

同时，中国共产党政府始终没有放弃统一台湾的努力，并怀有巨大的诚意，期望与台湾方面协谈，依港澳模式，同样以"一国两制"方针解决台湾的问题。这一努力相信也会在不久的将来取得成功。即使在没有解决台湾统一问题的现在，由于两岸公认台湾属于中国的一个部分，也理应将台湾视为中国国内的一个特殊法域。

因此，自香港和澳门回归后，中国已成为一个有四个不同法域存在的复合法域国家。在中国国内，四个法域之间的交往关系，会引起涉及多个法域的法律关系中的权利义务冲突，也必然引起法域之间的法律冲突，这就是中国现代区际法律冲突的产生。

由此可以说，所谓中国区际法律冲突，即是中国范围内内地（大陆）、香港特别行政区、澳门特别行政区、台湾地区四个法域之间的法律冲突。

二、我国区际法律冲突的状况

理论上说，1997年以前，中国的区际法律冲突是不会产生的，因为台湾还未统一，香港和澳门也并未收回。但此一问题似乎不能仅从理论上着眼。

目前，台湾地区还未能统一。既然如此，是否能将大陆与台湾地区之间的法律冲突称为区际法律冲突，或有此一问。因为所谓区际法律冲突一般是指统一国家内各法域之间的法律冲突。关于这一问题，中国的状况十分特殊。

如前所述，两岸一致认为，大陆和台湾地区同属于一个国家，所谓统一，实为政府的统一，即中国统一为"一国一府两制"的国家。因此，在统一前，台湾地区应是中国范围内的一个特殊法域，与大陆之间的法律冲突应视为一种特殊的区际法律冲突形式。如果将统一前大陆和台湾地区之间的法律冲突视为国际法律冲突，则有违于两岸人民的共同心愿，也极不利于祖国的统一。这一点，在台湾地区学者中也有同论。尽管目前大陆与台湾地区在政治上尚未统一，但自两岸开放至今，始终存在大量的两岸之间的交往关系，存在两岸之间特殊的区际法律冲突。

内地和香港特别行政区、澳门特别行政区之间的法律冲突关系也经过了两个发展阶段。基于历史原因，内地与香港特别行政区、澳门特别行政区之间的法律冲突关系一般视为国际法律冲突，多援用各自国际私法规则解决之。后来，虽然制定了《香港特别行政区基本法》和《澳门特别行政区基本法》，从法律上确定了香港和澳门是中国的两个独立法域，但在香港和澳门回归前的过渡期，两地仍分别由英国和葡萄牙政府负责行政管理。因此，在1997年和1999年以前，内地与香港、澳门之间的冲突仍应属国际冲突性质。1997年和1999年后，香港和澳门回归祖国，成为中国境内两个新的独立法域，内地与香港特别行政区、澳门特别行政区之间的区际法律冲突才成为现实。

但是，自中国政府实行改革开放政策以来，内地与港澳的交往日增，出现了大量的法律冲突问题，在香港和澳门回归之前，解决这些冲突问题时不能单纯地将这种冲突作为国际法律冲突对待。因为当时内地与港澳之间关系的发展前景已成定势，且香港和澳门回归祖国的时间并不久远。这段主权移交的过渡期，也是内地与港澳从国际关系转至区际关系的过渡期，发生在这期间的法律冲突关系将对港澳主权移交后的区际法律冲突关系留下或多或少的影响，对这期间内地与港澳相互之间法律冲突的解决应顾及后来区际法律冲突的续接性。因此，这时的理论、立法和实践都做好调整区际法律冲突的准备，以避免后来由解决国际法律冲突向解决区际法律冲突转变的突兀和不适。

在此方面，澳门较早有了明确的意识和实际的行动，可为其他区的前鉴。澳门法律属大陆法系法律，原以本国法即国籍国法作为属人法，但早在澳门回归之前，虑及澳门即将成为中国国内的一个法域，与国内其他法域之间将产生区际法律冲突，仍以国籍作为属人法的连结点，显然欠妥，故在内地学者的建议下，澳门于1991年5月修改了《澳门民法典》第31条，规定澳门的常住居民以澳门法为属人法，即对那些在澳门有惯常居所的人，以其惯常居所代替其国籍作为连结点，来确定其属人法。[1]

可见，内地与港澳之间的未来关系一经确定，就无法在回归之前将相互间的法律冲突仅视为国际法律冲突，在这种从国际冲突向区际冲突过渡中，二者之间的界限有时是不必截然划分的。

香港和澳门在1997年以前分属英国和葡萄牙辖治，相互间法律冲突属国际法律冲突；1997年至1999年，香港已属于中国的一个法域，港澳之间法律冲突仍带有国际性；1999年后，澳门也成为中国的一个法域，港澳之间法律冲突应属区际法律冲突。

在香港和澳门回归后，无论大陆和台湾地区是否已经在政治上统一，台湾地区作为中国的一个特殊法域，与香港和澳门之间的法律冲突，都只能属于区际法律冲突。

台湾学者也已认识到："97及99年之后，港澳将完全脱离外国殖民地之地位，届时台湾与港澳之法律冲突自不能再以国际法律冲突之原理处理，亦无涉外民事法律适用法之适用余地。"[2]

所谓中国区际法律冲突，不仅是内地（大陆）与香港特别行政区、澳门特别行政区、台湾地区之间的法律冲突，而且包括香港特别行政区、澳门特别行政区、台湾地区三者之间的法律冲突。港澳台无疑是将来中国国内三个十分重要的区域，在政治、经济、法制、军事等各方面的地位和作用举足轻重，其相互间关系及法律冲突的调整对整个中国影响甚大。

三、我国区际法律冲突的特点

中国根据"一国两制"政策确定国内各法域的地位，这不仅在国内是个前所未有的问题，而且由此产生的国内区际法律冲突也将在区际私法学历史上创下若干新特点。

（一）多种社会制度并存

"一国两制"政策的实施将使中国出现同时存在两种政治、经济制度的情形，即内地（大陆）实行社会主义制度，香港特别行政区、澳门特别行政区和台湾地区实行资本主义制度，在四个区域的相互冲突中，既有实行同一种社会制度的法域之间的法律冲突，如港澳台之间的法律冲突，也有社会制度不同的法域之间的法律冲突，如内地（大陆）与港澳台之间的法律冲突。在其他多法域国家，还没有两种社会制度并存的情况，这些国家的区际法律冲突是实行同一种社会制度的各法域之间的冲突，即或者是全都实行社会主义制度的法域之间的冲突，如南斯拉夫等的区际法律冲突，或者是共同实行资本主义制度的法域之间的冲突，如美国等的区际法律冲突。

---

[1] 参见杨贤坤主编：《澳门法律概论》，中山大学出版社1994年版，第61—62页。
[2] 王志文：《港澳地位之相关法律问题》，载《法令月刊》（台湾）1992年第4期。

（二）多个法系并存

由于中国四个法域的法制建设走过了各不相同的道路，故各具不同法系的特质，台湾地区和澳门特别行政区因其法制受大陆法系影响而属大陆法系区域，香港特别行政区主要适用英国法，属英美法系区域，内地（大陆）属社会主义法系区域，因此，在区际法律冲突中既有属同一法系的法域之间的法律冲突，如台湾地区和澳门特别行政区之间的法律的冲突，也有属不同法系的法域之间的法律冲突，如台湾地区、澳门特别行政区与内地（大陆）和香港特别行政区相互间的法律冲突。在其他有区际法律冲突的国家，除美国和加拿大两国存在大陆法系法域和英美法系法域之间的冲突之外，都是同一法系法域的冲突。

（三）多个自治权并存

中国是一个单一制国家，但以"一国两制"之策统一后，香港特别行政区、澳门特别行政区、台湾地区将具有高度的自治权。美国属联邦制国家，各州有自己的立法权、司法权和宪法，但《美国宪法》规定，宪法及依宪法所制定的合众国法律，其效力高于各州宪法和法律。在中国，香港特别行政区、澳门特别行政区和台湾地区有自己的立法权，且所立之法除不得与中央宪法相抵触外，与中央的其他法律有平等的地位；特别行政区有司法终审权，不受最高法院限制。可见，中国特别行政区的自治权大于美国各州的自治权，几乎等同于邦联制中各法域的自治权。因此，由此角度来看，中国的区际法律冲突虽属于同一主权下的各法域之间法律冲突，但与国际法律冲突有类似的问题。

（四）多层面法律冲突并存

由于中国各特别行政区享有高度自治权，《香港特别行政区基本法》和《澳门特别行政区基本法》都规定，在一定领域，香港和澳门可以"中国香港"和"中国澳门"的名义，与其他国家和地区签订有关协议，因此，中国的区际法律冲突不仅有各法域域内法之间的冲突，而且有一法域域内法与他法域适用的国际条约之间的冲突以及各法域所适用的国际条约之间的冲突。其他国家境内各法域的地方政府一般无权单独与其他国家缔约，各法域之间不会发生涉及国际条约的区际法律冲突。

四、我国区际法律冲突的范围

中国区际法律冲突的范围，应从两个方面论：一是发生区际法律冲突的空间范围；二是发生区际法律冲突的法律范围。

到现在为止，问题只涉及了内地（大陆）、香港特别行政区、澳门特别行政区、台湾地区四个地区之间的法律冲突，尚未论及各地区内的法律冲突。如在内地（大陆），除有中央制定的统一法律之外，根据宪法的有关规定，各省、自治区、直辖市还自行制定了地方法律，各地方法律之间同样会产生冲突。这种法律冲突在内地（大陆）尤为突出，因为内地（大陆）由几十个省、自治区、直辖市组成，不似香港特别行政区、澳门特别行政区、台湾三地区结构单一。对此类法律冲突是否属于中国的区际法律冲突，国内有不同观点。

这是一个较为复杂的问题。理论上说，内地（大陆）各省、自治区、直辖市所制地方法规之间的冲突，以及这些法规与香港特别行政区、澳门特别行政区、台湾地区相关规定之间的冲突，应属中国区际法律冲突，但情形似乎并非如此简单。

在中国的四个法域中，内地（大陆）是一个特殊的地区。从行政区划角度论，香港特别行政区、澳门特别行政区、台湾地区应和内地（大陆）的省、自治区、直辖市处于一个层面，如《香港特别行政区基本法》第 12 条规定："香港特别行政区是中华人民共和国的一个享有高度自治权的地方行政区域，直辖于中央人民政府。"《澳门特别行政区基本法》第 12 条对澳门特别行政区的地位也有相同规定。但内地（大陆）同时是中国中央机构的所在地，国家立法机关制定了大量的统一法律，普遍适用于各省、自治区、直辖市，因此，从法律适用范围的角度论，由于中央绝大多数法律只适用于各省、自治区、直辖市，而不适用于港澳台，故内地（大陆）又作为一个整体法域与香港特别行政区、澳门特别行政区、台湾地区三个法域处于同一个层面。

这样，中国就有两个层面的区际法律冲突：一是各省、自治区、直辖市地方法规相互之间以及这些法规与香港特别行政区、澳门特别行政区、台湾地区相关规定之间层面上的冲突；二是内地（大陆）统一适用的法律与香港特别行政区、澳门特别行政区、台湾地区相关规定之间层面上的冲突。

就内地（大陆）而言，统一适用于内地（大陆）的法律，较之各地方法规，在数量、范围、效力、地位等任一方面，都具有绝对优势。因此，在中国区际法律冲突中，第二层面上的冲突无疑比第一层面上的冲突更具重要意义，也更能体现中国特殊国情中法律冲突的"区际性"。而第一层面的区际法律冲突则往往被视为中国区际法律冲突的次要方面，何况内地（大陆）各地方法规相互间的冲突，似可视为区内冲突，由内地（大陆）自行调整，可不列入区际法律冲突范畴。

因此，我们通常所说的中国区际法律冲突，是将内地（大陆）作为一个单一法域，是指内地（大陆）普遍适用的统一法律与香港特别行政区、澳门特别行政区、台湾地区相关规定之间的冲突。若同时考虑第一层面的冲突，将会使中国区际法律冲突问题变得复杂，使人看不清中国区际法律冲突的主要范围。

在此需要强调的是，所谓"区际"是就法律区域而言，并非就行政区域而言，即并非从行政区划上将内地（大陆）、香港特别行政区、澳门特别行政区、台湾地区放在同一层面上，而是从法律适用效力的范围划分，将内地（大陆）、香港特别行政区、澳门特别行政区、台湾地区作为同一层面的四个法域。因此，从行政区域上看，中国是在一个中央政府统治下的由 30 多个省、自治区、直辖市、特别行政区组成的国家；从法律区域上看，中国是由四个法域组成的国家。这两个角度是有严格区别的。

中国区际法律冲突范围的第二个方面是可能产生冲突的法律范畴。

自中华人民共和国成立以来，国家立法机关制定了一系列适用于全国的统一法律，根据"一国两制"政策，这些法律有些可适用于香港特别行政区、澳门特别行政区、台湾地区，有些则不能。

中国是单一制国家，中国的宪法在整体上将适用于全国，包括香港特别行政区、澳门特别行政区、台湾地区（某些条文可作为例外）。"香港特别行政区基本法虽然分别列举了中央和香港特别行政区的职权，但是，总有一些权力未被列举，这种权力在宪法理论上称为'剩余权力'。……在单一制国家中，不存在'剩余权力'问题。因为在单一制国家中，地方的权力都是中央授予的，除了宪法规定属于地方的权力外，未列举的权力，都属于中央。"[1]可见，在中国，由于各地方不能在中央宪法所授权力之外另行规定自己的职权，所以不会发生各地方职权相互冲突的情况，这就使中国区际法律冲突中关于各地区宪法性的冲突大大减少，只存在中央宪法对各地方授权不同而引起的差别。

此外，根据《香港特别行政区基本法》和《澳门特别行政区基本法》，涉及国防、外交、国家安全和其他不属于香港特别行政区和澳门特别行政区自治范围事务的中央统一法律，也适用于特别行政区。根据《香港特别行政区基本法》附件三和《澳门特别行政区基本法》附件三的内容，这些法律包括：关于国都、纪年、国歌、国旗、国庆日、国徽的决议和命令；关于领海的声明；国籍法；外交特权与豁免条例。1997年7月，全国人大通过了《关于〈中华人民共和国香港特别行政区基本法〉附件三所列全国性法律增减的决定》，该决定删去了关于国徽的命令，同时增加国旗法、领事与豁免条例、国徽法、领海及毗连区法、香港特别行政区驻军法等五个全国性法律。1998年11月附件三中再增加专属经济区和大陆架法，2005年10月附件三中增加外国中央银行财产司法强制措施豁免法，2017年11月附件三中增加国歌法，2020年6月附件三中增加香港特别行政区维护国家安全法。《澳门特别行政区基本法》附件三也分别于1999年、2005年和2017年增加了专属经济区和大陆架法、外国中央银行财产司法强制措施豁免法和国歌法。因此，在上述这些法律范围内，不会产生内地与港澳之间的区际法律冲突。

除宪法及上述统一适用于特别行政区的全国性法律之外，其他的法律都属于各地区自行立法的范畴，包括民商法、刑法、刑事诉讼法、民事诉讼法、行政法等，因此，这些法律都是中国区际法律冲突产生的法律范围。

和国际法律冲突以及其他国家的区际法律冲突一样，在中国区际法律冲突中，涉及刑法、诉讼法、行政法的冲突较之涉及民商法的冲突要少，加之刑法、诉讼法、行政法的域外效力未被普遍承认，其冲突的调整通常不能采用法律选择方法，制定统一实体法也少有可能。因此，这些范围的法律冲突主要是靠各法域之间的协议来调整，重在相互合作和协助，以减小冲突的危害。这些冲突的调整方法单一，形式简单，在适用法律时多以内域法为依据，极少可能适用外域同类法。

民商法冲突在区际法律冲突中大量存在，其调整方法也多种多样，可在承认此类法律域外效力的基础上，选择内域法或外域法，也可发展域内实体法或统一实体法，由此发展了一个专门调整区际民商法冲突的法律体系。

因此，中国区际法律冲突主要是指民商法的冲突，以及一定情况下的民事诉讼法冲突，不包括刑法、行政法、刑事诉讼法的冲突。

在中国区际法律冲突解决中适当注意区际民事诉讼法冲突的解决，这样做至少具有三个方面的意义。（1）法律冲突的有效解决，在很多时候取决于对涉及外法域民商案件

---

[1] 肖蔚云主编：《一国两制与香港基本法律制度》，北京大学出版社1990年版，第105页。

的有效管辖、判决的有效承认和执行，否则，法律冲突必不能最终得到解决。此一情形无论是在国际法律冲突的解决中正在区际法律冲突的解决中，都是一样。（2）鉴于中国区际法律冲突的复杂性和特殊性，若能从协调区际司法互助、缓解区际诉讼法冲突入手，或可减小区际实体法冲突和法律选择规则的冲突带来的危害；反之，若不能协调诉讼程序的冲突，则会强化实体法冲突和法律选择规则冲突造成的弊害。（3）广义而论，区际程序法冲突也属于区际法律冲突的范畴，故而，注重程序法冲突的解决对于整个区际法律冲突的解决具有重要意义。

第二节　我国区际私法立法状况

中国区际法律冲突的产生，促使各地区的理论、立法和实践都对这一问题给予了不同程度的注意，为调整区际冲突，各地区，特别是大陆和台湾地区产生了一些直接或间接针对区际法律冲突而制定的法律，它们将是各地区解决区际法律冲突的法律依据，属于中国区际冲突法的组成部分。另外还产生了一些作为立法前奏的法律草案，这些草案虽然目前还不能作为法律依据，有的甚至只是学术研究成果，并非受有关部门委托而起草，但它们无疑可作为理论上研究和实践中解决中国区际法律冲突的重要参考材料。

一、大陆地区调整区际法律冲突的法律

大陆地区立法的进程迅速加快，是在实行改革开放政策之后，至今，全国人大已制定法律数百部，但涉及法律冲突解决的法律较少。

一直以来，中央政府十分重视与台湾地区关系的调整，至今，全国人大、各部委、各地方省市政府已出台法律法规、司法解释、规章制度近 1300 项。[1]

1994 年 3 月，全国人大通过了《台湾同胞投资保护法》，这是大陆制定的一部狭义上的涉台专门法律，在调整大陆与台湾地区之间民商法律关系方面具有重要意义。[2] 2016 年 9 月 3 日全国人大通过了修改后的《台湾同胞投资保护法》。除此以外，大陆有关部门还制定了一些涉及大陆与台湾地区之间民商关系和解决大陆与台湾地区之间区际法律冲突的行政法规、法规性文件和司法解释，其中主要有：1987 年国务院《关于鼓励台湾同胞投资的规定》，1987 年国家版权局《关于出版台湾同胞作品版权问题的暂行规定》，1988 年中国专利局《台湾同胞来大陆申请专利的具体规定》，1988 年《关于人民法院处理涉台民事案件的几个法律问题》，1992 年国务院发布、2015 年 6 月 14 日修改的《中国公民往来台湾地区管理办法》，1995 年国务院《中央人民政府处理"九七"后

---

[1] 参见法源法律网"大陆涉台事务法规"部分，https://db.lawbank.com.tw/FLAW/FLAWQRYCN.aspx，2024 年 6 月 8 日最新访问。

[2] 参见张万明：《涉台法律问题总论》，法律出版社 2003 年版，第 14 页。

香港涉台问题的基本原则和政策》，1999年国务院《中央人民政府处理"九九"后澳门涉台问题的基本原则和政策》，1999年发布、2020年11月修订的国务院《台湾同胞投资保护法实施细则》，2010年《关于审理涉台民商事案件法律适用问题的规定》等。

关于大陆与台湾地区之间区际民事程序问题的解决，大陆也有一些相关立法、法规性文件、司法解释和双边协议，主要有：1993年大陆海协会和台湾海基会于"汪辜会谈"中签订的《两岸公证书使用查证协议》、1993年司法部《海峡两岸公证书使用查证协议实施办法》、1998年《关于人民法院认可台湾地区有关法院民事判决的规定》、1999年《关于当事人持台湾地区有关法院民事调解书或者有关机构出具或确认的调解协议书向人民法院申请认可人民法院应否受理的批复》、2015年《关于认可和执行台湾地区仲裁裁决的规定》和《关于认可和执行台湾地区法院民事判决的规定》、2024年《关于修改〈最高人民法院关于认可和执行台湾地区法院民事判决的规定〉的决定》等。

中国区际私法立法成效最显著的是内地与香港特别行政区之间签署的一系列程序方面的协议，包括：（1）1999年1月签署、1999年3月30日生效的《关于内地与香港特别行政区法院相互委托送达民商事司法文书的安排》；（2）1999年6月签署、2000年2月1日生效的《关于内地与香港特别行政区相互执行仲裁裁决的安排》；（3）2006年7月签署、2008年8月1日生效的《关于内地与香港特别行政区法院相互认可和执行当事人协议管辖的民商事案件判决的安排》；（4）2016年12月签署、2017年3月1日生效的《关于内地与香港特别行政区法院就民商事案件相互委托提取证据的安排》；（5）2017年6月签署、2022年2月15日生效的《关于内地与香港特别行政区法院相互认可和执行婚姻家庭民事案件判决的安排》；（6）2019年1月通过、2024年1月29日生效的《关于内地与香港特别行政区法院相互认可和执行民商事案件判决的安排》；（7）2019年4月签署、2019年10月1日生效的《关于内地与香港特别行政区法院就仲裁程序相互协助保全的安排》；（8）2020年11月通过、2020年11月27日生效的《关于内地与香港特别行政区相互执行仲裁裁决的补充安排》；（9）2021年5月通过、2021年5月14日生效的《关于内地与香港特别行政区法院相互认可和协助破产程序的会谈纪要》。[1]

内地与澳门特别行政区之间也签署了多个程序方面的协议，包括：2001年8月公布、2001年9月15日生效的《关于内地与澳门特别行政区法院就民商事案件相互委托送达司法文书和调取证据的安排》；2006年2月签署、2006年4月1日生效的《关于内地与澳门特别行政区相互认可和执行民商事判决的安排》；2007年10月签署、2008年1月1日生效的《关于内地与澳门特别行政区相互认可和执行仲裁裁决的安排》；2020年1月签署、2020年3月1日生效的《关于修改〈内地与澳门特别行政区就民商事案件相互委托送达司法文书和调取证据〉的决定》安排；2022年2月通过、2022年3月25日生效的《关于内地与澳门特别行政区就仲裁程序相互协助保全的安排》等。

除上述仅涉两地的法规和司法解释以外，内地也制定了同时调整内地和港澳三地的

---

[1] 内地与香港特别行政区之间各项民商事司法协助事项的安排及其生效状态，参见香港律政司官方网站，https://www.doj.gov.hk/en/mainland_and_macao/arrangements_with_the_mainland.html，2024年6月5日最新访问。

民商关系的法规和司法解释，如1987年10月发布、1987年10月19日生效的《关于审理涉港澳经济纠纷案件若干问题的解答》；2009年2月发布、2009年3月16日生效的《关于涉港澳民商事案件司法文书送达问题若干规定》等。

此外，内地制定的一些法规和最高人民法院的司法解释虽针对的是涉及外国的民商关系的法律选择和民商纠纷的解决，但这些法规和司法解释同时指明也可以适用于内地与港澳台之间的民商关系的法律适用和民商纠纷的解决。

1985年通过的《涉外经济合同法》本是调整与中国有关的涉及外国的经济合同关系的法律，但《关于适用〈涉外经济合同法〉若干问题的解答》在对该法的适用范围进行解释时确认："涉外经济合同法也可以适用于港澳地区的企业、其他经济组织或者个人同内地的企业或者其他经济组织之间订立的上述经济合同，以及外国企业、其他经济组织或者个人之间，港澳地区的企业、其他经济组织或者个人之间，外国企业、其他经济组织或者个人与港澳地区的企业、其他经济组织或者个人之间在中国境内订立或者履行的上述经济合同。"根据这一解释，《涉外经济合同法》即可作为解决内地、香港特别行政区、澳门特别行政区之间关于经济合同的区际法律冲突的法律。《涉外经济合同法》既有实体规定，又有法律选择规则，且立法的基点在于"涉外"（外国或外法域），并非一般的域内法，它同时用实体法和法律选择规则两种性质的法律规定调整区际法律冲突。但在1999年，随着《合同法》的颁布实施，《涉外经济合同法》已被废止。2007年最高人民法院公布《关于审理涉外民事或商事合同纠纷案件法律适用若干问题的规定》第11条指明："涉及香港特别行政区、澳门特别行政区的民事或商事合同的法律适用，参照本规定。"在2010年《涉外民事关系法律适用法》颁布后，该规定也因与其相冲突而于2013年被废止。这两个法规和司法解释虽已被废止，但在它们的有效期内，它们曾经适用于确定大陆与港澳之间合同关系的法律适用。

2010年《涉外民事关系法律适用法》虽为确定中国与外国的民事关系的法律适用而制定并施行，但2012年《关于适用〈中华人民共和国涉外民事关系法律适用法〉若干问题的解释（一）》第17条指明："涉及香港特别行政区、澳门特别行政区的民事关系的法律适用问题，参照适用本规定。"由此可知，自2010年后，内地与港澳特别行政区之间区际民事法律冲突也可依据《涉外民事关系法律适用法》调整。2023年8月30日，专门针对涉外民商事案件审理中外国法的查明问题制定了《关于适用〈中华人民共和国涉外民事关系法律适用法〉若干问题的解释（二）》，其中第12条指明："人民法院查明香港特别行政区、澳门特别行政区的法律，可以参照适用本解释。有关法律和司法解释对查明香港特别行政区、澳门特别行政区的法律另有规定的，从其规定。"根据该条规定，此后内地人民法院可依据该司法解释（二）查明应该适用的香港和澳门相关法律。

1991年4月，全国人大制定了《民事诉讼法》，此后，该法历经多次修改，2024年1月1日开始实施的是第五次修改的最新《民事诉讼法》，该法第四编是"涉外民事诉讼程序的特别规定"。目前，最高人民法院还未针对这一最新修改的《民事诉讼法》作出司法解释，但2022年修正的《关于适用〈中华人民共和国民事诉讼法〉的解释》第549条指明："人民法院审理涉及香港、澳门特别行政区和台湾地区的民事诉讼案件，可以参照适用涉外民事诉讼程序的特别规定。"

2002年2月发布、2002年3月1日起施行的《关于涉外民商事案件诉讼管辖若干问题的规定》第5条和2022年8月发布、2023年1月1日起施行的《关于涉外民商事案件管辖若干问题的规定》第7条规定都指明，涉及香港特别行政区、澳门特别行政区和台湾地区当事人的民商事案件的管辖，参照本规定处理。2010年《关于审理外商投资企业纠纷案件若干问题的规定（一）》第22条也指明："人民法院审理香港特别行政区、澳门特别行政区、台湾地区的投资者、定居在国外的中国公民在内地投资设立企业产生的相关纠纷案件，参照适用本规定。"

国际私法与区际私法在法律选择和特别程序方面采用的原则、方法和规则有许多相似之处，在区际私法立法不够完善时，将国际私法规则类推适用于解决区际法律冲突和区际程序问题是较为适当的方法。

二、台湾地区调整区际法律冲突的规定

台湾地区是四个地区中较早出台调整区际法律冲突"立法"的地区，特别是有关台湾与大陆两个地区法律冲突解决的"立法"。这也许是因为台湾地区深受大陆法系立法思想影响，主张理论和立法应走在实践前面，也许还因为自开放两岸人员往来至今，大陆与台湾地区已存在大量法律冲突和相互间民商纠纷的事实，必得尽快以"法律"加以调整。

台湾地区地区于1992年9月公布了"台湾地区与大陆地区人民关系条例"（以下简称"两岸人民关系条例"），这是目前台湾地区所制定的内容最广泛的调整两岸法律冲突的规定。该条例包括总则、行政（共32条）、民事（共34条）、刑事（共4条）、罚则（共16条）和附则等6章，共计96条。由此可见，该条例对民事、刑事和行政三方面的法律冲突给予了同等的重视。当然，条例对三种不同范围的法律冲突采用了不同的调整方法，民事法律冲突的解决主要适用法律选择规则，而行政和刑事法律冲突的解决主要适用实体规则。因此，该条例既有法律选择规则，又有实体规则，且在民事、刑事、行政三部分各有一定的诉讼程序规则。"两岸人民关系条例"在颁布实施后至今已经过了21次增订和修改，最新的修改时间是2022年6月8日。[1]

很显然，这一条例不同于台湾地区制定的其他域内规定，而是全面针对两岸法律冲突和法律关系的调整所作，其意义正如一些大陆学者评价的那样："台湾当局制定这种包罗万象的特别法，旨在使其成为效力高于其他法律、用以处理两岸民间交往一切事宜、使用方便的根本性法律，以与两岸关系的特殊性、复杂性相适应。"[2]

为实施上述"两岸人民关系条例"，台湾地区有关部门还制定了一系列实施细则，主要包括：1992年9月公布、2018年5月30日第八次修正的"台湾地区与大陆地区人

---

[1] "两岸人民关系条例"历次修订情况见法源法律网，https://db.lawbank.com.tw/FLAW/FLAWDAT09.aspx?lsid=FL016528，2024年6月6日最新访问。

[2] 曾宪义等：《关于〈台湾地区与大陆地区人民关系条例〉的评估及对策的初步研究》，载《涉台法律问题研究》1994年1月。

民关系条例施行细则",此细则最初有65条,最新修正后增至73条,对两岸文书验证、大陆劳工入台、大陆人民去台定居和继承遗产等作出了实施性解释和规定;1993年发布、2011年9月7日第14次修正的"台湾地区与大陆地区金融业务往来及投资许可管理办法";1993年公布、2021年8月20日第16次修正的"大陆地区人民在台湾地区更名前后居留许可办法",并更名为"大陆地区人民在台湾地区依亲居留长期居留或定居许可办法";1993年发布、2024年2月19日第13次修正的"台湾地区与大陆地区贸易许可办法";1993年公布、2021年7月27日第27次修正的"大陆地区人民进入台湾地区许可办法";1998年发布、2015年1月20日第3次修正的"大陆地区人民继承被继承人在台湾地区之遗产管理办法";1999年发布、2016年11月14日第4次修正的"大陆地区人民及香港澳门居民强制出境处理办法";2009年发布、2020年12月30日第5次修正的"大陆地区人民来台投资许可办法"等。[1]

由此,台湾地区在调整与大陆之间民商关系方面,已逐步形成了以"两岸人民关系条例"及其一系列施行细则为主体构成的法律体系,而且,这一体系还在不断修改、补充,以适应变化着的两岸民商关系和两岸法律冲突状况。

此外,大陆海协会和台湾海基会也共同签署了一系列涉及两岸关系的协议近50项,相关协议主要有:1993年4月29日签署的《两岸公证书使用查证协议》和《两岸挂号函件查询、补偿事宜协议》,2008年11月4日签署的《海峡两岸海运协议》,2010年6月29日签署的《海峡两岸知识产权保护合作协议》,2008年6月13日签署的《海峡两岸关于大陆居民赴台湾旅游协议》,2011年10月20日签署的《关于推进两岸投保协议协商的共同意见》,2012年8月9日签署的《海峡两岸投资保护和促进协议》等。

与调整两岸之间民商关系的"立法"方面的态度相比,台湾地区调整与港澳之间民商关系的立法方面态度则要消极、被动得多。

如前所述,台湾方面一直不愿通过大陆分别与英国、葡萄牙达成协议的方式,将港澳纳入中国的辖区,但《香港特别行政区基本法》和《澳门特别行政区基本法》的成功制定,使其不得不接受港澳成为中国的两个特别行政区的事实,以及考虑其与港澳关系的未来前景。后来,为顺应这一历史变化,及时调整与港澳的关系,台湾方面终于决定制定确立台港澳新关系及调整台港澳之间民商关系的法律。

1993年4月,台湾"行政院大陆委员会"委托台湾学者组成专案研究小组,负责"香港澳门关系条例"(以下简称"港澳关系条例")草案的研拟工作。1994年3月,此条例草案完成初稿。"港澳关系条例"草案(咨询意见稿)及其背景说明分别在香港地区和大陆刊物登载。[2] 1997年4月,在完成起草并获通过后,台湾地区公布了"港澳关系条例",于1997年7月1日起适用于与香港特别行政区之间关系,于1999年12月20日起适用于与澳门特别行政区之间关系。

---

[1] 参见法源法律网,https://db.lawbank.com.tw/FLAW/FLAWDAT09.aspx?lsid=FL016528,2024年6月6日最新访问。

[2] 前者见《经济与法律》(香港)1994年第3期;后者见中国人民大学复印资料:《台、港、澳及海外法学》1994年9月。

该条例体例与"两岸人民关系条例"相同,包括总则、行政(共32条)、民事(共5条)、刑事(共4条)、罚则(共9条)和附则等6章,共计62条。其中有关行政、刑事、罚则的规定多属实体性规定,而有关民事的规定仅5条,似不成比例,这是因为在这一章中实际上并没有关于处理民事关系的具体规定,只有第38条作了一项原则性规定:"民事事件,涉及香港或澳门者,类推适用涉外民事法律适用法。涉外民事法律适用法未规定者,适用与民事法律关系最重要牵连关系地法律。"除此以外,在"民事"一章中再没有关于具体的民事法律关系如何适用法律的规定。

这表明,台湾地区在港澳回归后处理与港澳之间民商关系的态度是仍将台港澳之间民商关系作为国际民商关系对待。这种规定即是秉承了草案背景说明中所言拟定"港澳关系条例"所遵循的原则中的第1条原则:"尽量维持现有规范,以维持、促进及保障台港澳间关系及港澳人民权益。"[1]

由此可见,台湾地区对自己与港澳间关系的定位仍处于矛盾和观望之中,既不甘心安于情势的发展,又不得不顺应之。无怪有香港人士在评价"港澳关系条例"草案时颇具微词,如"基于求自卫的大前提,草案是无奈的闭关主义,字里行间,不自觉地把港澳人民,当作外人,……","基于保持现状的大原则,草案有消极的苟安心态,因而不准备和港澳进一步加深关系,反而对港澳的现状缺乏理解,……"等。[2]

"港澳关系条例"自1997年发布后经过7次修正,最新的修正时间是2022年1月12日。多次修正的结果对该法内容修改幅度不大,2022年最新修正"港澳关系条例"中仍然保留了和1997年"港澳关系条例"第38条相同的内容,即台湾地区与港澳之间的民事事件仍然类推适用台湾地区"涉外民事法律适用法"。

除"港澳关系条例"外,台湾方面还相继公布了一系列调整台湾地区与港澳关系的规定,包括"香港澳门关系条例施行细则""香港澳门居民进入台湾地区及居留定居许可办法""对香港澳门投资或技术合作审核处理办法"等,共十多项。这些规定以"港澳关系条例"为核心,共同构成一个体系,是研究台湾地区对待台港澳之间关系和法律冲突的立场、观点和规定的重要依据,也是研究中国区际私法发展走向不可缺少的基础。

由于1997年和1999年之前台港澳之间的法律冲突应属于国际性冲突,适用台湾地区"涉外民事法律适用法",而且,根据上述"港澳关系条例"第38条规定,即使在1997年和1999年以后,台港澳之间关系仍准用台湾地区"涉外民事法律适用法"解决,因此,台湾地区解决台港澳之间法律冲突的法律除"港澳关系条例"之外,还应有"涉外民事法律适用法"。该法于1953年6月公布施行,共31条,规定了人的行为能力、债权、物权、亲属、继承等方面冲突的法律适用,其条款主要为法律选择规则,且多为双边规则。2010年4月30日台湾地区"立法院"通过了重新修订的"涉外民事法律适

---

[1] 台湾"大陆委员会":《〈港澳关系条例〉草案背景说明》,载《经济与法律》(香港)1994年第3期。

[2] 黄康显:《台湾新模式的港澳基本法——评〈港澳关系条例〉草案》,载《财经月刊》(香港)1994年总第206期。

用法",新的"涉外民事法律适用法"相对旧法有很大发展,共 63 条,于 2011 年 4 月 30 日施行,此后,台湾地区与港澳之间民商法律冲突将类推适用新的"涉外民事法律适用法"调整。

三、香港特别行政区调整区际法律冲突的法律

香港自为英国占领以来,广泛采用了英国普通法,建立了以习惯法或判例法为主体的法律体系。但"随着历史的发展,成文法在香港法的体系中已居于首要地位。成文法调整的领域日益扩大,习惯法的作用相对地逐渐缩小"[1]。香港成文法主要来源于香港立法局制定的法律、英国制定并适用于香港的法律和法例、中国的大清律例。

在香港法中,没有一部调整法律冲突的系统法律,调整国际法律冲突的法律规定散见于一些相关的判例法和成文法中。英美普通法国家对国际法律冲突和区际法律冲突不加以区分,认为冲突法的意义只在调整法域之间的法律冲突,而不论法域为一个单一主权国家或多法域主权国家中的某一法域。香港法渊源于英国法,在此方面有着与英国法同样的特点,因此,那些散布于各种法律中的冲突法规则,既可用于调整香港和其他国家之间的国际法律冲突,也可在 1997 年以后用于调整香港与内地(大陆)、澳门、台湾地区之间的区际法律冲突。当然,在 1997 年以后,香港也可以重新制定专门调整香港与内地(大陆)、澳门、台湾地区之间法律冲突的区际冲突法。

归纳而论,香港冲突法主要涉及三个方面内容:(1)涉外民商案件的管辖权,包括对人诉讼的管辖、对物诉讼的管辖和司法管辖的豁免;(2)法律适用,包括一般性问题,如识别、反致、公共政策、属人法等,以及财产关系、合同关系、侵权行为、继承关系、婚姻家庭关系等方面的法律适用;(3)香港与其他法域之间的司法互助协议。在此方面,香港除适用自己和英国的有关立法之外,也适用英国缔结或参加的有关双边或多边条约。内地(大陆)、香港、台湾、澳门共同参加的国际公约可以适用于四个法域之间的民商关系和区际法律冲突的调整。另外,前述广东省与香港达成的司法互助协议也适用于香港。香港冲突法在此方面调整的内容包括:文书送达、调查取证、外国判决的承认和执行。

1997 年香港回归之后,香港与内地(大陆)、澳门、台湾地区之间的区际民商关系日益增多,由此引起的区际法律冲突也日益突显,成为区际民商关系和区际民商纠纷解决不可回避的问题,在此大形势下,香港也开始重视与其他三个法域之间法律冲突的调整和民商纠纷的有效解决,回归后 27 年间,与内陆有关部门共同努力,制定了如前所述的一系列两地之间进行区际司法协助的协议,建构了两地区际司法协助程序体系,丰富了中国区际私法立法的内容。

在与大陆积极制定和实施两地区际司法程序的同时,香港特别行政区也与澳门特别行政区达成了数个双边民事司法互助协议,主要有:2013 年 1 月 7 日在澳门特别行政区签署的《关于香港特别行政区与澳门特别行政区相互承认和执行仲裁裁决的安排》、

---

[1] 李泽沛主编:《香港法律概述》,法律出版社、三联书店(香港)有限公司 1988 年版,第 25 页。

2017年5月12日在澳门特别行政区签署的《香港特别行政区与澳门特别行政区民商案件司法文件相互送达的安排》。

四、澳门特别行政区调整区际法律冲突的法律

1999年12月20日以前，对澳门来说，与内地、香港、台湾地区之间的区际法律冲突还不是现实存在的问题，没有制定区际私法的需要；而且，澳门属大陆法系地区，主张区别对待国际法律冲突和区际法律冲突，其国际私法不能同样用于调整区际法律冲突。但或许因为澳门与内地、香港、台湾地区之间的民商关系数量很少，影响有限，因此，澳门目前还没有专门调整区际法律冲突的法律。在这种情况下，只得借助于对澳门国际私法的研究，来了解澳门调整法律冲突的原则和规定，以此推知澳门对区际法律冲突调整的主张，虽然国际法律冲突与区际法律冲突在调整原则和调整结果上略有差别。

作为长期被别国占领的地区，与香港主要适用占领国英国法一样，澳门也主要适用的是占领国葡萄牙的法律，因而属大陆法系地区，其法律的特点是以成文法为主。

澳门国际私法主要包括以下两类。

（1）国际公约。作为海牙国际私法会议的成员国，葡萄牙参加的海牙国际私法会议制定的公约可以在澳门适用，这些国际公约主要是：1930年《解决汇票期票法律冲突公约》、1931年《解决支票法律冲突公约》、1954年《民事诉讼程序公约》、1956年《儿童抚养义务法律适用公约》、1961年《保护未成年人的管辖权和法律适用公约》、1961年《关于取消外国公文书认证的公约》、1965年《海牙送达公约》等。[1] 这些公约中，四个法域都参加的，可以适用于区际法律冲突的调整。

（2）葡萄牙国内法中包含国际私法规则的法律也适用于澳门，主要是1961年《葡萄牙民事诉讼法典》和1966年《葡萄牙民法典》。《葡萄牙民法典》第三章为"外国人法和法律冲突"，所涉范围广泛、内容较为详尽，包括两个方面：一是总则，规定了外国人的法律地位、定性、反致和转致、区际法律冲突的调整、公共秩序保留、法律规避、外国法的查明等；二是冲突规范，规定了属人法的确定、法律行为、合同之债、无因管理和不当得利、侵权行为、物权、结婚和离婚、夫妻身份关系和财产关系、收养、亲子关系、法定继承和遗嘱继承等各种关系中准据法的确定。另外，适用于澳门的《葡萄牙国籍法》第27条和第28条，对自然人国籍的积极冲突的解决以及多国籍人属人法的确定作出了规定，这两条规定也应属澳门国际私法部分。

1999年8月3日，澳门颁布新的《澳门民法典》，结束《葡萄牙民法典》时代，在澳门回归之前，《澳门民法典》于1999年11月1日开始施行。《澳门民法典》仍将国际私法相关规则置于第三章，更名为"非本地居民之权利及法律冲突"，这一章名称的更改具有特别意义，体现的是澳门特别行政区的国际私法同样可用于调整澳门特别行政区与内地、香港特别行政区和台湾地区之间区际法律冲突的双重功用和特性。将"外国人"改为"非本地居民"显示了澳门特别行政区调整法律冲突的规则在调整澳门与外国

---

[1] 参见黄进、郭华成：《澳门国际私法总论》，澳门基金会1997年版，第7—8页。

的法律冲突之外还承担了调整澳门与内地、香港和台湾地区之间法律冲突的任务，就澳门而言，内地、香港特别行政区和台湾地区居民显然不是外国人，是非澳门本地居民，所以，第三章所指的"人"或"居民"除外国人或外国居民之外，还包括内地、香港特别行政区和台湾地区的人或居民，因此，为了赋予澳门特别行政区法律选择规则既调整澳门特别行政区与外国的法律冲突、又调整澳门特别行政区与内地、香港特别行政区和台湾地区之间的区际法律冲突的功用，第三章尽量不采用"外国"一词来指明澳门以外法域，而是用"澳门以外"或"澳门地区以外"这样的措辞来指代澳门以外法域，以表明澳门特别行政区法律选择规则能够将国内区际法律冲突囊括在调整范围之内。此外，如前所述，将属人法连结点由国籍改为常居地，也是使国际私法规则可以用于调整区际法律冲突的显例。由此可见，虽然澳门特别行政区没有制定专门针对中国国内区际法律冲突的区际私法，但通过对国际私法规则的改造，使国际私法规则同时也成为区际私法规则，所以，《澳门民法典》第三章是澳门调整区际法律冲突的主要法律依据。由于是民法中的一部分，《澳门民法典》第三章是与法律选择和法律适用相关的规则，不包括区际民商事诉讼程序规则。

与四个法域各自适用自己的法律选择规则相比，区际司法协助程序方面呈现了更好的效果，内地和香港特别行政区、澳门特别行政区之间较多的双边司法互助协议覆盖了绝大多数程序问题。

在澳门特别行政区的区际私法中，与内地和香港特别行政区之间的双边司法互助协议是调整区际程序问题的主要组成部分。澳门特别行政区与内地之间的主要程序协议包括2001年8月签署、2001年9月15日生效的《关于内地与澳门特别行政区法院就民商事案件相互委托送达司法文书和调取证据的安排》，2020年1月签署修正文本，2020年3月1日修正文本生效；2006年2月签署、2006年4月1日生效的《关于内地与澳门特别行政区相互认可和执行民商事判决的安排》；2007年10月签署、2008年1月1日生效的《关于内地与澳门特别行政区相互认可和执行仲裁裁决的安排》；2022年2月通过、2022年3月25日生效的《关于内地与澳门特别行政区就仲裁程序相互协助保全的安排》四个。

除了与内地之间的司法互助协议，如前所述，澳门特别行政区还与香港特别行政区签署了关于相互承认和执行仲裁裁决和民商案件司法文件相互送达的协议。

第三节 我国调整区际法律冲突、解决区际民商事纠纷的实践

我国国内四个独立法域及其相互间区际关系产生和形成已有四十余年，但至今没有一部统一在四个法域适用的区际私法，仅有各法域制定的适用于一法域的区际私法规则、各法域类推适用于区际民商关系的法律选择的国际私法规则或法域之间双边和三边的区际司法互助协议，我国区际私法的不完善以及区际法律冲突状况的复杂和特殊使得

我国调整区际法律冲突、解决区际民商事纠纷的实践仍有可完善的空间。

一、区际民商关系的法律适用

自香港和澳门回归后，内地、香港、澳门之间民商实体法的平等选择和适用于三地之间的民商事关系一直少有障碍。

1987年《关于审理涉港澳经济纠纷案件若干问题的解答》第三部分"关于法律适用问题"第3项指明："审理涉港澳经济纠纷案件，按照民法通则第八章涉外民事关系的法律适用和涉外经济合同法第五条的规定，应适用香港、澳门地区的法律或者外国法律的，可予适用，但以不违反我国的社会公共利益为限。"这项司法解释条文表明，香港和澳门相关法律在大陆法院可以和大陆法律和外国法律一样被选择和被适用。除此以外，如前所述，香港将国际法律冲突与区际法律冲突同样对待，在香港法院自可选择并适用内地民商实体法来处理涉及内地和香港的区际民商关系；澳门采用的方法是将改造后的国际私法规则适用于区际民商关系中的法律选择，在澳门法院也可适用内地民商法律。

比较复杂和曲折的是大陆和台湾地区之间的法律选择和法律适用状况。在开放两岸交往初期，碍于大陆和台湾地区之间对对方法律效力的不认可，大陆和台湾地区在处理涉及两岸的民商纠纷时都只适用内域法，不会适用对方法律。

台湾方面对于是否承认大陆法律的效力以及是否在台湾地区适用大陆法，曾有过一个争议的过程，官方和学术界也存在不同意见，但最终台湾方面在"两岸人民关系条例"中明确规定可有条件适用大陆法律。

直至2022年6月，台湾地区最新修正的"两岸人民关系条例"第41条中仍完整保留了1992年最初的"两岸人民关系条例"第41条第1款的内容："台湾地区人民与大陆地区人民间之民事事件，除本条例另有规定外，适用台湾地区之法律。"虽然，在该条例中必然有适用大陆法律的"另有规定"，因为，即使是面对和大陆之间的区际民商关系的法律选择，台湾地区也不可能采取绝对的属地原则，但在措辞和表述上，将适用台湾地区相关规定作为一般情况下的法律选择，将适用大陆法律作为例外情况下的法律选择。

"两岸人民关系条例"除单边指向台湾地区相关规定以外，还有若干条单边指向大陆法律的规定，包括大陆自然人的行为能力和法人的权利能力与行为能力；在大陆因无因管理、不当得利或其他法律事实而产生的债；在大陆结婚的一方为大陆人、另一方为台湾人的夫妻财产制；受监护人为大陆人民的监护；被继承人为大陆人民的继承；大陆人民遗嘱的成立和效力等方面的法律选择规则都是单边指向大陆法律的规则。除此之外，该条例更多设置的是双边法律选择规则，包括法律行为之方式、合同之债、侵权之债、物权、结婚或协议离婚的方式和要件、非婚生子女认领、收养、扶养等领域的法律选择规则都是双边规则。

由此可见，"两岸人民关系条例"中以指向大陆法的单边法律选择规则和通过连结点确定大陆法为准据法的双边法律选择规则两种形式确立了大陆法在台湾地区法院的域外效力,成为台湾地区法院适用大陆法的法律依据。

开放两岸民商交往早期,大陆没有制定关于是否可以在大陆法院适用台湾地区相关规定的规定,大陆法院在审理涉及台湾地区的民商纠纷时既找不到可以选择适用台湾地区相关规定的依据、也找不到不能选择适用台湾地区相关规定的依据,司法实践中基本上都是仅适用大陆法。

一直以来,福建省高级人民法院和厦门市中级人民法院都审理了大部分涉台民商案件。在大陆法院是否可以适用台湾地区相关规定缺乏明确规定的情况下,在审理涉台案件时,判决书中不能有"按照台湾地区相关规定"一类的表述,曾有判决书中出现此类表述,被最高人民法院发回重写。由于缺乏相关具体规定,审理涉台案件在送达、调查取证、法律适用和判决承认几个方面存在实际操作的困难,司法实践中很长时间都没有直接适用台湾地区相关规定的例子。很多涉台案件都是关于对台湾地区当事人身份关系的认定,需要适用台湾地区相关规定,如在涉台案件中,需要适用台湾地区相关规定的大多是台湾地区"婚姻法"。法院一般从已认可的台湾地区法院判决中寻找台湾地区相关规定的依据,但因为不能直接适用台湾地区相关规定,实践中只能将台湾地区相关规定作为事实证据进行认定,以此方法来处理对台湾地区当事人身份关系的确认。因此,在审理涉台案件的司法实践中,大陆法院认为有适用台湾地区相关规定的必要,对台湾地区相关规定在理解和认识上也没有衔接困难,只需在法律上确定适用的依据。[1]

2010年4月最高人民法院发布了《关于审理涉台民商事案件法律适用问题的规定》,其中第1条第2款指明:"根据法律和司法解释中选择适用法律的规则,确定适用台湾地区民事法律的,人民法院予以适用。"这一司法解释使大陆法院适用台湾地区相关规定终于有了法律依据,表明大陆已承认台湾地区相关规定在大陆法院域外效力,台湾地区相关规定可以得到和大陆法一样的平等选择和适用。

至此,港澳台民事规定在大陆法院被选择和适用有了依据,在调整内地(大陆)与港澳台之间民事关系时,港澳台相关规定与内地(大陆)法律可以在大陆法院平等被选择作为准据法,在司法实践中至今已有不少大陆法院适用港澳台相关规定的例子。[2]

港澳台之间一法域适用另两个法域的民事法律没有太大实践障碍。台湾地区2022年新修正的"港澳关系条例"第38条规定:"民事事件,涉及香港或澳门者,类推适用涉外民事法律适用法。"台湾地区"涉外民事法律适用法"是一部以双边法律选择规则为主体规则的国际私法法规,涉及香港特别行政区和澳门特别行政区的民事事件适用双边法律选择规则进行法律选择,表明台湾地区认可港澳民事法律与台湾地区民事规定有同等效力,可以在台湾地区法院被选择适用。香港特别行政区的冲突法既调整国际法律冲突、也调整国内区际法律冲突,也就是通过双边法律选择规则在香港法院平等选择和适用外国民事法律和内地、澳门特别行政区和台湾地区的民事法律。澳门特别行政区同

---

[1] 参见沈涓:《中国法院审理涉外(涉港澳台)民商案件情况》,载陈泽宪主编:《国际法研究》(第八卷),社会科学文献出版社2013年版。

[2] 参见《中国国际私法与比较法年刊》第6卷至第31卷每卷中的《中国国际私法司法实践述评》一文。

样以改造过的国际私法规则调整区际法律冲突，可通过双边法律选择规则援引澳门特别行政区以外法律，包括外国民事法律和内地、香港特别行政区、台湾地区的民事规定。

综上所述，四个法域在较长时间调整区际法律冲突、解决区际民商纠纷的实践中，逐渐建立了形式多样的适用内法域以外其他三个法域的民事法律的依据，使中国四法域相互选择和适用其他三个法域民事法律成为有据可行的调整区际法律冲突的主要方法。

比较之下，国内四个法域的法律选择规则有着许多相同之处，如在以下几方面四法域都有相同或相似的规定：内法域强行性规定在区际民事关系中的适用；公共秩序保留制度；人的身份能力适用人的属人法；合同之债适用当事人选择的准据法，当事人没有选择准据法时适用与合同联系最密切法域的法律；物权适用物之所在地法；侵权之债适用侵权行为地法；结婚实质要件适用当事人共同属人法（大陆和台湾地区）或当事人各自属人法（香港特别行政区和澳门特别行政区），结婚方式适用婚姻缔结地法或当事人一方属人法；对遗嘱方式都设置了较为宽泛的法律选择范围，如立遗嘱人立遗嘱时属人法、立遗嘱人死亡时属人法、立遗嘱行为地法。

除此以外，四个地区的法律选择规则也有许多差异，主要包括以下几个方面。（1）对待反致的态度不同，内地（大陆）不接受反致，澳门特别行政区、香港特别行政区和台湾地区有条件接受反致。（2）确定属人法的连结点不同，内地（大陆）、香港特别行政区和澳门特别行政区以人的经常居所地法或住所地法或常居地法为人的属人法，台湾地区"涉外民事法律适用法"第9条和第10条规定，人的权利能力和行为能力，依其本国法，可见，台湾地区是以国籍国法为人的属人法，虽然台湾地区"港澳关系条例"中规定，台湾地区与港澳之间的民事事件适用"涉外民事法律适用法"，但"涉外民事法律适用法"中的国籍这一连结点在确定区际民事关系中人的属人法时不可行，因为香港和澳门居民都具有中国国籍，其所谓的"本国法"仍无法显明是指香港法还是澳门法抑或内地法。尽管台湾地区在港澳回归后仍将其与港澳之间民事关系的法律选择置于"涉外民事法律适用法"调整，但无论如何都不可能根据该规定将香港居民的属人法确定为英国法，将澳门居民的属人法确定为葡萄牙法，必须在香港和澳门居民都具有相同的中国国籍的前提下来确定港澳居民的属人法。台湾地区"两岸人民关系条例"第46条规定："大陆地区人民之行为能力，依该地区之规定。"以此规定为参照，台湾地区在确定香港和澳门居民属人法时可将国籍连结点转化为"区籍"或经常居所地，规定香港居民和澳门居民的民事权利能力和行为能力适用香港法和澳门法。（3）确定继承准据法的制度不同，台湾地区和澳门特别行政区采用同一制，规定法定继承和遗嘱继承中的遗嘱效力适用被继承人和立遗嘱人属人法，香港特别行政区采用区别制，规定在法定继承和遗嘱继承两方面，动产继承适用被继承人属人法，不动产继承适用不动产所在地法，内地（大陆）在法定继承方面采用区别制，规定动产法定继承适用被继承人死亡时经常居所地法律，不动产法定继承适用不动产所在地法律，在遗嘱继承方面采用同一制，规定遗嘱效力适用遗嘱人立遗嘱时或者死亡时经常居所地法律或者国籍国法律。（4）确定离婚准据法的规定不同，大陆法律规定，诉讼离婚适用法院地法，协议离婚适用当事人选择的法律，当事人没有选择的，适用当事人共同属人法，没有共同属人法则适用办理离婚手续机构所在地法律；台湾地区"涉外民事法律适用法"中规定，诉讼离婚和协议离婚都适用当事人共同本国法，没有共同属人法则适用与婚姻关系联系最密切的法律，在"两岸人民关系条例"中规定，协议离婚适用行为地法，判决离婚适用法院地法，因为台湾地区居民和港澳居民之间民事关系适用"涉外民事法律适用法"确定法律选择，台湾地区居民和大陆居民之间民事关系适用"两岸人民关系条例"确定法律选择，所以，台湾地区居民与港澳之间居民的离婚适用属人法，台湾地区居民与大陆居民的离婚适用行为地法和法院地法；香港特别行政区法律规定离婚适用法院地法；澳门特别行政区的规定与台湾地区相似，离婚适用夫妻共同常居地法，没有共同常居地法在适用与家庭生活联系较密切的法律。[1]

虽不够完善也不统一，但四个法域都认可了其他三个法域的民事法在内法域的适用效力，也都有了直接调整区际法律冲突的法律选择规则或类推适用于区际法律冲突的法律选择规则，因此，在调整法域之间民事法律冲突、解决区际民事纠纷的司法实践中，四个法域基本上能够通过双边法律选择规则来确定法律选择和法律适用。既然各法域都能客观、理性地设置双边法律选择规则，认可外法域法律在内法域适用的效力，国际私法中能够影响法律选择和准据法适用的各项制度，如定性、反致、法律规避、外域法查明等，便都能在区际民事法律的选择和适用的实践中得到同样适用，不会成为区际民事关系的法律适用和纠纷解决中的特殊问题，但是，公共秩序保留制度有可能在中国不同于别国的区际民事法律冲突调整的司法实践中有着影响到法律适用结果的特殊意义。

在突破法律适用的属地原则、以认可外法域法在内法域适用效力为前提之后，法律选择和法律适用便开启了普遍主义时期，与此同时，为了预防适用外法域法律而给内法域带来危害，公共秩序保留制度应运而生，无论是调整国际法律冲突还是调整区际法律冲突，这项制度都是内法域不能完全弃之不用的安全阀。但国际法律冲突是国家之间的法律冲突，区际法律冲突是一国之内各法域之间的法律冲突，公共秩序保留制度在这两种不同法律冲突情况下的运用是不完全相同的，通常都认为国家之间的法律冲突更为剧烈，防范适用外国法给内国带来危害更必不可少，但一国之内各法域之间的法律冲突不会很剧烈，适用外法域法律给内法域带来危害的可能性更小，因此，调整区际法律冲突时应该尽可能少适用公共秩序保留制度。但是，这种区别在中国区际法律冲突情况下或许并不明显。

基于历史原因，中国各法域之间法律冲突状况体现的是各法域之间的历史遗留问题。在问题消除之前，公共秩序保留将作为各地区保护自己政治、经济利益的有效手段。同时，由于中国各地区的对抗和冲突较为尖锐，公共秩序保留会在实践中被经常使用，如调整区际法律冲突早期，大陆与台湾地区之间由于相互否定对方法律的效力，公共秩序保留便可以成为很好的理由，用以排斥对方法律在内域的适用。由于公共秩序的

---

[1] 四个地区法律选择规则参见 2010 年《涉外民事关系法律适用法》；台湾地区"涉外民事法律适用法"、2022 年"两岸人民关系条例"、2022 年"港澳关系条例"；Graeme Johnston, *The Conflict of Laws in Hong Kong*, Hong Kong·Singapore·Malaysia Sweet & Maxwell Asia, 2005。张美榕：《香港冲突法研究》，法律出版社 2014 年版；1999 年《澳门民法典》第一卷第一编第三章"非本地居民之权利及法律冲突"。

含义向来是不确定的，中国目前又没有统一的法律对此作出规定和限制，所以，在"一国两制"的现状下，公共秩序保留制度所特有的弹性，将会为各法域所利用。在适用某一外域法会危及政治、经济、法律等任一方面利益时，公共秩序保留都是免使自己受到损害的抵挡手段，它主要适用于实行社会主义制度的内地（大陆）与实行资本主义制度的港澳台之间，因为这两种制度之间的冲突较之其他方面的冲突更为尖锐。作为冲突的表现形式，公共秩序的违背会在中国区际关系中时常出现，当冲突不能调和时，公共秩序保留制度就会被适用。而社会主义制度与资本主义制度的冲突是最难调和的一种冲突，更何况中国特定的历史又强化了这种冲突，因此，在中国区际法律冲突调整中，公共秩序保留制度适用的可能性不会小于一般国际法律冲突解决中这一制度的适用。

从现行有效的法规、司法解释和判例法来看，四个法域的区际私法和国际私法中都设置了公共秩序保留制度。[1]这表明，四个地区都为适用公共秩序保留制度做好了立法上的准备。但比较特别的是，在四个地区调整区际法律冲突的法律选择和法律适用的司法实践中少有适用公共秩序保留制度排除外法域法律适用的实例。出现这种状况的原因主要是，在香港和澳门回归初期以及两岸民事关系开启早期，四个法域对适用外法域法律都持谨慎态度，在处理区际民商纠纷时都仅适用内法域法律，不适用外法域法律，使公共秩序保留制度在法律选择和法律适用环节没有适用的机会，公共秩序保留制度多用于外法域判决和裁决的承认和执行环节。[2]实际上，这种法律选择和法律适用的属地方法也是防止适用外法域法律给内法域带来危害的另一种形式。后来四个法域之间的紧张和陌生状况有所改善，一定程度上既呈现了关系亲和、观念趋近的态势，也完善了适用外法域法律的立法依据，对适用公共秩序保留制度排除外法域法律在内法域适用的必要性有了更为理性的思考，实践中的状况是虽然更多地考虑了外法域法律的适用，但在适用公共秩序保留制度时更为慎重。在内地（大陆）法院审理涉港澳台民事案件以及决定运用这项制度拒绝适用外法域法或拒绝承认外法域判决时，都要上报最高人民法院，须得到最高人民法院批准才得适用。

中国区际民事关系的法律选择和法律适用实践中，公共秩序保留制度适用问题讨论比较多的是对澳门特别行政区确认博彩债务或赌债合法效力的法律规定是否应该适用公共秩序保留制度排除其在大陆法院的适用。早期在审理的涉及澳门特别行政区赌债或博彩债务的案件中，在当事人选择澳门法为准据法或根据最密切联系原则确定澳门法为准据法时，内地法院几乎都以违反内地公共秩序的理由排除了澳门法的适用，最终适用内

---

[1] 见2010年《关于审理涉台民商事案件法律适用问题的规定》第3条和2010年《涉外民事关系法律适用法》第5条；台湾地区2022年"两岸人民关系条例"第44条和2010年涉外民事关系法律适用法》第8条；Graeme Johnston, *The Conflict of Laws in Hong Kong*, Hong Kong·Singapore·Malaysia Sweet & Maxwell Asia, 2005, p.144；张美榕：《香港冲突法研究》，法律出版社2014年版，第195页；1999年《澳门民法典》第20条。

[2] 参见沈涓：《中国法院审理涉外（涉港澳台）民商案件情况》，载陈泽宪主编：《国际法研究》（第八卷），社会科学文献出版社2013年版。

地法。[1] 随着时间的推移，这种做法带来的后果慢慢显现，即根据澳门相关法律取得的合法债权在内地法院因排除适用澳门法而既得不到保护也不能获得追偿，这样的结果虽然维护了一法域的社会公共利益或公共秩序，但无疑损害了个人的合法利益。

2016年，最高人民法院审理了一起涉及澳门的案件。在该案中，最高人民法院在判决中主张适用澳门相关法律确认以赌债为基础的合同的效力，而没有因为赌债不受内地法律保护、澳门法律有违内地公共秩序而排除澳门法的适用。[2] 或许是最高人民法院的态度起到了先例的作用，又或许是长期的实践改变了内地法院的观念，自此后，内地法院相继出现了类似判决，适用澳门相关法律确认依澳门法取得的赌债或博彩债务，不再适用公共秩序保留排除澳门法的适用。[3]

公共秩序保留是一项追求实际利益的制度，运用这项制度维护内法域利益不应仅停留在立法上，或者说不应只是机械地追求对立法意图的绝对实现，还应该看运用这项制度的结果是否合适。例如，台湾地区"两岸人民关系条例"第67条规定："被继承人在台湾地区之遗产，由大陆地区人民依法继承者，其所得财产总额，每人不得逾新台币二百万元。"大陆法院在审理涉台继承案时，如果认为台湾地区该项规定违反大陆公共秩序而排除其适用，转而适用大陆法作出对继承人更有利的判决，当判决需要在台湾地区被承认和执行时就很可能被拒绝，这样，看起来对大陆继承人更有利的判决因为不能被承认和被执行而使继承人利益落空，面对这种结果很难说公共秩序保留制度得到了适当运用。

二、区际民商案件管辖权

中国存在多个法域的格局下，四个法域有独立的终审权，各法域对区际民商案件的司法管辖权的立法和司法实践对区际法律冲突的调整、区际民商纠纷的解决有着重要意义。

在国际民商关系中，民商案件的管辖权受到各国高度重视，虽然各国之间存在管辖权冲突，但随着涉外民商纠纷管辖制度的不断发展，今天各国的管辖制度在完善和协调的过程中有着趋近的态势。

开放大陆和台湾地区民事交往之前以及香港和澳门回归之前，四个法域走过了各不相同的法制之路，区际关系形成之初，全国没有统一的区际民商案件管辖权规则，各法域也没有制定专门针对区际民商案件的管辖规则，台湾地区"两岸人民关系条例"和"港澳关系条例"属于较早产生的区际私法，但其中并不包含管辖权规则。各法域多根据国际民商案件管辖标准自行决定区际民商案件的管辖，各法域间的管辖标准差异较

---

[1] 如"徐某与胡某生确认合同效力纠纷案"的审理，贵阳市中级人民法院（2014）筑民二（商）初字第52号和（2014）筑民二（商）初字第166号两次民事判决和贵州省高级人民法院（2015）黔高民三终字第7号民事判决都适用公共秩序保留制度排除了澳门相关法律的适用，最终适用内地法律。

[2] 见宋某与李某隆股权转让纠纷案，最高人民法院（2016）最高法民终152号民事判决书。

[3] 如在刘某婷诉马某翔、李某追偿权纠纷案的审理中，蚌埠市中级人民法院（2020）皖03民初50号民事判决和安徽省高级人民法院（2022）皖民终407号民事判决都适用澳门法确认当事人相关债权。

大，较多影响了判决的承认和执行，进而影响区际民商纠纷的解决成效。

随着国际民商管辖规则的不断完善和协调，中国四个法域的国际民商管辖规则也与其他国家的国际民商案件管辖规则趋近，由此带动了中国国内各法域区际民商案件管辖也有许多相同和相似的规则。这些规则主要有：被告住所地法院一般管辖；不动产物权诉讼由不动产所在地法院专属管辖；侵权行为诉讼由侵权行为地法院管辖；合同履行诉讼由履行地法院管辖；合同诉讼由诉讼标的物所在地或者被告财产所在地法院管辖；当事人协议管辖；不方便法院；一事不再理等。[1]

可用于确定区际民商案件管辖权的立法形式多样不一是中国区际私法不够完善的又一方面的体现。虽然各法域管辖权规则在内容上有相同之处，但至今在立法形式上仍不统一。四个法域目前都没有专门确定区际民商纠纷管辖权的规则，主要类推适用《民事诉讼法》对涉及外国的民商纠纷管辖规则来确定区际民商案件管辖权，仅有2019年《关于内地与香港特别行政区法院相互认可和执行民商事案件判决的安排》第11条对内地和香港特别行政区确定区际民商案件管辖权作了统一规定，这种直接和统一确定区际民商案件管辖权的立法形式应该被肯定，并应该作为区际管辖权立法的最优范本以为中国区际管辖权规则的未来模式。

管辖权的一个重要影响是关系到判决的承认和执行，原审国是否具有正当管辖权是其所作判决能否得到被请求国承认和执行的重要条件之一，除了不能违反被请求国专属管辖的规则，还要考察原审国对案件是否具有管辖权，问题的关键在于，是以原审国自己的规则，还是以被请求国的规则来考察原审国是否有管辖权，这是世界难题。如果以原审国自己的规则为依据便使得被请求国的考察显得毫无意义，既然只要原审国认为自己应该行使管辖权，管辖就是正当的，那被请求国还有什么必要考察？如果以被请求国规则考察原审国是否应该管辖案件，又显得这种做法有些霸道。大陆和台湾地区的相关民事诉讼规定正好采取了这样两种不同态度，大陆主张应依据原审国法律决定该国是否对案件具有管辖权，只有该外国依本国的法律对案件没有管辖权，我国法院可认定该原审国不具有正当管辖权；台湾地区主张依台湾相关规定外国法院对案件无管辖权，其判决将不被认为有效。[2]

就国际社会呈现的趋势看，为解决上述难题，现代很多国家采取了比较大度的态度，主张只要不违反被请求国专属管辖规则和当事人选择管辖权的协议，原审国对案件的管辖权依原审国法律认定。在各国或各法域管辖权规则和承认与执行外国判决的条件不统一的情况下，这是一种理性的态度，既不会破坏被请求国必须坚守的管辖底线和当

---

〔1〕见1987年《关于审理涉港澳经济纠纷案件若干问题的解答》第二部分；2005年《关于〈印发第二次全国涉外商事海事审判工作会议纪要〉的通知》第一部分；Graeme Johnston, *The Conflict of Laws in Hong Kong*, Hong Kong·Singapore·Malaysia Sweet & Maxwell Asia, 2005, Chapter 3-Jurisdiction；2019年《关于内地与香港特别行政区法院相互认可和执行民商事案件判决的安排》第11条；张美榕：《香港冲突法研究》，法律出版社2014年版，第四章"涉外民商事诉讼管辖权"；2023年《民事诉讼法》第二十四章"管辖"；1999年《澳门民事诉讼法典》第一卷第二编"法院"；台湾地区2023年修正"民事诉讼法"第一编第一章第一节"管辖"。

〔2〕见2023年《民事诉讼法》第301条，台湾地区2023年"民事诉讼法"第402条。

事人的意思自治，又不会过于干扰原审国行使管辖的自主权。目前，国内四个法域中，内地（大陆）、香港特别行政区和澳门特别行政区三地采取了较宽容的态度，认为只要原审国法院既没有违反被请求国专属管辖规则，也没有违背当事人选择管辖的约定，就可认定原审国行使的是正当管辖权，只有台湾地区规定，如果依据台湾地区的规定外国法院无管辖权，该国据此管辖权所作判决将不被台湾地区认可效力。[1] 当然，值得注意的是，根据 2023 年《民事诉讼法》第 301 条第 1 项的规定，尽管原则上依据原审国法院判断该国法院是否具有管辖权，但同时规定若其管辖权之行使与案件无适当联系，则仍可认定原审国法院无管辖权。最值得称道的是 2019 年《关于内地与香港特别行政区法院相互认可和执行民商事案件判决的安排》对管辖权的直接规定，既不依据原审国法律，也不依据被请求国法律确定管辖权的正当性，而是两个法域共同对管辖权作出规定，统一适用于两个法域，只要原审国依据共同规定行使管辖权，被请求国便认可管辖权的正当性。[2]

三、区际送达和取证

区际司法文书域外送达和域外调查取证关系区际民商关系的调整和民商纠纷的顺畅解决，需要法域之间的相互协助才能完成。相比法律适用、管辖权确定、判决相互承认和执行三个方面，区际送达和取证方面的立法较为完善。目前，内地与香港特别行政区和澳门特别行政区之间相互委托送达和取证的法律依据有 1999 年的《关于内地与香港特别行政区法院相互委托送达民商事司法文书的安排》、2001 年《关于内地与澳门特别行政区法院就民商事案件相互委托送达司法文书和调取证据的安排》、2017 年《关于内地与香港特别行政区法院就民商事案件相互委托提取证据的安排》、2020 年《关于内地与澳门特别行政区法院就民商事案件相互委托送达司法文书和调取证据的安排》、2009 年《关于涉港澳民商事案件司法文书送达问题若干规定》；大陆与台湾地区之间相互委托送达和取证的法律依据有 1993 年《两岸公证书使用查证协议》、2009 年《海峡两岸共同打击犯罪及司法互助协议》、2010 年《关于人民法院办理海峡两岸送达文书和调查取证司法互助案件的规定》、2021 年台湾地区修正的"财团法人海峡交流基金会办理两岸文书查验证作业规定"；香港特别行政区和澳门特别行政区之间相互委托送达和取证的法律依据有 2017 年《香港特别行政区与澳门特别行政区对民商事案件相互委托送达司法文书的安排》。

这些区际送达和取证的立法涉及域外送达和取证的多方面内容，包括：司法文书的种类；司法文书所涉民商事务范围；指定的联系机构；请求协助的委托书的内容、格式和文字；调查取证的内容；答复的期限；完成协助的期限；协助送达和取证所适用的法

---

[1] 见 1999 年《澳门民事诉讼法典》第 1200 条第 1 款第 c 项；2006 年《关于内地与澳门特别行政区相互认可和执行民商事判决的安排》第 11 条第 1 款；2015 年《关于认可和执行台湾地区法院民事判决的规定》第 15 条第 2 款；2023 年《民事诉讼法》第 301 条。

[2] 见 2019 年《关于内地与香港特别行政区法院相互认可和执行民商事案件判决的安排》第 11 条和第 12 条。

律；送达和取证的方式；拒绝协助的理由；委托方和被请求方应承担的费用等。

国内区际民商关系和法律冲突状况形成初期，与法律适用、外域法查明、判决相互承认和执行颇多碍滞、成效低下一样，区际送达和取证成功率也很低。

广东省是审理涉及香港特别行政区和澳门特别行政区案件最多的省份，也审理一些涉台案件。当时，广东省与香港特别行政区和澳门特别行政区之间有一些相关协议，如1988年施行的《关于广东省高级人民法院和香港最高法院相互委托送达民事、经济纠纷案件诉讼文书问题的协议》，但内地与香港特别行政区之间相互委托送达的实践效果并不好，与澳门特别行政区之间实践效果更好。内地向香港特别行政区送达主要是通过公司委托送达的方式，香港特别行政区向内地的送达主要是通过律师完成。内地与香港特别行政区之间协议实施不佳的原因主要是双方诉讼制度不同，双方互相要求协助的案件比例严重不对等也是香港方面协助不积极的重要原因。

据统计，2002年至2004年，广东省高级人民法院委托香港特别行政区高等法院代为送达民商事司法文书共计554件，其中成功送达173件、未成功送达377件、未有回音4件；香港特别行政区高等法院委托广东省高级人民法院代为送达民商事司法文书共89件，其中成功送达54件、未成功送达34件、未有回音1件。此后2年，广东省高级人民法院委托香港特别行政区高等法院送达民商事司法文书的数量有逐年显著上升的趋势，而香港特别行政区高等法院委托广东省高级人民法院送达民商事司法文书的数量大体持平，香港特别行政区高等法院代为送达的成功率为31%，广东省高级人民法院代为送达的成功率为61%。2005年1月1日至4月13日，广东省高级人民法院委托香港特别行政区高等法院代为送达民商事司法文书共计78件，其中送达到11件、不能成功送达12件、未有回音55件；香港特别行政区高等法院委托广东省高级人民法院代为送达民商事司法文书共7件，其中送达2件、未成功送达3件、未有回音2件。[1] 整体来看，送达成功率仍然不高。

广东省与台湾方面的送达也不乐观。虽然2009年台湾海基会与海协会共同签订《海峡两岸共同打击犯罪及司法互助协议》，其中包括民事领域送达文书等方面的互助，但由于最高人民法院没有制定实施细则，还是难以送达顺畅。有一段时间，广东省周边8省也都通过广东省高级人民法院向台湾地区送达。2009年广东省高级人民法院向台湾地区送达的案件共432件，其中仅成功送达182件；广东省高级人民法院委托台湾地区代为取证8件，其中成功3件；台湾地区委托大陆取证18件，其中成功3件。

在区际送达效率低下时期，广东省与港澳台之间送达方式多种多样，最普遍的送达方式是公告；邮寄大多时候不能有效送达，而且时间太长；委托送达时间也太长；通过双方协议送达，程序过于烦琐；有时候也通过民间服务中心送达；请求广东省高级人民法院送达。总体上，送达时间长、效率低，很多送达还需再次甚至多次送达。由于送达时间难以控制，大陆相关法律对于涉外案件的审理周期没有明确规定，涉外案件的审理

---

[1] 参见《内地与香港民商事司法协助面临的障碍和对策》，载法律快车网，https://haishang.lawtime.cn/hslw/2011071120467.html，2024年6月21日最新访问。

周期主要取决于送达时间。

福建省受理的涉台案件最多，占全国涉台案件的 40% 左右，司法互助的不顺畅是审理两岸民商案件的一大障碍，虽然两岸已签订《海峡两岸共同打击犯罪及司法互助协议》，但适用这一协议初期，台湾地区比较有热情，而大陆比较冷淡。对实施这一协议，大陆缺乏明确、详细的规定，很难操作。台湾地区已有大规模司法互助的要求，先易后难，从送达逐渐到取证等。但在大陆法院，协助或委托送达和调查取证都需层级上报至最高人民法院，时间长、效率低、程序烦琐，常常导致超过案件审理期限。2009 年以前，在福建省高级人民法院委托台湾地区送达取证的 2768 件案件中，仅有 1 件采用了两岸司法互助协议的途径送达，其余还是采用了邮寄送达方式。

为认真实施《海峡两岸共同打击犯罪及司法互助协议》，改善区际送达和取证状况，福建省高级人民法院专门成立了"台湾地区司法事务办公室"，工作内容包括组织和协调各法院办理与台湾地区司法互助事务，其中包括送达事务。自 2009 年《海峡两岸共同打击犯罪及司法互助协议》签订以来至 2011 年 4 月底，福建省高级人民法院已收到最高人民法院交付的台湾地区司法文书 3678 件，占最高人民法院收到台湾地区司法文书的 37.9%，在成立"台湾地区司法事务办公室"后，送达效率得到提高，已送达 2677 件。[1]

总体而言，2010 年以前区际送达和取证的状况不尽如人意，2010 年以后的十多年来，区际民商案件不断增多，相关区际私法逐渐完善，各地区互助的积极性有很大提高，各法域协作和互助日益顺畅，共同致力于区际司法协助立法的有效实施，使区际送达和取证的互助效率有很大提升，但其中仍然存在一些问题。

根据上述内地与港澳分别签署的三项关于送达和取证相互协助的安排，1999 年至 2014 年，内地法院委托香港特别行政区法院送达民商事司法文书 15127 件，香港特别行政区法院委托内地法院送达民商事司法文书 1959 件；2001 年至 2014 年，内地法院委托澳门特别行政区法院送达民商事司法文书、调查取证 490 件，澳门特别行政区法院委托内地法院送达民商事司法文书、调查取证 267 件。总体来看，由于港、澳特别行政区地域相对较小，在内地与港澳的司法协助中，内地请求港澳特别行政区的案件数量在总数中占比较高，分别达到 88.5% 和 64.7%。[2]

广东省珠海市中级人民法院是审理涉及澳门特别行政区案件最多的法院。2014 年 9 月，珠海法院施行涉外涉港澳台民商事案件集中管辖，标的额人民币 600 万以下的一审涉外涉港澳台民商事案件均由横琴新区人民法院集中管辖，故委托澳门特别行政区法院送达和调查主要由横琴新区人民法院完成。2015—2017 年，横琴新区人民法院向广东省高级人民法院请求委托澳门特别行政区初级法院送达司法文书的民商事案件共 201 件，分别为 2015 年请求 47 件、2016 年请求 64 件、2017 年请求 90 件；请求送达并已收到回

---

[1] 上述送达困难的情况参见沈涓：《中国法院审理涉外（涉港澳台）民商案件情况》，载陈泽宪主编：《国际法研究》（第八卷），社会科学文献出版社 2013 年版。

[2] 参见邰中林：《两岸及内地与港澳法院司法合作与交流之状况与展望——以人民法院工作为视角》，载《人民法治》2015 年第 8 期。

复结果的民商事案件共179件，其中2015年为47件、2016年为62件、2017年为68件。2015—2017年，横琴新区人民法院向广东省高级人民法院请求委托澳门特别行政区初级法院调查取证的民商事案件共61件，并已全部收到回复。2016年1月1日，司法协助系统正式启用，平均每件委托送达案件的送达时间缩短23天，平均每件调查取证案件的调查取证时间增加26天。在协助澳门特别行政区法院送达和调查取证方面，2015—2017年，珠海法院协助澳门特别行政区法院送达司法文书案件共15件，其中2015年为3件、2016年为5件、2017年为7件；2015年，珠海法院协助澳门特别行政区法院调查取证案件1件，2016年和2017年未收到此类案件。[1]

根据最高人民法院数据调查，2018年至2022年5年间，内地向香港特别行政区送达文书的成功率分别为2018年29%、2019年39%、2020年38%、2021年30%、2022年41%。目前可查的直接引用1999年《关于内地与香港特别行政区法院相互委托送达民商事司法文书的安排》的案例仅46个，多数案例中体现了当事人引用该安排作为时效、期间等程序性问题的辩论依据，如送达程序是否合法、当事人是否在送达后的有效期间内作出行动等。

《关于内地与香港特别行政区法院相互委托送达民商事司法文书的安排》实施中存在的问题是：前置流程耗时长，且香港特别行政区高等法院实际采取的送达方式较为有限，虽然香港特别行政区《高等法院规则》规定了留置送达、面交送达、投递邮箱等方式，但实际多由执达主任面交受送达人；当送达地址无效时，香港特别行政区高等法院不予查证。《关于内地与香港特别行政区法院相互委托送达民商事司法文书的安排》中的司法协助送达并非内地法院送达香港特别行政区当事人唯一途径。按照2009年《关于涉港澳民商事案件司法文书送达问题若干规定》，内地法院可向"经授权"的诉讼代理人、分支机构或者业务代办人送达文书，已于2024年1月1日实施的修正《民事诉讼法》进一步给予内地法院涉外司法送达便利，诉讼代理人、分支机构或者业务代办人接受送达不再需要当事人授权委托书。

香港特别行政区法院申请内地法院协助送达方面，根据最高人民法院2018年至2022年的统计，香港特别行政区通过司法协助送达内地的成功率略高于内地送达香港特别行政区，送达成功率分别为2018年45%、2019年39%、2020年51%、2021年60%、2022年57%。两地互送文书的司法协助中常引发讨论的是内地法院可否采用公告送达，虽然两地立法均认可公告送达的效力，但实际极少在司法协助送达中采用公告送达。若委托内地法院送达不可行，香港特别行政区当事人还可申请香港特别行政区高等法院发出替代送达命令，但此途径在两地互送中使用率不高。香港特别行政区《高等法院规则》规定的送达方式包括面交送达、留置送达、邮递送达、转递文件转递处，若法定送达方式不可行，则可采用替代送达。《高等法院规则》未规定具体替代送达方式，电子邮件、社交平台发送等电子送达方式是否有效尚存在争议，因此香港特别行政区高等法

---

[1] 参见《珠海法院涉澳民商事审判白皮书（2015—2017）》，载珠海市中级人民法院网，http://www.zhcourt.gov.cn/article/detail/2022/10/id/6981901.shtml，2024年6月21日最新访问。

院通常审慎地对内地当事人作出替代送达命令，若作出，也仅限于转交受送达人位于香港特别行政区的联络人或机构，如香港特别行政区律师或律师事务所。替代送达能否直接送达内地当事人还存在争议，2022年以前实践中未有就上述送达方式得到批准的案例。[1]

在内地与香港特别行政区取证互助方面，2017年《关于内地与香港特别行政区法院就民商事案件相互委托提取证据的安排》生效后，内地可查的根据该安排申请取证的案例仅7例，所有结果趋向于无法成功取证：有的案例在第一步内地法院审理案件的当事人申请时，即被港方以事项超出协助范围为由驳回申请；有的案例在最后一步港方法院协助取证过程中，出现了因无法联系相关人士、文件过期或缺失等问题而无法取证；在当事人进一步请求时，则因请求事项超出委托书范围，而无法得到香港特别行政区法院的协助。除了香港特别行政区法院取证，根据该安排，委托方（内地法院）还可申请其司法人员、有关当事人及其诉讼代理人（法律代表）到场及参与录取证言的程序，受委托方（香港特别行政区法院）可酌情批准，但是实践中未见相关申请案例。

除了《关于内地与香港特别行政区法院就民商事案件相互委托提取证据的安排》，当事人也可通过自行前往、代理人前往香港特别行政区等方式取证，只要按照2020年《关于民事诉讼证据的若干规定》履行了相关证明手续即可。另外，该安排生效前，内地法院以司法名义前往香港特别行政区取证缺乏法律依据且受到严格限制，如2011年《关于进一步规范人民法院涉港澳台调查取证工作的通知》明确规定：内地法院不可在未经最高人民法院特殊批准情况之下前往香港特别行政区取证。在此之前，内地法院成功于香港特别行政区司法协助取证的案例仅有2015年闫某某诉徐某甲、徐某乙、徐某某、史某某继承纠纷案。香港特别行政区委托内地取证的实践数据较为匮乏。香港特别行政区"司法机构"网站中，涉该安排的判例仅12个，仅少数申请被批准；香港特别行政区高等法院多以取证并不必要（如所调证据与争议焦点关联不大）或超出该安排协助范围（如请求内地法院对证人进行交叉询问）等驳回当事人的取证申请。[2]

大陆与台湾地区送达和取证互助呈现良好景象是自2009年《海峡两岸共同打击犯罪及司法互助协议》签署以后。据统计，2009年至2014年这5年来，大陆法院共办理各类涉台司法互助案件38166件，其中送达文书36895件、调查取证986件。两岸司法互助质效也在不断提升，2013年大陆法院协助台方送达文书案件结案率达82%，其中成功率达67%，台方协助大陆法院送达文书案件结案率达70.5%，其中成功率达77.3%；

---

[1] 参见窦婉云、陈泓余：《从香港〈内地民商事判决（相互强制执行）条例〉施行看两地司法互助的前世今生》，载微信公众号"广信君达律师事务所"，2024年1月3日，https://mp.weixin.qq.com/s?__biz=MzI4NTM0MzYzMA==&mid=2247636813&idx=1&sn=ed822a9e91161373e7f07b849f4e3db5&chksm=ebe13dacdc96b4ba876b271f0eccdf32fa57ded071ff6a6c5bff5d35deca90651e32c08eabd8&scene=27，2024年6月20日最新访问。

[2] 参见窦婉云、陈泓余：《从香港〈内地民商事判决（相互强制执行）条例〉施行看两地司法互助的前世今生》，载微信公众号"广信君达律师事务所"，2024年1月3日，https://mp.weixin.qq.com/s?__biz=MzI4NTM0MzYzMA==&mid=2247636813&idx=1&sn=ed822a9e91161373e7f07b849f4e3db5&chksm=ebe13dacdc96b4ba876b271f0eccdf32fa57ded071ff6a6c5bff5d35deca90651e32c08eabd8&scene=27，2024年6月20日最新访问。

两岸调查取证成功率一直保持较高水平，2013年大陆法院协助台方调查取证案件结案率88%，其中成功率达95.5%，台方协助大陆法院调查取证案件结案率为86.3%，其中成功率达89%。[1] 那一时期在大陆还曾有过大陆7省市13家法院协助台湾地区台中地方法院就一诈欺案件调查取证案[2]和福建64家法院共同协助台湾地区两级法院送达文书案[3]等案例。

2015年以来，由于大陆和台湾地区关系的变化，两岸司法协助发展进程延缓，司法互助的景况又有所变化，但并未完全停滞，仍然有大陆协助台湾地区送达的案例。[4]

四、区际判决和裁决相互承认和执行

民商纠纷的解决以法院判决或仲裁裁决得以最终被承认和被执行为实现，就此而言，判决和裁决的承认和执行有着较法律选择和法律适用以及管辖权确定、送达和取证的成功更重要的意义，因此，我国区际私法立法中应属有关判决和裁决的承认和执行的部分最为丰富。

目前，国内尚无统一适用于四个法域的关于判决和裁决相互承认和执行的法律，能够作为判决和裁决相互承认和执行依据的是各法域制定的相关规定和两个法域之间的互助协议。这些规定和协议主要有：1999年通过的《关于内地与香港特别行政区相互执行仲裁裁决的安排》，1999年《澳门民事诉讼法典》第十四编"对澳门以外地方之法院或仲裁员所作裁判之审查"，2006年签署的《关于内地与香港特别行政区法院相互认可和执行当事人协议管辖的民商事案件判决的安排》，2006年《关于内地与澳门特别行政区相互认可和执行民商事判决的安排》，2007年《关于内地与澳门特别行政区相互认可和执行仲裁裁决的安排》，2009年《海峡两岸共同打击犯罪及司法互助协议》，2013年《关于澳门特别行政区与香港特别行政区相互认可和执行仲裁裁决的安排》，2015年《关于认可和执行台湾地区法院民事判决的规定》和《关于认可和执行台湾地区仲裁裁决的规定》，2017年《关于内地与香港特别行政区法院相互认可和执行婚姻家庭民事案件判决的安排》，2018年修正的"台湾地区与大陆地区人民关系条例施行细则"，2019年《关于内地与香港特别行政区法院相互认可和执行民商事案件判决的安排》，2021年《关于

---

[1] 参见《5年来大陆法院办理涉台司法互助案件近4万件》，载中国政府网，https://www.gov.cn/xinwen/2014-07/18/content_2719859.htm，2024年6月19日最新访问。

[2] 见《大陆7省市13家法院协助台湾台中地方法院就一诈欺案件调查取证案——多地法院协同完成电信诈骗案取证》，载开封城乡一体化示范区人民法院网，https://jmqfy.hncourt.gov.cn/public/detail.php?id=379，2024年6月19日最新访问。

[3] 参见《2014年人民法院涉台司法互助典型案例》，载最高人民法院网，https://www.court.gov.cn/zixun/xiangqing/14841.html，2024年6月19日最新访问。

[4] 见《两岸司法互助 法律文书及时送——敦化法院完成线上协助台湾台中法院司法文书送达工作》，载微信公众号"敦化市人民法院"，2023年3月20日，https://mp.weixin.qq.com/s?__biz=MjM5NTA2MDU2OQ==&mid=2652225780&idx=2&sn=5d867ba0f4a832237f36236af3d4f3ac，2024年6月19日最新访问；《滨海新区法院高质量完成首例涉台司法互助案件送达》，载天津市滨海新区人民法院网，https://bhxqfy.tjcourt.gov.cn/article/detail/2023/11/id/7614883.shtml，2024年6月19日最新访问。

内地与香港特别行政区相互执行仲裁裁决的补充安排》，2022年修正的"两岸人民关系条例"，2024年12月17日发布、2025年1月1日起施行的《关于修改〈最高人民法院关于认可和执行台湾地区法院民事判决〉的规定》等。

如前所述，国内四个法域有着不同的政治、经济、社会、法律、文化制度，在此基础上形成的区际民商关系和区际法律冲突复杂而特殊，充分体现在区际民商判决和裁决的相互承认和执行制度和态度上，上述一系列规定和协议一方面一定程度上弥合了四个法域在判决和裁决承认和执行制度上的差异，另一方面开出了各法域间协助的通路。

（一）判决所覆盖的民商事案件范围

由于法律制度的差异，各法域的法律对民商事案件的认定不同，双边协议须对民商事案件的范围进行界定，以便双方统一认识。

《关于内地与香港特别行政区法院相互认可和执行民商事案件判决的安排》第2条规定："本安排所称'民商事案件'是指依据内地和香港特别行政区法律均属于民商事性质的案件，不包括香港特别行政区法院审理的司法复核案件以及其他因行使行政权力直接引发的案件。"第3条又排除了一些民商事案件的判决，包括：赡养、兄弟姐妹之间扶养、解除收养关系、成年人监护权、离婚后损害责任、同居关系析产和分居案件；继承案件、遗产管理或者分配的案件；有关发明专利、实用新型专利侵权和标准专利（包括原授专利）、短期专利侵权、确认标准必要专利许可费率的案件，以及有关本安排第5条未规定的知识产权案件；海洋环境污染、海事索赔责任限制、共同海损、紧急拖航和救助、船舶优先权、海上旅客运输案件；破产（清盘）案件；确定选民资格、宣告自然人失踪或者死亡、认定自然人限制或者无民事行为能力的案件；确认仲裁协议效力、撤销仲裁裁决案件；认可和执行其他国家和地区判决、仲裁裁决的案件。

对于第3条被排除在该安排调整范围之外的案件，最高人民法院相关人士解释，在司法实践中，这些案件数量有限，只占民商事案件的很小一部分。将这些案件的判决排除在互认范围之外，有的是因为在对方法域没有同种类型的案件，缺乏互认的基础；有的是因为双方相关领域的法律制度存在重大差异，如何解决其互认和执行问题，需要进行专门的磋商。尽管如此，该《关于内地与香港特别行政区法院相互认可和执行民商事案件判决的安排》于2024年1月29日在内地和香港特别行政区同时生效后，两地法院仍有90%左右的民商事案件判决将有望得到相互认可和执行。该安排已尽可能扩大互认范围，可有效实现两地民商事案件判决的跨境认可执行，使得当事人无须为实现同一个案件确定的权益而重复诉讼，最大限度减少当事人诉讼之累，切实增进两地民众福祉。[1]

《关于内地与香港特别行政区法院相互认可和执行婚姻家庭民事案件判决的安排》第3条也对该安排所调整的案件进行了界定。由于内地和香港特别行政区对于"婚姻家庭民事案件"有不同规定，该安排第3条采取了分别规定的方式，列举了14项内地法

---

[1] 参见《新突破！内地与香港今起相互认可、执行此类案件判决》，载陕西省司法厅官网，http://sft.shaanxi.gov.cn/yw/gzdt/79232.htm，2024年6月20日最新访问。

所指的婚姻家庭民事案件，又列举了 12 项香港法所指的婚姻家庭民事案件。这是一种较好的求同存异的解决法律冲突的方式，在规定不一致的情况下，不同法域各自依据内法域法律的规定对相关概念和制度作出界定和解释，不必要求完全一致，只要符合内法域法，对方便认可。这种方法还运用于内地和香港特别行政区协议的多个方面，将来也可以运用于大陆和台湾地区之间的双边协议。

与香港特别行政区之间协议不同的是，《关于内地与澳门特别行政区相互认可和执行民商事判决的安排》第 1 条对该安排所涉案件给出了较大范围，该条规定："内地与澳门特别行政区民商事案件（在内地包括劳动争议案件，在澳门特别行政区包括劳动民事案件）判决的相互认可和执行，适用本安排。本安排亦适用于刑事案件中有关民事损害赔偿的判决、裁定。本安排不适用于行政案件。"从这条规定看，该安排没有专门排除某类民商事案件，只排除了行政案件。一般来说，所涉民商事案件范围越广泛，协议有效范围也越广泛。

2015 年《关于认可和执行台湾地区法院民事判决的规定》和 2024 年对此规定的修正决定都对可执行的台湾地区法院的判决宽泛确定为"民事判决"，且没有指明规定排除的民事判决，表明这两个规定应覆盖了最大范围的台湾地区民事判决。

（二）"判决"的种类

何为可相互承认和执行的"判决"，各法域法有不同认定，这是法律冲突的又一种表现，协议中须作出界定，方法仍是各依域内法。

《关于内地与香港特别行政区法院相互认可和执行民商事案件判决的安排》第 4 条第 1 款规定："本安排所称'判决'，在内地包括判决、裁定、调解书、支付令，不包括保全裁定；在香港特别行政区包括判决、命令、判令、讼费评定证明书，不包括禁诉令、临时济助命令。"《关于内地与澳门特别行政区相互认可和执行民商事判决的安排》第 2 条第 1 款规定："本安排所称'判决'，在内地包括：判决、裁定、决定、调解书、支付令；在澳门特别行政区包括：裁判、判决、确认和解的裁定、法官的决定或者批示。"《关于内地与香港特别行政区法院相互认可和执行婚姻家庭民事案件判决的安排》第 2 条第 2 款规定："前款所称判决，在内地包括判决、裁定、调解书，在香港特别行政区包括判决、命令、判令、讼费评定证明书、定额讼费证明书，但不包括双方依据其法律承认的其他国家和地区法院作出的判决。"2015 年《关于认可和执行台湾地区法院民事判决的规定》第 2 条第 1 款、第 2 款规定："本规定所称台湾地区法院民事判决，包括台湾地区法院作出的生效民事判决、裁定、和解笔录、调解笔录、支付命令等。申请认可台湾地区法院在刑事案件中作出的有关民事损害赔偿的生效判决、裁定、和解笔录的，适用本规定。"2024 年对此规定的修正决定第 2 条第 1 款和第 2 款逐字沿用了该条内容。

可以看出，上述协议和规定采用的是广义的"判决"界定，除了狭义的"判决"，还包括一些其他可以裁断民商事事项、可被承认和执行的司法文书，但各法域广义判决的种类不尽相同，在协议中分别列举，双方认可。

（三）生效判决和被认可判决的效力

只有生效判决才具有可被承认和可被执行的效力，所以，判决具有"终局性"或

"既判力"是判决承认和执行的前提。由于审判制度的不同，四个法域对判决终局性或既判力的认定也不同。

大陆法系和英美法系在程序制度上差别较大，内地（大陆）的诉讼程序和港澳台三地的差异也较大。因为内地存在审判监督程序，使得内地民商事判决的"终局性"成为内地和香港特别行政区两地磋商过程中争论最激烈、最难达成共识的问题。

为实施两地共同签署的《关于内地与香港特别行政区法院相互认可和执行民商事案件判决的安排》，香港立法会于2022年10月26日通过了《内地民商事判决（相互强制执行）条例》，这是将两地签署的共同协议转化为香港本地法的一种方式。

至此，内地和香港特别行政区之间涉及生效判决定义的协议和条例共4个：2006年签署、2008年8月1日起生效的《关于内地与香港特别行政区法院相互认可和执行当事人协议管辖的民商事案件判决的安排》、2017年签署的《关于内地与香港特别行政区法院相互认可和执行婚姻家庭民事案件判决的安排》、2019年签署的《关于内地与香港特别行政区法院相互认可和执行民商事案件判决的安排》、2022年通过的香港特别行政区《内地民商事判决（相互强制执行）条例》。

《关于内地与香港特别行政区法院相互认可和执行当事人协议管辖的民商事案件判决的安排》第2条第1款规定："本安排所称'具有执行力的终审判决'：（一）在内地是指：1.最高人民法院的判决；2.高级人民法院、中级人民法院以及经授权管辖第一审涉外、涉港澳台民商事案件的基层人民法院（名单附后）依法不准上诉或者已经超过法定期限没有上诉的第一审判决，第二审判决和依照审判监督程序由上一级人民法院提审后作出的生效判决。（二）在香港特别行政区是指终审法院、高等法院上诉法庭及原讼法庭和区域法院作出的生效判决。"而《关于内地与香港特别行政区法院相互认可和执行婚姻家庭民事案件判决的安排》对"生效判决"换了一种表述，该安排第2条第1款规定："本安排所称生效判决：（一）在内地，是指第二审判决，依法不准上诉或者超过法定期限没有上诉的第一审判决，以及依照审判监督程序作出的上述判决；（二）在香港特别行政区，是指终审法院、高等法院上诉法庭及原讼法庭和区域法院作出的已经发生法律效力的判决，包括依据香港法律可以在生效后作出更改的命令。"《关于内地与香港特别行政区法院相互认可和执行民商事案件判决的安排》第4条第2款对内地生效判决的表述与《关于内地与香港特别行政区法院相互认可和执行婚姻家庭民事案件判决的安排》相同，对香港特别行政区生效判决的表述略有不同："本安排所称'生效判决'：（一）在内地，是指第二审判决，依法不准上诉或者超过法定期限没有上诉的第一审判决，以及依照审判监督程序作出的上述判决；（二）在香港特别行政区，是指终审法院、高等法院上诉法庭及原讼法庭、区域法院以及劳资审裁处、土地审裁处、小额钱债审裁处、竞争事务审裁处作出的已经发生法律效力的判决。"

相比上述三个安排，《关于内地与香港特别行政区法院相互认可和执行当事人协议管辖的民商事案件判决的安排》对内地生效判决的界定更为具体，或许是为了方便香港特别行政区法院对内地生效判决进行判别，香港特别行政区《内地民商事判决（相互强制执行）条例》采取了具体表述的方法，该条例第8条"生效的内地判决"规定："（1）

就本条例而言，内地判决如符合以下说明，即属在内地生效——（a）该判决可在内地强制执行；及（b）该判决符合以下说明——（i）该判决属由最高人民法院作出的内地判决；（ii）该判决属由高级人民法院或中级人民法院作出的第二审内地判决；或（iii）该判决属由高级人民法院、中级人民法院或基层人民法院作出的第一审内地判决，而——（A）按照内地法律，不准对该判决提出上诉；或（B）按照内地法律，对该判决上诉的限期已届满，而无人提出上诉。（2）第（1）（b）（i）、（ii）或（iii）款所述的内地判决，包括按照内地审判监督程序作出的内地判决。"该条例第13条第2款又规定："为施行第（1）款，如内地判案法院发出证明书，证明某内地判决属在内地生效的内地民商事判决，则在相反证明成立之前，该判决须推定为属在内地生效的内地民商事判决。"可以认为，该条例第8条和第13条这两条规定的判决既是申请人需要证明已生效的判决的范围，也是香港特别行政区法院能够认可的内地已生效的判决的范围。

香港特别行政区认为，内地判决在内地法律下是否生效属事实问题，由登记申请人承担举证责任。根据内地法律，如上诉期限还未届满，内地判决并不能强制执行，该判决不会被视为生效，只有在内地法律下提出上诉的期限届满后，判决的一方才能从内地法院取得证明书证明该判决已生效。承担判决已生效的举证责任的申请人只要能够提供判决在内地已生效的证明，香港特别行政区法院即认可内地判决的效力。因此，《内地民商事判决（相互强制执行）条例》第8条和第13条第2款的规定是证明内地判决是否生效的务实的处理方法。[1]

《关于内地与香港特别行政区法院相互认可和执行当事人协议管辖的民商事案件判决的安排》自2006年签署以后，香港方面就开始着手制定《内地民商事判决（相互强制执行）条例》，实行两地协议本地法的转化。十余年的司法实践中，香港特别行政区法院一直在努力减小认定终局性方面的差异可能带来的阻碍，内地法院判决并没有因为"终局性"问题而被香港特别行政区法院大量拒绝承认与执行，在某些个案中，有关"终局性"的争议是由当事人律师主动提出，并非香港特别行政区法院提出。香港特别行政区法院对内地判决"终局性"的判断严格依据《内地民商事判决（相互强制执行）条例》的规定，即该内地判决是最终的以及不可推翻的判决（final and conclusive）。[2]通常，香港特别行政区法院在司法实践中尽可能避免使用两地有争议的"终局性"的措辞，而使用两地均无争议的"可执行力"。一般而言，只要内地法院开出"可执行"的书面文件且无其他特殊情形，香港特别行政区法院就会认定内地法院判决具有终局性。与《关于内地与香港特别行政区法院相互认可和执行民商事案件判决的安排》同时于2024年1月19日生效的香港特别行政区《内地民商事判决（相互强制执行）条例》正是在香港特别行政区承认和执行内地民商事判决的十多年实践的基础上形成，也可看出香港特别

---

[1] 参见当局向立法会司法及法律事务委员会提交有关《内地民商事判决（相互强制执行）条例草案》及《内地民商事判决（相互强制执行）规则》的文件，载香港律政司官网，https://www.doj.gov.hk/tc/archive/legco_2022.html，2024年6月24日最新访问。

[2] Mainland Judgments (Reciprocal Enforcement) Ordinance (Cap.597), s.5(2)(c).

行政区承认和执行内地判决的诚意。[1]

确定判决生效后，被请求方法院可根据胜诉方申请，对生效判决进行认可审查，大多数国家和地区的普遍主张是，经过被请求方认可的原审判决应具有与被请求方判决同等效力。如 2022 年制定、2024 年 1 月 19 日生效的香港特别行政区《内地民商事判决（相互强制执行）条例》第 26 条规定，已登记认可的内地判决可在香港特别行政区强制执行，犹如该判决是由原讼法庭原先作出的，而原讼法庭具有司法管辖权作出该判决。

判决效力相关的碍隔也存在于大陆和台湾地区之间，且难以改善。

台湾地区"两岸人民关系条例"第 74 条第 1 款规定："在大陆地区作成之民事确定裁判、民事仲裁判断，不违背台湾地区公共秩序或善良风俗者，得声请法院裁定认可。"根据这条规定，在不违背台湾公共秩序或善良风俗的情况下，大陆判决和裁决可被台湾地区法院认可。该条例没有明确规定如何判断大陆判决是否生效，但 2018 年修正的"台湾地区与大陆地区人民关系条例施行细则"第 68 条规定："依本条例第七十四条规定声请法院裁定认可之民事确定裁判、民事仲裁判断，应经行政院设立或指定之机构或委托之民间团体验证。"1993 年由大陆海协会和台湾海基会共同签署的《两岸公证书使用查证协议》中双方约定由台湾海基会承担查证大陆包括判决书在内的文书，因此，大陆判决和裁决须经台湾海基会依据 2005 年发布、2021 年 8 月 30 日修正并实施的《财团法人海峡交流基金会办理两岸文书查验证作业规定》验证后才能申请法院认可。但经台湾地区法院认可的大陆判决和裁决是否具有与台湾地区法院判决同样的效力，对此，台湾地区法院在司法实践中采取了与大多数国家和地区不同的态度。

2007 年以前，在台湾地区早期的司法实务中，大陆民事确定裁判经台湾地区法院裁定承认后，便具有当事人不得在台湾地区法院就同一事项重启诉讼的效力，台湾地区有关法院曾在确定大陆判决效力的裁定书中认为，大陆法院所作民事判决一经台湾地区法院认定便自大陆法院作出判决时开始产生效力[2]。但 2007 年和 2008 年台湾地区"最高法院"在"某荣案"的上诉审和终审中认为，经台湾地区法院承认的大陆法院裁判只有执行力，并无既判力，台湾地区法院可不受大陆法院判决约束。此后，台湾地区"最高法院"又在多起承认和执行大陆法院判决的案件中重申这一观点。自此之后，大陆法院判决和仲裁裁决在台湾地区不断遭受效力质疑，涉及是否认可大陆判决和裁决既判力的案件中，台湾地区"最高法院"无一例确认大陆判决和裁决具有既判力，台湾地区"高等法院"和各地方法院不认可大陆判决和裁决具有既判力的比例也高达 85%。[3] 台湾地区法院如此认定大陆判决效力的主要理由是，大陆判决和裁决在台湾地区的承认和执行

---

[1] 参见沈涓、吴用、张美榕：《香港与内地区际民商事司法互助现状——香港调研报告》，载黄进、肖永平、刘仁山主编：《中国国际私法与比较法年刊（2019）》（第二十五卷），法律出版社 2020 年版。

[2] 参见许耀明、张美榕：《台湾承认与执行中国大陆法院民事判决之立法与司法实践》，载《月旦民商法杂志》（台湾）（第 56 期），元照出版公司 2017 年版。

[3] 参见许耀明、张美榕：《台湾承认与执行中国大陆法院民事判决之立法与司法实践》，载《月旦民商法杂志》（台湾）（第 56 期），元照出版公司 2017 年版；王思颖：《台湾地区不予认可大陆裁判既判力的原因驳斥与大陆应对策略》，载《海峡法学》2020 年第 2 期。

依据台湾地区"两岸人民关系条例"第 74 条第 1 款进行,而该条内容并没有出现台湾地区"民事诉讼法"第 402 条第 1 款之明文规定"效力"二字,也未如"仲裁法"第 47 条明文规定中国大陆法院作出的民事确定裁判或仲裁机构作出的裁决与台湾地区法院作出的确定判决具有同一之效力。[1]

这一理由涉及台湾地区几个相关规定:2022 年修正"香港澳门关系条例"第 42 条第 1 款:"在香港或澳门作成之民事确定裁判,其效力、管辖及得为强制执行之要件,准用民事诉讼法第四百零二条及强制执行法第四条之一之规定。"2022 年修正"两岸人民关系条例"第 74 条:"在大陆地区作成之民事确定裁判、民事仲裁判断,不违背台湾地区公共秩序或善良风俗者,得声请法院裁定认可。前项经法院裁定认可之裁判或判断,以给付为内容者,得为执行名义。前二项规定,以在台湾地区作成之民事确定裁判、民事仲裁判断,得声请大陆地区法院裁定认可或为执行名义者,始适用之。"

基于上述几项规定,可以得出以下几点结论。

第一,台湾地区对大陆判决的效力认定与对外国判决和香港特别行政区、澳门特别行政区判决效力的认定采取了不同态度,对外国和香港特别行政区、澳门特别行政区判决实行自动认可制,对大陆判决实行裁定认可制,即香港特别行政区和澳门特别行政区判决只要没有台湾地区"民事诉讼法"第 402 条第 1 款所列举的四种情形,便自动认可判决的效力,而大陆判决即使不违背台湾地区公共秩序或善良风俗,也须台湾地区法院裁定有效,才能被认可效力。

第二,虽然台湾地区"最高法院"认为大陆判决和裁决在台湾地区的承认和执行不适用台湾地区有关外国判决和裁决的承认和执行的规定,但在同一个法律体系中,对条文的解释和理解应该统一。根据台湾地区"民事诉讼法"第 402 条第 1 款的规定,域外判决只要不具有所列举的四种情形,便可被确认其效力,对此可以理解为,除了所列四种情形的审查,该条再没有另外规定须有其他效力认可程序或效力认可之前的审查内容,依此解释"两岸人民关系条例"第 74 条第 1 款的规定,可以得出结论,台湾地区对大陆判决和裁决的认可,除了是否违背台湾地区公共秩序或善良风俗,也没有另外规定须有其他效力认可程序或效力认可之前的审查内容,那么,域外判决在审查无不能认可的四种情形之后,就可确认判决的效力,所以,在审查大陆判决和裁决没有违背台湾地区公共秩序或善良风俗之后,也应确认其效力。

第三,台湾地区"最高法院"和地方法院在若干案件中认为,因为"两岸人民关系条例"第 74 条没有明确指出,大陆判决和裁决经台湾地区法院裁定认可后就具有和台湾地区判决同一效力,故根据该条规定,大陆判决和裁决即使经过台湾地区法院裁定认可,也仅具有执行力,不具有既判力。那么,究竟应该依据什么标准来判断经台湾地区法院裁定认可的大陆判决和裁决是否具有与台湾地区法院判决同一效力,无疑应该从同一法律体系中相似或相关的规定中寻找答案,而不是在司法实践中脱离法律规定另设标

---

[1] 参见许耀明、张美榕:《台湾承认与执行中国大陆法院民事判决之立法与司法实践》,载《月旦民商法杂志》(台湾)(第 56 期),元照出版公司 2017 年版。

准。对此，最适合的方法是类推采纳台湾地区"仲裁法"第47条的规定，该条明确指出，域外仲裁判断一经法院裁定承认后，于当事人间，与法院之确定判决有同一效力，依此规定，可以推断出，对"两岸人民关系条例"第74条的理解也应该是，在大陆地区作成之民事确定裁判、民事仲裁判断，只要不违背台湾地区公共秩序或善良风俗者，声请法院裁定认可后，就具有与台湾地区法院确定判决同一的效力，所以，顺着这一理解，不应该得出经台湾地区法院裁定认可的大陆判决和裁决并不具有与台湾地区法院确定判决同一效力的结论，除非"两岸人民关系条例"第74条作出了与"仲裁法"第47条法意相悖的规定，如规定："在大陆地区作成之民事确定裁判、民事仲裁判断，不违背台湾地区公共秩序或善良风俗者，得声请法院裁定认可。经法院裁定认可的大陆民事确定裁判和民事仲裁判断不具有与法院之确定判决同一效力。"很显然，"两岸人民关系条例"第74条并没有作出否定大陆判决和裁决与台湾地区判决具有同一效力的明确规定。

第四，台湾地区"两岸人民关系条例"第74条最初于1992年公布时仅有前两款，在1997年5月14日的修订版中又增加第3款"互惠"条件，即只有在大陆法院认可台湾地区判决和裁决的前提下，台湾地区法院才认可大陆判决和裁决，针对新增的第3款，大陆迅速于1998年1月发布了《关于人民法院认可台湾地区有关法院民事判决的规定》，又于2009年5月发布《关于人民法院认可台湾地区有关法院民事判决的补充规定》，再于2015年6月发布《关于认可和执行台湾地区法院民事判决的规定》，并废止前两项"规定"，这一系列大陆法院承认和执行台湾地区法院民事判决的规定都是在呼应台湾地区"两岸人民关系条例"第74条第3款的互惠条件，在多年司法实践中，大陆法院依据这几项"规定"，承认并执行了不少台湾地区判决。对于台湾地区判决在大陆的效力，2015年《关于认可和执行台湾地区法院民事判决的规定》第17条十分明确地规定："经人民法院裁定认可的台湾地区法院民事判决，与人民法院作出的生效判决具有同等效力。"也就是说，大陆法院认可台湾地区法院判决后，台湾地区法院判决在大陆便具有与大陆法院判决同等的"既判力"。面对大陆法院这样的态度，基于"互惠原则"，台湾地区法院也应该赋予认可后的大陆判决和裁决既判力，如果台湾地区法院认为认可后的大陆判决和裁决不具有既判力，便是有违台湾地区提出的互惠原则。

第五，台湾地区差别对待外国和香港特别行政区、澳门特别行政区判决和裁决与大陆判决和裁决的效力是台湾区际民商事司法实践中的方法，缺乏法律依据，更多体现的是台湾地区司法者在相互承认和执行判决和裁决问题上的消极态度，解决这一难题的途径应该是努力进行司法层面的协调。

面对同样的问题，大陆司法界表现了积极的互助态度。2015年《关于认可和执行台湾地区法院民事判决的规定》第17条明确规定："经人民法院裁定认可的台湾地区法院民事判决，与人民法院作出的生效判决具有同等效力。"2024年对此规定的修正决定第18条以相同的内容重申了同样的态度。也就是说，大陆法院承认和执行台湾地区法院判决不存在质疑经大陆法院认可的台湾地区法院判决在大陆是否有既判力的情形。

2006年《关于内地与澳门特别行政区相互认可和执行民商事判决的安排》没有对

"生效判决"作出界定，只提到"一方法院作出的生效判决"，言下之意是，判决是否生效由作出判决的一方相关法确定，只要在作出判决的一方该判决为生效判决，另一方便认可该判决的效力。该安排第 13 条还规定："经裁定予以认可的判决，与被请求方法院的判决具有同等效力。判决有给付内容的，当事人可以向该方有管辖权的法院申请执行。"

综上所述，对原审法院判决效力的认可方面，内地、香港特别行政区和澳门特别行政区三地已基本达成一致，无论在立法层面还是司法层面，三地判决和裁决相互承认和执行没有根本性障碍，只有在大陆和台湾地区判决和裁决相互承认和执行方面存在司法层面的困难，这是今后区际判决和裁决相互承认和执行方面需要攻克的阻隔。

(四) 不予认可原审法院判决的情形

1. 原审法院管辖权不具正当性

原审法院对案件不具有正当管辖权，是国际私法和区际私法中共识为拒绝承认和执行原审法院判决的重要情形。中国区际民商事判决相互承认和执行中必然也要确定原审法院管辖权的正当性。

如前所述，《关于内地与香港特别行政区法院相互认可和执行民商事案件判决的安排》在区际民商事案件管辖权的确定方面作出了良好的示范，该安排第 11 条列举了多项管辖权标准，只要原审法院依据该条列举的标准行使管辖权，并且不违反被请求方专属管辖，被请求方法院就应当认定原审法院具有正当管辖权。

《关于内地与澳门特别行政区相互认可和执行民商事判决的安排》《关于认可和执行台湾地区法院民事判决的规定》和 2024 年对此规定的修正决定都只将原审法院管辖的案件属于被请求方专属管辖的案件作为不予承认原审法院判决的情形。也就是说，除被请求方专属管辖的事项原审法院不得行使管辖权之外，原审法院的管辖权都可被认为具有正当性，并不要求原审法院的管辖权完全符合被请求方法律规定。

台湾地区"两岸人民关系条例"第 74 条只规定大陆判决和裁决不违背台湾地区公共秩序或善良风俗即可被认可，并未涉及管辖权正当性的情形，但在台湾地区的司法实践中台湾地区法院对公序良俗要件的理解包含了程序上的公共秩序，因此，台湾地区法院对审查大陆判决和裁决是否违反台湾地区公共秩序就包括对大陆法院是否具有正当性管辖权进行审查。[1]但"两岸人民关系条例"第 74 条没有涉及审查原审法院管辖权正当性的依据和范围，只有台湾地区"民事诉讼法"第 402 条规定，根据台湾地区相关规定，域外法院对案件无管辖权，是台湾地区对外国法院判决不予认可的情形之一，若将此规定推用于对大陆判决的认可，即依据台湾地区对于管辖权的确定来审查大陆法院对案件是否具有正当管辖权，势必会增加大陆法院管辖权被视为不具正当性的可能。

在审查是否认可香港特别行政区和澳门特别行政区法院所作判决方面，台湾地区"香港和澳门关系条例"第 42 条第 1 款的规定："在香港或澳门作成之民事确定裁判，

---

[1] 参见许耀明、张美榕：《台湾承认与执行中国大陆法院民事判决之立法与司法实践》，载《月旦民商法杂志》(台湾)(第 56 期)，元照出版公司 2017 年版。

其效力、管辖及得为强制执行之要件，准用民事诉讼法第四百零二条及强制执行法第四条之一之规定。"这样，根据上述台湾地区"民事诉讼法"第402条的规定，台湾地区对香港特别行政区和澳门特别行政区法院是否具有正当管辖权要根据台湾地区的规定审查，如果依据台湾地区相关规定，香港特别行政区和澳门特别行政区法院无管辖权，香港特别行政区和澳门特别行政区法院所作判决将不被认可。

相比之下，台湾地区对香港特别行政区和澳门特别行政区法院所作判决是否认可、认可后是否具有与台湾地区法院所作判决同一效力等问题都准用对外国判决的规定，都可依据明确规定，而对大陆法院判决的审查时，针对大陆法院管辖权的正当性是否属于公共秩序问题、大陆法院管辖权的正当与否依据哪一方法律确定、被台湾地区法院认可的大陆法院判决是否具有与台湾地区法院判决同一效力等问题都没有作出明确规定，或许正是为了给司法实践留出更大自由裁量的空间。

2. 存在程序不公情形

获得判决的过程存在程序不公情形也是国际民商事判决和区际民商事判决不被承认和执行的理由。在内地与香港特别行政区和澳门特别行政区分别签署的上述关于民商事判决相互承认和执行的两个安排以及最高人民法院2015年和2024年两个关于承认和执行台湾地区民事判决的司法解释中不予承认和执行判决的理由也包括这一项，在这几项协议和规定中，程序不公正的情形主要有：根据判决作出地的法律规定，败诉的当事人未得到合法传唤，或者虽经合法传唤但未获得合理的陈述、辩论机会，或者无诉讼行为能力人未依法得到代理；判决是以欺诈方法取得。台湾地区"两岸人民关系条例"第74条除了违背台湾公共秩序和善良风俗情形，未再明确指出不予认可大陆判决的情形，但在有些案例中存在台湾地区法院将程序不公解释为违背公共秩序的情况，即台湾地区法院如果认为大陆法院审理案件过程中存在程序不公情形，可将此情形归入违背台湾地区公共秩序或善良风俗的情形，对大陆法院判决不予认可。也有台湾地区法院在发现大陆法院审理案件过程中存在被告未应诉情形时，类推适用台湾地区"民事诉讼法"第402条的规定，该条规定，"败诉之被告未应诉"是对域外法院判决不予认其效力的情形之一，据此对大陆法院判决不予认可。[1]

3. 一事不再理

一事不再理是国际和区际民事诉讼程序共识度很高的制度，也为内地和香港特别行政区和澳门特别行政区接受，在内地与香港特别行政区和澳门特别行政区之间关于判决相互承认执行的两个安排以及最高人民法院2015年和2024年两个关于承认执行台湾地区判决的司法解释中都将一事不再理作为不予认可原审法院判决的理由。

在内地（大陆）与港澳台之间的关于判决相互承认和执行的这三个协议和规定中，属于一事不再理的情形主要包括：被请求方法院就同一争议已先于原审法院受理诉讼；被请求方法院已经就同一争议作出判决，或者已经认可其他国家和地区就同一争议作出

---

[1] 参见许耀明、张美榕：《台湾承认与执行中国大陆法院民事判决之立法与司法实践》，载《月旦民商法杂志》（台湾）（第56期），元照出版公司2017年版。

的判决；被请求方已经就同一争议作出仲裁裁决，或者已经认可其他国家和地区就同一争议作出的仲裁裁决。

不过值得注意的是，根据2015年《关于认可和执行台湾地区法院民事判决的规定》第11条，人民法院受理认可台湾地区法院民事判决的申请后，当事人就同一争议起诉的，不予受理。一方当事人向人民法院起诉后，另一方当事人向人民法院申请认可的，对于认可的申请不予受理。第12条还规定，案件虽经台湾地区有关法院判决，但当事人未申请认可，而是就同一争议向法院起诉的，应予受理。这就有可能产生一种情况，即虽然台湾地区法院受理案件在先，甚至判决在先，但是如果一方当事人未先向大陆法院申请判决的认可和执行，另一方当事人抢先向人民法院起诉的，则台湾地区法院的判决就丧失了向大陆人民法院申请认可的可能性。这就引发了向被请求法院"申请认可与提起诉讼之间的诉讼竞速"的问题，在一定程度上反映了对于平行诉讼的放任。同时，这也表明针对台湾地区民事判决，大陆法院不予认可时并不一定要求大陆法院受理在先。这种情况在内陆与港澳之间的协议中并不存在。

或许是因为2015年规定第11条和第12条不能真正贯彻"一事不再理"原则，2024年对此规定的修正决定删除了这两条条文，同时增加了两条新的规定，即第20条："申请人向人民法院申请认可台湾地区民事判决，该判决涉及的纠纷与人民法院正在审理的纠纷属于同一纠纷的，人民法院可以裁定中止诉讼。经审查，裁定不予认可台湾地区法院民事判决的，恢复已经中止的诉讼；裁定认可的，对已经中止的诉讼，裁定驳回起诉。"第21条："审查认可台湾地区法院民事判决申请期间，申请人或者被申请人就同一纠纷向人民法院起诉的，裁定不予受理；已经受理的，裁定中止诉讼。"两相比较，修正后的规定更符合"一事不再理"原则。

4. 违反被请求方公共秩序

无论是在国际私法中还是在区际私法中，公共秩序保留都是一项弹性很大的制度，公共秩序的表述和内涵、适用公共秩序保留制度的情形都不统一，全由各国或各法域自行确定。

公共秩序保留制度是国内四个法域都重视的制度，不仅表现在适用外域法方面，而且表现在承认外法域判决方面。四个法域分属不同法系，社会制度和法律制度也多差异，对公共秩序的表述也各不相同，在统一区际私法产生之前，公共秩序的表述和内涵也难以统一，因此，在中国区际私法关于判决相互承认和执行的协议中采用了分别表述的方式。

2023年修订的《民事诉讼法》第300条第5项规定，外国判决"违反中华人民共和国法律的基本原则或者损害国家主权、安全、社会公共利益"，是不予承认和执行外国判决的情形之一。但在区际民商关系中，民商事判决应该不涉及国家主权和安全，所以，在内地与香港特别行政区和澳门特别行政区分别制定的关于相互承认和执行民商事判决和仲裁裁决的四个安排中，内地将"公共秩序"表述为"内地法律的基本原则或者社会公共利益"或"内地社会公共利益"。但在2015年《关于认可和执行台湾地区法院民事判决的规定》第15条第2款对违反法律基本原则作了一个具体表述，这一条款规定，认可台湾地区法院民事判决将违反一个中国原则等国家法律的基本原则或者损害社会公共利益的，人民法院应当裁定不予认可。2024年对此规定所作的修正决定的第16条第2款对2015年规定略作修正："认可该民事判决将违反一个中国原则等国家法律的基本原则或者损害国家主权、安全、社会公共利益的，人民法院应当裁定不予认可。"但仍保留了认可台湾地区判决不能违反一个中国的原则的准则。这项专门针对台湾地区判决的承认和执行所作的对"公共秩序"内涵的明确规定有着特殊的意义。

在内地与香港特别行政区和澳门特别行政区分别达成的判决和裁决承认和执行的四个安排中，对于"公共秩序"，香港特别行政区一方表述为"法律的基本原则或者公共政策"或"公共政策"，澳门特别行政区一方表述为"法律的基本原则或者公共秩序"。在2013年《关于澳门特别行政区与香港特别行政区相互认可和执行仲裁裁决的安排》第7条第3款中，对"公共秩序"的表述分别简化为"公共政策"（香港特别行政区）和"公共秩序"（澳门特别行政区）。

台湾地区在适用于大陆判决的承认和执行的"两岸人民关系条例"第74条中以及适用于香港特别行政区和澳门特别行政区判决承认和执行的"民事诉讼法"第402条中都将"公共秩序"表述为公共秩序或善良风俗。

虽然四个法域分属不同法系，政治、经济、法律、文化等方面差异较大，具有采用公共秩序保留制度拒绝外法域判决的较大可能性，但在司法实践中各法域实际上都对适用公共秩序保留制度采取了谨慎态度。根据早些年对审理涉港澳台民商案件最多的广东省高级人民法院、深圳市中级人民法院、福建省高级人民法院、厦门市中级人民法院、宁波海事法院的调研可知，即使在摩擦较多、区际司法协助并不顺畅的时期，大陆法院仍然没有经常适用公共秩序保留制度拒绝港澳台地区法院的判决，而是采取尽量不适用这项制度的做法，如果认为有必要适用这项制度，则必须报请最高人民法院批准，获得批准才能最终适用。[1]

香港特别行政区的诉讼制度与内地的诉讼制度差异较大，双方曾经付出很大努力协调两个法域的相关制度，寻找共同能够接受和采行的方法。多年司法实践中，香港特别行政区法院并没有较多依据公共秩序保留制度拒绝内地判决和裁决的承认和执行，真正运用这项制度拒绝承认内地判决和仲裁裁决的例子极少。香港特别行政区法院认为它们对于内地的法院判决和仲裁裁决没有任何歧视，在对内地判决和仲裁裁决进行认可和执行的主导方向均为促进和加强两地判决和仲裁裁决相互承认和执行的流通，反映了香港特别行政区法院支持内地判决和仲裁裁决在香港特别行政区的执行、严格限缩不予承认和执行之事项的司法态度。[2]

在台湾地区"两岸人民关系条例"第74条中，对认可大陆民事判决和仲裁裁决，除了要求互惠，似乎只提出了一个条件，即不违背台湾地区公共秩序或善良风俗，看似

---

〔1〕 参见沈涓：《中国法院审理涉外（涉港澳台）民商案件情况》，载陈泽宪主编：《国际法研究》（第八卷），社会科学文献出版社2013年版。

〔2〕 参见沈涓、吴用、张美榕：《香港与内地区际民商事司法互助现状——香港调研报告》，载黄进、肖永平、刘仁山主编：《中国国际私法与比较法年刊（2019）》（第二十五卷），法律出版社2020年版。

条件简单，但台湾地区法院在司法实践中对公共秩序的内容作出的认定使这一条件变得不简单。

在台湾地区各地方法院拒绝认可大陆判决和裁决的案例中，直接以违背台湾地区公序良俗为拒绝理由的案例极少，以违反程序公正为拒绝理由的案例却极多。以台北地方法院 2015 年和 2016 年两年间认可大陆判决的情况为例，台北地方法院 2015 年拒绝承认多宗大陆判决，理由不一，其中违反程序公正 62 宗，判决不具确定性 1 宗，违反公序良俗 1 宗，缺乏互惠 1 宗，逾期未补正相关文件 1 宗；2016 年拒绝承认大陆法院判决共 22 宗，拒绝理由均为违反程序公正。[1] 台湾地区"两岸人民关系条例"第 74 条没有明确规定违反程序公正属于违反公序良俗的情形，所以，台湾地区法院在以违反程序公正的理由拒绝承认大陆判决和裁决时并未引用"两岸人民关系条例"第 74 条，而是引用台湾地区"民事诉讼法"第 402 条，[2] 该条规定，判决内容或诉讼程序违背公共秩序或善良风俗是拒绝承认外国判决的理由之一，由此规定可知，台湾地区相关规定认为诉讼程序属于公共秩序范畴的内容，违反程序公正可被视为违背公共秩序。因此，在台湾地区法院拒绝承认大陆判决和裁决的案例中，虽然以违反台湾地区公序良俗为拒绝理由的案例极少，但实际上大量以违反程序公正为拒绝理由的案例也属于以违反台湾地区公序良俗为拒绝理由的案例，这表明，在台湾地区司法实践中，违反台湾地区公序良俗是台湾地区法院拒绝承认大陆判决和裁决最主要的理由，且依据的并非区际民事诉讼程序规则，而是国际民事诉讼程序规则，再一次显示了在政治因素影响下，台湾地区立法界和司法界都呈现不理性心理。

（五）相互承认和执行判决的法律适用

提供司法协助时应适用被请求方法律，而不是请求方法律，这是国际社会的共识，这并不违背程序事项适用法院地法的一般法理，因为在司法协助过程中，被请求方法院是为司法协助行为的法院，其所在地是司法协助程序中的法院地，所以，司法协助行为适用提供协助的被请求方法律符合程序事项适用法院地法的原则，也同样为中国四个法域所接受。

《关于内地与香港特别行政区法院相互认可和执行民商事案件判决的安排》第 10 条规定："申请认可和执行判决的期间、程序和方式，应当依据被请求方法律的规定。"《关于内地与澳门特别行政区相互认可和执行民商事判决的安排》第 20 条规定："对民商事判决的认可和执行，除本安排有规定的以外，适用被请求方的法律规定。"除此以外，最高人民法院认可和执行台湾地区法院民事判决和仲裁裁决的规定，以及内地与香港特别行政区和澳门特别行政区之间达成的相互认可和执行民事案件判决和仲裁裁决、相互委托提取证据和送达民商事司法文书、仲裁程序相互协助保全的多项协议也都规定，协助的期限、程序、方式、保全措施、费用等事项，都适用被请求方法律，仅在协助取证方

---

[1] 参见许耀明、张美榕：《台湾承认与执行中国大陆法院民事判决之立法与司法实践》，载《月旦民商法杂志》（台湾）（第 56 期），元照出版公司 2017 年版。

[2] 参见许耀明、张美榕：《台湾承认与执行中国大陆法院民事判决之立法与司法实践》，载《月旦民商法杂志》（台湾）（第 56 期），元照出版公司 2017 年版。

面，在不违反被请求方法律情况下，被请求方可以按照委托方法律规定的特殊方式取证，这种例外主要是为了保障被请求方协助获取的证据符合委托方法律规定的效力要求。

重要名词术语

区际送达、取证互助、区际相互承认和执行判决和仲裁裁决

思考题

1. 简述制定中国统一区际私法的可行性。
2. 如何提高区际司法文书送达互助的成功率？
3. 如何协调大陆和台湾地区在法院判决和仲裁裁决"既判力"方面的差异。

缩略语表

公约全称	缩略语
1883 年《保护工业产权巴黎公约》	《巴黎公约》
1886 年《保护文学艺术作品伯尔尼公约》	《伯尔尼公约》
1996 年《世界知识产权组织版权条约》	《世界知识产权组织版权条约》
1989 年《关于集成电路的知识产权条约》	《华盛顿条约》
1961 年《保护表演者、录音制品制作者和广播组织国际公约》	《罗马公约》
1994 年《与贸易有关的知识产权协定》	《TRIPs 协定》
2007 年《知识产权：跨国纠纷管辖权、法律选择和判决原则》	ALI 原则
2011 年《知识产权冲突法原则》	CLIP 原则
2010 年《知识产权国际私法原则联合案》	《知识产权国际私法原则联合案》
2020 年《关于知识产权与国际私法的指南》	《京都指南》
2008 年欧盟《合同之债法律适用条例》	《罗马条例 I》
2008 年欧盟《非合同之债法律适用条例》	《罗马条例 II》
2012 年《欧洲议会和欧盟理事会关于继承问题的管辖权、法律适用、判决的承认与执行和公证书的接受与执行以及创建欧洲遗产继承证书的 2012 年第 650 号条例》	《罗马条例 IV》或《欧盟涉外继承条例》
1980 年《联合国国际货物销售合同公约》	CISG
2004 年国际统一私法协会《商事合同通则》	PICC
1924 年《统一提单的若干法律规定的国际公约》	《海牙规则》
2005 年《联合国国家及其财产管辖豁免公约》	《联合国国家豁免公约》
1985 年《联合国国际贸易法委员会国际商事仲裁示范法》	《国际商事仲裁示范法》
1994 年《美洲国家间国际合同法律适用公约》	《墨西哥公约》
1958 年《承认及执行外国仲裁裁决公约》	《纽约公约》
1968 年《关于修改统一提单的若干法律规则的国际公约》	1968 年《维斯比规则》
2008 年《联合国全程或者部分海上国际货物运输合同公约》	2008 年《鹿特丹规则》
1961 年海牙《取消外国公文书认证要求的公约》	《海牙取消认证公约》
1965 年海牙《关于向国外送达民事或商事司法文书和司法外文书公约》	《海牙送达公约》
1970 年海牙《关于从国外调取民事或商事证据的公约》	《海牙取证公约》
1985 年海牙《关于信托的法律适用及其承认的公约》	《海牙信托公约》
1993 年海牙《跨国收养方面保护儿童及合作公约》	《海牙收养公约》
2024 年海牙《平行诉讼草案》	《平行诉讼草案》

后记

当今世界处于百年未有之大变局，世界之变、时代之变、历史之变正以前所未有之方式开展。国际社会面临诸多共同挑战，传统安全与非传统安全彼此交织，战争与和平、可持续发展、气候变化、环境保护、公共卫生、网络安全等问题均不是一个国家可以解决，人类比任何时候都强大但也脆弱，这是一个人类命运共同体的时代，世界亟需一个公正合理、共商、共建、共享的全球治理体系。中国处于历史的新征程的起点，实现中华民族伟大复兴、建设社会主义现代化强国、推进中国式现代化，这是我们面临的大局。世界需要合作共赢，但单边主义、孤立主义、保护主义、强权政治、"零和博弈""修昔底德陷阱"和逆全球化思潮上升，国际形势前所未有之复杂多变。统筹推进国内法治和涉外法治是中国面对时代之问、历史之问、现实之问提出的重要战略。

国际私法作为调整国际民商事法律关系的法律部门，国际私法构建的国际民商事法律秩序主要聚焦于私主体利益，是国际秩序中重要的组成部分。在全球治理体系中，国际私法有其重要的价值和作用，包括协调不同国家的法律体系、追求判决结果一致性、统一民商事实体规则、开展多边国际司法协助合作、便利国际民商事交往、保护交往利益和国家公共利益。

在高度全球化的今天，在中国日益走进世界舞台的历史背景下，国际私法在当今中国法律体系中的地位和重要作用是以往任何时候均无法比拟的。国际私法对我们每个人来说，并非纸堆上的学问，并非阳春白雪、遥不可及的知识，从如何实现联合国可持续发展目标、为"一带一路"提供法治保障、构建大湾区民商事合作体系、如何应对"长臂管辖"、单边法律制裁、标准必要专利的管辖争夺，到涉外婚姻、涉外继承、国际代孕、涉外监护、涉外合同、涉外侵权、涉外股权、涉外海事等大量民商事纠纷，国际私法已经渗透到当代中国社会的方方面面，不仅深刻影响着中国的对外开放和国际经贸交往利益，而且与我们所有人的日常生活息息相关。

为深入学习贯彻习近平新时代中国特色社会主义思想，具体落实2023年2月中共中央办公厅、国务院办公厅联合印发的《关于加强新时代法学教育和法学理论研究的意见》，不断推进中国特色哲学社会科学体系、学术体系、话语体系和教材体系，在中国社会科学院大学法学院莫纪宏院长的支持下，法学院国际私法教研室全体同仁联合撰写这本《国际私法学教程》。

本书由我担任主编，各章节的分工如下：

第一编基础编：第一章国际私法总论（王艺讲师）、第二章国际私法关系的主体

（李庆明研究员）

第二编法律适用编：第三章法律冲突及其一般问题（王艺讲师）、第四章权利能力和行为能力（沈倩助理研究员）、第五章民事法律行为与代理的法律适（林强助理研究员）、第六章物权的法律适用（沈倩助理研究员）、第七章知识产权的法律适用（张美榕副教授）、第八章合同之债的法律适用（吴用教授）、第九章非合同之债的法律适用（林强助理研究员）、第十章国际商事的法律适用

（傅攀峰副研究员）、第十一章婚姻家庭的法律适用（吴用教授，其中第五节作者为张美榕副研究员）、第十二章继承的法律适用（吴用教授）

第三编国际民商事争议解决编：第十三章国际民事诉讼法概述（林强助理研究员）、第十四章国际民商事管辖权（张美榕副教授，其中第四节作者为李庆明研究员）、第十五章国际民商事司法协助（李庆明研究员，其中第三节作者为张美榕副教授）、第十六章国际商事仲裁（傅攀峰副研究员）

第四编区际私法编：第十七章区际法律冲突及其区际私法（沈涓研究员）、第十八章我国区际法律冲突及我国区际私法（沈涓研究员）

国际私法学历史悠久、理论精深，内容丰富庞杂，且国际国内立法及司法实践动态发展快，本教程力图既简明反映本学科的基本知识和理论，又尽可能为读者展现相关领域的前沿学术发展和司法实践动态。囿于能力和水平，书中的疏漏及不足在所难免，希望学界同仁不吝指正。

特别感谢当代中国出版社对中国社会科学院大学法学院"新时代法学教育丛书"和本教程的大力支持，特别感谢总编辑助理刘文科主编的指导和帮助，感谢责任编辑邓颖君、沈秋彤的细致编辑工作。

吴用

中国社会科学院大学法学院执行院长

2024年12月4日于北京